교회와 신학의 역사 원전 III
종교개혁

폴커 렙핀(Volker Leppin) 편역

공 성 철 옮김

한국신학연구소

교회와 신학의 역사 원전 III
종 교 개 혁

2017년 9월 20일 / 초판 1쇄 발행

편역 / 폴커 렙핀
옮긴이 / 공성철
펴낸이 / 김성일
펴낸곳 / 한국신학연구소

등록 / 1973년 6월 28일 제 300-2002-10호
주소 / 서울시 서대문구 경기대로 55 선교교육원 내
전화 / 02)738-3265   팩스 / 02)738-0167
E-mail / ktsi@chollian.net
홈페이지 / http://ktsi.or.kr

이 책의 한국어판 저작권은 Neukirchener 출판사와의
독점 계약으로 한국신학연구소가 소유합니다.
저작권법에 따라 보호를 받는 저작물이므로
무단 전제와 무단 복제를 금합니다.

Kirchen- und Theologiegeschichte in Quellen Vol. III: Reformation
Excerpted, translated and commented by Volker Leppin

Copyright©2005 by Neukirchener Verlag
Neukirchener Verlagsgesellschaft des Erziehungsvereins mbH,
Neukirchen-Vluyn

This translation of *Kirchen- und Theologiegeschichte in Quellen Vol. III: Reformation*,
originally published in Germany in 2005, is published by arrangement with
Neukirchener Verlag.

값 28,000원

ISBN 978-89-487-0330-69

파본은 교환해 드립니다.

교회와 신학의 역사 원전 III
종 교 개 혁

폴커 렙핀(Volker Leppin) 편역

공 성 철 옮김

한국신학연구소

머리말

학생 때 사용했던 책을 개정하는 일은 아주 색다른 임무이다. 하이코 오버만이 사 반 세기 이전에 출판한 원전모음집은 온전히 한 세기 동안, 배우는 자들에게는 독자적인 공부로 이끌어주고 가르치는 자들에게는 강의에 도움을 주는 역할을 잘 감당할 수 있었다. 그렇지만 학문과 대학에서의 변화들은 꾸준히 새로운 요구들을 가지고 왔다. 이에 그 모음집을 새롭게 꾸미려는 생각들은 이미 2001년 오버만의 사망 훨씬 이전에 있었다.

새롭게 개정하는 이 책무가 내게 주어졌다는 것은 의무와 동기부여를 뜻하였다: 오버만이 갔던 그 길을 벗어나지 않고, 신학의 역사와 16세기 전반 수십 년간의 핵심 주제들을 계속해서 찾아나가며, 또한 그 이상으로 사회의 역사와 여성의 역사는 더 많은 본문들을 보충하고, 가장 중요한 변화들만을 언급하기 위해서 16세기 후반에 나온 신앙고백들의 발전을 더 집중적으로 드러내는 의무를 말한다.

이 일이 부피는 늘어나지 않는 범위 안에서 이루어져야 한다는 것은 의무와 자극으로 이루어져 모험을 만들어냈다. 너무 큰 모험인 이 시도에 만족하지 못하더라도 편집자는 가르치는 분들과 학생들이 느끼는 모든 반응에 감사할 것이다. 왜냐하면 이 책은 오버만이 이해한 바에서 벗어나지 않아야 하기 때문이다: 강의와 공부를 위해서 필요한 책자.

이 개정작업은 수많은 작업 단계를 요구하였다: 가장 결정적인 것은 위에서 언급한 관점을 따른 원전선택의 형태변화였다. 목차를 살펴보면 바로 얼마나 많은 숫자의 옛 원전들이 새 것, 곧 현재 상황에서 조금은 더 필요해 보이는 것으로 대체할 수밖에 없었다는 것을 보여줄 것이다. 구상도 달라졌다. 원전의 순서는 옛 판본보다 분명하게 통용되는 연대를 따르는 배열 대신 주제 배열을 더 따르고 있다. 번역들은 철저하게 원전에서 이루어졌고 여러 번 작업을 하였다. 작업에 근거해서 원전에 대한 문헌적인 주에 나열된 번역들은 그 번역이 각각의 원전을 따라서 표현되고 있지만 억지로 완전하게 따르고 있지 않다는 식으로 이해해야 한다. 번역에 대한 문헌적인 언급이 없는 곳에 있는 본문에 있는 그 번역은 이전 원전에서 온 본문일 경우이다. 이때의 번역은 하이코 아우구스티누스 오버만 아니면 나 자신이 한 번역이다. 참고문헌들은 오늘날의 것들이 제시되었고 서론의 본문은 새롭게 집필되었다. 심층까지 이르는 변화들 때문에 나는 조금 변경한 제목 하에 있는 현재 제시된 모음집은 사실상 완전히 나 자신의 책임 하에서 출판한다는 출판사의 제안을 따랐다.

 이미 현재까지 많은 남녀 동료들이 서신으로 또 대화로 나에게 도움을 주면서 이 프로젝트에 동참해주었다. 아돌프 마르틴 리터(하이델베르크)는 개정작업에 동기부여를 하였고 헌신적으로 마지막 출판과정에까지 참여하였다. 고트프리트 제바스(하이델베르크)는 새로 등장한(in statu nascendi) 본문을 철저하게 교정해주었다. 수없이 많은 엄청난 도움이 되는 암시들을 교회와 신학의 역사 원전(KThGQ)의 편집자인 한스-발터 크룸비데와 알브레히트 보이텔(뮌스터)과 이레네 딩엘(마인츠), 베른트 함(에르랑엔), 헨닝 위르겐스(마인츠), 구드룬 리츠(에르랑엔/예나), 베른트 묄러(괴팅엔), 루리 슈나이더-루도르프(예나/ 노이엔데텔스아우), 크리스토프 슈트롬(보쿰), 울리히 쾨프(튀빙엔)에게서 받았다. 쾨프는 동료로서의 경험에서 말해줄 수 있었고, 불과 몇 년 전에 직접 중요하고 아주 도움이 되는 종교개혁 시기의 원전모음집을 펴낸 사람이다(Stuttgart 2001). 이 모든 분들께 진심으로 감사드린다.

예나에서 공부하는 학생들에게도 고마움을 표한다. 이들은 지난 5년간 강의시간에 집중하여 나와 함께 같이 "붉은 책들"을 열정적으로 이용하였다. 특별히 그들 중에서 한나 카우하우스에게 감사하는데, 이 여성은 애를 써야 하는 교정 작업에서 무척이나 세밀하며 철저하게 도와주었다. 또한 그녀와 함께 색인 작업을 해 준 도로티 뎀믈러와 율리아나 풍켈에게도 감사한다.

나의 가족인 아내 칸탈과 아버지가 컴퓨터에 줄곧 매달리도록 도와준 내 아이들, 플로리안, 요한나, 다니엘, 크리스티나에게도 고마움을 표하지 않을 수 없다. 내 아이들은 아버지가 드디어 책상에서 일어서게 되면 아버지가 종교개혁 시기에서 빠르게 현재에 이를 수 있도록 자기들 방식으로 협조하였다.

슈토턴하임 사건 500주년 기념일에, 예나에서

폴커 렙핀

역자의 말

마르틴 루터의 종교개혁 500주년이 되는 해에 교회와 신학의 원전 시리즈 3권인 『종교개혁』을 출판하게 되었다. 2010년 『중세교회』를 출판하며 "조금 더 빠른 시간 내에" 3권을 출판하기를 소망한다고 역자의 말에서 언급한 지 7년 만에 이루어졌다. 책에 걸맞는 뜻 깊은 해에 출판하고자 하는 계획에서 된 것이 아니다. 책 출판의 지연에는 본래 시간을 잘 활용하지 못하는 사람이라는 것도 한 몫을 하였다. 언젠가 종교개혁을 전공한 학자 한 분이 종교개혁 부분은 자신이 번역하고 싶다는 의사를 밝혀 왔기에 기꺼이 동의를 하였는데, 소장학자인 그분은 더 많은 일을 하게 되면서 시간을 내지 못하는 형편이 되어 작업은 또 한 번 지지부진하게 되었다. 심지어는 2013년부터 지금까지도 이어지고 있는 본인의 학교 내의 심각한 문제들은 학자의 본연의 임무에 전혀 몰두할 수 없도록 하였다. 이렇게 미루어지다가 보니 올해 2017년에 종교개혁이라는 제목의 원전모음집을 출판할 수 있게 된 것이다. 감사하지 않을 수 없다. 학문적 계획이 순조롭게 진행되지 않으면서 오히려 과거를 항상 현재 속에서 놓치지 않고 살아야 하는 역사신학자의 역할을 그럴 듯하게 감당할 수 있게 되었으니 말이다.

항상 원전을 찾아 읽어야 하는 역사신학, 더욱이 교부신학 공부를 하며 그저 말로 넘어가고 논리에서 논리로 가는 학문이 아니고 원전을 함께 읽고 해석하는 학문풍토가 정착하는 한국교회의 신학이 되기를 소망하였다. 이를 위해서 처음에 본인 스스로 원어로 된 원문에서 발췌하고 원문에서 번역하여 모음집을 제공하고자 하는 꿈을 가지고 있었다. 세월은 생각한 것보다 너무도 빨랐고, 능력은 턱없이 부족하여서 그저 독일에서 나온 이 원전시리즈를 번역하여 제공하는 방향으로 흘러가게 되었다. 섭섭하고 흡족하지 않은 마음이 항상 있는 것은 사실이다. 그러나 우리 학문의 현주소에서 세월의 쏜살같이 빠름을 읽으며 아직까지도 이러한 원전모음집이 따로이 제시되고 있지 않음에서 아주 쓸모없는 작업은 아니라는 위안을 스스로 하고 있다. 더욱이 원전모음집이 계속해서 새롭게 등장하고 있는 독일의 모습에서 아리스토텔레스가 형이상학 1권에서 언급하고 있는 바와 같이 '과거 사상가들의 노력이 없이 오늘 우리의 노력도 없다'는 생각을 하게 된다. 그렇다면 다른 나라 학자들이 원전에서 발췌, 번역, 편집한 것을 우리말로 충실히(?) 바꾸어서 학문하는 사람들, 인간의 족적을 접하고자 하는 모든 이들이 읽게 하는 것도 또 하나의 꼭 거쳐야 하는 과정이라고 생각하기로 했다.

　1988년 유학생이었던 필자에게 감사의 표시로 어느 신학도가 준 『종교개혁』은 그 해에 출판된 하이코 아우구스티누스 오버만의 편집본 3판이었다. 이번에 한국신학연구소에서 출판하는 『종교개혁』은 바로 이 오버만의 책으로 공부를 하며 신학자가 된 폴커 렙핀이 완전히 새롭게 편집한 책이다. 자신이 오버만의 책으로 공부하였다는 것을 렙핀이 머리말에서 회상하면서 세대에서 다음 세대로의 학문의 발전이 어떠한가를 생각하게 한다. 시간은 너무도 빠르고 그 빠름에 얹혀서 성실하게 한 발짝 한 발짝 전진하는 학문은 쉬지 않고 달려가지만 그 변화는 한눈에 모두 보이지 않는다. 나태하게 머물러 있으나 쉴 새 없이 정진을 하나 차이가 없어 보이는데, 실제로는 따라잡을 수 없을 만큼 엄청난 차이를 가져 온다. 오버만의 『종교개혁』을 가지고 신학을 했다는 렙핀의 회상은 오래된 책 『종교개혁』을 번역, 출판하는 본인의 마음을 조금은 편하게 만들어준다. 올해는 필자가 유학을 떠난 지 꼭 30년이 되는 해이다. 30년 전 손에 쥐게 되었던 『종교개혁』을 2017년 오늘 출판한다는 것은 그저 머물러 있는 것, 진부한 것을 나른하게 소개하는 것이 아니라는 말을 동일한 책을 새로이 편집해서 제공하는 렙핀이 대신 해주는 것으로 듣고 싶다.

이 교회와 신학 원전모음집 시리즈는 고대, 중세, 종교개혁, 근세, 현대 총 다섯 권으로 되어 있다. 『고대교회』와 『중세교회』를 각각 출판할 때마다 '다음 권의 출판을 소망한다'는 표현을 하였다. 그런데 『종교개혁』을 출판하면서는 근세와 현대도 번역, 출판하겠다는 말을 하지 않으려 한다. 그 이유는 그 시대는 역사연구에서 손을 뻗으면 닿을 수 있는 거리에 있는 듯 보이는 탓이기도 하고, 다양한 원전을 접할 수 있기도 하기 때문이다. 그리고 필자에게도 빗겨가지 않는 세월 탓에 그 작업을 장담할 수도 없고, 고대교회를 전공한 필자에게 더 시급해 보이는 작업도 있어 보이는 것도 사실이기 때문이다. 본인은 이렇게 지금까지의 작업에 한 단락을 맺어도 나름으로는 책임을 다한 것처럼 생각이 들어서 다음 권의 기약은 하지 않겠다. 앞날은 알 수 없지만……

편안하지도 않았고 학문적인 노력을 경주할 환경도 아닌 시절에 이루어진 『종교개혁』의 출판은 하나님의 은혜로 이루어졌다. 오늘의 내가 된 것이 하나님의 은혜이지만…… 이 자리를 빌어서 편한 한국어가 되도록 정독을 해 준 대전신학대학교 학생들에게 감사의 마음을 전한다. 그리고 이제는 손녀들에 둘러 쌓인 상태에서 긍정의 힘을 보여 주며 항상 힘이 되어 주는 아내에게 평상시 가지고 있는 고마움을 표하고 싶다. 어려운 출판 환경 속에서도 기꺼이 출판을 해 주는 한국신학연구소와 그곳에서 자리를 지키며 모든 작업을 해 주신 함승우 국장님께 감사의 인사를 드리며 모든 일에 정진이 있기를 기원한다.

루터의 종교개혁 500주년을 기념하는 해에
대전신학대학교 연구실에서

목 차 | Contents

1. 요한네스 로이힐리과 유대교적 박식함 · 21
   a) 인간 지혜의 총체 예수 그리스도(De Verbo mirifico 제3권) · 21
   b) 십자가의 필요성(De Verbo mirifico, 제3권) · 24
   c) 탈무드 소각 반대(유대교 문서에 대한 소견, 1511) · 25

2. 스콜라 신학에 대한 조롱: 애매모호한 자들의 편지들 · 29

3. 로터담의 에라스무스 · 33
   a) 그리스도교 기사의 무기들(Enchiridion militis christiani, 1503) · 33
   b) 교황들의 타락(Laus stultitiae 59, 1511) · 35
   c) 그리스도의 단순한 철학(In novum testamentum Praefationes: Paracelsis, 1516) · 38
   d) 신학의 방법(In novum testamentum Praefationes: Methodus, 1516) · 41

4. 교황 레오 10세: 교서 "Pastor aeternus"(1516) · 44

5. 니콜라우스 코페르니쿠스, 천체의 운행: 교황 바울 3세에게 헌정(1543) · 47

6. 종교개혁 전야의 한 명의 경건신학자: 요한 폰 슈타우피츠 · 54
   a) 예정(Libellus de exsecutione aeternae praedestinationis c. 4) · 55
   b) 죄인들의 칭의(Libellus de exsecutione aeternae praedestionis

c. 6) • 56

c) 영적 결혼(Libellus de praedestinatione c. 9) • 58

7. 자신의 발전 초기에 대한 루터의 회고 • 59

a) 참회(poenitentia)의 발견(1518년 5월 30일 Resolutiones에 관해서 슈타우피츠에게 보내는 헌정사) • 60

b) 의(iustitia)의 발견(1545년 라틴어 작품의 서문) • 63

8. 루터의 첫 번째 시편 강의 • 65

a) 기독론적 성경해석(Dictata super Psalteriusm 1513-1515에 대한 서문) • 66

b) 의와 겸손: 시편 71(72)편 주석 • 69

c) 그리스도의 오심: 약속과 예비(시 113 [115], 1에 대한 주해) • 71

9. 루터의 로마서 주해 • 74

a) 낯선 의의 필연성(로마서 주해 1, 1) • 75

b) 의인이며 동시에 죄인(로마서 주해 4, 7) • 76

10. 비텐베르크의 아우구스티누스 주의 • 79

a) 하나님 앞에 선 인간(Questio de viribus et voluntate hominis sine gratia disputata, 1516. 9. 25) • 80

b) 스콜라 철학에 대한 칼슈타트의 논제(1517년 4월) • 82

c) "우리의 신학과 성 아우구스티누스"(요한 랑)에게 보내는 루터의 서신 1517. 5. 18) • 84

11. 루터: 스콜라 신학에 대한 공개 논쟁(1517. 9. 4) • 85

12. 면죄부 논쟁 • 88

a) 비텐베르크에서의 면죄부 관행: 궁정 교회에 있는 유물 • 89

b) 마인츠의 주교 알브레히트, 면죄부 지침 • 91

c) 루터의 면죄부에 반대하는 95개 논제 • 93
　　d) 텟첼의 답변: 50개 입장정리(1518년 5월) • 98

13. 새로운 십자가 신학: 하이델베르크 공개논쟁의 신학적 논제 (1518. 4. 26) • 100

14. 루터에 대한 재판의 개시 • 104
　　a) 실베스터 프리에리아스: 교회의 교황제적 구조 • 105
　　b) 아욱스부르크 청문회에 대한 루터의 보고(1518) • 106

15. 비텐베르크의 대학개혁: 멜란히톤의 취임강연(1518. 8. 28) • 111

16. 라이프치히 공개논쟁: 교회에 있는 진리의 십급들 • 116

17. "Exsurge Domine": 1520년 6월 15일 파문위협 교서. 후텐이 주해를 함 • 118

18. 루터의 주변 인물들 • 125
　　a) 멜란히톤의 24개 학사학위 논제(1519. 9. 9) • 126
　　b) 개신교의 첫 번째 교과서: 1521년 Loci mommunes: 서론 • 127
　　c) 안드레아스 칼슈타트: 복음과 율법에 대한 박사학위 논제(1521. 10. 11) • 129

19. 루터의 "선행에 관한 설교"(1520) • 131

20. 루터의 세 권의 "종교개혁 주요문서" • 135
　　a) "기독교인 신분 개선에 대한 독일 기독교 귀족들에게"(1520년 8월) • 135
　　b) "De captivitate Babylonica(교회의 바벨론 포로)"(1520년 10월) • 138
　　c) "기독교인의 자유"(1520년 11월) • 141

21. 보름스 제국의회 · 148
    a) 제국의회에서의 루터의 고백(1521. 4. 18) · 149
    b) 황제의 진술(1521. 4. 19) · 154
    c) 보름스 칙령(1821. 5. 8/26) · 155
    d) 알브레히트 뒤러: 루터에 대한 탄식(1521. 5. 17) · 161

22. 바르트부르크에서의 생산적인 문서 활동 · 165
    a) 루터의 9월 성경의 서문 · 166
    b) 수도사 서약에 대한 루터의 반박 · 170

23. 루카스 크라낙흐의 그리스도와 적그리스도의 수난 · 174

24. 케텐박흐, 노부인과의 대화 · 180

25. 한스 작스: 비텐베르크의 나이팅게일 · 186

26. 제2의 종교개혁 중심지: 취리히 · 191
    a) 동기: 금식 중단 · 192
    b) 취리히 논쟁 · 195
    c) 옛 신앙을 고수하는 사람이 취리히에서 일어난 변화에 대해서 주는 보도: 게롤트 에들리바흐 · 201

27. 남부 독일 지역에서의 도시적 종교개혁 · 205
    a) 라자루스 슈펭글러, 설교시간 변경을 위한 소견서(1519년 1월 4일 이전) · 207
    b) 시의회 서기 외르크 푀겔리: 한 평신도의 신학적 독립(1523년 7월) · 210
    c) 카리타스 피르크하이머, 뉘른베르크 의회에 보내는 청원서(1524) · 212
    d) 카타리나 첼: 남편인 마티아스 첼을 위한 사과(1524년 9월) · 215
    e) 카르파르 헤디오, 슈트라스부르크 뮌스터에서의 설교(1524. 11. 20) · 219

28. 안드레아스 칼슈타트: 루터의 동역자에서 "열광주의자"로 · 223
   a) 비텐베르크의 소요 · 224
   b) 오를라뮌트의 평신도 신학자들 · 232
   c) 칼슈타트의 영성주의에서 나타나는 종교개혁자들의 내분: 칼슈타트, 예수 그리스도 성례전의 오용에 관한 대담(1524) · 235

29. 토마스 뮌처의 신비주의와 천년왕국설을 아우르는 신학 · 238
   a) 프라하 선언(1521. 11. 1) · 239
   b) 다니엘서 2장에 관한 "제후들 설교"(1524년 7월) · 240
   c) 농민들 편을 선택: 한스 차이스가 말하는 알슈테트에서의 뮌처의 설교(1524. 7. 28) · 242

30. 재세례파 · 246
   a) 츠빙글리의 개혁의 과격화인 제세례파 · 247
   b) 뮌처의 유산인 재세례파: 한스 후트 · 257
   c) 폭력성향의 재세례파: 뮌스터의 재세례파 왕국 – 뮌스터의 세속 정부의 질서(1534) · 258

31. 영성주의 · 262
   a) 카스파르 폰 슈벵크펠트, 중생의 등급(1529) · 263
   b) 세바스챤 프랑크, 파라독사(1534) · 266

32. 자유의지에 관한 에라스무스와 루터 사이의 논쟁 · 269
   a) 에라스무스, 자유의지에 관한 논문(1525. 9) · 270
   b) 루터, 노예의지론(1525) · 274

33. 농민전쟁 · 286
   a) 농민층의 12개 요구 조항 · 286
   b) 슈바르츠발트 지역 농민들의 "요구조항 문서" · 292
   c) 수녀원을 향한 폭도들의 위협 · 294

d) 농민들과의 충돌 때 나온 루터의 두 왕국론 · 296

세속 정부의 종교개혁 도입

34. 1526년 슈파이어 제국의회 · 304
    a) 황제의 제안(1526. 6. 26) · 304
    b) 제국의회의 의결(1526. 8. 27) · 306

35. 헤센의 노력: 공동체의 원리와 종교개혁 · 307
    a) 홈베르크 교회 규정(1526) · 308
    b) 루터의 응답: 너무 서둘지 말라! · 312

36. 작센 방식: 교회 순시 · 314
    a) 루터의 독일어 미사 · 315
    b) 슈팔라틴의 교회 순시 지침 · 318
    c) 1528/9년 코부르크 지역 교회 순시 기록 · 320
    d) 루터, 소요리문답 서문(1529) · 321
    e) 멜란히톤, 영주 직분론(1539) · 323

37. 제2차 슈파이어 제국의회 1529년 · 326
    a) 개신교 제국의회 의원들의 항의서(1529년 4월 20일) · 326
    b) 슈파이어 제국의회의 결정 · 328

38. 북구에서의 종교개혁이 펼친 영향력: 부겐하겐의 함부르크 교회 규정(1529) · 331

성만찬 논쟁

39. 코르넬리우스 헨드릭스 호엔, 독특한 성만찬 해석(1525년 8/9월 출판) · 338

40. 루터와 츠빙글리의 논쟁 · 341

a) 몸과 영 • 341
　　b) 성만찬 제정사 해석 • 346
　　c) 기독론적 차원 • 350

41. 마르부르크 종교회담 • 353
　　a) 안드레아스 오시안더의 보고서(1529년 가을) • 354
　　b) 츠빙글리의 보고서(1529년 10월 20일 바디안에게 보내는 편지) • 359
　　c) 마르부르크 회담 항목 • 361

1530년 아욱스부르크 제국의회

42. 아욱스부르크 신앙고백(Confessio Augustana) • 366
　　a) 본문 • 367
　　b) 코부르크 성채의 선제후 요한에게 보내는 루터의 서신(1530. 5. 15) • 371

43. 츠빙글리, 신앙에 관한 해명(1530. 7. 3) • 372

44. 네 개 제국도시의 신앙고백(Confessio Tetrapolitana, 1530. 7. 9) • 377

45. 아욱스부르크 신앙고백 반박(Confutatio Confessionis Augustanae, 1530. 8. 3) • 379

46. 첫 번째 제국의회의 결정(1530. 9. 22) • 385

47. 슈말칼덴 동맹 체결(1531. 2. 27) • 387

루터 진영에서의 신학적 공고화

48. 루터: 인간론(Disputatio de homine, 1536. 1. 14) • 390

49. 비텐베르크 일치(1536. 5. 28) • 396

50. 슈말칼덴 조항 · 398

51. 비텐베르크 진영에서 발생한 논쟁들: 반율법주의자들에 대한 첫 번째 반대 논증에 대한 루터의 테제들(1537. 12. 18) · 407

52. 아리스토텔레스 재수용: 멜란히톤, 아리스토텔레스 생애에 관한 강연 · 440

53. 루터의 창세기 강의 · 412

   a) 세 개의 신분: 교회, 사회, 가정(창 2: 16f. 주석) · 412

   b) 하나님과의 참된 사귐과 거짓된 사귐(창 19: 14 주석) · 415

54. 후기에 나타나는 완고해진 증거들: 루터, "유대인들과 그들의 거짓말들"(1543) · 418

55. 종교회담들 · 420

   a) 보름스 종교 담화: 아욱스부르크 신앙고백 변경판(Confessio Augustana Variata, 1540) 조항 4(칭의) · 421

   b) 레겐스부르크 종교 담화: 레겐스부르크 문서 · 423

56. 잠정안(Interim) · 429

   a) 아욱스부르크 잠정안(1548. 5. 15) · 430

   b) 멜란히톤이 브란덴부르크 후작 요아킴에 보낸 서신(1548년 7월 31일) · 434

   c) 마티아스 플라키우스 일뤼리쿠스, 공의회, 잠정안, 비본질 논쟁으로 인해서 그리스도로부터 적그리스도로 타락한 자들의 치욕스러운 죄 선언(1550년경) · 437

   d) 막데부르크 신앙고백 · 440

57. 아욱스부르크 종교강화(1555년 9월 25일) · 445

58. 요한네스 칼빈과 칼빈주의의 국제적인 확산 · 447

a) 제네바에서의 종교개혁 • 448

b) 하이델베르크 교리문답 • 474

c) 프랑스로의 칼빈주의 영향력 확산 • 479

d) 칼빈주의의 교리적 공고화: 도르트레히트 공의회, 법령들, 조항 1(1618. 11. 13-1619. 5. 29) • 486

59. 루터교의 형성 • 490

a) 멜란히톤의 교리체계 서문(1560) • 490

b) 마티아스 플라키우스, 성경의 열쇠(Clavis Scripturae Sacrae, 1567) • 492

c) 이탈자 처리: 1572년 작센의 마녀법령 공포 • 496

d) 일치신조: 루터교의 계속되는 일치(1577) • 497

e) 교훈적인 루터교 정통주의의 형성 • 501

f) 루터교가 처한 상황에서의 경건신학 • 508

60. 로마 가톨릭 형성을 위한 옛 신앙적인 개혁 • 522

a) 가톨릭의 개혁과 종교개혁 방어 • 523

b) 예수회 • 529

c) 트리엔트 공의회(1545-1563) • 537

d) 가톨릭의 개혁과 제국에서의 반종교개혁 • 552

61. 영국 교회 • 573

a) 영국 왕의 수장령(1534. 11. 3) • 574

b) 영국 교회의 신앙고백. 39개 조항(1563) • 576

c) 의회에 보내는 첫 번째 경고(1571) • 580

d) 리차드 후커, 교회통치령에 관하여(1594/97) • 581

62. 30년 전쟁과 베스트팔리아 평화조약 • 585

a) 호에 폰 호에넥, 라이프치히 회의 앞에서의 시편 83장에 관한 설교 • 586

20 / 교회와 신학의 역사 원전 III

      b) 구스타프 아돌프 예찬: 제국의 광채-내는 자 (1632) • 589
      c) 안드레아스 그리피우스, 조국의 눈물(1636) • 591
      d) 고통을 승화시키는 찬송: 파울 게르하르트 • 592
      e) 베스트팔리아 평화조약(1648) • 596
      f) 그림멜스하우젠, 모험적인 심플리키시무스 3세, 20 (1668) • 598

성경색인 • 601

내용색인 • 606

인명색인 • 610

번역된 원전색인 • 614

1. 요한네스 로이힐린과 유대교적 박식함

특별히 루돌프 아그리콜라(1443-1485)를 매개로해서 15세기 중반부터 인문주의는 알프스 북부에도 발을 뻗쳤다. 그의 인문주의적인 연결망에 포함되어 있는 자들 중에는 포르츠하임의 요한네스 로이힐린도 속해 있었다. 이 사람은 법학 공부를 한 후에 뷔르템베르크 궁정과 슈바벤 동맹 안에서 돋보이는 위치를 가지고 있었다. 원전과 고전어에 대한 요구는 그를 1484년부터 히브리어 습득으로 이끌었다. 이 언어의 지식을 바탕으로 그는 카발라 문자에 관심을 가지게 되었다. 세속 종교, 유대교, 기독교의 종교 대표자들 간의 대화록인 1494년에 나온 "De Verbo mirifico"에서 그는 다양한 전통들을 아우르는 시도를 하였다(본문 a와 b). 유대교 문자를 아는 자라는 그의 명성은 유대교에서 기독교 신앙으로 전향한 요한네스 페퍼코른(1469-1522/3)이 날카로운 공격을 한 뒤에 그로 하여금 유대교 서적을 몰수하고 폐기시키는 것의 정당성에 대해서 입장표명을 하는 소견서를 내게 하였다(본문 c). 그러한 것을 금지하는 것을 반대하는 로이힐린의 입장은 도미니크 파의 야콥 폰 혹스트래텐(약 1465-1527)으로 하여금 그를 상대로 소송을 하도록 하였다. 이 재판은 로마 쪽 위원회의 심사숙고에도 불구하고 유대교 서적들에 유리하도록 로이힐린의 책들이 금서가 되게 하였다.

a) 인간 지혜의 총체 예수 그리스도(De Verbo mirifico 제3권)

CAPNION[1]: …… 이제 당신들은 도대체 기적을 일으키는 말씀(verbum mirificum)이 무엇인지 압니다. 그런데 당신들은 이렇게 묻습니다: 그의 이름은 어떻게 부릅니까? 그것은 이전에 나열되어왔던 많은 것 중 하나인가요? 아니면 이런 것들을 넘어서 완전히 다른 것인가요? 그러나 우리는 우리에게 감추어지고 비밀스러운 일들을 가르쳐주는 성경을 따라야합니다(imitari). 그러니까 우리의 이러한 사색이 했던 대화를 생각해 봅시다: 말씀은 — 품 안에 있는 손, 볼 수 없는 하나님 그리고 형용할 수 없는 이름으로서(nomen ineffabile) — 마치 안경 모양의 단지 안에 있는 기름처럼 아버지 안에 있습니다. 그런데 이 말씀이 육신이 되고나서는 아버지에게서 나오시고, "하늘을 드리우고 강림하시고"(삼하 22:10), 주님께서는 자기 손을 높은데서 아래로 뻗으시고, 하나님께서 지상에 나타나셔서는 사람들과 교류하셨습니다. 그래서 그에게는 발음에서는 새로운 이름이 만들어졌는데, 주님의 입이 부른 것입니다: 부은 기름. 안경 모양, 곧 매끄럽게 다듬어진 병이 열리고, 기름의 아들의 산이 사랑하는 자를 위한 포도원이 되었습니다(사 5:1 비교). 그곳에서 아들 자신이 참 포도나무이며 그 부은 기름은 그의 이름입니다. 따라서 하나님께서 그의 모든 동료들과 그의 모든 동반자들보다 먼저 그에게 기쁨의 기름을 바르셨습니다. 이제 이 신탁, 곧 가장 성스럽고 하나님의 말씀으로부터 우리는 이런 결론을 내립니다. "메시야", 곧 기름 부음 때문에 "그리스도"라고 번역이 된 이것이 그 유명한 이름입니다. — 또는 다른 이름, 곧 그리스도를 더 손쉬운 발음형태와 독특한 방식으로 하나님의 아들이라고 표시하는 것입니다……

집중하십시오! 그러니까 이제 드디어 우리는 이름을 찾게 되는 문에 아주 가까이 왔고 거의 코앞에 있게 되었습니다. 거룩 거룩한 복음이 다음의 이야기를 합니다: "여섯째 달에 천사 가브리엘이 하나님의 보내심을 받아 나사렛이란 동네에 가서 다윗의 자손 요셉이라 하는 사람과 약혼한 처녀에게 이르니 그 처녀의 이름은 마리아라. 그에게 들어가 이르되: '은혜를 받은 자여 평안할지어다. 주께서 너와 함께 하시도다. 여인 중에서 복 받은 자로다.' 처녀가 그 말을 듣고 놀라 이런 인사가 어찌함인가 생각하매 천사가 이르되: '마리아여 무서워말라. 네가 하나님께 은혜를 입었느니라. 보라 네가 잉태하여 아들을 낳으리니 그 이름을 예수라 하라. 그가 큰 자가 되고 지극히 높으신 이의 아들이라 일컬어질 것이요."
(눅 1:26-32) 당신들에게 이 사건의 전모를 말하지 않고 우리 사안과 관련된 한에서만 뒤에 삽입하려고 합니다: "할례할 팔 일이 되매 그 이름을 예수라 하니 곧 잉태하기 전에 천사가 일컬은 바라"(눅 2:21) 아 축복의 시간이여, 아 행복한 광명의 순간입니다, 최고로 명민한 사람들이며 최고로 사랑스러운 학문의 동역자들이여, 곧 우리가 그 황홀하며 그토록 장엄하며 그렇게 승리에 찬 이름을 발견한 순간입니다. 그의 뜻과 능력으로 말할 수 없이 거대한 온 천지뿐 아니라 영광에 찬 세상 너머의 영역과 천상 천하의 모든 권세가 다스려지는 이름입니다! 고귀한 기쁨으로 보답이 되며 우리들 사이에 존재하는 그 확실하며(infallibilis) 세세에 무궁한 사랑의 끈을 갖추고 있으며, 모세가 율법에 다른 선지자들이 그분에 대해서 기록하였던 그 이름을 우리가 발견했습니다: 예수, 종종 사모하며, 오래도록 염원하였고 열심히 찾았던 이름, 가장 고귀하고 가장 탄복할 이름, 경건하고 거룩하며 존귀한 이름을 말입니다. 그 이름에 모든 거룩한 이름들이 관련되어야 하며 모든 이름들 너머에 있으며, 하늘과 땅에서 불려지고 다음 세상에서도 그러할 이름이며, 놀라운 이름이요, 기적을 일으키는 이름입니다. 그 이름은 목소리로 전달될 수 있지만 소리의 길이 이상으로는 부를 수 없으며, 네 개의 문자가 아니라 다섯 개의 문자를 가진 이름입니다(non Tetragrammaton sed Pentagrammaton).[2] 천상과 천하에 그 이름 예수에게 마주서려고 할 권세는 없습니다. 더 거룩하며 더 경건할 수 있는 다른 이름은 없습니다: 그 이름의 문자들이 하나님이고, 음절은 영이요, 발성 전체는 신인입니다.

> 원전/번역: Johannes Reuchlin, Sämtliche Werke. I/1: De Verbo mirifico, hg. v. W.-W. Ehlers, Stuttgart-Bad Cannstatt 1996, 354-359. —참고문헌: 본문 b를 보라.

b) 십자가의 필요성(De Verbo mirifico, 제3권)

CAPNION: 그렇지만 저를 믿으십시오: 십자가 없는 그리스도는 없습니다. 그분의 십자가는 우리의 복입니다. 높이 쳐든 손을 가지고 모세는 십자가를 앞서서 상징하였고(praefiguravit) 아말렉은 패하였습니다(출 17:11-13); 에스겔서에서는 십자가의 T자가 그 표시를 받은 자들을 구하였습니다(겔 9:4). 아주 과거 시대의 저자들에게서 나오는 십자가는 주술가들의 옛 징표였지만(그것이 아라비아 저자들 모음집에 포함되어 있다고 기록이 되어 있습니다), 십자가에는 예수의 이름이 없기 때문에 우리는 거기에서 능력을 발휘하는 힘이 나온다 하는 그런 것은 전혀 말하지 않습니다. 때문에 우리는 아주 행복하게—주교 마틴의 증언을 따라서[3]—예수를 십자가와 함께 그리고 십자가를 예수와 함께 찾고 동시에 발견합니다. 이것이 바로 하늘에 나타나는 인자의 상징입니다(마 24:30). 이것이 낙원에 있는 두 번째 나무, 곧 먹기에는 달고 보기에는 아름답고 볼만한 광경을 제시하는 생명나무이지만 금지된 나무가 아니라 제공된 나무입니다: "너희가 먹는 날에는 눈이 열려서 하나님과 같이 되어."(창 3:5) 이것은 기적을 일으키는 나무로, 주님께서 모세에게 가리켜 준 것이고 그것으로 그가 쓴물을 달게 바꾼 나무이다: "백성이 모세에게 원망하여 이르되: '우리가 무엇을 마실까?' 하매 모세가 여호와께 부르짖었더니 여호와께서 그에게 한 나무를 가리키시니"(출 15:24f.). 왜 여호와께서 수르 광야와 숲이 무성한 오지에서 하나의 나무를 가리키셨어야만 했을까요?: 그 많은 나무들, 가지들과 줄기들과 나무 중심부들과 관목들을 처분할 수 있고 가지고 계신 분이. 그런데 히브리어 본문에는 이 부분에 "지도하다", "보여주다", "가르치다", "법을 제시하다"를 의미하는 한 단어가 있습니다. 여기서 알 수 있는 것은 하나님께서 자기 선지자에게 일종의 비밀스러운 교육방식으로 이 십자가, 곧 히브리인들에게 비슷한 어휘로 일컬어지는 그 십자가의 능력을 드러내신 것입니다. 그 때문에 성경은 "나무를 잡아라"고 하지 않고 "하나님께서 그에게 나무를 가리키시고"라고 하는데, 이것은 이렇게 읽을 수 있습니다: "하나님께서 십자가에 관해서 그를 지도하셨다" 또는: "하나님께서 그에게 십자가를 가리키셨다." 이것이 바로 제왕적인 예언자가 "당주의 얼굴의 광채를 우리에게 비추소서 우리가 구원을 얻으리이다"(시 80, 4. 8. 19)라고 노래할 때 장미와 백합화를 향하여 하듯 바랬던 그 알려진 얼굴의 광채입니다. 피타고라스파 철학자들의 가르침[4]이나 히브리인들의 카발라 신비주의가 불쾌하지 않다면 "입상", "나무", "십자가", 그리고 다윗이 여호와께 아뢰게 된 이유인 "당신의 얼굴 광채"는 상호 동일합니다. 그래서 십자가 없이가 아니라 십자가와 함께 우리 역할은 가벼워집니다.

> 원전/번역: Johannes Reuchlin, Samtliche Werke. I/1: De Verbo mirifico, hg. v. W. -W. Ehlers, Stuttgart-Bad Cannstatt 1996, 406-409. —참고문헌: C. F. Zika, Reuchlin's >De verbo mirifico< and the Magic Debate of the Late Fifteenth Century, in: JWCI 39 (1976) 104-138.

c) 탈무드 소각 반대(유대교 문서에 대한 소견, 1511)

세 번째로 저의 소견에 근거를 제시하기 위해서 선악을 알게 하는 나무를 근거로 삼겠습니다; 왜냐하면 바로 이 나무를 하나님 스스로 낙원에 심어두셨기 때문에(창 2:9) 어떤 사람에 의해서도 파괴되지 않게 하셨기 때문입니다. 하나님께서 금지하셨기 때문이지요(신 20:19). "그곳의 나무를 찍어내지 말라. 이는 너희가 먹을 것이 될 것임이니." 그래서 아담과 하와가 거기에서 죽음을 먹었지만, 하나님께서는 그 나무를 찍어내지도 태워버리시지 않고 우리가 매일 경험하는 바와 같이 오늘까지 남겨두셨던 것입니다.

오늘날 우리 중 어떤 사람들은 탈무드에는 나쁜 것들이 많이 있다고 말하고 있지만 그렇더라도 우리가 이 나쁜 것들을 읽고 연구하는 것은 나쁘지 않습니다: 나쁜 것을 따르기 위해서가 아니라 옳은 것을 더 쉽사리 알고 그것을 추구하려고 하는 겁니다(D. 37 c. 11[5])…… 이 본문에서 우리는 선한 것과 악한 것을 함께 읽고 연구할 수 있다는 것을 읽게 됩니다; 나쁜 것은 이성적인 말로 올바르게 가르치기 위해서, 가시 가운데에 있는 장미와 같이 그 가운데 있는 선한 것은 거룩한 가르침을 펼 때 사용하기 위해서(같은 곳 c. 8)[6]

그러니까 네 개의 고상한 능력이 묘사된 탈무드에 대해서 완전히 악해서 선한 것은 전혀 배울 수 없다고 정당하게 말할 수 있거나 그런 능력을 가진 사람은 없습니다. 말하자면 그것은 선한 처방전들과 식물과 뿌리들에 관한 지식들 그리고 노련한 유대인들을 통해서 온 세상에서 모은 많은 선한 법적 기준들을 가지고 있습니다. 그래서 신학에서는 탈무드에 있는 많은 곳이 유대인들의 불신앙적인 계교에 대한 우리의 무기입니다; 부르고스의 주교가 성경에 관해서 >Scrutinum<에 그리스도교적이면서 칭찬할 만하게 저술한[7] 그의 저서에서 드러나는 바와 같이 그는 우리 믿음을 탈무드에서 얻은 주장으로 명확하게 변호하였습니다. 저는 그의 작품 >Scrutinum< 첫 부분에서만 그가 유대교를 상대로 탈무드에 근거로 삼는 구절들을 50개 이상 표시하고 그 수를 세어 보았습니다. 이 작품에서 그가 탈무드를 우리 그리스도인들에게 유리하도록 하기 위해서 다루고 있는 두 번째 부분은 전혀 언급하지 않

겠습니다. 서문에서 그가 기록하고 있습니다: 탈무드 학자들의 어구들과 명문들은 우리가 거기서 유대교를 상대로 강력하면서도 결정적인 논거를 얻을 수 있도록 되어 있다; 이는 이런 것을 가르치는 자들이 하나님의 감추어진 비밀과 관련될 때 이리저리로 예언을 하였지만 자기들이 말하는 바를 마치 가야바처럼(요 11:49) 모르기 때문이다. 여기에 바로 적의 발언은 효과 있는 증명이 되는 것이다.

 이 모든 것에서 분명하게 깨달아야 하는 것은 탈무드가 아주 철저히 나쁜 나무, 그러니까 선한 열매는 전혀 맺지 못하고 그래서 찍어내어 불살라야 하는 나무(마 3:10)가 아닙니다. 반대로 선한 것을 많이 갖고 있으며 그래서 이해력이 있는 사람들은 거기에서 선한 것을 많이 얻을 수 있습니다. 그렇지만 우리의 자비로운 주, 곧 로마 황제께서는 제후 각하들께 이 일을 어떤 근거와 어떤 절차로 끌고 가야 할지 거기에 대한 소견을 가지고 오라는 명령을 내리셨습니다—각하들께서 이것을 생각하고 소견을 표하게 하라고 저에게 책무를 부과하신 바를 말합니다. 그 때문에 저의 형편없는 생각에 따라서 제가 할 수 있는 최선의 조언은 하나님과 우리 그리스도교 신앙 때문에 황제의 권위가 독일에 있는 각 대학교에 10년 동안 대학생들과 학생들에게 클레멘스 교령들이 언명한 바와 같이(1, 5f. 1 c. 1[8])) 히브리어를 가르치고 지도할 수 있고 그렇게 할 두 명의 선생을 두도록 하는 것입니다. 나아가서 우리 영토에 거처를 가지고 있는 유대인들이 자기들의 책을 기꺼이 또 선한 이웃으로서 빌려주므로 우리를 돕도록 해야 합니다. 물론 합당한 보증금을 받으며 그 어떤 손상도 피하면서, 인쇄나 필사로 우리 각자가 책을 가질 수 있게 될 때까지 말입니다. 그렇게 된다면 몇 년 안에 우리 대학생들이 이 히브리어로 지도를 받을 수 있게 됨으로 합리적이고 우호적인 말과 온유한 마음으로 유대인들을 우리에게 이끌 줄 알게 될 것이고 그럴 능력을 가지게 되리라고 믿어 의심치 않습니다.…… 유대인들의 책들은 소각하면 안 되고 온유하고 선하게 행해지는 이성적인 논의와 하나님의 도움으로 그들을 우리 신앙으로 이끌어야합니다.

> 원전/번역: Johannes Reuchlin, Gutachten über das judische Schrifttum, hg. u. übers. v. a. Leinz-v. Dessauer, Stuttgart 1965 (Pforzheimer Reuchlinschriften 2), 58-63. 104-107. －참고문헌: H.-M. Kirn, Das Bild vom Juden im Deutschland des frühen 16. Jahrhunderts dargestellt an den Schriften Johannes Pfefferkorns, Tübingen 1989 (Texts and Studies in Medieval and Early Modern Judaism 3); A. Herzog/J.H. Schoeps (Hg.), Reuchlin und die Juden, Sigmaringen 1993; H. Peterse, Jacobus Hoogstraeten gegen Johannes Reuchlin. Ein Beitrag zur Geschichte des Antijudaismus im 16. Jahrhundert, Wiesbaden 1995 (VIEG 165); Gerhard Dörner, Art. Reuchlin, in: TRE 29 (1998), 94-98; E. Rummel, The Case against Johann Reuchlin. Religious and Social Controversy in sixteenth century Germany, Toronto u.a. 2002; D. Hacke (Hg.), Die Welt im Augenspiegel. Johannes Reuchlin und seine Zeit, Sigmaringen 2002 (Pforzheimer Reuchlinschriften 8).

1) 카프니온은 대화록 안에서 포르츠하임에서 온 그리스도인이다: 그 사람을 간단하게 로이힐린과 동일시하지 않고 그에게 가깝도록 하는 동일화. 문서에 대한 총체적인 이해를 위한 카프니온의 의미는 온전한 문서의 제목에서 드러난다: "Capnion seu De verbo mirifico."
2) 구약성경의 하나님 지칭인 거룩한 네 문자 יהוה에 대한 암시.
3) 뚜르의 마틴(약 336-397). 술피우스 세베루스가 자기의 마틴의 생애에서 전하는 표현을 말하는 것이 분명하다: "Ego Christum, nisi in eo habitu formaque qua passus est, nisi crucis stigmata praeferentem, venisse non credam" (PL 20, 174C).
4) 피타고라스(약 주전 570-약 497/6)와 결부되어서 비밀동맹으로 형성된 고대 철학파. 그 가르침의 중심에는 숫자의 연관 안에 근거를 둔 세계의 조화와 그에 상응하는 윤리의 필연성에 관한 확신이 있다. 피타고라스주의의 재발견은 르네상스 사상

가인 쿠스의 니콜라우스(1401-1464)와 그를 이어서 마르실리오 피치노(1433-1499)로 말미암아서 이루어졌다.
5) Corpus Iuris Canonici, hg. v. E. Friedberg. Bd. 1, Leipzig 1879 (= Graz 1955), 138. 교령집, 곧 그라티안(1150년경 사망)이 작성한 교회법령모음집은 중세 교회법의 핵심이었다.
6) 앞의 책 137f.
7) 부르고스의 파울루스(약 1352-1435): 살로몬 벤 레위는 1391년 그리스도교로 개종하였고 그때부터 파블로 데 산타 마리아로 불렸다. 1403년 카르타게나의 주교가 되었고 1415년 부르고스의 주교가 되었다. 그의 책『Scrutinium Scriptuarum contra perfidiam Judaeorum』은 유대교를 상대로 한 폭넓으며 학식이 있는 논쟁을 서술하였다. 마찬가지로 뤼라의 니콜라우스의 포스틸라(『중세교회』 60번을 보라)에 대한 그의 첨부도 넓게 확산되었다.
8) Corpus Iuris Canonici, hg. v. E. Frieberg, Bd. 2, Leipzig 1879 (= Graz 1955), 1179. 클레멘스의 교령들은 교령집을 점점 강력하게 증보되도록 한 보충들 가운데 속한다. 교황 클레멘스 5세(1303-1304)에게 그 기원을 둔다.

2. 스콜라 신학에 대한 조롱: 애매모호한 자들의 편지들

페퍼코른 논쟁은 이 논쟁의 구체적인 동기를 훨씬 뛰어넘는 후주를 동반하였다: 로이힐린은 자신의 태도에 힘을 실어주는 학식을 가진 친구들로부터 많은 편지를 받았다. 이 편지들을 1514년 "Epistolae clarorum virorum", "명민한 자들의 편지들"이라는 제목으로 출판하였다. 이것을 일단의 인문주의자들, 곧 에르푸르트의 크로투스 루베아누스(약 1545년 사망)와 울리히 폰 후텐(1488-1523), 그리고 어쩌면 이 사건들을 가까이에서 경험한 쾰른의 헤르만 폰 부쉐(1534년 사망)가 "Epistolae obscurorum virorum", "애매모호한 사람들의 서신들"이라는 제목의 풍자적인 문서를 발간할 기회로 삼았다. 스콜라 신학의 내용과 스타일을 사정없이 또 반성직주의적인 거친 방식으로 문제 삼은 문서였다. 루터의 스콜라 신학에 관한 논쟁이 나오기 2년 전, 그리고 비텐베르크에서의 첫 번째 신학교육 변경과 같은 시기에 이로써 전통적인 학교 신학이 공개적으로 조소거리가 되어버렸다. 그런데 창끝은 바로 루터가 자라났던 에르푸르트 인문주의적 분위기에서 날아들었다.

석사 콘라드 폰 츠비카우가 석사 오르트비누스에게 문안합니다. 당신이 그 경박스러움에 신경도 쓰지 않고 더 이상은 여인들을 사랑하지도 않고 아니면 심지어 한 달에 한 두 번 밖에는 취하지도 않겠다고 내게 편지를 보내서 내가 놀라워할 수 있는 것은 당신이 그런 것을 쓴다는 사실뿐이다. 그렇지만 나는 그 반대로 알고 있다. 최근에 쾰른에서 온 어떤 사람이 여기 있는데, 당신도 잘 알고 있고 또 거기서 항상 당신 주위에 있던 사람이다. 이 사람은 당신이 요한네스 페퍼코른[1]의 부인과 잠자리를 가졌고, 이것이 사실이라고 내게 증언하고 맹세까지 했다. 그래서 나는 그것도 믿고 있는 바이다. 당신은 심지어 사랑스러우며 심지어 오비드[2]에게서 온 사랑의 기술(ars amandi)도 정확히 알고 있다. 또한 내게 어떤 상인이 말하기를 쾰른에서는 우리 스승[3] 아르놀드 폰 톤게른[4]도 이 책을 기초 삼았다고들 한다고 하였다. 그분은 아직도 동정을 유지하고 있으며 여인과 접촉하지 않은 것으로 나는 정말로 알고 있다. 그 때문에 이것 하나는 분명한데, 곧 그가 설사 그렇게 했다거나 하려고 하더라도 — 그런데 나는 그렇게 믿지 않는다 — 잘 못한다는 것이 바로 인간의 모습이기 때문에 그가 나쁜 사람은 아니라는 사실이다. 당신은 내게 세상에 이보다 더 큰 죄가 없다고 하면서 이 죄에 관해서 편지를 보내며 많은 성경구절들을 제시하고 있다. 사실 그런 일이 옳지 않다는 것은 나도 알지만 성경 안에서도 어떤 사람들이 이렇게 죄를 범하였지만 복을 받았다는 사실도 발견하게 된다. 바로 삼손이 창녀와 잠자리를 했지만 그 후에 주의 영이 그의 위에 임하였다(삿 16:1-3). 심지어 나는 당신

과는 반대되는 증거를 아래와 같이 제시할 수도 있다.[5)]

악하지 않은 사람은 누구나 성령을 받는다.
그런데 삼손은 악하지 않아서
그가 성령을 받았다.

대전제를 나는 옳다고 여기는데, 이는 이렇게 기록되어 있기 때문이다: "악한 영혼에게는 지혜의 영이 임하지 않는다"(지혜서 1:4 참조). 그런데 성령은 지혜의 영이다. 그러므로…… 등등. 다음 문장은 분명하다. 왜냐하면 그 음행의 죄가 그토록 악한 것이라면 사사기에 분명히 나와 있는 것처럼 주의 영이 삼손에게 내려올 수 없기 때문이다. 또한 솔로몬이 삼백 명의 왕비들과 수없이 많은 처첩을 거느렸다고 하는 것을 안다.[6)] 그는 죽을 때까지 최고로 간음을 한 자였지만, 학식이 있는 자들은 항상 그가 구원을 받았다는 결론을 내리고 있다. 이 일은 당신에게 어떻게 보이는가? 나는 삼손보다 약하고 솔로몬보다 지혜가 부족하다. 그렇다면 나는 여기저기에서 쾌락을 즐기지 않으면 안 된다. 왜냐하면 의사들이 말하는 것처럼 그렇게 하는 것이 우울한 데에 효과가 있기 때문이다. 전도자는 "사람이 자기 일에 즐거워하는 것보다 더 나은 것이 없음을 보았나니"(전 3:22)라고 하고 있지 않은가. 그래서 나는 솔로몬과 함께 내 영혼에게 이렇게 말한다: "내 누이, 내 신부야, 네가 내 마음을 상하게 했구나. 네 눈으로 한 번 보는 것과 네 목의 털 한 오라기로 내 마음을 상하게 했구나. 내 누이, 내 신부야, 네 가슴이 어찌 그리 아름다운지, 네 가슴은 포도주보다 달콤하구나"(아 4:9f. 참조), 하나님 앞에서! 여인을 사랑하는 것은 시인 사무엘[7)]의 그 시와 같이 참으로 즐거운 일이다:

"사랑하는 성직자들이여, 처녀들 사랑하는 것을 배우라,

그들은 달콤한 입맞춤을 나눠줄 줄을
너의 청춘을 지켜줄 줄 아느니라."

사랑(amor)은 이웃 사랑이기도 하고 "하나님은 이웃 사랑"(요일 4:8)이기에 사랑은 악한 것이 아니다. 이 논증은 나와 상충되는 것 같다! 솔로몬은 이렇게도 말하고 있다: "사람이 그의 온 가산을 다 주고 사랑과 바꾸려 할지라도 오히려 멸시를 받으리라"(아 8:7 참조). 그래도 우리는 그렇게 합시다, 그러면 그 어떤 다른 것에 이르게 된다.

> 원전: Epistolae obscurorum virorum, hg. v. A. Bömer, Bd. 2, Heidelberg 1924, 26, 18-27, 30. 번역: Briefe der Dunkelmänner, W. Binder, München 1964, 34-37. ―참고문헌: G. Mensching, Die Kölner Spätscholastik in der Satire der Epistolae obscurorum virorum, in: A. Zimmermann (Hg.), Die Kölner Universität im Mittelalter, Berlin/New York 1989 (MM 20), 508-523; F. Rädle, Die *epistolae obscurorum virorum*, in: H. Boockmann (Hg.), Kirche und Gesellschaft im Heiligen Römischen Reich des 15. und 16. Jahrhunderts, Göttingen 1994 (AAWG.PH III, 206), 103-115.

1) 그에 대해서는 Nr. 1의 서론을 보라.
2) Ovid(기원전 43-기원후 17/18)는 기원전 1년에 ars amatoria, 곧 성공적인 구애와 사랑의 구현의 교훈시를 집필하였다.
3) magister nostre(우리 스승)에 관한 이야기는 신학자들의 양면적 타입의 자기 동일성으로 나타나고 있다.
4) Arnold von Torngern(약 1470-1540)은 1509년부터 쾰른 대학의 신학교수였는데 1512년 로이힐린을 반대하는 문서를 집필하였다.
5) 다음에 나오는 논증은 나타나는 모습으로는 고전적이면서 스콜라주의의 논리적인 논증을 규정하는 삼단논법, 곧 대전제, 소전제, 결론으로 이루어지는 논법의 모습을 가지고 있다.
6) 열왕기상 11장 3절은 700명의 왕비들과 300명의 첩을 언급하고 있다.

7) 이 구절들은 Jacob Hartlieb, De fide meretricum(1505)에 들어 있는 Carmen ad Clerum에서 왔다.

3. 로터담의 에라스무스

로터담의 데시데리우스 에라스무스(1466/9-1536)는 알프스 북부 인문주의의 중심인물이 되었다. 그를 오늘날의 연구는 완연하게 독자적인 개혁자로 여기며 이와 함께 그의 만년의 적수인 루터의 그늘에서 벗어나게 하였다. 한 사제의 아들이었던 그는 일찍이 고아가 되었다. 그리고 1487년 그의 후견인의 압력 때문에 아우구스티누스-참사회원이 되었다. 1492년 사제로 서품을 받았고 방랑의 삶을 시작했는데 파리, 이탈리아, 영국 바젤로 움직였다. 여기서 그의 생산적인 시절이 시작되었는데, 그것은 무엇보다도 방향성을 가지고 있는 서문을 첨부한 신약성경 희랍어 판(1516년)으로 말미암았다. 이것은 300년 동안 신약성경의 비평본의 근거를 제시하였다. 그에게는 언어학적인 노력 외에도, 모범으로 여기는 그리스도 안에 그 중심을 두고 있는 「philosophia Chrsitiana」의 보급도 중요한 일이었다. 「우신예찬」 안에 있는 것과 같이 때로 날카로운 그의 교회비판은 면죄부에 대한 루터의 비판도 기꺼이 받아들일 수 있도록 하는 배경을 이루었다. 그렇지만 종교개혁의 더 폭넓은 전개는 함께 실행하지 않았다.

a) 그리스도교 기사의 무기들(Enchiridion militis christiani, 1503).

하지만 무엇보다도 내가 생각하는 바는 이런 종류의 전쟁에는 다양한 원수들을 상대로 각각의 경우에 어떤 종류의 무기를 사용해야 하는가를 가능한 한 시험하고 고려하는 것이 필요하다는 것이다. 다음으로는 당신이 항시 준비가 되어 있으므로 공격해오는 자들이 한 번도 무기가 준비되어 있지 않고 영문도 모르고 있는 당신을 몰아세우지 않도록 해야 한다는 것이다.[1] 당신들의 전쟁에서 때에 따라서는 휴식이 허락되는데, 적들이 겨울진영에 진을 치거나 휴전에 돌입될 때이다. 우리의 이 육신을 가지고 싸움을 하는 동안에는 사람들이 말하는 바와 같이 무기를 우리에게서 손가락 넓이만큼도 멀리 두어서는 안 된다. 항상 진지를 예의주시하고 항상 깨어 있어야 하는데 이는 우리 원수가 전혀 쉬지 않기 때문이다. 그러니까 그 원수가 쉴 때, 도주를 하거나 휴전을 가장할 때는 가능한 한 재빨리 기습을 계획하고 있는 것이다. 그러니까 그가 평화를 가장할 때보다 우리가 더 조심스럽게 예의주시를 해야 할 경우가 없고 공공연한 전투(apertus Mars)에 겁을 덜내도 될 경우가 없는 것이다. 따라서 영이 무방비 상태로 있지 않도록 하는 것이 첫 번째 노력이다. 살인자의 단검을 두려워하지 않아야 할 정도로 우리의 조그마한 육신(corpusculum)을 무장시켜야 한다. 심적인 기분도 평안하도록 보호해야 하지 않겠는가? 적들은 우리를 파멸시키려고 무장을 하고 있을 때, 우리가 패하지 않으려고 무기를 잡으려 하는 것은 우리를 불쾌하게 만드는가? 저들이 파괴시키려고 집중하고 있다면, 안녕을 유지하기 위해서 깨어있지 않을까?

그렇지만 그리스도인의 무장에 관해서는 다른 곳에 가서 하나씩 말하게 될 것이다. 우선 단번에 뭉뚱그려서 말한다면, 그 일곱 족속들인 가나안, 헷, 아무리, 브리스, 게라, 히위, 여부스족, 곧 치명적인(capitalia)[2] 일곱 만을 말한 그 모든 악덕들과 전쟁을 하는 사람은 두 개의 무기를 갖추어야 한다. 이 두 무기는 기도와 지식(precatio et scientia)이다. 우리에게 쉬지 말고 기도하라고 한 바울은 우리가 항상 무장하고 있기를 원한다. 정결한 기도는 우리의 성향을 마치 적들이 접근할 수 없는 성을 향하듯이 하늘로 이끌어준다. 지식은 건강한 생각을 가지고 이성을 견고하게 만들어서 둘 중 하나에게 다른 하나가 없는 일이 없게 한다: 한 쪽이 다른 쪽의 도움을 요구하며 그와 우호적 동맹을 맺습니다.³⁾ 말하자면 전자는 간구한다면 후자는 무엇을 간구해야할 것을 가르쳐준다. 믿음과 소망은 당신이 내면적으로 또 야고보의 말씀(약 1:6)을 따른다면 의심 없이 기도하도록 해 준다. 당신이 예수의 이름으로 건강한 것을 추구한다는 것을 지식이 가리켜준다. 세베대의 아들들도 그리스도로부터 들어야한다: "너희 구하는 것을 너희가 모르는구나"(마 20:22). 기도가 능력이 있는 것은 대화를 하나님과 연결시켜주기 때문이다(cum deo sermones misceat). 그렇지만 지식은 그렇다고 해서 덜 필요한 것이 아니다. 당신이 애굽에서 탈출해서 나온 당신이⁴⁾ 두 사람의 지도자인 모세와 아론이 함께 하지 않는다면 그토록 길고도 그토록 힘든 길에 충분할 정도로 확실하게 자신을 맡기려고 할는지 나는 모르겠다. 제사를 책임지는 아론은 기도의 상징이다; 모세는 율법의 인식을 지칭한다. 하지만 지식이 불완전하면 안 되듯이 기도는 게으르면 안된다.

> 원전/번역: Erasmus von Rotterdam, Ausgwählte Schriften. 8 Bde., hg. v. W. Welzig, Bd. I, Darmstadt 1995, 74-77. —참고문헌: R. Stupperich, Das Enchiridion militis christiani des Erasmus von Rotterdam nach seiner Entstehung, seinem Sinn und Charakter, in: ARG 69 (1978) 5-23.

b) 교황들의 타락(Laus stultitiae 59, 1511)

그렇지만 먼저는 그리스도 대신 있는 교황들이 그분의 삶, 그러니까 그의 청빈, 그의 노고, 그의 가르침, 그의 십자가, 그의 죽을 각오(vitae contemptus)를 본받아 살려고 하든지, 자기들의 이름 "아버지"와 앞에 세우는 이름 "가장 거룩하신"을 생각한다면 누구의 마음이 그들의 마음만큼 그토록 짓눌리겠는가? 또한 그 누가 교황보좌를 값을 주고 사거나, 이 매매를 칼, 독, 폭력으로 주장하려고 하겠는가? 한 번이라도 지혜가 발동한다면—내가 지혜를 말하고 있는가?—아니 그리스도께서 말씀하신 소금 알갱이 하나만이라도 그가 깨닫는다면 얼마나 많은 아름다운 것들이 끝이 날텐데! 돈과 명예와 권력과 통치권력 때문에, 권한들, 법원칙에서의 해방[5], 세금들, 면죄부, 말, 가축, 하인들, 모든 향유할 것들 때문에 발생했을 수 있다—당신들은 그 무슨 신년시장, 무슨 추수들, 그 무슨 부요의 물결이 이 몇 마디 말로 돌려서 언급되었는지 알고 있다. 지금은 철야, 금식, 통곡, 기도, 설교, 수고, 통회와 자복 그리고 수천 개의 다른 절제들을 하는 것이라고 말할 수 있다. 셀 수 없이 많은 대필자들, 필사가들, 법원 서기들, 박사들, 비서들, 가축 사육자들, 마부들, 환전상들, 포주들 그리고—조용히! 이제 내가 더 생각하고자 하는 것은 더 심하게 들릴 수 있는데—간단명료하게, 이 아주 결정적인 것인데—나를 용서하라, 내가 말하는 것은 로마 교황 보좌를 둘러싼 계급적인 봉건 사회구조(turba, quae Romanam sedem onerat, lapsa sum, honorat sentiebam)라고 할 수 있는데, 이 엄청난 무리의 사람들은 먹을 빵이 없게 되었다. 비인간적이고 추악하다 하겠다; 그런데 더 뒤로 자빠질 일은 아주 고귀한 교회 제후들, 곧 이 세상의 참 등불들이 다시금 배낭과 지팡이를 잡아야 하리라는 것이다. 이제 노력과 수고가 있어야 하는 것을 이들은 보통 베드로와 바울에게 돌리고—그들에게는 물론 충분히 여가가 있지만—, 화려하고 즐거운 일은 자기들이 갖는다. 그래서 그토록 편안하고 그토록 걱정 근심 없이 사는 사람이 거의 없을 때에는 나에게 감사해야한다. 그들은 자신들이 희귀하고 배우와 같은 장식(mysticus ac paene scenicus ornatus), 예식들, 축복됨, 고귀하심, 거룩하심 같은 칭호들, 성호들과 저주로 몰아냄과 함께 주교직을 주면 그것으로 그리스도의 계명에 넘치도록 충분하다고 생각한다. 이적을 행하는 것은 구닥다리고 진부하고 더 이상 시대에 맞지 않을 수 있다; 백성들을 지도하는 것은 피곤하고, 성경을 해석하는 것은 선생들이나 하는 일이고, 기도는 시간 낭비고, 눈물을 흘리며 간구하는 것은 초라하고 여자 같은 짓이고, 청빈하게 사는 것은 볼썽 사납고, 절제는 아주 권세 많은 왕이 자신의 고귀한 발에 입 맞추는 것도 거의 허락하지 않는 그런 자에게는 창피하고 마땅치 않으며, 죽는 것은 불쾌하고 십자가를 지는 것은 명예를 실추시키는 일일 수 있다. 바울이 언급한 그 달콤한 말들(롬 16:18)로 무장할 뿐이다. 그때 그들은 이제 정말로 인터락티온[6], 슈스펜시온[7], 아그라바티온, 레다그라바치온[8], 아나테마티제이숀[9], 저주받은 자가 겪는 지옥의 고통에 대한 그림들과 단번에 죽을 영혼들을 가장 깊은 지옥으로 떨어뜨리는 무시무시한 섬광[10]을 풍성하게 베푸는 자들이 된다. 물론 그 섬광을 그리스도 안에 있는 가장 거룩한 아버지들과 그리스도의 대리자들은 마귀에게 자극을 받아 베드로의 유산을 줄이며 축내려고 하는 그 건방진 자들에게 그 누구에게보다 강력하게 던져댄다.

　그리스도의 교회는 피로부터 생겨났고, 피로 견고해졌고 피로 그 수가 많아졌기 때문에 지금도 여전히 그들은 자신의 방식대로 자기 사람들을 보호하실 수 있는 그리스도께서 마치 죽으신 듯이 칼로 자기들의 일을 처리해 나간다. 전쟁은 사람이 아니라 짐승에게나 어울릴 정도로 무시무시한 야만행위이며, 시인들도 복수의 여신들이 보내도록 하는 미친 광기이며, 도덕적인 인생을 좀먹는, 인류가 한 번도 경험하지 못한 황폐하게 만드는 역병이며, 일반적으로 최악의 강도들이 가장 잘 하는 불의한 행위이고, 그리스도와 함께라면 전혀 만들어낼 수 없는 하나님을 대적하는 행위이다—그런데 교황들은 그에 대한 모든 것을 잊어버리고 자기들의 전쟁에 몰두하고 있다. 거기에서는 쇠약해진 노인들이 젊은이처럼 생기 있고 강하게 된다[11]; 그들에게는 그 어떤 희생도 너무 크지 않고, 어떤 과로도 힘들지 않고, 혹시 법과 종교와 평화와 온 세상이 그로 인해서 파괴되지 않을까 하는 생각이 중요하지 않다. 여기에는 또 이 명명백백한 광기를 그리스도교의 열정, 경건, 용맹으로 세탁하고 또 가능한 한 이 살육의 번득임을 번쩍이게 하고 형제의 가슴을 찌르지만 동시에 그리스도의 계명을 따라서(ex Christi praescripto) 그리스도인이 자기 이웃에게 해야 하는 그 최고의 사랑의 의무에 불충성하지 않는 방법을 모색해 내는 학식이 있는 아첨꾼들이 없지 않다.

> 원전/번역: Erasmus von Rotterdam, Ausgewählte Schriften. 8 Bde., hg. W. Welzig, Bd. 2, Darmstadt 1995, 164-171. — 참고문헌: B. Könneker, Wesen und Wandlung der Narrenidee im Zeitalter des Humanismus. Brant, Murner, Erasmus, Wiesbaden 1966; G. Bader, Assertio. Drei fortlaufende Lektüren zu Skepsis, Narrheit und Sünde bei Erasmus und Luther, Tübingen 1985 (HUTh 20); L.-E. Halkin, Un pamphlet religieux au XVIe siècle: L & Eloge de la Folie, in: J. Chomarat u. a. (Hg.), Actes du Colloque international Erasme, Tours 1986, 109-125.

c) 그리스도의 단순한 철학(In novum testamentum Praefationes: Paracelsis, 1516)

왜 우리는 모두 그렇게 생각하지 않는가: 하나님께서 자신을 인간에게 전하기 위해서 사람이 되셨다는 것, 죽지 않을 자가 죽을 자가 되었다는 것, 그리고 아버지의 품에 계시던 자가 땅에 내려오셨다는 것은 새롭고도 놀라 마지않을 종류의 철학이 분명하다. 경탄해 마땅한 창조주(admirandus auctor)께서 우리를 가르치시려고 그토록 탁월한 많은 철학자들의 학교 다음에, 그 중요한 선지자들 다음에 오셨다면 그것이 무엇이 되었든지 간에 위대하고 특별한 것임이 분명하다. 왜 우리는 경외의 심정을 담은 알고자 하는 열정을 가지고 하나하나 생각하고 연구하고 정확하게 검증하고자 하지 않는가? 이 세상의 모든 지혜를 단번에 우둔한 것으로 그늘로 몰아넣은 이 놀라운 종류의 지혜(고전 1:18-21)를 어디에서 이 매우 명료한 원전 같은 몇 권의 책자들로부터 들이 마실 수 있는지, 그리고 이것은 수많은 가시밭 같은 두꺼운 책들, 곧 자체 안에서 상충이 되는 아리스토텔레스 주석들[12]로부터 얻는 것보다는 훨씬 작은 노력으로 얻는다; 그보다 훨씬 큰 열매에 관해서는 전혀 말하지 않겠다. 여기서 말하자면 당신은 그 학문의 갑갑한 장비로 무장하고 접근할 필요가 없다. 그저 또 모든 사람을 위해서 여행경비가 준비되어 있다. 무엇보다도 정결하고 단순한 믿음으로 나타나는 경건하며 자원하는 마음을 가지고 오기만 하라. 그저 기꺼이 배우려고 하라 그리고 당신은 이 철학 안에서 꽤나 그렇게 하고 있다. 이 철학은 영을, 그러니까 무엇보다 단순한 마음들(simplices animi)에만 자신을 전하는 영을 선생으로 제시한다(Ipsa Suppeditat doctorem Spiritum).

성경을 각 민족 언어로 번역해서 배우지 못한 자들(idiotae)에 의해서 읽히는 것을 마치 그리스도께서 까다롭게 가르쳐서 겨우 몇 명의 신학자들만 이해할 수 있도록 하기라도 한 것처럼, 그리고 기독교가 알 수 없게 함으로 보호할 수 있기라도 한 것처럼 반대하는 자들과 나는 격렬하게 절교한다. 왕들이 자기들의 비밀들을 감추는 것은 있을 수 있지만, 그리스도께서는 자기 비밀들이 일상적인 것이 되기를 힘써 원하신다(Christus sua mysteria quam maxime cupit evulgari). 나는 모든 부인네들이 복음을 읽고, 또 바울 서신들을 읽는 것을 사모하겠다. 농부들이 손으로 쟁기를 잡은 채 거기에 있는 어떤 것을 혼자 노래하며, 직조공이 자기 직조 틀에 박자를 맞추어서 거기 있는 것을 흥얼대고 나그네가 이런 종류의 이야기들과 함께 자기가 가는 길을 단축시키게 된다면! 왜 우리가 만인의 공동의 임무(professio)를 소수의 사람들에게 제한하겠는가? 이런 것은 그리스도 철학에 대한 첫 서약(professio)을 하는 세례가 그런 식으로 모든 그리스도인들 공동의 것이라는 사실과 화합이 되지 않는다. 다른 모든 성례전들과 마지막으로 영생의 보응도 동일한 방식으로 모든 사람에게 해당된다는 것도 그러하다; 그런데 가르치는 것만큼은 오늘날 백성들이 신학자와 수도사들이라고 부르는 소수의 사람들에게 부과되도록 해야 한다. 하지만 이들에 대해서 말하고 싶다―그들은 그리스도의 백성이라고 부르는 것에 겨우 조그마한 부분일 뿐이다,―하지만 그들이 듣는 바를 더 높은 정도로 삶에서 실천해야 한다.……
내게 참다운 신학자는 공교하게 기술적으로 엮은 삼단논법이 아니라 따뜻한 마음으로(affectus) 자기의 용모로, 자기 눈으로, 개인적인 삶을 통해서 다음과 같은 것을 가르치는 사람이다. 부를 경멸해야 한다, 그리스도인은 세상이 주는 보호에 의지하지 않고 철저히 하늘에 의존되어 있다는 것을 느껴야 한다; 불의에 복수하지 않아야 하고, 저주하는 자를 축복해야 한다, 형편없이 버는 자들을 위해서 좋은 수입이 있어야 한다, 모든 선한 자들을 같은 몸의 지체와 같이 사랑하며 동일하게 보살펴주어야 한다; 악한 자들을 개선시킬 수 없을 때는 감당해 내어야 한다. 자기 소유를 빼앗기고, 자기 땅에서 쫓겨나고, 여전히 신뢰를 하고 있는 자는 복된 자들이고 가련히 여길 사람들이 아니다; 경건한 자들은 지금도 죽음이 다른 것이 아니라 영생으로 건너감인 곳에서는 죽음을 사모해야 한다. 이와 유사한 것을 그리스도의 영에 이끌려서 선포하고 엄히 가르치고 그렇게 하도록 경고하고 인도하고 깨우친다면 그가 결국 참 신학자이며, 그렇다면 그가 농부나 직조공일 수 있다.

> 원전/번역: Erasmus von Rotterdam, Ausgewählte Schriften. 8 Bde., hg. v. W. Welzig, Bd. 3, Darmstadt 1995, 10-17.

d) 신학의 방법(In novum testamentum Praefationes: Methodus, 1516)

우리로 하여금 편안하게 거기에[13] 이르도록 돕는 그 학문들과 관련해서 우리는 세 개의 언어, 곧 라틴어, 희랍어, 히브리어를 철저히 습득하는 첫 번째 노력을 해야 한다. 왜냐하면 모든 거룩한 문서들이(omnis scriptura mystica) 이 언어들로 전승되었기 때문이다. 하지만 우호적인 독자여, 이 작업의 어려움을 이유로 지금 곧바로 내게서 물러서지 말라, 꼭 몽둥이로 맞은 것처럼 말이다. 선생이 없지 않고, 바른 목표가 없지 않다면 이 세 언어는 오늘날 단 하나의 반쪽 언어를 처량하게 떠듬거리는 것이 무엇보다도 선생의 무지함 때문에 요구하는 애씀보다 더 작은 노력으로 습득할 수 있다. 우리는 당신이 세 언어로 유창하게 말하는 기적을 일으키는 데까지 파고들 것을 바라지 않는다. 그저 "깔끔함"과 "우아함"[14], 곧 판단을 내릴 수 있을 만큼의 중간급의 언어습득에 이른다면 충분하다. 우리는 그 밖의 학문 분야에 대해서는 전혀 언급하고 싶지 않다. 하지만 본문이 기록된 그 언어를 모를 때 당신은 기록된 본문을 절대로 이해할 수 없다.······

동시에 다음의 경고를 내려야 한다. 곧 생도는 성경의 증언(divinae scripturae testimonia)을 유창하게 인용하는 것을 배워야하되, 어떤 요약들, 설교들 그리고 이미 열두 번이나 반대쪽에서부터 섞었다가 다시 쏟아버린 편집물들로부터가 아니라 원전 자체로부터(ex ipsis fontibus) 해야 한다. 그는 하나님 지혜의 참된 말씀을 낯선 의미로 심지어는 정반대로 뒤집어버리는 사람들을 흉내내면 안 된다. 선입견(decreta)을 가지고 모든 인간의 생각이 평가 받아야 하는 성경을 오히려 거기에 섬기게 만드는 사람들이 있다. 성경을 억지로 일반적인 관점과 윤리에 맞추게 하려는 자들도 있다; 그들은 일어나야 할 것을 성경에서 도출해야만 함에도 불구하고 일반적으로 일어나는 것을 성경의 보호로 덮고 있다. 더 은밀하고 그렇지만 그로 인해서 덜 위험하지 않은 종류의 위조는 벌써 바로 우리가 성경을 오용하고 또 교회를 사제로 세상을 그리스도교 평신도로 해석하는 데에 있다; 아니면 말하자면 그리스도인들에 관해서 말할 것을 우리가 단지 수도사들에게만 사용하며[15] 두 개의 검이라는 말을 이중 권세에다가 사용하며[16]; 신적인 제의에 관해서 언급한 것을 단순한 예식들로 구부러뜨리고 사제직에 관해서 기록된 것을 기도문의 의도적인 단순한 읊조림에다가 연결시키는 데에 있다. 이러한 것이 좀 더 확실하게 이루어지도록 하기 위해서 생도는 서너 마디의 말을 뽑아서 그것을 즐긴 것으로 만족하면 안 되고 다음의 것을 찾아보아야 한다: 언급한 것이 어디에서 나왔나, 누구에 대해서 말한 것인가, 누구에게 언급되었나, 언제였고, 어떤 동기에서, 어떤 말로, 앞선 것은 무엇이고 뒤따르는 것은 무엇인지. 왜냐하면 그 언급한 것이 본래 나타내고자 한 바가 이런 질문들을 집요하게 생각하고 구성해내는 것에 달려 있기 때문이다. 당신이 한 번 이것에 힘껏 애를 썼다면, 결과적으로 당신이 그것을 손쉽게 하는 일이 일어날 수 있다.

원전/번역: Erasmus von Rotterdam, Ausgewählte Schriften. 8 Bde., hg. v. W. Welzig, Bd. 3, Darmstadt 1995, 42-45. 62-65. ― 참고문헌: G. B. Winkler, Erasmus von Rotterdam und die Einleitungsschriften zum Neuen Testament. Formale Strukturen und theologischer Sinn, Münster 1974; P. Walter, Theologie aus dem Geist der Rhetorik. Zur Schriftauslegung des Erasmus, Mainz 1991; W. P. Eckert, Erasmus. Werk und Wirkung. 2

> Bde., Köln 1967; C. Augustijn, Erasmus von Rotterdam.
> Leben Werk, Wirkung, München 1986; ders., Erasmus-
> der Humanist als Theologe und Kirchenreformer,
> Leiden u.a. 1996; I. Bejczy, Erasmus and the Middle
> Ages. The historical consciousness of a Christian
> humanis, Leiden u. a. 2001.

1) 에라스무스는 때로는 많은 적에 관해서, 때로는 특별히 큰 적수에 관해서 말한다: 여기서는 하나님을 대적하는 세력들 전체와 관련된 것으로 죽음을 영혼의 죽음과 또 내적인 아담 안에서도 나타날 수 있는 죄로서 말하고 있다.
2) 요한네스 카시안(약 435년 사망)은 수도사의 윤리를 표현하는 것으로 여덟 개의 치명적 악덕을 전개시켰다: 탐식, 간음, 욕망, 분노, 슬픔, 역정, 두려움, 명예욕, 자만. 이것이 대 그레고리(교황 590-604년 교황)가 자만(superbia)을 죄악의 뿌리로 맨 앞에 두면서 (역정 대신에 질투를 두었다) 일곱 개가 되었는데, 아일랜드 참회서를 거쳐서 중세에 전승되었다. 이 구조는 더욱 사망에 이르는 죄의 구상을 통해서(요일 5:17을 따라) 해석이 되었는데, 이 구상은 고대교회에서는 배교, 살인, 간음의 근본적인 범죄와 연결이 되어 있었다.
3) 호라스의 Ars poetica에서 인용.
4) Enchiridion에서 대화 상대는 짐작하건데 뉘른베르크 출신이며 메켈른에 정착한 무기제조업자 요한네스 포펜로이터였다: 수신자의 직업은 다시금 militia christiana의 상징성을 명확하게 한다. 에라스무스는 세상적인 삶에 등을 돌리는 결단을 명백하게 끌어내고 있다.
5) 일반적으로 값을 지불하는 대신 이루어지는 법원칙에서의 해방으로서 중세에는 주로 금식규정, 혼인의 결격사유, 서품의 결격사유와 평신도 신분으로의 강등에 사용되었다.
6) 개인이나 그룹으로부터 성직 역할에 대한 권리를 빼앗는 인물 파문에 비해서 특정 지역을 위해서 예배 행위-교회적 매장도 포함-중단을 규정하는 지역파문이 더 넓게 퍼졌고 중요했다.
7) 성직자에 대해서 처벌적인 직분 박탈.
8) 교회법에서 처벌의 강화와 경감의 형식들.
9) 저주 행위로 인해서 이루어지는 엄숙한 파문.
10) 큰 파문을 말한다: 파문.
11) 에라스무스는 노골적으로 율리우스 2세(교황 1503-1513)를 암시한다. 이 사람은 70세 가까이 되어서 교황의 보좌에 올랐고 자기 힘의 대부분을 동맹을 바꾸어 가면서 교회국가의 군사적인 강화에 쏟았다. 그를 익명의 문서 「Iulius exclusus e coelis」는 아주 맹렬하게 공격하였다. 그 저자는 에라스무스일 수 있다.

12) 아리스토텔레스는 스콜라주의 철학과 신학의 정점인 결정적인 권위였다.
13) 신학의 지식에까지.
14) Munditia와 elegantia는 수사학의 전문적 표현이다.
15) 청빈, 정절, 복종을 단지 수도사적인 삶에만 해당된다고 하는 소위 "복음적 권고"라는 가르침을 말하고 있다.
16) 누가복음 22장 38절을 중세에 영적인 검과 세속적 검으로 해석하는 것에 관해서 『중세교회』 51 b) (칙령 Unam Sanctam)를 보라.

4. 교황 레오 10세: 교서 "Pastor aeternus"(1516)

프랑스 왕좌는 15세기 공의회 논쟁을 교묘하게 자기에게 유리한 방향으로 이용하였다: 샤를 7세(1422-1461)는 1438년 부르제 "실용적 비준"에서 바젤 공의회(1431-1437 및 1449)의 개혁 법령들을 프랑스에 유리하도록 변경시킨 형태로 작성하였다. 이렇게 하면서 특별히 프랑스에 대한 교황의 사법적 판결권 축소와 교황 고유의 것으로 유보된 것을 제한시키는 것을 이루어내었다. 이 의미는 영적 지위를 차지하는 일에서 주교좌 성당들 - 또 왕좌들 - 의 권리들이 괄목할 만하게 커졌다는 것이다. 이로써 19세기 말엽부터 소위 말하는 "갈리아주의", 곧 로마를 상대로 한 프랑스 교회의 독자성이 현저하게 강화되었다.

새롭게 강화된 교황권을 배후에 두고 교황 레오 10세는 1516년 8월 18일 "실용적 비준"의 폐지와 프랑스의 프란츠 1세(1515-1547)와의 종교 협약을 체결하였다. 그렇게 하면서 그동안 거의 잊혀졌던 교만이 가득한 교령 "Unam Sanctam"을 의도를 가지고 증거로 제시하였다. 제5차 라테란 공의회는 1516년 12월 19일 이 교령을 인준하였다.

하나님의 종들의 종 주교 레오가 거룩한 공의회의 동의와 함께 항상 잊지 않기를 바라마지 않는다. 영원하신 목자(pastor aeternus), 곧 자기 양떼를 세상 끝 날까지 절대로 떠나지 않으실 그 목자는 사도 바울이 증거하는 바와 같이 순종을 사랑하시기를 최초의 조상들의 불순종의 죄를 속하시려고 "자기를 낮추시고 죽기까지 하셨다"(빌 2:8). 그런데 "세상을 떠나 아버지께" 가고자 하셨을 때(요 13:1) 반석 위에 베드로와 또 그의 후계자들을 자기의 대리자들로 임명하셨다. 이들에게 사람들은 열왕기서(신 17:12 참조)에 있는 증거대로 복종함으로 사망의 불순종이 죽도록 하여야 한다. 다른 구절에서 볼 수 있는 바와 같이 교회에 복종할 수 없는 자는 로마 주교의 본당을 떠날 수 있다.

    이제 작고하신 우리의 전임자 교황 율리우스 2세[1]는 자신의 그 명예로운 형제들, 곧 당시에는 나(교황 레오 10세)도 포함되어 있었던 거룩한 로마 교회의 추기경들의 조언과 동의를 동반한 합법적이며 당시에 문서화된 근거에서 거룩한 라테란 공의회를 소집하였다. 그리고는 이 거룩한 라테란 공의회와 함께 신중하게 생각하였다. 곧 프랑스를 넘어서 침투해 들어 온 부르제의 타락―이들은 '실용적 비준'이라고 부르는데―이 그동안에 아주 큰 위험과 영혼의 실족과 사도 보좌의 명예의 손상 등을 가져올 정도가 되었고 지금까지 그러하다는 것을 곰곰 생각하였다. 이렇게 그는 공의회의 동의 하에서 이 실용적 비준의 사태는 심사숙고해야 한다고 못을 박고 또 이 사태를 당시 선출된 추기경들과 고위 성직자들 회의[2]에 숙고하라고 건네주었다.…… 다음의 일들을 우리가 간단하게 기각시키면 안 된다: 실용적 비준, 더 바르게 말한다면 분열의 때[3]에 자격도 없던 자들이(a non habentibus potestatem) 만들어낸 타락물이다. 이것은 다른 기독교 사회와 하나님의 거룩한 교회(reliqua christiana respublica ecclesiaque sancta Dei)와 단 한 군데도 일치하지 않으며, 작고한 프랑스인들의 최고로 기독교적인 왕 루이 9세[4]에 의해서 철회되고 무효라고 선언되고 폐기된 것이다. 이것이 사도 보좌의 권위(auctoritas)와 자유와 명예를 축소시키고 해를 끼치고 있다. 모든 로마 주교에게서 교회와 수도원에서 애를 써서 일하고 있는 거룩한 로마 교회의 추기경들을 임명하는 권리를 빼앗고 있다. 이 지역 교회의 고위층들에게 복종을 파기하고 또 그렇게 교회적 원리의 거룩한 핵심을 대하고 우리와 그들의 어머니인 사도 보좌에게 뿔을 들이댈 근거를 주고 있다. 이것 자체는 분명하게 아무 것도 아니고 그 보루를 겨우 한시적으로 또는 그저 봐 주는 것에 두고 있다. 이 비준과 그 내용이 바젤 공의회에서 제시되었고 이 공의회의 압박 때문에 부르제에서의 회합에서 수용되고 받아들여졌다는 사실이 우리에게 그 어떤 영향을 끼치면 안 된다. 왜냐하면 이 모든 것이 우리의 전임자인 작고한 교황 유진 4세[5]에 의해서 구상된 바젤 공의회의 연기 이후에 바젤의 작은 공의회(conciliabulum) — 무엇보다도 이 연기 이후에는 더 이상 공의회라고 부를 자격도 없는 비밀 집회라고 부르는 것이 낫겠다 — 에 의해서 생겨났고 그래서 아무런 법적 효력(robur)을 가질 수 없다. 왜냐하면 로마의 감독만이 모든 공의회 보다 위에 있는 전권을 가진 자로서 공의회를 소집, 연기, 해산을 시킬 전권과 힘을 가지고 있기 때문이다. 이것은 성경, 거룩한 교부들 및 우리 전임자들, 곧 다른 로마 주교들의 교령, 또 거룩한 교회법적인 규범들뿐 아니라 이 공의회들 자체의 고백에서도 분명하게 도출된다.

그리스도를 믿는 사람들은 모두 성경과 거룩한 교부들의 증언을 통해서 우리가 배운 바와 같이, 그리고 우리의 전임자인 작고한 교황 보니파키우스 8세의 교령 "Unam Sanctam"[6]을 통해서 다른 방식으로 선포되고 있는 바와 같이 로마 주교 아래에 머무는 것이 구원에 필수적이다. 그 때문에 신앙인들의 영혼의 구원과 로마 주교와 이 거룩한 보좌의 최고 권위와 그의 신부인 교회의 일치와 권세를 위해서 현재 공의회의 비준과 함께 이 교령을 새롭게 하며 비준한다.

> 원전/번역: J. Wohlmuth (Hg.), Dekrete der ökumenischen Konzilien. Bd. 2: Konzilien des Mittelalters, Paderborn u. a. 2000, 640-644. — 참고문헌: A.-G. Martimort, Le gallicanisme, Paris 1973; R. Baumer, Leo X. und die Kirchenreform, in: M. Weitlauff/K. Hausberger (Hg.), Papsttum und Kirchenreform. FS Georg Schwaiger, St. Ottilien 1990, 281-299; G.-R. Tewes/M. Rohlmann (Hg.), Der Medici-Papst Leo X. und Frankreich. Politik, Kultur und Familiengeschäfte in der europäischen Renaissance, Tübingen 2002.

1) Guiliano della Rovere(1453-1513) 교황 율리우스 2세(1503/1513)
2) 위원회.
3) "서방의 대분열"(1378-1415)이 아니라 유진 4세(1431-1447)가 바젤 공의회에 충성파에 대항해서 이미 페라라 및 플로렌츠로 변경시킨 때를 말한다. 이때 공의회 주의자들 편에서는 계속해서 바젤에서 회의를 열어서 1439년 사보이의 아마데우스 8세를 펠릭스 5세라는 이름으로 대립교황(1451년 사망)으로 등극시켰다. 이 교황은 1449년 퇴위를 하였고 이로써 여기서 말하는 분열이 종식되었다.
4) 프랑스의 루이 9세(1461-1483).
5) 유진 4세(1431-1447)는 바젤 공의회를 1437년 페라라로 옮겼다.
6) 보니파키우스 8세(1294-1303)의 교령 "Unam sanctam"에 관해서는 2권 『중세교회』 Nr. 51a를 보라.

5. 니콜라우스 코페르니쿠스, 천체의 운행: 교황 바울 3세에게 헌정(1543)

중세의 천문학적 세계관에는 아리스토텔레스의 가르침이 결정적이었다. 그에 따르면 천체는 하나님을 제일의 부동의 원동자로 가지고 있으며 그리고 지구가 그 중심이 되는 둥근 공들이 차곡차곡 중첩되어 있는 하나의 구조물이었다 – 이 모델은 기독교적 아리스토텔레스주의의 틀에서 창조 세계에서의 인간의 중심적 위치를 표현할 수 있었다. 토른의 니콜라우스 코페르니쿠스(1473-1543)는 이 세계관에 대해서 처음으로 1514년에 단지 필사본으로 발표된 "Commentariolus" 안에서 태양이 중심에 서 있는 태양 중심적인 구조를 대립시켰다. 이것을 그는 자기의 작품 "De revolutionibus"에서 발전시켰고, 그의 제자 요아킴 레티쿠스(1514-1576)가 처음으로 뉘르베르크에서 그 출판을 준비하였고 이 사람이 가고 나서 종교개혁자 안드레아스 오시안더(1498-1552)가 담당하였다. 코페르니쿠스의 이론은 천문학 역사에서 원형을 이루는 천체 움직임에 고착된 현실 앞에서 이 이론에 기초한 "패러다임의 전환"(T. S. Kuhn)이라는 말이 암시하는 것만큼의 놀랄 만한 의미를 갖지 못했다. 하지만 전통적인 기독교의 세계관에서 이것이 뜻하는 바는 루터, 멜란히톤, 칼빈의 비판 안에도 깊이 자리하고 있으며 이와 마찬가지로 1616년 가톨릭교회에 의한 금서 목록에도 포함될 정도로 과격한 문제제기를 하고 있다는 것이다.

가장 거룩하신 아버지, 천체의 운행에 관한 저의 책에서 제가 지구가 움직인다고 말한다는 것을 알자마자 어떤 사람들은 곧바로 제가 저주받아야 한다고 외치리라는 것을 아주 잘 알고 있습니다. 저는 다른 사람들이 그것에 대해서 판단하는 것에 아무런 가치를 두지 않을 정도로 제 견해 때문에 정신이 빠지지 않았습니다. 철학자는 하나님이 인간 이성에게 허락하시는 한에서는 모든 일에서 진리를 탐구하는 것을 자기 의무로 가지고 있기 때문에 대중의 판단에서 멀리 떨어져 있다는 것을 저는 압니다. 하지만 올바른 것에서 완전히 동떨어져 있는 견해는 피해야 한다고 저는 믿습니다. 그래서 수 백 년 간의 일치로 말미암아 지구는 하늘의 중심으로서 하늘 한 가운데에서 움직이지 않는다는 견해는 확립된 것으로 생각하는 사람들이 만일 제가 그 반대로 지구가 움직인다고 주장하면 제 이론을 제 정신에서 나온 것이 아니라고 하게 되리라는 것을 곰곰 생각하였습니다. 이렇게 저는 [지구의] 이 움직임을 증명하도록 저의 주장을 펼칠지 아니면 피타고라스 파[1]와 다른 여러 사람들의 본을 따르는 것이 오히려 더 낫지 않을까 하면서 오래도록 제 자신과 싸웠습니다. 곧 이 사람들은 히파라크의 뤼시스의 편지[2]가 증언하는 바와 같이 문서가 아니라 구두로 그저 자기 추종자들과 친구들에게만 철학의 신비를 전달하였습니다.

이 모든 것을 혼자 생각하면서 저의 새롭고 보기에 말도 안 되는 생각 때문에 닥칠 경멸들(contemptus)에 대한 두려움은 거의 그 이미 시작한 작업을 완전히 폐기시키도록 결정하였다. 저의 친구들만 제가 오래도록 두려움에 떨며 그들에게 오히려 공격하기까지 했기 때문에 저를 바른 길로 돌이켜 주었습니다. 그들 가운데에는 제일 먼저 학문적으로 유명한 추기경, 곧 카푸아의 주교 니콜라우스 쇤베르크[3]가 있었고, 다음으로는 내적으로 절친한 쿨름의 주교 티데만 기즈[4]가 있었습니다. 이 사람은 모든 아름다운 학문과 마찬가지로 신학을 향해서도 동등한 열심히 헌신하고 있습니다(sacrarum…… et omnium bonarum literarum studiosissimus). 이 거명한 사람들은 저의 저서를 출판하고 결국 세상에 발표하라고 자주 권하였습니다. 때로는 비판을 하면서 까지 요청하였는데, 이는 제가 이 일을 9년이 아니라 이미 네 번의 9년 동안 주저하고 공개하지 않았기 때문입니다.

또한 다른 몇몇의 훌륭하고 지식을 갖춘 적지 않은 사람들이 모든 수학자들에게 도움이 되도록 저의 작품을 세상에 알리는 것을 두려움 때문에 거부해서는 안 된다고 재촉하였습니다. 지구가 움직인다는 저의 가르침이 대부분의 사람들에게는 단번에 멍청해 보일수록 저의 주장을 발표함으로 분명한 증명들로 인해서 모순되어 보이는 모습이 완전히 사라지리라는 것입니다. 이 사람들의 설득과 또 이 희망 안에서 결국 저는 친구들이 그토록 오래 요청하였던 바, 제 작품의 출판을 준비할 것을 허락하였습니다.

　단지 어쩌면 성하께서는 제가 저의 작품을 출판하도록 한 것에 대해서 놀라지 않으실 것입니다. 왜냐하면 제가 그것을 위한 노력을 두려워하지 않았고 지구의 움직임에 관한 저의 생각을 세밀하게 기록해놓았기 때문입니다. 그런데 성하께서 제가 어떻게 수학자들의 일반적인 견해에 반하고 또 어쩌면 건전한 인간 이성까지도 반해서(contra communem sensum) 지구의 움직임을 수용하는 무모한 생각에 이르게 되었는지를 제게서 듣고자 하실 것입니다.

　그래서 천체의 운행에 관해서 새로운 이론을 찾도록 저를 독려한 것은 다름이 아니라 여기에 관한 수학자들의 연구들이 서로 일치를 보지 못하고 있다는 것이었음을 성하께 숨기지 않겠습니다. 그들은 먼저 태양과 달의 움직임과 관련해서 얼마나 확신을 갖지 못하는지 그들은 한 해의 항구적인 시간 길이도 연구를 통해서 확정할 수가 없을 정도입니다.

　또 그들은 다섯 개의 행성과 마찬가지로 태양과 달의 움직임과 관련해서 현상적인 자전과 운행들을 위해서 동일한 원칙과 전제들도 사용하지 못하고 증명도 제시하지 못합니다.…… 또한 그들은 핵심인 우주의 형태와 그 각 부분들의 정해진 대칭도 발견하든가 아니면 그 궤도로부터 그것을 도출해낼 능력도 없었습니다.

　그래서 저는 이 천체의 궤도와 관련된 전해져 내려오는 수학 이론의 불확실함을 오랫동안 혼자 생각하였습니다. 그러면서 그 최고로 선하시며 완전하신 건축 장인께서 우리를 위해서 만드신 우주 안에 있는 움직임들에 대해서 확실한 이론이 그 철학자들, 곧 그 외에는 비교적 아주 중요하지도 않은 것들은 그토록 세심하게 연구하는 철학자들에게서 제시되지 않았다는 사실이 저를 불편하게 만들었습니다.

그래서 제가 손에 넣을 수 있는 모든 철학자들의 책들을 통독하면서 혹시 그들 중 단 한 사람이라도 천체의 움직임들은 수학자들이 생각하고 있는 것과는 다른 것이라는 생각을 표한 사람이 있는가를 알아보는 노력을 하였습니다.

그러면서 저는 우선 키케로에게서 니케타스가 지구가 움직인다고 생각했다는 것을 찾아내었습니다.[5] 나중에 플루타르크에게서도 또 다른 어떤 사람들이 그 생각을 가지고 있었다는 것을 읽었습니다.[6]……

이로 인해서 저는 동기를 발견하면서 저도 그들과 마찬가지로 지구가 움직인다는 것을 생각하기 시작했습니다. 이 생각은 모순된 것으로 보였습니다. 하지만 저는 저의 앞 다른 사람들에게는 하늘에서 벌어지는 현상들을 설명하기 위해서 일종의 뒤집어 생각할 자유가 주어졌었다는 것을 알았습니다. 그 때문에 저는 혹시 지구의 움직임을 생각함으로 인해서 천체 운행에 관한 지금까지의 증명들보다 더 적합한 것들을 발견하게 될 수 있지 않을까 하는 것을 추구해 볼 자유가 주어지리라고 믿었습니다.

뒤에 있는 작품에서 제가 지구에게 할당시킨 움직임들을 생각해 내고 나서 오랜 노력과 세밀한 연구 끝에 드디어 저는 다음의 것을 발견하였습니다. 다른 행성들의 움직임들이 지구의 공전에 관계가 있고 각각의 별의 회전을 따른 도식이 산출된다면 당연히 바로 여기에서 그 움직임들에서 관찰된 현상들이 설명될 뿐 아니라 별들의 순서와 크기 그리고 별들과 하늘의 길들이 조화로운 질서를 제공하게 되되 다른 부분들과 전 우주의 혼란 없이는 어떤 부분에서도 위치의 변경이 있을 수 없는 그런 질서를 제공하게 된다는 것을 말합니다.……

철학이 요구하는 바와 같이 수학자들이 만일에 단순히 표면적으로가 아니라 심도 있게 제가 저의 견해를 위해서 이 책에서 제시하는 증명을 인지하고(cognoscere) 숙고하고자 한다면 그들은 마음과 지성으로부터 제게 동의하게 되리라는 것을 저는 의심하지 않습니다. 하지만 제가 그 누구의 판단도 두려워하지 않고 있다는 사실을 지성인들과 그렇지 않은 사람들이 똑같이 알게 되기 위해서 저는 그 어떤 다른 사람이 아니라 성하께 저의 이 연구를 바치고자 합니다; 특별히 당신께서는 제가 살고 있는 멀리 떨어져 있는 지구의 한쪽 구석[7]에서도 그 직분의 품위와 또 모든 학문들과 수학을 향해서도 갖고 있는 사랑으로 인해서 높이 추앙받고 있습니다. 그래서 당신의 명성과 판단으로 당신은 비방하는 자들의 쑤셔댐으로부터 저를 보호해줄 수 있습니다. 제아무리 쉬코판텐[8]의 쏘는 데에는 약이 없다는 속담이 있지만 말입니다.……

그런 사람들이 '수학은 수학자들을 위해서만 기록되는 것이야' 하고 저를 공격한다면 지식인들은 놀라면 안 됩니다. 제가 착각하지 않는다면, 이 사람들은 저의 작품이 교회에도 득이 될 수 있으리라고 생각하게 될 것입니다, 곧 성하께서 그 머리이신 교회 말입니다.

그리 오래 되지 않은 지난날에 레오 10세 하에서[9] 라테란 공의회에서[10] 교회력의 개선에 관해서 심의하였습니다. 그때 한 해의 길이와 달의 길이 그리고 태양과 달의 움직임들이 아직은 아주 정확하게 정해져 있지 않다는 이유 때문에 해결이 되지 않았습니다.[11] 그 다음부터 저는 이 연구를 더 정확하게 하려고 애를 썼는데, 이는 당시 이 사안을 다루었던 포솜브롱게의 주교 파울[12]에 의해서 요청을 받았던 일이었습니다. 제가 이 책에서 정말로 이루어낸 것을 저는 가장 우선적으로 성하의 판단 그리고 다른 모든 현명한 수학자들의 판단에 맡기는 바입니다.

원전: Nicolaus Copernicus, Gesamtausgabe, hg. v. H. M. Nobis, Bd. 2, Hildesheim 1984, 3, 5-18; 3, 24-4; 4, 41-5. 8. 13-22. 29-38; 번역. H. Kesten, Copernicus und seine Welt. Biographie, München 1973, 35-40. —참고문헌: H. Bornkamm, Kopernikus im Urteil der Reformatoren, ARG 40 (1943) 171-183 (= ders., Das Jahrhundert der Reformation. Gestalten und Kräfte, Göttingen ²1966, 177-185); H. A. Oberman, Reformation and Revolution. Copernicus's Discovery in an Era of Change, in: J. E. Murdoch/E. D. Sylla (Hg.), The Cultural Context of Medieval Learning, Dordrecht u. a. 1975, 397-435; T. S. Kuhn, Die kopernikanische Revolution, Braunschweig/Wiesbaden 1981; H. Blumenberg, Die Genesis der Kopernikanischen Welt, Frankfurt ²1985; H. M. Nobis, Die Vorbereitung der Copernicanischen Wende in der Wissenschaft der Spätscholastik, in: M. Folkerts (Hg.), Mathemata. FS Helmuth Gericke, Wiesbaden 1985 (Boethius 12), 265-295; J. Hübner, Art. Kopernikus, in: TRE 19 (1990), 591-595; F. Schmeidler, Kommentar zu "De revolutionibus", Berlin 1998 (Nicolaus Copernicus, Gesamtausgabe III/1); M. Carrier, Nikolaus Kopernikus, München 2001; O. Gingerich, An annotated census of Copernicus' De Revolutionibus (Nuremberg, 1543 and Basel 1566), Leiden u. a. 2002 (Studia copernicana 2).

1) 본문 1번 b)의 각주를 보라.
2) 뤼시스: 주전 5세기 테베의 피타고라스파 철학자. 뤼시스의 Epistula ad Hipparchum은 1516년 카스파르 추레르에 의해서 하게나우에서 출판되었다.
3) 숌베르크의 니콜라우스(1472-1537)는 교황 레오 10세로부터 1520년 카푸아의 대주교로, 교황 바울 3세로부터는 1535년 추기경으로 임명되었다. 그는 네 명의 교황 하에서 교황청에서 독일의 관심을 대변하였고 교회 개혁을 장려하였다.
4) 기즈의 티데만(1480-1550)은 1538-1549년에 프로이센의 기사단의 땅에 있는 쿨름의 주교였다. 1523년 "Antilogikon flosculorum Lutheranorum"을 집필하였다.
5) 니케타스가 아니라 히케타스이다: 키케로(주전 106-43), Academica priora II, 39,123.
6) 플루타르크(46-125), De placitis philosophorum III, 13 (896A).

7) 코페르니쿠스는 1512년부터 동프로이센 엘름란트에 있는 프라우엔부르크에서 살았다.
8) 문자적으로: 비겁한 자들 고발자: 비방자.
9) 본문 4를 보라.
10) 제 5차 라테란 공의회 1512-1517.
11) 코페르니쿠스 자신도 달력 개혁에 관한 질문에서 아직 밝혀지지 않은 천문학적 문제들을 지적하며 소견서를 거부하였다.
12) 미델부르크의 파울(약 1455-1534) 자신이 1484년 포솜브롱게의 주교가 되기 전에 파두아에서 수학과 천문한 교수였다. 이 주교직을 1524년 사임하였다.

6. 종교개혁 전야의 한 명의 경건신학자: 요한 폰 슈타우피츠

마이센의 귀족 혈통을 가진 요한 폰 슈타우피츠(약 1468-1524)는 아우구스티누스 수도회의 중요한 인물들 중 하나였으며 중세 후기부터 분열된 콘벤투알회와 규율 엄수파를 다시금 규합하려고 힘을 쏟았다. 이 목적을 위해서 자신이 1503년부터는 엄수파 총장 그리고 1510년부터는 종단 총회의 작센-튀링엔 교구장을 겸임하는 것을 이용하였다. 1502년 비텐베르크 대학 설립에는 신학과의 첫 학장을 하면서 결정적으로 개입하였다. 신학적으로는 신학과 교수로서 성경 본문과 성경 언어를 향한 강력한 방향전환에 힘을 썼는데, 이 노력을 펠라기우스를 반대하는 아우구스티누스와 신비적 전통 강조와 결합시켰다. 그는 마르틴 루터의 고해신부였고 루터를 자기 신학교수직의 후임으로 지명한 그가 루터와 또 비텐베르크에서 전개되고 있던 종교개혁적 움직임을 일으키고 있는 다른 신학자들에게 끼친 영향은 매우 지대하였다. 또한 그러한 움직임에 상응하는 중세 후기 다양한 개혁적 움직임들과 연결된 자신의 경건 신학(Hamm)으로 그는 직접적인 자기의 삶의 상황과 작업 상황을 훨씬 넘어서기까지 영향을 끼쳤다. 1516년 대강절에 "성황리에"(WA.B 1, 84, 11) 뉘른베르크에서 예정에 관한 설교를 하였다. 이것을 그의 친구 크리스토프 쇼이를(Christoph Scheurl, 1481-1542)은 그로 하여금 라틴어 판으로 출판하도록 독려하였다. 이 작은 책자는 1517년 2월 6일 "*Libellus de exsecutione aeternae praedestinationis*"라는 제목으로 출판되었다. 쇼이를의 독일어 번역은 벌써 1517년 1월 20일 등장하였다.

a) 예정(Libellus de exsecutione aeternae praedestinationis c. 4)

19. 모든 것이 헛되게 창조된 것이 되지 않도록 하기 위해서 이렇게 결정이 되었다: 본성과 관련해서는 하나님의 능력으로 말미암는 보존, 자유의지와 관련해서는 하나님이 인간이 되시는 은혜(incarnationis gratia)가 관련이 된다. 그래서 보존을 통해서는 존재가, 은혜로 인해서는 선함(bene esse)이 유지되게 되지만, 이 둘은 모두 하나님 자신으로 말미암았다. 그래서 세상의 기초를 놓기 전에(엡 1:4) 결정이 되었다: 그리스도의 은혜가 없이는 선하게 행할 자가 하나도 없다.

20. 전능자를 찬양하게 만드는 데는 자비와 공의가 동등하게 기여를 하기 때문에 하나님 아들의 형상을 본받게 하기 위해서(롬 8:29) 특정한 인간들의 선택과 예정(electio et praedestinatio)이 결정되었다: 우리 주 예수 그리스도를 믿도록(갈 2:16 참조) 예정; 이는 믿지 않는 자는 이미 심판을 받은 것이기 때문이다(요 3:18).

21. 이 은혜는 본성뿐 아니라 행위보다도 앞선(praeveniens) 첫 번째 은혜로서 그 누구도 간구해서 얻지 못했고 벌어들이지 못한 것이 분명하다. 이 은혜는 사전에 알아 본—아니면 예지된 앞날에 행할 이성의 선한 활용—공로나 이미 행한 공로의 탓으로 주어지는 것이 아니라 오직 아주 자비하시고 아주 자유로운 하나

님의 뜻에서 일어난 것이다.

22. 그 첫 번째 은혜가 주어진 자에게는 그 밖의 모든 것이 필히 뒤따르게 마련이다(necessitas consequentiae). 그래서 그리스도가 그 사람의 구원을 책임지시는 분이 되신다(debitor salutis). 그분이 삭개오에게 하신 말씀이다: "오늘 내가 네 집에 유하여야 하겠다", 이는 그도 아브라함의 자손이었기 때문에(눅 19:5. 9) 약속에 따라 선택되었던 것이다(갈 3:29). 그러한 필연으로 인해서 그리스도가 죄인들을 위해서 고난을 받고 십자가에 달리시고 죽음을 당하셨다(눅 24:44. 46).

b) 죄인들의 칭의(Libellus de exsecutione aeternae praedestionis c. 6)

33. 그래서 선택된 자들에게는 부르심만이 아니라 칭의(iustificatio) 마저도 주어지게 마련이다. 칭의는 곧 위반을 하나님을 향한 참된 복종으로 되돌리게 만드는 것이라고 나는 말한다. 이 일은 언제 일어나는가 하면, 하나님의 은혜로 말미암아 그의 눈이 다시 열려서 믿음으로 참된 하나님을 발견하고, 그 마음이 활활 타올라서 그가 하나님을 참으로 기뻐하게 되면 일어난다. 이 두 가지가 온전한 은혜이며(mera gratia) — 사전에 발견되었고 제시되었던 — 그리스도의 공로에서 흘러나왔다면 반면에 우리의 행위는 그것을 위해서 아무 것도 하지 않았고 할 수도 없다. 본성 혼자서는(natura destituta) 선을 알지도 못하고 원하지도 않고 하지도 못하기 때문이다; 본성에게는 하나님 자신이 무서운 분이다.

34. 하지만 죄인은 물과 성령으로 거듭나면, 그러니까 육신으로가 아니라 영적인 출생으로 거듭나면 그 거듭남으로 인해서(per regenerationem) 의롭다고 칭함을 받는다. 왜냐하면 육신으로부터 난 것은 육신이고, 영에서 난 것은 영이기 때문이다(요 3:5f.). 그 사람은 혈통으로도 아니고 육신의 뜻도 아니고 사람의 뜻도 아

니라 하나님으로부터 거듭나며, 필연이 아니라 하나님의 자유로운 택하심으로(non necessitate sed ex libera dei electione) 그렇게 되는데 이는 영은 원하는 대로 불기 때문이다(요 3:8).

35. 그는 하늘을 향해서 거듭나게 되며, 따라서 필히 자기 자신이 아니라 그리스도로 거듭나는 것이다. 왜냐하면 하늘로부터 내려온 자, 곧 하늘에 있는 인자 말고는 누구도 하늘로 올라갈 수 없기 때문이다(요 3:13). 그는 자기 자신의 의를 위해서가 아니라 그리스도의 의를 위해서 거듭나게 된다. 따라서 다음 구절이 타당하게 된다: 모세가 광야에서 뱀을 들어 올린 것과 같이 인자도 들려야 하는데, 이는 그를 믿는 자마다 멸망하지 않고 영생을 얻게 하려는 것이라(요 3:14).

이 거듭남에는 아버지, 곧 하나님; 어머니, 곧 의지; 일깨우는 씨앗, 곧 우리 주 예수 그리스도의 공로가 있다.

36. 이 셋이 모이는 곳에서 하나님의 아들이 탄생하며, 의롭다고 칭함을 받으며 믿음으로 생명을 얻게 된다(iustificatus vivificatusque per fidem). 그는 사랑으로 말미암아 역사를 하는데, 그분의 사랑의 불로 인해서 활활 타올라서 우리 사랑의 불을 통해서 역사를 하는 것이라고 나는 말한다. 그분 혼자만이 하늘로부터 온 꺼지지 않는 불이며(레 6:5) 다른 불들은 모두 낯선 불들이다. 이 불이 우리가 하나님을 기뻐하게 만들며 하나님을 대적하는 것뿐 아니라 하나님께 속하지 않은 것은 미워하게 만든다.

이것이 바로 좋아하게 만드는 은혜인데(gratia gratum faciens) 많은 사람들이 해석하는 것과 같이—왜냐하면 택함을 일으키기 때문에—하나님이 사람을 좋아하도록 만드는 것이 아니라 사랑으로 말미암아 사람이 하나님만 기뻐하고 좋아하도록 만드는 것이다. 이 사랑은 욕심이 빼앗아 갔던 복종을 회복시켜서 우리가 하나님, 그러니까 우리가 아닌 하나님께 바르고 의로워지고 그렇게 살도록 만드는 사랑이다.

원전: 같은 곳 110-117. —참고문헌: 아래 본문 c를 보라.

c) 영적 결혼(Libellus de praedestinatione c. 9)

53. 그런데 그리스도의 공로가 우리 것이 되는 방법(adveniat nostreitas meritorum Christi)은 어쩌면 편안한 이야기가 될 수 있을 것이다. 간단하게 정리하기 위해서 당신들이 알아야 할 것은 그리스도와 기독교인들 사이에는 참된, 정말로 가장 참된 혼인이 이루어져 있다. 그 결혼을 위해서 우리의 결혼은 우리가 아는 바와 같이 하나의 성례이며(엡 5:32) 그리스도의 거룩한 혼인과 비교하면 하나의 그림자이다. 이렇게 사람들 사이에서 이루어지는 결혼의 올바름은 그리스도와 교회 사이의 혼인과 유사한 형태(in conformitate)에 있는 것이다.

56. 그리스도와 교회 사이의 계약(contractus)은 완전한 계약인데, 이런 정도이다: "내가 너를 나에게 속한 자들 가운데로 받아들이며, 너를 나에게로 받아들이며, 너를 내 안으로 받아들이노라." 그래서 반대로 교회 또는 영혼은 그리스도께 말한다: "내가 당신을 내 자신의 것으로 받아들이며, 당신을 나에게로 받아들이며, 내 안으로 받아들입니다." 이렇게 함으로 그리스도께서 이렇게 말씀하시도록 하는 것이다: "기독교인은 나의 것이요, 기독교인은 나를 위해 있으며, 기독교인이 바로 나 자신이라", 또 신부는 말한다: "그리스도는 나의 것이요, 그리스도는 나를 위한 분이며, 그리스도가 바로 나 자신입니다."[1]

57. 첫 번째 표현은 꼭 우리의 혼인에서의 모습과 같다. 다른 두 표현은 그 이상을 말하고 있다. 첫 번째 고백 덕분에 기독교인은 혼인법에 따라서 신랑이 신부에게 갖추어야 할 모든 것을 가진다. 두 번째 표현 때문에 모든 기독교인들은 그리스도로부터 부가

적으로 그들에게 주어지게 될 모든 것을 가진다. 셋째 표현 탓에 기독교인들은 그리스도를 자기 자신으로 가지는 것이다.

> 원전: 같은 책 142-147. — 참고문헌: D. C. Steinmetz, Misericordia Dei. The Theology of Johannes von Staupitz in Its Late-Medieval Setting, Leiden 1968 (SMRT 4); M. Schulze, Fürsten und Reformation. Geistliche Reformpolitik weltlicher Fürsten vor der Reformation, Tübingen 1991 (SuR. NR 2), 163-179; M. Wriedt, Gnade und Erwählung. Eine Untersuchung zu Johann von Staupitz und Martin Luther, Wiesbaden 1991 (VIEG 141); B. Hamm, Johann von Staupitz (약 1468/1524)-spätmittelalterlicher Reformer und "Vater" der Reformation, in: ARG 92 (2001) 6-42.

1) 아우구스티누스, 요한복음 주석 108, 5(CChr.SL 36, 617-618,38).

7. 자신의 발전 초기에 대한 루터의 회고

종교개혁사 연구에서 논쟁이 되는 문제들에는 20세기에 루터의 종교개혁적 전환의 시점과 그 내용에 대한 질문도 해당된다. 어떤 경우일지라도 페쉬(O. H. Pesch)에 따르면 돌발적인 "출현"은 점진적인 발전과 구분해야만 하며 전자와 관련할 때만이 날짜를 질문할 수 있다.—날짜를 확정하는 것은 이미 첫 번째 시편 강의 때라는 초기로 확정하는 것(로제를 위시한 과거 연구) 아니면 1518년, 곧 어쨌든 1520년 이전을 말하는 후기(에른스트 비처 이후가 되는 주로 최근의 연구들)로 불확정적이다. 루터 자신의 초기 문서들과 그의 동시대 증언들, 곧 과격한 심경의 변화에 대한 직접적인 인상을 주는 것이 전혀 나타나지 않는 것처럼 보이는 문서들 말고 당연히 루터 자신의 자서전적인 회상들은 이 질문을 위해서 중요한 연구대상이 된다. 대부분 그 중심에는 소위 말하는 위대한 자기 증언이 있다. 곧 이 개혁자가 죽기 직전에 자기 라틴어 작품 첫 권의 서문에서 다시 한 번 자기의 초기를 되짚어보는 내용이 있는 증언을 말한다(본문 b). 물론 가볍지 않은 내용적인 차이들에도 불구하고 초기 회심기사는 놀랍게 구조적인 유사점을 보여주고 있다. 이 회심기사에서 루터는 1518년 자기의 고해신부 슈타우피츠에게 자기가 어떻게 해서 면죄부 논쟁에 개입하게 되었는지를 설명하려고 하고 있다(본문 a).

a) 참회(poenitentia)의 발견(1518년 5월 30일 Resolutiones 에 관해서 슈타우피츠에게 보내는 헌정사)

존귀하신 아버지, 주 예수께서 경탄할 만하게 저를 위로하실 때 사용하신 당신의 그 매력적이고 치유의 능력이 있는 담화 중에서 이따금씩 "회개"(poenitentia)라는 단어가 마음에 다가왔던 것을 기억합니다. 우리는 많은 사람들과 또 감당할 수 없는 명령을 가지고 고해 규정(그들이 칭하는 바대로)을 제시하는 그 형리들의 마음을 측은히 여깁니다. 하지만 당신을 우리는 마치 하늘로부터 아래로 말씀하는 것처럼(te velut e caelo sonantem excepimus) 받아들입니다: 참된 회개는 오직 의로움과 하나님을 사랑하는 것으로 시작한다. 저들이 회개의 목적과 완성이라고 여긴 것은 오히려 회개의 출발이 되어야 한다.

당신의 이 말씀은 내 안에 "장사의 날카로운 화살같이"(시 120:4) 박혔고, 그래서 저는 회개에 관해서 가르치고 있는 성경 구절들을 순서대로 비교하기 시작했습니다. 그것은 말할 수 없이 즐거운 작업이었습니다(iucundissimus ludus). 왜냐하면 모든 페이지에서 단어들이 내게 다가왔고, 이러한 이해에 아주 부합되었고 거기에 동의하였기 때문입니다.

결론은 이러했습니다: 과거에 성경 전체 안에서 나에게는 "회

개"라는 단어보다 더 쓰라린 단어가 없었던 것과 마찬가지로(물론 하나님 앞에서 내 자신을 열정적으로 꾸미고 가식적이고 강요된 사랑을 보이려고 하였습니다), 이제는 이 단어 "회개"보다 내 귀에 더 달고 즐거운 것(nihil dulcius aut gratius)이 있을 수 없습니다. 왜냐하면 하나님의 계명들이 단지 책 안에만이 아니고 사랑스러운 구세주의 상처 안에서도(in vulneribus dulcissimi Salvatoris) 읽어야만 한다는 것을 우리가 깨닫게 되면 그것들이 달콤해지기 때문입니다.

　게다가 나중에는 그 노력과 또 희랍어와 히브리어를 우리에게 열심히 설명하는[1] 매우 학식이 있는 사람들의 은혜 덕에 이 단어는 희랍어로는 μετά(메타)와 νοῦν(눈)에서 온 μετάνοια(메타노이아), 곧 "post"와 "mentem"이라는 것을 배우게 되었습니다. 그러니까 회개 또는 μετάνοια는 심판을 받고 잘못을 깨닫고 나서 다시 바르게 되는 것과 자기의 악을 깨닫게 되는 것을 의미합니다. 하지만 신념과 사랑(의 실행)에 변화가 없이는 일어날 수가 없습니다. 이 모든 것이 바울의 신학과 얼마나 정확하게 맞아 떨어지는지 ─ 적어도 제 견해에 따르면 ─ 바울을 더 적합하게 설명할 것이 없을 정도입니다.

　정말로, 저는 정진을 이루었고 μετάνοια는 단순히 "post"와 "mentem"에서 뿐 아니라 "trans"와 "mentem"에서 도출될 수 있어서(이는 물론 무리할 수도 있습니다) μετάνοια는 생각과 신념의 완전한 변화를 의미합니다. 이것은 단순히 신념의 변화뿐 아니라 변화의 종류, 곧 하나님의 은혜도 포함하고 있는 것으로 보였습니다. 왜냐하면 그 신념을 바꿈은 ─ 말하자면 참다운 회개 ─ 성경에서 높이 칭송을 받고 있기 때문입니다.

　거기에 착념하며 회개의 행위에 너무나 많은 것을 결부시킨 자들은 잘못되었다고 생각하게 되었습니다. 이들은 회개에 관해서는 보속과 그 괴로운 고해의 그 사소한 행위들 말고는 우리에게 아무 것도 남겨두지 않았습니다.[2] 말하자면 그들은 라틴어 단어 "poenitentiam agere"로 말미암아서 오류에 빠졌습니다. 이 말은 신념의 변화보다는 행위를 드러내며 희랍어 $μετάνοια$를 전혀 책임지지 않는 것입니다. 저의 궁리(meditatio)가 이리저리 움직일 때 갑자기 우리 주위에서 새로운 사면의 팡파레가 울리고 큰 소리를 내기 시작했고 면죄가 울려 퍼졌습니다. 그런데 이 면죄로 말미암아 우리는 이 전쟁을 위한 올바른 열정으로 가득 차게 되었습니다. 간단히 말해서, 그 사람들은 참된 회개에 대한 가르침은 간단하게 제쳐버리고 그들이 애타게 원하는 것은 회개도 아니고 심지어는 회개의 지극히 사소한 한 쪼가리인 보속도 아니고 그 사소한 한 조각의 경감을 장황하게 자랑하는 것인데, 자랑하는 것을 한 번도 듣지 못했다는 식으로 안타까워했습니다. 정말로 그들은 불경하고 거짓되고 이단적인 것들을 가르쳤는데, 얼마나 커다란 권세(오만함이라고 말하고 싶습니다)인지 거기에 반해서 단지 투덜거린 사람은 곧바로 이단이 되어서 화형과 영원한 저주에 떨어지는 그런 권세입니다.

원전: WA 1,525f. 번역: Luther Deutsch. Die Werke Martin Luthers in neuer Ausgabe für die Gegenwart, hg. v. K. Aland, Bd. 2, Göttingen 21983, 28-30. —참고문헌: R. Wetzel, Staupitz und Luther, in: V. Press, D. Stievermann (Hg.), Martin Luther. Probleme seiner Zeit, Stuttgart 1986, S. 75-87; B. Hamm, Von der Gottesliebe des Mittelalters zum Glauben Luthers, in: LuJ 65 (1998) 19-44; V. Leppin, *"omnem vitam fidelium penitentiam esse voluit."* Zur Aufnahme mystischer Traditionen in Luthers erster Ablaßthese, in: ARG 93 (2002) 7-25; M. Brecht, Luthers neues Verstandnis der Buße und die reformatorische Entdeckung, in: ZThK 101 (2004) 281-291.

b) 의(iustitia)의 발견(1545년 라틴어 작품의 서문)

그 사이에 나는 이 해(1519)에 시편을 새롭게 해석하기 위해서[3] 시편으로 다시 돌아갔다(eo anno iam redieram ad Psalterium). 성 바울의 로마서와 갈라디아서 또 히브리서를 강의 때 다루고 나서 자신이 훈련이 되었다고 믿고 있었다.[4] 나는 바울을 그의 로마서에서 알려고 하는 놀라운 열정에 사로잡혀 있었다 (miro certe ardore captus fueram). 하지만 그때까지는 내 마음의 냉정함이 아니라 제1장에 있는 하나의 단어가 걸림돌이 되었다: "거기(곧, 복음)에는 하나님의 의가 나타나서"(롬 1:17). 말하자면 이 단어 "하나님의 의"를 미워하였다. 이 단어를 나는 모든 학자들의 일반적인 언어 사용을 따라서 소위 말하는 형식적 또는 능동적인 의(de iustitia ut vocant formali seu activa)로 철학적으로 이해하는 것을 배웠다. 그러한 의로 하나님은 의롭고 그 의를 따라서 그분이 죄인과 불의한 자를 심판하신다는 것이다.

그런데 수도사로서의 나의 흠 없는 삶에도 불구하고 하나님 앞에서는 끊임없는 불안한 양심을 지닌 죄인이라는 것을 느끼며 또 나의 보속을 통해서 하나님과 화해되었다는 것에 확신을 가질 수 없었다: 나는 죄인을 벌하시는 이 의로운 하나님을 사랑하지 않았다, 정말로 나는 미워하였다; 비록 대놓고 불경하게 표현하지 않았지만 엄청난 불만을 가지고 하나님을 향해서 대들며 말했다: "불쌍한 죄인들, 원죄로 인해서 영원히 버림받은 자들은 십계명으로 말미암아 심한 불행에 짓눌려 있는 것으로 충분하지 않습니까? 도대체 하나님은 복음으로 고통에다 또 고통을 더하고 게다가 복음을 통해서 자기 의와 자기의 분노를 우리에게 위협하셔야만 합니까?" 이렇게 분노하며 철저하게 혼란스러운 나의 마음 안에서 날뛰며 나는 이 구절에서 냉정하게 성 바울은 이 말로 무엇을 말하려고 하는가를 간절히 알고 싶어서 그에게 호소하였다. 드디어 낮이고 밤이고 쉬지 않고 궁리를 하는 가운데 하나님의 자비로 인해서 이 단어들의 연결에 주목을 하게 되었다, 말하자면: "그 안에는 하나님의 의가 나타나서, 기록된 바와 같이: '의인은 믿음으로 살리라'(합 2:4) 함과 같으니라." 그때 나는 하나님의 의를 의인은 하나님의 선물, 곧 믿음으로 살게 하는(qua iustus dono Dei vivit, nempe ex fide) 의로 이해하기 시작하였다; 그 뜻은 이것이라는 것을 파악하였다: 복음으로 말미암아서 하나님의 의, 곧 수동적인 의가 나타난다(revelari per Evangelium iustitiam Dei, scilicet passivam). 이 의로 말미암아 하나님, 곧 그 자비하신 분은 우리를 기록된 바와 같이 믿음으로 말미암아 의롭다고 칭하신다: "의인은 믿음으로 살리라."

그때 내가 완전히 새롭게 태어났고 열린 문을 통과해서 낙원에 들어선 것을 느꼈다. 그 즉시로 성경 전체는 내게 다른 모습으로 나타났다. 그래서 내가 기억하는 바대로 성경을 섭렵하며 다른 표현들에서도 유사한 구조(analogia)를 읽어내었다: "하나님의 역사", 곧 하나님이 우리 안에서 역사하는 것, "하나님의 능력", 우리를 능력 있게 만드시는 능력, "하나님의 지혜", 우리를 지혜롭게 하시는 지혜, "하나님의 강함", "하나님의 구원", "하나님의 영광."

이제는 내가 과거에 "하나님의 의"라는 말을 미워했던 만큼 큰 사랑으로 이 단어를 나에게 가장 달콤한 말이라고 찬양하였다; 그토록 이 바울의 구절은 정말로 나에게는 낙원으로 가는 문이었다. 그 후에 나는 아우구스티누스의 "De spiritu et littera"를 읽었고, 그도 하나님의 의를 비슷하게 해석하고 있다는 사실을 뜻하지 않게 접하게 되었다: 하나님은 우리를 의롭다 칭하시면서 (내가 이해한 그런 의로) 우리를 옷 입히신다.[5] 이 점이 충분하게 언급되지는 않았고 아우구스티누스는 간주하심에 관해서(de imputatione) 아주 분명하게 해석하고 있지 않지만 우리를 의롭다고 여겨주시는 하나님의 의가 가르쳐지고 있다는 사실에 나는 매우 기뻤다.

> 원전: Martin Luther, Studienausgabe, hg. v. H. -U. Delius. Bd. 5, Berlin 1992, 635-638. — 참고문헌: B. Lohse (Hg.), Der Durchbruch der reformatorischen Erkenntnis bei Luther, Darmstadt 1968 (WdF 123); O. Bayer, Promissio. Geschichte der reformatorischen Wende in Luthers Theologie, Göttingen 1971 (FKDG 24); B. Lohse (Hg.), Der Durchbruch der reformatorischen Erkenntnis. Neue Untersuchungen, Stuttgart 1968 (WdF 123).

1) 짐작하기로는 에라스무스의 희랍어 성경을 말하고 있다(위 본문 Nr. 3을 보라).
2) 전통적인 이해를 따르면 회개는 마음의 통회, 입으로 고백과 행위를 통한 보속(contritio cordis, confessio oris, satisfactio operis)으로 이루어졌다.
3) "Operationes in Psalmos" (WA 5,19-676; 9.796f.; AWA 1f.).
4) 1515/6에 로마서, 1516/7에 갈라디아서, 1517/8에 히브리서를 읽었다.
5) 아우구스티누스, De spiritus et littera, c. 9 (CSEL 60167f. 루터는 이미 로마서 강의에서 "De spiritu et littera"를 풍부하게 사용하였다.

8. 루터의 첫 번째 시편 강의

1512년 루터는 슈타우피츠의 성화로 그에게서 비텐베르크의 성경교수직을 넘겨받았다; 그의 첫 번째 강의는 1513-1515년의 시편 강의였다. 그가 강의에서 받아 적도록 한 시편 본문 여백에 쓴 자신의 메모와 그의 세밀한 설명들, 곧 주석들이 필사되어 보존되어 있어서 이 강의는 훌륭하게 문서화되어 있다. 그 안에서는 이미 루터의 신학적 변천은 우선 아주 결정적으로 해석적인 변천이라는 것을 알 수 있다: 예수 그리스도에 집중함으로 출발해서 문자의 네 가지 의미라는 중세적 체계(『중세교회』

본문 60번을 보라)가 완전히 제거되지는 않았지만 뚜렷하게 집중이 되었다(본문 a). 괄목할 정도로 "위대한 자기 증언"에 담겨 있는 진술을 생각나게 하는 구절들, 특히 시편 71(72)편 해석(본문 b)에 있는 구절들에도 불구하고 다른 곳에 있는 그 분명한 중세의 은혜론에 닻을 내리는 것을 보면 그의 이 신학적 변천은 종교개혁 신학보다는 수도원의 겸손의 신학(Bizer)에 자리매김을 해야 할 것이다.

a) 기독론적 성경해석(Dictata super Psalterium 1513-1515에 대한 서문)

"내가 영으로 찬송하고 또 마음으로 찬송하리라"(고전 14:15). "영으로 찬송하고"는 영적인 헌신과 성향으로(spirituali devotione et affectu) 찬송한다는 것을 의미한다; 이것은 육신적으로만 찬양하는 자들의 반대로 언급되었다. 그러니까 이들은 두 가지 방식으로 찬양한다: 첫째 사람들은 성실하지 않고 나태한 마음과 입과 혀로 찬양한다. 다른 사람들은 더 깨어 있으며 헌신된 마음으로(찬양하지만) 육신적으로 더 즐거워서, 그러니까 음성, 소리를 끌어냄과 화음에서 즐거워서 찬양한다. 마치 하나님께 고양되어야 하는 영의 의미와 열매를 생각하지 않는 아이들이 하는 방식을 말한다. 마찬가지로 "마음으로 찬양한다"는 말은 영적인 마음으로 찬양하는 것을 뜻한다. 여기에 다시금 두 개의 상반된 방식이 있다. 첫 번째는 자기들이 찬양하는 것에 관해서 전혀 이해하지 않고 하는 찬양으로, 말하자면 수녀들이 시편을 읽는 것 같은 것이다; 다른 자들은 시편에 관해서 육신적인 이해를 가지고 찬양하지만, 시편을 언제나 그리스도 밖에서(extra Christum) 자기들의 역사와 연결시키는 유대인들이 부르는 찬양과 같은 것이다. 하지만 그리스도께서는 자기 사람들의 마음을 열어주셔서 성경을 이해하도록 하셨다(눅 24:32). 그렇지만 종종 영이 마음, 곧 반대로 마음의 성향을 밝혀주는데, 왜냐하면 영은 밝히는 광선이 비추는 곳으로 끌어 올려 준다면 마음은 그 곳을 가리켜주기 때문이다. 그래서 둘 다 요구되지만 끌어 올려주는 영이 더 낫다.

	비유적	상징적	영적
예루살렘	선한 자들	덕목들	보상
바빌론	악한 자들	죄악들	처벌

죽이는 문자 – 살리는 영: 여기에서 한편으로는 바빌론의 몸에 관해서, 다른 한편으로는 교회적인 몸을 말하고 있다.
시온 산: 역사적으로는 가나안 땅
　　　　비유적으로는 회당 또는 회당에 있는 탁월한 한 인물
　　　　상징적으로는 바리새적 또는 율법적인 의
　　　　영적으로는 앞으로 올 육신적 영광
시온 산: 역사적으로는 시온에 산 백성
　　　　비유적으로는 교회 또는 탁월한 지식인이나 감독
　　　　상징적으로는 신앙의 의 또는 다른 탁월한 것
　　　　영적으로는 하늘에서의 영광
　　　　정반대로 기드론 골짜기.

그러므로 그 어떤 곳에서 역사적으로 똑같은 것이 분명하게 언급되지 않는다면, 성경에서는 비유, 상징적 또는 영적 해석이 버텨낼 수 없다. 그렇지 않다면 성경은 조롱거리가 될 것이다. 그렇지만 어딘가에서 역사적으로 언급된 것은 비유 등등으로 받아들이는 것은 전적으로 필요하다. 시편 36편 6절에서 의라는 말을 위해서 나온 산처럼 말이다: "주의 의는 하나님의 산들과 같고."

나아가서 문자에서 영을 구분하는 것은 성경 안에 있는 최고의 것이다. 말하자면 이것이 진실로 신학자를 만들어낸다. 그리고 교회는 성령으로부터 얻었지 인간적인 생각에서 얻지 않았다. 시편

72편 8절에 있는 "그가 바다에서부터 바다까지 다스리리라"와 같이 말이다. 여기서 "다스리다"는 영적인 통치를 뜻한다는 사실을 영의 계시보다 앞서서 알 수 있는 자는 아무도 없다. 특별히 영은 역사적인 이해를 따라서 첨가하고 있다: "바다에서부터 바다까지." 그래서 이 "다스리다"를 육신과 일시적인 섭정과 연관시키는 자는 죽이는 문자를, 다른 자들은 살리는 영을 가진 것이다.

그러므로 나는 시편을 종종 유대인과 관련시켜서 이해하고 있는데, 이는 "우리가 알거니와 무릇 율법이 말하는 바는 율법 아래에 있는 자들에게 말하는 것"(롬 3:19)이기 때문이다.

예수 그리스도의 머리말
곧, 하나님의 아들, 우리 주, 다윗의 시편을 따라.

"내가 문이니; 누구든지 나로 말미암아 들어가면 구원을 받고 또는 들어가며 나오며 꼴을 얻으리라"(요 10:9)……

모든 예언과 모든 예언자들은 분명한 말로 뚜렷하게 그분이 다른 사람에 관해서 말한다고 되어 있지 않으면 주 그리스도로부터 이해되어야 한다. 말하자면 그분이 "너희가 성경에서 연구하거니와 이 성경이 곧 내게 대하여 증언하는 것이라"(요 5:39)고 그렇게 말하고 있다.[1] 연구하는 자들에게 연구의 수단이 없다는 것은 두 말할 것 없이 분명하다. 그 때문에 그들은 시편을 아주 뚜렷하게 이렇게 해석하고 있다: 예언적으로가 아니라 역사적으로. 그들은 오류투성이 특정 히브리 랍비 문서들과 유대교의 허구를 작성한 자들을 따르고 있다. 이는 놀랍지 않은데, 이유는 그들이 그리스도에게서 그러니까 진리에게서 멀기 때문이다. 사도 바울이 말한 바와 같이 "우리가 그리스도의 마음을 가졌느니라"(고전 2:16).

주 예수 그리스도라는 인물에 관해서 문자적으로 언급된 것은 언제나 비유적으로 그를 닮은 조력자, 곧 모든 면에서 같은 모습을 가진 교회(conformis)에 관한 것으로 이해해야 한다. 동일한 것이 동시에 유형론적으로 영적이고 내적 인간에 관한 것으로 이해되어야 한다. 그의 육신과 외적 인간과 대치된 인간을 말한다. 예를 들면 이것이 분명해질 것이다: "하지 않는 자가 복이 있도다"(시 1:1). 문자적인 의미는 주 예수께서 유대인들의 퇴적물과 당시에 있던 변절하고 음행하는 무리들에 합류하지 않았다는 것이다. 비유적 의미는 거룩한 교회는 핍박하는 자들의 악한 일들과 이단과 불경한 기독교인들과 합류하지 않았다는 것이다. 유형론적인 의미는 사람의 영은 원수가 되는 육신의 간교와 꾀임 그리고 불경한 육신의 죄의 활동에 동의하지 않는다는 것이다.…… 다른 구절들에서도 이 방식으로 이해를 해서 우리가 닫혀진 책으로 무거운 짐을 지며 거기에서 양분을 얻지 않아야 한다.

> 원전: Martin Luther, Studienausgabe, hg. v. H. -U. Delius. Bd. 1, Berlin 1979, 32-35. —참고문헌: G. Ebeling, Evangelischen Evangelienauslegung. Eine Untersuchung zu Luthers Hermeneutik, Tübingen ³1991; ders., Die Anfänge von Luthers Heumeneutik, in: ZThK 48 (1951) 172-230 (= ders., Luthersstudien. Bd. 1, Tübingen 1971, 1-68).

b) 의와 겸손: 시편 71(72)편 주석
하나님의 심판은 영적인 의미에서 다른 사람들이 저주의 심판이라고 말하는 것이다. 성경(옛 율법의, 하지만 새 율법 책에서는)에서는 드물게 심판이라고 표현되지만 "심판의 나타남"(로마서 2장(5))과 "보복의 날"(사 61,2)로 더 자주 표현되고 있다.
비유적으로는 문자적으로 예언 선포에 걸맞는 것을 말한다. 그것을 어떤 곳에서는 구분의 심판이라고 한다. 물론 모든 심판에 구분과 저주(discretio et damnatio), 곧 선한 자들의 선택과 악한 자들의 저주가 있는 법이지만 말이다. 이 심판을 그리스도는, 그러니까 하나님은 비밀스럽게 교회에 행하시기에 알 수가 없다. 성경도 이 심판에 관해서는 마찬가지로 자주 말하지 않는다. 그분이 드러내놓고 말하시는 다른 심판이 있다.

또한 상징적인데(tropologicus), 이 심판은 성경에 가장 자주 등장한다. 곧 하나님께서 우리가 만들어낸(quicquid ex nobis habemus) 모든 것, 행위와 함께 옛 사람 전체(totus vetus homo)와 "우리의 모든 의"(사 64, 5)를 심판하시고 심판 받게 하신다. 이것이 본래적 의미의 겸손 또는 낮아짐(homilitas immo humiliatio)이다. 왜냐하면 겸손하게 생각하는 자가 의로운 것이 아니라 자기 스스로에게 혐오스러우며 저주받아 마땅하게 보이며 자기의 죄를 저주하고 심판 등등을 하는 자가 의롭기 때문이다. 이것을 서술하기 위해서 성경은 그 단어 "심판"을 사용하고 있는데, 곧 자기 스스로의 품격을 손상시키고, 경멸하고 저주하는 데에 있는(quae est vilificatio et contemptus et omnino damnatio sui ipsius) 겸손의 참 본성을 드러내기 위해서 사용하고 있다. 의와 관련해서 사용되는 곳에서 특별히 이 심판이 강조되고 있다. 이것을 말하자면 하나님의 심판이라고 부른다. 곧 하나님의 의 또는 능력 또는 지혜를 말한다, 곧 그것으로 말미암아 우리가 지혜롭고, 강해지고, 의롭고 겸손하거나 심판을 받는 것을 말한다(Hoc enim vocatur iudicium Dei: Sicut iustitia vel virtus, vel sapientia dei: id est quo nos sapientes, fortes. iusti et humiles vel iudicati sumus).

그런데 이 심판은 마음과 입과 행동에서 일어나기 때문에(Sed quia hoc iudicium fit corde, ore et opere) 모든 능력과 마찬가지로 어떤 하나가 다른 것이 없이는 충분하지 않다. 달리 말한다면: 믿음이 때로는 내적인 발생처럼 파악되고 때로는 믿음을 가르치는 복음 자체(sicut fides capitur quandoque pro interior actu, quandoque pro ipso Euangelio)로 때로는 믿음의 대상으로 파악된다. 따라서 심판도 때로는 복음 자체와 하나님의 말씀을 뜻하게 되는데, 그러한 심판을 이행하는 것과 추진하는 것을 복음이 가르치기 때문이다.

이와 마찬가지로 하나님의 의(iustitia Dei)도 삼중적이다:

상징적으로 보면 그것은 그리스도에 대한 믿음이다(롬 1:17): "복음에는 하나님의 의가 나타나서 믿음에서 믿음에 이르게 하나니." 성경에서 가장 빈번한 사용법이 이러하다. 비유적으로 본다면 그것은 사도 바울이 말한 바와 같이 전체 교회 자체를 의미한다: 우리로 하여금 하나님의 의가 되게 하려 하심이라"(고후 5:21).

그런데 영적인 의미로는 승리하는 교회 안에 계신 하나님 자신을 말한다.[2] 그렇지만 의는 선한 자들에게 더 많이 해당이 되고 의의 자리는 그들에게 있다. 이와 마찬가지로 심판은 악한 자들을 겨냥하며 그들에게 일어난다.

> 원전: Martin Luther, Studienausgabe, hg. v. H. -U. Delius. Bd. 1, Berlin 1979, 72-74. 번역: Luther Deutsch. Die Werke Martin Luthers in neuer Ausgabe für die Gegenwart, hg. v. K. Aland. Bd. 1, Gottingen ²1983, 91-94. －참고문헌: E. Bizer, Fides ex auditu. Eine Untersuchung über die Entdeckung der Gerechtigkeit Gottes durch Martin Luther, Neukirchen-Vluyn ³1966.

c) 그리스도의 오심: 약속과 예비
(시 113 [115], 1에 대한 주해)

"여호와여, 우리에게 돌리지 마시고 (당신의 이름에 영광을 돌리소서"[시 115:1]). 그리스도가 육신을 입고 오심은 약속하시는 하나님의 순수한 자비로부터(ex mera misericordia Dei promittentis) 주어졌다 – 인간 본성의 공로 때문에(merita humanae naturae) 허락된 것도 아니고 그것의 부패 때문에(demerita) 거절되지 않았다. 하지만 그를 받기 위해서는 준비와 채비(praeparatio et dispositio)가 있어야 한다. 구약성경 전체에서 그리스도로 연결되는 노선으로 발생했던 바와 같이 말이다: 왜냐하면 하나님께서 자기 아들을 약속하신 것은 자비였고, 그가 나타나도록 하신 것(exhibuit)은 그의 성실과 인애였기 때문이다. 미가서 마지막 장에 기록되어 있는 것과 같다: "주께서 옛적에 우리 조상들에게 맹세하신 대로 야곱에게 성실을 베푸시며 아브라함에게 인애를 더하시리이다"; 이 말은 "우리가 벌어들인 대로"가 아니라 "주께서 맹세하신 대로"였다는 것이다. 여기에서 도출되는 사실은 자비하신 하나님께서 자기 약속 때문에(ex promissione) 자신을 우리에 대한 채무자로 만드셨다는 것이다. 공로를 세운 인간 본성의 존귀함 때문이 아니라(non ex dignitate naturae humanae merentis) 그분은 우리가 자신이 주는 선물을 받을 수 있는(capax) 준비 말고는 아무 것도 우리에게 요구하지 않으셨다; 한 나라의 제후나 왕이 도둑이나 살인자에게 100굴덴을 약속하고는 오직 정한 장소와 시간에 그것을 받을 채비가 되어 있는 것만을 요구하였던 것과 같다. 그 왕은 자기의 자발적인 약속과 자신의 자비 때문에(ex gratuita promissione sua et misericordia) 그 도둑 내지는 살인자의 공로가 없이 채무자가 되었다는 것과 그 자의 잘못 때문에 자기가 약속한 것을 거절하지 않은 것이 분명하다. 은혜로 말미암는 영적인 임재(spiritualis adventus)와 미래의 영광 중의 임재도 이와 같이 이루어진다. 왜냐하면 우리의 공로 때문이 아니라 자비하신 하나님의 정결한 약속 때문에 이루어지기 때문이다. 그분은 말하자면 영적인 임재를 위해서 이 약속을 주셨다: "구하라 그리하면 너희에게 주실 것이요. 찾으라, 그리하면 찾아낼 것이요, 문을 두드리라 그러면 너희에게 열릴 것이니 구하는 이마다 받게 되기 때문이라"(마 7:7f.) 그래서 학식 있는 자들(Doctores)이 말하기를 자기가 할 수 있는 것을 행하는 사람에게 하나님은 틀림없이 은혜를 주신다(homini facienti quod in se est, deus infallibiliter dat gratiam)고 한 것과 은혜는 모든 기준을 넘어서기 때문에 사람은 완전히 합당하도록(de condigno) 은혜를 준비할 수는 없지만 바로 하나님의 이 약속과 자비의 언약(pactum misericordiae) 때문에 적당히는(de congruo) 준비할 수 있다고 한 것은 옳다. 이와 마찬가지로 미래 임재를 위해서도 "복스러운 소망 가운데에서 신중함과 의로움과 경건함으로 이 세상에 살아야 한다"(딛 2:12f.)는 것을 명령하셨다. 왜냐하면 여기서도 우리가 그렇게 거룩하게 살아도 그것은 우리에게 보이게 될 장차 올 영광에 대한 채비와 준비는 아니기 때문이다. 그래서 사도 바울은 말하고 있다: "현재의 고난은 (장차 우리에게 나타날 영광에) 족히 비교(condignus)가 되지 않는다"(롬 8:18) - 하지만 족히 적당하다(sed bene congruae). 그러므로: 그분은 모든 것을 거저(gratis) 허락하시는데, 우리가 능력이 닿는 대로 그것을 위해서 채비를 하는 것을 그분이 원한다고 할지라도 그저 자신의 자비의 약속 때문에 허락하신다. 따라서 율법이 하나의 형상(figura)이며 그리스도를 맞이하려고 하는 백성들의 준비였던 것과 마찬가지로 우리 능력이 닿는 대로의 우리의 행위는 은혜를 위해서 우리를 준비시킨다. 은혜의 시간 전체는 장차 올 영광과 (그리스도의) 재림을 위한 준비이다. 이 때문에 그분은 우리가 깨어 있고 준비하고 그분을 기다릴 것을 명하신다.

원전: Martin Luther, Studienausgabe, hg. v. H. -U. Delius. Bd. 1, Berlin 1979, 89f. — 참고문헌: E. Vogelsang, Die Anfänge von Luthers Christologie nach der ersten Psalmenvorlesung,

> insbesondere in ihren exegetischen und systematischen Zusammenhängen mit Augustin und der Scholastik dargestellt, Berlin 1929 (AKG 15); G. Ebeling, Luthers Psalterdruck von 1513, in: ZThK 50 (1953) 43-99(= ders., Lutherstudien. Bd. 1, Tübingen 1971, 69-131); R. Schwarz, Fides, Spes und Caritas beim jungen Luther unter besonderer Berücksichtigung der mittelalterlichen Tradition, Berlin 1962 (AKG 34); S. H. Hendrix, Ecclesia in via. Ecclesiological developments in the medieval psalms exegesis and the "Dictata super Psalterium" (1513-1515) of Martin Luther, Leiden 1974; T. Rasmussen, Inimici ecclesiae. Das ekklesiologische Feindbild in Luthers "Dictata super Psalterium" (1513-1515) im Horizont der theologischen Tradition, Leiden 1989 (SMRT 44); B. Hamm, Warum wurde fur Luther der Glaube zum Zentralbegriff des christlichen Lebens? in: B. Moeller (Hg.): Die fruhe Reformation in Deutschland als Umbruch, Gütersloh 1998 (= SVRG 199), 103-127.

1) 루터는 다음에 나오는 자신의 입장표명에서 성경의 격언의 맥락 — 유대인들과의 논쟁 — 이 알려진 것으로 전제를 하고 있다.
2) 곧 천상의 교회.

9. 루터의 로마서 주해

 1514년 초 또는 가을부터 루터는 로마서 강의로 말미암아 집중적으로 사도 바울의 신학과 만났다; 1516년 가을부터는 로마서 강의를 마무리하였다. 19세기가 저물어 갈 무렵 젊은 루터에 관한 연구논의에 결정적인 자극을 주었던 것이 로마서 강의인데, 그 강의에서 루터는 시편 강의에서 나온 겸손의 신학을 더 발전시켰다. 특별히 동시에 계속했던 요한네스 타울러와 독일 신학(『중세교회』 Nr. 58 c와 d를 보라)을 통해서 이 신비적으로 윤색된 스타일의 경건과 아리스토텔레스와의 거리가 더 커지는 가운데 확고해져갔다. 하지만 신비적인 개념으로는 더는 파악할 수 없는 그 인간을 상대로 한 은혜의 외부성에 관한 생각이 의미 있는 것으로 점점 분명하게 명료해졌다. 강의는 루터 자신의 원고 및 그가 실제로 강의실에서 행한 것을 일별할 수 있게 하는 학생들이 받아 적은 것을 통해서 훌륭하게 기록되어있다.

a) 낯선 의의 필연성(로마서 주해 1, 1)

하나님께서는 우리를 우리 자신의 의가 아니라 낯선 의와 지혜를 통해서(non per domesticam, sed per extraneam iustitiam et sapientiam) 구원하기를 원하시는데, 곧 우리에게서 나오며 산출된 의가 아니라 다른 어디로부터 우리 안에 들어온 의이다. 따라서 철저히 우리 밖에 있으며 낯선 의(omnino externa et aliena iustitia)가 가르쳐져야 한다. 우선 우리 것이며 우리 자신 안에 있는 고유한 의가 물리쳐져야 한다. 이러한 의미에서 시편 45편 10절에서 말하고 있다: "네 백성과 네 아버지의 집을 잊을지어다." "아브라함도 그렇게 떠나라고 부름을 받았다"(창 12:1). 아가서에도 기록되어 있다: "내 신부야, 너는 레바논에서부터 나와 함께 하자, 네게 관을 씌우리라"(아 4:8 비교). 옛날 이스라엘 온 백성의 출애굽은 악에서 덕행으로의 출애굽으로 해석하는 그 출애굽을 가리키고 있다. 하지만 그것은 오히려 덕에서 그리스도의 은혜(de virtutibus ad gratiam Christi)로의 출애굽으로 해석해야 한다. 왜냐하면 덕은 악보다 작은 것으로 인식하게 되며 더 격렬하게 인간의 감정적 움직임(affectus)을 장악하고 그것을 다른 모든 소유들로서 사슬로 묶으면서 일종의 훨씬 더 크고 심각한 악이기 때문이다.

원전: Martin Luther, Studienausgabe, hg. v. H. -U. Delius, Bd. 1. Berlin 1979, 100,9-19. ─참고문헌: 본문 b를 보라.

b) 의인이며 동시에 죄인(로마서 주해 4, 7)
"불법이 사함을 받은 자는 복이 있도다"(4:7)라는 말씀을 이해하기 위해서 이같이 말해야 한다:

성도들은 내적으로(intrinsece) 항상 죄인들이다; 그러므로 항상 자기들 밖에서(extrinsece) 의롭다 여겨져야 한다. 그런데 위선자들은 내적으로 항상 의롭고, 그러므로 그들 밖에서는 항상 죄인들이다.

'내적으로'는 곧 우리가 우리 안에, 우리 눈에, 우리 생각 안에 있는 것이고; 그런데 우리 '바깥에'는 우리가 하나님 앞에, 그분의 판단 하에 있는 것이라고 나는 말한다. 그래서 우리도 그렇게 우리로부터, 그러니까 자신들의 행위에서가 아니라 오직 하나님의 간주해주심 때문에 의로워지면(ex sola Dei reputatione iusti sumus) 그때 우리 밖에서 의롭다. 말하자면 그분의 간주하심은 우리 안에 있지 않고, 우리 능력 안에 있지 않다. 그래서 우리의 의도 우리 안이 아니고 우리 능력 안에 있지 않다. 호세아가 말한 것과 같이 말이다(13:9): "이스라엘아 네가 패망하였나니 이는 너의 구원이 오직 내게 있음이니라"(곧 네게는 패망 밖에 없고, 너의 구원은 너의 밖에 있다). 또 시편 121편 2절: "나의 도움이 여호와에게서로다", 그래서 내게서가 아니고……

그러므로 우리는 내적으로 또 우리 자신으로부터는 항상 불경하다(impius). 시편 51편 3절: "내 죄가 항상 내 앞에 있나이다", 곧 내가 죄인이라는 것이 항상 내 눈앞에 있다는 말이다: "내가 주께만 범죄하였으니(곧 나는 죄인입니다); 그러므로 주께서 말씀하실 때에 주는 의로우시나이다." 반대로 위선자들은 내적으로 의롭기 때문에 이 상관성에 근거해서 필연적으로 그들 밖에서(곧 하나님의 판단 하에서)는 불의한데, 이는 시편 95편 10절에서 말하는 바와 같다: "내가 말하였도다, 그들은 마음이 미혹된 백성이라." 곧 그들은 다음 말씀처럼 성경의 모든 말씀을 왜곡시키고 있다: "나의 죄가 항상 내 앞에 있나이다." 그들은 이렇게 말한다: 나의 의가 항상 내 앞에(곧 나의 눈앞에) 있고, 의의 행위를 하는 자가 복되도다. 그들은 말하기를 (나는 죄를 범하지 않고) 주님을 위해서 내가 의롭게 행한다고 하지만 오직 자기들을 위해서 그렇게 하고 있다.

하나님 앞에서 동시에 의로우며 불의한(simul sunt iusti et iniusti) "성도들 중에서 하나님은 위엄이 있으시도다." 또 그분 앞에서 동시에 불의하고 의로운 위선자들 중에서도 위엄이 있으시도다. 왜냐하면 거룩한 자들은 자기들의 죄를 항상 눈앞에 두고 있고 하나님의 자비하심에 매달리며 의롭다하심을 간구하면서 하나님으로부터도 항상 의롭다고 여김을 받는다. 그래서 그들은 자기들 눈에 그리고 실제로 불의하지만 하나님, 곧 자기들의 죄를 고백함 때문에 의롭다고 여기시는 하나님에게 그들은 의롭다. 실제로 그들은 죄인들인데, 그들을 불쌍히 여기는 하나님의 관대한 간주함으로 말미암아 의롭다. 부지중에 그들은 의로우며 자기들의 지식에 따르면 불의하다; 실제로는 죄인들이지만 소망 중에 의롭다(peccatores in re, iusti autem in spe). 바울이 아래와 같이 말하면 바로 이것을 생각한 것이다: "불법의 사함을 받고 죄가 가리어짐을 받는 사람들은 복이 있도다"……

첨부(Corollarium)
사도바울은 여기서 단지 행위의 죄, 언어의 죄, 생각의 죄만 말하고 있는 것이 아니라 저 "계기"(fomes)도 말하고 있다. 곧 7장 20절에서 말하는 바와 같이 말이다: "내가 아니라 내 속에 거하는

죄니라." 거기에서 그는 이 계기를 "죄의 정욕"(롬 7:5), 곧 우리 말하는 바와 같이 사망에게 열매를 만들어주는 죄를 사모함, 죄로의 경향, 동기라고 말하고 있다. 그래서 실제 (신학자들이 부르는 바대로) 행위의 죄([peccatum] actuale)가 죄의 행위와 열매라는 의미에서 더 죄라고 하는 것이 맞지만 죄 자체는 바로 죄의 정욕, 계기, 욕망(concupiscentia)이고, 또는 아래에서 말하는 바와 같이 악으로의 경향과 선에 대한 저항이다: "탐심이 죄인 것을 알지 못하였도다"(롬 7:7)……

따라서 "우리가 만일 죄가 없다면 거짓말하는 자"(요일 1:8)라는 것이 도출된다. 이 악이 행위로 사함을 받을 수 있다고 생각하면 그것은 잘못인데, 이는 경험(experientia)이 증언해주듯이 아무리 우리가 열심히 선한 행위를 해도(bene operemur) 이 악을 향한 죄된 욕구는 물러가지 않고 아무도 심지어 단 하루를 산 아이도 거기로부터 깨끗할 수 없기 때문이다. 하지만 하나님의 자비는 비록 이 악은 여전히 남아 있더라도 하나님을 부르며 그 용서를 사모하는 자에게는 죄로 간주하지 않는다(non pro peccato reputatur). 그런 사람들은 힘써서 의롭다 여김을 받으려고 (querunt iustificari) 하기 때문에 기꺼이 자기들의 행위에 주목한다. 왜냐하면 우리가 비록 죄를 지배하는 것은 아니지만 우리를 용서하실 분이 죄를 제해주시게 되도록 꾸준히 그렇게 하면 용서해주신다는 것을 약속하신 자를 믿고 있기 때문이다.

원전: Martin Luther, Studienausgabe, hg. H.-U. Delius. Bd. 1, Berlin 1979, 112, 15-114, 25. —참고문헌: K. Holl, Die Rechtfertigungslehre in Luthers Vorlesung über den Römerbrief mit besonderer Rücksicht auf die Frage der Heilsgewißheit, in: ZThK 20 (1910) 245-291 (= ders., Gesammelte Aufsätze zur Kirchengeschichte 1, Tübingen 1948, 111-154); K.-H. zur Mühlen, Nos extra nos. Luthers

> Theologie zwischen Mystik und Scholastik, Tübingen 1972 (BHTh 46); L. Grane, Modus loquendi theologicus. Luthers Kampf um die Erneuerung der Theologie (1515-1518), Leiden 1975; G. Schmidt-Lauber, Luthers Vorlesung über den Römerbrief 1515/16. Ein Vergleich zwischen Luthers Manuskript und den studentischen Nachschriften, Köln u.a. 1994 (AWA 6); O. H. Pesch, Simul iustus et peccator. Sinn und Stellenwert einer Formel Martin Luthers. Thesen und Kurzkommentar, in: Th. Schneider/G. Wenz (Hg.), Gerecht und Sünder zugleich? Ökumenische Klärung, Freiburg/Göttingen 2001 (Dialog der Kirchen 11), 146-167; Theo Dieter, Der junge Luther und Aristoteles. Eine historisch-systematische Untersuchung zum Verhältnis von Theologie und Philosophie, Berlin u.a. 2001 (TBT 105).

10. 비텐베르크의 아우구스티누스 주의

비텐베르크의 움직임은 대학교육의 개혁으로 시작되었다. 이 개혁은 일단 철저하게 1502년 선제후령 작센에 세워진 영지 대학이 추진하고 있는 인문주의적 경향의 틀 안에서 진행되었고 스콜라주의 안에서 지배적인 아리스토텔레스 대신에 아우구스티누스를 전면에 두었다. 신학의 이 새로운 전개는 바르톨로메우스 베른하르디가 1516년 9월 25일 펠트키르히에서 자기의 명제학사 시험에서 논증을 했어야만 했고 루터에 의해서 광범위하게 구성이 되게 될(본문 a) 일련의 논제들이 가르쳐 주는 바와 같이 교육과정에서도 추진되었다. 여기에서 뿐 아니라 더 이전의 대학 동료교수였던 안드레아스 칼슈타트(1488-1541) 같은 다른 교수들의 간단한 주장들에서도 이 개혁 움직임은 단 한 사람 루터의 것과는 전혀 다른 것이라는 사실이 나타난다(본문 b). 루터도 이렇게 이 분명하게 드러나는 전개를 노골적으로 공동의 산물이요 또 전체 대학을 망라한 결과라고 보고 있다(본문 c). 물론 랑에게 보낸 그의 보고는 실제적인 맥락에서 판단할 때 너무도 낙관적이었다.

a) 하나님 앞에 선 인간(Questio de viribus et voluntate hominis sine gratia disputata, 1516. 9. 25)

둘째 주제: 은혜에서 제외된 사람은 그분의 명령을 절대로 지킬 수 없고 충분하든지 아니면 적당하든지 간에(vel de congruo vel de condigno) 은혜를 준비할 수 없고 필연적으로 죄 아래에 머물러 있다.

이 주제의 첫 부분은 로마서 13장 10절에 있는 사도 바울의 격언에서 분명해진다: "사랑은 율법의 완성이니라", 또 "지식은 교만하게 하며 사랑은 덕을 세우나니"(고전 8:1) 또 이와 마찬가지로 "문자는 죽이지만 영은 살리느니라"(고후 3:6). 아우구스티누스가 이 말씀을 다루는 곳에서 말하고 있다: "사랑이 없는 율법서는 흩어버리고 세우지 않는다." 곧 이어서: "율법을 깨달음은 따라서 교만한 허풍선이를 만들어내지만 사랑의 선물로는 사람이 율법 수행자가 되는 것을 기뻐하게 된다."[1] 그리고 많은 구절에서 말하고 있다: "율법은 은혜를 구하게 되도록 하기 위해서 주어진다; 은혜는 율법이 성취되도록 하기 위해서 주어진다."[2]

둘째 부분을 아우구스티누스는 많은 곳에서 설명한다. 몇 개만 제시하는 것으로 충분하리라. 요한복음 15장 5절: "나를 떠나서는 너희가 아무 것도 할 수 없음이라." 또 "아버지께로 말미암지 않고는 아무도 내게 올 수 없느니라."(요 6:65) 고린도전서 4장 7절에서 사도 바울이 말한다: "네게 있는 것 중에 받지 아니한 것이 무엇이냐?" 그리고 신구약 많은 구절에서 단호하게 가르치고 있다; 특별히 하나님께서 단도직입적으로 말씀하시기를 인간들의 선한 행위로 말미암아 그들이 하나님의 명령에 순종한 것처럼 그들을 선하게 만들지 않겠고 오히려 그들에게 악에 대해 선을 보여줄 것이고 이것을 그들 때문이 아니라 하나님 자신 때문에 하리라고 하신 곳에서 선지자 에스겔을 통해서 가르치신다. 그가 말하기를 "주 여호와께서 이같이 말씀하시기를 내가 이렇게 행함은 너희가 들어간 그 여러 나라에서 더럽힌 나의 거룩한 이름을 위함이라"(겔 36:22). 에스겔 선지자의 여러 말이 있고 이렇게 나온다: "내가 이렇게 행함은 너희를 위함이 아닌 줄을 너희가 알리라"(겔 36:32). 이 모든 말씀에서 은혜의 선포자(gratiae defensor) 아우구스티누스가 은혜의 선포자(gratiae praedicator)인 거룩한 사도 바울과 함께 결론을 내리기를 원하는 자로 말미암음도 아니요 달음박질하는 자로 말미암음도 아니요 오직 긍휼히 여기시는 하나님으로 말미암느니라(롬 9:16). 하나님은 벌어들인 벌만 내리시지만 긍휼은 벌어들인 것이 아니다. 그 때문에 여기서 모든 공로는 사라져야만 하며, 그래서 은혜를 앞선 공로는 있을 수 없다(nulla erunt merita gratiam praecedentia). 이 은혜가 없이는 사람은 필연적으로 진노의 자녀로 머물게 된다; 왜냐하면 하나님의 자녀는 오직 하나님의 영으로 인도함을 받는 자들이기 때문이다(롬 8:14)

첫째 첨부: 인간의 의지(voluntas hominis)는 은혜가 없이는 자유롭지 않지만 섬길 수는 있는데(non est libera, sed servit), 당연히 기꺼이 섬기지는 않는다.

이것은 요한복음 8장 34절에서 도출된다[3]: "죄를 범하는 자마다 죄의 종이라."

은혜가 없는 의지는 죄를 범하며, 그래서 자유롭지 않다. 이 사실은 거룩한 사도 요한의 말씀에서 분명하게 드러난다, 곧 그리스도께서 이렇게 말씀하신 곳이다: "아들이 너희를 자유롭게 하면 너희가 참으로 자유로우리라"(요 8:36). 그래서 아우구스티누스가 말하고 있다: "의를 행할 자유가 없는 그 자유의지를 네가 한 마리 '양'이 되기 전에 무엇으로 막아주겠느냐? 그래서 사람을 양으로 만드는 자가 사람의 의지도 하나님을 두려워하는 순종을 하도록(ad oboedientiam pietatis) 자유롭게 만든다."[4] 그런데 억지로가 아니라 즐거이 섬긴다. 이것은 아우구스티누스가 그 펠라기우스주의자들을 반대해서 쓴 첫째 책에서 드러나는데, 거기에서 이렇게 말하고 있다: "(인간의) 의지는 자유롭게 해주심이 그렇게 할 수 있도록 자유롭게 만들지 않으면 선을 행할 자유가 없다. 그렇지만 유혹하는 자가 비밀스럽게든지 노골적으로든지 간에 나쁜 것에 대한 즐거움을 심어주든지 아니면 스스로 유혹을 받는 자는 악을 행할 자유의지가 있다."[5] 또 율리아누스를 반대로 쓴 두 번째 책에서 아우구스티누스는 이렇게 말하고 있다: "너희가 인간을 완전한 자로 보고 싶으냐? 그러면 하나님의 선물 때문에 그리고 자유로운 의지가 아니라 자유롭지 않은 인간 자신의 의지 때문에 그러고 싶다는 거로구나."[6]

> 원전: Martin Luther, Studienausgabe, hg. v. H.-U. Delius. Bd. 1, Berlin 1979, 157, 17-159, 13. 번역: Luther Deutsch. Die Werke Martin Luthers in neuer Ausgabe für die Gegenwart, hg. v. K. Aland, Bd. 1, Göttingen ²1983, 344. 348-350. —참고문헌: 본문 c를 보라.

b) 스콜라 철학에 대한 칼슈타트의 논제(1517년 4월)

1. 거룩한 교부들의 의견은 반박하면 안 되는데(negendus),

2. 곧 그들 자신들에 의해서 교정이 되거나(correctus) 아니면 취소되지(retractatus) 않는 한에서 말이다.[7]

3. 그것들이 상충된다면(si fuerint diversa) 그저 마음대로(placitum) 취사선택하면 안 되고—이 점을 많은 사람들을 반대해서 말하고 있는 것이다—,

4. 성경의 증언(divina testimonia)이나 이성(ratio)이 동의하는 판단들을 취해야 한다.

5. 성경의 증언에 의해서 뒷받침되는 의견들 중에서는 분명하게 증거 구절들에 근거를 둘 수 있는 것들(evidentioribus nituntur auctoritatibus)을 우선시해야 한다.

6. (교회) 교사들의 의견들이 자체 안에서 다양하고 일치가 될 수 없다면, 더 후대의 것을 사용해야 한다.

7. 복되신 아우구스티누스의 견해는 도덕적 문제들에서 그 어떤 견해보다 우선시 되어야 한다(nulli cedit). 교회법 학자들을 반대해서 하는 말이다[8]

…

24. 은혜보다 그 어떤 공로가(bona merita) 앞서지 않는다. 일반적인 견해에 대한 반대이다(Contra communem)……

60. 이로써 아우구스티누스가 이단들을 반대해서 과도하다는 견해는 힘을 잃는다. '현대주의자들'[9] 반대이다. ……

84. 은혜 없는 율법은 죽이는 문자요, 그 반대로 은혜 안에는 살리는 영이 있다(고후 3, 6).

원전: Th. Kolde (Hg.), Wittenberger Disputationsthesen aus den Jahren 1516-1522, in: ZKG 11 (1890) 448-471, 450-453. ―참고문헌: E. Kähler, Karlstadt und Augustin. Der Kommentar des Andreas Bodenstein von Karlstadt zu Augustins Schrift De spiritu et litera. Einführung und Text, Halle 1952; U. Bubenheimer, Consonantia Theologiae et Iurisprudentiae. Andreas Bodenstein von Karlstadt als Theologe und Jurist zwischen Scholastik und Reformation, Tübingen 1977 (Jus ecclesiasticum 24); U. Bubenheimer/ S. Oehmig (Hg.), Querdenker der Reformation―Andreas Bodenstein von Karlstadt und seine frühe Wirkung, Würzburg 2001.

c) "우리의 신학과 성 아우구스티누스"(요한 랑[10])에게 보내는 루터의 서신 1517. 5. 18)

하나님이 함께 하시는 가운데 우리의 신학과 성 아우구스티누스는 선한 전진을 이루며 우리 대학에서 지배적이 되었다. 아리스토텔레스는 점점 위축되며 임박한 영원한 몰락을 향하고 있다. 놀라운 방식으로 명제집 강의는[11] 조롱거리가 되어서 그 누구도 이 신학, 곧 성경, 성 아우구스티누스나 교회적 권위를 가진 다른 선생들에 관해서 읽고 싶어 하는 청강생들을 기대할 수 없게 되었다. 잘 지내며 나를 위해서 기도하라.

> 원전: WA.A 1,98f.(Nr. 41). 번역: Luther Deutsch. Die Werke Martin Luthers in neuer Ausgabe für die Gegenwart, hg. v. K. Aland, Bd. 10, Göttingen ²1983,25 —참고문헌: E. Hirsch, Randglossen zu Luthertexten, in: ThStKr 91 (1918) 108-137; L. Grane, Modus loquendi theologicus. Luthers Kampf um die Erneuerung der Theoloogie (1515-1518), Leiden 1975; J.-M. Kruse, Universitätstheologie und Kirchenreform. Die Anfänge der Reformation in Wittenberg 1516-1522, Mainz 2002 (VIEG 187).

1) Augustin, Contra duas epistolas Pelagianorum 4,5,11 (CSEL 60,532,13f.22f.).
2) Augustin, De spiritu et littera 19,34 (CSEL 60,187,22f.).
3) 루터 스스로 분명히 기억에서 끄집어내면서 제시하고 있다: 로마서 7장
4) Augustin, Contra duas epistolas Pelagianorum 5,6,15 (CSEL 60,538,19-21).
5) Augustin, Contra duas epistola Pelagianorum 1,3,6 (CSEL 60,428,13-16).
6) Augustin, Contra Julianum 2,8,23 (PL 44,689).
7) 분명히 우선 아우구스티누스가 426/7에 집필한 Retractationes를 염두에 두고 있다.
8) 교회법(= 종교 규칙법) 교사들. 칼슈타트 자신은 1515/6 로마에서 두 개의 법—

곧 로마법과 종교 규칙법—박사학위를 취득하였다.
9) 중세 말 대학에서 비판적 언어철학을 특징으로 하는 Via moderna(새로운 길)을 대변하는 학자들.
10) 요한 랑(1486/8-1548): 아우구스티누스 수도회원이고, 1511년 루터와 함께 비텐베르크로 옮겨서 1516년까지 윤리 교수, 1516에 다시금 에르푸르트로 귀환하였다.
11) 페트루스 롬바르두스(1095-1160)의 명제모음집은 스콜라 신학의 표준교재였다.

11. 루터: 스콜라 신학에 대한 공개 논쟁 (1517. 9. 4)

프란츠 귄터가 성서학 학사 취득에 즈음해서 루터는 1517년 9월 4일 스콜라 신학과 이 신학의 끈질긴 아리스토텔레스를 활용하는 것을 총체적으로 청산하는 일련의 테제를 제시하였다. 특별히 가브리엘 빌(약 1410-1495; 『중세교회』 Nr. 82번을 보라)이 윌리암 옥캄(약 1285-1347; 『중세교회』 Nr. 48번을 보라)의 노선에서 이 스콜라 신학에게 준 형태로 아리스토텔레스가 활용되었다. 또 같은 날 루터는 그 테제들을 에르푸르트로 보내어 이 테제들에 관한 공개 토론을 열 것도 제안하였다: 처음으로 그는 이 새로운 비텐베르크 신학을 비텐베르크 밖에서 대대적으로 공론화시키고 싶어 했다. 특별히 자기가 바르톨로메우스 아르놀디 폰 우징엔(약 1462/1532)과 요도쿠스 트루트페터(약 1460-1519)에게서 지금은 비판을 받고 있는 Via morderna의 노선에서 공부를 하였던 곳에서 그렇게 하고 싶었다—하지만 그의 기대와는 반대로 반향은 극도로 미미했다.

1. 아우구스티누스는 이단들을 상대로 행동할 때 너무 지나치게(excessive) 날카롭게 말했다[1]고 말하는 것은 아우구스티누스

는 거의 모두 거짓말을 했다고 하는 것과 마찬가지다.

2. 그러한 태도는 펠라기우스주의자들[2] 및 모든 이단들에게 승리의 기회, 정말 승리를 주는 것을 뜻한다.

3. 또한 교회 선생의 권위를 조롱거리로 만드는 것을 의미한다.

4. 사람, 곧 "악한 나무"(arbor mala, ak 7:18)가 되고 나면 오직 악(malum)만 원하고 저지를 수 있다는 것은 진리이다.[3]

5. 자유로운 추구(appetitus)는 두 개의 상반된 방향으로 움직일 수 있다는 것은 거짓이다.[4]; 오히려 전혀 자유롭지 못하며 포로가 되어 있다(captivus). 보편적인 생각에 대한 반대.

6. 의지는 본성적 능력으로(naturaliter) (이성의) 바른 명령에 순응(conformare)할 수 있다는 것은 거짓이다.[5] 스코투스와 빌에 대한 반대.

7. 오히려 하나님의 은혜가 없이는 의지는 필연적으로 자기와 일치되지 않으며 악한 행동만을 하게 된다.

8. 그리고 여기에서 의지는 마니교도들[6]의 가르침대로 본성이 악하다, 곧 악의 본성(natura mali)을 지닌다는 것이 도출되지 않는다.

9. 그렇지만 의지는 본성이 어쩔 수 없이 악하며 또 타락하였다(vitiatus).

10. 의지는 모든 선한 것, 곧 이성이 의지에게 제시하는 것을 향할 자유가 없다는 사실이 인정된다.[7] 스코투스와 빌에 대해 반대.

11. 의지에게 제시된 것이 무엇이든지 간에 그것을 원하거나 원하지 않는 것은 의지의 재량 하에 있지 않다.

17. 사람은 자기의 본성의 능력으로(naturaliter) 하나님이 하나님이신 것을 원할 수 없다.

18.[8] 오히려 자기가 하나님이고 하나님은 하나님이 아니기를 바란다.

19. 본성적인 능력으로 하나님을 모든 것보다 사랑하는 것[9]은 "키메레"처럼 꾸며낸 개념(terminus fictus)이다. 거의 일반적인 생각에 대한 반대.

43. 아리스토텔레스 윤리의 총체는 아주 악하며 은혜를 대적한다. 스콜라주의자들 반대.

44. 아리스토텔레스의 가르침은 다행히 공교회의 가르침과 상반되지 않는다는 것은 틀렸다. 도덕 교사들 반대.

45. 오히려 아리스토텔레스와 함께 한다면 신학자가 되지 못한다.[10]

46. 논리학이 없는 신학자는 괴물 같은 이단이라는 것은 그야말로 이단적이며 괴물같은 주장이다. 일반적인 생각 반대.

98. 하나님을 사랑하는 것은 자기 자신을 미워하며 하나님 말고는 아무 것도 모르는 것이다.

100. 하나님께서 우리가 알기를 원하시는 것만이 아니라 하나님이 원하시는 모든 것을 우리가 원해야 한다[11]

원전: Martin Luther, Studienausgabe, hg. v. H.-U. Delius. Bd. 1, Berlin ³1987, 165-167.169.172. －참고문헌: L. Grane, Contra Gabrielem. Luthers Auseinandersetzung mit Gabriel Biel in der Disputatio Contra Scholasticam Theologiam 1517, Gyldendal 1962; Theo Dieter, Der junge Luther und Aristoteles. Eine historisch-systematische Untersuchung zum Verhaltnis von Theologie und Philosophie, Berlin u.a. 2001 (TBT 105); J.-M. Kruse, Universitätstheologie und Kirchenreform. Die Anfange der Reformation in Wittenberg 1516-1522, Mainz 2002 (VIEG 187), 100-106.

1) Gabrielis Biel Collectorium circa quattuor libros Sententiarum, hg. v. W. Werbeck u. U. Hofmann, Tübingen 1973-1987, Bd. 2 593,13-594,28 (Sent. 2 d. 33 q. un. a. 3 dub. 2), 보나벤투라와 둔스 스코투스와 연결을 시킴.

2) 『고대교회』 Nr. 92; 『중세교회』 Nr. 6을 보라.
3) Augustin, Contra Adimantum Manichaei discipulum 26 (PL 42,169).
4) Biel, Collectorium 3,504,15/19 (Sent. 3 d. 27 q. un. a. 3 dub.2).
5) Ioannis Duns Scoti Quaestiones in lib III. Sententiarum (Opera Omnia VII/2), Lyon 1639 (= Hildesheim 1968), 652 (Sent. 3 d. 27 q. un. 13; 둔스 스코투스와 관련해서는 『중세교회』 Nr. 47을 보라); Biel, Collectorium 2,608,12-14 *Sent. 2 d. 35 q. un. a. 1).
6) 『고대교회』 Nr. 43을 보라.
7) Scotus, Opera Omnia VII/2,650 (Sent. 3 d. 27 q. un. 11); Biel, Collectorium 3,504,23f. (Sent. 3 d. 27 q. un. a. 3 dub. 2)를 반대.
8) 테제의 번호를 매기는 것은 통일되지 않았다: 제시한 번호는 학생용 판본과 함께 가장 오래된 테제 인쇄를 따르고 있다. 테제 18번은 WA판에서는 17번 테제의 한 부분이다 — 그 다음 번호들은 그에 맞추어서 밀렸다.
9) Duns Scotus, Opera Omnia VII/2,650 (Sent. 3 d. 27 q. un. 11); Biel, Collectorium 3,504,23f. (Sent. 3 d. 27 a. 3 dub. 2).
10) 루터는 나중에 탁상담화에서 자기를 서품한 에르푸르트의 보좌신부 요한 폰 라스페가 이것을 천명했다고 말했다(WA. TR 5,412,34f.).
11) Biel, Collectorium 3,628,39/41 (Sent. 3 d. 37 q. un. a. 1).

12. 면죄부 논쟁

마르틴 루터가 대중적 관심의 중심으로 떠올랐다는 것은 작센에서도 중세 말 경건성에 깊이 뿌리를 내린 면죄부에 반대하는 그의 입장의 결과였다(본문 a): 브란덴부르크의 알브레히트(1490-1545), 곧 막데부르크의 대주교요 할버슈타트의 보좌신부(1513년부터)이고, 마인츠의 대주교이며 선제후(1514년부터)가 자기가 맡은 교회 교구와 브란덴부르크 선제후 국에 8년간으로 늘어난 기념 면죄부 판매를 받아들였다. 이것은 로마의 성 베드로 성당 신축에 사용될 것이었다. 수입의 대부분은 물론 은행가 푸거에게 흘러들어 갔다. 알브레히트가 그에게서 마인츠 교구의 성직 망토 값과 중복으로 성직을 가지기 위해서 엄청난 빚을 졌었다. 면죄부 설교자들의 교재인 그의 "instructio summaria"(본문 b)는 루터가 1517년 10월 31일 자기의 95개 논제를 알브레히트와 브란덴부르크 주교인 히에로니무스 슐츠(1522년 사망)에게 보낼 때 이미 알고 있었다 (본문 c); 루터가 이 논제들을 같은 날, 만성절 전야에 신자들이 쇄도하고 있는 한가운데에서 비텐베르크 궁정교회 문에 못으로 박았다는 것은 멜란히톤이 루터 사후에 처음으로 말한 바와 같이 증명이 되지 않는다. 루터의 저항 배경은 신학적으로는 심도 있게 신비적 전통에 뿌리를 내린 회개 개념이 만들었지만 면죄부 설교자 요한네스 텟첼(약 1465-1519)의 가공할 만한 영향을 접한 것이 그 배경을 첨예하게 만들었다. 그의 반응 (본문 d)에 앞서서 이미 콘라드 빔피나(약 1460-1531)가 광범위하게 작성하고 텟첼이 대중적으로 표방하고 나선 106개의 테제 목록이 있었다. 그런데 그의 반응은 루터가 제시한 질문이 도미니크파 안에 뿌리를 내린 교황주의와 맞닥뜨리면서 얼마나 신속하게 교회론적인 근본 원칙을 얻었는지를 보여준다.

a) 비텐베르크에서의 면죄부 관행: 궁정 교회에 있는 유물

비텐베르크 지성교회에 있는 최고로 찬양할 성물[=유증된 보물][1] 목록

일곱 번째 성물배열

다섯 번째로 은으로 된 동정녀 마리아 상: 동정녀 마리아가 난 곳에서 영체 하나; 그가 짰던 실에서 영체 하나; 그가 14살 때 살았던 집에서 하나; 마리아가 그 기슭에 살았던 시온 산자락에서 영체 둘; 마리아에게 천사가 말하였던 방에서 영체 둘; 동정녀 마리아의 젖에서 영체 다섯; 마리아가 주님께 젖 먹인 곳인 발삼 정원에 있는 나무에서 하나; 마리아의 머리칼에서 영체 넷; 마리아의 블라우스에서 영체 셋; 마리아의 치마에서 영체 셋; 마리아의 다른 옷들에서 영체 여덟; 마리아의 허리띠에서 넷; 마리아의 면

박에서 영체 일곱; 십자가 밑에서 주님의 피가 튄 마리아의 면박에서 영체 둘; 마리아가 죽은 곳에서 하나; 그가 죽을 때 우리 여인들의 손에 주어진 양초에서 하나; 마리아가 경건한 유모에게 주었던 양초에서 하나; 마리아의 무덤에서 영체 여섯; 마리아 무덤에서 온 흙에서 영체 둘; 동정녀 마리아가 하늘로 들려올라 간 장소에서 영체 하나.

총 56점의 영체
여섯 번째로 은으로 된 소년 예수 상: 주 예수께서 나신 곳에서 영체 넷; 그를 감쌌던 포대기에서 하나; 예수의 구유에서 영체 열셋; 요람에서 하나; 지푸라기에서 영체 둘; 태어났을 때 그 위에 누였던 짚단에서 영체 하나; 금에서 하나; 거룩한 세 명의 왕들이 주님께 바쳤던 유향에서 하나; 주 예수께서 할례 받으신 장소에서 영체 하나.

총 25점의 영체
일곱 번째로 도금이 된 은으로 된 한 명의 주교 상: 주 예수께서 금식하신 산에서 영체 넷; 주 예수께서 기도하시던 장소에서 셋; 그리스도께서 주기도문을 가르치시던 장소에서 영체 둘; 주님께서 예루살렘에서 그 위에 서서 "이 곳이 세상의 중심이라"고 말씀하신 바위에서 영체 하나; 그리스도께서 그 위에 서서 예루살렘을 위해서 우셨던 바위에서 하나; 그리스도께서 나귀를 타실 때 딛고 오르셨던 바위에서 하나; 주 예수께서 잡히셨던 그 땅에서 영체 둘.

총 14점의 영체
……
총 성물: 5005점의 영체. 각 영체 당 100일의 벌을 감함 여덟

개의 배열. 매 배열이 다시금 100일과 40일의 벌을 감한다. 참여자들에게 복이 있을지어다.

> 원전: Wittenberger Heiltumsbuch, illustriert von Lucas Cranach d. Alt., Wittenberg 1509 (= Unterschneidheim 1969 [Faksimile]). — 참고문헌: P. Kalkhoff, Ablaß und Reliquienverehrung an der Schloßkirche zu Wittenberg unter Friedrich dem Weisen, Gotha 1907; I. Ludolphy, Friedrich der Weise. Kurfürst von Sachsen 1463-1525, Göttingen 1984, 355-360; A. Tacke, Der katholische Cranach, Mainz 1992; L. Cárdenas, Friedrich der Weise und das Wittenberger Heiltumsbuch. Mediale Repräsentation zwischen Mittelalter und Neuzeit, Berlin 2002.

b) 마인츠의 주교 알브레히트, 면죄부 지침

첫 번째 은혜는 모든 죄의 완전한 용서(plenaria remissio omnium peccatorum)이다; 그 어떤 것도 이 은혜보다 크다고 말할 수 없다. 왜냐하면 인간은 죄 가운데에서 그리고 하나님의 은혜를 잃고 나서(homo peccator et divina gratia privatus) 바로 그 은혜로 인해서 완전한 용서와 하나님의 은혜를 새롭게 얻기 때문이다. 이 죄의 용서로 말미암아 인간은 하나님의 권위를 모독했기 때문에 연옥에서(in purgatorio) 회개하지 않으면 안 되는 벌(poenae)도 완전하게 면제가 되며 언급한 연옥에서의 벌도 완전하게 일소된다. 이러한 은혜를 삯으로 받기에(ad tantam gratiam promerendam) 충분하게 합당한 것은 없을지라도 우리는 아래와 같이 규정을 제시해서 그리스도를 믿는 자들이 좀 더 용이하게 그 은혜를 받도록 초대를 한다.

첫째: 마음으로 통회하고 입으로 고백하는 자(corde contritus atque ore confessus)[2], 또는 적당한 시간에 고백하려는 바른

의도를 가진 자는 누구나 최소한 이를 위해서 정한 일곱 개의 교회, 그러니까 교황의 문장이 걸려 있는 교회들을 방문해야 한다; 그 각각의 교회에서 경건하게 다섯 번의 주기도문과 다섯 번 아베마리아를 기도하면서 우리 구원이 이루어지도록 한 주 예수 그리스도의 다섯 상처를 찬양하고, 또는 통회의 기도(시 51)를 한 번 하여야 한다 — 이 시편은 정말로 죄 용서를 얻는데 아주 적합하다.

우선적으로 면죄부 판매자들(poenitentiarii)과 고해신부들(confessores)은 죄 고백을 하는 자들에게 완전한 용서와 그 효력의 위대함을 설명하고 나서 그 효력을 지닌 완전한 용서를 위해서 얼마 만큼의 금액, 돈 또는 다른 세상 재물이 필요하다고 생각하는지를 물어야 한다 — 이는 그 질문하는 자들이 이어서 그 사람들을 좀 더 손쉽게 지불하도록 몰아갈 수 있도록 하기 위한 것이다.

넷째로 귀한 은혜는 연옥에 있는 영혼들의 모든 죄를 완전하게 일소함(omnium peccatorum remissio)이다. 이 용서를 교황은 연옥에 있는 영혼들에게 도고의 방식으로(per modum suffragii) 선사하는데, 말하자면 이러한 방식이다: 산 사람들이 돈궤 안에 그 영혼들이 내거나 바쳐야 할 헌납을 그들을 위해서 하는 식이다. 하지만 우리의 의도는 죽은 자를 위한 그러한 헌납에는 우리의 대리자들과 대리의 위임을 받은 자들의 지도와 감독이 있어야 한다는 것이다. 또한 영혼들을 위해서 돈궤에 헌납하는 사람들은 마음으로 통회하며 입으로 고백할 필요는 없다. 왜냐하면 이 은혜는 죽은 자들이 떠나갈 때 그 안에서 떠나갔던 그 사랑과 살아 있는 자의 헌납에 근거를 갖기 때문인데, 이것은 교황의 교서 본문에서 드러나는 바와 같다.[3] 또 면죄부 설교자들은 이 은혜를 힘써서 선포하는 일에 최고의 노력을 경주해야 하는데, 이는 이 헌납으로 인해서 고인의 영혼이 도움을 받고 또 성 베드로 성당 건축 사업에 아주 넘치도록 풍성하게 도움이 되기 때문이다.

> 원전: Dokumente zur Causa Lutheri (1517-1521). 1. Teil, hg. v. P. Fabisch u. e. Iserloh, Münster 1988 (CCath 41), 246f.269. ─ 참고문헌: M. Paulus, Geschichte des Ablasses im Mittelalter. 3 Bde., Paderborn 1922/3 (= Darmstadt 2000); F. Jürgenmeier (Hg.), Erzbischof Albrecht von Brandenburg (1490-1545). Ein Kirchen-und Reichsfürst der frühen Neuzeit, Frankfurt a. M. 1991 (Beiträge zur Mainzer Kirchengeschichte 3); B. Moeller, Die letzten Ablaßkampagnen. Luthers Widerspruch gegen den Ablaß in seinem geschichtlichen Zusammenhang, in: ders., Die Reformation und das Mittelalter. Kirchenhistorische Aufsätze, hg. v. J. Schilling, Göttingen 1991, 53-72.

c) 루터의 면죄부에 반대하는 95개 논제

1. 우리 주요 선생 예수 그리스도께서 "회개하라"(마 4:17)고 말씀하실 때 믿는 자의 삶 전체가 회개가 되기를 원하셨다.

2. 이 말씀은 성례전적 회개(곧, 사제직을 통해서 이루어지는[4] 죄의 고백과 보속[confessionis et satisfactionis])와 관련해서 이해해서는 안 된다.

3. 그렇지만 내면적 회개만을 뜻하지 않는다; 심지어 외적으로 육체를 죽이도록 하지 않는다면 내면적 회개는 회개가 아니다.

4. 그래서 자기 자신에 대한 미움(이것이 참된 내적 회개이다)이 지속되는 동안 벌은 지속되는데, 말하자면 하늘나라 입구까지 지속된다.

5. 교황은 오직 자기 자신의 판단(arbitrium suum) 또는 교회법에 따라 내린 그런 벌을 사면하려고 하고 사면할 수 있다.

6. 교황은 죄가 하나님으로부터 사면된다는 것을 선언하며 보증하든지, 또는 교황 자신에게 맡겨진 경우들(casus reservati sibi)을 확실하게 용서하는 것을 통해서 하는 것 말고 달리 죄를 용서할 수 없다; 이것을 따르지 않는다면 죄는 전혀 용서되지 않

은 채 남아 있다.

7. 동시에 철저히 겸비하게(humiliatus) 하나님의 대리자인 사제에게 자신을 굴복시키지 않는 자에게는 하나님은 죄를 사면하지 않는다.

8. 교회의 회개 규정들(canones poenitentiales)은 오직 산 자들에게만 부과된다; 죽은 자들에게는 단 하나의 규정도 부과되면 안 된다.

13. 죽어가는 자들은 죽음으로 말미암아 모든 것에서 놓임을 받으며(omnia solvunt), 적법하게 그 규정에서의 자유를 얻으면서 그들은 이미 이 규정들에 대해서 죽은 것이다.

14. 죽어가는 자의 불완전한 (영적) 치유(sanitas)나 (하나님에 대한—) 사랑은 필연적으로 큰 두려움을 동반하는데, 말하자면 그 두려움은 그 불완전함이 더 할수록 더 커진다.

15. 이 두려움과 공포는 그 자체로(다른 일들에 대해서 말할 필요가 없도록) 연옥의 벌이 되기에 충분하다. 왜냐하면 거의 절망의 공포(desperationis horror)에까지 이르기 때문이다.

16. 지옥과 연옥과 하늘은 절망과 거의 절망에 이름(prope desperatio)과 안전(securitas)이 서로 구분되는 것처럼 서로 차이가 나는 것 같다.

20. 그래서 교황은 모든 벌에 대한 완전한 사면(remissio plenaria omnium poenarum)으로 말 그대로 모든 벌이 아니라 자신이 부과한 모든 벌의 용서를 의미하고 있다.

21. 따라서 교황의 면죄부로 모든 벌에서 벗어나서 복을 받게 된다고 말하는 면죄부 설교자들은 틀렸다.

22. 심지어 연옥에 있는 영혼들이 이 땅에서 교회법을 따라서 회개하였어야 하는 벌도 교황은 사면하지 못한다.

26. 교황이 (갖고 있지도 않은[5]) 열쇠 권세 때문이 아니라 중보하는 방식으로(per modum suffragii) 영혼들에게 사면을 베

푸는 것은 아주 잘 하는 것이다.

27. 돈궤에 던져 넣은 동전이 소리를 내는 순간 영혼이 솟아오른다고 말하는 자들은 인간의 허튼 수작을 설교하고 있다.[6]

28. 동전이 돈궤 안에서 소리를 내면 수입과 욕심이 커질 수 있다는 것은 확실하지만 교회의 중보(를 들어주는 것)는 오직 하나님의 뜻에 달려 있다.

30. 자신의 통회가 진실하다는 것을 자신하는 자는 아무도 없고, 완전한 사면을 얻었는지를 확신하는 자는 더욱 없다.

36. 자기 죄를 올바르게 통회하는(vere compunctus) 기독교인은 모두 벌과 죄(poema et culpa)의 완전한 사면을 받았는데, 이것은 면죄부가 없어도 주어진다.

37. 참 기독교인은 모두 살았든지 죽었든지 간에 하나님께서 허락한 그 그리스도와 교회의 (영적) 소유물에 한 부분을 소유하고 있는데, 그것도 면죄부 없이 소유한다.

38. 교황을 통한 사면과 (영적 소유)에의 참여는 절대로 가볍게 취급하면 안 되는데, 이는 (언급한 바와 같이) 사면과 참여는 하나님의 사면을 선언하는 것이기 때문이다.

39. 아주 학식이 있는 신학자에게도 백성들 앞에서 면죄의 넘치는 충만함(largitas)과 통회의 진실함을 동시에 찬양하는 것은 너무 어려운 일이다.

40. 참된 통회는 벌을 구하며 벌을 사랑한다면 면죄의 풍성한 충만은 그 반대로 벌로부터 자유하게 만들며 벌을 미워하게 하며 최소한 그렇게 할 기회를 제공한다.

41. 사도적[7] 면죄는 조심해서 선포함으로 백성들이 면죄는 사랑의 다른 선한 행위들을 능가한다고 잘못 생각하지 않게 해야 한다.

42. 면죄를 얻는 것은 어떤 면에서 보면 자비의 행위들과 동급이라는 것이 교황의 생각이 아니라는 것을 기독교인들에게 가르쳐

야 한다.

43. 가난한 자에게 무엇인가를 주거나 궁핍한 자에게 빌려주는 사람이 그가 면죄부를 사는 경우보다 더 잘하는 것임을 가르쳐야 한다.

44. 왜냐하면 사랑의 행위를 통해서 사랑이 자라며, 그래서 사람이 더 선하게 되지만, 면죄를 통해서는 더 선하게 되기보다는 그저 벌에서 더 자유스러워지기 때문이다.

45. 기독교인들을 가르쳐야 한다: 궁핍한 자를 보았지만 그를 무시하고(neglecto eo) 면죄를 위해서 자기 돈을 쓰는 자는 교황의 면죄가 아니라 하나님의 진노를 벌어들인다.

56. 교황이 면죄를 나누어주면서 끄집어내고 있는 교회의 보물(thesauri ecclesiae)은 그리스도의 백성들에게 충분히 설명도 되지 않았고 알려지지도 않았다.[8]

57. 그것이 세상의 보물이 아니라는 것이 분명한 이유는 많은 설교자들이 세상의 보물을 그렇게 쉽게 털어내어 주지 않고 그저 모으기 때문이다.

58. 또 그리스도와 성인들의 공로도 아닌 것이 교회의 보물은 교황이 없이 언제나 속사람을 위해서는 은혜(gratia hominis interioris)를 외적인 사람을 위해서는 십자가와 죽음과 지옥을 일으키기 때문이다.

60. (그리스도의 공로로 말미암아 선물로 주어진) 교회의 열쇠가 이 보물이라는 것을 말하는 것은 근거 없는 것이 아니다.

62. 교회의 참된 보화는 하나님의 영광과 은혜에 관한 그 최고로 거룩한 복음이다.

75. 교황의 면죄는 아주 효력이 있어서 사람이—불가능한 경우를 상정해서—하나님의 어머니를 모독했을지라도 그를 용서할 수 있다고 생각하는 것은 실성한 것이라고 해야 한다.

76. 우리는 그 반대로 교황의 면죄는 죄와 관련해서라면 용서

할 수 있는 죄(venialia peccata) 중에서 가장 작은 죄도 제거할 수 없다.

81. 이런 제멋대로 하는 면죄 설교는 학식 있는 자들도 평신도들이 하는 모욕 또는 최소한 그들이 제기하는 날카로운 질문들을 반대하면서 교황에 대한 존경을 옹호하는 것이 쉽지 않게 만들고 있다.

82. 예를 들면 아래와 같다: 아주 사소한 근거에서 출발해서 말하면서, "교황이 교회당 건축을 위해서 그 가장 파멸스러운 돈 때문에 수많은 영혼들을 구원한다면", 여기서는 아주 이론의 여지가 없는 근거를 가지고, "교황은 왜 가장 거룩한 사랑과 영혼들이 겪는 극도의 곤경을 생각해서 연옥을 완전히 비우지 않는가?"

83. 또는: 왜 추도미사와 죽은 자들의 연례 축제들은 계속 진행되고 있고, 왜 교황은 (사면으로 말미암아) 구원 받은 자들을 위해서 기도하는 것이 이제는 옳지 않은 경우에도 그들을 위해서 베푼 후원을 돌려주지 않고 또 돌려받는 것을 허락하지 않는가?

90. 평신도들의 이러한 극도로 날카로운 반박을 그저 권세를 동원해서 억누르고 구속력이 있는 근거로는 무력화시키지 않는 것은 교회와 교황을 적들의 조롱거리고 만들고 기독교인들을 처량하게 만드는 것이라고 하겠다.

91. 그러니까 교황의 정신과 생각을 따라서 면죄가 선포되기만 한다면, 이 모든 반박들은 힘을 잃게 될 것이고, 정말인데, 있지도 않을 것이다.

원전: Martin Luther, Studienausgabe, hg. v. H.-U. Delius. Bd. 1, Berlin 1979, 176-184. — 참고문헌: H. Volz, Martin Luthers Thesenanschlag und dessen Vorgeschichte, Weimar 1959; E. Iserloh, Luthers Thesenanschlag. Tatsache oder Legende?, Wiesbaden 1962 (Institut für europäische Geschichte Mainz, Vorträge 31); K. Honselmann, Urfassung und Drucke der

> Ablaßthesen Martin Luthers und ihre Veröffentlichung, Paderborn 1966; E. Kähler, Die 95 Theseninhalt und Bedeutung, in: Luther 38 (1967) 114-124; R. Schwarz, Vorgeschichte der reformatorischen Bußtheologie, Berlin 1968 (AKG 41); H.-C. Rublack, Neuere Forschungen zum Thesenanschlag Luthers, in: HJ 90 (1970) 329-343; W.E. Winterhager, Ablaßkritik als Indikator historischen Wandels vor 1517. Ein Beitrag zu den Voraussetzungen der Reformation, in: ARG 90 (1999) 6-71; J.-M. Kruse, Universitätstheologie und Kirchenreform. Die Anfänge der Reformation in Wittenberg 1516-1522, Mainz 2002 (VIEG 187), 113-130.

d) 텟첼의 답변: 50개 입장 정리(1518년 5월)

1. 교황의 권세는 교회 안에서 가장 높으며 오직 하나님에 의해서 제정되어서 그 어떤 사람이나 온 세상에 의해서도 줄거나 확장될 수 없고 오직 하나님에 의해서만 그렇게 되는 이유를 기독교인들에게 가르쳐야 한다.

2. 모든 기독교인들에 관한 직접적인 판결권을 가진 교황에게 기독교 또는 교회적으로 가르치는 직임과 관련한(ad religionem Christianam et ad Cathedram) 질문들에서는 그 질문들이 하나님의 법과 자연법에 합당하다면 그저 순종해야 한다는 것을 기독교인들에게 가르쳐야 한다.

4. 교황은 신앙의 문제에 있어서 홀로 판단을 내려야 하며, 오직 그 자신만이 자기 뜻을 따라서 성경의 의미를 권위를 가지고 해석하며 다른 자들의 주장과 행위를 허락하거나 폐해야 한다는 것을 기독교인들에게 가르쳐야 한다.

5. 신앙과 관련되며 인간의 구원에 필수적인 것과 관련된 질문들에서 교황의 판단은 극도로 미미한(minime) 오류를 범할 수 있다는 것을 가르쳐야 한다.

12. 교회의 열쇠는 신자들의 총체(omnium fidelium collectio)라고 이해되는 전체 교회가 아니라 베드로와 바울 그리고 그들의 모든 후계자들(successores)과 또 장래의 모든 교회 지도자들이 이들로부터 오게 되기 때문에 그들에게도 주어졌다는 것을 기독교인들에게 가르쳐야 한다.

16. 교회는 적어도 신구약 정경 안에 본래 본문 형태로(in propria verborum forma) 들어 있는 많은 것들을 공교회의 진리로 굳게 붙들고 있다는 것을 가르쳐야 한다.

17. 교회가 정경 안에서는 물론이고 옛 교사들도 주장하지 않은 많은 것들을 공교회의 진리로 굳게 붙들고 있다는 것을 기독교인들에게 가르쳐야 한다.

> 원전: WA 1, S. 233-238 (Thesen)과 WA 1, S. 627,22-34 (Resolutiones disputationum de indulgentiarum virtute. 1518; 여기서는 These 89번과 관련). —참고문헌: N. Paulus, Johann Tetzel, der Ablassprediger, Mainz 1899.

1) 유증된 보물.
2) 중세 고해성사의 첫 두 단계를 말하며, 이 다음에 일반적으로 satisfactio operis가 따라야 한다.
3) 교황 레오 10세의 1515년 3월 31일 칙령 "Sacrosantis salvatoris et redemptoris"[(Dokumente zur Causa Lutheri (1517-1521). 1. Teil, hg. v. P. Fabisch u. E. Iserloh, Münster 1988 (CCath 41), 212-224에 들어 있다]를 말한다(여기서는 222).
4) Confessio와 satisfactio는 중세적 가르침을 따르면 contritio cordis, 곧 마음의 통회와 함께 해서 고해성사를 이루고 있다.
5) 연옥과 관련되었다.
6) "돈궤 안에서 돈이 소리를 내면 영혼이 연옥으로부터 솟아 오른다"는 알려진 문장은 텟첼이 만들어 낸 것은 아니지만 분명히 최소한 그런 의미로 설교를 하였다.
7) 곧, "교황의."
8) 교회의 보물 교리는 면죄를 통해서 신자들에게 사용될 수 있는, 교회에 의해서 관

리되는 차고 넘치는 그리스도와 성인들의 공로를 말한다. 이 교리는 신학적으로는 토마스 아퀴나스(1274년 사망)에 의해서 피력되었고 교권으로는 클레멘스 6세 (1342-1352)에 의해서 처음으로 1343년 1월 27일 기념일 교칙 "Unigenitus"에서 사용되었다.

13. 새로운 십자가 신학: 하이델베르크 공개논쟁의 신학적 논제(1518. 4. 26)

스콜라 신학을 대적한 테제들과 다르게 루터의 면죄 테제들은 자기가 놀랄 만큼 엄청난 대중적인 주목을 받게 되었다. 따라서 루터 자신의 수도회인 아우구스티누스 수도회는 루터에게 자기 테제들을 아주 큰 공개석상에서 피력할 기회를 주었다: 슈타우피츠의 지도 하에 있는 작센 연합회 (본문 Nr. 6를 참조)가 1518년 4월 하이델베르크에서 열렸을 때 루터는 논쟁을 위해서 이후 자기 신학 발전을 더 높은 원칙으로 제시하게 되는 다음의 테제들을 제시할 수 있었다. 팔츠의 중요한 대학에서 루터는 제국 남서부에서의 종교개혁에 중요한 의의를 가져 마땅한 많은 젊은이들을 얻을 수 있었는데, 우선적으로 마르틴 부처(1491-1551), 에르하르트 슈넾 (1495-1558) 그리고 요한네스 브렌츠(1499-1570)를 들 수 있다.

영이 다음과 같이 가르쳐주는 것에 따르면 우리는 전적으로 자신이 없다: "네 명철을 의지하지 말라"(잠 3:5). 그래서 우리는 여기 입회해 계시는 모든 분들의 판단에 통용되고 있는 견해들에 대한 다음의 신학적 모순(Theologica paradoxa)을 펼쳐 보인다. 그렇게 함으로써 혹시 그 견해들이 사도 바울, 곧 선택 받은 그릇이요 그리스도의 도구, 그리고 거룩한 아우구스티누스, 곧 바울의 가장 충실한 해석자에게서 잘 만들어졌는지 아니면 잘못 되었는지 분명하게 되었으면 한다.

1. 하나님의 법, 곧 가장 구원의 능력이 있는 생명의 가르침은 사람을 의롭게 할 수 없고 오히려 대적을 한다.

2. 사람의 사역은 제아무리 사람들이 말하는 것처럼 (이성의) 본능적 인도가 주는 도움을 받아서 반복된다고 할지라도 그보다 훨씬 더 못할 수 있다.

3. 사람의 사역은 항상 아름답게 보이며 좋게 보인다; 그렇지만 죽음의 죄들이라는 것이 증명될 수 있다.

4. 하나님의 사역은 항상 모양이 없고 나쁘게 보인다. 하지만 실제로는 불멸의 공로들이다.

5. 사람의 사역은 (막돼먹은) 범죄라는 의미에서 (보기에 선하다고 우리가 말하는) 사망의 죄가 아니다.

6. 하나님의 사역이 죄가 아니라는 의미에서 공로(사람을 통해서 일어나는 사역에 관해서 말하는)라는 것은 아니다.

7. 의로운 자들의 사역이 그들 자신들에 의해서 경건한 하나님 경외심을 가지고 사망의 죄라고 두려워하지 않으면 사망의 죄일 것이다.

8. 심지어 인간의 사역이 두려워함도 없이 악한 안일함(securitas) 가운데에서 일어났다는 바로 그 이유 때문에 사망의 죄이다.

9. 그리스도가 없이(extra Christum) 이루어지는 사역은 죽은 것이지만 죽을 것은 아니라고 말하는 것은 내게는 위험스럽게 하나님 경외를 포기하는 것으로 보인다.

10. 심지어 사역이 도대체 어떤 의미에서 죽은 것이지만 사멸하고 죽을 죄는 아닌지를 아는 것은 극도로 어렵다.

11. 모든 사역에서 저주의 심판을 두려워하지 않는다면 월권을 피할 수 없고 참 소망이 있을 수 없다.

12. 죄는 죽을 죄라는 것을 두려워한다면 그러면 그 죄는 정말

로 하나님에게서는 사함 받을 수(venialis) 있는 것이다.

13. 범죄한 이후에 자유의지는 그저 하나의 개념일 뿐이고(res est de solo titulo), 그래서 자기의 몫을 한다면(facit quod in se est) 죽을 죄를 범한다.

14. 범죄한 이후에(post peccatum) 자유의지는 그 잠재(passives) 능력을 보면(potentia subiectiva) 선을 행할 가능성이 있지만 능동적인 능력을 본다면 항상 그 반대로 악을 저지를 가능성이 있다.

15. 무죄한 상태에서도 능동적인 능력의 의미에서는 자유의지가 존재할 수 없었고, 다만 선을 향한 진보에 관해서는 철저하게 언급하지 않는 잠재적(passiven) 능력이라는 의미에서만 가능했다.

16. 사람이 자기 몫의 것을 행하면서 은혜에 이르려고 한다고 생각하는 사람은 죄 위에 죄를 쌓아서 이중적으로 죄를 범하게 된다.

17. 그렇게 말하는 것은 절망의 동기를 준다는 의미가 아니다.

18. 사람이 그리스도의 은혜를 얻을 자격을 얻으려는 데에는 철저히 절망하지 않으면 안 된다는 것은 분명하다.

19. 불가시적인 하나님의 존재를 창조물에서 보는 자(롬 1:20)는 신학자라고 부르면 안 되고

20. 하나님의 불가시적인 존재와 고난과 십자가를 통해서 보게 되는 것처럼, 그분이 인간을 향해 보여주신 부분(posteriora; 출 33:23 비교)을 이해하는 자를 신학자라고 부른다.

21. 영광의 신학자(Theologus gloriae)는 악을 선하다고 하고 선을 악하다고 하며, 십자가의 신학자(Theologus crucis)는 실제대로 부른다(dicit id quod res est).

22. 하나님의 불가시적인 존재를 그분의(창조-) 작품들로부터 끄집어내려는 지혜(sapientia illa, quae invisibilia Dei ex

operibus intellecta cospicit)는 그저 우쭐거리며 보지 못하게 만들며 완고하게 만든다.

23. 율법은 하나님의 진노를 일으키며(롬 4:15) 죽이고 죄인으로 만들고 그리스도 안에 있지 않은 모든 것을 정죄한다.

24. 그렇지만 그 지혜(자체로)는 악하지 않고 또 율법도 버리면 안 되지만 십자가의 신학(Theologia crucis)이 없이는 사람은 가장 선한 것을 아주 나쁘게 오용한다.

25. 많은 일을 하는(operatur) 자가 아니라 행함이 없이 꾸준히 그리스도를 믿는 자가 의롭다.

26. 율법은 "행하라"고 말하지만 전혀 이행되지 않는다; 은혜는 "그를 믿어라"고 말하며, 그러면 벌써 모든 것이 이행되었다.

27. 그리스도의 행위는 행하는(operans) 행위요, 우리의 행위는 이행된 행위([opus] operatum)이며, 그래서 이행된 행위는 행하는 행위 때문에 하나님을 기쁘시게 한다고 말하는 것은 옳다.

28. 하나님의 사랑은 하나님이 사랑스러워할 만한 것을 발견하지 않고 만들어내신다; 인간의 사랑은 자기가 사랑할 만한 것에서 생겨난다.

> 원전: Martin Luther, Studienausgabe, hg. v. H.-U. Delius. Bd. 1, Berlin 1979, 213-216 －참고문헌: K. Bauer, Die Heidelberger Disputation Luthers, in: ZKG 21 (1901) 233-268. 299-329; H. Bornkamm, Die theologischen Thesen Luthers bei der Heidelberger Disputation 1518 und seine theoliga crucis, in: M. Greschat/J.F.G. Goeters, Reformation und Humanismus. FS. Stupperich Witten 1969, 58-66; J. Vercruysse, Gesetz und Liebe. Die Struktur der Heidelberger Disputation Luthers (1519), in: LuJ 48 (1981) 7-43; G. Seebaß, Die Heidelberger Disputation, in: HdJb 27 (1983) 77-88; K.-H. zur Mühlen, die Heidelberger Diputation Martin Luthes vom 26. April 1518. Programm und Wirkung, in: Semper

> apertus. Sechshundert Jahre Ruprecht-Karls-Universität Heidelberg 1386-1986. Bd. 1, Berlin u.a. 1985, 188-212; H. Seible, Die Universität Heidelberg und Luthers Disputation, in: ders., Melanchthon und die Reformation. forschungsbeiträge, hg. v. G. May u. R. Decot, Mainz 1996 (VIEG. Beih. 41), 371-391; O. Forde, On Being a Theologian of the Cross. Reflections on Luther's Heidelberg Disputation, 1518, Cambreidge 1997; Theo Dieter, Der junge Luther und Aristoteles. Eine historisch-systematische Untersuchung zum Verhältnis von Theologie und Philosophie, Berlin u.a. 2001 (TBT 105), 431-631.

14. 루터에 대한 재판의 개시

이미 1517년 12월에 마인츠의 알브레히트는 루터 문제를 로마에 제기하였다. 루터를 향한 형식상의 재판을 위한 최종 발동은 분명 자기 수도회의 형제인 텟첼을 위해서 개입한 작센 도미니크파로 말미암은 1518년 3월 고발이었다. 도미니크 수도사인 프리에리오의 실베스터 마촐리니(그래서 프리에리아스; 약 1456-1523)가 소견서 작성을 부여받았다는 사실은 그 재판이 처음부터 취한 경향을 보여준다. 프리에리아스의 소견서는 최소한 내용적으로는 그가 4월이나 5월에 인쇄하도록 넘겨준(본문 a) "Dialogus······ de potestate papae"와 일치한다. 1517년 8월 7일 루터는 자기를 재판을 받도록 로마로 소환하는 문서를 받았다. 루터의 영주 지혜자 프리드리히(1486/1525)는 재판이 독일에서 열리도록 개입하였고, 그를 흡족하게 하려고 로마의 대사인 개타의 토마스 데 비오(그래서 카예탄; 1469/1534)가 루터를 청문회에 소환하고 행여 거부하는 경우에는 그의 이단성을 사법적으로 확정할 전권을 얻었다. 이 청문회는 아욱스부르크에서 1518년 10월 12일과 13일과 14일에 세 번의 회동으로 이루어졌지만, 루터의 보고(본문 b)를 따르면 특별한 전기를 가졌다. 그런 관점에서 슈타우피츠가 혹시나 로마로부터 루터를 상대로 내린 명령이 이행되지 않도록 하기 위해서 그를 수도회 복종 규례에서 풀어주었고, 그래서 10월 20일 루터는 아욱스부르크에서 도망하였던 것이다.

a) 실베스터 프리에리아스: 교회의 교황제적 구조

나의 루터여, 나는 너의 가르침을 정확하게 섭렵하려고 하기 때문에 기준과 원칙을 기초로 제시할 필요가 있다.

첫째 원칙: 전체 교회는 본질적으로(essentialiter) 그리스도를 믿는 모든 자들의 예배를 위한 모임(convocatio)이다. 그렇지만 힘과 능력으로는(virtualiter) 전체 교회는 모든 교회의 머리인 로마 교회이고 교황(Pontifex maximus)이다. 대리적으로 (repraesentative) 전체 교회는 추기경 집단이지만 그 힘과 능력으로는 그리스도와는 다른 방식이고 교회의 머리인 교황이다.

둘째 원칙: 전체 교회가 신앙이나 덕에 관해서 판단을 내리면 (determinando de fide aut moribus) 잘못을 저지를 수 없는 것과 같이 참된 공의회가 진리를 알기 위해서 최선을 다한다면 (faciens quod in se est) 잘못할 수 없다; 이것을 나는 머리를 포함시키는 가운데에서 이해하는데, 그러나 최소한 최종결말에서 이해를 한다. 공의회도 처음에는 진리를 탐구하는 재판이 진행되는 동안에 착각할 수 있다; 때로는 공의회가 잘못을 하지만 결국에는 성령으로 말미암아 진리를 깨닫게 되었다. 마찬가지로 로마 교회도 잘못을 범할 수 없으며, 그리고 교황(Pontifex summus)도 교황으로서의 자격으로 결정을 내리면, 곧 직분에 근거해서 선언하고 동시에 진리를 알기 위해서 자기의 최선을 다하면 잘못을 범할 수 없다.

셋째 원칙: 로마교회와 교황의 가르침을 성경도 그 힘과 권위를

가지고 오는 무오한 신앙규범이라고 붙들지 않는 자는 이단이다.

넷째 원칙: 로마교회는 신앙과 덕과 관련해서 말과 행위를 통해서 결정을 내릴 수 있다. 거기에는 말이 행동보다 더 합당하다는 것 빼고는 아무런 차이가 없다. 이러한 의미에서 관습도 법적 효력을 가지는데, 제후의 뜻은 제후가 허락하거나 스스로 동기부여를 한 행동에서 드러나기 때문이다. 결론: 성경의 진리에 관해서 잘못 생각하는 자가 이단인 것과 마찬가지로 교회의 가르침과 행위가 신앙과 덕과 관련되었는데 그에 대해서 잘못 생각하는 자도 이단이다.

첨부: 면죄와 관련해서도 로마교회가 실제로 하고 있는 것을 해서는 안 된다고 말하는 자는 이단이다.

> 원전: Dokumente zur Causa Lutheri (1517-1521). 1. Teil. hg. v. P. Fabisch u. E. Iserloh, Münster 1988 (CCath) 41), 53-56. — 참고문헌: H.A. Oberman, Wittenbergs Zweifrontenkrieg gegen Prierias und Eck. Hintergrund und Entscheidungen des Jahres 1518, in: ZKG 80 (1969) 331-358 (= ders., Die Reformation. Von Wittenberg nach Genf, Göttingen 1986, 113-143); D.V.N. Bagchi, Luther's Earliest Opponents. Catholic Controversionalist, 1518/1525, Minneapolis 1991; M. Tavuzzi, The Life and Works of Silvestro Mazzolini da Prierio, Durham 1997 (Duke monographs in Medieval and Renaissance Studies 16).

b) 아욱스부르크 청문회에 대한 루터의 보고(1518)

나는 귀하신 추기경 - 사절로부터 아주 부드럽게, 그러니까 거의 경의를 표하는 듯 하게 영접 받았다. 그는 모든 면에서 그 아주 거친 형제사냥꾼들과 다른 사람이기 때문이다.[1] 그가 자기는 나와 논쟁하려는 것이 아니라 문제를 우호적이며 아버지로써 조정하려고 한다고 말할 때 그는 교황의 명령에 따라서 다음의 세 가지 요구를 내게 제시하였다.
 1. 내 본분으로 돌아가고 나의 잘못을 철회하여야 한다.
 2. 이후에는 이 문제에서 손 뗄 것을 약속해야 한다.
 3. 교회를 동요하도록 할 수 있는 모든 것을 멀리하여야 한다.
 이것은 내가 비텐베르크에서도 위험스럽지도 않으며 힘들이지도 않고 했을 수도 있고 굳이 아욱스부르크에서 했어야 할 것이 아니라는 것을 알아차렸다. 그래서 즉시로 내가 어디에서 잘못을 했었는지 가르쳐 줄 것을 요구하였다. 왜냐하면 나는 단 하나의 잘못도 모르겠기 때문이었다. 그에 대해서 그가 교황 클레멘스 6세의 그 Extravagante 교서 "Unigenitus"를 제시하였다.[2] 내가 거기에 반대해서 제58번 논제, 곧 그리스도의 공로는 면죄부 판매를 위한 보물이 아니라고 가르쳤기 때문이었다. 그 때문에 그는 철회할 것을 다그쳤다; 그는 철회해야 한다는 것에 대해서 확신(fiducia)이 있었고 승리를 자신하고 있었다. 그래야 할 것을 믿었고 내가 그 Extravagante를 읽지 않았다고 생각했기 때문에 그렇게 확신하였던 것이다. 그것이 모든 필사본에 없다는 것에 근거를 두었던 것 같다.
 두 번째로 그는 내가 제7번 논제 설명에서 성례를 받는 데는 믿음이 필수적이고 그렇지 않으면 심판에 이른다고 가르쳤다고 나를 비판하였다.[3] 그것을 그는 새롭고도 잘못된 가르침으로 여기고 싶어 했다. 그 반대로 심지어 성례를 받으러 가는 사람 누구에게나 은혜를 받게 될지(gratiam consequeretur)는 확실하지 않다. 그래서 그는 자기 자신이 가진 확신을 가지고 이것을 말했으며, 그의 이태리 수행원들이 비웃고 자기들 식으로 폭소를 터뜨려서 내가 패한 것으로 보이게 하였다.
 거기에 대해서 내가 그 클레멘스 6세의 Extravagante 교서만 자세하게 본 것이 아니라 식스투스 4세[4]의 또 다른 같은 제목의 교서 또는 유사한 것도 읽었다고 응수하였다(정말로 나는 그 둘을 읽었는데, 신뢰성을 의심스럽게 만드는 아주 장황한 허세도 함께 보았다; 정말 거기에는 무지함이 한눈에 보였다). 그런데 이 문서들은 내게 충분하게 권위가 없었다. 거기에는 많은 이유가 있는데, 특히 성경을 오용하며 말씀들(혹시 그저 관용적인 의미에서 있어야 한다면)을 다른 구절에서는 있지도 않은, 심지어는 정반대를 뜻하는 완전히 다른 의미로 왜곡시켰다는 이유에서이다. 그 때문에 나의 논제에서 따르고 있는 성경이 그 황당무계한 교서보다 단연코 우선시되어야하고, 따라서 증명이라고는 되지 않고 도처에서 성 토마스의 생각이 인용되고 제시되고 있다.

이어서 그가 나를 상대로 교황의 권세를 뽐내기 시작했는데, 그것이 공의회와 성경과 교회 안에 있는 모든 것 위에 있기 때문이라는 것이다. 나를 설득하기 위해서 바젤 공의회의 저주와 폐회를 인용하였다. 게르송과 함께 게르송 주의자들도 정죄를 받아야한다고 그는 생각하고 있었다.[5] 내 귀에는 새로운 것이었다. 그 반대로 나는 교황이 공의회와 성경보다 위에 있다는 것을 부인하였다. 그 다음으로 나는 파리 대학의 항소를 칭찬하였다.[6] 회개와 하나님의 은혜에 관해서 아주 혼란스러운 대화 중에 우리는 많은 것을 말하였다. (7번 논제)와 관련된 두 번째 비난을 나는 힘겹게 들었다; 왜냐하면 이 문제가 언제고 의심의 대상이 될 수 있다는 것을 나는 정말 눈꼽 만큼도 두려워하지 않았기 때문이다. 이런 식으로 우리는 거의 단 하나의 문제에서도 일치에 이르지 못하고 하나가 다른 것을 제시하는(일상 일어나곤 하는 것처럼) 것처럼 계속해서 새로운 반박이 이어졌다. 그런데 이 싸움에서 우리는 진행하지 않고 그저 수없이 시작하고는 아무 것도 해결하지 못하고 그때까지 그저 수없이 많은 황당무계함만 자아내었고, 이는 특별히 교황의 대리자로서 굴복 당했다는 인상을 주지 않으려 하기 때문이라는 것을 알게 되었다. 그때 내게 생각할 시간을 달라고 하였다.

다른 날 네 명의 황제의 고문들이 참석하였다. 나는 한 명의 공증인과 증인을 대동하고 귀하신 사절 앞에서 아래의 내용을 읽으면서 모든 형식을 갖추고 몸소 선언문을 제시하였다: "수도회 형제 마르틴 루터 아우구스티누스회 수도사는 거룩한 로마교회를 나의 모든 말과 행동, 곧 현재와 과거와 미래의 모든 행동에서 존경하며 따른다는 것을 선언한다(protestor). 그래서 이 반대 또는 다른 식으로 언급이 되었거나 된다면 나는 언급되지 않은 것으로 간주되었다고 알고 그렇게 여기겠다.

그런데 귀하신 주는 스스로 말한 바와 같이 주 교황의 명령에 따라서 다음의 것을 제시하며 요구하였다. 곧 면죄에 관해서 내가 제시하였던 논쟁 때문에 세 개의 요구를 이행하여야 한다는 것이다: 첫째, 내가 정신을 차리고 잘못을 철회한다. 둘째, 나중에 되돌아가지 않을 것을 보증한다. 셋째, 하나님의 교회를 혼란스럽게 할 수 있는 모든 것에 눈을 돌리지 않을 것을 약속한다; 나 – 그러니까 탐구에서 멀리할 수도 없고 더욱이 나의 소리를 들어주지도 않았고 내가 굴복되지 않았기 때문에 철회를 강요받을 수 없는 나는 논쟁을 하였고 진리를 추구하였던 나이다 – 는 오늘 모든 형식을 갖추어 선언한다: 내가 성경과 교부들과 교황의 교령들 또는 온전한 이성(recta ratio)에 거스르는 것을 언급한 것은 찾을 수 없고, 오히려 내가 말한 모든 것은 내게 오늘도 역시 유익하고, 참되고 공교회적이다.

그럼에도 불구하고 나는 잘못을 범할 수 있는 사람이다. 그러므로 합법적인 거룩한 교회의 판단과 결정과 또 더 잘 깨달은 모든 사람들에게 머리를 숙였고 지금도 순종하고 있다. 그렇지만 나의 주장에 관해서는 개인적으로 여기나 다른 곳에서 또 공개적으로 해명하려고 나설 준비가 충만하게 되어 있다. 그런데 최고로 존귀하신 주가 이것을 좋아하지 않는다면 그분이 나를 상대로 반박을 하기로 마음을 먹는다면 그 반박들에 대해서 문서로 대답할 준비가 되어 있다. 또 거기에 대한 판단과 견해, 곧 바젤, 프라이부르크, 뢰벤 제국 대학들 또는 더 필요하다면 파리 대학, 그러니까 모든 학문적 학교들의 어머니이며 옛날부터 항상 가장 기독교적이며 신학 안에서 찬란하게 꽃을 피운 대학인 파리 대학의 탁월한 박사들의 판단과 견해를 들을 준비도 되어 있다."

> 원전: WA 2, 7,19-9,10. — 참고문헌: G. Hennig, Cajetan und Luther. Ein historischer Beitrag zur Begegnung von Thomismus und Reformation, Stuttgart 1966 (AzTh 7); R. Bäumer (Hg.), Lutherprozess und Lutherbann. Vorgeschichte, Ergebnis, Nachwirkung, Münster 1972 (KLK 32); J. Wicks, Cajetan und die Anfänge der Reformation, Münster 1983 (KLK 43); M. Nieden, Organum Deitatis. Die Christologie des Thomas de Vio Cajetan, Leiden u.a. 1997 (SMRT 62); B.A.R. Felmberg, Die Ablaßtheologie Kardinal Cajetans, Leiden 1998 (SMRT 66).

1) 이단심문관들.
2) 교황 클레멘스 6세(1342-1352)가 1343년 1월 27일 발표한 기념 교서 "Unigenitus." Extravagantes communes I. 5 tit. 9 c. 2 (Corpus Iuris Canonici, hg. v. E. Friedberg. Bd. 2, Leipzig 1879 [= Graz 1959], 1304-1306)에 수용되었다.
3) 1518년 8월 인쇄된 면죄 논제에 대한 "Resolutiones"를 말한다. 7번 논제에 대한 해석에서 다른 것과 함께 이렇게 말하고 있다. "성례를 받으러 오는 자는 믿어야만 한다(히 11:6). 그렇지만 세례를 받은 자도 자기가 바로 믿어 왔다고 합류되었다는 것, 또는 오직 믿음으로부터 오는 평강을 계속해서 가지게 된다는 것을 믿어야만 한다.…… 그러면 성례가 아니라 성례와 관련된 믿음이 의롭게 한다"(WA 1,542,11-14; 544, 40f.; Luther deutsch, hg. v. K. Aland. Bd. 1,46을 참조하라).
4) 식스투스 4세(1471-1484)가 1473년 1475년 기념 축제의 해를 확정한 교서 "Quemadmodum"(Extravagantes communes l. 5 tit. 9 c. 4; Corpus iuris Canonici II (위 각주 2를 보라), 1307f.
5) 요한네스 게르송(1363-1429; 『중세교회』 Nr. 69 비교) 자신은 온건한 공의회주의를 대표하는 사람이었던 반면에, 파리의 "게르송 주의자들" 쟈크 알멩(1515년 사망)과 요한 마요르(1550년 사망)는 공의회가 교황보다 우월함을 철저하게 주장

하였다(F. Oakley, Almain und Major, in: AHR 70 [1965] 673-690).
6) 파리 대학은 1518년 제 5차 라테란 공의회(1512-1517)와 프랑스 종교협약 (1516)을 반대해서 "교황에 관해서 공의회에" 항소하였다.

15. 비텐베르크의 대학개혁: 멜란히톤의 취임강연(1518. 8. 28)

1502년 비텐베르크 대학 창설부터 인문주의적 영향을 눈여기지 않을 수 없었지만 1518년 여름에 가서야 그때까지 이미 인문대학에 자리하고 있던 둔스 스코투스(약 1265/6-1308; 『중세교회』 본문 Nr. 47을 보라)와 토마스 아퀴나스(1224/5-1274; 『중세교회』 본문 Nr. 46을 보라)를 지향하고 있던 그 아리스토텔레스 철학에 관한 6개의 교수자리에 뚜렷하게 인문주의적으로 고대 언어를 지향하는 세 개의 교수자리가 더해질 때 결정적인 동력을 얻게 되었다. 희랍어 교수자리는 탁월한 능력을 갖춘 필립 멜란히톤(1497-1560)에게 돌아갔는데, 그는 채 17살이 되지 않았을 때 1514년 튀빙엔 대학에서 석사 졸업을 하였고 이미 21살로 1518년 희랍어 문법책을 편찬하였다. 1518년 8월 28일 비텐베르크 대학 형성을 위한 방향을 제시하는 생각을 펼쳤다. 시간적인 상황은 루터와의 직접적인 일치를 마련해 주었다.

김나지움(Gymnasium) 이전 과정이라고 부르는 소싯적의 공부들, 곧 문법, 변증과 수사학[1]은 이런 식으로 말하고 판단하는 데에 잘 준비가 되어서 그저 되는 대로 더 높은 학문(fastigia studiorum)[2]에 매달리지 않을 정도로 힘써야 한다. 희랍 문헌 연구는 라틴 문헌 연구와 나란히 진행하여야 한다. 그렇게 함으로 혹시 철학자들, 신학자들, 역사가들, 웅변가들과 시인들을 다루고

자 한다면 어디를 향하든지 내용 자체를 파악하게 되어야 하는데, 말하자면 익시온이 유노와 만나려고 할 때 구름에 빠져 버린 것처럼 사물의 그림자만 파악하지 않아야 한다.[3] 꼭 노잣돈처럼 이것을 갖추고 곧바로 그리고 플라톤이 말하는 바와 같이[4] "날쌔게" 철학에 매진하라! 왜냐하면 나는 교회나 국가(vel in sacris vel in foro)에서 의미가 있는 데에 이르고자 하는 자가 먼저 일반적인 학과들(humanae disciplinae) — 나는 말하자면 철학을 이렇게 칭한다 — 로 자기의 정신적인 능력을 분별있게 하고 충분하게 훈련하지 않으면 아주 사소할 정도 밖에는 이루지 못한다고 생각하기 때문이다. 그러니까 누군가가 철학을 익살극 같이 추구하는 것을 나는 반대한다. 왜냐하면 결국에는 건강한 인간 이성 사용도 상실하는 지경에까지 이르게 되기 때문이다. 하지만 최고의 저자들로부터 최고 작품을 선택해야 하는데, 말하자면 한편으로는 본성의 인식을 하지만 특별히 도덕적인 교육과 관련이 있는 그런 것을 말한다. 이와 관련해서 특별히 희랍의 박학함, 곧 자연에 관한 총체적 지식을 담고 있는 그 박식함을 신뢰하여야 한다. 도덕의 문제에 대해서 전문적이고 상세하게 우리 입장을 표명하기 위해서 가장 중요하고 생산적인 것은 아리스토텔레스의 윤리적 문서들, 플라톤의 "법"과 시인들인데 그중에서 읽으면 정신적이고 특색이 있는 교육을 하는 데에 도움을 주기에 적합한 최고의 것만을 말한다. 호머는 이미 희랍인들에게 모든 박학함의 원천(fons omnium disciplinarum)이었고, 로마인들에게는 베르길리우스와 호라스가 그러하였다.

정신적인 교육에 당연히 없어서 안 될 것은 역사서술인데, 혹시 내가 시도를 한다면 나는 이 역사서술에 대해서는 모든 예술과 학문 영역에게 마땅한 모든 찬사를 기꺼이 바칠 것이다. 역사서술은 크리십[5]과 크란토르[6]보다 더 풍성하고 더 분명하게 무엇이 아름답고 무엇이 추하며 유용한 것은 무엇이고 그렇지 않은 것은 무엇

인지를 보여준다. 역사서술이 없이는 삶의 그 어떤 영역도, 곧 공
적인 영역도 사적인 영역도 있을 수 없다. 도시에서와 가정의 모
든 일을 처리할 때 역사서술에 의존한다. 그리고 어쩌면 이 우리
의 세계가 태양, 곧 그 생명력을 주는 것이 없어서 얻는 해로움은
역사서가 없어서 시민의 공동작업이 가지는 의미 있는 모습이 겪
는 해보다 작을 수 있다. 우리 조상들에게는 학문은 기억의 여신
에게서 태어났다는 일치된 생각이 팽배해있었다.[7] 이로써 내가 바
로 해석하고 있다면 예술과 학문의 모든 가계는 그 원천을 역사서
술에 두고 있다는 것이 표현된 것이다.

그래서 나는 철학을 자연과학, 도덕 가르침과 가시적인 역사의
사례들을 요약하는 명칭으로 이해한다(Complector ergo
philosophiae nomine scientiam naturae, morum rationes
et exempla). 이러한 것들을 바른 방식으로 익숙해진 사람이 최
고의 영역을 향한 길을 갔다. 혹시 그 사람이 재판에서 변호사로
서고 싶다면 사실을 충분히 담고 있는 화려한 웅변을 할 수 있게
하는 재료를 가져야 할 것이다; 관료로서 나라를 꾸려가고 싶은
사람이라면 동등하고 선하고 바름을 위한 기준이 관건이 되는 경
우에 기댈 기초를 가져야 할 것이다. 그 유명한 웅변가 데모스테
네스가 이 철학의 유리함을 칭찬할 줄 알았다는 것이 무슨 놀라운
일인가? 한 젊은이에게 철학을 마음에 잘 간직하도록 한 것은 충
분히 근거가 있다: "그런데 확신하라"[8] — 나머지 본문은
"Eroticos"에서 확인하라! 키케로가 철학에 최고의 지위를 할애하
지 않은 영역이 없으며, 그래서 아마도 너희도 그가 비교하면서
법학자들인 세르비우스 슐피키우스 갈바와 퀸투스 무시우스 스캐
볼라에게 한 말을 들었을 것이다: "로마인들은 어떤 사람의 충분
한 철학적 지식에 탄복할 때 희랍어 별명 '소포스'(지혜로운 사
람)를 주었다."[9]

그런데 신학과 관련한 것은(Verum quod ad sacra attinet)

그 공부를 하기 위해서 정신적으로 준비를 해야 할 만큼 아주 중요하다. 왜냐하면 다른 학문 영역보다 신학은 실제로 최고의 사고력, 집중적 몰두와 세심함을 더 요구하기 때문이다. 말하자면 주님의 기름부으심의 향기가 인간적인 학문들의 향내 넘치는 양념들을 능가한다(아 4:10 참조). 성령에 이끌림을 받고, 우리의 예술과 학문의 교육을 동반할 때 거룩한 것으로의 접근을 얻는 것이 우리에게 가능하다. 쉬네시오스가 헤르쿨리아노스에게 말한 것처럼 말이다: "너를 신적인 것, 곧 경탄해야 마땅한 것으로 인도할 철학이 너 자신에게 유익하게 되도록 하면서 너의 온 생애를 강건하고 유쾌하게 보내고 있다."[10]

이것이 분명해보이지 않는 사람이 있다면 두로에서부터 온 다른 자재들 외에 놋도 예루살렘에 있는 성전 건축 막사로 운송되었다는 것을 생각하여야 한다(왕상 7:13-47). 그러니까 신학은 부분적으로 히브리적이고 부분적으로는 희랍적이기 때문에―왜냐하면 우리 라틴 사람들은 저 민족들의 시냇물을 마시는 것 이상 하지 않았기 때문이다―, 외국어를 배워서 벙어리와 차이 없는 모습으로 신학자들을 대하지 않아야 한다. 그때 비로소 말씀은 그 찬란함과 본래 의미를 우리에게 제시하게 되며 정오의 찬란한 태양 빛같이 문자의 참되고 본래적인 의미를 열어줄 것이다. 문자를 이해하는 일에 우리가 힘을 쏟는 순간 사물이 우리에게 규명될 것이다. 이제는 본문에 대한 맥 빠진 그 수많은 해석들, 그에 상응함, 상충들 또 그밖에 정신을 제한하는 방해되는 것들이 사라질 것이다. 그래서 우리의 탐구정신을 철저하게 원전을 향하도록 한다면 그리스도를 알기 시작할 것이고, 그분의 명령이 우리에게 뚜렷해질 것이며, 그러면 우리가 하나님 지혜의 그 행복을 주는 달콤함에 아주 충만하게 될 것이다.

원전: Melanchthons Werke in Auswahl, hg. v. R. Stupperich. Bd. III, Gütersloh 1961, 38,28-40,22 —번역: Melanchthon deutsch, hg. v. M. Beyer u.a. Bd. 1, Leipzig 1997,55-58. —참고문헌: W. Maurer, Der junge Melanchthon zwischen Humanismus und Reformation. 2. Bde., Göttingen 1967. 1969 (= 같은 책, 1996); H. Scheible, Melanchthons Bildungs-programm, in: ders., Melanchthon und die Reformation. Forschungsbeiträge, hg. v. G. May u. R. Decot, Mainz 1996 (VIEG. Beih. 41), 99-114; ders., Aristoteles und die Wittenberger Universitätsreform. Zum Quellenwert von Luthebriefen, in: Humanismus und Wittenberger Reformation, hg. v. M. Beyer u.a., Leipzig 1996, 123-144; M. Wriedt, Die theologische Begründung der Bildungsreform bei Luther und Melanchthon, 같은 책, 155-183; L. J.-M. Kruse, Universitätstheologie und Kirchenreform. Die Anfänge der Reformation in Wittenberg 1516-1522, Mainz 2002 (VIEG 187), 139-153.

1) 중세 대학의 문예 7과 중 전통적인 3과.
2) 곧, 더 상급 학문인 법학, 의학, 신학.
3) 희랍 신화: 테살리아의 왕 익시온이 헤라(로마식으로는: 유노), 곧 제우스의 부인을 유혹을 시도하였다. 그래서 제우스가 익시온의 침대에 헤라 모양을 한 구름을 넣어두었다. 익시온은 속임수에 휘말려들었고, 그렇게 해서 켄타우루스의 아버지가 되었다.
4) 아마도 플라톤의 Euthydenos 304c 일 것이다.
5) 크리십(약 주전 281-205), 아테네에서 오랫동안 스토아 학파를 이끌었다.
6) 크란토르(주전 약 330-275), 아테네에 있는 아카데미 철학자, 플라톤 주석가.
7) 9명의 뮤즈는 제우스와 므네모쉬네(기억의 여신)의 딸들이었을 것이다.
8) 데모스테네스(주전 384-322): Eroticos 44: "실제로 철학은 철학에 헌신한 자에게 커다란 유익을 가지고 있다는 것을 확신하라!"
9) 키케로, 브루투스 40, 150ff.
10) 퀴레네의 쉬네시오스(약 370-413), Epistolae 139,277. 쉬네시오스는 신플라톤 철학자로 활동한 후에 주교로 서품받았다.

16. 라이프치히 공개논쟁: 교회에 있는 진리의 심급들

요한네스 엑크(1486-1543)라는 인물에게서 이미 일찌감치 종교개혁에 대한 탁월한 적대자가 등장하였다: 1510년부터 잉골슈타트에서 신학교수로 있던 그는 곧바로 이 대학의 중심인물이 되었다. 1515년 이 대학의 인문주의적으로 영향을 받은 스콜라주의 개혁이 모습을 갖추는데 그가 현저한 역할을 하였다. 루터의 면죄부 논제를 반대한 그의 날카로우면서 일단은 그저 필사본으로 확산되었던 "Obelisci"(첨탑)는 비텐베르크의 동료, 곧 곧바로 역시나 필사본으로 된 "Asterisci"(작은 별들)로 응수를 한 동료와 가졌던 그때까지의 동료 관계를 탈색시켰다. 칼슈타트의 루터 옹호와 그에 대한 엑크의 응수가 1518년에 라이프치히 논쟁, 곧 1519년 6월 27일부터 7월 15일까지 라이프치히의 프로이센부르크에서 이루어진 논쟁의 실질적인 동인이 되었다. 우선 엑크가 예정에 대한 질문에 관해서 칼슈타트와 논쟁을 하고 난 다음에 두 번째 주간에 엑크와 루터의 직접적인 충돌이 이루어졌다. 여기에서 엑크는 루터의 생각에서 오는 교회비판적인 결과들을 아주 명료하게 구성하도록 몰아갔다.

그 다음 주[1]에 엑크가 나와 싸웠는데, 우선 아주 극렬하게 로마 교황의 수위권에 관해서 싸웠다. 그의 보루는 이 말씀에 있었다: "너는 베드로라"(마 16:18), : "내 양을 먹이라"(요 21:27), "나를 따르라"(요 21:19), 그리고 "네 형제를 강하게 하라"(눅 22:32). 이것에다가 교부들의 많은 증거를 덧붙였다. 내가 대답한 것은 다음에 보게 될 것이다. 그 다음에 그는 극단적으로 철저하게 콘스탄츠 공의회, 곧 후스, 곧 교황권이 마치 하늘의 법(iure divino)으로 온 것 같이 황제로부터 온다고 말한 후스의 항목을 정죄하였던 공의회에 기초를 가지고 있었다. 그리고는 마치 자기 싸움터에 있는 것처럼 용감하게 다그치면서 내게 보헤미아인들을 제시하면서 나를 공개적으로 이단이고 또 이단적인 보헤미아 사람들의 수호신이라는 혐의를 씌웠다. 왜냐하면 그는 뻔뻔한 소피스트에 조금도 덜하지 않게 후안무치한 사람이기 때문이다. 드물게도 이 혐의를 뒤집어씌운 것이 이 논쟁 자체보다 더 라이프치히 사람들을 비웃게 만들었다.

나는 반대로 비록 그분(교황)에게서 명예의 수위권(primatus honoris)을 박탈하지 않지만 천 년 동안의 희랍인들과 옛 교부들, 곧 로마 교황의 권세 하에 있지 않았던 사람들을 그에게 대치시켰다. 그리고 마지막으로 공의회의 권위에 관해서도 논쟁이 있었다. 하나님을 믿지 않는 지혜의 몇몇 조항들은 비록 그것들이 바울과 아우구스티누스와 심지어 그리스도 자신의 가르침일 수 있고, 뚜렷하고 분명한 말씀으로 가르쳐졌다고 하더라도 정죄 받았다는 것을 대놓고 고백하였다. 그런데 바로 여기에서 그 독사는 우쭐거리며 내 악을 부풀리며 거의 말도 안 되게 라이프치히 사람들에게 알랑거렸다. 마지막으로 공의회의 말씀으로 증명하기를 거기에서 정죄된 조항들 모두가 이단이고, 오류가 아니라는 것을 증명하였다. 그 때문에 그는 자기의 증명들을 가지고 아무 것도 이행하지 못했다. 그래서 이 문제는 여전히 마무리되지 않은 상태이다.

원전: WA.B 1, 422 (Nr. 187). 번역: Luther Deutsch. Die Werke Martin Luthers in neuer Ausgabe für die Gegenwart, hg. v. K. Aland, Bd. 10, Göttingen 21983, 62f. ― 참고문헌: J.-K. Seidemann, Die Leipziger Disputation im Jahre 1519. Aus bisher unbenutzten Quellen historisch dargestellt und durch Urkunden erläutert, Dresden/Leipzig 1843; J. Lortz, Die Leipziger Disputation, in: BZThS 3 (1926) 12-37; E. Kähler, Beobachtungen zum Problem von Schrift und Tradition in

> der Leipziger Disputation von 1519, in: H. Gollwitzer/H. Traub (Hg.), Hören und Handeln. FS Ernst Wolf, München 1962, 214-229); K.-V. Selge, Die Leipziger Disputation zwischen Luther und Eck, in: ZKG 86 (1975) 26-40; L. Grane, Martinus Noster. Luther in der German Reform movement 1518-1521, Mainz 1994 (VIEG 155), 45-145; E. Iserloh, Johannes Eck (1486-1543). Scholastiker, Humanist, Kontroverstheologe, Münster 1981; M. Schulze, Johannes Eck im Kampf gegen Luther. Mit der Schrift der Kirche wider das Buch der Ketzer, in: LuJ 63 (1996) 39-68; J.-M. Kruse, Universitätstheologie und Kirchenreform. Die Anfänge der Reformation in Wittenberg 1516-1522, Mainz 2002 (VIEG 187), 186-232; H. Smolensky, Johannes Eck. Scholastiker, Humanist, Kontroverstheologe, in: M.H. Jung/P. Walter (Hg.), Theologen des 16. Jahrhunderts. Humanismus—Reformation—Katholischen Erneuerung, Darmstadt 2002, 102-115.

1) 1519년 9월 4-7일.

17. "Exsurge Domine": 1520년 6월 15일 파문위협 교서. 후텐이 주해를 함

아욱스부르크 청문회(본문 Nr. 14b) 이후에 교황청은 먼저 1519년 임박한 황제 선출과 선제후인 지혜자 프리드리히(1463-1525)가 제국 대리자(vacante imperio)로서 감당하는 중요한 역할을 고려하면서 루터 문제에서 크게 유보를 하였다; 시종장 밀티츠의 칼에 관해서는 조정을 시도하였다. 그렇지만 1520년 재판은 다시 추진되었고 엑크가 도와주는 가운데 파문위협 교서를 준비하였는데, 이 교서는 루터의 41개의 문장을 이단적으로 천명하고 그에게 60일간의 철회기간을 주었다. 이 교서가 루터와 가까운 사람들에게 어떠한 대접을 받았는지는 울리히 폰 후텐(본문 2를 보라.)이 1520년 11월 슈트라스부르크에서 여백에 적은 내용과 상세한 주해와 함께 펼쳐낸 편집본들이 짐작하게 한다. 루터 자신은 1520년 12월 10일 이 교서를 태우면서 로마와의 결별을 표시하였다. 1521년 1월 3일 교서 "Decet Romanum Pontificem"로 말미암아 파문당하였다.

하나님의 종들 중인 주교 레오는 이 일을 영원히 기억하기 위해서(가장 거룩하신 분이시여, 우리가 주님의 음성을 듣기 전에 사도 바울이 빌립보 교인들에게 기록한 것을 기억 하소서): "누가 어떻게 하여도 너희가 미혹되지 말라. 먼저 배교하는 일이 있고 저 불법의 사람, 곧 멸망의 아들이 나타나기 전에는 그 날이 이르지 아니하리니 그는 대적하는 자라. 신이라 불리는 모든 것과 숭배함을 받는 것에 대항하여 그 위에 자기를 높이고 하나님의 성전에 앉아 자기를 하나님이라고 내세우느니라(살후 2: 3f.[1]) 그런데 네가 무엇을 명해야 하고, 그런 교만으로 무슨 권세를 휘둘러야 하겠는가?).

일어나소서(그가 일어날 터이니, 너에게 큰 해를 가져오지 않도록 주의하라!), 오, 주님이시여(Exsurge Domine), 당신의 일을 의롭게 하소서(그분이 자신의 의를 이루실 것이나, 그러하니 그것을 우리가 간절한 마음으로 고대하고 있다). 당신을 향한 모독을 기억 하소서, 곧 어리석은 인생들에 의해서(오, 어리석지 않은 자들이여! 그분은 곧바로 비방들을 향해 가시는데, 이것이 바로 선지자 스바냐(3:3)가 분명하고 뚜렷하게 말하고 있으며 거룩한 히에로니무스[2]가 해당 구절에서 상세하게 다룬 사자의 부르짖음 [Leonis rugitus]이다.) 매일 자행되고 있나이다(시 74:22). 기울이소서(네가 바른 것을 간구하며 그분께서 바로 이것을 행하시리라.) 우리 간구에 당신의 귀를(시 86:1); 포도원을 망가뜨리기를 시작한 여우들이(강한 남자들) 일어났나이다(아 2;15) (정화를 시작한 것이다. 네가 그것을 반대해서 독일로부터 계속적으로 돈을 짜내면, 너를 그 여우보다 더 큰 사기꾼으로 보이도록 하는 것이다: 그토록 깊숙이 너의 추락은 한 마리 사자의 탁월함에서 지금의 처량하고 초라한 교활한 것으로 떨어졌다. 혹시 그 때문에 같은 돈으로 상환하라고 네가 우리를 압박하며, 너는 이미 여우도 아니고 그보다 더 심각한 것, 곧 저녁의 아라비아 늑대(습 3:3)라고 우리는 말할 수 있다. 왜냐하면 너는 공짜로 받고 의를 팔아먹고 있어서 사람들이 너를 상대로 선지자의 말을 부르짖을 수 있기 때문이다: "양떼를 멸하며 흩어지게 하는 목자에게 화 있으리라"[렘 23:11]). 포도즙틀을 당신 홀로 밟았지만(사 63:3), 그것을 보살피고, 운용하고 관리하는 것을 당신께서 아버지께 올라가실 때에 즈음해서 머리(그(교황)의 독재가 어디에 근거를 두고 있는지 보라)요 자기 대리자, 그리고 또 그의 후계자들에게 건네주시면서 (여기서 내게 시간이 있다면 너에게 많은 것으로 반박하지 않을 수 없었으리라.) 마치 승리하는 교회가 이미 도래한 듯 하셨다(승리하는 교회! 잘도 생각해낸다! 이 즉시 그리스도께서는 너에게 귀를 주지 않으신다; 왜냐하면 네가 거짓말을 하기 때문이고, 그분은 그것을 미워하시기 때문이다); 이 포도원을 숲에서 온 멧돼지가 황폐하게 하고 아주 특별한 야생 동물이 그것을 날 것으로 먹으려고 하노라(시 80:13) (이것을 네가 하고 있다, 나의 사랑하는 10세여! 네가 야생 사자(leo)요, 그래서 우리는 너를 상대로 싸우기로 결단하였다)……

[정죄된 루터의 문장 목록]
(1) 신약의 성례들은 의도적으로 박해를 하지 않는 자들에게 칭의의 은혜를 준다는 것은 이단적인 견해이지만 확산이 되어 있다.[3]

(2) 세례를 받은 후에도 여전히 아이 안에 죄가 남아 있다는 것을 부인하는 것은 바울과 그리스도를 동시에 발로 밟는 것이다.[4)]

(3) 원죄의 벌은 행위의 죄가 없다고 해도 몸과 분리된 영혼이 하늘나라에 들어가는 것을 방해한다.[5)]

(4) 죽음에 임박한 사람 안에 있는 불완전한 하나님 사랑은 이미 연옥의 벌만이 없애는 두려움 그리고 하늘나라에 들어가는 것을 막는 큰 두려움을 필히 동반한다.[6)]

(5) 회개는 세 부분 — 통회, 고백, 보속 — 으로 이루어진다는 것은 성경에도 그리고 거룩한 옛 교회의 교사들 안에 그 근거를 두고 있지 않다.[7)]

……

(7) 다음의 격언은 아주 참되며 지금까지의 통회에 관한 모든 가르침들을 능가한다: 더 이상 하지 않는 것이 최고의 회개이고, 그래서 최고의 회개는 새로운 삶이다.[8)]

(8) 용서받을 수 있는 죄를 사망의 죄처럼 주제넘게 고백하지 말라; 왜냐하면 네가 모든 사망의 죄를 깨닫는 것은 불가능하기 때문이다(이것도 다른 모든 것들과 마찬가지로 지혜롭게 구분되어 취급되어 왔다!) 그 때문에 원시교회에서는 분명하게 드러난 사망의 죄만 고백하였다.[9)]

(9) 모든 것을 정확하게 고백하려고 한다면 그것은 다른 것이 아니라 우리가 죄 용서를 위해서 하나님의 자비하심에 하나도 남기지 않는다는 것이다.[10)]

……

(15) 감사의 성례로 가서 자기들이 고백을 했다는 것을 의지한 사람들의 커다란 오류는 사망의 죄에 대한 죄책감을 갖지 않고 기도하고 준비를 다했다는 것이다: 이들은 모두 그 성례를 심판으로 먹고 마시는 것이다. 그런데 그들이 거기서 은혜를 얻는다는 것을 믿고 신뢰한다면 그들을 정결하고 또 거기에 합당한 자로 만드는

것은 오직 이 믿음뿐이다.[11]

(16) 교회가 한 보편 공의회에서 평신도들이 두 종류의 형태로 성찬에 참여하는 것을 허락한다고 결정할 수 있다; 두 종류의 모습으로 성찬에 참여하는 보헤미아 사람들은 이단이 아니고 분리주의자들이다.[12]

(17) 교황이 면죄를 시켜줄 때 끄집어내는 교회의 보화는 그리스도와 성인들의 공로가 아니다.[13]

(18) 면죄부들은 신앙인들의 경건한 사기이고, 선행을 태만히 함이다; 면죄부는 허락이 되었지만 필수적인 것은 아니다.[14]

......

(25) 로마 교황, 곧 베드로의 후계자는 그리스도께서 직접 복된 베드로의 모습으로 세운 온 세상에 있는 모든 교회를 위한 그리스도의 대리자가 아니다(이것은 용서할 수 없다, 루터야! 너는 교황으로부터 그의 온 나라를 폐하고 있다. 그 어디에 용서의 여지가 있겠는가? 내가 너를 사하지 않노라[non absolvo]).[15]

(26) 베드로에게 준 그리스도의 말씀: "네가 땅에서 매면 등등 (마 16:19)."은 베드로 자신이 묶은 것에만 해당된다(이 말씀과 열쇠를 건네준다는 것을 히에로니무스는 단 한 번도 만족할 만하게 이해하지 못했다. 곧 그리스도의 대리자가 그토록 자주 교서에서 인용하는 사람 말이다. 말하자면 그가 마태복음을 해석할 때 그 말씀에 대해서 이렇게 기록하였다: "그들이 이 구절을 이해하지 못하면서 주교들과 사제들이 바리새인들의 교만을 가지고 와서 무고한 자들을 정죄하거나 아니면 하나님께는 사제들의 선언이 아니라 그들의 삶이 중요함에도 불구하고 죄가 있는 자들은 용서할 수 있다고 생각하고 있다.[16] 또한 아우구스티누스도 다음과 같이 쓸 때 그런 생각을 하지 않았던 것으로 보인다: 베드로가 아니라 그리스도 자신 위에 교회가 세워졌다. 나아가서 오리게네스, 베다, 그밖에 많은 사람들 – 이들이 그것을 꿈꾸었던가? 따라서 교회를

그 위에 세웠다는 교황의 사명은 성경을 자기 임의로 해석하는 것이다. 그것에 대해서 반대해서 말하는 자는 이단이고 사탄의 아들이어서 즉시 화형을 시켜야 한다. 왜냐하면 이 우리 레오는 노략하고 사람을 먹어치우는 일을 했고 또 그렇게 배웠기 때문이다).[17]

(27) 신앙조항을 확정하고 도덕적 명령들이나 선행에 관한 계명들을 면제해 주는 것은 교회의 능력에 있지도 않고 교황의 능력에도 없다는 것은 확실하다.[18]

(30) 콘스탄츠 공의회에서 정죄를 받은 요한네스 후스[19]의 조항들 중 어떤 것들은 아주 기독교적이고, 참되고 복음적인데, 이것들은 온 교회도 정죄할 수 없다(물론 이것은 참되고 또 루터의 마음일 뿐만 아니라 훌륭한 사람들이 증명하고 있다. 또한 너도 내가 아는 바대로 그것을 증명하고 있다: 그 사람에게서 온 많은 것들과 나쁘게 작성한 그 조항들은 혹시 어떤 병이 지금 아니면 시간이 가면서 너에게서 생각을 빼앗는다면 그런 것들을 격렬하게 저주하게 될 것이다).[20]

(31) 의롭다 칭함 받은 자가 모든 선한 행위를 하면서 죄를 범한다.[21]

(32) 선한 행위 그 자체가 최상으로 이행되었다면 용서받을 수 있는 죄이다.[22]

……

(36) 범죄한 이후 자유의지는 그저 개념뿐이고, 그래서 그 자체가 할 수 있는 것을 행하면 사망의 죄를 범한다.[23]

(37) 성경이 정경에 속하는 한 연옥은 성경에서 증명할 수 없다.[24]……

원전: Dokumente zur Causa Lutheri (1517-1521). 2. Teil, hg. v. P. Fabisch u. E. Iserloh, Münster 1991 (CCath 41), 414-421.425f.; 번역: H. Steitz, Martin Luther im Kirchenbann, BPfKG 39 (1972), 147-150. —참고문헌: H. Roos, Die Quellen der Bulle "Exsurge Domine", in: Theologie in Geschichte und Gegenwart. Festschrift M. Schmaus, 1957, S. 909-926; R. Bäumer (Hg.), Lutherprozeß und Lutherbann, Münster 1972 (KLK 32); D. Olivier, Der Fall Luther. Geschichte einer Verurteilung, 1517-1521, Stuttgart 1972; G. Müller, Die römische Kurie und die Anfänge der Reformation, in: ders., Causa Reformationis. Beiträge zur Reformationsgeschichte und zur Theologie Martin Luthers, hg. v. G. Maron u. G. Seebaß, Gütersloh 1989, 79-110; L. Grane, Martinus Noster. Luther in the German Reform movement 1518-1521, Mainz 1994 (VIEG 155), 232-268.

1) 이것은 중세와 루터의 적그리스도론에 대한 고전적인 증거구절이다(면죄부 논제에 대한 Resolutiones 안에서 비교하라: WA 2, 430, 4-6).
2) 박식한 성경번역자요 성경주석가인 히에로니무스(340/350/420)에 관해서는 『고대교회』 본문 Nr. 82를 보라.
3) WA 1,544,35-38 비교 (Resolutiones disputationum de indulgentiarum virtute).
4) WA 2,160,34f. 비교 (Disputatio Lutheri adversus criminationes Eccki).
5) WA 1,572,10-14 비교 (Resolutiones disputationum de indulgentiarum virtute)
6) WA 1,234,3-6 비교 (Resolutiones disputationum de indulgentiarum virtute).
7) WA 1,243,4-11 비교 (면죄부와 은혜에 관한 설교).
8) WA 1,321,2-4 비교 (참회에 관한 설교).
9) WA 1,322,22-25 비교 (참회에 관한 설교).
10) WA 1,323,4-6 비교 (참회에 관한 설교).
11) WA 1,64,9-15 비교 (instructio pro confessione peccatorum).
12) WA 2,742,24-26 비교 (그리스도 주검 성례에 관한 설교); WA 6,80,36f. (성만찬에 관한 설교에서 소수의 조항 설명).
13) WA 1,236,10f. 비교 (Disputation pro declaratione virtutis indulgentiarum; 본문 Nr. 12c 비교).

14) WA 2,353,13 비교 (Disputatio…… Lipsiae habita); WA 1,570,2f. (Resolutiones disputationum de indulgentiarum virtute); WA 1,246,15-19 (면죄부와 은혜에 관한 설교).
15) 이 조항은 유일하게 루터의 문서 가운데에서 문자적으로 접근하며 증명할 수가 없다.
16) 히에로니무스, 마태복음 주석 3, 16 비교 (PL 26,118 A).
17) WA 1,536,20-22 비교 (Resolutiones disputationum de indulgentiarum virtute).
18) WA 2,427,8-10 비교 (Resolutiones…… super propositionibus suis Lipsiae disputatis).
19) WA 2,279,11-13 비교 (Disputatio…… Lipsiae habita).
20) WA 2,416,35f. 비교 (Resolutiones…… super propositionibus suis Lipsiae disputatis).
21) WA 1,608,10f. 비교 (Resolutiones disputationum de indulgentiarum virtute).
22) WA 1,354,5f. 비교 (Disputatio Heidelbergae habita; 위 본문 Nr. 13 테제 13 비교).
23) WA 2,324,10-12 비교 (Disputatio…… Lipsiae habita).
24) WA 2,416,35f. 비교 (Resolutiones…… propositionibus suis Lipsiae disputatis).

18. 루터의 주변 인물들

이미 일찍이 비텐베르크에서의 새로운 신학은 루터 한 사람만 책임지지 않았다는 것은 뚜렷하게 드러났다. 계속해서 그의 주위에 개별 인물들도 모여들었는데, 특별히 문예학과 교수로서 비텐베르크로 온 필립 멜란히톤이 있다. 동시에 더 상위 학과에서 공부하는 것도 특별한 일이 아니었으며, 그래서 멜란히톤은 최소한 오직 성경이라는 원리와 화체설 거부에 대해서 첫 번째로 분명하게 꾸민 표현들의 후반부(논제 12 이후), 곧 또한 명성도 떨치게 한 그 표현들 중에 있는, 그가 꾸몄을 가능성이 있는

(본문 a) 논제들로 1519년 9월에 성서학사(Baccalareus biblicus) 학위를 획득하였다. 이 학위는 그로 하여금 주석 강의 중 절반을 할 수 있게 하였다; 2년 후 벌써 그는 Loci communes로 자신의 신학 교본을 제시하였는데, 이 책은 둘째 판부터는 스콜라주의에 대한 의도적인 대치를 보여주는 가운데 수백 년 동안 통용되는 개신교의 loci-방식의 특징을 제시하였다(본문 b). 또한 안드레아스 칼슈타트도 괄목할 만한 자신의 특징을 가지고, 특히 율법과 영의 의미와 관련된 부분으로 이 대열에 합류하였다. 그가 아우리파버의 학위취득을 위해서 1521년 10월 11일 제시한 테제들이 이를 뒷받침하고 있다(본문 c).

a) 멜란히톤의 24개 학사학위 논제(1519. 9. 9)

1. 인간의 본성은 자기 자신 때문에 자기를 사랑한다.
2. 그렇지만 하나님 때문에 하나님을 사랑할 능력이 없다.
3. 거룩한 법뿐 아니라 자연적인 법도 하나님은 하나님 자신 때문에 사랑 받아야 한다는 것을 요구한다.
4. 우리가 그렇게 할 수 없기 때문에 율법은 우리가 종으로서 하나님을 두려워하는 원인이 된다.
5. 필연적으로 인간은 두려워하는 것을 미워한다.
6. 그래서 율법은 마찬가지로 하나님이 우리에게 미움을 받게 만든다.
7. 미움이 사랑의 시작이 아닌 것과 같이 종의 두려움도 자녀의 두려움의 시작이 아니다.
8. 여기에서 종의 두려움이 회개의 시작이 아니라는 결론이 도출되며,
9. 따라서 의로움은 그리스도의 베풀어주심이다.
10. 우리의 모든 의로움은 하나님께서 거저주시는 간주해주심이다(gratuita dei imputatio).
11. 따라서 모든 선행도 죄라고 주장하는 것은 절대로 과한 것

이 아니다.

12. 명철은 이성이나 경험을 넘어서서 테제에 동의할 수 없다.

13. 의지도 스스로는 확실한 근거가 없으면 이성으로 하여금 테제에 동의하도록 강요할 수 없다.

14. 사랑으로 인해서 대상에게로 이끌려진 의지(voluntas per charitatem rapta ad obiectum)는 테제에 동의하고 신뢰할 만 하도록 이성을 지도한다.

15. 이 동의가 신앙 및 지혜이다(Hic assensus fides est seu sapientia).

16. 기독교인(catholicus)에게 성경으로 증명이 되는 것 너머에 있는 일들에 관해서 믿을 필요는 없다.

17. 공의회의 권위는 성경 권위 아래에 있다.

18. 따라서 (서품으로 인해서 건네어진) 잃어버릴 수 없는 사제의 특질과 성만찬 성물의 변화(transsubstantiatio)와 그와 비슷한 일들을 믿지 않으면 당연히 이단이 되는 것은 아니다.……

> 원전: Melanchthons Werke in Auswahl, hg. v. R. Stupperich. Bd. I, Gütersloh 1951, 24f.; 번역: Melanchthon deutsch, hg. v. M. Beyer u.a. Bd. 2, Leipzig 1997, 9f. — 참고문헌: W. Maurer, Der junge Melanchthon zwischen Humanismus und Reformation. Bd. 2, Göttingen 1969 (= 같은 책 1996), 101-103; 본문 b도 보라.

b) 개신교의 첫 번째 교과서: 1521년 Loci Communes: 서론

그런데 신성의 비밀을 탐구하기보다는 오히려 예배하여야 한다. 정말로, 그 비밀은 커다란 위험 없이는 탐구할 수 없다. 이것은 거룩한 사람들도 드물지 않게 경험하였다. 하나님, 지고하고 지대하신 분이 아들을 육체 가운데 있게 하심으로 자신의 엄위하심을 바

라보는 것에서 육체를 보며 우리 연약함을 보도록 인도하셨다. 이와 같이 바울도 고린도 교인들에게 하나님은 선포의 미련한 것으로 인해서 그러니까 확실하게 새로운 방식으로 알게 되기를 원하셨는데 이는 지혜 안에서 지혜를 통해서는 알 수 없기 때문이었다고 쓰고 있다(고전 1:20f.).

따라서 우리가 여기서 최고의 주제들(loci), 곧 하나님, 단일성, 하나님의 삼위일체, 창조의 비밀, 인간이 되심의 방식들에 많은 노력을 기울일 이유가 하나도 없다. 스콜라 신학자들이 오직 이 주제들에 집중하던 수백 년 동안에 무엇을 얻었는지 내가 당신에게 물어본다. 혹시 사도 바울이 말하는 바와 같이 생애 내내 보편 개념들(universalia), 형식들, 주석들, 그리고 또 다른 무익한 어떤 내가 모르는 말들을 지껄였기 때문에 그들이 그 노력을 하는 가운데 허망해지지 않았던가?(롬 1:21) 그러는 가운데 그 어리석은 노력들이 복음과 그리스도의 자비하심을 가리지 않았더라면 그들의 어리석음을 눈치 채지 못했을 것이다.……

그런데 다른 주제들, 곧 죄의 힘, 율법, 은혜를 모르는 사람을 내가 어떻게 기독교인이라고 할 수 있을지 모르겠다. 바로 이런 주제들로부터 실제로 그리스도를 알게 되기 때문이다. 그리스도를 안다는 것은 그분의 자비하심을 아는 것이지(hoc est Christum cognoscere beneficia eius cognoscere), 이 자비가 가르쳐준 것, 곧 그의 본성들, 인간되심의 방식을 바라보는 것이 아니기 때문이다: 어떠한 유익을 위해서 그리스도께서 육신을 취하였고 십자가에 못 박혔는가를 모른다면 그분의 역사를 아는 것이 무슨 유익이 되겠는가? 그런데 아니면 약초의 형태, 색깔, 개요를 아는 것으로 의사에게는 충분하겠는가, 그런데 약초의 자연적 치유능력을 아는 것에 모든 것이 달려있지 않은가? 이처럼 우리에게 치유책(remedium)과 – 성경말씀을 사용한다면 – 구원으로 주신(눅 2:30; 3:6) 그리스도를 우리는 스콜라주의자들이 우리에게 제시한 것과 다른 방식으로 알아야 한다.

　마지막으로 기독교적 깨달음은 다음의 것을 아는 것이다. 율법은 무엇을 요구하는가, 어디에서 율법을 이해할 능력을 가지고 올 수 있는가, 어디로부터 죄를 위한 은혜를 받을 수 있고, 확고하지 않은 생각을 어떻게 마귀와 육체와 세상을 상대로 세울 수 있으며, 깨어진 양심을 우리가 어떻게 위로할 수 있는가? 그런데 스콜라주의자들이 이것을 가르치고 있는가? 그러니까 바울이 로마서에서 기독교적 교리 개요(doctrinae christianae compendium)를 만들어낼 때 삼위일체의 비밀, 인간되심의 방식, 능동적인 창조와 수동적 창조를 사변하였던가? 그러면 그는 무엇을 다루고 있는가? 그런데 분명히 율법, 죄, 은혜, 곧 그리스도를 깨닫는 것이 달려 있는 이 주제들을 다루고 있다.

> 원전: Philipp Melanchthon, Loci communes. 1521. 라틴어-독일어, 번역 v. H.G.Pöhlmann, Gütersloh ²1997, 18-25. ─참고문헌: A. Sperl, Melanchthon zwischen Humanismus und Reformation, München 1959; R. Schäfer, Christologie und Sittlichkeit in Melanchthons frühen Loci, Tübingen 1961 (BHTh 29); E. Bizer, Theologie der Verheißung. Studien zur theologischen Entwicklung des jungen Melanchthon, Neukirchen Vluyn ²1975; W. Maurer, Der junge Melanchthon zwischen Humanismus und Reformation. Bd. 2, Göttingen 1969 (= 같은 책 1996), 139-148; H. Seible, Art. Philipp Melanchthon, in: TRE 22 (1992) 371-410; G. Frank, Die theologische Philosophie Philipp Melanchthons (1497-156), Leipzig 1996 (EThSt 67).

c) 안드레아스 칼슈타트: 복음과 율법에 대한 박사학위 논제 (1521. 10. 11)

1. 복음은 믿는 자들에게(creduli) 하나님의 능력(potentia)이

지만(롬 1:16), 믿지 않는 자들에게(increduli)는 사망의 냄새이다(고후 2:16).

2. 불경한 자들(impii)과 불의한 자들은 하나님의 지혜로 하나님의 능력과 신성을 깨닫지만 감사할 수 없다.

3. 그래서 그들에게는 진리가 사망을 가지고 온다.

4. 그 외에도 악(malignitas)은 진리를 거짓말의 기회로 삼는다.

5. 유대인들이 하나님의 법을 받고 나서 자기들을 그렇게 만들었는데,

6. 말하자면 버릇없고 무법적인 송아지의 모습으로 말이다.

7. 율법은 부드럽고(lenis), 참으시고(tollerans) 선한 하나님을 보여주며 진노하고 심판하는 하나님에게서 떼어놓는다.

8. 율법이 영을 요청하기 때문에 우리는 율법의 일을 오직 영으로서만 할 수 있다.

9. 마음에 할례를 받은 자는 마땅하게(potissime) 할례를 받은 것이다; 육체에만 받은 할례는 헛되고 무익하다.

10. 본래 율법은 하나님으로부터 떼어놓지 않고 그분의 사람들을 그분 사람들로 만든다(sibi coniunctos deo coniungit).

11. 그 때문에 율법은 하나님의 입에서 나오는 그 말씀 같이 믿는 자들을 살리신다(신 8:3); 믿지 않는 자들은 그 반대로 그 율법이 죽인다.

12. 율법이 의롭다 칭하지 않는 것처럼 약속의 말씀도 그렇게 하지 못한다(pro missionis sermo).

13. 오히려 믿음, 곧 약속으로 인해서 드러나고(patefit) 율법 안에서 자기 형상(forma)을 가지는 그 믿음이 의롭다 칭한다.

14. 자기가 율법으로 의롭다 칭함을 받았다고 주장하는 자는 그 주장으로 그리스도는 자기를 위해서 헛되게 죽었다고 말하고 있다.

15. 죄를 깨닫게 만드는 율법은 의로운 자들을 불의한 자들과 마찬가지로 죄 아래 가둔다(롬 11:32; 갈 3:22).

> 원전: H. Barge, Andreas Bodenstein von Karlstadt. 1. Teil: Karlstadt und die Anfänge der Reformation, Leipzig 1905, 483. ─참고문헌: R. J. Sider, Andreas Bodenstein von Karlstadt. The Development of His Thought 1517-1525, Leiden 1974 (SMRT 11); U. Bubenheimer, Consonatia Theologiae et Iurisprudentiae. Andreas Bodensteinn von Karlstadt als Theologe und Jurist zwischen Scholastik und Reformation, Tubingen 1977 (Jus ecclesiasticum 24).

19. 루터의 "선행에 관한 설교"(1520)

루터의 신학에 대치될 수 있는 중요한 반박들에는 신앙만이 구원에 유일하게 필요하다는 강조가 모든 윤리를 무너뜨린다는 비난이 들어 있다. 분명히 그래서 루터가 곧바로 선행에 관한 논문을 쓸 계획을 하였다―어찌됐든 1520년 2월 게오르크 슈팔라틴(1484-1545)이 그에게 이 구상을 상기시켜주었다. 루터는 5월 말까지 본문 작업을 하였고, 6월 초에는 종교개혁 윤리의 기초를 제시하는 문서가 인쇄되었다.

둘째: 선행 중 가장 귀하고 지고한 것은 요한복음 6장(28절)이 말하는 바와 같이 그리스도에 대한 신앙이다. "우리가 어떻게 하여야 하나님의 일을 하오리이까?"라고 유대인들이 묻자 그가 대답하였다: "하나님께서 보내신 이를 믿는 것이 하나님의 일이니라." 자, 이것을 우리가 듣든지 선포한다면 이 말씀을 돌아보며 생각하

게 된다. 곧 우리가 그럼에도 불구하고 여기서 오래도록 머물며 그것을 묵상한다고 할지라도 그것을 행하는 것이 가장 사소하고 쉽다고 말이다. 왜냐하면 이 행위 안에서 모든 행위들이 요약되고 선한 영향이 그것의 봉토처럼 받지 않으면 안 되기 때문이다. 그 행위들이 그 행위를 파악할 수 있다는 것을 우리는 분명하게 선언해야 한다.

기도하고 금식하고 기부를 하고, 이것저것을 하며 사람들 앞에서 선한 삶을 사는 사람들이 많이 있다. 그들에게 당신들이 하는 것을 하나님이 기뻐한다고 확신하느냐고 당신이 물으면 그들은 "그렇지 않다"고 대답한다. 그들은 그것을 모르고 있거나 의혹을 가지고 있다. 나아가서 선행만 가르치면서도 그 사람들을 오도하며 말하기를 그 확신을 가질 필요가 없다고 말하는 식자들도 있다. 보라: 이 모든 행위들은 신앙의 바깥에 있고, 따라서 이것들은 아무 것도 아니고 철저히 죽었다. 왜냐하면 그들의 마음이 하나님을 거슬러서 있고 믿는 것과 마찬가지로 거기에서 나온 행위들도 마찬가지이기 때문이다. 하나님을 대적하는 믿음도 선한 양심도 없다. 그 때문에 행위들에는 머리가 없고 그 생명과 그 선행은 아무 것도 아니다. 따라서 도출된다: 내가 신앙을 그렇게 강조하고 그런 신앙이 없는 행위를 배척하면 그들은 내가 기꺼이 믿음의 선한 행위를 가르치려고 하는데 선행을 금한다고 낙인찍는다.

셋째: 당신이 계속해서 그들에게 그들이 선행에 힘쓰고 가고 서며, 먹고 마시고 잠을 자고 몸에 영양을 주거나 보편적인 유익을 위해서 행하는 것이 선한 행위라고 간주하느냐고 묻는다면, 또 그들은 하나님께서 그러한 일들 안에서 당신들을 기뻐하시는가에 대해서 물으면, 그들은 그렇지 않다고 하며 선행은 오직 교회 안에서 하는 기도와 금식과 자선에 있고 협소하게 선행을 파악하고 있다는 것을 발견하게 될 것이다. 다른 사람들은 선행을 헛되다고 본다; 하나님에게는 그것이 전혀 중요하지 않다고 한다. 그래서

그들은 저주의 불신앙으로 말미암아 신앙 안에서 일어나고 표현되고 생각할 수 있는 모든 것의 섬김을 받는 그분에게 그분의 섬김을 축소하고 사소하게 만들고 있다.

넷째: 여기서 이제 임의의 사람이 스스로 자기가 선한 것을 하는지 아닌지 발견하고 느낄 수 있다. 왜냐하면 그가 하나님이 기뻐하신다는 것을 확실하게 여기는 자기 마음을 발견한다면, 그 행위는 선하다. 비록 그 일이 지푸라기 하나 제거하는 것 같은 사소한 것일지라도. 그런 확신이 없고 의심스럽다면, 그 일은 선하지 않다. 아무리 모든 사람을 살리고 자기를 불사르게 내어줄지라도 말이다. 이것을 사도 바울이 로마서 14장(23절)에서 가르치고 있다: "믿음을 따라 하지 않는 것은 다 죄니라." 다른 행위가 아니고 믿음으로부터 우리는 그리스도를 믿는 자들이라는 이름을 가지는데, 곧 주요 행위로부터 말이다. 왜냐하면 다른 행위들은 이방인들, 유대인들, 터키인들, 심지어 죄인들도 할 수 있기 때문이다. 그렇지만 하나님이 우리를 기뻐하신다는 것을 확고히 믿는 것은 기독교인, 곧 은혜로 깨우침을 받고 확신을 가지게 된 기독교인 아닌 누구에게도 불가능하다. 그렇지만 이 주장이 낯설게 느껴지고 어떤 사람들은 바로 그 때문에 나를 이단으로 질책하고 있는 것은 바로 그들이 눈먼 이성과 이방인의 술수를 따르고, 믿음을 다른 덕들의 위에 놓지 않고 나란히 놓으며[1] 믿음에다가 다른 덕목들의 다른 행위들과 분리되어 있는 자체의 행위를 주었기 때문이다. 믿음만이 하나님을 믿으며, 사람이 행하는 모든 것이 그분을 위해서 이루어졌다는 것을 의심하지 않으면서 다른 모든 행위들을 선하고 바르고 합당하게 만드는 데 말이다. 정말로 그 사람들은 믿음이 하나의 행위로 있게 하지 않고 자기들이 말하는 것처럼 거기에서 "habitus"를 만들어냈다.[2] 성경 전체는 믿음만이 하나님의 선한 일이라고 하는데도 말이다. 그래서 이 신앙은 곧바로 사랑, 화평, 희락, 소망을 동반시킨다. 하나님을 믿는 자에게 하나

님은 바울이 갈라디아서에서 말한 것과 같이 성령을 주시기 때문이다: "너희의 선행 때문이 아니라 너희가 하나님의 말씀을 믿었기 때문에 성령을 받았느니라"(갈 3:22).

다섯째: 이 믿음 안에서 모든 행위는 동등해지며 다른 것과 마찬가지로 하나이며, 행위의 차이들, 곧 크고, 작고, 짧고, 길고 많고 적고의 차이가 없어진다. 왜냐하면 행위들은 그 자체 때문이 아니라 그것이 많든지 다양하든지 간에 그 행위들 안에 균등하고 차이가 없으며 그 안에서 일하고 살고 있는 믿음 때문에 좋은 것이다.

> 원전: Martin Luther, Studienausgabe, hg. v. H.-U. Delius. Bd. 2, Berlin ²1992, 17,24-19,2; 19,23-20. 번역: Deutsch. Die Werke Martin Luthers in neuer Ausgabe fur die Gegenwart, hg. v.. K. Aland. Bd. 2, Göttingen ²1983, 95-98. —참고문헌: K. Holl, Der Neubau der Sittlichkeit, in: ders., Gesammelte Aufsätze zur Kirchengeschichte. Bd. 1: Luther, Tübingen ⁷1948, 155-287; A. Peters, Glaube und Werk. Luthers Rechtfertigungslehre im Lichte der Heiligen Schrift, Berlin/Hamburg 1962 (AGTL 8); R. Schwarz, Fides, spes und caritas beim jungen Luther-unter besonderer Berücksichtigung der mittelalterlichen Tradition, Berlin 1962 (AKG 34); E. Schott, Rechtfertigung und Zehn Gebote nach Luther, Berlin 1970; H. Beinker, Glaube und Leben. Grundzüge lutherischer Ethik in 4 Kapiteln nach Martin Luthers Schrift "Von guten Werken", Gr. Oesingen 1986.

1) 믿음은 스콜라주의에서는 —특별히 대 그레고리(590-604)에게서도 이미 나타나는 생각들을 정리한 토마스 아퀴나스(1274 사망; 『중세교회』 Nr. 46을 보라.)에게서 대표적으로 드러나는데 —소망과 사랑과 함께 위로부터 안으로 부음을 받은 신학적 덕목으로서 고대의 네 개의 핵심 덕목과 나란히 제시되었다.
2) habitus —가르침은 스콜라주의에서 신학을 위해 끄집어내어 다룬 아리스토텔레스의 가르침에서 왔다: habitus는 사용을 함으로 견고해진 인간의 특성을 말한다.

20. 루터의 세 권의 "종교개혁 주요문서"

선행에 관한 설교가 큰 의미를 가졌음에도 불구하고 1520년에 나온 세 개의 다른 문서들을 "종교개혁의 주요문서" 군으로 요약하는 것이 통용되었는데 그 이유는 그 문서들 안에서 루터가 자신의 프로그램을 펼쳤기 때문이다: 1520년 6월에 그 뒤 8월에 인쇄되는 귀족에게 보내는 문서를 종교개혁을 정치적으로 변모시키는 구상으로 집필하였는데(본문 a) 이 문서는 이따금씩 제국 귀족들에게 종교개혁에 대한 큰 매력을 가지도록 만들었다; 그 뒤로 "바벨론 포로"가 이어졌는데, 이 문서는 10월에 인쇄되었고 칭의론에서 나온 결과들을 성례전에 대한 가르침을 위해서 발전시키며 그때까지 일곱 개의 성례전을 두 개(세례와 성만찬이지만 세례로의 복귀인 회개에서는 불안정함도 동반하고 있다.)로 축소시킴으로써 구원의 전달 체계를 완성시키는 전면 개축을 하고 있다(본문 b). 다음으로 "기독교인의 자유"라는 문서이다. 이 문서는 세 개의 문서에 공통적인 자유개념을 신학적인 의미에서 분명하게 하며 거기에서 나오는 결과들을 기독교 윤리를 위해서 이끌어 가고 있다. 또 이 문서는 교황을 상대로 정통신앙을 증명하는 마지막 시도라는 역할도 하고 있다. 이를 위해서 루터는 권고에 따라 심지어 10월에 집필되고 11월에 출판된 이 문서를 그 날짜를 앞당기기도 했다. 이 문서는 본래 라틴어로 집필하였지만 독일어본이 엄청나게 더 큰 영향을 끼쳤는데, 이 독일어 문서 뒤에 나온 신 표준 독일어판이 현재의 본문이다(본문 c).

a) "기독교인 신분 개선을 위하여 독일 기독교 귀족들에게"
   (1520년 8월)

로마주의자들은 대단히 교활하게 세 개의 담으로 자기들을 둘러싸서 지금까지 방어해 왔으므로 아무도 그들을 개혁할 수 없게 하였다; 이로써 전체 기독교가 추악하게 타락하였다.

첫째: 누군가가 그들을 세속의 힘으로 몰아붙이면 그들은 세상 권력은 자기들에게 아무런 권한이 없고 오히려 그 반대라고 제정하고 이렇게 선언한다: 영적 권세가 세상 권세 위에 있다. 둘째: 그들을 성경으로 책망하려고 하면 성경을 해석하는 것은 교황 말고 누구에게도 허락되지 않았다고 응수한다.[1] 셋째: 공의회를 책망하려 하면 교황 외에 누구도 공의회를 소집할 수 없다는 것도 생각해낸다.[2]

이렇게 그들은 우리에게서 이 세 개의 막대기를 몰래 훔쳐감으로 자신들은 책망 받을 수 없고 우리가 오늘날 보고 있는 모든 부끄러운 행위들과 악을 저지르기 위해서 이 세 개의 담이라는 안전한 요새 안으로 도망쳐버렸다. 그들이 공의회를 열지 않으면 안 될지라도 사전에 제후들에게 자기들이 현재 모습대로 있도록 한다는 맹세를 하게 만들면서 공의회를 무력화시켰다. 게다가 교황에게 공의회의 모든 규정에 대한 전권을 주어서 그저 속임수와 가짜 논쟁들로 우리를 속이는 것을 뺀다면 공의회를 많든 전혀 없든 아무 차이가 없도록 만들었다.

우선 첫째 담을 공격합시다!

교황, 주교들, 사제들과 수도원 사람들은 영적 신분, 제후들, 군주들, 수공업자들과 농사꾼들을 세속 신분이라고 부른다는 것은 알려져 있다. 이것은 아주 정교하게 꾸며낸 날조요 사기다. 그렇지만 다음의 이유 때문에 누구도 용기를 잃으면 안 된다: 모든 기독교인들은 정말로 영적 신분에 속하며 바울이 고린도전서 12장 (12절)에서 몸의 각 지체는 자기의 역할, 곧 그렇게 함으로써 남을 섬기지만 우리 모두는 하나의 몸이라고 한 것처럼 직책을 고려하는 것 말고는 그들 가운데 아무런 차이가 없다. 이 모든 것은 바로 우리가 하나의 세례, 하나의 복음, 하나의 믿음을 가지고 있으며 아무런 차이가 없이 모든 기독교인이라는 데에서 온다. 왜냐하면 이것들이 만드는 것은 오직 영적일 뿐이고 기독교인들이기 때문이다. 그런데 교황이나 주교가 기름을 바르고, 머리를 밀어주고 임명을 하고 서품을 하고 평신도들과 다르게 옷을 입는 것은 위선자와 멍청이를 만들 수 있지만 절대로 기독교인이나 영적인 사람을 만들어낼 수 없다. 따라서 우리 모두는 성 베드로가 말하고(벧전 2:9) 계시록 5장 10절에서 말하는 바와 같이 세례로 말미암아 사제들로 서품을 받았다: "너희는 왕 같은 제사장들이요 거룩한 나라라", "그의 피로 저희를 나라와 제사장으로 삼으셨으니"……

이 첫 번째, 곧 종이로 만든 담은 세상 권세가 기독교의 몸(Christlichen Corpers[3])이 되었기 때문에 무력화되었다고 나는 생각한다. 혹시 세상 권세가 육체적 일을 한다고 하더라도 영적인 신분에 속하는데, 그 때문에 그것의 사역은 자유로우며 방해 받지 않으면서 온 몸의 사지와 관련된다. 곧 잘못이 벌어들였던 아니면 상황이 요구하는 방향으로 처벌하는 것 그리고 무엇을 하도록 몰아가는 것을 말하는데, 교황들, 주교들, 사제들, 곧 그들이 자기들 원하는 대로 압력을 행사하거나 파문을 하는 것을 고려할 필요가 없다.……

[셋째 담:] 그러므로, 상황이 요구하고 또 교황이 기독교에 해를 끼치게 되는 곳에서 앞장을 설 수 있는 자는 온 몸의 충실한 지체로서 정당하고 자유로운 공의회가 소집되도록 하는 일에 착수해야 한다. 이것은 세속의 칼보다 더 잘 할 수 있는 자가 없는데, 특별히 이들이 지금은 동료 기독교인들이고, 동료 사제들이고 동료 성직자들이며 모든 일에서 능력이 있기 때문이다. 그러므로 이들의 직책과 사역, 곧 하나님으로부터 모든 사람 위에 받은 것이 필요한 곳과 유익한 곳에서 자유로이 진행되도록 하여야 한다. 다음의 태도는 자연스럽지 않은 처신이 아니겠는가?: 시내에 불이 타오르는데 모두가 가만히 서 있으면서 탈 수 있을 만큼 계속 타도록 만드는데 그 이유가 단지 그들이 시장의 권세를 갖지 않았다거나 혹

시 그 불이 시장 집에서 시작되었기 때문이라면 말이다. 여기서 다른 사람들을 독려하고 불러 모으는 것은 모든 시민들이 해야 할 일이 아닌가? 그러면 패악의 불이 교황의 통치권 또 그 패악이 저지르고자 하는 곳에서 치솟는 그리스도의 영적인 도시에서는 더 그렇게 해야 하지 않겠는가.

> 원전: Martin Luther, Studienausgabe, hg. v. H.-U. Delius. Bd. 2, Berlin ²1992, 98,20-99,6.15-31; 102,27-32; 106,30-107,10. 번역: Luther Deutsch. Die Werke Martin Luthers in neuer Ausgabe für die Gegenwart, hg. v. K. Aland, Bd. 2, Göttingen ²1983, 158-160.163.168f. —참고문헌: Chr. Tecklenburg-Johns, Luthers Konzilsidee in ihrer historischen Bedingtheit und ihrem reformatorischen Neuansatz, 1966; A. Beutel, Dreifach vermauertes Rom, in: Reformatio 42 (1993) 12-18; H. Scheible, Die Gravamina, Luther und der Wormser Reichstag 1521, in: ders., Melanchthon und die Reformation, Mainz 1996 (VIEG. Beih. 41), 167-183 (= BPfKG 39 [1972] 167-183); H. Goertz, Allgemeines Priestertum und ordiniertes Amt bei Luther, Marburg 1997 (MThSt 46); G. Schmidt, Luther und die frühe Reformation – ein nationales Ereignis?, in: B. Moeller (Hg.), Die frühe Reformation in Deutschland als Umbruch, Gütersloh 1998 (SVRG 199), 54-75; Th. Brockmann, Die Konzilsfrage in den Flug-und Streitschriften des deutschen Sprachraums 1518-1563, Göttingen 1998 (SHKBA 57); V. Leppin, Zwischen Notfall und theologischem Prinzip. Apostolizität und Amsfrage in der Wittenberger Reformation, in: Gunther Wenz/Theo Schneider (Hg.), Das kirchliche Amt in apostolischer Nachfolge. Bd. I, Freiburg/Göttingen 2004, 376-400.

b) "De captivitate Babylonica(교회의 바벨론 포로)"(1520년 10월)

[성만찬:] 그렇지만 당신에게 애원하는데, 도대체 평신도들이 두

가지 형태(utraque species), 곧 가시적인 상징물(signum visibile)로 성만찬을 누리는 것을 거부할 그 어떤 강제성이 있는지, 그 어떤 신앙적인 생각을 우리가 가질 수가 있는지, 도대체 어디에 도움이 되는가? 게다가 모두가 그들에게 상징이 없는 성례전의 실제(res sacramenti)를 허용하고 있다.[4] 그들은 이제 평신도들에게 성례전의 실제, 곧 더 중요한 것을 허락한다면 더 의미가 작은 그 상징은 왜 주지 않는가? 왜냐하면 모든 성례전에서 상징은, 하나의 상징만 있는 경우에는, 성례전 자체보다 비교할 수 없도록 더 미미한 의미를 가지기 때문이다. 그래서 도대체 더 중요한 것을 주는 때에 더 사소한 것을 주는 것을 막는 것이 무엇인지 내가 묻는다.

참으로, 빵이 어떤 식으로 그리스도의 몸일 수 있는지 내가 파악할 수가 없다면, 나는 내 이성을 그리스도에 대한 순종 아래에 복종시키고(고후 10:5) 간단하게 그분의 말씀에 머무르려 하며 그래서 나는 그리스도의 몸이 빵 안에 있다는 것뿐 아니라 그 빵이 그리스도의 몸이라(panem esse corpus Christi)는 것을 굳게 믿는다. 왜냐하면 그분이 다음과 같이 말하는 곳에서 그 말씀이 나를 이 이해로 이끌어갔다: "떡을 드사 축사하시고 떼어 말씀하시기를: 받으라, 먹으라 이것(곧, 그가 들고 뗀 빵)은 나의 몸이다."(마 26:26) 또 바울도 말하고 있다: "우리가 나누는 빵은 그리스도의 참여함이 아니냐?"(고전 10:16). 그는 빵 안에 있다고 하지 않고 빵 자체가 그리스도의 몸의 교제라고 하고 있다. 철학이 이것을 이해하지 못한다면 중요한 것은 무엇인가? 성령은 아리스토텔레스보다 더 크시다. 철학 스스로 전체 철학이 여기에서 무너진다고 인정했기 때문에[5] 도대체 이것이 이 물질들의 몸으로 변하는 것에 관해서 좀 설명을 해 주는가?[6]

그래서 그리스도에 대한 처신처럼 성례전과도 그렇게 처신한다. 신성이 인성 안에서 육신적으로 거해야 한다면 인간의 본성이 변해야 한다는 것은 불필요하다 — 마치 신성이 인간 본성 안에 있는 속성들 아래에 있던 것처럼 말이다. 오히려 두 본성은 동시에 감소됨이 없이 존속하며, 그래서 이렇게 말하는 것이 옳다: 이 사람이 하나님이고, 이 하나님이 사람이다.[7] 그런데 철학이 이것을 이해하지 못한다면 그렇게 신앙도 그것을 이해하지 못한다. 하나님의 말씀은 우리 이성이 파악할 수 있는 것보다 더 큰 전권을 가진다 (maior est verbi auctoritas quam nostri ingenii capacitas). 그래서 성례전 안에 참 몸과 참 피가 있기 위해서 빵이나 포도주가 다른 본질로 바뀌어서 그리스도가 속성 아래에 들어 있어야 할 필요가 없다. 오히려 둘은 이렇게 진실하게 말하는 바와 같이 동시에 머물러 있다: "이 빵은 내 몸이라; 이 포도주는 내 피라" 그리고 뒤집어서 표현해도 된다.

[세례:] 세례에서 주목해야 하는 첫 번째 것은 아래와 같이 말하는 하나님의 약속(promissio)이다: "믿고 세례를 받는 자는 구원을 얻을 것이요"(마 16:16). 이 약속은 행위, 서약, 수도회 그리고 사람에 의해서 도입이 된 모든 것의 그 어떤 화려함보다 철저히 우선시되어야 한다. 왜냐하면 바로 이 약속에 우리의 모든 구원이 달려 있기 때문이다. 그런데 우리는 그 약속에 대한 믿음을 실행하고 세례 받은 다음에 구원을 받았다는 것을 철저하게 의심하지 않는 식으로 그 약속을 바라보아야 한다. 왜냐하면 그러한 믿음이 없거나 받지 않은 곳에서는 세례는 아무 도움이 되지 않고 오히려 해가 되는데 그 해로움은 세례를 받는 때가 아니라 그 후 삶 전체에 해가 되기 때문이다. 왜냐하면 그러한 불신앙은 하나님의 약속을 거짓으로 평가하는데, 이것이 가장 큰 죄가 되기 때문이다. 우리가 이 신앙의 실천(exercitium fidei)에 착수하면 곧바로 이 하나님의 약속을 믿는 것이 얼마나 어려운지 깨닫게 된다. 왜냐하면 자기 죄를 아는 인간의 연약함은 자기가 구원을 받았다거나 최소한 그렇게 될 거라는 것을 믿는 것이 가장 어렵기 때문이다. 그

렇지만 믿지 않는 자는 구원받을 수 없는데, 이는 구원을 약속하는 하나님의 진리를 믿지 않기 때문이다.

> 원전: Martin Luther, Studienausgabe, hg. v. H.-U. Delius. Be. 2, Berlin ²1992, 181,28-33; 191,20-182,17; 210,6. 번역: Luther Deutsch. Die Werke Luthers in neuer Ausgabe für die Gegenwart, hg. v. K. Aland, Bd. 2, Göttingen ²1983, 175.182f.203. ―참고문헌: W. Jetter, Die Taufe beim jungen Luther. Eine Untersuchung über das Werrden der reformatorischen Sakraments-und Taufanschauung, Tübingen 1954 (BHTh 18); E. Bizer, Die Entdeckung des Sakraments durch Luther, in: EvTh 17 (1957) 64-90; L. Grane, Luthers Kritik an Thomas von Aquin in De captivitate Babylonica, in: ZKG 80 (1969) 1-13; F. Mann, Das Abendmahl beim jungen Luther, München 1971 (BÖT 5); O. Bayer, Promissio. Geschichte der reformatorischen Wende in Luthers Theologie, Göttingen 1971 (FKDG 24) (=Darmstadt 1989); J. D. Trigg, Baptism in the Theology of Martin Luther, Leiden 1994 (SHCT 56); W. Simon, Die Messopfertheologie Martin Luthers, Tübingen 2003 (Spatmittelalter und Reformation. Neue Reihe 22), 303-327.

c) "기독교인의 자유"(1520년 11월)

1. 교황 레오에게 보내는 편지

하나님 안에서 최고로 거룩하신 아버지! 제가 이미 3년째 몇몇 거친 사람들과 돌입하고 있는 사건과 싸움이 때로 당신을 향하고 당신을 생각하지 않을 수 없도록 합니다. 당신이 바로 이 싸움의 유일한 본산이라고 사람들이 생각하기 때문에 쉬지 않고 당신을 생각 안 할 수가 없습니다. 원인도 없이 저에 대해서 분노하고 있는 당신의 그 몇명의 비기독교적인 아첨꾼들에 의해서 저의 문제를 당신의 보좌와 심판에서 떠나 기독교의 자유로운 공의회에 호소하고 싶도록 압박을 받았습니다. 하지만 저는 최상의 것을 당신과 당신의 보좌로부터 받기를 항상 온 힘을 다해서 원하지 않을 만큼 저의 생각을 당신으로부터 떼어 놓은 적이 한 번도 없으며 힘닿는 대로 열심히 진심의 기도를 하며 하나님께 그것을 구하였습니다.……

그런데 이것은 사실입니다: 사람들이 로마의 궁정이라고 말하는 로마의 보좌를 힘써서 공격하였습니다. 그 보좌와 관련해서 당신 자신 또는 땅에 있는 누구라도 소돔이나 고모라나 바벨론이 그러했던 것보다 더 해가 되고 수치스럽다는 것 말고 다르게 고백할 수가 없습니다. 제가 파악하는 바로는 그것의 사악함은 나중에 조언해주는 것이 불가능합니다. 모든 것이 철저하게 절망적이고 측량할 수가 없게 되었습니다. 그 때문에 저는 사람들이 당신의 이름과 로마 교회의 명목 하에서 세상에 있는 불쌍한 백성들을 속이고 해를 입힌 것에 불쾌함을 가지고 있습니다. 저는 그것을 대적하였고, 앞으로도 저의 기독교적인 정신이 살아 있는 한 그렇게 할 것입니다.

마지막으로 당신의 거룩함 앞에 빈손으로 가지 않기 위해서 당신의 이름으로 나온 작은 책자를 선한 소망과 평화와 선한 소망의 출발로서 가지고 가겠습니다. 거기에서 당신의 거룩함은 어떤 일들을 제가 기꺼이 논하고자 하는지 그리고 당신의 그 비기독교적인 아첨꾼들의 면전에서 그 일을 제가 할 수 있다면 소득이 있을 수 있다는 것을 알아 볼 수 있을 겁니다. 사람들이 종이를 본다면 작은 책이지만 그 의미를 이해한다면 거기에는 기독교적인 삶 전체가 담겨 있습니다. 저는 가난하고, 가진 것이라고는 저의 사역을 보여줄 수 있는 수단 밖에는 없습니다. 당신도 그와 같이 영적인 재산을 통해서 오는 후원 말고는 다른 후원이 필요하지 않을 것입니다. 이 때문에 저를 예수 그리스도께서 영원히 보존해주시는 당신의 거룩함에 맡깁니다. 아멘.

비텐베르크 1520년 9월 6일

> 원전: WA 7,3,3-15; 5,8-16; 11,4-14. 번역: Luther Deutsch. Die Werke Martin Luthers in neuer Ausgabe für die Gegenwart, hg. v. K. Aland, Bd. 2, Göttingen 21983, 239.241.250. ―참고문헌: 아래를 보라.

2. 논문

첫째: 기독교인이 무엇이고 그리스도께서 그를 위해 획득해서 주신 자유, 곧 바울이 거기에 대해서 많이 기록한 그 자유는 어떠한 것인가를 근본적으로 알 수 있도록 하기 위해서 두 개의 기본 원칙을 나열하려고 한다:

기독교인은 모든 일을 위에서 지배하는 자유로운 주인이며 누구의 종이 아니다.

기독교인은 모든 일에 섬기는 종이며 모든 사람의 종이다.

이 두 기본 원칙은 분명하다: 성 바울은 고린도전서 9장(19)[8]에서 말한다: "내가 모든 사람에게서 자유로우나 스스로 모든 사람의 종이 되었다.", 또 로마서 13장(8)에서는: "피차 사랑의 빚 외에는 아무에게든지 아무 빚도 지지 말라." 그러나 사랑은 섬기는 것이며 자신이 사랑하는 것의 종이 된다. 그리스도에 관해서도 그렇게 (말하고 있다), 갈라디아서 4장 4절: "하나님이 그 아들을 보내사 여자에게서 나게 하시고 율법 아래에 나게 하셨다."

둘째: 자유와 섬김이라는 두 개의 상충되는 주장을 이해하기 위해서 우리는 모든 기독교인들이 두 본성을 지녔다는 것을 기억해

야 한다: 영적 본성과 육신적 본성. 영혼을 보면 기독교인은 영적인 사람, 새 사람이며 내적인 사람이고, 혈과 육을 보면 육신적이며 옛 사람이며 외적인 사람이라고 부른다. 이 차이 때문에 성경에서는 기독교인에 관해서 단도직입적으로 상반되는 일들을 말하고 있는데, 내가 지금 자유와 섬김과 관련해서 언급한 바와 같이 그렇게 말한다.

셋째: 경건하고 자유로운 기독교인이고 그렇게 부른다는 사실에는 무엇이 담겨 있는가를 보려고 내향적이고 영적인 사람을 가정해보자: 외부의 일은 그를 자유롭거나 경건하게 등등 어떻게 부르든지 간에 그렇게 만들 수 없다는 것이 아주 분명하다. 왜냐하면 그의 경건과 자유 그리고 반대로 그의 악과 포로 됨은 육체적인 것도 아니고 외적인 것이 아니기 때문이다. 몸이 자유롭고 생기가 있고 건강하고 자기가 원하는 대로 먹고 마시고 사는 것이 영혼에 무슨 도움이 되겠는가? 반대로: 몸이 포로 되어 있고 병들고 지쳤고 굶주리고 갈하고 자기가 원치 않는 모습으로 고난을 당하는 것이 영혼에게 그 어떤 해가 되겠는가? 이런 것들 중 그 어떤 것도 영혼을 자유롭게 하거나 포로로 삼든지 경건하게 또는 악하게 만들도록 영혼에까지 이르지 못한다.……

열 번째: …… 때문에 신앙이 왜 그토록 많은 힘이 있는지 그리고 선행은 신앙과 동등할 수 없다는 것을 이해하는 것은 쉽다. 왜냐하면 선행은 신앙만큼 하나님의 말씀을 붙잡지 않기 때문이다. 또한 영혼 안에도 있을 수 없고 오히려 말씀과 신앙만이 영혼 안에서 다스린다. 말씀의 모습 같이 그렇게 영혼도 말씀으로 인해서 그렇게 된다. 마치 철이 불과 혼연일체 됨으로 인해서 불처럼 달아오르는 것과 같다. 이런 식으로 기독교인은 믿음으로 만족한다는 것을 우리가 알게 된다; 그가 경건하기 위해서 행위가 필요하지 않다. 그 어떤 행위를 필요로 하지 않듯이 그는 확실하게 모든 계명과 율법으로부터 해방되었다; 그가 해방되었다면 그는 확실히

자유롭다. 이것이 기독교인의 자유이다. 신앙만이 역사를 하는데, 우리로 나태하게 살든지 아니면 악하게 행동할 수 있도록 하는 것이 아니라, 우리가 경건함과 구원에 이르기 위해서 아무런 행동을 필요로 하지 않도록 역사를 한다.……

열두 번째: 신앙은 영혼이 하나님의 말씀과 동등해질 만큼 모든 은혜로 충만하고 자유롭고 구원을 받을 만큼 그렇게 많이 주지 않을 뿐 아니라 오히려 영혼도 신부가 신랑과 하나 되듯이 그리스도와 하나가 되도록 한다. 이 결혼으로부터 도출되는 것은 그리스도와 영혼이 한 몸이 된다는 것임을 성 바울도 말하고 있다(엡 5:30). 마찬가지로 이 둘도 재산, 행복과 불행 그리고 모든 것을 공동으로 소유하게 되어서 그리스도의 것이 믿는 영혼의 것이 되고, 영혼의 것이 그리스도의 것이 된다. 그리스도는 모든 소유와 구원을 갖고 계신다: 이것들이 영혼의 소유가 된다; 영혼은 모든 악덕과 죄를 지고 있다: 이것들이 그리스도의 것이 된다. 여기에서 이제 즐거운 교환과 싸움이 일어난다[9]: 그리스도는 (동시에) 하나님이고 인간인데, 그는 결코 죄를 범하지 않았고 그의 경건은 지고하며 영원하고 전능하기 때문에 그분이 믿음이 있는 영혼의 죄를 그 혼인 반지(말하자면 믿음의 반지)를 통해서 자기 것으로 삼고 마치 자신이 저지른 것과 똑같이 한다면 죄는 그의 안에서 삼킴을 받을 수밖에 없다. 왜냐하면 그의 지고의 의는 모든 죄에게 너무나 강력하기 때문이다. 영혼은 이렇게 그저 예물, 곧 믿음으로 말미암아 모든 죄로부터 해결 받고 자유로우며 자기 신랑인 그리스도의 영원한 의를 선물로 받는다. 만일 부유하고 귀하며 경건한 신랑 그리스도가 가난하고 멸시 받으며 악한 처녀를 결혼으로 이끌고 모든 악으로부터 자유롭게 만들고 그녀에게 모든 재산을 준다면 이것이 밝은 가정 아니겠는가? 이렇게 죄가 그녀를 정죄하는 것은 불가능한데, 그 이유는 죄가 이제는 그리스도에게 있고 그 안에서 삼킴을 당했기 때문이다. 그녀는 자기 신랑 안에 있

는 그 엄청난 의를 소유했기 때문에 제 아무리 죄가 그녀에게 다 가오더라도 그녀는 모든 죄를 상대로 거듭 거듭 감당할 수 있기 때문이다. 여기에 대해서 바울이 고린도전서 15장(57절)에서 말하고 있다: "우리 주 예수 그리스도로 말미암아 우리에게 승리를 주시는 하나님께 감사하노니, 그 안에서 사망이 죄와 함께 삼킨 바 되었느니라."……

스무 번째: 사람은 내향적으로 신앙으로 말미암아 영혼으로는 의롭다 칭함을 받고 저 세상의 삶에 이르기까지는 이 신앙과 이 만족함이 항상 자라야 한다는 것을 제외하고는 가져야 할 모든 것을 가지게 되었다. 그렇지만 땅에서 이 육신의 생명 가운데 있으며, 자기 자신의 몸을 다스리고 인간들과 교제하고 살아야 한다. 그래서 이제 행위가 시작되는 것이다. 여기에서 나태하게 살면 안 된다.……

서른 번째: 이 모든 것에서 이러한 결론이 도출된다: 기독교인은 자기 자신으로서 사는 것이 아니라 그리스도와 그 이웃 안에서 사는데, 그리스도 안에서는 믿음을 통해서 살고 이웃 안에서는 사랑으로 말미암아 산다. 믿음으로 말미암아 그는 자신을 넘어 하나님에게까지 가고, 하나님으로부터 돌이켜서 사랑으로 인해서 다시금 자기에게서 오지만 항상 하나님과 하나님 사랑 안에 거하는데, 이는 그리스도께서 요한복음 1장(51절)에서 말씀하신 바이다: "하늘이 열리고 하나님의 사자들이 인자 위에 오르락내리락 하는 것을 보리라."

보라, 이것이 바르고 영적이고 기독교적 자유인데, 이 자유가 모든 죄와 율법과 계명들로부터 마음을 자유롭게 하는 자유이다. 이것은 하늘이 땅을 초월하듯 다른 모든 자유를 넘어선다.

하나님께서 우리에게 이것을 바르게 이해하고 잃지 않도록 해주시기 바란다!

아멘.

원전: Martin Luther, Studienausgabe, hg. v. H.-U. Delius. Bd. 2, Berlin ²1992, 265,2-267,12; 273,19-23; 275,19-277,17; 285,35-287,4; 305,12-23. 번역: Luther Deutsch. Die Werke Martin Luthers in neuer Ausgabe für die Gegenwart, hg. v. K. Aland, Bd. 2, Göttingen ²1983, 251f.256-258.263.273f. —참고 문헌: W. Maurer, Von der Freiheit eines Christenmenschen. Zwei Untersuchungen zu Luthers Reformationsschriften 1520/21, Göttingen 1949; G. Ebeling, Frei aus Glauben. Das Vermächtnis derr Reformation, in: ders., Lutherstudien. Bd. 1, Tübingen 1971, 308-329; B. Stolt, Studien zu Luthers Freiheitstraktat mit besonderer Rücksicht auf das Verhältnis der lateinischen und der deutschen Fassung zueinander und die Stilmittel der Rhetorik, Stockholm 1969 (Stockholmer germanistische Forschungen 6); B. Hamm, Martin Luthers Entdeckung der evangelischen Freiheit, in: ZThK 80 (1983) 50-68; E. Jüngel, Zur Freiheit eines Christenmenschen. Eine Erinnerung an Luthers Schrift, München ³1991; Th. Jacobi, Christen heißen Freie, Tübingen 1997 (BHTh 101); A. Lobenstein-Reichmann, Freiheit bei Martin Luther. Lexikographische Textanalyse als Methode historischer Semantik, Berlin/New York 1998 (Studia Lingustica Germanica 46).

1) 교황의 이 권리주장은 그라티안의 법령(D. 19c.1f. [Friedberg 1,58-60])에 근거를 두고 있다.
2) 여기에 관해서는 D. 17c.1,5 (Friedberg 1,50-52)를 보라.
3) 사회에 관한 중세적 관념은 Corpus christianum(기독교적 체계)이다.
4) 성례전에서의 실제와 상징의 구분은 아우구스티누스로 소급되며 페트루스 롬바르두스를 거쳐서 스콜라주의의 공유물이 되었다.
5) 화체설은 제4차 라테란 공의회에서 교리로 확정되었다(『중세교회』 본문 40a를 보라). 화체설이 교육 가능한 모습을 가진 것은 토마스 아퀴나스를 통해서이었다. 루터와 차별을 두면서 이미 페트루스 롬바르두스가 고안한 대체 모델들 — 본질 공존과 폐기 — 도 아리스토텔레스의 범주론을 가지고 논증되고 있다.
6) Gabrielis Biel, Collectorium circa quattuor libros Sententiarum, hg. v. W. Werbeck u. U. Hofmann, Tübingen 1973-1984, Bd. 4/1, 365,13.16 (Sent 4 d. 11q. 1 a. 3 dubium 6)에 나오는 상응하는 암시를 비교하라.

7) Augustinus, De Genesi ad litteram 1.12 2, 5 (CSEL 28/1,38f.).
8) 루터는 고린도전서 12장을 기억에서 끄집어내면서 제시하고 있다.
9) 이 형식은 분명히 성탄절 미사의 admirabile commercium 및 부활절 미사의 beatum commercium 강론에 그 기원이 있다.

21. 보름스 제국의회

공식적으로는 파문에 이어 곧바로 국외 추방이 있어야 했다. 하지만 황제 칼 5세는 스페인의 지배자로서 제국에는 겨우 드물게 있을 수 있었는데, 1520년 10월 지혜자 프리드리히에게 자기가 개최하는 청문회가 없이는 심판하지 않겠다고 약속을 하였다. 이렇게 1521년 보름스에서의 그의 첫 번째 제국의회가 열렸는데, 본래 제국 구조적 문제들을 위한 의회였는데, 거기서 루터의 문제가 주제가 되었다. 독일을 거쳐 가면서 부분적으로는 승리에 찬 여정 끝에 황제에게서 안전을 보장받은 루터는 4월 16일 보름스에 도착해서 곧바로 다음 날 심문을 받았다. 생각할 시간을 허락받은 다음에 4월 18일 목요일에 또다시 심문이 이루어졌다. 여기에서의 루터의 주장은 곧바로 인쇄가 되어 익명으로 된 모음집 "Acta et res gestae D. Martini Lutheri in Comitiis Imperialibus Principum"에 수록되었다(본문 a). 루터의 몇몇 주장이 이전의 Gravamina - 요구들(『중세교회』 Nr. 74를 보라)과 멀지 않다는 이유도 있고, 의원들 가운데 루터에 대해서 동정여론도 있었기 때문에 칼 5세는 자기가 직접 독일어와 프랑스어로 작성한 진술에도 불구하고 의원들의 재판을 허락하였다. 루터가 떠난 후에 황제는 제국의회 의원들의 동의를 첨부하여 보름스 칙령을 선포하였다. 그 칙령은 교황의 사절인 알렉산더가 작성한 것이었는데 5월 8일 황제가 공증을 명령하고, 5월 26일 제국의회 의원들 앞에 제시한 원본에 서명이 이루어졌다(본문 c). 이 시점에 루터는 이미 자신의 영주인 지혜자 프리드리히에 의해서 바르트부르크에서 보호를 받는 상태가 되었다. 이 종교개혁자가 갑작스럽게 사라진 것은 독일 안에서 경악을 불러 일으켰다. 이것은 알브레히트 뒤러가 네덜란드를 향한 여행 중에(1520/1) 쓴 일기장의 기록이 보여주고 있다(본문 d).

a) 제국의회에서의 루터의 고백(1521. 4. 18)

"가장 고결하신 황제, 존귀하신 제후들, 전하들이여! 어제 오후 정한 시간에 저는 순순히 나타났고, 하나님의 자비하심 때문에 간구합니다. 고귀하신 황제 폐하와 존귀하신 분들께서 황송하게도 (제가 바라는 바의) 의와 진리의 이 문제에 귀를 기울여주시고, 그래서 혹시 저의 미숙함에서 비롯해서 어떤 분에게 마땅한 호칭을 드리지 않거나 어떤 방식으로라도 왕궁의 관습과 법도에 어긋난다면 너그럽게 보아주시기 바랍니다; 저는 지금까지 궁정이 아니라 수도사들의 쪽방(non aulis sed in angulis monachorum)에서 살았고 스스로 증언할 수 있는 바는 저는 지금까지 오직 하나님의 영광과 그리스도를 믿는 자들을 위한 바른 교육에만 힘을 쓰는 그런 심령의 단순함 가운데에서 가르치고 글을 써 왔다는 것입니다. 최고로 고결하신 황제여, 또 존귀한 제후 여러분! 당신들의 성스러운 위엄으로 말미암아 어제 저에게 제시된 두 가지 질문—제 이름으로 확산된 그 낭독된 문서들이 저의 것이라고 인정하는지, 그리고 그 문서들을 계속해서 주장하겠는지 아니면 취소할 의사가 있는지—중 첫 질문에 대해서는 곧바로 분명한 대답을 하였습니다. 그 대답을 저는 지금도 붙들고 있으며 영원히 그렇게 할 것입니다: 적대적인 술수 또는 유식을 가장해서 그 안에 있는 것을 변경하거나 왜곡해서 복사되지 않는 한 그것은 제 스스로 저의 이름으로 출판한 저의 문서들입니다. 왜냐하면 저는 해석을 어떻게 생각하든지 간에 어쩔 수 없이 하는 해석이라고는 없는 제 자신만의 것과 제 자신 혼자 서술한 것만을 인정하기 때문입니다.

　다른 질문과 관련해서, 폐하와 귀하신 분들께서 저의 문서들이 모두 한 가지 종류가 아니라는 사실에 주목해 주시기를 부탁드립니다. 어떤 문서들에서는 신앙과 관습(pietas fidei et morum)에 대해서 아주 단순하고 복음적으로 다루어서 유익하며 무해하고 신앙인들이 읽을 만 하다는 것을 적들도 인정할 정도로 다루었습니다. 심지어 그 딱딱하고 무시무시한 교서[1])가 저의 어떤 문서에 정말로 엄청난 심판을 내렸음에도 불구하고 무해하다고 판단하고 있습니다. 따라서 제가 이 문서들을 취소한다면 한 사람의 사멸할 자로서 친구와 원수들이 똑같이 고백하는 진리를 심판하고 또 한 사람으로서 모든 사람이 이구동성으로 하는 고백을 대적하는 것 말고 무엇을 하는 것이 되겠습니까?

　둘째 종류의 문서들은 교황권과 교황주의자들의 행위들을 근본적으로 사악한 가르침과 사례들로서 기독교 세계의 영혼과 몸을 황폐하게 만드는 것이라고 반대하고 있습니다. 왜냐하면 이것은 누구도 부인하거나 감출 수 없는 것들이기 때문입니다. 모든 사람들의 체험과 불만이 교황의 법과 인간의 가르침이 신앙인들의 양심을 비참하게 족쇄를 채우고 학대하고 죽도록 고문하였다는 것과 무엇보다도 이 명예로운 독일에서(in hac inclita Germaniae natione) 부와 소유가 불신앙적인 독재에 의해서 끝도 없이 저질스럽게 착취되어 왔고 여전히 그렇게 되고 있다는 것을 증언하고 있기 때문입니다. 그리고 그들(교황주의자들) 교령들에서(D. 9 또 C. 25, q. 1 c. 6)[2]) 복음 내지 교부들의 가르침과 모순되는 교황의 법령과 가르침은 오류이고 무효로 간주해야 한다고 말하고 있습니다. 따라서 제가 이 문서들을 철회한다면 그것은 곧 저 자신이 그 독재를 지지하며 그런 불경함(tanta impietas)에 창문뿐 아니라 대문을 열어서 그것이 여태까지 자행했던 것보다 더 넓게 그리고 더 방해받지 않고 확산되도록 만들었다고 자신을 낙인을 찍는 것 밖에 아무 것도 아닙니다. 이 철회를 힘입어서 그들의 거리낌 없고 초법적인 악의 권세는 불쌍한 백성들에게(miserum vulgus) 훨씬 더 견딜 수 없을 정도가 되고 게다가 더 강력해지고 흔들리지 않게 될 것입니다. 특별히 제가 폐하의 성스러우며 존귀하신 위엄과 로마 제국의 권위로 그렇게 했다고 사람들이 말할 수 있게 된다면 그것은 불을 보듯 분명합니다. 선하신 하나님이여, 제가 그 악과 독재를 위한 방패막이가 된다니요!

문서들 중 셋째 종류는 어떤 개인들을 반대해서 쓴 문서들인데, 이 사람들은 로마의 독재를 옹호하고 제가 가르친 신앙(pietas a me docta)을 흔들려고 했던 사람들입니다. 제가 기독교인이나 수도사에게 하는 것보다 이들에게 더 매정하였다는 것을 인정합니다. 왜냐하면 저는 저를 성자로 만들고 있지 않으며 또한 저의 삶이 아니라 그리스도의 가르침(doctrina Christi)에 대해서 논쟁하고 있기 때문입니다. 이 문서들도 저는 철회할 수 없는데, 이 철회로 인해서 독재와 불경함이 저의 방어 하에서 여태까지 보다 더 폭력적으로 지배하고 하나님 백성을 대적해서 더 광분하게 될 것이기 때문입니다.

그런데 제가 사람이지 하나님이 아니기 때문에 저의 주님이신 예수 그리스도께서 자기 가르침을 옹호하셨던 것 말고는 저의 문서들을 제가 옹호할 길이 없습니다. 곧 안나스 면전에서 자신의 가르침에 관해서 심문을 받으며 종 하나가 그의 뺨을 때렸을 때 이렇게 말씀하셨습니다: '내가 말을 잘못하였으면 그 잘못한 것을 증언하라' (요 18:23). 자신이 잘못할 수 없다는 것을 아시는 주님께서 아랫사람인 종이 자신의 가르침에 대항하는 증언하는 것 듣기를 거절하지 않으신다면 하물며 잘못을 할 수 있는 저는 얼마나 더 저의 가르침을 반대해서 증언할 것을 원하고 기다려야 하겠습니까? 그러므로 폐하, 그리고 귀하신 여러분 또는 높으신 분이든 아니면 초라한 분이든지 그 누가 되었든지 간에 저는 하나님의 자비하심에 힘입어서 그 사람에게 증언을 하고, 오류들을 반박하고 그것들을 선지자와 복음서의 증언들로 뭉찔러주실 것을 부탁합니다; 왜냐하면 제가 한 수 가르침을 받게 된다면 저는 모든 가능한 오류를 철회하는 데에 혈안이 되어서 저의 책들을 누구보다 앞장서서 불에 집어 던질 것입니다. 따라서 저의 가르침 탓에 이 세상에 발생한 위험, 불화와 싸움들 때문에 어제 무겁고도 엄숙하게 경고를 받았는데 거기에서 제가 그러한 것들을 분명히 눈여기고 또 생각하고 있었다는 사실이 도출되었다고 저는 생각합니다. 물론 저에게는 하나님의 말씀 때문에 분노와 불화가 생겼다는 것을 보는 것은 너무나 즐거운 광경입니다. 그것이 바로 주님이 말씀하신 바와 같이 하나님 말씀의 질주와 추락과 결말이기 때문입니다: '나는 평화가 아니라 칼을 주러 왔노라; 사람이 아비와 반목하게 만들려고 왔기 때문이라.' (마 10:34f.) 그 때문에 우리 주님의 그 모략이 얼마나 놀랍고 두려운지(mirabilis et terribilis) 유념해서 싸움을 잠재우려는 목적으로 시도한 것이―우리가 하나님 말씀을 심판하는 것을 시작한다면―감당할 수 없는 악의 홍수가 되고 이 젊고 고상한 제후인 칼의 통치권(곧 일단 하나님께서 많은 기대를 가지고 계시는)이 구제 불가능하게 될까봐 걱정해야만 하게 되지 않도록 하여야 합니다. 이 점을 저는 바로, 바벨론의 왕, 이스라엘의 열왕들에 관한 성경의 많은 예에서 보여줄 수 있습니다. 이들이 가장 지혜로운 조언들을 받아서 자기 나라들을 평화롭게 하고 든든하게 하고자 할 때 가장 비참하게 몰락하였습니다. 왜냐하면 그분은 지혜로운 자들을 그들의 계획으로 사로잡고 산이 눈치 채기도 전에 무너뜨리시는 분이시기 때문입니다(욥 5:13; 9:5). 때문에 하나님을 경외하여야 합니다. 고귀한 사람들은 저를 통한 가르침과 경고가 필요하기 때문에 제가 이것을 말하는 것이 아니라 독일에 대한 저의 마땅한 복종은 유보될 수 없기 때문에 말하고 있습니다. 이로써 폐하와 귀하신 분들에게 저를 의탁합니다. 저의 대적들의 분노 때문에 근거도 없이 제게 노여움을 품지 않으시기를 엎드려 부탁드립니다. 저의 말씀을 마치겠습니다."

이어서 제국의회의 대변인이 빈정대는 톤으로 내가 질문에 답을 하지 않았다(me non ad rem respondisse)고 선언하였다. 또한 과거에 공의회들에게 결의되고 정죄한 일들을 논의의 자리에 가져올 수 없다. 그 때문에 그저 솔직하게 철회할 것인지 말 것인지 대답하라고 사람들이 요구한다고 선언하였다.

이어서 내가 응수하였다: "폐하의 거룩한 위엄과 귀하신 분들께서 그것을 원하시기 때문에 뿔도 갖지 않고 이빨도 없는 간단한 대답을 하고자 합니다: 제가 성경의 증언이나 이성적인 근거들로 말미암아 굴복 당하지 않는다면(nisi convictus fuero testimoniis scripturarum aut ratione evidente) — 왜냐하면 교황과 공의회들이 거듭해서 오류를 범하고 스스로 모순을 일으켜 왔기 때문에 저는 이들에게 신뢰를 할 수 없기 때문입니다 — 저는 제가 제시한 성경에 굴복할 것이며, 저의 양심은 하나님 말씀에 사로잡혔습니다(capta conscientia in verbis dei). 그래서 양심에 거슬러서 행동하는 것은 확실하지도 않고 진실하지도 않기 때문에 저는 아무 것도 철회할 수 없고 하고 싶지도 않습니다.

저는 달리 할 수 없습니다, 여기에 제가 서 있습니다, 하나님 저를 도와 주세요. 아멘."[3)]

원전: WA 7, 832,2-838,9; 번역: J. Kühn (Hg.), Luther und der Wormser Reichstag 1521. Aktenstücke und Briefe, in: Voigtländers Quellenbücher 73 o.J. [1914] 69-75; K. -V. Selge, in: F. Reuter (Hg.), Der Reichstag zu Worms von 1521. Reichspolitik und Luthersache, Köln ²1981, 184-186. — 참고문헌: 본문 c를 보라.

b) 황제의 진술(1521. 4. 19)

당신들은 내가 고상한 독일의 최고 기독교 황제들, 스페인의 가톨릭 왕들, 오스트리아 황태자들, 부르군트 대공들의 혈통을 가지고 있다는 것을 안다. 이들은 모두가 하나님의 영광과 신앙의 증진과 영혼 구원을 위해서 죽을 때까지 로마 교회의 충실한 자녀들이었고, 항상 가톨릭 신앙과 거룩한 신앙제의들, 율법들, 가르침들과 거룩한 관습들을 지켜 낸 자들이었다. 본향으로 돌아가고 나서 그들은 전래된 법(droit naturel)에 힘입어서 자기들의 본을 따라서 이미 말한 그 거룩한 가톨릭의 의무를 우리에게 유산으로 물려주면서 그에 따라 살게 하였다. 우리는 우리의 선조들에 대한 참 모방자들로서 하나님의 은혜를 힘입어 지금까지 그 의무들을 따라서 살아 왔다.

이러한 이유에서 나는 우리의 그 조상들과 내가 지금 이 시간까지 견지해 왔던 모든 것을 유지하기로 굳게 결심하였다; 그런데 특별히 나의 그 조상들이 콘스탄츠 공의회와 다른 데에서 제정한 것을 지키기로 하였다: 왜냐하면 한 명의 (수도회) 형제가 수천 년 이상 동안의 기독교 세계와 그리고 현재의 기독교 세계에도 대적하는 자기 생각을 가지고 잘못을 저지르고 있다는 것이 분명하기 때문이다; 그렇지 않으면 온 기독교 세계가 항상 오류 가운데 있었다는 것이 되고 (현재도) 그런 것이 될 것이다. 이 때문에 이 일에서 모든 것을 다 걸기로 결단하였다: 나의 나라와 귀족들, 나의 친구들, 나의 몸, 나의 피, 나의 생명과 나의 영혼. 왜냐하면 우리가 여러 특권들과 독특한 명성으로 인해서 가톨릭 신앙의 방어자들이요 수호자들로(deffensseurs et protecteurs de la foy catholique) 부름을 받은 이 귀하고 명예로운 독일이, 만일 우리 시대에 우리의 태만으로 인해서 이단뿐 아니라(이미) 이단 혐의나 기독교 신앙의 약화가 우리 이후 사람들의 기억에 남는다면, 독일이 우리와 우리 후손들에게 영원한 불명예가 되는 것은 나와 여러분들에게 수치가 될 것이다.

　루터가 어제 우리 모두가 있는 자리에서 내놓은 완고한 대답을 우리가 듣고 나서 그토록 오랫동안 그 루터와 그의 잘못된 가르침을 상대로 대응하는 것을 미룬 것을 내가 후회한다고 당신들에게 밝힌다; 그래서 더 이상 그에게 귀를 기울이지 않을 것을 굳게 결심하였다; 나아가서 명령의 내용대로, 그의 자유 통행 보증서를 인정하면서 즉시 그를 되돌려 보내기를 바란다: (하지만) 설교도 하지 말고 또 그의 잘못된 가르침으로 백성들을 가르치지도 말고 (백성들의) 동요를 일으키지도 않아야 한다. 그리고 위에서 언급한 바와 같이(그에 대해서) 그렇게 처신하며 그를 대적하기를 사악한 이단을 대적하듯 하기로 결심하였다; 하지만 행동해 온 것 같이 그리고 내게 약속한 바와 같이 당신들은 이 일에서 선한 기독교인인 것을 드러내기를 바란다.

원전: DRTA.JR 2, 595,7-596,1; 번역: H. Wolter, in: F. Reuter (Hg.), Der Reichstag zu Worms von 1521. Reichspolitik und Luthersache, Köln ²1981, 226-229. — 참고문헌: 본문 c를 보라.

c) 보름스 칙령(1821. 5. 8/26)
　…… 짐의 로마 황제직은…… 로마 제국 내부에 이단이나 불신앙으로 인한 오점이 짐의 거룩한 신앙을 더럽히지 않도록 예의주시해야 하는 의무를 가지고 있다.…… 그 때문에 지난 3년 동안(3년 이내) 독일 국가 안에서 생겨났고 더 이전에 온 교회가 동의를 한 거룩한 공의회들과 교황의 종규를 통해서 실제로 정죄를 받았다가 이제 새롭게 지옥으로부터 솟아올라 온 여러 이단들을 아주 깊이 뿌리를 내리도록 하였고 부주의함 탓에 용인을 하게 되었다. 그래서 우리 양심이 괄목할 만큼 놀리고 우리 이름이 가진 명예가 벌써

짐의 통치의 복된 시작부터 어두운 그늘에 사로잡히게 되었다.

아우구스티누스 수도회 출신의 그 마르틴 루터가 무엇보다도 불신앙과 이단을 항상 배척하고 있는 그 가장 존귀한 독일 국가 안에서 기독교와 기독교 질서 속으로 끌어들여서 감히 그것을 더 럽히고 있는 그 오류와 이단이 기독교 도리에서 얼마나 멀리 벗어나 있는지 의심의 여지가 없고 모든 사람에게 분명한 일이다. 어느 정도인가 하면—최고로 서둘러서 대응하지 않으면—그로 말미암아 바로 이 온 독일 국가와 또 결국에는 그것이 뿌리내림으로 인해서 다른 모든 나라들이 좋은 관습과 평강과 기독교 신앙으로부터 비인간적인 단절과 비참한 전락에 이르게 될 정도이다. 때문에 우리의 거룩한 아버지인 교황 레오 10세, 곧 거룩한 로마 교회와 보편 기독교 교회의 최고 주교가 보편적인 수단과 방법을 가지고 그에 대해서 정당하게 대처를 하였다.……

그런데 짐은 교황의 교령이 위임해준 바를 따라서 이 경고와 또 마지막으로 루터의 정죄를 독일 국가의 많은 지역에서 공포하였고 또 우리의 하부 부르군트 지역들과 특별히 쾰른, 트리어, 마인츠, 뤼티히에서 그것을 실행할 것을 명하였다. 하지만 마르틴 루터는 그에 대해서 깊이 생각하고 개선하지도 않을 뿐 아니라 자기의 잘못을 철회하지도 않았고 교황의 거룩함으로부터 면죄를 구하지도 않았고 거룩한 기독교회 안에 있는 은혜도 간구하지 않았다. 오히려 자기의 뒤틀린 생각과 이해가 낳은 그 극도의 악한 열매와 영향을—광분한 자가 거룩한 교회의 주지할만한 제압에 굴러 떨어지듯이—새롭게 그리고 벌써 과거에 거룩한 공의회들이 정죄한 이단사설과 신성모독으로 가득하고, 자기 자신 또는 최소한 그의 이름으로 집필된 라틴어와 독일어로 된 수많은 책을 통해서 매일 확산시키고 있다.

그 안에서 그는 거룩한 교회가 오랫동안 지켜온 일곱 성례, 그 규정과 그 관습을 파괴하고, 왜곡시키고, 상처를 입히고 거룩한 결혼의 영원한 법을 희한한 방식으로 천박하게 만들었다. 거룩한 응유는 만들어낸 일이라고 말하고 있다. 형언할 수 없이 거룩한 성례전 집행과 수용을 그 정죄 받은 보헤미안 인들이 행하는 것과 같은[4] 방식과 절차로 하기를 원하고 있다. 그는 처음부터 죄로 얼룩지고 침륜에 빠진 양심에 최고로 유익한 고해를 거기에서 아무런 기반도 아무런 열매도 도출될 수 없다는 식으로 전도시켜 버렸다. 심지어 모든 사람들이 그의 이 제정신이 아닌 문서들로부터 끄집어내어서 고해는 아무런 열매도 없다고 말할 뿐 아니라 대부분의 사람들이 고해를 하지 않아야 한다고 설교할 정도로 고해에 대해서 많이 쓸 것이라고 위협까지 하고 있다. 사제직과 서품에 아무런 가치를 두지 않고 평신도들(세속적인 사람들)이 그 손을 사제들의 피로 씻도록 부추기기도 한다.

그는 우리 기독교 신앙의 최고 사제이고, 거룩한 베드로의 후계자이며 지상에서 그리스도의 실제적인 대리자를 비방하는 말과 천박한 말로 모독하고 전대미문의 다양한 적개심과 모독으로 그를 몰아세우고 있다. 무신론자들의 시들로부터 그는 자유의지는 없다는 결론을 내리는데, 말하자면 만사는 확고부동한 숙명 하에 있다는 의미로 그렇게 하고 있다. 또 미사는 집행하는 자 말고는 아무에게도 도움이 되지 않는다고 기록하고 있다. 게다가 거룩한 교회가 확정하고 지금까지 지켜온 금식과 기도하는 것을 왜곡시켰다. 특별히 그는 교회가 거룩한 교부의 권위라고 선언한 그 권위를 무시한다. 복종과 지도를 철저히 무시하면서 소요와 분열과 전쟁과 살인과 도적질과 방화와 기독교 신앙의 완전한 포기로 끌고 가는 것 말고는 다른 것은 전혀 서술하지 않는다. 그리고는 그 어떤 법에도 매이지 않고 짐승과 같이 자유로우며 자기 멋대로의 삶도 가르치고 있다. 그 스스로가 교령과 영적인 법을 공개적으로 불사르는 데에 아무런 두려움도 보이지 않았다.[5] 이렇게 그가 바로 모든 법을 정죄하고 짓누르는 자유롭고 제멋대로의 사람이다. 세속의 칼은 교황의 파문과 처벌보다 덜 두려워하기 때문에 세속의 법도 사악하게 무시하였다.

그가 이제는 거룩한 공의회를 거슬러서 노골적으로 말하고 의도적으로 모욕하고 위해를 가하기를 부끄러워하지 않는데, 이 공의회들 중에서 특별히 콘스탄츠 공의회를 그 더러운 입으로 도처에서 극심하게 공격하고 있다; 그 공의회를 이름하여—기독교 교회 전체와 독일 국가를 모욕하고 짓밟으려고—마귀의 회합이라고 하고, 거기에 참가해서 요한네스 후스를 그 이단적인 행동 때문에 불사르라고 했던 사람들, 곧 짐의 전임 황제 지기스문트와 거룩한 제국의 제후들과 총 공의회를 그는 적그리스도인들, 마귀의 사도들, 살인자들, 바리새인들이라고 하면서 이 공의회에서 후스의 이단사설 때문에 정죄된 모든 것이 기독교적이고 복음적이라고 하고, 자기가 그것을 증명할 수 있다고 주장하고 있다. 이 공의회가 받아들이고 결의한 조항들을 그는 인정하지 않으며 그 후스가 한 번 이단이었다면 자기는 열 번 이단이라는 것을 자부하는 그런 만행으로 기꺼이 전락하였다. 셀 수 없이 많은 루터의 모든 악을 열거할 것도 없이 짧게 언급하겠다: 이 한 인물, 한 사람이 아니라 수도사 망토를 걸친 인간의 모습으로 형태를 취한 악한 대적(böss veinde)은 오랫동안 숨겨져 있던 모든 이단들의 가장 날카롭게 정죄된 잘못된 가르침을 냄새나는 웅덩이로 끌어들이고 거기에다가 애를 써서 모든 사람에게 각인시킨 신앙을 선포하고 있다는 듯이 몇 개의 새로운 사설들을 지어내어 가지고 참되고 바른 신앙을 파괴시키고 복음의 가르침이라는 이름과 겉모습 하에서 모든 복음적인 평강, 사랑, 모든 선한 일들의 질서 및 최고로 아름다운 기독교의 모습(die allerzierlichst christlich gestalt)을 뒤집고 억누르고 있다.……

그 일이 이런 식으로 진행되었고 마르틴 루터는 그렇게 아주 강퍅해지고 그의 노골적인 이단적 견해 안에서 고집을 쓰고 있고 그래서 하나님 경외와 이성을 가진 모든 사람들이 어리석으며 또 악한 영에 씌운 것으로 보고 있다.…… 그 때문에 이 심문을 영원히 기억하도록, 우리의 거룩한 아버지인 교황이 이 사안의 정당한 심판자로서 선포한 교령과 판단과 정죄를 충실하게 이행하기 위해서 짐과 당신들 모두와 각 개인이 마르틴 루터를 하나님의 교회에서 잘려나간 지체요 목이 굳은 분열자(zertrenner)요 분명한 이단으로 간주하고 그렇게 선포하며 이 문서에 힘입어서 그것을 의식적으로 실행해야 할 것을 짐은 결정하였다. 나아가서 당신들 모두와 각 개인들에게 당신들이 짐의 거룩한 제국에 매여 있는(verwandt) 그 의무 안에서 명한다.…… 당신들 모두와 각 개인들은…… 위에서 언급한 20일이 지나면, 그러니까 이번 달 5월 14일이 마지막 날이 되는 20일 후에는 언급한 마르틴 루터를 당신들 집에 들이지 말고 마당에 들어오게도 말고 그에게 먹을 것과 마실 것을 주지도 말고 그를 숨겨주지 말고 말로나 행동으로 비밀리에도 드러내놓고도 그 어떤 도움이나 추종이나 협력이나 후원을 주면 안 된다. 당신들이 그에게 접근해서 그를 붙잡고 그를 제압할 수 있는 경우에는 그를 체포하고 붙들어서 우리에게 잘 포박해서 넘기거나 그렇게 하도록 시키든가 아니면 최소한 그가 당신들의 손아귀에 들어오면 지체 없이 짐에게 알리고 신고하고 최소한 당신들이 적법하게 그를 상대로 처신해야 할 것과 그러한 거룩한 행위와 당신들의 노력과 비용을 위해서 합당하게 받을 수 있는 것이 무엇인지를 짐이 당신들에게 알릴 때까지 그를 구금시켜야 한다. 하지만 그와 동맹한 자들, 추종자들, 숨겨준 자들과 후원자들, 아끼고 따르는 자들 및 그들의 동산과 부동산에 대해서 당신들은 거룩한 헌법과 나와 제국을 힘입어서 이렇게 파문과 추방을 하라: 곧 그들을 진압하고 포박하고 그들의 재산은 당신들이 가지고 개인적으로 유용하고 방해를 받지 말고 챙기도록 하라. 그들이 이 불법적인 길에서 벗어나서 교황의 면죄를 획득하였다는 믿을 만한 태도를 보이지 않는 한 그렇게 하라. 나아가서 당신들 모두와 각자에게 명하는 바는 당신들 누구도 우리의 거룩한 아버지, 교황이 위에 있는 바와 같이 정죄한 그 언급한 마르틴 루터의 문서들과 라틴어와 독일어 또는 다른 언어로 지금까지 그가 집필하였거나 앞으로 집필하게 될 다른 문서들, 곧 악하고 못되었고 수상스럽고 분명하고 완고한 이단에게서 나온 문서들인 그 문서들을 사고, 팔고, 읽고, 소유하고, 베끼고, 인쇄하도록 만들지 않아야 한다. 또 그의 생각에 동조해도 안 되고 그 생각을 품거나 설교하고 방어하지 않아야 하며 또 사람의 마음이 생각해낼 수 있는 다른 방식으로 그런 것을 하면서 그저 단순한 사람들을 속이기 위해서 거기에 선한 것이 도입되는지 고려하지 않고 그런 것을 하면 안 된다.

원전: DRTA.JR 2, 643, 19f.26f.; 644,5-23.29; 645,26-649,19; 653,1-5; 653,19-654,9; 654,14-655,23. —참고문헌: P. Kalkoff, Der Wormser Reichstag von 1521. Biographische und quellenkritische Studien zur Reformationsgeschichte, München/Berlin 1922; B. Lohse, Luthers Antwort in Worms, in: Luther 29 (1959) 124-134; E. Kessel, Luther vor dem Reichstag in Worms 1521, in: E. Kaufmann (Hg.), Festgabe für Paul Kirn, Berlin 1961, 172-190; R. Wohlfeil, Der Wormser Reichstag von 1521 (Gesamtdarstellung), in: F. Reuter (Hg.), Der Reichstag zu Worms von 1521. Reichspolitik und Luthersache, Köln ²1981, 59-154; K.-V. Selge, Capta conscientia in verbis Dei. Luthers Widerrufsverweigerung in Worms, ebd. 180-207; H. Lutz, Das Reich, Karl V. und der Beginn der Reformation, in: ders., Politik, Kultur und Religion im Werdeprozeß der frühen Neuzeit, Klagenfurt 1982, 53-66; H. Seible, Die Gravamina, Luther und der Wormser Reichstag 1521, in: ders., Melanchthon und die Reformation, Mainz 1996 (VIEG.Beih. 41), 167-183 (= BPfKG 39 [1972] 167-183); H. Rabe, Karl V. und die deutschen Protestanten. Wege, Ziele und Grenzen der kaiserlichen Religionspolitik, in: ders.,

> (Hg.), Karl V. Politik und politisches System, Konstanz 1996, 317-345; G. Schmidt, Luther und die frühe Reformation-eins nationales Ereignis?, in: B. Moeller (Hg.), Luthers Bücher auf dem Wormser Reichstag von 1521, in: ders., Luther-Rezeption. Kirchenhistorische Aufsätze zur Reformationsgeschichte, hg. v. J. Schilling, Göttingen 2001, 121-140; A. Kohnle, Reichstag und Reformation. Kaiserliche und ständische Religionspolitik von den Anfängen der Causa Lutheri bis zum Nürnberger Religionsfrieden, Gütersloh 2001 (QFRG 72), 85-104; A. Kohnle, Art. Wormser Edikt, in: TRE 36, Berlin/New York 2004, 287-291.

d) 알브레히트 뒤러: 루터에 대한 탄식(1521. 5. 17)

나아가서 1521년 오순절 전 금요일에 마르틴 루터가 매우 음험하게 체포되었다는 또 다른 소식을 안트베르펜에서 접하였다. 그의 호위병으로 주어진 황제 칼의 전령을 사람들이 신뢰했기 때문이다. 하지만 전령은 루터를 아이제낙흐의 한적한 지경에 채 데려다 주기도 전에 더는 필요하지 않다고 말하고는 말을 타고 가버렸다. 잠시 후에 열 필의 말이 거기 왔고, 그들은 밀고로 인해서 그리스도와 참 기독교 신앙을 뒤따르는 그 내버려진(verkaufften) 경건하며 성령으로 인해서 조명을 받은 사람을 유괴하여 갔다.

그가 지금도 살아 있는지 아니면 그들이 죽였는지 나는 모른다. 그런 일을 그는 기독교의 진리 때문에 겪었다. 또한 비기독교적인 교황권을 공격(gestrafft)했기 때문에 그런 것을 겪은 것이다. 이 교황권은 인간의 법으로 엄청난 고통을 부과하고 또 우리에게서 피와 땀을 빼앗아가고 억압하면서 또 가난하고 병든 사람들은 그런 것 때문에 굶주려 죽어가고 있는데 우리는 그렇게 치욕스러운 방식으로 빈둥거리고 노는 인간들에 의해서 착취를 당하게 만들면서 그리스도의 자유(Christi frey lassung)와 대치하고 있다. 무엇보다도 나에게 가장 아프게 다가오는 것은 하나님께서 사람들이 아버지라고 부르는 자들이 만들어내고 꾸민 그들의 거짓되고 눈먼 가르침에 우리를 놓아두시려고 한다는 사실이다. 이 가르침으로 하나님의 말씀이 우리에게 수없이 잘못 해석이 되거나 아니면 전혀 주어지지 않고 있다.

아, 하늘에 계신 하나님, 우리를 불쌍히 여기소서, 오 왕이신 주 그리스도시여, 당신의 백성을 위해서 간구하소서. 우리를 적시에 구원하소서, 우리 안에 바르고 참된 기독교 신앙을 남겨두소서, 멀리 흩어져 있는 당신의 백성들을 성경이 하나님의 말씀이라고 하는 당신의 음성으로 불러 모으소서. 당신 초장의 양들, 곧 그중에서 여전히 로마 교회 안에 있는 무리들을 다시금 교황들의 돈욕심과 거짓된 거룩의 허상으로 인해서 분리되었던 인도인들, 모스크바인들, 러시아인들, 그리스인들과 함께 부르소서. 아 하나님, 그 거대한 파문과 하나도 기꺼이 이행되지 않는 명령들로 억압을 받는 당신의 가련한 백성들을 구하소서, 이 명령들을 위반하면 그들은 자신들을 항상 양심에 죄인으로 여기고 있나이다. 오 하나님, 하나님은 그 어떤 백성도 로마의 보좌 하에 있는 가련한 기독교인들인 우리처럼 그렇게 잔인하게 인간의 법으로 짐을 지게 하신 적이 한 번도 없습니다, 곧 꾸준히 당신의 피로 구속받아서 자유로운 기독교인이어야 하는 우리같이 말입니다.

오, 지고하신 하늘의 아버지, 당신의 아들 예수 그리스도로 말미암아 우리 마음에 빛, 곧 우리가 어떤 명령을 지켜야만 하는지 알게 되는 그런 빛을 부어주셔서 다른 짐들은 선한 마음으로 떨쳐 버리고 영원하신 하나님, 하늘 아버지를 기쁘고 즐거운 마음으로 섬기게 하소서. 우리가 이 사람, 지난 140년 동안 살았던 사람들[6] 중 그 어떤 사람보다 더 분명하게 기록하였고, 당신이 그런 복음의 영을 주신 이 사람을 우리가 잃는다면, 오 하늘의 아버지, 당신의 거룩한 영을 당신의 거룩한 기독교회를 사방에서 다시금 모아들일 다른 사람에게 또 허락하셔서 우리 모두가 하나가 되고 기독교적으로 살고 우리의 선한 행실 때문에 터키인들, 이방인들, 캘커타 사람들 같은 불신자들 모두가 우리에게로 돌이켜 기독교 신앙을 받아들이게 하소서.

그런데 주님, 교황이 자기의 돈으로 음흉하게 하나님을 거슬러서 죽인 당신을 뒤따른 자 마르틴 루터에게 당신의 아들 예수 그리스도, 곧 제사장들의 명령 때문에 죽을 수밖에 없었지만 죽음에서 다시 살아난 분에게와 같은 일이 일어나기를 당신은 원하십니다—당신은 그렇게 루터도 다시 살리실 것입니다. 주님, 그때 예루살렘이 그 때문에 파괴되도록 명령하셨던 것처럼 이 스스로 자고한 로마 보좌의 권세도 깨뜨리실 것입니다. 아 주여, 그 후에 하늘에서 내려오는, 계시록에서 말하고 있는 그 단장한 새 예루살렘을 우리에게 주소서(계 3:12): 사람의 가르침으로 어두워지지 않은 거룩하고 분명한 복음.

그러므로 마르틴 루터 박사의 책을 읽는 자는 누구나 그가 거룩한 복음을 제시하면 그의 가르침이 얼마나 분명하고 명철한가를 보게 하소서. 그러므로 그 가르침을 큰 존경심을 가지고 붙잡고 불태우지 않아야 합니다—진리를 거슬러서 항상 싸우는 그의 원수들을 그들의 주장들과 함께 불에 던져 버리려고 하지 않는다면 말입니다. 그런데 이 원수들은 사람으로부터 신들을 만들어냅니다. 그래서 그렇게 하고는 바로 새로운 루터의 책들을 다시 인쇄해야 합니다.

오 하나님 만일 루터가 죽었다면—앞으로 누가 우리에게 거룩한 복음을 그렇게 분명하게 보여주겠나이까? 그리고 하나님, 그가 우리에게 10년이나 20년 동안 무엇을 더 기록했었을까요! 오 너희 모든 경건한 기독교인들이여, 나를 도와서 이 하나님의 영으로 충만한 사람을 위해서 목놓아 울며 하나님께 또 다른 조명 받은 사람을 우리에게 주시기를 간구하라. 오, 로터담의 에라스무스여,

너 어디 있느냐? 세상 권력의 그 불의한 폭정과 어둠의 세력이 한 것을 보라! 들으라, 너 그리스도의 기사여, 주 그리스도 곁으로 일어나 달려라, 진리를 수호하라, 순교의 관을 얻으라! 그런데, 그렇지 않으면 너는 그저 늙은이일 뿐이다. 내가 듣기로 당신이 무엇인가를 할 수 있는 시간으로 스스로에게 2년을 주었다. 이 좋은 시간을 복음과 참된 기독교 신앙을 위해서 활용하고 그리고 들으라. 그리스도께서 말씀하신 바와 같이(마 16:18) 지옥의 권세, 로마의 보좌가 너를 엄습하지 못하리라. 그 다음에 당신의 스승 그리스도까지 닮고, 고소하는 자들의 모욕을 이 시대에 견뎌내고 그래서 좀 더 일찍 죽게 된다면 당신은 좀 더 일찍 죽음에서 다시 생명에 이르고 그리스도에 의해서 영화롭게 되리라. 왜냐하면 당신이 그분이 마신 그 잔을 마신다면 영원히 그분과 함께 다스리며 또 지혜롭지 않게 행한 자들을 의롭게 심판할 것이기 때문이다.

오 에라스무스여, 다윗에 대해서 기록된 바와 같이 하나님께서 너를 자랑스럽게 여기신다는 것을 입증하라; 왜냐하면 너는 이것을 할 수 있고, 진실로 골리앗을 넘어뜨릴 수 있기 때문이다. 하나님은 로마 사람들 가운데에도 계시는 것처럼 그분의 거룩한 뜻으로 거룩한 기독교회와 함께 하기 때문이다. 영원한 복락을 누리도록 우리를 도우소서, 성부, 성자, 성령, 한 분 하나님이여, 아멘. 오 너희 기독교인들이여, 하나님께 도움을 간구하라, 왜냐하면 그분의 심판이 가까웠고 그분의 의가 드러날 것이기 때문이다. 그때에 우리가 교황, 성직자들, 수도사들이 흘리고 심판하고 저주한 순결한 피의 희생을 보게 되리라, 요한계시록(16:6). 이들이 제단 아래에서 갚아줄 것을 외치는 죽임 당한 자들이다(계 6:9f.). 이 소리에 하나님의 음성이 대답한다: 무고하게 죽은 자들의 수가 찰 때까지 기다리라, 그때에 내가 심판하리라.

원전: Albrecht Dürers schriftlicher Nachlass, hg. v. E. Heidrich, Berlin 1918, 95-101. —참고문헌: F. Saxl, Dürer and the Reformation, in: ders., Lectures, London 1957, 267-276; H. Lutz, Albrecht Dürer in der Geschichte der Reformation, in: HZ 206 (1968) 22-44; G. Seebaß, Dürers Stellung in der reformatorischen Bewegung, in: ders., Die Reformation und ihre Außenseiter. Gesammelte Aufsätze und Vorträge, hg. v. I. Dingel, Göttingen 1997, 79-112; E. Panofsky, Das Leben und die Kunst Albrecht Dürers, Frankfurt/M. 1995; E. Rebel, Albrecht Dürer. Maler und Humanist, München 1996; K. Arndt/B. Moeller, Albrecht Dürers "Vier Apostel." Eine kirchen-und kunsthistorische Untersuchung, Gütersloh 2003 (SVRG 202).

1) 교서 "Exsurge Domine", Nr. 17을 보라.
2) Corpus Iuris Canonici, hg. v. E. Friedberg. Bd. 1, Leipzig 1879 (=Graz 1955), 17f. 1008.
3) 이 보도에서 라틴어 연설을 마치면서 나오는 독일어 구절 "달리는 할 수 없습니다, 여기 제가 서 있나이다, 하나님이여 나를 도우소서, 아멘" 대신에 좀 더 짧은 형식 "하나님이여 나를 도우소서. 아멘"이 바른 것일 수 있다(DRTA.JR 2,555f. Anm. 1을 보라).
4) 그래서 두 개의 형태로; 여기서 다루고 있는 후스파에 관해서는 『중세교회』 Nr. 66. 68을 보라.
5) 루터는 1520년 12월 10일 파문위협교서에 대한 반응으로 이것을 하였다.
6) 아마도 존 위클리프를 염두에 두고 있다(1384년 사망; 『중세교회』 Nr. 65를 보라).

22. 바르트부르크에서의 생산적인 문서 활동

루터는 뒤러와 또 다른 사람들이 우려하는 것처럼 그의 적들에 의해서 붙잡히지 않았고 그의 영주인 지혜자 프리드리히가 그를 아이제낙흐의 바르트부르크에 숨겨주었다. 그는 자기의 삭발된 머리를 그 사이에 자라난 머리카락 속에 숨기고 여기서는 젊은 귀족 외르크로서 14개월 동안 조그마한 활동 공간만 있는 극도로 어려운 상황에서 살았다. 겨우 몇 개의 참고서를 가지고 신약성경을 번역하였는데, 직접적인 불가타를 원전으로 삼고 그것을 따르지 않을 때는 귀에 들리는 그 불가타의 톤을 유지하면서 희랍어 본문에서 번역을 하였다. 바르트부르크에서 돌아오고 난 다음에 1522년 9월에 그 번역이 비텐베르크에서 인쇄되었다(본문 a) - 이것이 1534년 성경 전권으로 마무리되는 루터 성경의 배아이다. 루터 신학의 과격화 과정도 진행되어서 - 칭의론에 입각해서 자기 자신의 수도원에서의 삶의 근거도 문제시하는 지경에 이르렀다. 이 인간적인 의미를 루터가 수도사의 길에 들어서는 것을 방해하려고 했던 아버지에게 드리는 서문이 분명하게 만들고 있다(본문 b). 하지만 서약의 불충분한 구속력을 이해하는 것은 전기의 세세함 이상을 다루는 것이다 - 이로써 중세 기독교의 윤리와 교회의 사회상의 근본구조들 중 하나가 심각하게 문제시되었다.

a) 루터의 9월 성경의 서문

이 책이 서문도 없고 낯선 이름도 붙이지 않은 채 출판되고 그저 자체의 이름과 내용만을 서술하는 것도 분명히 정당하며 또 가능한 일이다. 하지만 기독교인들의 몇몇 거친 해석과 서문으로 말미암아 복음이나 율법, 신약이나 구약이 의미하는 바를 더는 명확하게 알 수 없도록 그 의미가 왜곡되어 있다. 이 때문에 단순한 사람이 자기의 지난날의 착각으로부터 바른 길로 인도되고 이 책에서 기대하는 바를 교육받아서 복음과 하나님의 약속을 구해야 하는 곳에서 계명과 율법을 찾지 않도록 하기 위해서 주의와 서언이 필요하다.

그러므로 첫 번째로 알아야 할 것은 네 개의 복음서와 그저 네 명의 복음서 기자가 있다는 착각을 버려야 한다는 사실이다; 또한 어떤 사람들이 신약의 책들을 율법서, 역사서, 예언서, 지혜서로 나눔으로써 내게는 도저히 이해되지 않지만, 신약과 구약을 동등하게 만들어야 한다고 믿는 것을 철저히 버려야 한다. 오히려 구약이 하나님의 계명과 율법 및 이러한 것을 지킨 자들과 지키지 않은 자들의 역사가 기록된 책이듯이 신약은 거기에 복음과 하나님의 약속 및 그것을 믿는 자들과 믿지 않는 자들의 역사가 기록된 책이라는 것을 확실하게 붙들어야 한다. 이런 식으로 오직 한 권의 신약성경, 오직 하나의 신앙, 축복을 약속하는 하나의 하나님이 있는 것과 똑같이 오직 하나의 복음이 있다는 것을 확신할 수 있다.

왜냐하면 복음은 희랍어이며 독일어로는 "좋은 소식", "좋은 이야기", "좋은 새로움", "좋은 외침"(gute geschrey), 곧 그에 대해서 노래하고 이야기하고 즐거워하는 것을 의미한다.……

이렇게 우리는 이제 단 하나의 복음 밖에 없으며, 마찬가지로 오직 하나의 그리스도가 있고, 특별히 "복음"은 그리스도, 곧 하나님과 다윗의 자손, 참 신과 참 사람인 분, 곧 우리를 위해서 자기의 죽음과 부활로 그를 믿는 모든 인간의 죄와 죽음과 지옥을 극복하신 분에 대한 선포일 뿐이라는 것을 안다; 이런 식으로 복음은 그래서 하나의 짧은 이야기이고 하나의 긴 이야기일 수 있으며, 어떤 사람은 똑같은 것을 짧게, 다른 사람은 길게 기록할 수 있다. 그리스도의 많은 사역과 말씀을 네 명의 복음서 기자들이 한 것처럼 기록하는 사람들은 상세하게 기록한다. 반대로 그리스도의 사역에 관해서 말하지 않고 그 분이 어떻게 죽음과 부활로 자기를 믿는 자들을 위해서 죄와 죽음과 지옥을 극복하였는지 몇 마디로 보여주는 사람은 베드로와 바울이 한 것과 같이 짧게 서술을 한다.

그러므로 그리스도로부터 모세를 만들지 않고 지금까지 그랬던 것처럼 복음에서 율법이나 교육교재를 만들지 않도록 주의하라.

왜냐하면 복음은 본래 우리가 경건하고 복을 받게 만드는 우리의 사역을 요구하지 않고 오히려 그런 행위를 정죄하고 있기 때문이다. 오히려 복음은 그리스도에 대한 믿음, 곧 그리스도께서 우리를 위해서 죄와 죽음과 지옥을 극복하시고 그렇게 해서 우리 공로가 아니라 그분 자신의 사역, 곧 죽음과 고난으로 말미암아 우리를 경건하고 생명력 있고 복되게 하셨다는 것에 대한 믿음만을 요구함으로 그분의 죽음과 극복을 마치 우리가 한 것처럼 우리 것으로 만들지 않도록 한다.……

이 모든 것으로부터 당신은 이제 모든 책들을 판단하고 어떤 책이 가장 좋은가를 판단할 수 있다. 왜냐하면 요한복음과 성 바울의 편지들, 특히 로마서, 그리고 성 베드로의 첫째 편지들은 모든 책들 중에서 알맹이고 정수이기 때문이다; 따라서 이 책들은 또한 제일 바른 책들이다. 그래서 이 책을 우선 그리고 아주 자주 읽고 매일 읽음으로 인해서 매일 먹는 양식처럼 친숙해질 것을 기독교인에게 권해야 한다. 왜냐하면 이 안에서는 그리스도의 행위와 기적들을 많이 발견하지 않고 반대로 그리스도를 믿는 믿음이 어떻게 죄와 죽음과 지옥을 능가하고 생명과 의와 복을 주는지가 탁월하게 제시되어 있는 것을 발견하게 되기 때문이다. 들은 바와 같이 바로 이것이 복음의 바른 방식이다.

왜냐하면 혹시 내가 둘 중 하나, 곧 그리스도의 행위나 선포를 제거한다면 차라리 그분의 선포보다는 그 행위를 제거하고 싶기 때문이다. 행위는 나를 전혀 돕지 못하지만 그분이 자신이 말한 바와 같이(요 6:6) 생명을 주는 그분의 말씀은 그렇게 하기 때문이다. 요한은 그리스도의 사역 중 몇 개만을 기록하고 그분의 말씀은 많이 기록하였는데, 반대로 다른 세 명의 복음서 기자들은 그분의 사역의 많은 것을 기록하고 그분의 말씀은 조금 기록하였다. 그 때문에 요한복음은 유일하며, 사랑스러우며(zartte) 올바른 중요 복음서이고 다른 복음서들보다 훨씬 우선시 되어야 하고 더 높이 받들어야 한다. 마찬가지로 성 바울과 베드로의 편지들도 마태복음과 마가복음과 누가복음에 비해서 훨씬 우월함을 지니고 있다.

요약: 요한복음과 요한일서, 바울의 편지들, 특히 로마서, 갈라디아서, 에베소서, 베드로전서는 그리스도께서 당신에게 보여주시고 혹시라도 다른 책이나 가르침을 이전에 보거나 듣지 못하였다고 하더라도 당신이 필히 알아야 하고 복되도록 해주는(was dyr zu wissen nott und selig ist) 모든 것을 가르쳐 주는 책들이다. 그러므로 야고보서는 이들과 반대로 정말로 지푸라기 서신인데, 그 이유는 전혀 복음적인 방식을 담고 있지 않기 때문이다. 그런데 거기에 대해서는 다른 서언에서 계속해서 다루겠다.

원전: WA.DB 6,2. 6-10; 번역: Luther Deutsch. Die Werke Martin Luthers in neuer Ausgabe für die Gegenwart, hg. v. K. Aland. Bd. 5, Göttingen ²1983, 37f.40-42. − 참고문헌: H. Bluhm, Bedeutung und Eigenart von Luthers Septembertestament, in: LuJ 39 (1972) 55-79; H. Volz, Martin Luthers deutsche Bibel. Entstehung und Geschichte der Lutherbibel, Hamburg 1978; Albrecht Beutel, Luthers Bibelübersetzung und die Folgen, in: EvTh 59 (1999) 13-24; M. Brecht/E. Zwink (Hg.), Eine glossierte Vulgata aus dem Umfeld Martin Luthers. Untersuchungen zu dem 1519 in Lyon gedruckten Exemplar in der Bibelsammlung der Württembergischen Landesbibliothek Stuttgart, Bern u.a. 1999 (Vestigiae Bibliae 21); T. Kaufmann, Von der vorreformatorischen Laienbibel zum reformatorischen Evangelium, in: ZThK 101 (2004) 138-174; V. Leppin, >Biblia, das ist die ganze Heilige Schrift deutsch<. Luthers Bibelübersetzung zwischen Sakralität und Profanität, in: Jan Rohls/Gunterh Wenz (Hg.), Protestantismus und deutsche Literatur, Göttingen 2004, 13-26.

b) 수도사 서약에 대한 루터의 반박

최고로 귀하신 아버지, 제가 당신께 이 책을 헌정하는 것은 제가 당신의 이름을 세상으로 끌어들이고 싶고 바울의 가르침의 반대로(갈 6:13) 육체를 따라 우리가 자부할 수 있게 되는 목적으로 한 것이 아니고, 오히려 당신과 저 사이에 꼭 알맞게 주어진 기회, 곧 짧은 서언에서 경건한 독자들에게 이 책의 근거와 내용과 개인적인 관련성(exemplum)을 언급할 기회를 갖고자 했기 때문입니다.……

이제 제 의지에 반하고 아버지의 깨달음도 없이 내가 받아들였던 그 나의 수도사로서의 삶[1]이 거의 16년이 흘렀습니다. 당신은 아버지의 사랑으로 저의 부족한 성숙함을 염려해주었는데, 제가 그때 바로 성장한 상태이고 22살로 접어들었기 때문인데, 곧 (아우구스티누스의 말을 빌린다면) 청춘의 젊음이 끓어오르는 상태였기 때문입니다[2]; 당신께서는 많은 사례에서 이런 방식의 삶이 어떤 사람들에게는 불행으로 전개되었다는 것을 배웠기 때문입니다. 심지어 당신은 저를 고상하고 풍족한 결혼으로 묶으려고 계획을 하였습니다. 이 염려로부터 그것이 저에 대한 아버지의 배려이지만 한동안 화해가 되지 않은 불만족이 나왔습니다; 친구들은 당신에게 하나님께 희생을 드리려거든 당신이 가장 사랑하는 것, 최고의 것을 드려야 한다고 헛되게 설득하였습니다. 그러는 가운데 주님께서 당신의 생각 속에 그 시편구절이 울려 퍼지게 하였지만 겨우 희미하게 하셨습니다: "여호와께서는 사람의 생각이 허무함을 아시느니라"(시 94:11).

결국 당신은 포기하고 당신의 뜻을 하나님께 내려놓았지만, 저에 대한 불안은 포기하지 않았습니다. 왜냐하면 그것을 저는 너무나 정확하게 기억하고 있기 때문입니다: 당신이 저와 화해하고 말을 하고 저는 하늘로부터 내려온 두려움으로 말미암아 제가 부르심을 받았다는 것을 확증하였습니다. 왜냐하면 제가 재미로 그리고 뜻으로 수도사가 된 것이 아니고 더욱이 배를 채우기 위해서가 아니라 갑작스러운 죽음 앞에서 놀람과 두려움에 둘러싸여서 강요를 받고 궁여지책으로 된 서약을 하였기 때문입니다. 그때 당신은 "그저 그것이 미친 짓이나 속임수가 아니기를 바란다"고 했습니다. 이 말이 어쩌면 하나님께서 당신의 입을 통해서 들려주시는 것처럼 들리면서 저의 가장 깊은 곳에 자리를 잡았습니다; 하지만 저는 저의 마음을 당신과 당신의 말에 대해 단단하게 하였습니다. 그런데 또 다른 말을 당신은 덧붙이셨습니다: 내가 천진난만한 신뢰 가운데에서 당신의 불쾌함을 비난거리로 만들려고 할 때 갑자기 저를 소스라치게 하며 제가 지금까지 사람에게서 제 안에 아주 강하게 울리며 확실하게 자리 잡은 말로 제 삶에서 들은 적이 없을 정도로 절묘하고 정확하게 저에게 반격을 하였습니다; 말하자면 당신은 "그런데 너는 부모에게 공경하라는 말을 듣지 않았냐?"고 말하였습니다. 그런데 저의 자기 확신에서(securus in iustitia mea) 당신의 말을 하나의 사람으로 들었고 당신을 격렬하게 폄하하였습니다; 그렇지만 저의 존재 가장 깊은 곳에서는 이 말을 폄하할 수 없었습니다.……

저로 하여금 아버지의 권위와 거룩한 하나님의 명령에서 빠져나오도록 한 나의 서약은 쓰레기요, 곧 불경스러운 것입니다; 그리고 하나님께로부터 오지 않았다는 것을 제가 당신의 권위를 거슬러서 죄를 범했다는 사실뿐 아니라 이것이 자발적이고 기꺼이 이루어지지 않았다는 사실도 인정합니다. 게다가 서약은 하나님께서 명하지 않은 그 위선자들의 인간적 가르침과 미신을 위해서는 받아들여집니다. 하지만 그 자비가 한이 없고 그 지혜는 끝이 없는 하나님(시 147:5)은, 보십시오, 이 많은 잘못으로부터 그토록 많은 선을 만드십니다. 당신은 이제 이 선을 보지 않은 것보다 오히려 100명의 아들을 잃지 않았으면 하십니까? 어쩌면 사탄은 내게서 벌써 나의 어린 시절부터 자기가 지금 겪는 것에 대해서 어느 정도 내다 본

것 같다는 생각이 듭니다; 그 때문에 놀라운 재주를 펴서는 나를 파멸시키고 방해 놓기 위해서 사납게 날뛰어서 나로 하여금 그가 공격하는 자는 사멸할 자들 가운데 나 혼자뿐인 것 같이 자주 놀라게 만들었습니다. 하지만 지금 제가 보는 바와 같이 주님의 뜻은 내가 수준 높은 학교들의 지혜와 수도원들의 거룩함을 스스로의 경험이며 확실한 경험(propria et certa experientia), 곧 많은 죄와 불경함을 통해서 깨달아서 그 불신앙의 사람들이 승리에 차서 내가 모르던 일들을 정죄한다고 자기들의 미래의 적을 질책하지 못하게 하는 것이었습니다. 그래서 저는 수도사로 살았는데, 물론 죄가 없지는 않았지만 현행 질서를 거스르지는 않았습니다(non sine peccato quidem, sed sine crimine). 왜냐하면 불경과 신성모독이 교황의 제국에서는 최고의 경건으로 여겨졌는데, 하물며 범죄로 여겨졌을 리가 없기 때문입니다.……

여전히 계속해서 저를 구출해내고 싶으신가요? 하지만 당신께서 자랑하지 못하도록 하나님께서는 당신보다 앞서서 오셨고 저를 끄집어내셨습니다. 제가 수도복과 수도사 삭발을 하면 어떻고 아니면 어떻습니까? 도대체 수도사 모자와 수도사 삭발이 수도사를 만드는가요? "다 너희의 것이요 너희는 그리스도의 것이라"고 바울이 말하고 있습니다(고전 3:22f.); 수도사 모자에 제가 속하는가요 아니면 오히려 그 모자가 제게 속해야 할까요? 양심이 해방되었고, 그래서 말하자면 충만하게 자유롭게 되었습니다. 그래서 이제 저는 수도사이며 또 수도사가 아니며, 새로운 피조물인데 교황이 아니라 그리스도의 피조물입니다. 왜냐하면 교황도 만들어내지만 꼭두각시들, 곧 그와 비슷한 가면과 우상들을 만들기 때문입니다. 저도 과거에 그중 하나였는데, 세간에 통용되는 소문들에 의해서 오도당하였습니다. 그런데 이런 것으로 인해서 그 지혜로운 사람도 스스로 고백하는 바와 같이 죽을 지경까지 이르렀는데 하나님의 은혜로 해방이 되었습니다(시락 12:13f. 불가타). 그런데 제가 당신에게서 다시금 당신의 권리와 권위를 박탈하는가요? …… 하지만 저를 구출하신 분은 저에 대해서 당신의 권리보다 더 큰 권리를 갖고 계십니다; 당신이 아시는 바와 같이 그분에 의해서 제가 더는 그 지어낸 수도사들의 예배가 아니라 참다운 예배를 드리게 되었습니다. 제가 말씀을 섬기는 자리에 있다는 것을 누가 의심할 수 있겠습니다? 여기에서 그리스도의 말씀을 따라 부모의 권위가 양보해야 하는 그 섬김(cultus)을 말하고 있습니다: "나보다 부모를 더 사랑하는 자는 내게 합당하지 않도다"(마 10:37). 그분은 이 말씀으로 부모의 권위를 내용 없는 것으로 만드는 것이 아닙니다. 사도께서는 넘치도록 자주 자녀는 부모에게 복종해야 한다고 강조하고 있기 때문입니다. 오히려 부모의 부름과 그리스도의 부름 내지는 권위가 충돌할 때는 그리스도의 권위를 홀로 다스려야 합니다. 그 때문에 제 양심이 위태로운 경우에는 당신께 결코 불순종하는 일이 없었을 것입니다(이것은 지금 제가 확신합니다), 만일에 수도원을 넘어서서 말씀을 섬기는 직책(ministerium verbi)이 오지 않았더라면 말입니다.…… 그래서 당신께 이 책을 보내드립니다. 여기에서 그 어떤 그리스도의 징표와 능력이 저를 수도사의 서원에서 자유롭게 하였고(absolverit) 제게 그토록 큰 자유를 주셨는지, 곧 그분이 저를 모든 사람의 종으로 만드시면서 오직 그분 말고는 누구에게도 굴복당하지 않는 자유를 주셨는지 알게 되실 겁니다. 왜냐하면 그분만이 저의 소위 말하는 직접적 주교요, 수도원장이요, 분원장이시고, 주님이시고 아버지요 선생이시기 때문입니다. 그밖에 다른 자를 저는 더 이상 모릅니다. 이렇게 그분은 제가 원하는 바대로 저를 통해서 많은 다른 아들들을 도우시는 일을 시작하시려고 아버지로부터 한 명의 아들을 빼앗으셨습니다. 이것을 아버지는 기꺼이 감당해야 할 뿐 아니라 아주 기뻐하셔야 합니다; 아버지께서 달리 하지 않으실 것을 저는 확신합니다.……

원전: WA 8,573,6-12; 573,19-574,10.14-31; 575,24-33; 575,35-576,6.14-21. - 참고문헌: B. Lohse, Monchtum und Reformation. Luthers Auseinandersetzung mit dem Mönchsideal des Mittelalters, Göttingen 1963 (FKDG 12); H.-M. Stamm, Luthers Stellung zum Ordensleben, Wiesbaden 1980 (VIEG 101); U. Köpf, Martin Luthers Lebensgang als Mönch, in: G. Ruhbach/ K. Schmidt-Clausing (Hg.), Kloster Amelungsborn 1135-1985, Hannover 1985, 187-208; B. Moeller, Die frühe Reformation in Deutschland als neues Mönchtum, in: ders., (Hg.), Die frühe Reformation in Deutschland als Umbruch, Gütersloh 1998 (SVRG 199), 76-91.

1) 루터는 1505년 에르푸르트에 있는 아우구스티누스 은자 수도원에 들어갔다.
2) 아우구스티누스, 고백록 II, 3: "inquieta indutus adolescentia" (PL 32, 677).

23. 루카스 크라낙흐의 그리스도와 적그리스도의 수난

자신의 재판 과정 중에 루터 내부에서는 교황권―개별 교황이 아니라―은 데살로니가후서에서 예고하고 있는 적그리스도라는 확신이 무르익었다. 이 확신을 그는 처음에는 암시만 하였지만 점점 더 공개적인 것으로도 만들었다. 비텐베르크의 화가 루카스 크라낙흐의 그리스도와 적그리스도의 수난을 통해서 로마와의 결별은 피할 수 없다는 이 확신은 그림과 문서로 가시성과 대중성을 얻었다. 1521년 5월 중순, 그러니까 루터의 바르트부르크 시절 초기에 비텐베르크에 등장한 이 작품은 루터의 근본적인 확신들을 후스파와 위클리프 본인의 문서적인 범례들을 수용하는 가운데 손쉽게 감명을 받게 하며 또 반대 명제적인 하나의 도식으로 몰고 갔다.

1. 그리스도: 예수께서 그들이 자기를 왕으로 만들려고 올 것이라는 것을 파악하자 다시금 산에 오르셨는데, 혼자이셨다. 요한복음 6장(5절). 나의 나라는 이 세상에서 오지 않는다. 요한복음 18장(36절). 세상 임금들은 자기에게 속한 것을 다스리며 권세를 가지며, 자비한 군주로 칭함을 받는다. 하지만 너희는 그렇게 하면 안 되고 너희 중에서 더 큰 자는 더 작은 자처럼 낮아져야 한다. 누가복음 22(25f.)

2. 적그리스도: 권세, 곧 의심의 여지없이 황제권 위에 우리가 가진 공권력과 우리 권세에 근거해서 혹시 황제권이 공석이 되면 우리는 적법한 황제권의 계승자이다. 클레멘스, 1.s tit. 11 c. 2.[1] 요약: 교황의 영적 권리 안에서는 베드로가 예언한 바와 같이 오직 그가 자기 우상과 적그리스도를 모든 황제들, 왕들, 제후들 위로 들어 올린다는 것밖에는 발견될 수가 없다: "뻔뻔한 주교들이 오리니, 그들이 세상 권세를 멸시하는 자들이라." 베드로후서 2장(10절)

3. 그리스도: 군인들이 가시로 관을 만들어 그의 머리에 씌우고, 그 후에 그에게 자색 옷을 입혔다. 요한복음 9장 (2절)

4. 적그리스도: 황제 콘스탄티누스가 우리에게 황제관과 장신구들과 다른 많은 치장품들을 주었는데, 곧 황제가 걸치는 것과 같이, 진홍색 외투, 다른 모든 옷과 홀을 입고 사용하라고 주었다. D. 96 c. 14.[2] 그런 거짓말들을 그들은 자기들의 폭정을 유지하려고 역사에서 알려진 모든 것에 거슬러서 고안해 내었다. 왜냐하면 그런 관을 취하는 것은 로마 황제들에게 관습이 아니었기 때문이다.

21: 그리스도: 하나님의 나라는 외적인 동작에 있지 않고—보라: "그리스도가 여기 있다 저기 있다 하리라"—하나님의 나라는 너희 안에 있다. 누가복음 17장(20f.). 어찌하여 너희는 인간의 법을 근거로 하나님의 계명을 범하였는가? 인간의 가르침과 규정을 지키는 자는 모두 나를 그저 겉으로만 존경한다. 마태복음 15장(2. 9절). 이사야 29장(13절).

22: 적그리스도: 적그리스도의 나라는 철저히 외적인 것에 있다. 교황의 권위는 도대체 미사복[3], 의복들, 수도사 머리, 축제일들, 축성, 성직록, 수도회들[4], 수도사들 성직자들에 대한 규정들 밖에 무엇을 규정하는가? 그들은 자기들의 소유를 "영적 소유"라고 부르며, 자기들만 "그리스도의 교회"라고 하고, 성직자들을 "택함 받은 족속"이라고 하면서 모든 성경과 반대로 평신도들은 교회와 하나님 안에 없는 것처럼 한다. 그 외에도 바울이 예언한 바와 같이 음식을 금하고 있다: "미혹하는 영이 와서 그런 것들을 금하리라." 디모데전서 4장(1. 3절).

23: 그리스도: 그분은 성전에서 장사꾼들 양과 소와 비둘기들 그리고 거기 앉아 있는 환전상들을 맞닥뜨리고 곧바로 끈으로 채찍을 만드셔서 모든 양, 소와 비둘기와 환전상들을 내쫓고 돈을 쏟아버리고 좌판을 흩뜨려놓고는 비둘기 파는 자들에게 말씀하셨다: 이것들을 가지고 여기서 떠나라! "내 아버지 집을 장사꾼의 집으로 만들지 말라." 요한복음 2장(14-16절). 너희가 거저 받았은즉 거저 주어라. 마태복음 10장(8절). 네 돈이 너와 함께 망할지어다. 사도행전 8장(20절).

24. 적그리스도: 여기 적그리스도가 하나님의 전에 앉아서 바울이 데살로니가후서 2장 4절에서 선포한 것처럼 하나님같이 나타나서 다니엘이 말한 바와 같이(단 11:36ff.) 하나님의 모든 지시를 바꾸고는 성경을 억누르고 특사, 면죄부, 주교들의 망토[5], 주교구, 봉토를 팔고 땅위의 보화를 칭찬하고 결혼을 해체시키고 양심을 자기의 법으로 무겁게 만들고 법을 만들고 그것을 다시금 돈을 위해 찢어버리고 성도들을 들어 올리고 축복하고 4대에 이르기까지 저주하고 자기 음성을 하나님의 음성으로 들을 것을 명하는데,

D. 19 c. 2[6] 아무도 그에게 말 참견하면 안 된다. C. 17 q. 4 c. 30.[7]

원전: WA 9,701f.713f.812-815.832-835 —참고문헌: H. Preuß, Die Vorstellungen vom Antichrist im späten Mittelalter, bei Luther und in der konfessionellen Polemik. Ein Beitrag zur Theologie Luthers und zur Geschichte der christlichen Frömmigkeit, Leipzig 1906; G. Seebaß, Art. Antichrist IV. Reformations-und Neuzeit, in: TRE 3, Berlin/New York 1978, 28-43; K. Groll, Das >Passional Christi und Antichrist< von Lukas Cranach d. Ä., Frankfurt u.a. 1990 (EHS.K 118); H.J. Goertz, Bannwerfer des Antichrist und Hetzhunde des Teufels. Die antiklerikale Spitze der Bildpropaganda in der Reformation, in: ARG 82 (1991) 5-38; H.J. Hillerbrand, Von Polemik zur Verflachung. Zur Problematik des Antichrist-Mythos in Reformation und Gegenreformation, in: ZRGG 47 (1995) 114-125; V. Leppin, Luthers Antichristverständnis vor dem Hintergrund der mittelalterlichen Konzeptionen, in: KuD 45 (1999) 48-63; I. Richardsen Friedrich, Antichrist-Polemik in der Zeit der Reformation und der Glaubenskämpfe bis Anfang des 17. Jahrhunderts, Frankfurt u.a. 2003.

---

1) Corpus Iuris Canonici, hg. v. E. Friedberg. Bd. 2, Leipzig 1879 (= Graz 1995), 1151-1153.
2) Corpus Iuris Canonici I 342-345; 콘스탄티누스의 증여에 관해서는 『중세교회』 Nr. 63 a)를 보라.
3) 사제들의 겉옷.
4) 종단들을 말한다.
5) 망토는 대주교의 품위를 상징한다 — 망토의 수여는 규정상 높은 액수의 돈과 결부되어 있다.
6) Corpus Iuris Canonici I 60.
7) Corpus Iuris Canonici I 823.

24. 케텐박흐, 노부인과의 대화

　　종교개혁은 대중매체의 혁명, 곧 15세기 인쇄 발명이 만들어낸 혁명으로 덕을 보았다. 종교개혁의 구상들은 셀 수 없이 많은 짧지만 비교적 전달이 용이한 팜플렛을 통해서 대중화되었다. 이 문서들 안에서 읽을 수 있는 대중은－대부분 도시에 사는 시민층－안내가 되는 지식을 획득할 수 있었는데, 그것은 신학적인 내용과 실제적이며 종교개혁과 관련된 정치적 사건들과 관계된 것이었다. 팜플렛으로부터 그 독자들 사이에 퍼진 이해로 소급하는 것은 매우 어렵지만, 이 문서들은 어떤 방식으로 종교개혁의 중요한 정신적 지주들이 자기들의 메시지 확산을 위해서 노력을 하였던가를 추적할 수 있는 가능성을 제공한다. 울름의 프란시스파 하인리히 케텐박흐(1524년 사망?)는 급격하게 좌절된 지킹엔의 프란츠(1481/1523)의 종교개혁을 폭력적으로 관철시키려고 했던 시도에도 분명한 동의를 보이면서 종교개혁 초기 단계를 적극적으로 소통시키는 자들에 속하였다. 프란츠는 1523년 8월 27일 트리어의 대주교에게 전투를 선포하였다. 케텐박흐 본인의 이름을 가진 성직자와 단순한 교회 공동체 신앙을 대표하는 노부인 사이의 다음에 나오는 대화는 1523년 인쇄되었지만 짐작하기로는 1522년 만들어졌을 것이다.

　　노부인: 형제여, 한 시간이나 하루에 여러 미사를 듣는 것이 단 하나의 미사를 듣는 것 보다 더 낫습니까?
　　하인리히: 제게 말해 보세요, 당신들은 항상 하나의 미사를 들어 왔습니까?
　　노부인: 예, 하인리히여, 저는 오늘 일곱 개를 들었고, 매일 미사 듣는 것에 힘쓰고 있습니다.
　　하인리히: 당신은 오늘 미사에서 무엇을 들었나요? 그 사제는 무엇을 읽었고, 무엇에 관한 것을 읽었고, 복음서는 무엇을 말하

던가요? 서신은 무엇을 말하고 있고, 그가 성찬을 높이 들어 올릴 때 무엇이라고 했나요?

노부인: 아이고 하나님, 무엇을 묻고 계세요? 어느 누가 그가 무엇을 읽고 무엇에 관해서 읽었는가를 제게 물으려고 합니까? 저는 그분이 세 번 "saeculorum saeculorum"[1]이라고 하고 세 번 "Quantus quantus quantus Thomas Scarioth"[2]이라고 말한 것 말고는 들은 것이 없습니다. 그가 무엇을 생각했는지는 모릅니다.

하인리히: 그런데 당신은 미사를 들었다고 말했습니다. 사람들은 미사를 들으라고 선포하고 교황은 매 주일날과 또 계속해서 미사를 들으라고 명하고 있고, 교사들은 미사를 듣는 것에 관해서 글을 쓰는데, 이태리 사람들을 위해서는 목청껏 미사를 읽어서 그들이 읽은 바를 듣도록 해야 합니다. 그런데 지금 당신은 그가 읽은 것을 듣지 않았다고 말하고 있네요. 그가 만일에 당신들을 저주한다면 어쩔 건가요? 내가 보는 바로는 당신들은 하루에 하나의 미사도 듣지 않았고 교회와 교황과 교사들 또는 설교자들에게 전혀 복종하지 않았습니다. 그렇지만 당신들은 매일 미사를 들었다고 생각하고 있군요! 당신들은 읽는 자는 보고 있지만 듣지는 않고 있습니다.

노부인: 기가 막히네요, 하인리히 형제여, 무슨 말을 하나요! 내가 원하든 그렇지 않든 나는 미사를 들은 적이 없다고 고백해야만 할 것 같은 생각이 듭니다. 아무리 제가 사제가 읽는 것을 듣는다고 해도 이해하지 못했습니다. 도대체 불쌍한 우리 평신도들을 무엇이 되도록 하고 있습니까. 보는 눈을 가진 우리는 봉사들이고 당신들 식자들은 우리의 지도자들입니다(마 15:14 비교). 왜 당신들 사제들에게 우리 언어로 우리에게 큰 소리로 낭독해서 당신들의 명령을 따라서 우리가 당신들이 읽는 것을 듣는데 이태리 사람이나 보헤미아 사람의 말을 듣는 것이 아닌 것이 되도록 명하지

않나요? 왜 당신들은 우리에게 복음서나 서신을 독일어로 낭독하지 않습니까? 다른 것을 숨기고 싶어서 그러나요 아니면 우리가 들으면 안 되기 때문인가요? 아, 하나님, 우리를 사람들이 무엇으로 만들어버렸나요? 내가 소경이 되어 헤매고 다닌다고 그렇게 멀리 생각하지 않았습니다. 저는 제가 미사에서 하나님의 말씀을 듣지 못한다면 저의 집이나 골방에서 그렇게 바르게 기도할 수 있을 거라고 생각하고 있습니다.

하인리히: 부인, 교황주의자들이 당신들을 어디로 끌고 갔는지 이제 당신은 알아차렸나요? 그들은 파문의 위협과 순종의 의무라는 이름 아래에서 수없이 많은 날에 당신들이 미사를 듣도록 명령했지만 절대로(실제로) 당신들이 미사 듣는 것을 원하지 않습니다. 그리스도께서 모든 기독교인들에게 위로로 주신 말씀도 그들은 당신에게 숨기고 싶어 했는데, 곧 이 말씀입니다: "받아서 먹으라 이것은 내 몸이니라.…… 너희가 이것을 다 마시라"(마 26:26f.). 그분은 "다"(평신도들도)라고 말하십니다. 그렇습니다. 그들은 당신들에게 미사에서 서신과 복음서를 독일어로 읽는 것도 허락하고 싶어 하지 않습니다. 그리스도께서 만민에게 선포하라고 명하셨는데 말입니다(막 16:15). 마치 당신들이 하나님의 만민이 아니고 그저 교황과 적그리스도(entchrists)의 오물인양 당신들을 경멸하였습니다. 사랑하는 부인이여, 그 사도들과 적그리스도의 병사들이 외콜람파디우스[3]를 상대로 어떻게 궁시렁거렸는지 듣지 못했습니까? 곧 그와 많은 지식인들이 그와 함께 모든 미사에서 서신들과 복음서를 독일어로 읽기 시작했던 것입니다. 미사에서 그리스도 자신의 언약을 선포하고 자신의 몸과 죽음을 기억하는 것이 그분의 의도였음에도 불구하고 그들은 이런 사람들을 이단으로 간주하고 있습니다. 보십시오, 교황주의자들은 항상 모든 일에서 확실하게 그리스도를 반대하고 있습니다. 이것이 바로 트리어의 목회자[4]가 지킹엔의 프란츠와 크론베르크의 주군 하르트뭇[5]에

게 그토록 적대적으로 궁리했던 이유입니다. 마인츠의 주교[6]가 교황과 황제 칼 5세 앞에서 그렇게 할 수 있다면 좋은 기독교인이었을 것입니다. 팔츠의 태수[7]는 결단을 내리지 못하고 있고, 많은 형제들 중에는 주교들[8]이 있는데 그들을 상대로는 아무 것도 하려고 하지 않습니다. 그리고 바이에른의 공작 빌헬름[9]도 아주 영리하게 행동하고 있습니다. 작센의 군주들[10]은 인내심이 있습니다. 요아킴[11]과 카지미르[12]와 브라운슈바이크의 공작[13]은 좋은 원칙들을 갖고 있지만 운명의 수레바퀴가 어떻게 흘러가고 있는가를 예의주시하고 있습니다. 보헤미아 사람들은 흔들리지 않고 있습니다.[14] 프랑스의 왕[15]은 행운과 별들만 불러대고 있습니다. 영국의 왕 하인리히[16]는 분노로 눈이 멀었습니다. 폴란드의 왕[17]은 또한 한동안 침묵하고 있습니다. 덴마크의 왕[18]은 정직하고 올바르며, 바른 기독교인입니다. 그 때문에 그가 어려움을 겪겠지만 마지막에는 명예를 얻을 것입니다. 스위스 사람들은 자기들의 정당한 관심사에서 소심해졌는데, 분명히 오래 전에 너무도 반항적이었기 때문입니다.[19] 제국도시들은 오랫동안 명철과 지혜가 없었지만 이제는 너무도 지혜롭습니다.[20] 평범한 사람들은 달콤한 말과 거짓 가르침으로 속게 될 것이고 그래서 그들은 불행을 겪으려고 합니다. 그리고 그것을 겪습니다. 성직자들은 그리스도 시대의 유대인들처럼 우둔하여졌고, 유대인들처럼 결말을 맞게 됩니다. 귀족들은 한때 바르게 행하려고 곰곰 생각하였습니다. 그 때문에 고난을 많이 겪든지 아니면 다시 낡은 바이올린에 맞추어서 춤을 추어야만 합니다.

노부인: 당신이 무엇을 말하는지 모르겠네요: 많은 미사를 들어야 해요 아니면 하나의 미사를 들어야 하나요?

형제 하인리히: 이 질문을 다루려면 10개 또는 12개의 설교가 필요합니다. 하지만 노골적으로 말합니다: 그리스도의 계명대로 미사를 이행하지 않고 있습니다. 그것으로 벼룩시장과 생업을 만

들어냈습니다. 지금 미사 거행 방식을 하나님이 기뻐하시는지 모르지만 이렇게 말하겠습니다: 천 번이 아니라 한 시간에 한 곳에서 하나의 미사를 한다면 훌륭하고 충분합니다. 왜냐하면 그때 하나님의 말씀, 곧 그리스도의 언약을 듣고 그분의 몸과 피를 그리스도의 계명대로 취하게 되기(niessen) 때문입니다. 이것이 한 곳에서 이루어지고 어떤 시점에서 이루어지는 미사에서 실행된다면 또 다른 미사가 불필요한데, 이는 그들이 말하는 바와 같이 미사는 하나님을 기쁘시게 하는 희생이 아니기 때문입니다. 선한 성직자나 악한 성직자에 의해서 이행되든지 말든지 말입니다─이것은 지어낸 거짓말입니다. 거기에 대해서는 여기에서 필요한 만큼 많이 말할 수 없습니다.

노부인: 미사를 도와주는 것, 곧 미사를 위해서 무엇을 바치는 것이 아주 좋다고 말합니다.

형제 하인리히: 물론, 당신네들이 가져다주는 사제들에게는 좋지요: 그가 더 많은 돈을 가지게 되니까요. 이것을 한 성인이 고안해내었는데 그는 이렇게 명합니다: "돈에 입 맞추라." 돈은 늙은 여인들과 정신이 온전하지 않은 사람들과 함께 큰 징표를 이루어 냅니다.

노부인: 사랑하는 형제 하인리히, 당신은 기독교회를 검증하고 허락한 교사들을 반대로 해서 말씀하고 있는 겁니다.

형제 하인리히: 저는 마귀와 적그리스도의 사도들 그리고 사탄의 교회 또는 사탄의 공회를 상대로 말하고 있습니다.……

원전: A. Laube u.a. (Hg.), Flugschriften der frühen Reformationsbewegung (1518-1524). Bd. 1, Berlin (Ost) 1983, 205-208 —
참고문헌: J. Nolte, H. Tompert u. C. Windhorst (Hg.), Kontinuität und Umbruch. Theologie und Främmigkeit in Flugschriften und Kleinliteratur and der Wende zum 15.

und 16. Jahrhundert, Stuttgart 1978 (Spätmittelalter und frühe Neuzeit 2); H.-J. Köhler (Hg.), Flugschriften als Massenmedium der Reformationszeit. Beiträge zum Tübinger Symposium 1980, Stuttgart 1981 (SMAFN 13); R. W. Scribner, For the Sake of the Simple Folk. Popular Propaganda for the German Reformation, Cambridge 1981 (Cambridge Studies in Oral and Literatur Culture 2); B. Moeller, Art. Flugschriften der Reformationszeit, in: TRE 11, Berlin/New York 1983, 240-246; H.-J. Köhler, Die Flugschriften der frühen Neuzeit. Ein Überblick, in: W. Arnold u.a. (Hg.), Die Erforschung des Buch-und Bibliotheksgeschichte in Deutschland. FS Paul Rabe, Wiesbaden 1987, 307-345; H. Wulfert, Art. Kettenbach, Heinrich v., in: BBKL 3 (1992) 1425-1427.

1) 공식 형식 >per omnia saecula saeculorum<.
2) >Sanctus, sanctus, sanctus dominus Deus Sabaoth<.
3) 요한네스 외콜람파디우스(1482-1531)는 종교개혁자로서 바젤로 가기 전에 지킹엔의 프란츠(1481-1523)의 성곽배속사제로서 에베른부르크에 있었으며 거기서 예배 성경본문을 독일어로 읽었다.
4) 대주교이며 선제후인 그라이펜클라우의 리차드(1521-1531).
5) 기사 크론베르크의 하르트뭇(1488-1549)이며, 지킹엔의 동맹.
6) 브란덴부르크의 알브레히트(1514-1545).
7) 선제후인 팔츠의 루드비히 5세(1508-1544)는 루터 사건과 독일민족의 고통-움직임 사이에 하나의 연관 가능성이 있어 보일 때 보름스에서도 루터에게 동정심을 보였지만, 그후에 분명하게 옛 신앙 편으로 결단을 하였다.
8) 슈파이어의 게오르크(1513-1544), 레겐스부르크의 요한 3세(1507-1538), 나움부르크-차이츠와 프라이징의 필립(1498/1517-1541).
9) 공작 바이에른의 빌헬름 4세(1508-1550), 그는 분명한 종교개혁 대적자.
10) 지혜자 프리드리히(1508-1525) 선제후-에르네스트 작센의 통치자들과 그의 공동통치자이고 동생인 공작 요한(1532 사망)을 말하고 있다. 수염을 기른 게오르크 (1500-1539) 수하의 알베르트의 작센은 온건하게 교회 개혁을 추진했지만 종교개혁은 억압하려고 하였다.
11) 선제후 브란덴부르크의 요아킴(1499-1535).
12) 태수인 브란덴부르크의 카지미르(1518-1527).
13) 공작인 브라운슈바이크-볼펜뷔텔의 하인리히 2세(1514-1568)-케텐박흐의 판

단이 놀라운 것은 하인리히가 종교개혁에 대한 강력한 적이었기 때문이다.
14) 1485년의 지방의회 결의 이후에 보헤미아에는 옛 신앙의 교회와 나란히 이종배찬파의 교회도 인정을 받았다.
15) 프란츠 1세(1515-1547).
16) 하인리히 8세(1509-1547)는 1521년 루터의 문서 >De captivitate Babylonica<를 날카롭게 비판하였다. 훗날에야 옛 신앙의 교회와의 결별로 갔는데, 그것은 교리적인 이유 때문이 아니었다. 영국의 왕이 사면의 질문에서 교황에 대한 의존에서 벗어나야만 했기 때문이었다.
17) 지기스문트 1세(1506-1548).
18) 크리스챤 2세(1513-1523; 1559 사망). 때로는 종교개혁적 설교자들(칼슈타트, 마르티 라인하르트)을 허용했지만 1523년 네덜란드로 피신해야만 하였다. 와중에 스웨덴을 상대로 한 그의 완고한 입장은 등장하고 있는 이단성 비난보다 더 중요한 역할을 하였다.
19) 스위스의 동맹체가 15세기 말 많은 전쟁에서 군사적인 세력으로 유럽에 자리매김을 하고 나서 잠시 동안 심지어 밀라노 공작령의 수호 역할을 했는데, 1515년 마리냐노 전투에서 강대국을 향한 꿈을 잠시 동안 접어야 하는 엄청난 패배를 겪었던 것에 대한 암시.
20) 케텐박흐는 수많은 적대 행위들 탓에 1522년 제국도시 울름을 떠날 수밖에 없었다.

25. 한스 작스: 비텐베르크의 나이팅게일

팜플렛 저자들 가운데에는 케텐박흐의 경우처럼 성직자들이 지배적이었지만 다른 음성들도 등장하였는데, 그중 독일 여러 지역에서의 수공업자들이 있었다. 그중에서 가장 중요한 사람은 뉘른베르크의 구두공 한스 작스(1494-1576)였는데, 이 사람은 이미 1523년 자기의 비텐베르크의 나이팅게일을 통해서 종교개혁에 우호적 입장을 취하였고 종교개혁적 메시지를 자기에게 중요한 것을 따라 요점을 정리하였다. 그는 자기의 풍성한 문학적 창작을 통해서 자기 고향의 종교개혁과 궤를 같이 하며 장려하기를 신앙고백화하는 데까지 하였다.

그렇게 우리를 늑대들과 뱀들이
450년이 되기까지 정말로 감독
하였고
교황의 권력으로 휘둘러대기를
마르틴 박사가 기록할 때까지
하였다.
그가 가르치고자 하는 것을
이해하도록
내가 짧게 조금만 설명하고자
한다:
하나님의 율법과 선지자들은
우리에게 아침의 여명을 뜻한다-
거기에서 루터는 우리 모두를
가르친다
아담의 타락 안에서
악한 욕심과 성향에서 상속자라고.
때문에 아무도 율법을
충족시킬 수 없다.
겉으로만 지키는
척하며
그렇게 우리 마음은 부정하고
각종 죄로 치달리는데,
이는 모세가 그렇게 분명하게
예고하였다.
이제 마음은 그렇게 저주를 받고
하나님은 마음으로 심판하시기에
이렇게 우리는 모두 진노의 자
식으로

성직자들의 악습을 상대로
다시금 드러내었네 또
하나님의 말씀, 성경을,
입으로 글로 그가 그것을 외치
기를
4년 동안 백 편을
독일어로 그리고 그것들을
인쇄가 되게 하되
그분이 자신의 아들을 주셨다는
것을
그를 믿고자 하는 자는 모두
멸망하지 않으며
영원한 죽음을 죽지 않고,
영생을 얻는다네(요 3:16).
그리스도께서 11장에서 말씀하
시는데
바로 거기에서:
"나를 믿는 자는
영원히 죽지 아니하리라"
(요 11:26).
이제 사람이 그런 위로의
말씀
예수 그리스도에 관한 말을 들
으면
또 그것을 믿고 거기에 집을 짓
고
또 그 말씀을 마음으로 믿으면,
그에게 그리스도가 주시는 말씀

저주받고 정죄 받고 실종되었다.
이것을 마음으로 느끼는 자를
자기의 죄가 갚고 물어뜯기를
슬픔과 두려움과 공포와 놀람과
고통을 가지고 하며
그래서 그는 자기의 무능을 깨닫는다-
그 다음에 사람은 철저하게 굴복하게 된다.
이때 닥치기를 한 낮의 광채가 오는데
이는 복음을 말하는데,
이것이 인간들에게 제시하기를 그리스도,
독생한 하나님의 아들을 제시하는데,
그가 모든 일을 우리를 위해 하셨고
율법을 자신의 능력으로 완성하였고,
저주를 소멸하고, 죄를 속하였고 (벧전 1:18f.)[1]
영원한 사망을 극복하셨고
지옥을 깨부수고 마귀를 결박하였고
우리를 위해 하나님에게서 은혜를 얻어내어서,
요한이 가르쳐준 것과 같이

을,
그리고 의심 없이 그것을 행하면,
이 사람은 새롭게 태어났다고 한다
불과 성령으로부터(요 3:5)
또 모든 죄로부터 깨끗하게 되고
오직 하나님의 말씀 안에서 살며
거기로부터 그를 떼어내지 못하는데
지옥도, 마귀도 죽음도 죄도.
그래서 영으로 새롭게 된 자는
하나님을 영과 진실로 예배한다.
이는 그가 하나님을 마음으로 사랑하며
그에게 철저하게 굴복하며
그분을 자비하신 하나님으로 여김이다.
슬픔과 고통과 불안과 어려움에서
그는 하나님에게 모든 자비를 구하고,
하나님이 주시고, 하나님이 받으시기를
무엇이 일어나든지 간에
기꺼이 받으며 위로가 충만하고

그는 그리스도를 하나님의 어린 양으로
선포하였다
세상 죄를 지고 가는 양으로
(요 1:29).
그리스도 또한 선포하기를 자기가 온 것은
이 땅에서 의인과 경건한 자들이 아니라
죄인을 위해서 온 것인데, 그가 또 말한 바와 같이,
건강한 자는 의사가 필요하지 않도다(눅 5:31).
요한도 삼 장에서 말하기를
하나님은 세상을 그처럼 사랑하셨는데,
모든 사람이 진심으로 모든 선을 행하고,
자유로운 사랑으로부터, 유익을 구하지 않고
조언, 도움, 주고, 빌려줌으로,
가르침과 비난과 허물을
용서함으로.
모두가 행하는데, 자기 자신도 원하는 바,
곧, 남이 나에게 해주기 바라는 대로.
이것을 그 사람 안에서 성령이
의심하지 않는데, 곧 하나님이 그의
안녕을 원하시는데
예수 그리스도, 그분의 아들을 통해서
이분은 그의 평강, 안식, 기쁨과 즐거움이고
또한 그의 유일한 위로이시다.
이러한 믿음이 주어지는
이 사람은 이미 복되며,
그의 모든 행위는 하나님을 기쁘게 하는데
자고, 마시거나 일하는 것이.
그런 신앙은 그러면 넓혀지기를
참된 사랑으로 이웃에게 이르러
그는 어떤 사람도 슬프게 하지 않고
항상 살기를
자비의 행위 안에서
(마 25:31-45)[2)],
마태복음 7장의 그리스도
(마 7:12).
여기서 주목하라: 오직 이것만이
참된 기독교의 선행이다.
여기서 그런데 열심히 주목해야 할 것은
이것들이 복을 얻게 하지 않는다는 것을

일으키신다. 그렇게 율법을 이루라고 명하신 다네.

복은 그 이전에 그리스도를 믿음으로 얻는다. 이것이 짧게 정리한 가르침인데, 루터가 명확하게 드러낸 것이다.

> 원전: Hans Sachs, Die Wittenbergische Nachtigall, hg. v. G. H. Seufert, Stuttgart 1974, 27, 330-30, 439. −참고문헌: H. Brunner u.a. (Hg.), Hans Sachs und Nürnberg. Bedeingungen und Probleme reichsstädtischer Literatur. Hans Sachs zum 400. Todestag am 19. Januar 1976, Nürnberg 1976; M. Arnold, Handwerker als theologische Schriftsteller. Studien zu Flugschriften der frühen Reformation (1523-1525), Göttingen 1990 (GTA 42), 56-105; F. Otten, mit hilff gottes zw tichten······ got zw lob und zw ausprettung seines heilsamen wort. Untersuchungen zur Reformationsdichtung des Hans Sachs, Göppingen 1993; B. Hamm, Bürgertum und Glaube. Kontuen der städtischen Reformation, Göttingen 1996, 179-231; B. Könneker, Art. Sachs, Hans, in: TRE 29, 1998, 547-551.

1) 작스는 베드로전서 3장을 제시하고 있다.
2) 마태복음 25장에 나오는 세상 심판의 말씀에서 나오는 행위들−굶주린 자들에게 먹을 것을, 목이 마른 자들에게 마실 것을 주며, 나그네에게 숙소를, 벗은 자를 입히고, 병들고 갇힌 자들을 찾아 보는 것−은 죽은 자를 매장해주는 것(토비아스 1:20)을 보충한 상태에서 중세적인 신앙과 예술에서 자비의 일곱 선행으로 도식화되었다.

26. 제2의 종교개혁 중심지: 취리히

　비텐베르크의 종교개혁은 선제후령 작센의 비텐베르크의 궁정도시이며 대학도시의 수도원적이고 학문적인 배경에서 발발하였다. 그렇다면 취리히에서는 제국을 상대로 점점 독립을 추구하는 동맹체의 중심지 중 하나의 지역에서 아주 독자적인 특성을 가진 종교개혁의 중심지가 결정체를 이루었다. 중심인물이 된 사람은 여기에서 훌드리히 츠빙글리(1484-1531)였는데, 그는 비인과 바젤에서 학업을 마치고 제일 먼저 글라루스에서 사제였고 그 다음에는 아인지델른 수도원에서 본당 사제가 되었다. 1519년 1월 1일 취리히 대성당의 본당 사제직에 임하게 되었고 여기에서 곧바로 당시 일반적인 봉독 구절에서 벗어나서 마태복음에 관한 일련의 설교를 하면서 종교개혁 활동을 시작하였다. 스코투스주의로 강력하게 경도된 스콜라주의의 사고방식에서 에라스무스로부터 각인된 인문주의를 넘어서 종교개혁의 입장으로의 변천은 물흐르듯이 전개되었다. 츠빙글리가 대중적인 개혁을 향한 격려를 넘어서는 결정적인 영향들을 루터로부터 받았다는 것을 그는 훗날 아주 정당하게 문제삼았다. 전래되어 온 교회체제와의 본래적인 결렬은 기독교적인 삶에 인간이 만든 법이 효력을 가지는지 하는 질문, 구체적으로 말한다면 금식 규정에 대한 질문이 몰고 갔다: 1522년 (3월 9일) 첫 번째 금식 주일에 프로샤우어 인쇄소에 12명의 남자들이 모였다. 그들 가운데에서 두 개의 구운 소세지가 분배되었다. 사실 츠빙글리는 먹지 않았지만 그가 거기 있음으로 해서 사실상 이 교회 계명 위반에 동조하였다. 2주 후에 설교에서 이 사건을 회고하였는데, 이것은 프로샤우어에서 인쇄가 되었다; 설교와 또 제시된 본문에 기초한 인쇄 작업 사이에서 의회의 화평하게 하는 규정이 이루어졌다(본문 a). 취리히에서의 종교개혁은 첫 번째 취리히 논쟁(본문 b)으로 인해서 발발했는데, 이 논쟁에서 다른 사건들에 영향을 준 방식으로 논쟁, 곧 이제 결정하는 심급으로서 선생이 아니라 시 의회와 하는 이 학문적인 논쟁 형식은 종교개혁적 조치들의 근거와 합법화가 되었다. 계속해서 취리히 교회에 뚜렷한 인상을 준 개혁조치가 뒤를 이었다. 그 발단들에 대해서 취리히의 영향력 있는 평신도 게롤트 에들리박흐(1454-1530)가 보도하는데, 이 사람은 옛 신앙에 머물러 있기를 원하였으며, 그런데 이로 말미암아서 전래되어 온 경건의 형식들이 폐기되는 인상을 주고 있다(본문 c); 성만찬에서의 통절한 변화들을 아주 훗날의 보고가 보여주고 있다(본문 4).

a) 동기: 금식 중단

1. 음식에 대한 츠빙글리의 설교(1522년 3월 22일)

오 바른 신앙의 기독교인이여, 이 말씀을 자세히 생각하고[1], 항상 새롭게 눈여겨보라, 그러면 오직 하나님에게만 귀를 기울이는 것이 그분의 뜻이라는 것을 알게 되리라.
정말로 우리가 그분의 통치 하에 있으려고 한다면 우리 내부 안에 그 어떤 것도 하나님이 되면 안 됩니다. 사람이 하나님 같이 되면 안 됩니다. 우리 자신이 만들어낸 것은 절대로 하나님으로 여겨지면 안 됩니다. 그 반대로 하나님 아버지 같은 깨우침에 귀를 기울이지 않으면 그분은 우리 자신이 우리 삶을 우리 마음의 소욕과 우리 자신의 생각을 따라 꾸려나가도록 하십니다. 우리가 하나님께 소망을 두는 대신에 이 시대에 사람의 생각에 더 큰 신뢰가 주어지는 것을 보지 않습니까. 하나님의 계명을 위반할 뿐 아니라 경멸하고 단호하게 거절한 사람들보다 인간이 공포한 규정을 위반하는 자가 이 시대에는 더 엄한 처벌을 받게 됩니다. 보십시오, 이것이 우리가 우리 마음에 받아들이고 그 안에서 그 형상을 세운 새로운 우상들(abgott)입니다.……
짧고도 간단하게 말합니다: 정말 기꺼이 금식하고자 하면 하십시오! 고기를 금하고 싶으면 그 어떤 고기도 먹지 마십시오. 그런데 기독교인을 자유롭게 합시다! 전념해야 할 일이 없는 경우에는 심지어 많이 금식하고 당신을 구태의연하게 만드는 음식을 자주 금하십시오. 그런데 일꾼에게는 호미를 잡는 것과 쟁기를 잡는 것과 들판에 있는 때 즐거움이 저절로 사라집니다. 당신이 반박할 것입니다: 금식 규정을 완화하게 되면 일하지 않는 자들도 꼭 필요하지도 않은데도 고기를 먹기 시작할 것이다. 대답한다: 바로 그런 사람들은 적당히 소금과 후추를 뿌린 것보다 훨씬 강하게 자극하는 아주 다른 비싼 것들로 자기 배를 채울 것입니다. 지금 금식의 관습 폐지를 비판하는 자는 그저 질투심에서 하소연하고 있는 겁니다. 그 사람들은 자기들이 기꺼이 즐기고자 하는 것을 보통 사람들이 하고자 한다면 그 꼴을 보려고 하지 않습니다. 심지어 그들도 지금까지의 제한들과 육신적인 결핍에서 자유롭게 되어서 기꺼이 음식을 즐길 것입니다. 왜냐하면 생선을 먹는 것은 거의 온 세상에서 아주 특별한 향락으로 여기기 때문입니다.

이 자유가 싫어서가 아니라 하나님 두려워함 때문에 거부하는 사람들이 많이 있다는 반박에 대해 대답합니다: 아, 너희 홀로 똑똑한 척하는 위선자들이여! 너희는 정말 하나님께서 할 수 있게 또는 허락을 하신 것(das got hat fry gelassen)이 해롭거나 위험할 수 있다고 진정으로 믿는가? 영혼 안에 위험이 된다면 하나님께서는 해당되는 명령 반포를 중지시키지 않았을 것입니다. 무엇을 다른 사람들이 먹으면 안 되는지에 대해서만 당신이 걱정을 한다면, 도대체 당신은 언제 그의 궁핍을 염려하고 그를 도우러 가려고 할 것입니까? 기독교인의 마음으로 행하기 원한다면 사실은 이것을 해야 하는 겁니다. 당신의 신앙심(der geist dines gloubens)이 하라고 명한다면 당신은 금식을 할 수 있습니다. 하지만 동시에 당신 이웃이 자기 신앙의 자유로 소비하는 것을 그에게 허락하십시오. 그런데 하나님 앞에서 그분의 계명들을 범할까 두려워하십시오. 인간들이 만들어낸 것들이 하나님 자신이 명한 것보다 더 큰 규정이 되도록 하지 마십시오.

> 원전: Huldreich Zwinglis Sämtliche Werke, hg. v. E. Egli u.a. Bd. 1, Berlin 1905 (CR 88), 105,26-106,4; 106,15-107,9. 번역: Huldrych Zwingli, Schriften, Bd. 1, hg. v. Th. Brunnschweiler u. S. Lutz, Zürich 1995, 38-40. —참고문헌: 아래 a) 2를 보라; 츠빙글리와 취리히 종교개혁에 관한 알려진 참고문헌들은 본문 d를 보라.

2. 1522년 4월 9일 제시된 취리히 의회의 지침

이제 이 금식기간 초기에 어떤 사람들이 위급하지도 않은데 고기를 먹었고 그로부터 수많은 싸움과 소요와 반목이 일어났기 때문에 우리 군주인 시장과 (소)의회와 취리히 시의 대의회는 도시와 농촌에 사는 모든 사람들에게 우리의 자비로운 콘스탄츠의 군주와의 약속을 근거로 다른 통지가 있기 전에는[2] 앞으로 이 금식기간에 알 수 있는 원인과 허락이 없이는 누구도 더는 고기를 먹지 않아야 한다고 선포하고 권면하였습니다. 게다가 싸움과 불화와 분열 또는 다른 사람을 겨냥하여 마땅하지 않은 말을 만들어내고, 거기에 힘을 쓰거나 행하는 것이 아니라 모두가 화합하고 평안한 것이 우리 주님의 뜻이고 생각입니다. 곧 현재는 고기를 먹는 것과 설교하는 것이나 그런 일과 행위들을 말합니다. 왜냐하면 그렇게 거칠고 비이성적인 말을 사용하는 경우에 그 사람은 더 혹독하게 참회를 하고 그 행실의 종류에 따라서 심판을 할 것이기 때문입니다.

원전: Actensammlung zur Gesch. der Zürcher Reformation in den Jahren 1519-1533, hg. v. Emil Egli, Zürich 1879 (= Aalen, Nieukoop 1973), 77 (Nr. 237). ―참고문헌: George Richard Potter, Zwingli und His Publisher: The Library Chronicle 40 (1976) 108-117; U. Gäbler, Huldrych Zwingli. Leben und Werk, Zürich 32004, 44-60; 츠빙글리와 취리히 종교개혁에 관한 알려진 참고문헌들은 본문 c를 보라.

b) 취리히 논쟁

1. 시의회의 공고(1523.1.3)

얼마 전부터 강단에서 일반인들에게(dem gemeinen mentschen) 하나님의 말씀을 선포하는 사람들 사이에 많은 불화와 분열이 일어났다. 어떤 사람들은 이들이 복음을 충실하고 포괄적으로 선포했다고 확신하지만, 어떤 사람들은 그들의 행실이 합당치 않고 바르지 않다고 비난하고 잘못된 가르침을 퍼뜨리는 자요, 유혹하는 자요 또는 종종 이단이라고 부르기도 한다. 물론 이 사람들은 분명하게 모든 사람들이 원하는 대로 모든 것을 성경으로 해명하고 답을 주겠다고 공언하고 있다. 그 때문에 무엇보다도 최고로 그리고 우선적으로 하나님의 영광과 또 화평과 일치를 위해서 우리의 명령과 우리의 뜻과 생각은 당신들 목사들, 성직자들, 설교자들 전체와 이 일에 관해서 말하고 싶어 하는 또 다른 사제들, 곧 우리의 도시 취리히 안에 있든 아니면 우리 지역 밖에서 연금을 받고 있는데, 상대를 비난하거나 다르게 가르치는 확신을 가진 자들은 칼 대제의 날 다음날, 그러니까 1월 29일, 우리 취리히 시 의회의 의회기간 초기[3]에 우리 시청에 와서 당신들이 싸우는 바를 참된 성경을 가지고 독일어로 제시하는 것이다. 그때 우리는 주의를 집중해서 일정 수의 지식인들과 함께 우리 마음을 따라서 경청하고 성경과 진리에 맞게 이루어지는 바를 따라서 각 사람을 집으로 보내되 계속하거나 포기하라는 명령을 주어서 보냄으로 더 이상은 각자가 자기가 생각한 모든 것을 바른 성경의 근거가 없이(on grund der rechten göttlichen gschrifft) 강단에서 설교하지 못하게 할 것이다. 또한 우리의 자비로운 콘스탄츠의 군주[4]에게도 이 사실을 알려서 폐하나 그분의 대리자가 원한다면 동석할 수 있도록 할 것이다. 그런데 그 후에 누군가가 이의를 달며, 바른 성경으로 분명하게 증명하지 않는다면 우리가 실행하고 싶지 않은 바를 우리 판단에 따라서 아주 강력하게 그에게 이행할 것이다. 전능하신 하나님께서 진리의 빛을 간절히 구하는 자들을 은혜롭게 조명하셔서 이제부터는 우리가 빛의 아들들로서 빛 가운데 거하도록 하실 것을 간절하게 소망한다.

> 원전: Huldreich Zwinglis Sämtliche Werke, hg. v. E. Egli u.a. Bd. 1, Berlin 1905(CR 88), 466,15-468,6. 번역: Huldrych Zwingli, Ausgewählte Schriften. In neuhochdeutscher Wiedergabe mit einer historisch-biographischen Einführung, Neukirchen-Vluyn 1988 (Grundtexte zur Kirchen-und Theologiegeschichte 1), 22f. —참고문헌: 본문 b) 3을 보라.

2. 67개 마무리 강론

나 훌드리히 츠빙글리는 다음에 제시된 항목들과 견해들을 자랑스러운 취리히 시에게 선포하였는데, 성경에 근거하여, θεοπνευστός, 곧 하나님이 불어넣어주신 바에 근거해서 선포하였다는 것을 고백하며 이 조항들을 방어하고 고수하고 또한 마찬가지로 언급한 성경을 지금 바르게 이해하지 못한 곳은 더 바른 생각으로, 물론 오직 성경 자체에서 나온 것으로 가르침 받고자 한다.

  1. 복음은 교회의 공증 없이는 아무 가치가 없다고 말하는 자는 모두 오류를 범하며 하나님을 모독하고 있다.

  2. 복음의 요점은 우리 주 예수 그리스도, 참된 하나님 아들이 우리에게 자기의 하늘 아버지의 뜻을 전하셨고 자기의 순결함으로 우리를 사망에서 해방시켜서 하나님과 화목하게 하셨다고 짧게 정리된 것이다.

  3. 그 때문에 그리스도는 과거에 있었고 지금 살고 있으며 앞으로 있을 모든 사람에게 축복으로 가는 유일한 길이다.……

  5. 그 때문에 다른 가르침에게 마찬가지로 동등하게 아니면 복음보다 더한 의미를 주는 자들은 모두 잘못을 저지르고 있다; 그들은 복음이 무엇인지 모르고 있다.

  6. 왜냐하면 그리스도 예수는 하나님께서 온 인류에게 약속하고 또한 허락하신 지도자요 대장이시기 때문이다.

  7. 그분이 모든 믿는 자들의 영원한 구원이요 머리가 되도록 하심인데, 이들은 그분의 몸이요, 그분이 없이는 이미 죽은 것이고 아무 것도 할 수 없는 몸이다.

  8. 여기에서 도출되는 바: 첫째: 이 머리 안에 사는 자들은 모두 하나님의 지체요 자녀들이다. 또한 교회 또는 성도들의 모임이고, 그리스도의 신부(hußfrouw)이다: ecclesia catholica.

  9. 둘째: 몸의 지체가 머리의 지도 없이는 아무 것도 할 수 없는 바와 같이 그리스도의 몸 안에서 누구도 머리, 곧 그리스도 없이는 아무 것도 할 수 없다.

  10. 지체가 통제 없이 행하고 다치고 해를 입으면서 머리가 없이 행하면 사람이 온전하지 않다(toub). 마찬가지로 그리스도의 지체가 말도 안 되는 지시들(gesatzten)로 심판을 당하고 어려움을 겪으면서 머리, 곧 그리스도가 없이 시도를 하면 온전하지 않

은 것이다.……

13. 머리에게 순종하면 하나님의 뜻을 뚜렷하고 분명하게(luter und clarlich) 알게 되는 것을 배우며, 그러면 하나님의 영으로 말미암아 그분께 이끌림을 당하고 그분 안에 거하게 된다.

14. 그러므로 모든 기독교인들은 오직 그리스도의 복음이 도처에서 전파되도록 하는 일에 총력을 기울여야 한다.

15. 왜냐하면 복음에 대한 믿음 안에 우리의 구원이 있고, 불신앙에 우리의 저주가 있기 때문이다. 말하자면 복음 안에 분명하게 온전한 진리가 있다.

16. 복음 안에서 인간의 가르침과 규정들이 복을 받는 데에는 아무런 기여를 하지 않는다는 것을 배운다.

[교황에 관하여]

17. 그리스도는 유일하고도 영원한 가장 높으신 사제이다. 여기에서 깨닫는 바는 자신을 최고의 사제로 내세운 자들은 그리스도의 영광과 전권을 거스르고 있으며, 내동댕이치고 있다는 사실이다.

[미사에 관하여]

18. 자신을 단번에 희생으로 바친 그리스도는 모든 신자들의 죄를 위한 영원히 역사하며 속함을 주는 희생이다. 여기서 알 수 있는 것은 미사는 희생이 아니고 희생에 대한 기억(widergedechtnuß)이며 그리스도께서 우리를 위해서 만들어내신 구원의 보증이다.

[성인들의 중보에 관하여]

19. 그리스도는 하나님과 우리 사이의 유일한 중보자이시다.

20. 하나님께서는 우리에게 그리스도의 이름으로 모든 것을 주고자 하신다. 여기에서 우리는 이 생명 다음에 그분 말고 다른 중보자를 필요로 하지 않는다는 사실이 도출된다.

[선행에 관하여]

22. 그리스도는 우리의 의이다. 여기에서 우리는 우리의 행위가 그리스도로부터 오기 때문에 선하지만 우리 자신으로부터 온다면 선하지 않다는 것을 알게 된다.

[종단들과 분파들에 관하여]

28. 하나님께서 허락하시거나 아니면 금하지 않은 것은 모두 정당하다. 여기로부터 결혼은 모든 사람들에게 허락되었다고 결론을 내려야 한다.

29. 성직자들이라고 부르는 자들은 모두 하나님께서 자기들에게 성적인 절제를 허락하지 않았다는 것을 알고 나서 결혼을 통해서 죄로부터 자신들을 보호하지 않는다면 죄를 범하는 것이다.……

[정부에 관하여]

……

37. 세상 지도자들에게 모든 기독교인들은 복종하여야 하는데, 누구도 예외가 없다.

38. 세상 집권자들이 하나님을 거스르는 것을 명하지 않는 한에서 말이다.

39. 그러므로 그들의 모든 법은 하나님의 뜻에 상응하여서 (glychförmig) 핍박을 당하는 자가 고소를 하지 않더라도 그에게 법의 보호를 제공해야 한다.

40. 세상 정부만이 하나님의 진노를 받지 않으면서 죽일 권한이 있다. 오직 공분을 일으킨 자들에게만 하나님께서 다르게 명하시지 않는 경우에 사형을 언도할 수 있다.

41. 세상 집권자들이 하나님 앞에서 변호를 해 주어야 할 자들을 위해서 법의 보호, 돌봄과 도움을 베푼다면 이들은 그분들을 물질적으로 부양할 의무가 있다.

42. 정부를 대표하는 자들이 의무를 망각하고 그리스도의 기준을 따라 집행하지 않으면 하나님의 뜻을 따라서 쫓겨나야 한다.

[연옥에 관하여]

57. 참된 성경은 이 땅의 삶이 끝난 이후에 있는 연옥에 관하여 아무 것도 모른다.

58. 오직 하나님만이 죽은 자들에 대한 심판을 아신다.

59. 여기에 관해서 하나님께서 우리가 모르도록 하실수록 감히 그것을 더 알려고 하면 안 된다.

> 원전: Huldreich Zwinglis Sämtliche Werke, hg. v. E. Egli u. a. Bd. 1, Berlin 1905 (CR 88), 458-465. 번역: Huldrych Zwingli, Schriften. Bd. 2, hg. v. Th. Brunnschweiler u. S. Lutz, Zürich 1995, passim ─참고문헌: b) 3을 보라.

3. 논쟁에 대한 시의회의 판결(1523. 1. 29)

선생[5]이고 그로스뮌스터의 참사회원이며 설교자인 울리히 츠빙글리는 과거에 자주 비방과 고발을 당했지만 그가 자청하고 또 자기가 제출한 조항을 공고한 것으로 말미암아서는 누구도 그에게 이의를 제기하거나 바른 성경으로 그를 굴복시키려고 하지 않았으며 그를 이단이라고 고소한 자들에게 출두하라고 그가 여러 차례 권하였는데 아무도 그의 이단성을 증명하지 못했다. 그 때문에 그 결과로 위에서 언급한 취리히 시의 시장, (소)의회와 대의회는 커다란 소요와 불화를 종식시키기 위해서 조언을 받아서 다음에 나오는 확고한 견해를 세우고 결의하였다: 선생 울리히 츠빙글리는 계속해서 전개를 하며 앞으로도 지금과 같이 거룩한 복음과 성경을 선포하도록 한다. 그가 더 나은 것으로 가르침을 받을 때까지 아주 길게 그리고 아주 자주 그렇게 하도록 한다. 취리히의 모든 사제들, 성직자들과 설교자들은 거룩한 복음과 바른 성경으로 인

중할 수 있는 것만을 자기들의 도시와 지역과 영토에서 다루고 선포하여야 한다. 이제부터 그러한 것을 절대로 비방하여도 안 되고 이단이라거나 다른 비방적인 표현으로 칭하면 안 된다. 여기에 대해서 불순종하는 것으로 드러나고 그것을 따르지 않는 자들이 자신들의 바르게 행하지 않았음을 보고 깨닫게 되도록 다루게 될 것이다.

> 원전: Huldreich Zwinglis Sämtliche Werke, hg. v. E. Egli u.a. Bd. 1, Berlin 1905 (CR 88), 469-471. 번역: Huldrych Zwingli, Ausgewählte Schriften. In neuhochdeutscher Wiedergabe mit einer historisch-biographischen Einführung, Neukirchen-Vluyn 1988 (Grundtexte zur Kirchen-und Theologiegeschichte 1), 28-30. In －참고문헌: B. Moeller, Zwinglis Disputationen. Studien zu den Anfängen der Kirchenbildung und des synodalwesens im Protestantismus: ZSRG.K 87 (1970) 275-324; 91 (1974) 213-364; H. A. Oberman, Werden und Wertung der Reformation. Vom Wegestreit zum Glaubenskampf, Tübingen ²1979, 237-303; B. Moeller, Zu den städtischen Disputationen der frühen Reformation, in: K.-H.Kästner (Hg.), FS für M. Heckel, Tübingen 1999, 179-195; 츠빙글리와 취리히 종교개혁에 관한 알려진 참고문헌들은 본문 c를 보라.

c) 옛 신앙을 고수하는 사람이 취리히에서 일어난 변화에 대해서 주는 보도: 게롤트 에들리박흐

[4] 성탄절: 주후 1523년 연말, 성탄절 이브와 성탄절에 미사거행, 찬양, 성경봉독에 관련한 변경들, 취리히 그로스뮌스터와 다른 교회들에서 많은 변화들이 이루어졌다. 곧 찬양, 성경봉독, 미사거행과 관련되었다. 이것을 사제들은 그리스도 탄생과 함께는 더 이상 하지 않았다.[6] 그리고 7일간[7] 이루어지는 많은 헌금기도와 다른 기도가 폐지되었다. 과거에는 항상 성탄절 축일 기간에는

봉독하고 찬송을 8일간[8] 계속하였었다. 그리고 과거와 마찬가지로 서신도 복음서도 폐지되지 않았다. 그리고는 이 모든 것은 교황들, 추기경들, 주교들, 수도원장들과 다른 성직에 있는 자들의 무익한 의식들이라고 천명하였고, 그중 많은 것들은 소유욕구로 고안해내었을 것인데, 어쩌면 맞는 말일 수 있다 등등.

[5] 촛불 미사[9]

주후 1524년 존귀한 하나님의 어머니, 동정녀 마리아의 축제, 곧 촛불 미사는 거행되지 않았는데, 노래도, 봉독도 미사의 거행도 교회 주위를 도는 행렬을 동반한 축제가 거행되지 않았다. 이 모든 것이 폐지, 제거되었다. 이와 같이 성탄절과 옛 금식의 밤[10] 사이에 세상은 거칠고 불신앙적으로(ungotz förchtig) 되었다.……

[7] 고기를 먹기 시작했고 더는 금식하지 않았다.

나아가서 위에서 말한 금식기간에 고기, 닭, 새, 계란, 먹고 싶어 했던 모든 것을 먹기 시작했다. 그것을 먹고 싶어 하지 않는 자는 조롱을 받았다. 거의 모두가 금식하지 않았는데, 사사분기 시작 금식[11](fron vasten)에도 또 규정되어 있는 다른 마리아 금식일(unser frowen)과 또 다른 정해진 금식일에도 금식하지 않았다. 왜냐하면 많은 사람들이 파문[12]을 전혀 신경 쓰지 않았기 때문이다. 또 성례를 받되 죄의 고백도 하지 않고 받았다. 많은 설교자들과 교황주의자들이 그것은 "사기성 고백"(nüsselbicht)[13]이고 돈 때문에 만들어 내었으며, 그러니까 모든 사람이 주 하나님께 깊은 통회와 근심으로(mit gantzer rüw und lid) 자기 죄를 고백하면 충분하고 더 이상 고백이 필요 없다고 말하였다.

[8] 성 목요일(hochenn donst tag) 기념 방식[14]

성 목요일에 성례를 받으러 갈 때 남녀가 면사포와 외투를 걸치지 않고 어른이나 아이들이나 머리를 아주 잘 단장하고 갔다. 특히 여인들은 예쁜 옷과 레이스가 달린 옷을 입고 수건을 들고 갔는데, 안감은 털, 털로 된 레이스 또 다른 좋은 안감이나 화려한 우단, 다마스커스 산 직물, 공단과 다른 쪽에는 아래위로 그런 것이 달려있었다. 치마는 가죽이고 최고로 좋은 겉옷들이었는데, 마치 봉헌식이나 결혼식에 춤추러 가려고 하는 것 같았다. 아무도 면죄를 받기 위해서 감람산으로 가지 않았다.

[9] 성 금요일(stil fritag) 기념 방식

성 금요일에는 우리 그리스도의 초상이 과거처럼 무덤으로 들려가지 않았다. 또 과거처럼 기독교 세계의 모든 신분들을 위한 중보기도를 하지 않았다. 또 면죄를 받기 위해서 밤을 새우러 가지 않았다.[15]

[10] 종려일에 관해서

매년 세 곳의 교회로부터 우리 주 예수 그리스도의 초상[16]을 가지고 보리수 광장으로 가서 하나님을 찬양하기 위해서 "gloria laus"와 다른 노래를 부르며 목재로 만든 당나귀 앞에 종려가지를 놓았고 하나님 찬양으로 큰 예배를 드렸다: 이것도 제거되었고 무익한 의식들로 간주되어서 그 다음부터 더 이상 종려나무가 봉헌되지 않았다.……

[18] 미사와 성상들에 관하여

나아가서 비투스와 모데스트[17] 직후에 취리히의 나의 주군들, 대소의회는 자기들의 영토와 지역에 그리고 도시 밖에 있는 성상들을 모든 교회에서 제거하고 또한 십자가상(Kruzfixe)[18]도 도시의 모든 문들과 수도원 문과 어디가 되었든 그것들이 서 있는 곳에서 제거할 것을 결정하였다. 올해에 미사도 상당히 줄어들었는데, 이는 미사를 거행하려는 옛 사제들이 조롱을 당했고 "미사 노예"요 "주 하나님 먹어대는 자들"로 간주되었기 때문이다. 요즘은 마투티넨[19]들도 완전히 사라져서 무익하고도 노래하는 많은 목사들이 더 이상 찾지 않게 되었다. 또 이른 미사도 거행하지 않는다. 나의 주군들에 의해서 모두가 자기의 초상을 자기 집에 거는 것도 허락되었다.

  이즈음에는 사제들에 의해서 세 종류의 미사가 거행되었다: 많은 사람들이 성례를 나누지 않고, 그러니까 완전히 하나로 받았고, 많은 사람들이 많은 헌금기도들과 교창을 하지 않고 읽지 않았으며, 많은 사람들이 미사를 전래된 방식으로 거행하였다.

> 원전: Da beschachend vil grosser endrungen. Gerold Edlibachs Aufzeichnungen über die Zürcher Reformation 1520-1526, hg. v. P. Jezler, in: H.D. Altendorf u. P. Jezler (Hg.), Bilderstreit. Kulturwandel in Zwinglis Reformation, Züriche, 1984, 41-74, 48-51. 54f. －참고문헌: G. P. Marchal, Art. Edlibach, Gerold, in: VerLex 2 (1980) 357f; P. Jezler, ebd. 41-44; G.W. Locher, Die Zwinglische Reformation im Rahmen der europäischen Kirchengeschichte, Göttingen/Zurich 1979; M. Haas, Huldrych Zwingli und seine Zeit, Zürich ³1982; B. Hamm, Zwinglis Reformation der Freiheit, Neukirchen-Vluyn 1988; P. Stephens, Zwingli. Einführung in sein Denken, Zürich 1997; U. Gäbler, Huldrych Zwingli. Leben und Werk, Zürich ³2004, 44-60; V. Leppin, Art. Zwingli, Huldrych, in: TRE 36, Berlin/New York 2004, 793-809.

1) 츠빙글리는 갈라디아서 4장 9-10절의 맥락에서 해석하고 있다.
2) 취리히는 콘스탄츠 교구 내에 있었다.
3) 소의회의 오전 모임시간.
4) 말하자면 해당되는 콘스탄츠 주교.
5) 선생.
6) 아마도 성탄절 놀이 폐지를 말한다.
7) 성무일도.
8) 대축일 다음 주간.
9) 2월 2일 마리아 촛불미사: 누가복음 2장 22-39절의 성전에서의 예수를 묘사. 이 날에 이루어지는 촛불 봉헌과 촛불 행렬 때문에 마리아 촛불 미사라는 이름이 정착되었다.
10) Invokavit: 첫 번째 금식 일요일.

11) 재의 수요일 다음의 첫 번째 수요일, 금요일, 토요일, 오순절, 성 십자가 헌양 축일(9월 14일), 루시아 축일(Lucia, 12월 13일)
12) 금식 위반에 대한 처벌인 파문.
13) Nusseln = 누군가를 속여서 빼앗음.
14) 중세 후기에는 매해 한 번의 성찬이 있었는데, 일반적으로 부활절이었다. 취리히의 그로스뮌스터에서는 일반적인 성찬일이 성 목요일이었는데, 그래서 엄숙한 복장을 하고 진행되었다.
15) 축일들에 퀴스낙크트에 있는 요한네스 기사 관구인 성 게오르크를 방문하면 40일의 면죄부를 얻도록 되어 있었다.
16) 목재 당나귀 위에 앉은 목재 그리스도.
17) 1524년 6월 14일.
18) 이 규정은 공식적인 결정에서는 입증되지 않는다.
19) 오전 성무일도.

27. 남부 독일 지역에서의 도시 종교개혁

취리히의 종교개혁 움직임은 특별히 널리 퍼진 괄목할 현상을 보여주고 있다: 독일 남서부 지역의 도시들에서의 개혁의 관철. 이 정치적인 구조가 가진 비교적 높은 독립성이 시민과 의회 사이에 때로는 손을 잡고 때로는 적대적인 가운데 이 새로운 내용을 신속하게 수용하고 또 도시의 이익이라는 의미에서 전환시키는 일을 가능하게 했다. 일반적으로 의회가 비교적 자유롭게 처리할 수 있는 위치에 있는 설교자들과 함께 이 과정의 중심적인 인물들이 된 사람들이 시의 서기들인데, 이들은 드러날 정도로 기독교적 확신으로 인해서 이 새로움을 관철시키는 일을 하였다. 뉘른베르크에서는 이러한 의미에서 라자루스 슈펭글러(1479-1534)가, 콘스탄츠에서는 푀렐리(Jörg Vögeli, 1483/4-1563)가 결정적인 위치를 얻었다. 슈펭글러는 실제적으로 1506년부터 시청 통솔권을 가지고 제국 도시의 모든 문서왕래에 대한 책임을 지고 있었다. 더욱이 슈타우피츠의 영향 하에서 소심한 개혁안을 마련하였는데(본문 a) 이는 사실상 그때까지 일반적으로 점심 식사 후에 이루어진 주일 설교를 1519년 1월 4일 시의회를 통해서 앞당기는 결과를 가지고 왔다. 나중에는 종교개혁가 안드레아스 오시안더(1498-1552)와 함께 뉘른베르크에 신속하게 한 제국도시에 자리 잡은 루터교 종교개혁의 중심지가 마련될 수 있도록 하는 데에 결정적인 영향을 끼쳤다. 푀겔리는 1524년부터 콘스탄츠, 그러니까 뚜렷하게 루터라기 보다는 오히려 츠빙글리를 지향하는 환경에서 시의 서기로서 이미 루터를 통해서 성경으로 인도를 받게 된 시점부터 활약하였다. 그에게 끼친 루터의 영향에 관해서 그가 콘스탄츠의 종교개혁가 요한네스 츠빅(약 1496-1542; 본문 b)의 동생인 콘라드 츠빅(약 1500-1557)에게 보낸 1523년 7월 30일자 편지에서 말하고 있다. 도시에서는 종교개혁이 시민들, 곧 팜플렛을 통해서 최고로 새로운 신학의 내용을 소개받은 시민들에 의해서 진행되었는데, 개별적으로는 종교개혁의 진행과정은 뉘른베르크의 클라리스 수도원의 경우가 말해주고 있듯이 충돌로 점철되었다. 그 정점에는 인문주의적으로 교육 받은 수녀원장 카리타스 피르크하이머(1467-1532)가 있었다. 1532년 뉘른베르크 시의회가 프란시스파로부터 클라리스 수도원에서의 사목권을 박탈하고 종교개혁적인 설교가에게 이 일을 맡기려고 하자 그 수녀원장은 엄청난 신학적 박식함을 가지고 대응하였다. 종교개혁적인 신학을 받아들이면서 그녀는 옛 신앙과 새로운 믿음 사이의 경계는 자기 눈에 볼 때 수도원을 상대로 과격하게 논쟁을 벌이는 종교개혁 선전가들이 주장하는 것보다는 훨씬 약하게 선을 그어야 한다는 점을 분명하게 하였다(본문 c); 그 결과는 미미하였다. 계속해서 1525년 필립 멜란히톤은 카리타스 피르크하이머와의 대화에서 간단하게 서원은 비난하였지만 그 외에는 수도원 안에서도 축복을 받을 수 있다는 것을 인정하고 나서 의회로 하여금 수도원을 직접 해산시키지 않도록 만들 수 있었다. 새로운 지원자 수용을 금지함으로 인해서 결국 1591년에 해체되었다. 수도원 내에 거주하는 것을 상실함으로 중세에 분명하게 규정이 되고 인정을 받은 그 여성적인 신앙적 실존 형태도 사라졌는데, 이를 대신할 식별 가능한 동등한 형태는 만들어지지 않왔다. 물론 사제의 혼인과 함께 아주 새로운 현상이 대두되었고, 이 혼인은 개신교에서는 독신주의의 공식적 종언을 가져 왔다. 1521년 수많은 즉각적인 사제들의 혼인들이 발생하였지만 점점 더 이것은 종교개혁 실행을 과시하는 행위가 되었다 – 슈트라스부르크에서도 그러하였다. 여기에서 1523년 12월 3일 대성당 목사 마티아스 첼(1477-1548)이 교양이 있는 카타리나 쉬츠(1494-1552)와 결혼하였다. 뒤이어서 터진 첼의 인격적 순수함을 공격하는 팜플렛으로 진행된 싸움에서 그녀 자신이 한 편을 들었다(본문 d). 1523년 11월부터 카스파르 헤디오(1494-1552)가 마인츠에서의 직무를 마치고 슈트라스부르크의 대성당 설교자가 되었다. 1524년 11월 20일 십일조에 관해서 행하고 조금 후에 출판이 된 설교에서 그는 자신의 종교개혁적인 관점에 따라 도시에서의 업무 분담에 관한 모델을 제시하였다(본문 e).

a) 라자루스 슈펭글러, 설교시간 변경을 위한 소견서(1519년 1월 4일 이전)

벌써 수 년 동안 이 도시의 두 개의 교구[1]와 수도원들에서 모든 주일과 대 축제일에는 점심 식사 후에 설교를 하고 하나님의 말씀을 선포하는 것이 일상이었다. 하지만 비단 설교자들에게만이 아니라 단순히 청종하는 시민들(dem gemainen zuhorenden volgk)에게서도 온갖 종류의 부족함과 불손함들이 발생해서 성직자들도 그리고 특별히 설교 책임이 있는 자들이 백성들을 향해서 그리고 특별한 인물들에게 자주 거기에 대해서 문제를 제기하고 모든 방법으로 시간 변경을 요청하게 되었다.

그런데 많은 사람들에게 그토록 오랫동안 예로부터 있던 그런 일들에 변경과 갱신(이런 것들을 무엇이라고 부르든지 간에)을 생각한다는 것이 어렵게 다가 올 수 있다. 하지만 모든 이성적인 사람들, 특별히 이들이 그러한 직무의 권장과 꾸준한 시행의 임무를 가진 경우라면 이들에게 정당하고 선하고 이성적인 많은 근거들을 제시할 수 있다. 그리고 시행에서는 반박의 여지가 없도록 그런 사람들에게서 어려움들을 손쉽게 제거할 수 있고 그로 말미암아 예배의 개선과 발전 그리고 인간의 구원, 내면성과 기도도 장려할 수 있도록 하는 다른 생각에 이르도록 알릴 수 있다.

첫 번째로 모든 사람은 자신이 의도하는 모든 행위들, 특히 머리와 생각 안에서 일어나야만 하는 일들에서는 오후 또 식사를 하고 난 다음보다는 오전에 더 명민하고 이성적이고 더 예리하고 더 적극적이라는 사실에 이의를 달면 안 된다. 이것은 모든 설교자들과 평신도들에게서 인정을 받은 것이다.

나아가서 누군가에게 귀를 기울이는 사람들도 누구나 아침 또는 아직 식사를 하지 않았을 때 더 판단력이 있고 귀를 기울일 수가 있다; 이 사실을 하나님 말씀 선포에서 가볍게 보면 안 된다. 설교자의 재능 또는 좋은 수단을 통해서 이러한 사실을 부추길 수 있는 다른 사람들의 재능으로 인해서 하나님의 말씀을 단순한 백성들 안에 심어 놓는 방법을 발견할 수 있다. 그렇다면 그것이 기독교 세계에 그 어떤 열매와 발전을 가져오게 하고 그렇게 함으로 인간 구원이 장려가 되는지를, 그렇게 하도록 힘을 쓰는 모든 사람들이 선한 일에 항상 열매가 있도록 하시는 전능하신 분에게서 시간이 지나면 보게 될 것이다.……

또한 설교가 오전에 그리고 일찍 이루어지면 그것을 들으려고 그 시간에 더 많은 사람들이 몰려옴으로 해서 무엇보다도 더 많은 단순한 백성들이 그 설교를 접하게 된다는 사실은 이성적인 근거로 쉽게 제시될 수 있다. 그런데 설교가 점심 때 이루어지면 단순한 수공업자들, 그리고 그들의 하인들과 종들 중에서 오전 만큼 많은 사람들이 거기에 갈 수가 없기 때문이다. 이들 중에서 많은 사람들이 교회에 간다고 할지라도 아주 드물게 설교 전체를 들을 때까지 있을 수 없고, 때로는 그저 복음서나 들으려고 거기 있을 것이다; 오히려 성문 앞과 다른 곳들, 시장 진열대, 새 판매시장의 쉿트[2], 포도주점과 다른 곳에 와서 거닐고 있다. 하지만 이른 설교 시간에는 아무리 그들이 그렇게 계획한다고 해도 이런 일이 일어날 수 없는데, 이는 아침에는 그럴 기회가 있을 수 없고 그래서 할 수 없이 교회와 하나님 말씀을 찾을 수밖에 없기 때문이다. 수공업자들과 또 다른 존귀한 사람들은 자기 하인들이 아침에 침대에 누워있게 하지 않기 때문이다.

이와 같이 예배에 새로움, 곧 어떤 사람들이 갱신이라고 그 새로움을 계획하는 것에 대해 마치 반대를 외치는 것처럼 [거기에 몰입하고 있는] 어떤 사람들의 전쟁은 정말로 분명한 근거가 없다. 혹시 하나님의 말씀이나 하나님께 드리는 예배를 그런 시도로 망가뜨린다면 거기에 대한 이 사람들의 반박은 정당한 것이 될 것이다; 그런데 이 변화로 어려움을 초래하는 갱신이 없을 뿐 아니라 선한 사역이 진행되며 옛 악습은 단절되는데, 도대체 어떤 사람이 그런 귀한 계획을 반대하고 그것을 방해하려고 애를 쓰고자 하였는가?

원전: Lazarus Spengler, Schriften. Bd. 1: Schriften der Jahre 1509 bis Juni 1525, hg. v. B. Hamm u. W. Huber, Gütersloh 1995 (QFRG 61), 69,2-70,10; 71,1-14; 74, 12-19. ―참고문헌: H.v. Schubert, Lazarus Spengler und die Reformation in Nürnberg, hg. v. H. Hloborn, Leipzig 1934 (QFRG 17) (= New York 1971); G. Müller, Lazarus Spengler als Theologe, in: ders., Causa Reformationis, hg. v. G. Maron u. G. Seebaß, Gütersloh 1989, 354-370; G. Seebaß, Stadt und Kirche in Nürnberg im Zeitalter der Reformation, in ders., Die Reformation und ihre Außenseiter, hg. v. I. Dingel, Göttingen 1997, 58-78; B. Hamm, Lazarus Spengler (1479-1534). Der Nürnberger Ratsschreiber im Spannungsfeld von Humanismus und Reformation, Politik und Glaube. Mit einer Edition von G. Litz, Tübingen 2004 (Spötmittelalter und Reformation. N.R. 25)―도시에서의 종교개혁에 관한 알려진

참고문헌은 본문 c를 보라.

b) 시의회 서기 외르크 푀겔리: 한 평신도의 신학적 독립(1523년 7월)

친애하는 콘라드씨! 제가 회고할 수 있는 한에서 그리고 사실 저는 그보다 훨씬 전에 벌써 대체적으로 하나님의 복음은 백성들에게 선포되었지만 영으로서가 아니라 문자적으로 아니면 역사적으로 꼭 실 잣는 방에서 온갖 이야기들을 하는 것처럼 선포되었습니다; 그 때문에 유익할 수가 없었습니다.

그런데 존경 받고 싶어하는 자들이 얼마나 정밀하게 도덕적으로 만들었는지(versittnenent) 복음에는 도덕적인 의미를 주지 않아도 되는 말은 한 마디도 더 이상 없게 하였습니다.[3] 그로 인해서 도덕적인 덕목들과 외적 행위의 화려함이 우리를 하늘에 올려주는 위치에 있도록 하는 광기가 침투해서는 사람들마다 자기의 능력과 본성에 깃들어 있는[4] 이성으로 선을 행할 수 있게 만들었습니다. 이 본성의 도움(그렇지만 항상 허약한 것으로 증명이 되었다.)은 조상들이 기독교인이 되기 전에 했던 것보다 훨씬 더 우리를 우상숭배에 빠지게 만들었습니다. 도대체 자기 자신의 우상 또는 (제가 분명히 잘못 표현하였었는데) 하늘에 수호성인을 가지는 것이 지금 그 어떤 결핍이고 갈급함과 사모함이란 말입니까.

몇 사람(이들은 아주 학식이 있는 자들인데)이 복음의 영과 그리스도를 믿는 믿음을 불러 일으켰지만 저와 또 다른 단순한 사람들은 복음이 무엇인지를 절대로 이해할 수 없을 정도로 훼손시켰습니다. 그것(신앙)이 어떤 때는 죽은 것으로 그 다음에는 다시 산 것으로 서술이 되었기 때문입니다; 한 번은 형태가 없게, 그 다음에는 다시 잘 형태를 갖춘 것으로 나오고 있습니다[5]; 한 번은 열두 조항 안에서 파악되고, 다음에는 전혀 다르게 말하자면 각자가 잠자다가 꿈을 어떻게 꾸었는가에 따라서 아주 다르게 파악하였습니다.[6] 그 때문에 저는 항상 스스로에게 묻기를 내가 설교자(predicant)를 이해하지 못하고 있나 아니면 그들이 복음을 자체의 바르고 본래적인 의미로 이해하고 있지 않는가 하였습니다. 저는 항상 복음은 그런 식으로 많은 미로보다 더욱 더 하늘로 이끄는 왕도여야 한다고 생각했습니다(왜냐하면 저는 한 번도 성경을 읽지 못했기 때문입니다). 믿음은 그토록 복잡하고 그토록 파악할 수 없는 것일 수 없다고 생각했는데, 그 이유는 옛 사람들이 그것을 파악하였었기 때문입니다. 곧 그들에게 지금보다 더 많이 하나님의 은혜가 부어지지 않았을 것이고 이성의 예리함도(이것도 믿음을 파악하는 데에 어떤 도움을 주는 경우를 말하는데, 실상 [그런 경우도] 아니지만) 우리를 능가하지 못했을 것입니다.

그런데 마르틴 루터의 책들, 곧 그가 거기에서 기독교 신앙에 관해서 말하고 있는 책들을 제가 읽었을 때 저는 뛸 듯이 기뻐서 주목하였습니다: 그분이 철저하게 그 일들에 관해서 말하고 있었습니다; 성경 자체로부터 성경을 설명하는데 얼마나 바르게 하는지 아무런 의심이 없도록 하고 있습니다. 따라가면 하나님 이해, 곧 그분에 대한 믿음에 이를 수 있도록 하는 길을 제시하고 있습니다.

원전: Jörg Vögeli, Schriften zur Reformation in Konstanz 1519-1538. Bd. 1, hg. v. A. Vögeli, Tübingen 1972 (SKRG 39), 471f. — 참고문헌: H.-Ch. Rublack, Die Einführung der Reformation in Konstanz von den Anfängen bis zum Abschluß 1531, Gütersloh 1971 (QFRG 40); B. Hamm, Laientheologie zwischen Luther und Zwingli. Das reformatorische Anliegen des Konstanzer Stadtschreibers Jörg Vögeli aufgrund seiner Schriften von 1523/24, in: J. Nolte, H. Tompert u. C. Windhorst (Hg.), Kontinuität und Umbruch. Theologie und Frömmigkeit in Flugschriften und

> Kleinliteratur an der Wende zum 15. und 16. Jahrhundert, Stuttgart 1978 (Spätmittelalter und Frühe Neuzeit 2), 222-295; W. Dobras, Ratsreginent, Sittenpolizei und Kirchenzucht in der Reichsstadt Konstanz 1531-1548. Ein Beitrag zur Geschichte der oberdeutsch-schweizerischen Reformation, Gütersloh 1993 (QFRG 47). 도시에서의 종교개혁에 관한 알려진 문헌들은 본문 c를 보라.

c) 카리타스 피르크하이머, 뉘른베르크 의회에 보내는 청원서 (1524)

의원님들께서는 이것(수도원 해산)이 그 어떤 결실이나 유익을 가져올는지 생각하셔야 합니다. 그런데 영은 자유롭고 강요받지 않으려 하고 그래야만 하기 때문입니다. 바로 세상적 상황에서 그 누구도 자기에게 호의를 베풀지 않는 주인을 섬기도록 강요당하지 않고, 그래서 충성하지 않는 종을 받아들이도록 강요당하는 통치자도 없습니다. 영적인 일들이 바르고 선한 영향력을 끼쳐야 한다면 강제성이 없이 자유롭도록 하는 것은 훨씬 더 마땅합니다.

그런데 어떤 사람들이 우리 조상들[7]은 우리에게 거룩한 복음서들과 다른 책들을 읽지 못하게 한 것처럼 의심을 가지고 있다는 사실은 조상들에게 정말로 불법을 행하는 것입니다. 제 아무리 그런 사람들이 그런 식으로 무엇인가를 주제넘게 하려고 해도 우리는 절대로 그들을 따르지 않을 것이며 하나님의 말씀과 또 다른 유익한 책들을 우리가 읽지 않는 것이 아니라 오히려 그런 사람들을 상대해서 의원님의 도움을 구할 것입니다. 또한 의원님들께 정말 진실하게 우리가 독일어[8]와 라틴어로 된 신구약 성경을 매일 활용하고 묵상하고 있다는 것을 말하고 싶습니다. 우리 능력껏 바르고 선하게 이해하려고 애쓰고 있습니다. 또한 성경 안에서 읽기만 하는 것이 아니라 매일 일어나고 있고 우리와 관련된 것도 읽고 있습니다―우리 마음을 무겁게 만들고 우리가 생각하기에 기독교적인 단순한 마음에 아주 걸맞지 않는 그러한 비판적인 문서들은 예외로 합니다. 하나님께서 우리가 간절히 간구하는 거룩하고 진실한 영을 거절하시거나 주려고 하시지 않는 일을 하지 않으심으로 우리가 하나님의 말씀을 바르고 또 그 참된 의미대로 들을 수 있도록, 그러니까 문자대로 만이 아니라 영으로도 들을 수 있도록 하시리라고 소망합니다.

그러므로 우리가 우리 자신의 행위만 신뢰하고 오직 이것(복된 소식)을 통해서만 복을 받으려고 한다는 비난을 어떤 사람들로부터 받고 있습니다. 하지만 하나님의 은혜로―저마다 자기가 원하는 것만 말하는 것이지만―우리에게 알려진 것은 거룩한 바울 사도가 말한 바와 같이 행위만으로는 아무도 의롭다 함을 얻지 못하고 우리 주 예수 그리스도를 믿는 믿음으로만(durch den gelawben unßers herrn Jesu Christi) 가능하다는 사실입니다(갈 2:16); 또한 주 예수 그리스도 자신이 우리에게 가르쳐 주신 것은 우리가 행하였다고 할지라도 우리는 무익한 종으로 여겨져야 한다는 사실이었다는 것도 알게 되었습니다(눅 17:10). 하지만 그 반대로 바르고 진실한 믿음도 좋은 나무가 좋은 열매를 맺지 못하는 것처럼(마 7:17) 좋은 행실이 없을 수 있다는 것, 하나님도 사람마다 그 공로를 따라 보상하신다는 것, 그리고 각 사람이 행위를 따라 선하게 또는 악하게 받아들여진다는 것도 우리는 압니다. 그러므로 거룩한 야고보도 행함이 없는 믿음은 죽은 믿음이라(약 2:17)고 말하고 있으며, 자기 믿음을 행위로 증명하지 않는 사람마다 거울을 보는 사람 같아서 보고 가서 그 모습이 어떠했는지 잊어버리는 것과 같다고 하고 있습니다(약 1:23f.). 그 때문에 믿음은 입이나 말에 있는 것이 아니고 바르게 믿고 행하는 자가 복됩니다.

또한 자기 행위들을 우리가 자신에게만 돌리지 않아야 하고 우리로 인해서 일어난 선한 것이 우리가 아니라 하나님의 행위라는 사실도 우리는 압니다. 따라서 우리가 우리 행위를 자랑한다고 비난하는 것은 근거가 없으며 우리의 자랑은 오직 우리에게 자신의 십자가를 지고 좇으라고 명하신(마 10:38) 멸시받고 십자가 지신 그리스도에게 있습니다. 우리의 의무(Derhalben erkenn wyr uns schuldig)이고 우리에게 부과된 것은 옛 아담을 억누르는 것과 회개함(kestibung)으로 몸을 영에게 굴복시키는 것입니다. 이렇게 하는 데에는 그래도 수도원 안에서가 밖에서 보다 더 많은 기회와 동기를 가지게 됩니다. 이렇게 우리는 수도원 밖에서 복되기를 바라지 않았고 오히려 하나님께서 우리를 부르신(권하신) 소명에 기꺼이 머물려고 하는 것입니다. 왜냐하면 진실로 우리는 선한 삶을 살려는 의지 때문에 수도원 안에 있거나 여기서 우리의 보상을 벌어들이지 않기 때문입니다. 오히려 하나님과 세상은 우리가 가련하고 불쌍한 사람들이라는 것을 알고 있으면서도 우리의 소망은 계속되는데, 그 이유는 우리는 여기에 우리의 영원한 도성이 없다는 것을 알기 때문입니다(히 13:14).

우리는 또한 혼인을 경멸하지도 않는데, 이는 자기 딸(sein junckfrawen)을 결혼시키는 사람은 틀리지 않게 한 것이지만 거룩한 바울 사도의 가르침을 따른다면 자기 딸을 결혼시키지 않는 사람은 더욱 잘 한 것임을 알기 때문입니다(고전 7:25f.). 하나님을 독신 상태에서 섬기기로 결심하는 것을 정말로 그 어떤 이성적인 사람이 금할 수는 없습니다. 그런데 그러한 경향이 없거나 자발적으로 우리와 있고 싶어 하지 않는 사람은 우리에게 관심을 두지 않아도 됩니다. 그래서 우리는 힘으로 수녀들을 우리 곁에 붙잡아 두거나 그 부모로부터 격리시키는 것을 생각하지 않으며, 그 때문에 우리는 아무도 정죄하려고 하지 않고 각 사람이 자신을 정죄하기를 바라고 있습니다; 우리 모두가 하나님의 심판대에 이르면 각 사람이 자기 계산서를 받게 됩니다. 그렇지만 우리가 아무에게도 압력을 가하려고 하지 않는 것처럼 우리도 압박을 받지 않고 몸이 아니라 영이 자유하기를 원합니다.

> 원전: A. Conrad/ K. Michalik (Hg.), Quellen zur Geschichte der Frauen. Bd. 3: Neuzeit, Stuttgart 1999, 390-392. —참고문헌: L. Kurras (Hg.), Caritas Pirckheimer. 1467-1532 (Ausstellungskatalog), München 1982; G. Deichstetter (Hg.), Caritas Pirckheimer. Ordensfrau u. Humanistin -ein Vorbild für die Ökumene. FS zum 450. Todestag, Köln 1982; C. v. Imhoff/G Deichstetter, Caritas Pirckheimer und die Reformation in Nürnberg, Nürnberg 1982; A. Rüttgardt, Die Diskussion um das Klosterleben von Frauen in Flugschriften der frühen Reformationszeit (1523-1528), in: A. Conrad (Hg.), >In Christo ist weder man noch weyb<. Frauen in der Zeit der Reformation und der katholischen Reform, Münster 1999 (KLK 59), 69-94; M. H. Jung, Caritas Pirckheimer und Philipp Melanchthon. Eine denkwürdige Begegnung im Nurnberger Klarissenkloster im November 1525, in: ders., Nonnen, Prophetinnen, Kirchenmütter, Leipzig 2002, 77-120. 도시에서의 종교개혁에 관한 알려진 문헌들은 본문 c를 보라.

d) 카타리나 첼: 남편인 마티아스 첼 편에 선 용서(1524년 9월)

얼마나 많은 영혼들이 지금까지 그리고 여전히 계속해서 마귀의 소유가 되었는지 내가 안다는 이 일이 내 마음 속에까지는 없다고 생각하고 있는가? 이것은 내가 목사들의 결혼(pfaffen Ee)을 도입하는 것을 돕고 또 하나님의 도움으로 첫 번째 결혼을 슈트라스부르크에서 성사시켰던 일의 근거이기도 하였다. 왜냐하면 본래 나는 남편을 둘 마음이 없었기 때문이다. 그런데 큰 불안과 저항과 또 흉한 음행을 보고 남편을 얻었다; 이로써 내가 바라는 바는 모든 기독교인들에게 용기를 주고 길을 열어주고자 함인데, 내 소망대로 이루어졌다. 그래서 내가 내 신앙의 근거와 내 결혼의 동기를 서술한 작은 책자를 썼을 때 많은 사람들이 놀라마지 않았다.[9] 왜냐하면 내가 결혼에 돌입하고자 한다는 (것을 암시하는) 그런 말이나 행위를 하지 않았기 때문이다. 그래서 베드로가 우리에게 가르치는 것과 같이(벧전 3:15) 어쩔 수 없이 경건한 자들에게 나의 사과와 또 근거들을 진술하였다. 이 근거들은 나의 남편도 행동하게 했던 것이다. 내가 그에게서 겪었고 또한 다르게 생각하거나 찾을 수 없도록 그는 하나님의 영광과 자기 그리고 형제들의 구원을 일으켜 세우려고 진력했기 때문에 결혼생활에 돌입하였다는 것을 알기 때문이다. 그에게서 나는 정숙하지 못한 것(unerberkeyt), 곧 쾌락과 다른 것과 관계된 것은 전혀 발견할 수가 없다. 왜냐하면 나는 다른 사람들을 움직일 수 있을 만큼 그렇게 대단하게 미모와 부나 다른 덕을 갖추고 있지 않기 때문이다.

자신의 가르침과 삶에 나타나는 그의 행동으로부터 그는 몸과 삶이 바로 공중의 새들과 땅위의 벌레들에게 내던져졌고 사람에 관해서 말하는 것은 관심도 없다는 신앙이 없는 자들의 미움을 받았다.

그런데 나의 첫 관심인 그를 방어하는 것(entschuldigen)으로 되돌아 간다: 그를 향한 미움은 불경한 자들의 마음에 깊이 뿌리를 내려서 그의 몸과 영혼과 삶에 해를 입힐 수가 없을 때는 그에 관해서 무시무시한 마귀와 같은 거짓말을 고안해내고 온 땅에 문서적으로 확산시키고 여전히 계속해서 하고 있다. 첫째로 그들은 내가 그에게서 도망쳤다고 말하고 있다. 대답할 가치가 없다. 거짓말쟁이들은 자신들을 부끄러워해야 하는데, 나는 단 하루도 슈트라스부르크를 떠난 적이 없기 때문이다.

둘째로 그들은 그가 나를 받아들였다는 근심 때문에 자결했다고 주장하였다; 그것 또한 답할 가치가 없었다; 분명히 그 사람에 대해서 아주 적대적인 한 추종자는 그에게서 나간 사람이었다. 정말로 그들은 이 사실이 참이 되도록 하는 데에 그들 재산의 절반을 내놓으려고 할 것이다.

셋째, 그 사람이 자결하려고 하지 않기 때문에 그들은 그가 한 여성을 정원으로 끌어들였다는 다른 거짓말을 만들어냈다.

이 모든 것들이 도움이 되지 않고 계속해서 거짓말만 하게 되자 또 다른 것을 모색하고 마귀 같은 사악한 거짓말을 지어내서 슈트라스부르크와 온 나라에 퍼뜨리고 말하기를 그가 나를 아주 못되게 다루고 때리고 하면서 이미 여러 번 나를 쫓아내었으며, 내가 시녀와 함께 있는 그를 맞닥뜨렸을 때 그가 나를 악하게 속였다고 하였다: 내가 용납하려고 하지 않자 그가 나를 때리고 집에서 내쫓았다.…… 여기에 대해서 내가 할 말은 그들은 바로 거짓말 하는 자이면서 그들 안에 그런 거짓을 만들어낸 마귀의 자녀들이라는 말뿐이다. 그들은 근거도 없이 오직 마귀의 속삭임으로 인해서 그런 것들을 고안해냈기 때문이다. 왜냐하면 그는 — 내가 여기서 거짓말을 하지 않는다는 사실의 내 증인은 하나님이며, 나는 더 큰 증인을 원하지 않는다 — 나와 함께 단 몇 분도, 말하자면 일괄해서 말한다면 단 한 순간도 불화한 적이 없으며 내게 한 번도 크든지 작든지 말로나 행동으로 고통을 주지 않았고, 그래서 나도 그에게 똑같이 그렇게 하고 있기를 소망하고 있다. 지금까지 우리는 서로 우리의 소망(gedencken)이 거룩한 한에서 그렇게 이루기를 바란다는 것만 알고 있다. 시녀와 관련되어서도: 나는 시녀가 없고 신앙이 있는 어린 소녀가 있는데, 아직 아주 어리고 때묻지 않고(unverschalck), 그는 그런 일들을 전혀 모르고 있으며 그 아이가 내 집에 있은 후로 그 사람은 그 아이와 단 서너 마디도 말을 하지 않았다. 그 사람은 내가 그런 걱정을 해야 할 만큼 그렇게 그 아이가 나이가 들었다면 가졌을 그런 욕구(geylheit)나 불순함을 나는 그에게서 보지 못했다. 적그리스도의 종들이 그에게 그토록 많은 공을 들여서 그에게 그런 것이 있기만

하면 아주 순식간에 몰락하게 만들고 있다.

짧게 마무리하기 위해서 요약하면: 내가 그의 아내가 되기 전에 그가 어떻게 자기 삶을 꾸렸는지에 대해서는 내가 책임지고 싶지 않다. 그는 하나님이 명한 결혼을 금하며, 하나님이 금한 음행을 허락하는 교황과 주교들이 원하는 바와 똑같은 그런 처신을 하였다. 그래서 나는 그를 그의 삶과 다른 이들의 삶을 참작하여서 그를 받아들였고 그의 영혼과 많은 사람들의 영혼을 하나님의 은혜와 능력을 통해서 얻을 작정을 하였고, 이것을 하나님을 위해서 하였기를 소망하고 있다. 하지만 내가 그의 아내가 되고 나서 나는 그의 편이 되고 나의 명예와 몸과 삶을 그를 위해 바치기 원하는 것은, 그런 사기꾼들이 그가 완전히 무고함에도 근거도 없이 그를 공격하고 그에 관해서 거짓을 퍼뜨리고······.

이 세상의 기준으로 우리가 수치스럽게 죽는다면(so wir in schanden dieser welt sterben) 우리는 서로 그는 내게 그리고 나는 그에게 기쁘게 십자가에서 위로를 하며 강하게 하는 것보다 우리가 경험할 수 있는 더 큰 명예를 나는 모른다. 그래서 나와 그는 그러한 거짓말과 모든 수치와 죽음까지도 인내와 평강과 희락과 성령의 열매(갈 5:22) 가운데에서 받으며 이사야 41장(23)의 말씀을 예언자와 함께 말하고자 한다: "복을 내리든지 재난을 내리든지 너희가 원하는 대로 하라. 그리하면 우리가 서로 말하고 보고 누구를 향해서도 두려워하지 않으리라."

원전: E. A. McKee, Elisabeth Schütz Zell. Bd. 2: The Writings. A Critical Edition, Leiden u.a. 1999 (SMRT 69/2), 39-44. ─참고문헌: R. H. Bainton, Frauen der Reformation. Von Katharina von Bora bis Anna Zwingli, Gütersloh ³1996, 56-83; Th. Kaufmann, Pfarrfrau und Publizistin. Das reformatorische >Amt< der Katharina Zell, in: Zeitschrift für Historische Forschung 23 (1996) 169-218; St. Buckwalter, Die Pristerehe

> in Flugschriften der frühen Reformation, Gütersloh 1998 (QFRG 68), 221-245; E.A. McKee, Elisabeth Schütz Zell. Bd. 1; The Life and Thought of a Sixteeth-Centurz Reformer, Leiden u.a., 1999 (SMRT 69/1); L. Haase, Katharina Zell. Pfarrfrau und Reformatorin, Stuttgart 2002; M. H. Jung, Katharina Zell geb. Schütz (1497/98-1562). Eine Laientheologin der Reformationszeit?, in: ders., Nonnen, Prophetinnen, Kirchenmütter, Leipzig 2002, 121-168. 도시에서의 종교개혁에 관한 알려진 문헌들은 본문 e를 보라.

e) 카르파르 헤디오, 슈트라스부르크 뮌스터에서의 설교(1524. 11. 20)

그런데 노동은 구분이 되어 있다: 하나는 말씀에 그 본질이 있다(가장 귀하고 가장 품위 있는 말씀으로 시작하기 위해서). 그것은 하나님 나라 설교이며, 은혜의 복음을 증언함이고, 심판과 칭의의 선포이다; 이때 뽑고 제거하고 심고 가꾸어야 한다(렘 1:10). 하나님께서 번성케 하시고(고전 3:6), 경성하게 하시고(사 62:6), 거짓 예언자들과 개와 돼지들, 곧 악의 일꾼들을 막도록 하신다(마 7:6-15). 우리는 하나님의 영광과 형제들의 구원을 위해서 담대해야 한다. 이 사역에(합당할 정도로) 충성스럽게 행하고자 하며 그리스도에게 속한 것을 구하지 돈궤에 있는 것을 구하려고 하지 않고 공동체를 염려하는 자는 정말로 게으른 자로 여겨지지 않을 것이다. 사역자는 자기 삯을 받을 자격이 있고(마 10:10), 선한 감독자들은 두 배의 영광의 자격이 있는데, 특별히 말씀과 가르치는 역할을 하는 자들이 그러하다(딤전 5:17; 살전 5:12f.). 때문에 어떤 사람이 자기 양식, 곧 먹을 것과 거처(fuotter und decke)를 남의 손에서 받을 수 있는 것으로서 그것을 배석[10] 또는 부재[11]라고 부르고, 곧 십분의 일이든지 아니면 삼십분의 일이든지 간에 그것을 받을 수 있다.

다른 사역은 세상의 유익을 위한 지도자들, 곧 세상 통치자들 같은 사람들의 일인데, 이들은 하나님의 자비하신 질서를 따라서 임명된 자들이다. 이들이 불충하지 않고 도당들이 아니고 뇌물을 좋아하지 않는다면 이들은 고아들을 위하여 판단을 내리고 과부들의 송사를 들으며 선을 장려하고 악에는 저항하고 하나님의 말씀과 질서를 위해서 경성하고 적그리스도의 쓰레기를 반대하고 하나님의 질서에 반해서 세워진 마귀의 질서를 무너뜨리고 파괴시키거나 아니면 혹시 파괴시킬 수 없는 경우에는 피하거나 달아난다. 이들에게도 다른 사람들의 손으로부터 충분한 생활을 보장해야 하는데, 그것을 십분의 일, 조세, 또는 세금(schatzung)이라고 부른다. 그들은 나태하지 않으며 자기들의 빵을 얼굴에서 흐르는 땀과 함께 먹는다.

셋째(노동)는 평범한 일꾼들이 하는 그런 것, 곧 수 천 가지가 되는 손으로 하는 일이다; 이것은 영적 또는 세상적인 일로 공동체를 섬길 수 없는 모든 사람들의 의무가 되어서 누구도 하나님의 계명에 거슬러서 나태하지 않도록 해야 한다. 그런데 이렇게 함으로써 학교를 세우고 청소년들을 키우고 가르치는 일이 방해받지 않게 된다. 요사이 많은 사람들에게 아이들을 더 이상 가르치지 않으므로 수도사 목사 수녀들이 마치 하나님께로부터 오지 않은 가라지는 뽑아내어 버려야만 되는 것처럼(마 15:13) 사라지고 멸절되어야 한다고 하는 해로운 생각들이 발견되는데, 그렇게 안 되도록 하여야 한다. 친애하는 친우들이여, 정말로 앞으로 궁극적인 개선과 개혁을 소망한다면 이것은 지금 참된 존경과 기독교적인 복을 깨닫는 가운데 자라나는 자들을 통해서 일어날 것이다. 왜냐하면 이들 중에서 설교자와 목사와 의회 의원들과 통치자들과 군주들을 선출해야 하기 때문이다. 능력이 결집되면 그때 하나님 안에서 주님을 위해서 이미 시작된 일들이 선한 도약을 하게 될 것이다. 우리는 그들을 위해서 사전 작업을 하고, 우리의 사역에 그들이 들어 올 것이다. 그러면 이 속담이 참이 될 것이다: 한 사람이 심고 다른 사람이 거두느니라(요 4:37f.).

그런데 우리가 너무 멀리 가지 않도록 하기 위해서 사역에 합당하지 않은 자들이 많이 있다-곧 노인들, 병자들과 같은 사람들이다. 율법은 구걸을 금하며(신 15:4) 복음은 처음부터 모든 구걸을 비판하고 있기 때문에(계시록 20:7-9)에서 어린 양과 싸우는 곡과 마곡의 백성들이 이 문제에 대해서 말하는 것은 제외하고) 이런 사람들이 어려움을 겪을 때 이들은 공동체 안에서 다른 사람들의 노력으로부터 부양해야 한다. 이 문제는 노인들에게 게론토트로피아와 노소트로피아[12])를 세우도록 하였는데, 거기에서 노인들과 병자들, 그러니까 가난한 자들을 위해서 가난한 자가 된 자가 아닌 자들에게 최소한의 것으로 공급을 바르게 하기만 한다면 그것은 우리에게 있는 양로원, 구빈원, 또 그와 같은 신앙적인 기부로 세운 재단들 같은 것일 수 있다. 왜냐하면 전능하신 하나님께서 공평한 분배를 구상하시고 각 사람이 다른 사람이 가진 만큼 가지기를 바라셨을 수 있겠지만 그분은 고린도전서 8장 14절과 15절에 있는 것처럼 부와 가난을 만드셔서 부한 자들은 자비와 관용을, 가난한 자들은 인내와 고난을 훈련하게 하셨기 때문이다.

원전: A. Laube u. S. Looß (Hg.), Flugschriften der frühen Reformationsbewegung (1518-1524). Bd. 2, Berlin (Ost) 1983, 1238f. ―참고문헌: M. A. Chrisman, Strasbourg and the Reform. A Study in the Process of Change, New Haven/London 1967; H. Keute, Reformation und Geschichte. Kaspar Hedio als Historiopraph, Göttingen 1980 (GTA 19); M. Lienhard, La rêforme à Strasbourg, in: G. Livet (Hg.), Histoire de Strasbourg des origines á nos jours. Bd. 2. Straßburg 1981, 365-540; R. Bodenmann, Caspar Hedio aus Ettlingen (ca. 1494-1552). Historiographie und Probleme der Forschung, in: Ettlinger Hefte 29 (1995)

> 47-62 - B. Moeller, Reichsstadt und Reformation, Berlin ²1987; ders., (Hg.), Stadt und Kirche im 16. Jahrhundert, Gütersloh 1978 (SVRG 190); St. E. Ozment, The Reformation in the Cities, New Haven ²1980; P. Blickle, Gemeidereformation. Die Menschen des 16. Jahrhunderts aus dem Weg zum Heil, München 1985; B. Hamm, Bürgertum und Glaube. Konturen der städtischen Reformation, Göttingen 1996.

1) 성 로렌츠와 성 제발트(Sebald)
2) 담으로 둘러싼 도시지역 안에 있는 페그니츠 강의 두 개의 지류 사이에 있는 쉿트(Schütt) 섬.
3) 중세 때의 문서의 네 가지 의미 - sensus historicus, allegoricu, moralis, anagogicus(『중세교회』 Nr. 60을 보라).
4) 스콜라주의 가르침을 따라서 lex naturae(자연법)을 파악하는 ratio innata 및 innaturata.
5) 의도하는 바는: fides mortua 및 viva와 fides informis 및 (caritate) formata. 이 두 경우에서 중세의 가르침에서 말하는 구원에 결정적인 것이 아닌 지식 획득과 경우에 따라서는 그것을 인정함과 성령으로 말미암아 부음을 받은 믿음의 신학적인 덕목에 기초를 둔 구원에 결정적인 믿음 사이의 구분을 다루고 있다.
6) 신앙고백의 열 두 항목과의 관련은 중세 가르침을 따르면 근본이 되는 fides implicita와 구분이 된 fides explicita에 대한 최소한의 요구였다.
7) 영적인 공급을 책임지는 프란시스파 수도사들.
8) 루터 성경에서 1522년 9월부터 신약성경이 인쇄되었고, 구약성경에서는 1523년과 24년 사이에 창세기에서 에스더서까지의 책들이 출현하였다. 루터의 번역에 앞서서 벌써 열 네 개의 남독일어로 번역된 전권 성경들이 있었다.
9) 아마도 필사본의 모습으로 회자되고 있던 이 책은 종적을 감추었다.
10) 영적 행위에 배석함 자체에 대한 지급.
11) 부재에 대한 성직록 허락.
12) 양로원과 병원들.

28. 안드레아스 칼슈타트: 루터의 동역자에서 "열광주의자"로

긴밀한 비텐베르크의 활동 동맹이 아주 다양한 신학자들과 인물들을 결집시켰다는 것은 출판 상황에서 나타난다: 마르틴 루터가 보름스 제국의회 뒤에 바르트부르크에 숨어 있을 때 이 대학도시 자체 안에는 권위의 공백이 나타났다. 멜란히톤이 루터 대신에 시 교회의 설교 단에 섰더라면 루터는 즐겁게 바라보았을 것인데 그가 사제 서품을 받지 않은 것 때문에 그 일은 좌절되었다. 이렇게 해서 아우구스티누스파 수도원에서 미사제도의 개혁을 추진한 가브리엘 츠빌링(1558 사망) 곁에서 사실상 안드레아스 칼슈타트(본문 Nr. 10b]; 18c]를 보라)가 이 역할을 차지하였다. 루터의 그 아우구스티누스적이며 신비적인 유산을 함께 가지고 있기는 하지만, 이 유산보다 더 강력하게 새로운 구원 상태를 외적으로 가시화시키는 것을 공동체의 사회성 안에서도 밀어붙이는 신학에서 출발해서 칼슈타트는 비텐베르크에서 개혁을 추진하였다. 그것의 정점은 1521년 성탄절 미사였는데, 그는 평상복을 입은 채 이종배찬을 하였다. 그가 그 어떤 폭넓은 기초 위에서 움직였는지를 이 예배에 꾸준히 참석하는 것뿐 아니라 비텐베르크 시가 반포한 규정(본문 a])도 보여주었다. 멜란히톤은 소위 말하는 츠빅카우어 예언자들인 니콜라우스 슈토르히, 토마스 드레키젤, 마르쿠스 토매(슈튀브너라고 부름)의 12월 27일 출현으로 말미암아 불안해 했는데, 그는 여기서 대항을 보여줄 수 없었다. 부분적으로는 폭동의 상태가 현자 프리드리히가 그때까지 베풀었던 보호를 위험하게 만들어서 루터는 바르트부르크를 떠나서 사순절 첫 일요일인 3월 9일에 시작된 설교들에서 신중함을 호소하기로 결단하게 하였다. 즉시로 비텐베르크에는 다시 평안이 찾아 왔고, 칼슈타트는 그에게 부과된 검열 결과에 따라서 주변으로 밀려났다. 그는 비텐베르크를 떠나서 선제후령의 남동쪽에 있는 오를라뮌데의 목사가 되었다. 이 교회는 그의 교수직의 재정을 담당하였으며 칼슈타트가 몰아낸 관리자가 있던 곳이었다. 그는 오를라뮌데에서 안드레의 이웃으로서 단순한 삶을 살았고, 다시금 그곳 공동체와 화목을 이루었다. 이 공동체는 루터를 잘 이해하려고 하지 않은 소식을 따라서 루터가 1524년 8월 24일 이 지역을 시찰할 때 엄한 심문을 하였다(본문 b); 주제는 칼슈타트가 비텐베르크 소요 때에 공격하였던 성상의 합법성이었다. 잠시 후에 칼슈타트는 작센에서 추방되었다. 더욱 강력하게 영의 직접적 역사를 전면에 내세우는 신학은 그의 "예수 그리스도 성례전 오용에 관한 강론"에 표현되고 있다(본문 c). 이 신학 때문에 그는 루터가 볼 때 인간에게는 은혜가 오직 밖으로부터 주어질 수 있다는 사실을 충분하게 고려하지 않는 "열광주의자"의 범례가 되는 인물이 되었다. 칼슈타트를 여러 곳 중에서 키일과 오스트프리스란트로 몰아간 긴 불안정한 삶 끝에 그는 1534년 바젤에서 구약 교수가 되었는데 여기서 1541년 사망하였다.

a) 비텐베르크의 소요

1. 멜란히톤, 현자 프리드리히에게 보내는 보고서

전하께서는 제가 전하께 서신을 보내는 행동을 참작해주셨습니다; 지금은 전하가 모든 주의를 집중하고 염려해야 하는 중차대하고 위험천만한 사건들이 저를 그렇게 하도록 윽박지르고 있습니다.

제가 전하께 이유 여하를 막론하고 제시하지 않으면 안 되는 이런 것들을 말합니다: 얼마나 많은 온갖 종류의 이견들이 하나님 말씀과 관련해서 전하의 도시 츠빅카우에서 생겨났는지를 전하께서 모를 리 없습니다. 저는 무언지 모르지만 모든 것을 새롭게 하려고 하는 자들을 그곳에서 구금시켜 놓았습니다. 이 소요의 주동자들 중 현재 세 사람이 여기에서[1] 등장하였는데, 두 명의 무식한 직물 도제와 세 번째 인물은 학문이 있는 자입니다(literatus).[2]

제가 들어 보았습니다; 그들이 자신들에 관해서 한 말은 그야말로 괴상망측했습니다(mirus): 자기들은 하나님의 분명한 음성(clara voce)으로 인해서 가르치도록 보냄을 받았다; 자기들과 하나님 사이에는 밀접한 대화가 있다(familiaria colloquia); 미래를 예견할 수 있다; 간단히 말해서: 자기들은 예언자들이고 사도들이다 (viros esse propheticos et apostolicos). 그것이 저에게 얼마나 강력하게 감동을 주는지를 말할 수 없습니다. 그들을 무시하지 못하도록 하는(contemni eos nolim) 의미심장한 근거들이 있습니다. 그들이 그 어떤 영들에게 사로잡혔다는 많은 암시들이 있기 때문입니다; 그런데 마르틴만 이 암시들을 확실하게 판단할 수 있습니다. 현재 복음과 또 교회의 영광과 평화가 위태로운 상황이기 때문에 모든 수단을 동원해서 이 사람들과 마르틴이 조우하도록 하는 데에 힘쓰지 않으면 안 됩니다.

이 일이 신속한 판단을 요하지 않아도 될 정도로 중요하지 않다면 제가 전하를 이 편지로 성가시게 하지 않을 것입니다. 한편으로는 우리가 하나님의 영을 질식시키지 않아야 하며(살전 5:19), 다른 한편으로는 우리가 사탄에게 사로잡히지 않아야 합니다.

> 원전: Melanchthons Briefwechsel, hg. v. Heinz Scheible. Band T 1, Stuttgart-Bad Cannstatt 1991, 416f. (Ne. 192,4-22). ─참고문헌: 본문 a)3을 보라.

2. 비텐베르크 시의 규정

1. 일단 분명하게 결의된 바는 교회, 성직들[3], 협동조합들의 수입은 공동 금고(gemeinen kasten)에 두어야 한다. 이를 위해서 시의회와 교회 공동체 각각 두 명의 구성원과 한 명의 서기를 정

해서 이 금액을 수합하고 관리하고 그것을 가지고 가난한 사람들을 부양하도록 한다.

2. 마찬가지로 나중에 한 사제가 죽으므로 공석이 된 사제의 성직록(lehen)에서 나오는 수입도 동일한 공동 금고에 두고 (성직록)을 앞으로는 분여하지 않아야 한다.

3. 나이나 병 때문에 일하기 힘든 걸인들도 우리 도시에서는 용인하지 않아야 한다. 그들을 일하도록 만들든지 아니면 이 도시에서 추방해야 한다. 질병과 같은 재난으로 인해서 또는 가난 때문에(정말로) 궁핍한 자들은 그런 일을 하도록 임명된 사람들을 통해서 공동 금고에서 적당하게 공급받도록 해야 한다.

4. 이와 같이 걸식 종단들이 우리 곁에 구획[4]을 가지면 안 된다.

5. 이와 똑같이 수도사가 우리 도시에서 구걸하는 것을 허락하면 안 된다. 그들은 이제까지 갖고 있던 수입으로 그리고 나아가서 자기들의 손으로 생계를 유지하고 먹고 살아야 한다.

6. 또한 수도원이 현재 소유하고 있는 성배와 평화의 입맞춤반[5]과 성체 현시대[6]들에 관한 목록도 만들어졌다; 이와 유사하게 그들이 소유하고 있으며 매년의 수입으로 가지고 있는 그들의 모든 수입이 기록되었다.

7. 또한 외부 학생(schuler)은 우리 도시에 받아들이면 안 된다. 하지만 혹시 한 명 아니면 많은 사람들이 우리에게 와서 공부하기 원하면 스스로 생계를 꾸려야 한다. 구걸이나 또는 자선 요청을 우리가 허용하지 않기 때문이다.

8. 또한 면죄부 설교자들[7]과 교회 건축 기금 요청자들[8]도 용인하지 않아야 하는데, 모든 교회가 넘치도록 세워졌다는 사실 때문이다.

9. 공동 금고에서 별수 없이 자기들의 일을 매일 할 수 없는 가난한 수공업자들에게 돈을 빌려주어서 먹고 살 수 있게 해야 한

다; 하지만 정한 기한이 지난 후에는 이자는 없이 갚아야 한다. 그런데 다시 갚을 능력이 없는 자에게는 하나님의 이름으로 면제해 주어야 한다.

10. 또한 공동 금고로부터 가난한 고아들 — 특히 처녀들 — 그밖의 가난한 사람들의 아이들을 적당한 방식으로 부양하고 공급해주어야 한다.

11. 그런데 그 수입이 그런 선한 일에 충분하지 않거나 많이 모자라면 각 사람이 — 사제든 시민이든 — 자기 소유에 비례해서 매년 일정액의 돈을 궁핍한 사람들 생계를 위해서 제공해야 한다.

12. 현재 우리에게 있는 사제들은 그 수입을 이 공동 금고에 수납되었기 때문에 매년 6굴덴을 지급받도록 한다. 이들이 이행하고 있는 밤 기도[9]를 위해서 그들은 매년 8굴덴을 받았었다; 하지만 진혼 미사와 밤 기도가 폐지되었기 때문에 같은 액수를 위해서 가난한 자와 병든 자들을 심방하고 고난 중에 있는 그들을 위로해야 한다. 하지만 누구에게도 유언장을 쓰도록 부추기면 안 된다.[10]

13. 또한 우상 숭배를 피하기 위해서[11] 교회에 있는 성상들과 제단들도 제거하여야 한다, 성상이 없는 세 개의 제단이면 넘치도록 충분하기 때문이다.

14. 미사는 그리스도께서 성만찬 시에 제정하신 것일 뿐이다. 그렇지만 믿음을 위해서 몇 소절만 노래로 불러야 한다: 그저 "de tempore"를, 그런데 "de sanctis"[12]는 부르지 말아야 하고, 그밖에 이런 것을 불러야 한다: Introitus, Kyrie eleison, Gloria in excelsis et in terra, 헌금송 또는 Preces, 서신, 부속 찬가 없이 Graduale만, 복음, Credo, Offertorium, Präfation, 대카논과 소 카논[13]은 성경에 부합되지 않기 때문에 뺀 Sanctus. 이어서 복음적인 성찬이 시작된다: 처음 성찬에 참여하는 자가 있으면 사제는 그렇게 축복을 한다; 없으면 성찬을 봉헌하고 본인의 의사가 있으면 자기가 받는다; 이어서 "Ite missa est"는 하지 않

고 헌금송과 함께 마무리한다. 성찬을 받는 자들은 봉헌된 성체를 손으로 받아서 스스로 입에 가져가도 되며, 마찬가지로 잔도 그렇게 손으로 받아 마신다.

15. 우리는 앞으로 성적으로 절제 되지 않는 인물들이 계속해서 우리 곁에 머물게 하지 않을 것이고 그들은 결혼을 하여야 한다. 하려고 하지 않는다면 - 그들이 정착민이면 - 쫓아 내어야 한다; 그런데 정착하지 않은 자들이라면 특히 그들을 용인한 집주인이 엄한 처벌을 받아야 하며 그들은 그리고도 음란한 태도나 삶을 지속한다면 도시에서 추방 받아야 한다.

16. 우리의 이웃과 거주자가 이자로 지나치게 부담을 받아서 이제까지 100굴덴에서 이미 5굴덴이나 6굴덴을 주었거나 아니면 지불해야 하는데 그만한 능력이 없으면 공동 금고에서 금액 중 상당 부분을 그들에게 주고자 한다: (말하자면 조건은) 그들이 본래 금액을 다 갚기까지 매년 공동 금고에 100굴덴에 4굴덴을 이자로 내어야 한다. 하지만 우리의 종교성을 고려할 때도 우리가 확신하는 바는 그들이 이 부분에서 기독교적인 사랑에 전력투구를 하겠다는 것과 거기에 동의를 표하는 것이다.

17. 또한 특별히 주목해야 할 것은 학교에 공부를 위해서 보내었지만 가난 때문에 계속할 수 없는 가난한 사람들의 아이들이 재정을 얻어서 항상 거룩한 복음과 성경을 가르칠 지식인을 접할 수 있게 되고 또 세속 정부도 능력 있는 인물의 부족을 겪지 않게 하는 것이다; 그렇지만 능력이 없는 자들은 수공업이나 노동을 하도록 해야 하는데, 이렇게 구분을 하는 것도 특별히 주의가 필요하기 때문이다.

원전: Martin Luther, Studienausgabe, hg. v. H.-U. Delius. Bd. 2, Berlin ²1992, 525-529. ─ 참고문헌: 본문 a)3을 보라.

3. 루터의 개입: 첫 번째 사순절 설교(1522년 3월 9일)

친우들이여, 여기서 각 사람은 자기가 행할 수 있는 바를 할 것이 아니라 바울이 말한 바와 같이 자기 형제에게 유익하거나 도움이 되는 바가 무엇인지 살펴보는 것입니다: "Omnia mihi licent, sed non omnia expediunt": "모든 것이 가하나 모든 것이 다 유익한 것이 아니요"(고전 6:12). 왜냐하면 우리는 모두가 똑같이 믿음이 강하지 않으며, 당신들 중 더러는 나보다 더 강한 믿음이 있기 때문이지요. 그러므로 우리는 우리 자신과 우리의 능력을 바라볼 것이 아니라 우리 형제의 능력을 보아야 하는데, 이는 하나님께서 모세를 통해서 이렇게 말씀하셨기 때문입니다: "사람이 자기의 아이를 안는 것 같이 내가 너를 안고 키웠느니라"(민 1:31 참조).

엄마들이 자기 자식에게 하는 것이 무엇인가요? 우선은 젖을 그리고 나서 죽을, 그 다음에 계란과 부드러운 음식을 줍니다. 처음에 주는 것으로 단단한 음식을 준다면, 아이에게 좋을 리가 없습니다. 우리도 이와 같이 우리 형제에게 행해야 합니다: 한동안 참고 그의 연약함을 받아주고 도와주고 그가 강해지기까지 우리에게도 그러했던 것처럼 젖도 주어서 우리만 하늘로 갈 것이 아니라 아직은 우리 친우가 아닌 우리의 형제들도 데리고 가야 합니다.

그러므로 조심스러우며 겸손하게 행하며 서로 존중하고 서로 손을 내밀어주고 서로 도웁시다. 저도 도리를 따라 저의 본분을 다할 것입니다. 그래서 제가 저의 영혼을 염려하듯 당신들을 염려하고 있습니다. 이는 우리가 교황이나 주교가 아니라 마귀와 싸우고 있기 때문입니다. 마귀가 잠들어 있다고 생각하지 마십시오. 잠든 것이 아니라 참 빛이 떠오르고 있는 것을 보고 있습니다. 그 빛이 눈에 들어오게 하지 않으려고 옆에서 엄습하려 하고 있으며, 우리가 주의하지 않으면 그렇게 하려고 합니다. 저는 마귀를 잘 알고 있으며 또한 하나님이 원하시는 바와 같이 그를 지배하기를 바라고 있습니다. 우리가 그에게 단 한 발자국만 기회를 주면 그를 다시 놓치게 되는 것을 우리가 볼 수밖에 없습니다.

  때문에 미사를 폐지하는 것을 돕고 동의하였던 사람들은 모두 오류를 범하였습니다 ― 하지 않았어야 한다는 것이 아니라 질서 있게 이루어지지 않았습니다. 당신은 이렇게 말합니다: "성경에 근거해서 정당하다." 저도 그렇게 고백합니다, 하지만 질서는 어디에 있습니까? 경솔하게(in eym frevel) 이루어졌고, 질서는 없고 이웃에게는 불쾌함입니다. 사전에 진심으로 기도하고 당국을 동참시켰어야 했습니다. 그랬다면 그 일이 하나님으로부터 이루어졌다는 것을 알았을 겁니다. 선하기만 했다면 저도 기꺼이 시작했을 겁니다. 그리고 미사와 관련해서 그 일이 그렇게 악한 일이 아니라면 저는 다시 시도하겠습니다. 저는 그 일을 비난할 수 없고 바로 이 자리에서도 비난하지 않았기를 바랍니다. 교황주의자들과 악의적인 사람들 앞에서 어렵지 않게 그렇게 할 것입니다. 왜냐하면 그 일 자체는 선하다고 할지라도 저는 이렇게 말할 것이기 때문입니다: "그것이 선한 영 안에서 일어났는지 아니면 악한 영 안에서 일어났는지 당신이 어떻게 아는가? 하지만 마귀 앞에서는 공격을 할 수 없을 겁니다. 만일에 마귀가 이 일을 시작한 자의 임종 시에 꾸짖기를 이 말씀이나 비슷한 말: 내 아버지께서 심으시지 않은 것은 뽑힐 것이니"(마 15:13) 또는 "이 선지자들은 내가 보내지 아니하였어도 달음질하며"(렘 23:21) 같은 말로 꾸짖는다고 합시다. 우리가 어떻게 감당하고자 합니까? 그가 이들을 지옥으로 보낼 것입니다.

  그런데 저는 그의 면상에 칼날을 들이대려고 하는데[14] 이 날로 인해서 세상에서 그의 입지가 좁아질 것입니다. 제가 아무리 방어를 했다지만 시의회가 저를 설교자로 초빙했다는 것을 제가 알기 때문입니다. 이와 같이 저 자신에게 하듯이 당신들에게 또 당신들은 저에게 이 문제에서 물어볼 수가 있었습니다. 정말로 저는 그렇게 멀리 떨어져 있지 않았으며, 서면으로 당신들은 저와 연락이 닿을 수 있었습니다. 비록 제가 아주 조그마한 문서도 이리로 보내지 않았는데도 당신들은 무엇인가 시작하고자 하며, 그에 대해서 저는 책임을 져야 합니다. 저에게는 너무 어려운 일일 것입니다. 그것을 하지 않고 있습니다. 여기에서 사람들은 당신들이 그토록 놀라운 성경지식이 있어도 영을 가지고 있지 않다는 것을 눈치챕니다. 두 부분을 주목하십시오: 필연적임과 열려 있음. "필연적임"은 필연적으로 요구되며 불변하는 어떤 것을 뜻합니다. 그것은 내게서 제하면 안 되고 항상 내 마음에 간직해야 하며 모든 사람 앞에서 자유롭게 고백해야 하는 믿음입니다. 그런데 "열려 있음"은 나의 재량으로 주어져 있는 어떤 것을 말합니다. 그것을 사용할 수도 아니면 포기할 수도 있는데, 나의 형제가 이득을 보는 것이지 내가 보는 것이 아닌 방식으로 되는 것입니다. 당신들이 해 왔던 것처럼 제게 필연적임에서 열려 있음을 만들어내지 마십시오. 그렇게 함으로 당신들의 사랑스럽고 자유로운 자유로 잘못 인도한 사람들에 대해서 책임져야만 하는 일이 일어나지 않게 하십시오.

원전: Martin Luther, Studienausgabe, hg. v. H.-U. Delius. Bd. 2, Berlin ²1992, 531,25-532,10; 532,29-534,3. — 참고문헌: H. Barge, Andreas Bodenstein von Karlstadt. Bd. 1: Karlstadt und die Anfänge der Reformation, Nieuwkoop ²1968; P. Wappler, Thomas Müntzer in Zwickau und die >Zwickauer Propheten<, Gütersloh 1966 (SVRG 182); H. Junghans, Freiheit und Ordnund bei Luthers Reformation, Kirche in Sachsen. Ausgewählte Aufsätze, hg. v. M. Beyer u. G. Wartenberg, Leipzig 2001 (Arbeiten zur Kirchen-und Theologiegeschichte 8), 111-120; H.S. Bender, Die Zwickauer Propheten, Thomas Müntzer und die Täufer, in:

> A. Friesen u. H.-J. Goertz (Hg.), Thomas Müntzer, Darmstadt 1978 (WdF 491), 115-131; U. Bubenheimer, Luthers Stellung zum Aufruhr in Wittenberg 1520-1522 und die frühreformatorischen Wurzeln des landesherrlichen Kirchenregiments, in: ZSRG.K 71 (1985) 147-214; St. Oehmig, Die Wittenberger Bewegung 1521/22 und ihre Folgen im Lichte alter und neuer Fragestellungen. Ein Beitrag zum Thema (Territorial-)Stadt und Reformation, in: ders. (Hg.), 700 Jahre Wittenberg. Stadt-Universität - Reformation, Weimar 1995; R. Wetzel, Melanchthon und Karlstadt im Spiegel von Melanchthons Briefwechsel, in: S. Looß u. M. Matthias (Hg.), Andreas Bodenstein von Karlstadt (1486-1541). Ein Theologe der frühen Reformation, Wittenberg 1998, 159-222; S. Bei der Wieden, Luthers Predigten des Jahres 1522. Untersuchungen zu ihrer Überlieferung, Köln u.a. 1999 (AWA 7); U. Bubenheimer/St. Oehmig (Hg.), Querdenker der Reformation – Andreas Bodenstein von Karlstadt und seine frühe Wirkung, Würzburg 2001; J.-M. Kruse, Universitätstheologie und Kirchenreform. Die Anfänge der Reformation in Wittenberg 1516-1522, Mainz 2002 (VIEG 187), 279-389.

b) 오를라뮌트의 평신도 신학자들

그때 마르틴 루터가 물었다: "당신들이 열광주의자들이라는 것을 내가 벌써 알았더라면, 물론 지금은 안다. 당신들 모두가 내 눈앞에서 불길처럼 타오르는데—나를 먹어치우려고 하지 않겠는가?" 그리고 바로 이어서 이렇게 말하기 시작하였다: "당신들은 성경 어디에서 성화를 제거(abthun)해야 한다는 것을 증명하려고 하는가?" 그때 시의회에서 한 사람이 말하였다: "박사님, 형제이며 친구여 (freuntlicher bruder) 당신은 제게 모세가 십계명 해석자라는 것을 인정하겠습니까?" 마르틴 루터가 대답하였다: "예." 그 사람이 이어서 말하였다: "십계명에 기록되어 있습니다: '너는 다른 신을 두지 말라', 그리고 이어서 모세의 해석에 이렇게 나옵니다: '너는 모든 성화를 제하고 하나도 남기지 말라'" 마르틴이 말하였다: "맞습니다, 그것은 우상과 관련된 것입니다. 사람들이 숭배하는 것이 우상입니다. 그런데 내가 숭배하지 않는 그 벽에 있는 십자가가 무슨 해가 됩니까?" 한 제화공이 말하였다: "저는 자주 벽에 있는 화상 앞에서 아니면 길에서 내 모자를 벗었습니다. 이것이 우상숭배요, 하나님 앞에 불경이며 가난한 자들에게 큰 해가 됩니다. 그러므로 어떤 상도 가지면 안 됩니다." 마르틴이 말하였다: "그러면 당신은 불미스러운 일의 위험 때문에 여자들도 죽여야 하고 포도주도 버려야 합니다." 공동체에 있던 다른 사람이 대답하였다: "그렇지 않지요, 그것은 하나님의 피조물(Creatur)입니다. 부인들은 우리의 배필로 만들어져서 우리가 정숙하게 살게 되고 그들에게 의존하고 있기 때문입니다(uns zur hilffe und enthaltungen unnd notturft); 하나님은 그들을 죽이지 말라고 우리에게 명령했습니다. 하지만 사람의 손으로 만들어진 화상들은 제하라고 우리는 명령을 받았습니다." 마르틴 박사는 "우상이 되는 상들"이라는 말을 견지하였다. 제화공이 또 말하였다: "그렇습니다, 모세에게는 모든 화상이 금지되어 있지 않았다면 당신에게 인정하겠습니다." 마르틴 루터가 말하였다: "성경에 기록되어 있지 않습니다." 제화공이 말하였다: "가능한 모든 금액을 냅니다(es gelt was du wilt)", 그리고는 서로 손바닥을 마주치고 내기에 돌입하였다.

　제화공이 말하였다: "하나님께서 '나의 신부가 벌거벗기 원하며 그에게 옷을 입히지 않겠다'[15]고 하나님이 말씀하신 것은 무슨 의미입니까?" 그러자 마르틴이 주저 앉아서 자기 얼굴을 쓰다듬고 생각하고는 말하였다: "아이고, 들어보시오, 뜻하는 것은: 화상들을 제거한다는 것이요, 아이고, 이 무슨 희한한 독일어란 말인가!" 다른 사람이 말하기 시작하였다: "참으로 뜻하는 바는: 하나님께

서는 영혼이 벌거벗는 것, 그러니까 모든 피조된 것들로부터 자유롭게 되는 것을 원하신다는 것입니다; 그리고 이미 우리에게 허락이 된 피조물로 만족한다면 영혼은 화상들로 일그러진 것입니다 (verbildet): 영혼이 그 금지된 화상들을 즐긴다면 얼마나 더 많이 영혼은 뒤덮여지고 둘둘 말려지겠습니까?" 그 사이에 어떤 사람이 모세의 책을 가져와서 마르틴에게 다음 본문을 읽어주었다: "'여호와께서 호렙산 불길 중에서 너희에게 말씀하시던 날에 너희가 어떤 형상도 보지 못하였은즉 너희는 깊이 삼가라. 그리하여 스스로 부패하여 자기를 위해 어떤 형상대로든지 우상을 새겨 만들지 말라. 남자의 형상이든지 여자의 형상이든지 땅 위에 있는 어떤 짐승의 형상이든지 하늘을 나는 날개 가진 어떤 새의 형상이든지 땅 위에 기는 어떤 곤충의 형상이든지 땅 아래 물 속에 있는 어떤 어족의 형상이든지 만들지 말라. 또 그리하여 네가 하늘을 향하여 눈을 들어 해와 달과 별들 하늘 위의 모든 천체 곧 너희의 하나님 여호와께서 천하 만민을 위하여 배정하신 것을 보고 미혹하여 그것에 경배하며 섬기지 말라' (신 4:15-19). 여기에서 분명하게 드러나는 것은 우상이 되는 화상만 금지된 것이 아니라 기독교인들은 그 어떤 형상도 만들거나 가지면 안 된다는 사실입니다." 이어서 마르틴이 "다른 이를 섬기지 말라"는 말도 있으니 하나님께서 숭배하는 자들을 생각하신 것이라고 말하였다. 그러자 무리 중 하나가 말하였다: "본문에는 '숭배'가 아니라 '절대로 아무 것도 만들거나 가지지 말라'고 되어 있다. 숭배한다는 것은 하나님께서도 특정 구절에서 금하신 하나의 특정한 범죄이다." 마르틴이 말하였다: "계속 읽으라!" 그래서 그가 읽었다: "별과 해와 달을 숭배하려고 네 눈을 하늘로 들어 올리지 말라." 마르틴이 질문하며 말했다: "어찌해서 이런 것들까지 제거하지 않는가?" 그러자 수선공이 대답하였다: "하늘의 별은 우리 손으로 만들어진 것이 아니다. 그래서 하나님께서 제거하도록 별을 우리 손에 주시지 않았다. 하나님이 성상제거처럼 금하시지 않았기 때문에 그렇게 하면 안 된다."

그러자 마르틴이 말하였다; 그가 다시 한 번 "숭배 받는 성상들"에 관해서 언급하였다. 그때 시장이 말하였다: "들으라, 친애하는 주군들이여, 들으라!" 그때 커다란 적막이 흘렀다. 그가 이어 나갔다: "친애하는 주군들이여, 들으라, 우리는 정확하게 하나님의 말씀을 붙들고 있는데, 그 이유는 이렇게 기록되었기 때문이다: '너희는 가감하지 말지어다'(신 4:2)." 풍채 좋은 설교자가 말하였다[16]: "친애하는 원로들이여, 잠잠하라!" 마르틴이 다시 말하였다: "당신들은 나를 정죄하였습니다." 그 수선공이 대답하였다: "당신이 정죄 받고자 한다면 나는 하나님과 하나님의 진리를 대적해서 읽고 말하는 자들마다 정죄된 것이라고 생각한다." 마르틴이 말하였다: "그런 말은 길바닥의 아이들도 내게 말했을 수 있는 말이다." 그리고는 일어나서 마차로 향하였다.

> 원전: WA 15, 345,20-347,11. —참고문헌: V. Joestel, Ostthüringen und Karlstadt. Soziale Bewegung und Reformation im mittleren Saaletal am Vorabend des Bauernkrieges (1522-1524), Berlin 1996; V. Leppin, Stadt und Region im mittleren Saaletal. Zu den Einflüssen Karlstadts auf die Jenaer Reformation, in: Irene Dingel u. Günther Wartenberg (Hg.), Reformation und Region. Vorträge der III. Wittenberger Frühjahrstagung im Druck.

c) 칼슈타트의 영성주의에서 나타나는 종교개혁자들의 내분: 칼슈타트, 예수 그리스도 성례전의 오용에 관한 대담(1524)

겜저: 이렇게 기록되어 있지 않습니까: "인자의 살을 먹고 피를 마시지 않으면 너희 안에 생명이 없으리라"(요 6:53) 피터: 이 말을 그리스도께서는 다음과 같이 말씀하신 곳에서 하지 않았나요:

"빵을 받아 먹으라" 겜저: 아니지요, 다른 곳에 있습니다. 피터: 그렇지요, 그리스도께서 이렇게 말한 곳이지요: "육은 무익하니라"(요 6:63). 겜저: 맞습니다. 피터: 그러니까 그리스도의 육을 받는 것도 무익합니다. 이어서 제가 묻습니다, 혹시 그리스도께서는 방금 언급한 말씀을 가지고 우리가 그분의 살을 먹고 피를 마시지 않으면 우리 안에서 생명을 느끼지 못하게 되리라는 것을 말하려고 하신 것은 아닌가요. 겜저: 맞지요. 피터: 그것을 받아들인다면 당신은 그리스도의 살을 먹는 것은 그리스도의 고난을 내적으로 맛본다는 것이며, 그 의미는 인자가 올리운 것은 그를 바라보는 자마다, 그러니까 그를 믿는 자는 모두 멸망하지 않고 영생을 얻는다는 것에도 동의해야 됩니다. 겜저: 저는 당신을 절대로 비난하지 않습니다. 피터: 그리스도를 받는다는 것은 또한 그리스도를 받아들인다는 것이고, 곧 그리스도를 마음으로 전심으로 깨닫는 것을 말합니다. 겜저: 그것이 성례에 담겨 있습니다. 아무리 성례를 한 번도 받지 않은 자라도 혹시 그것 말고는 의롭게 되었다면 복을 받을 것입니다. 하지만 그리스도를 맛보지 않고 복을 얻는다는 것은 불가능합니다. 그리스도를 사랑함이 없는 자는 의롭다 칭함 받을 수 없습니다. 이사야 53장 4-5절. 성례전은 필요치 않지만, 그리스도를 아는 것은 필요합니다. 그리스도께서 성례전을 제정하시기 훨씬 오래 전에 이렇게 말씀하신 것을 당신은 압니다: "너희가 인자의 살을 먹지 아니하면 등등." 때문에 당신은 그리스도의 말씀을 바르게 제시한 것이 아닙니다.

겜저: 작은 단어 하나, 곧 성례전적(sacramentaliter)이라는 말이 있는데 많은 질문에 답을 해 주는 말입니다. 피터: 미련한 자들에게는 그러하지요. 하지만 지혜로운 자들에게는 아무런 소용이 없는데, 그 이유는 하나님을 아는 자들은 그리스도의 말씀을 가지고 말합니다: 성례전적으로, 곧 영적으로 우리가 주님의 살을 먹어야 한다. 성례전적으로는 주님의 살은 자연적이고 외적인 그리

스도 살 먹음 이상으로 더 유익한 것을 가져 오지 않습니다.······
성례전적으로 그리스도의 몸은 아무런 유익이 없는데, 이는 사람
이 그리스도의 죽음과 부활을 이해할 수 없기 때문입니다. 이 때
문에 몸을 성례전적으로 이해한다면 육신적으로도 영적으로도 아
무런 유익이 없고, 그저 아무 것도 아닙니다. 젬저: 이로써 당신은
교황의 얼굴 전체가 흑색이 될 정도로 귀싸대기를 올렸습니다. 피
터: 또한 그와 함께 모든 교황주의자들을 그렇게 한 거지요. 젬저:
또한 새로운 교황주의자들도요. 하지만 우리가 그리스도의 몸을
영적으로 받아들이거나 받기 위해서는 무엇을 해야 할까요? 피터:
그대로 두고 아무 것도 하면 안 됩니다. 젬저: 이해가 안 됩니다.
간단히 말해주세요: 당신이 말하는 대로 주님의 빵을 우리가 어떻
게 합당하게 받아야 할까요? 피터: 주님의 빵을 먹으려고 하면서
거기 있는 그리스도의 몸을 전심으로 기억하고자 하며 이것을 외
적으로 공동체 안에서 증명하고자 하는 사람은 그리스도께서 이렇
게 말한 바와 같이 빵을 받을 자격이 있습니다: "이것을 행하여
나를 기념하라." 그리스도를 올바르게 기념하려고 하지 않는 자는
그리스도께서 원하는 만큼 합당하지 않습니다.

원전: Karlstadts Schriften aus den Jahren 1523-1525, hg. v. E. Hertzsch, Bd. 2, Halle/Saale 1957, 24,14-25,7.14-30. ―참고문헌: R. J. Sider, Andreas Bodenstein von Karlstadt. The Development of His Thought 1517-1525, Leiden 1974 (SMRT 11); A. Zorzin, Karlstadt als Flugschriftenautor, Göttingen 1990 (GTA 48); R. Ponader, >Caro nichil prodes. Joan. Vi. Das fleisch ist nicht nutz / sonder der geist.< Karlstadts Abendmahlsverständnis in der Auseinandersetzung mit Martin Luther 1521-1524, in: S. Looß u. M. Matthias (Hg.), Andreas Bodenstein von Karlstadt (1484-1541). Ein Theologe der frühen Reformation, Wittenberg 1998, 223-245.

1) 멜란히톤은 비텐베르크에서 글을 쓰고 있다.
2) 마르쿠스 토매는 비텐베르크에서 공부하였다.
3) 인쇄의 전단계를 보여주는 것 같은 한 츠비카우 필사본은 여기에서 "조합들"을 말하고 있다.
4) 탁발종단들이 탁발행위를 수행할 수 있는 경계가 매겨진 구획.
5) 상아, 대리석이나 귀금속으로 된 쟁반인데, 성만찬 전에 평신도들에게 평화의 입맞춤(oscula pacis)을 하도록 제시되었다.
6) 제의용 기구로서 그 안에 성체가 전시되었다.
7) 부분적으로는 공동의 유익을 목적(교회 건축 같은)으로 하는 기부를 모으는 면죄설교자들.
8) 교회 건축을 위해서 간구하는 수도승들
9) 최고의 축일 앞에 있는 야간 기도들 또는 성무일도의 한 부분.
10) 곧, 그들은 이러한 상황에서 누구에게도 자기들에게 유익이 되도록 유언을 하도록 부추기면 안 된다.
11) 칼슈타트는 1522년 1월 성상을 반대해서 과격하게 선언하였고, 2월에 시교회에서 성상을 제거하는 일이 벌어졌다.
12) 교회력에 따라서 바뀌는 미사형식들만 사용되어야 하며, 개별적인 성인들 축일을 위한 것은 사용하면 안 된다.
13) 성물의 변화를 위한 성만찬 기도를 제시하는 대미사기도, 작은 봉헌기도.
14) 오늘날의 "가슴에 품는 권총"에 해당한다.
15) 아마도 에스겔 16장 39절을 생각하는 것 같다.
16) 바이마르 궁정 설교가 볼프강 슈타인으로서 이 사람은 루터의 여정에 함께 하였다.

29. 토마스 뮌쳐의 신비주의와 천년왕국설을 아우르는 신학

칼슈타트와 비슷하게 토마스 뮌쳐(1468/70-1525)도 중세 후기 신비적 유산을 간직하고 있었지만 이 유산을 그가 자기 시대를 이 땅에서의 그리스도 통치가 시작되기 전 마지막 때라고 보도록 만든 천년왕국설의 요소를 가운데 두고 확장시켰다. 그런 식으로 윤색된 설교는 1520년 5월부터 츠비카우의 마리아 교회에서의 설교 자리를 얻고 "츠비카우 예언자들"과 접촉을 할 때 이미 옛 신앙을 가진 자들과 충돌하게 했지만 루터 추종자들과도 상충하도록 만들었다. 시의회가 1524년 해임을 시키자 그는 프라하로 가서 1521년 만성절에 보헤미아 사람들과 모든 기독교 세계에 보내는 편지로 소위 말하는 프라하 선언을 작성하였다(본문 a). 이미 여기에 내포되어 있는 생각, 곧 하나님께서는 자신의 나라를 이룩하시는 데에 선택된 자들을 사용하신다는 생각은 1523년 4월부터 작센의 작은 외지 알슈테트에서 목사직을 얻은 그에게 이 전투를 감행할 수 있는 사회적으로 동질화시킬 수 있는 그룹들을 구하도록 만들었다: 1524년 7월 13일 공작 요한과 선제후 요한 프리드리히가 알슈테트 성에 머물 때 한 설교 안에서 그 그리스도 나라를 위한 선봉대로 만들려고 시도하였다(본문 b). 이렇게 1524년 시작된 농민반란을 커다란 역사의 전기의 상징으로 보며 그에 걸맞게 당국과 싸우는 자로 만들도록 한 것은 독특한 사회혁명적인 사고일 수는 없었다(본문 c). 프랑켄하우젠 살육에 그 자신이 참여함으로 체포되고 나서 5월 27일 처형되었다. 그는 농민들의 패배의 근거는 이들이 하나님의 영광이 아니라 자기들의 영광을 구한 탓이었다고 보았다.

a) 프라하 선언(1521. 11. 1)

기독교 세계의 그 감당할 수 없으며 쓰라린 상처를 나는 온 힘을 다해서 고대 교부들의 역사를 읽고 나서 **뼛속 깊이** 받아들였다. 사도들의 제자들이 죽고 나서 순결한 처녀 교회가 영적 간음으로 창녀가 되었다고 나는 확신한다. 말하자면 항상 높은 데 앉고 싶어 하는 지식인들 때문에 그렇게 되었다; 이것을 헤게지프스[1]가, 그 다음에는 에우세비오스[2]가 4권[3] 22장에 기록하고 있다. 또한 나는 어떤 공의회에서도 진실한 하나님 말씀의 생명력 있는 규정을 따른 참된 증언을 볼 수가 없다. 어린 아이 같은 장난뿐이었다. 이 모든 것을 관대하신 하나님의 뜻이 허락하심으로 인간이 할 수 있는 모든 것이 드러날 수 있게 되었다.
  그런데—하나님께 감사합시다—성직자들과 경박한 자들이 기독교의 교회라는 식의 모습이 계속될 수 없을 것이다. 오히려 바울이 가르치는 것처럼 그 선택받은 하나님 말씀의 친구들이 예언하는 것도 배움으로 하나님께서 얼마나 친근하게—아, 아주 진심으로 기쁘게—자기가 선택한 자들과 말씀하시는 지를 진정으로 경험하게 되어야 한다.
  그런 말씀을 드러내놓고 알리기 위해서 나는 내 생명을 하나님 때문에 바칠 준비가 되어 있다. 하나님께서 놀라운 일을 자기의 택한 자들과 함께 하실 것인데, 우선적으로 이 땅에서 하실 것이다. 왜냐하면 새로운 교회가 여기에서 시작될 것이며, 그래서 이 백성이 온 세상의 거울[과 표본]이 될 것이기 때문이다.
  때문에 나는 한 사람에게 하나님 말씀을 방어할 수 있는 일에 도움을 주라고 호소한다.

> 원전: Thomas Müntzer, Schriften und Briefe, hg. von G. Franz, Gütersloh 1968 (QFRG 33), 493,31-494,20. —참고문헌: H.-J. Goertz, >Lebendiges Wort< und >totes Ding<. Zum Schriftverständnis Thomas Müntzers im Prager Manifest, in: ARG 67 (1976) 153-177; S. Hoyer, Thomas Müntzer und Böhmen, in: S. Bräuer/H. Junghans (Hg.), Der Theologe Thomas Müntzer. Untersuchungen zu seiner Entwicklung und Lehre, Göttingen/Berlin 1989, 359-370 —본문 d도 보라.

b) 다니엘서 2장에 관한 "제후들 설교"(1524년 7월)
  이제 어떻게 장어와 뱀이 한 무더기로 섞여 있는지를 잘 보고 있습니다. 목회자들과 모든 악한 성직자들은 세례 요한이 말한 바와 같이(마 3:7) 뱀들입니다; 그리고 세속 군주들과 통치자들은 레위기 11장 9-12절에서 물고기(의 모양) 등등으로 나타나고 있듯이 장어들입니다. 마귀의 나라는 흙을 가지고 덮어쓰고 있습니다.

아, 친애하는 군주들이여, 여호와께서 얼마나 멋지게 철장을 오래된 질그릇들 가운데로 내던지시겠습니까(시편 2장 9절). 때문에 가장 존귀하신 친애하는 통치자들께서는 당신들의 깨달음을 하나님의 말씀 탓에 바르게 체험하고 있으며 그 위선적인 목회자들에게 휘둘리지 않고 인내와 자비로 그 허무맹랑한 것들을 잘 견뎌내고 있습니다. 왜냐하면 사람의 손으로 떠 오지 않은 돌이 커졌기 때문입니다. 불쌍한 평신도들과 농부들은 그 돌을 당신들보다 훨씬 분명하게 보고 있습니다. 그렇습니다. 하나님께 영광을 돌립니다. 그 돌이 아주 커져서 다른 군주들이나 이웃들이 복음 때문에 당신들을 박해하려고 한다면 그들은 자기 백성들로부터 쫓겨날 것이기 때문입니다. 물론 저는 이것을 압니다. 그 돌은 훨씬 작을 때 그들에게 굴러 떨어졌습니다.

그 돌이 크고 힘 있게 된 다음인 지금 우리는 무엇을 해야 할까요? 그 돌이 아주 엄청난 모습으로 경각간에 거대한 기둥에 부딪혀서 박살을 내고 나면 어떻게 하시겠습니까? 그러므로 귀하신 작센의 군주들이여, 성 베드로가 했듯이(마 16:18) 담대히 모퉁이 돌 위에 서서 하나님의 뜻이 주시는 흔들리지 않음을 구하십시오! 그분의 뜻이 당신들을 돌 위에서 잘 붙들어주실 것입니다(시 40:3). 당신들(의 길)이 바를 것입니다; 오직 곧바로 하나님의 의를 구하며 복음의 일에 용감하게 착수하십시오! 왜냐하면 하나님께서는 당신들이 믿을 수 없을 만큼 가까이 계시기 때문입니다. 그렇다면 어찌해서 사람이 만들어낸 것 앞에서 뒷걸음치려고 합니까?(시 118:6)

여기서 본문을 정확히 보십시오. 느부갓네살 왕은 지혜로운(상징을 해석하는) 자들을 죽이려고 했는데, 이는 그들이 그에게 꿈을 해석해줄 수 없었기 때문입니다. 그것은 그들이 벌어들인 것이었습니다. 그의 온 나라를 그들은 자기들의 지혜로 통치하려 했고 그들이 그 자리에 있는 목적이 되는 것은 할 수 없었습니다. 바로 우리의 성직자들이 그러합니다. 제가 당신들께 분명하게 말합니다. 만일 당신들이 기독교가 입은 상처를 아주 잘 깨닫고 바르게 파악한다면 (이스라엘의) 왕 예후(왕하 9장 10장) 그리고 묵시의 책 전체가 말하는 것과 같은 그런 분노에 빠질 것입니다. 물론 당신들이 검에게 폭력을 주지 않을 정도로 제어하기는 쉽지 않으리라는 것을 저는 압니다. 왜냐하면 거룩한 기독교 세계가 겪은 불쌍히 여기지 않을 수 없는 상처가 이 시대에 말로는 다 할 수 없을 정도로 커졌기 때문입니다. 그 때문에 새로운 다니엘이 일어나서 당신들에게 당신들의 계시를 해석해주어야 합니다. 모세가 신명기 20장 1절에서 가르치듯이 그가 선두에 가야 합니다. 그가 제후들과 치를 떠는 백성들의 분노를 갚아주어야 합니다.

> 원전: Thomas Müntzer, Schriften und Briefe, hg. von G. Franz, Gütersloh 1968 (QFRG 33), 256,10-257,21. —참고문헌: M.G. Baylor, Theology and Politics in the Thought of Thomas Muentzer, The Case of the Elect, in: ARG 79 (1988), 81-102; K. Ebert, Die Obrigkeit im Verständnis Thomas Müntzers, in: ZRGG 41 (1989) 289-301 —본문 d를 보라.

c) 농민들 편을 선택: 한스 차이스[4]가 말하는 알슈테트에서의 뮌처의 설교(1524. 7. 28)

전하!

최근 제가 저의 입장을 내어 놓을 때 알슈테트의 설교자 토마스 뮌처를 소환해줄 것을 요청했습니다. 왜냐하면 그 일이 이루어지지 않으면 소요와 괄목할 만한 폭동으로 이어질 것을 두려워하기 때문입니다. 이것을 나의 자비가 많은 주군인 선제후께서 우호적으로 생각해주셨습니다. 전에 저는 슈팔라틴[5] 선생께 겸손하게 부탁하기를 조심스럽게 동참하고 그 일이 성사되도록 부탁해주기를 구했습니다; 그도 그렇게 하리라고 동의해주었습니다. 어제 온 마지막 소식 때문에 다시 한 번 그에게 그것을 구했지만 지체되었고 그래서 그 일이 세차게 망가졌습니다. 그 때문에 제가 여기 바이마르에서 전하에게 말씀을 드리며 겸손하게 알려드리는 것은 혹시 전하께서도 근래에 들으신 바와 같이 낯선 백성이 알슈테트로 왔으며, 둘러 있는 이웃 지역들이 거기 설교를 들으러 가지 못하도록 주민들에게 금지하고 있다는 것입니다. 하지만 백성들이 거리를 두려고 하지 않았고 그래서 그들을 탑과 지하 감옥에 집단으로 쳐 넣었지만 거기서 나온 자가 그에게로 달려갑니다.……

모든 것이 그 설교자 앞으로 갑니다. 그는 그런 통치에 대해서 분이 가득하고 설교하며 노골적으로 명하기를 그런 무력에 대항하고 복음에 반해서 날뛰는 자들에게 저항하기 위해서 동맹을 (zusamen verbinten) 하라고 합니다. 백성들은 그렇게 하기 시작했고 위에서 말한 바와 같이 알슈테트에 피난처로 모여서 알슈테트의 모든 주민들과 동맹을 맺었습니다. 그는 또 부인들, 처녀들과 방어를 할 수 있는 자 모두에게 쇠스랑과 그런 종류의 것으로 지배자에게 저항하고 스스로를 방어하라고 명령합니다; 이렇게 함으로 알슈테트에 있는 활동욕구가 있는 부인들과 처녀들이 제가 전하에게 보고했던 마지막 전투에서 심지어 그의 명령도 없이 시작하였습니다. 그 설교자는 마지막 주일[6]에 자기는 모든 독재, 곧 복음과 상충하는 자들의 분명한 원수가 되려고 하며 어떤 주군들은 복음과 기독교 신앙에 마주 서 있으며 이 신앙을 말살하려고 하는 것을 분명하게 보라고 설교하였습니다. 그리고 백성들에게 동맹을 맺고 혹시 지배자가 칼을 뽑으면 백성들의 칼도 사용할 것을 심각하게 권하였습니다.……

단순한 백성들(gemein volck)이 그 설교자의 말에서 깊은 확신을 받은 바는 그들이 말하는 바와 같이 작은 무리의 사람들은 두려움이 없으며, 자신들이 믿고 있음을 보여주는데, 그들에게는 그 무엇도 당해낼 수 없고 한 명이 천 명을 죽일 수 있다는 것입니다(신 32:30 참조). 여기에 근거해서 그들이 저항을 합니다(Darauff trutzen sie). 그 설교자는 그들을 달래주었고 주일날 공개적으로 말하기를 하나님을 경외하는 한 사람이 최근에 환상(gesicht)을 보았는데, 곧 제후들, 독재자들 그리고 복음에 저항하는 자들은 모두 겁쟁이이고 겁에 가득 차 있었다는 것입니다. 또한 그들의 심장이 겁이 나서 까맣게 되어 있는 것을 보았다고 했습니다. 때문에 그들은 위로를 받아야 하는데, 이는 변화의 시간이 문앞에 이르렀기 때문이라는 것입니다. 여기에 대해서는 에스겔 34장 2-16절과 다니엘 7장 17-27절이 말하고 있다고 합니다. 그런데 어떤 제후나 군주도 함께 하지 않고 모두가 대적하고 있다는 것을 그는 압니다. 겨우 두 명의 작센의 제후들[7]만이 복음 선포를 허락했지만 대부분은 그렇게 하려고 하지 않고 있습니다; 이것을 전하께서는 성경에서도 찾아 볼 수 있습니다. 전하께 간청합니다. 이 기회에 그 설교자가 두려움도 없이 이 시대에 하나님이 이 일을 하신다고 공개적으로 선포하고 있듯이 제후들이 이 일이 하나님으로부터 왔는지 내적으로 보게 해주시기를 바랍니다; 하나님은 그 어떤 대응과 힘과 도움을 개의치 않고 방해받지 않습니다. 그러한 분이라면 하나님을 대적하면 안 됩니다(행 5:38f.). 그런데 하나님의 뜻이 아니라면 전하는 오직 하나님의 뜻에 따라서 그 일이 정리되도록 하는 데에 마땅한 노력을 하셔야 합니다.

원전: Thomas-Müntzer-Ausgabe. Kritische Gesamtausgabe, hg. v. H. Junghans. Bd. 3: Quellen zu Thomas Müntzer, bearb. v. W. Held u. S. Hoyer, Leipzig 2004, 146,1-147,11; 148,1-15; 149,18-150,9. −참고문헌: T. Scott, The >Volksreformation<

of Thomas Münter in Allstedt and Mühlausen, in: JEH 34 (1983) 194-212; W. Held, Der Allstedter Schosser Hans Zeiß und sein Verhältnis zu Thomas Müntzer, in: ZfG 35 (1987) 1073-1091; E. Wolgast, Die Obrigkeits und Widerstandslehre Thomas Müntzers, in: S. Bräuer/H. Junghans (Hg.), Der Theologe Thomas Müntzer. Untersuchungen zu seiner Entwicklung und Lehre, Göttingen/Berlin 1989, 359-370; T. Quilisch, Das Widerstandsrecht und die Idee des religiösen Bundes bei Thomas Müntzer, Berlin 1999 (Beiträge zur politischen Wissenschaft 113). – W. Elliger, Thomas Müntzer. Leben und Werk, Göttingen ³1976; R. Schwarz, apokalyptische Theologie Thomas Müntzers und der Taboriten, Tübingen 1977 (BHTh 55); E. Wolgast, Thomas Müntzer. Verstorer der Ungläubigen, Berlin ²1988; S. Bräuer/H. Junghans (Hg.), Der Theologe Thomas Müntzer. Untersuchungen zu seiner Entwicklung und Lehre, Göttigen/Berlin 1989; H.-J. Goertz, Thomas Müntzer. Mystiker. Apokalyptiker. Revolutionär, München 1989; G. Seebaß, Art. Müntzer, Thomas, in: TRE 23, 1994, 414-436.

1) 헤게지푸스는 2세기 후반 반영지주의 저술가였다.
2) 가이사랴의 에우세비오스(339년 사망).
3) 에우세비오스, 교회사 IV,22,4 (PG 20,377/384).
4) 한스 차이스(1546/7 사망)는 1513/1525년 알슈테트의 세관원이었다.
5) 게오르크 슈팔라틴(1484-1545)은 1509년부터는 작센 선제후 궁정에서 1516년부터는 문서담당 고위성직에 있었던, 루터와 선제후 가운데에서 중개하는 중요한 인물이었다.
6) 1524년 7월 24일
7) 선제후 지혜자 프리드리히와 공작 요한. 이들은 통치권을 나누고 작센 지역을 과감하게 정리하였다(관할구역으로 나누었다).

30. 재세례파

종교개혁적인 갱신이 진행되던 와중에 몇 년 되지 않아서 루터에게는 논쟁거리가 되지 않는 한 가지가 논쟁으로 발전되었다: 유아세례의 합법성. 이 비판을 위한 중요한 출발점은 츠빙글리가 가진 성례전 이론, 곧 성례는 인간이 하는 서약행위인데, 이것을 인간의 이성적 능력과 결합시킨 것이었다. 이 생각은 콘라드 그레벨(1498-1526)과 펠릭스 만츠(약 1500-1527)를 중심으로 한 일단의 그룹 안에서 호응을 얻었다. 이 그룹은 일단 무엇보다도 분리주의적인 교회론으로 인해서 사회 전체를 기독교식으로 바꾸려는 츠빙글리와 차이를 가지고 있었다(본문 a). 한동안 유아세례를 거부하고 집행을 하지 않았는데, 만츠가 성대한 선언을 하면서 ("Protestation") 의회 앞에서 방어하였던 신학과 실제(본문 b)는 그 후에 1525년 1월 17일 취리히에서 세례 문제에 대한 공개 논쟁으로 발전하였다. 여기에서 츠빙글리는 물론 자기 적들을 궁지로 몰아넣었다. 이 논쟁과 그에 따른 의회의 결정에 대한 반응으로서 1525년 1월 21일 첫 번째 성인(재)세례가 취리히에서 발생하였다: 그레벨이 외르크 블라우록에게서 세례를 받았다. 취리히 시 당국은 재세례파들에게 단호한 조치를 취하였다—1527년 1월 5일 만츠는 림맛 강에서 수장되었다. 취리히의 재세례파들은 이에 따라서 도시를 떠날 수밖에 없었다. 완전한 해체를 막기 위해서 미카엘 자틀러(약 1490-1527)는 1527년 2월에 슐라이트하임(샤프하우젠 주)에서 회합을 성사시켰는데, 이 회합은 재세례파의 내적인 정화 또 과격한 전개에 대해서 거리를 갖도록 하였다. 이 평화적인 통일 시도는 물론 재세례파의 모든 다양성을 규합할 수 없었다. 또한 그 발생으로 하자면 재세례파는 동질성이 없었다: 한스 후트(약 1490-1527)는 문서에 전혀 다시는 등장하지 않았다. 그는 칼슈타트와 뮌처의 영향으로 인해서 유아세례를 반대하게 되었으며 특별히 자신의 천년왕국의 대망을 농민전쟁으로까지 확장시켰다. 성인세례는 그에게 선민의 낙인으로 여겨졌다. 이 신학의 근거는 불가타 본문에 나오는 골로새서 1장 23절에 있는 "만물의 복음" 이해였다(본문 b). 농민전쟁에서 흩어진 자들까지 규합한 천년왕국을 지향하는 재세례파 안에서 폭력성이 얼마나 강력할 수 있는지를 뮌스터의 제세례파 왕국 사건이 가르쳐 주었다. 이 재세례파는 또 독자적인 뿌리를 가지고 있는데, 특히나 1530년 사건에서 재세례파로 전향한 멜키오르 호프만(약 1500-1543)에게 두고 있다. 여기서는 1534년 2월부터 1535년 6월까지 얀 마티아스, (라이덴의) 얀 복켈슨, 베른하르트 로트만, 베른트 크닙퍼돌링이 새 예루살렘을 세운다는 주장을 하는 왕국을 세웠다(본문 c). 1535년 6월 25일 뮌스터는 구교를 따르는 제후들과 새로운 신앙을 가진 제후들의 연합군에 의해서 점령되었다 — 제세례파는 이로써 수십 년간 폭력 성향으로 낙인찍혔다; 이것은 신앙의 차이라기 보다는 오히려 사회 질서의 전복과 관련된 것이었다고 볼 수 있었다.

a) 츠빙글리의 개혁의 과격화인 제세례파

1. 콘라드 그레벨, 토마스 뮌처에게 보내는 편지(1524. 9. 5)

복음적인 설교자들이 제시해왔으며 부분적으로는 여전히 그렇게 하고 있는 바는 우리 조상들이 참 하나님으로부터 그리고 예수 그리스도와 그를 바르게 믿는 신앙으로부터 또 참되고 유일하며 모두에게 걸맞는 하나님의 말씀에서 이탈하였고, 또 그들이 하나님과 율법과 복음이 없이 인간적이며 무익하고 비기독교적인 관습과 의식을 하며 살았고 거기에서 복을 얻는다고 생각한 것이 그무슨 거대한 악인가 하는 것입니다. 바로 그렇게 오늘도 모두가 거짓 믿음 안에서(in glichsendem glauben) 복을 받으려고 하고 있는데, 믿음의 열매도 없고, 시험과 검증의 세례도 없고, 사랑과 소망도 없이 바른 기독교의 관례도 없이 하고 있습니다. 또한 본연의 악덕의 옛 상태와 일반적인 반기독교적인 제의적 관습들,

곧 세례와 그리스도의 만찬(nachtmal)에 철저하게 머물면서 하나님의 말씀은 멸시하고 교황의 말과 또한 하나님 말씀과는 그와 비슷하게 걸맞지 않는 반교황적 설교자들의 말은 청종하고 있습니다. 사람들과 또 온갖 유혹을 고려해줌으로 인해서 세상의 처음부터 과거에 일어났던 것보다 더 무겁게 더 해롭게 오류를 범하고 있습니다. 그러한 오류에 우리도 빠져들어가 있는데, 그 이유는 우리가 그저 죄 때문에 이 모든 일에 책임이 있는 복음적인 설교자들의 설교를 듣는 자요 읽는 자에 불과하기 때문입니다.……

이 때문에 우리는 형제인 당신에게…… 오직 하나님의 말씀만을 두려움 없이 선포하고 오직 하나님의 관습만을 도입하고 보존하며, 성경에서 분명하고 뚜렷하게(in heiterer clarer gschrift) 증명될 수 있는 것만을 선하고 옳다고 여기며 모든 인생 또한 당신 자신의 계획과 말과 관습과 생각들을 버리고 미워하고 저주할 것을 부탁하며 권면합니다.

우리가 이해하고 있으며 읽어왔던 것은 당신이 미사를 독일어로 번역하고 새로운 찬송을 도입했다는 사실입니다.

[그레벨이 여기에 대해서 25개 항목으로 입장을 정리하였다:] …… 10. 협약(vereinbarung)의 성만찬을 그리스도께서 명하시고 제정하셨습니다(pflantzet). 11. 마태복음 26장(26-29절), 마가복음 14장(22-25절), 누가복음 22장(17-29절), 고린도전서11장(23-26절)에 있는 말씀만 활용되어야 하는데, 가감 없이 해야 합니다. 12. 공동체에서 세운 일꾼은 복음서들이나 바울 서신에 있는 구절들을 낭독하여야 합니다. 13. 이 구절들은 축성이 아니라 일치를 위해 명령한(uffgesetzten) 만찬의 말씀입니다. 14. 우상 숭배적인 첨가물들이 없는 단순한 빵이어야 합니다. 15. 왜냐하면 이 첨가물들은 빵에 대한 사이비 경건이나 숭배를 가져오며 내면성에서 벗어나게 하기 때문입니다. 또한 일반적인 음료잔이어야 합니다. 16. 이 잔은 숭배를 배제하며 성만찬의 바른 깨달

음과 이해를 가져올 것인데, 이는 빵은 빵일 뿐이기 때문입니다—
믿음 안에서는 그리스도의 몸이고 그리스도와 하나됨(inlibung)
이고 형제들과 하나됨입니다; 왜냐하면 요한복음 6장(32ff.)과 또
다른 곳, 그러니까 고린도전서 10장(14ff.) 11장(17ff.)에서 말하
고 있으며 또 사도행전 2장(42-47절)에서 분명하게 드러나는 바
와 같이 영과 사랑 안에서 먹고 마셔야 하기 때문입니다. 17. 그
러니까 그것이 빵이기는 하지만 믿음과 형제 사랑이 앞선다면 기
쁨으로 먹어야 합니다. 공동체 안에서 먹는다면 우리가 정말로 하
나의 빵이고 하나의 몸이며 서로 간에 참 형제들이고 또 그렇게
되기를 원한다는 것을 그 빵은 우리에게 분명하게 만들어주기 때
문입니다. 18. 그런데 형제 같이 살고 싶어 하지 않는 자와 관련
이 된다면, 그 사람은 저주에 이르도록 먹는 것입니다. 왜냐하면
그 사람은 다른 식사와 아무런 차이가 없이 먹으며 내적 묶는 끈
인 사랑과 외적 끈인 빵을 모독하기 때문입니다. 19. 그는 그리스
도의 몸과 피, 십자가에서의 언약, 곧 그리스도와 형제들, 곧 머리
와 지체 때문에 살고 고난 받으려고 한다는 것을 기억하지 않기
때문입니다.……

  모든 신분, 모든 사람들을 가르치고 다스리고 인도하고 경건하
게 만들어야 하는 지혜와 조언이 성경에 넘치도록 많이 있습니다.
자신을 개선하며 믿으려고 하지 않고 하나님의 말씀과 행위에 저
항하며 그렇게 계속하는 자에게는 먼저 그리스도와 그분의 말씀과
그분의 방식(마 18:15-18 참조)을 선포해주어야 하고 세 명의 증
인 앞과 공동체를 통해서 견책이 주어져야 합니다. 그리고 나서
우리는 하나님의 말씀에 근거해서 그를 죽이지 말고 이방인과 세
리 같이 간주하고 그렇게 살도록 내버려두어야 합니다. 복음과 복
음을 따르는 자들을 칼로 보호하면 안 되고, 그들도 마찬가지로
무력으로 자신들을 방어하면 안 됩니다.……

  세례와 관련해서는 당신의 문서는 대단히 우리의 마음에 듭니

다, 그래서 계속해서 당신으로부터 가르침을 받기 원합니다. (알슈테트에 있는 당신에게서는) 매고 푸는 것과 관련해서 그리스도의 규범이 없이 성인으로서는 세례를 받으면 안 된다고 우리에게 알려졌습니다. 성경이 우리에게 가르치는 바로는 세례는 믿음과 그리스도의 피로 말미암아서 자신의 생각을 바꾸고 사전과 사후에 믿음을 가진 세례 받은 자의 죄가 씻겨 졌다는 것을 의미합니다; 또한 죄에 대해서는 죽고 또한 죽어야 하며 새 생명과 영 가운데에 거해야 하는데(롬 6:2-4), 곧 내적인 세례에 근거해서 삶 가운데에서 (참된) 의미의 믿음을 놓치지 않는 사람은 분명히 복을 받는다는 정신을 가지고 살아야 한다는 것을 의미합니다.……

당신이 이 모든 것을 열 배나 더 잘 고백하며 유아세례를 반대해서 항의서[1]를 공개하였기 때문에 우리는 오직 믿는 자만 세례를 주라는 하나님의 영원한 말씀과 지혜와 계명(막 16:16)을 당신이 반대하지 않고 아이들은 세례를 주지 않고 있기를 바랍니다. 당신과 칼슈타트가 유아세례를 반대해서 그와 관련된 모든 것, 곧 세례는 어떻게 그리고 왜 베풀어야 하는가 등등을 충분하게 써내지 않으면 나는 내 구원을 시험할 것이며 내가 이미 시작했던 것을 상세하게 쓸 것인데, 곧 지금까지 (당신을 빼고) 세례에 관해서 잘못 인도하면서 또 알면서 써 왔고 말 같지도 않으며 하나님을 모독하는 유아세례 형태를 독일식으로 만들어낸 모든 자들, 곧 루터, 뢰브[2], 오시안더[3], 슈트라스부르 사람을 반대해서 쓸 것입니다.

원전: Thomas Müntzer, Schriften und Briefe, hg. v. G. Franz, Gütersloh 1968 (QFRG 33), 438,8-26; 439,7-15; 439,37-440,19; 442,20-28; 443,1-9; 443,34-36; vgl. QGT 1,13-18. — 참고문헌: H.S. Bender, Conrad Grebel. 1498-1526. The Founder of the Swiss Brethren, Goshen 1950 (SAMH 6); J. F. Gerhard Goeters, Die Vorgeschichte des Täufertums in

> Zürich, in: L. Abramowski, J. F. Gerhard Goeters (Hg.), Studien zur Geschichte und Theologie der Reformation. FS Ernst Bizer, Neukirchen-Vluyn 1969, 239-281; D. G. Lichdi, Konrad Grebel und die frühe Täuferbewegung, Lage 1998 (Die Väter der Täuferbewegung 2); H.-J. Goertz, Konrad Grebel. Ein Radikaler in der Zürcher Reformation, Zürich 2004 - 본문 c)도 보라.

2. 펠릭스 만츠, 취리히 시의회에게 보내는 항의서(1524/5)

지혜로운 당신들은 수많은 희귀한 강연들이 펼쳐져 왔다는 것을 잘 알고 있습니다. 한편으로 어떤 사람들은 금방 모태에서 나온 신생아들이 세례를 받아야 한다고 생각합니다. 왜냐하면 성경에서 그것이 증명될 수 있기 때문이라는 것입니다. 다른 사람들은 성경을 볼 때 유아세례는 나쁜 것이고 틀렸고 적그리스도, 곧 교황과 그의 추종자들에게서 나오고 지어낸 것(사실이기도 하다)이라고 알고 그렇게 믿고 있습니다. 이 사람들 중에서 어떤 사람들로부터 저도 분란 조장자요 비인간으로 취급되고 있으며 고발을 당했는데, 이것은 틀린 방식으로 또 부당하게 저에게 발생한 것입니다. 제가 그 어디에서고 소요를 조장했거나 어떤 곳에서 어떤 사람에게 소동을 일으키도록 했거나 그렇게 할 수 있는 바를 가르치거나 말했다는 것은 사실로 증명될 수도 없고 고발될 수 없습니다; 이 점은 제가 관계를 해 왔던 모든 사람들이 저에 대해서 증언할 것입니다. 그러므로 부당하게 일어난 것입니다.

그들(츠빙글리와 그를 따르는 설교자들)은 어떤 사람이 진술할 수 있는 것보다 훨씬 더 잘 알 것인데, 곧 그리스도는 유아세례를 가르치지 않았고 사도들도 거행하지 않았고 세례의 의미대로 오직 스스로를 고치고 새 생명을 받으며 악에 대해서는 죽고 그리스도와 함께 장사되고 그와 함께 세례에서 생명을 새롭게 하는 가운데 부활하는 자들만 세례를 받아야 합니다(롬 6:4).

 이 말씀에서 우리는 세례는 어떻게 또 언제 거행되어야 하는지를 정확하게 알게 되는데, 말하자면 하나님의 말씀으로 말미암아 회심한 사람이 자기의 생각을 바꾸고 앞으로는 삶을 새롭게 하는 가운데 거하려고 한다면, 곧 바울이 로마서 6장(4절)에서 분명하게 제시하는 바와 같이 옛 생명에 대해서는 죽고 마음에 할례를 받고 그리스도와 함께 악에 대해서는 죽고 세례에서 그와 함께 장사되고 삶을 새롭게 하면서 그와 함께 다시금 부활하는 경우여야 합니다. 이러한 일들을 아이들에게 돌리려고 한다면 성경과도 관계없고 성경에 거스르는 것입니다. 신약성경의 모든 문서는 이러한 증거들과 유사한 증거들로 꽉 차 있습니다. 저는 지금 이러한 증거들로부터 배웠으며 확실하게 배운 바는 이렇습니다. 세례는 다른 것이 아니라 옛 사람이 죽고 새 사람을 입는 것이다; 그리스도는 가르침을 받은 자들에게 세례를 주라고 명하신다; 사도들은 오직 그리스도가 선포된 자들에게만 세례를 베풀었다; 외적인 표시와 분명한 증거나 갈망이 없이는 세례를 베풀지 않았다. 다르게 말하고 가르치는 자는 성경으로 증명할 수 없는 것을 행하고 있는 겁니다.

 교사 울리히는 교황들에 의해서 고안된 유아세례 ─ 역사에서 분명해지듯이 그것은 과거의 교황들과 그들의 규정들에는 정면으로 충돌이 됨에도 불구하고 ─ 그리고 사람들이 도입하고 만들어낸 유아세례를 성경으로 증명할 수 있다고 생각하는데, 저는 그것을 믿지 않습니다. 때문에 저는 명민하신 여러분들께 계속해서 그가 문서로 그렇게 하게 하라고 간구했던 것입니다. 그가 관련했던 사람들을 향해서 꾸준하게 했던 것처럼 말입니다. 저는 그에게 귀를 기울이고 또 대답하려고 합니다. 저는 즐겨 말하지 않으며 할 수도 없습니다. 왜냐하면 그는 과거에 자주 제가 대답할 수 없거나 또는 그의 장황한 말로 인해서 대답할 기회를 얻지 못할 많은 말로 저를 억눌렀기 때문입니다. 그렇게 함으로 많은 시시비비를 피하게도 됩니다.

> 원전: QGT 1,23-28. 번역: H. Fast (Hg.), Der linke Flügel der Reformation, Bremen 1962, 28-35. —참고문헌: W. Schmid, Der Autor der sogenannten Protestation und Schutzschrift von 1524/25, in: Zwing. 9 (1950) 139-149; E. Krajewski,, Leben und Sterben des Zürcher Täuferführers Felix Mantz, Kassel 1957; A. Strübind, Eifriger als Zwingli. Die frühe Täuferbewegung in der Schweiz, Berlin 2003; 본문c도 보라.

3. 재세례파의 자료집: 슐라이트하임 조항(1527. 2. 24)

친애하는 형제 자매 여러분! 란덴의 슐라이트하임에서 주님 안에서 모인 우리는 하나님이 사랑하는 모든 사람들에게 알린다. 우리가 모든 행동에서 세상과 구별되며 또 구별되고 싶어 하는 충성된 하나님의 자녀요 아들과 딸들이기를 바란다면 주님 안에서 우리가 지켜야 할 내용과 조항들에서 일치에 이르렀다는 사실을 말한다.……

우리가 다루었고 또 거기에서 우리가 하나가 된 조항들은 다음과 같다: 세례, 출교, 빵을 나눔, 참혹한 일들, 공동체의 목자들, 칼, 맹세 등과 단절.

첫째로 세례를 보라: 세례는 회개와 삶의 변화를 거쳐서 돌이키고 자기들의 죄가 그리스도로 말미암아 사하여진 것을 참으로 믿는 자들과 예수 그리스도의 부활 가운데에 거하기 원하며 그분과 함께 장사됨으로 그분과 함께 부활할 수 있기를 원하는 모든 자들(롬 6:4) 또 그러한 생각에서 우리로부터 그러한 것을 사모하며 스스로

요청하는 모든 자들에게 베풀어야 한다. 이로써 모든 유아세례는 제외된다. 이것은 교황의 가장 크고도 첫째 되는 참혹한 일이다. 이 입장에 대한 성경의 증거와 사도들에게서의 사례들을 당신들은 얻을 수 있다: 마태복음 28장(19절); 마가복음 16장(16절); 사도행전 2장(38절), 8장(36f.), 16장(31, 33절); 19장(4절). 이 입장에 우리는 당연하게 편안하지만 굳세고도 확실하게 머물고자 한다.

둘째로 출교에 관해서도 우리는 일치에 이르렀다. 출교는 다음의 사람들 모두에게 적용되어야 한다. 곧 주님의 명령에 따라 살고자 그분께 복종해 온 자들과 그리스도의 한 몸으로 세례를 받고(고전 12:13) 자신을 형제와 자매로 부르도록 하였지만 때때로 실족하고 오류와 죄에 빠지고 그에 굴복 당한 모든 자들에게 말이다. 이 사람들은 두 번을 네 개의 눈 아래에서(비밀리에) 권면을 받고 세 번째에는 공개적으로 온 공동체 앞에서 지도를 받거나 마태복음 18장(15ff.)에 있는 그리스도의 명령을 따라 출교되어야 한다. 그렇지만 파문은 하나님의 영이 지시하는 것을 따라서 빵을 자르기 전에 이루어지도록 하여서 우리 모두가 한 마음과 하나의 사랑 안에서 하나의 빵을 자르고 먹으며 하나의 잔에서 마실 수 있게 하여야 한다(고전 10:16f.).······

넷째, 단절에 관해서 일치를 보았다. 단절은 악과 또 마귀가 세상에 심어 놓은 나쁜 것들로부터 이루어져서 우리가 그러한 것들과 일치를 이루고 그러한 것과 함께 그것들의 참혹한 것들과 관계 맺는 일이 없도록 하여야 한다. 말하자면 신앙의 복종에 들어서지 않고 하나님의 뜻을 이루기 위해서 하나님과 하나를 이루지 못한 모든 자들은 하나님 앞에서 절망적일 뿐이기 때문에 이들에게서는 참혹한 일 밖에 나올 수 없고 다른 것은 나오지 못한다. 세상과 온 창조 세계 안에는 오직 선과 악, 신앙과 불신앙, 어둠과 빛, 세상과 세상을 떠난 것들, 하나님의 전과 우상, 그리스도와 벨리알이 있어서 이 둘은 반대쪽과 일치를 이룰 수 없다.······

이 모든 것으로부터 우리는 우리 하나님과 그리스도와 일치를 이루지 않은 것은 모두 피하고 도망해야 할 참혹한 것일 뿐임을 배워야 한다. 이 말이 의미하는 것은 모든 교황적이며 반 교황적인 사역들과 예배들과 회중들과 교회를 찾음, 불신자들의 술집, 동맹들과 조약들 또 다른 그런 것들, 곧 세상이 높이 평가하고 그러나 하나님의 명령에는 직접적으로 거슬러서 자행되고 세상에 있는 모든 불의에 상응하는 그런 것들이다.……

여섯 번째로 검에 관련해서는 다음과 같이 일치를 이루었다: 검은 그리스도의 완전함 너머에 있는 하나님의 질서이다. 그것은 악을 심판하고 죽이며 선을 방어하고 울타리쳐 준다. 율법에서는 검이 악에 관해서 처벌과 죽이는 역할을 부여하였다. 검을 사용하도록 세상의 정부가 세워졌다(롬 13:1-7 참조). 하지만 그리스도의 완전함 안에서는 죄를 범한 자를 권면하고 내보내기 위해서 출교만 활용되는데, 육신을 죽이는 것이 아니라 더 이상 죄를 범하지 말라는 경고와 명령을 통해서 이루어진다. 그런데 우리를 위한 그리스도의 뜻을 깨닫지 못한 많은 사람들이 기독교인도 선을 보호하고 울타리가 되며 사랑 때문에 악을 상대로 검을 휘두를 수 있는지 그래야 하는지 묻는다. 대답은 다음과 같이 일치해서 드러났다: 그리스도는 우리가 그리스도 자신으로부터 배우라고 가르치며 명하셨다(마 11:29); 왜냐하면 그분은 온유하고 마음이 겸손해서 우리 영혼이 쉼을 얻게 되기 때문이다.……

마지막으로 다음의 이유들 때문에 기독교인들이 관료가 되는 것은 마땅치 않다는 것이 확실하다. 세상 정부는 육신을 따른 것이고, 기독교인들의 것은 영을 따른다. 관료들의 집과 거처들은 이 세상에 있고 기독교인들의 것은 하늘에 있다. 그들의 시민권은 이 땅에 있고, 기독교인들의 시민권은 하늘에 있다(빌 3:20). 그들의 싸움과 전쟁 무기는 육신적이고 오직 육을 상대로 한다. 하지만 기독교인들의 무기는 영적으로서 마귀의 진지를 무찌른다.

세상적인 무기들은 뾰족한 가시와 철로 감싼다. 하지만 기독교인들의 것은 하나님의 전신갑주, 곧 진리, 공의, 평강, 믿음과 구원과 하나님의 말씀으로 이루어진다(엡 6:13-17 참조).……

일곱 번째로 우리는 맹세에 관해서 다음과 같이 일치를 이루었다: 맹세는 싸우는 자들이나 약속을 하는 자들 중에서 일어나는 강조이다, 그래서 맹세는 오직 하나님의 이름 안에서 참되고 거짓이 없이 하여야 한다고 율법에서는 명령하고 있다. 율법의 완성이신 그리스도께서는 자기 사람들에게 옳건 그르건 간에 하늘로서도 땅으로서도 예루살렘이나 우리의 머리로도 맹세하는 것을 금하셨는데, 바로 이어서 이렇게 말씀하신 것 때문이었다: "너희가 머리털 하나도 희게나 검게 할 수 없기 때문이니라"(마 5:33-37). 보라: 그 때문에 모든 맹세는 금지되었다. 왜냐하면 우리가 맹세하는 때 약속한 것 중 하나도 행할 수 (erstaten) 없기 때문인데, 그 이유는 우리 스스로가 자신들의 가장 작은 것도 변경할 수 없기 때문이다(히 6:17f.).……

친애하는 헤린의 형제 자매들이여! 이러한 것들이 어떤 형제들이 지금까지 잘못되게 그리고 참 의미에 거슬러서 이해한 조항들이다. 이렇게 함으로 이것들이 수많은 약한 양심들을 잘못 이끌었으며 이로 말미암아 하나님의 이름이 아주 심각하게 모독을 당하였다. 그러므로 헤린에 있는 우리가, 이미 발생한 것처럼 하나님께 감사와 찬양을 돌려야 하는데, 우리가 일치에 이르렀다는 사실은 아주 필연적이었다.

원전: Quellen zur Geschichte der Täufer in der Schweiz, Bd. 2 hg. v. H. Fastl, Zürich 1973, 27-34. 번역: H. Fast. Der linge Flügel der Reformation, Bremen 1962, 61-70. ─참고문헌: C.A. Snyder, The Life and Thought of Michael Sattler, Scottdale 1984 (SAMH 26) 본문도 보라.

b) 뮌처의 유산인 재세례파: 한스 후트

만물의 복음서에서는 십자가에 달리신 그리스도만 제시되고 선포되었는데, 머리되신 그리스도뿐만 아니라 모든 지체를 동반한 전체 그리스도가 선포되었다. 이 그리스도를 모든 피조물들은 선포하고 가르치고 있다. 전체 그리스도는 모든 지체 안에서 고난당하셔야 하는데 우리의 학자들, 곧 자기들이 최고이기를 바라는 그들이 그리스도를 선포하는 것과 다르게 말이다. 이들에게 매일 듣는 바, 곧 머리되신 그리스도께서 온전히 감내하셨고 끝까지 겪으셨다고 하는 것과 다르게 말이다. 하지만 지체들과 또 그리스도의 고난이 그 안에서 이행되어야 하는 전체 몸은 어디에 머물고 있는가? 여기에 대해서 바울이 다음과 같이 말하는 곳에서 증언하고 있다: "나의 고난에서 그리스도 고난에 빠져 있는 바를 나의 몸에서 이루도록 하는 것을 기뻐하노라"(골 1:24). 때문에 그들은 벌써 시작된 바와 같이 삽시간에 자기들의 지혜로 미련한 자들이 될 수밖에 없다. 왜냐하면 똑똑한 자들이 말하는 것처럼 바보스럽고 미련하고 열광적인 설교로 믿는 자를 구원하는 것을 하나님이 기뻐하시기 때문이다. 그들이 여기에 대해서 여전히 반대하며 날뛴다면 창졸간에 그들은 자기들의 지혜와 욕심으로 바울이 분명하게 말하고 있는 바와 같이 그들을 광적으로 따르게 되어있는 믿음이 약한 자들을 피해야만 할 것이다(고전 1:28).

때문에 나의 가장 친애하는 형제들이여 그리스도께서 말씀하시는 말씀을 깨닫고 주목해야 한다: 모든 피조물들의 복음. 여기서는 복음이 피조물들, 그러니까 개와 고양이와 소와 염소, 채소들에게 선포되어야 한다는 것이 아니라 바울이 말하는 것처럼 당신들에게 선포된 복음이 모든 피조물들 가운데 있다는 것을 말하는 것이다. 이어서 그는 하나님의 영원한 능력과 신성을 사람들이 받아들인다면 피조물들이나 세상 창조로부터의 작품들에서 깨닫게 된다는 것을 지적하여 말하고 있다(롬 1:20). 때문에 나는 복음은 그리스도와 그의 사도들이 선포한 바와 같이 그리스도의 명령대로 우리 시대에도 "피조물들 가운데에서 깨달을 수 있다"고 말하며 고백한다. 최고이기를 원하는 그들은 모든 피조물의 복음이 무엇인지 아직도 모르고 있다(막 16:15). 그들은 하나님의 그 정결하고 맑은 영광이 아니라 자기들의 배와 자기들의 영광을 구하기 때문에 그들에게는 감추어져 있다. 아무리 그들에게 말해준다고 해도 그들은 멸시하고 말한다: "열광주의자들이고 멍청한 머리들이다." 때문에 내가 마음 깊이 사랑하는 형제들이여 그들은 바울이 다음과 같이 말하면서 언급한 바와 같은 그 모든 피조물의 복음이 무엇인지 당신들은 열심히 깨달아야 한다: "모든 피조물 가운데에서 너희에게 선포된 복음"(골 1:23)……

원전: L. Müller (Hgl), Glaubenszeugnisse oberdeutscher Taufgesinnter, Leipzig 1938 (= New York/London 1971) (QFRG 20), 16. 번역: H. Fast, Der linke Flügel der Reformation, Bremen 1962, 84-86. ─ 참고문헌: J.A. Stayer, Anabaptists and the Sword, Laurence, Kans ²1976; W.O. Packull, Mysticism and the Early South German-Austrian Anabaptist Movement 1525-1531, Scottdale 1977 (SAMH 19); G. Seebaß, Das Zeichen der Erwählten. Zum Verständnis der Taufe bei Hans Hut, in: ders., Die Reformation und ihre Außenseiter. Gesammelte Aufsätze und Vorträge, hg. v. I. Dingel, Göttingen 1997, 203-226; ders., Müntzers Erbe. Werk, Leben und Theologie des Hans Hut, Gütersloh 2002 (QFRG 73), ─본문 c도 보라.

c) 폭력성향의 재세례파: 뮌스터의 재세례파 왕국 ─ 뮌스터의 세속 정부의 질서(1534)

뮌스터 시에서의 세속 정부의 질서, 12명의 장로들에 의해서 최근에 도입되었다.

거룩한 도시인 뮌스터에서의 기독교 공동체의 장로들, 곧 지고하시고 전능하신 하나님의 은혜로 부름을 받고 세움을 받은 장로들은 다음에 있는 의무들과 조항들을 모든 이스라엘 사람들과 하나님의 집에 거주하는 자들이 신실하고 온전하게 지키는 것을 원한다:
  1. 성경이 명하거나 금하는 것은 모든 이스라엘 사람은 처벌을 각오하고 지켜야 한다.
  2. 각 사람은 자기 직업(vocatio)에 열심히 헌신하며 하나님과 그분이 세운 정부를 두려워해야 한다. 이는 정부는 포악한 행위에 대한 보복자이기에 검을 쓸데없이 휘두르지 않기 때문이다(롬 13:4).
  3. 각 장로들은 명령을 수행하는 자신의 종복을 조력자로 두어야 한다.
  4. 다섯 명의 장로들은 낮과 밤 파수꾼들을 감독하며 개인적으로 그들을 지켜보아서 도시의 초소를 소홀하게 함이 위험을 불러오지 않게 해야 한다.……
  6. 매일 오전 일곱 시에서 아홉 시까지 그리고 오후 두 시에서 네 시까지 여섯 명의 장로들은 시장과 또 정해진 곳에 앉아서 모든 싸움을 자기들의 판정으로 해결하여야 한다.
  7. 장로들이 이 새로운 도시 이스라엘 안에서 공동의 자문을 하면서 선하다고 판단한 것은 그리스도의 공동체요 전체 이스라엘 공동체를 이끄는 지고하며 아주 성스러운 정부의 신실한 종인 예언자 라이덴의 요한이 선포하고 알려야 한다.
  8. 단정하고 진정한 이스라엘인들 가운데에서는 하나님의 말씀과 충돌되는 분명한 범죄는 용인되지 않고 확실한 범죄가 발각된 범죄자나 악을 행한 자가 벌어들인 처벌을 받아야 한다. 그렇게 하기 위해서 검을 지니고 있는 베른하르트 크닙퍼돌링이 실행한 것에 따라서 심판하게 될 것이다. 그런데 드러난 행위에서 잡힌

것이 아닌 경우에는 그 일은 크닙퍼돌링이 장로들 앞에 제시하고 이들의 결정에 따라 처리되도록 하여서 모든 악이 이스라엘에서 근절되어야 한다. 그런데 크닙퍼돌링은 자기 직책을 방어하고 지키기 위해서 네 개의 트라반을 공식적으로 차고 있어야 한다.

9. 음식물 관리에서 바른 질서가 지켜지기 위해서 음식 마이스터들은 자기들의 책임을 기억하면서 매일 동일한 종류(지금까지의 관습대로)의 요리들을 별개로 구분된 식탁에 차분하고 귀하게 앉아 있는 형제와 자매들에게 제공해야 한다. 이 사람들은 제시된 것 말고 자기들 임의대로 그 어떤 것도 요구하면 안 된다.

13. 헤르만 토르 나테, 요한 레데커, 하인리히 둠쿠스터는 6명의 동료와 함께 이스라엘 사람들을 위해서 신을 만들어야 한다.

14. 세공업자들인 요한 팔크, 하인리히 포트호프, 하인리히 슈톨테, 콘라드 포트호프, 헤르만 베르닉크, 아르놀드 로이틀란트는 누구에게도 일해주는 것을 거부하면 안 된다.

15. 요한 폰 쾨스펠트와 그의 동료들은 철로 된 못을 만들어야 한다.

16. 메른하르트 토르 모에르, 베른하르트 글란도르프, 하인리히 에델블로잇, 요한네스 노르트호프는 재봉 마이스터이며 또 다른 불필요한 옷조각들이 나오지 않도록 신경을 써야 한다.

29. 외부인이며 우리 종교에 속하지 않은 자(a nostra religione alienus), 형제이거나 동향 사람이거나 친척일 수 있는데, 그가 혹시 우리의 거룩한 도시에 오는 경우에는 검을 지니고 있는 크닙퍼돌링에게 심문을 받으므로 이 사람이 그와 대화를 할 수 있게 하여야 한다; 이것은 장로들 외에는 아무에게도 전해지면 안 된다.

30. 세례를 받은[4] 기독교인은 갓 도착한 자와 이교적인 외부인과는 담소하면 안 되며 식사도 함께 하지 않으므로 배신적인 도모의 의심이 생기지 않도록 해야 한다.

원전: Hermann von Kerssenbroch, Anabaptistici furoris Monasterium inclitum Westphaliae metropolim evertentis historica narratio, hg. v. H. Detmer. 2 Bde., Münster 1899/1900 (Die Geschichtsquellen des Bisthums Münster 5f.), 582-585. 번역: Das Täuferreich zu Münster 1534-1535, hg. v. R. van Dülmen, München 1974, 116-119. —참고문헌: K.-H. Kirchhoff, Die Täufer in Münster 1534/35, Münster 1973; H. Schilling, Aufstandsbewegungen in der stadtbürgerlichen Gesellschaft des Alter Reiches. Die Vorgeschichte des Münsteraner Täuferreihes 1525-1534, in: H.-U. Wehler (Hg.=, Derdeutsche Bauernkrieg 1524-1534, Göttingen 1975, 193-238; T. Kuratsuka, Gesamtgilde und Täufer. Der Radikalisierungsprozess in der Reformation Münsters. Von der reformatorischen Bewegung zum Täuferreich 1533/34, in: ARG 76 (1985) 231-270; R. Klotzer, Die Täuferherrschaft von Münster. Stadtreformation und Welterneuerung, Münster 1992; E. Laubach, Reformation und Täuferherrschaft, in: F-J. Jakobi (Hg.), Geshcichte der Stadt Münster. Bd 1, Münster 1993, 145-216; B. Rommé (Hg.), Das Königreich der Täufer in Münster–neue Perspektiven, Münster 2003 (Edition Kulturregion Münsterland 4); C-P. Clasen, Anabaptism. A Social Historz, 1525-1618. Switzerland, Austria, Moravia and South and Central Germany, Ithaca/ N.Y. 1972; K. Deppermann/ W. O. Packull/ J. M.Stayer, From monogenesis to Polygenesis. The Historical discussion of anabaptist origins, in: MennQR 49 (1975) 83-122; H.-J. Goertz (Hg.), Umstritttenes Täufertum 1525-1975. Neue Forschungen, Göttingen ²1977; ders., Die Täufer. Geschichte und Deutung, München ²1988; ders., Religiöse Bewegungen in der Frühen Neuzeit, München 1993 (Enzyklopädie der deutschen Geschichte 20); G. Seebaß, Der >inke Flügel< der Reformation, in: ders., Die Reformation, in: ders., Die Reformation und ihre Außenseiter. Gesammelte Aufsätze und Vorträge, hg. v. I. Dingel, Göttingen 1997, 151-164; J. M. Stayer, Art. Täufer/ Täuferische Gemeinschaften. I: Täufer, in: TRE 32, 2001, 597-617.

1) Thomas Müntzer, Protestation und Erbietung, Anfang 1524 (Thomas Müntzer, Schriften und Briefe 225-240).
2) 레오 주드(1484-1542), 취리히의 목회자며 츠빙글리의 동료투쟁가.
3) 안드레아스 오시안더(1498-1552), 뉘른베르크의 종교개혁자.
4) 곧, 재세례파의 생각으로 믿음으로 받는 세례.

31. 영성주의

　　에른스트 트뢸치 때에 가서야 루터가 "열광주의자들"이라는 개념으로 뭉뚱그려 버린 종교개혁 시기의 다양한 이탈된 그룹들을 세밀하게 구분하는 것을 배웠다. 이따금씩의 상호교차에도 불구하고 재세례파 외에 우선적으로 영성주의자들이 독자적 그룹으로 인식될 수 있다. 그들의 공통적 특징은 루터로 하여금 매개체, 특별히 말씀에 점점 더 제시하도록 만든 직접적인 영의 역사를 강조하는 것이다. 재세례파와의 상호교차는 — 취리히에서 상이한 그룹들 — 내적인 영의 역사에 비해서 외적인 것을 일반적으로 평가절하 하는 것에 근거를 두고 성례전을 평가절하하는 성례전적인 영성주의의 형태에서 특히 이루어졌다. 한스 후트의 재세례파 형태와의 접촉은 종말론적 영성주의에서였다. 재세례파와 뚜렷하게 구분된 것은 개별적이며 교회적인 영성주 형태이다. 이 영성주의를 대표하는 사람은 슐레지안의 귀족 오시히(Ossig)의 슈뱅크펠트(1489-1561)이다. 이 사람은 1525/26) 성만찬에서의 실제적 임재를 강조함으로 인해서 루터와 결별하고 그때부터 처음에는 남서 독일에 잠입하였고 귀족들의 연결망에 의해서 지지를 받았다. 피조적인 교회로부터 성자들의 무리들을 구분시키는 것에 대한 그의 관심이 그의 영성주의에 교회적 특징을 부여하였다(본문 a). 그 반대로 독자적인 영성주의자 세바스챤 프랑크(1499-1542)는 공동체 기독교로부터 개별적인 이탈의 길을 선택하였는데,

1529/30 필시 이미 이 영성적 성향 때문에 아마도 그의 설교가 거의 수용되지 못함으로 인해서 뉘른베르크에서의 그의 성직을 내려놓고 이후 생계를 위해서 다양한 직업들-비누제조자와 출판업자로서- 을 취하였다(본문 b).

a) 카스파르 폰 슈벵크펠트, 중생의 등급(1529)

첫째로 가련한 죄인은 아버지 하나님에 의해서 이끌림을 당하며 마음의 감동을 얻게 된다. 단지 그가 그리스도께 가면, 그러니까 요한복음 6장(44ff.)에서 말씀하신 바와 같이 그가 그리스도께 진심으로 자신을 드리거나 무릎을 꿇으면 그렇게 하신다.…… 그런데 아버지의 먼저 시작하시는 이끄심은 무엇인가? 그것은 죄로 인한 성령의 꾸짖음이고, 죄인이 자기 자신의 죄를 깨달음이며, 자신의 마음 안에서 죄에 대한 통회와 마음아파 함이고, 용서를 바람이며 기독적인 화해 또는 새로운 기독교인의 삶을 바람이다.……

두 번째로 가련한 슬픔에 찬 죄인, 상처 입은 사마리아인이 의사이신 그리스도께: 누가복음 10장(30-37), 유일한 우리 영혼의 구세주께 이르며,…… 그분께로부터 그는 하나님의 은혜의 복음, 곧 성령 안에 있는 위로하며 사랑스러운 평강의 소식을 듣는다. 그런데 이것은 다름 아니라 죽은 자들 가운데에서의 예수 그리스도의 부활의 능력으로 말미암는 거듭남이다. 또 거룩한 영적인 마음의 할례요, 죄의 몸을 벗어버림이고 진정한 복종이고, 생각을 바꿈이고, 불신앙을 일소함이고 예수 그리스도 안에 심겨짐인데, 여기에 관해서 골로새서 2장과 로마서 6장이 거듭 말씀하고 있다. 이것은 또 하나님의 말씀을 바르게 듣는 것을 말하는데, 주님께서도 요한복음(5:24)에서 말씀하고 있다.

셋째로 이제 새로 눈을 뜨고 진리의 말씀으로 거듭난 새 사람은(약 1:18) 그러한 복음의 말씀을 받아들인다. 그의 삶과 존재를 어디서나 거기에 맞추어서 꾸려가는 것은 하늘의 소명인데(히 3:6) 그는 영생의 소망을 향하여 그 소명에 참여하는 것이다.……
여기에는 누룩의 비유가 관련이 있다, 마태복음 13(33)장. 왜냐하면 누룩이 반죽과 뒤섞이고 반죽이 물로 인해서 점점 부푸는 것과 마찬가지로 하나님의 생명의 말씀도 그저 마음만이 아니라 전인의 내면에 완전하게 침투해서 말씀이 육신을 비슷하게 그리고 마지막에는 아주 똑같이 만든다. 그 때문에 하늘의 물과 하나님 은혜의 불을 도움 받는다.……

넷째, 그 다음에는 예수 그리스도 말씀, 곧 육신이 된 말씀이 점점 깊이 마음 속에서 개화되고 육신 안에 부어지고 확장이 되면 그 말씀에 대한 참된 깨달음이 따른다. 그 다음에는 주님의 뜻 안에서 밤낮으로 집중이 있게 된다; 이때 율법의 인간이 하나님이 얼마나 따뜻하고 사랑스러운지 느끼고 맛보기 시작한다(시 34:9). 그는 그리스도 외에는 구원, 진리, 사랑도 없고 복도 없다는 것을 깨닫는다…… 진리를 깨달으며 주님 말씀 가운데 머물며 그로 인해서 정말로 자유롭게 된다, 요한복음 8장(32절). 그 사람은 선과 악을 구분하기 위한 숙련된 생각을 얻는다, 히브리서 8장(11)……

다섯째로 이러한 방식으로 그리스도 때문에 하나님께서 성령 안에서 그 사람과 관계하면 기독교 신앙의 확실함(gewißschafft)이 따라온다; 그런데 신앙이 시작이며 하나님 아버지로부터 내적으로 또 종종 성령 안에서 섬김으로 말미암아서 들리는 말씀으로부터 오는 것이기 때문에 그 전 단계가 신앙이 없이 일어나거나 발생할 수 있는 식은 아니다. 하지만 이 단계에서의 그러한 깨달음에서 오는 신앙은 풍성하고 확실하고 충만하며 반듯하게 된다; 여기에 관해서 베드로가 말하고 있다(요 6:69).…… 이때 사람은 그리스도로 말미암아 하나님과 친밀해지고, 그리스도 안에서 하나님과 교제하며, 그리스도 몸의 한 지체가 된다. 그렇지만 그는 사는 내내 계속해서 믿음과 지식에서 자라야 한다.

여섯째로 새 신앙의 사람은 성령 안에서 세례를 받게 된다. 기름을 바르고 성별되며 말씀 안에서 물로 말미암아 하나님에 의해서 모든 부정함에서 씻음 받아야 한다, 에베소서 5장(26). 곧 거듭남과 하나님께서 그리스도를 통해서 그 사람 위에 넘치도록 부어주시는 성령의 새롭게 하심의 씻음을 통해서 말이다, 디도서 3장(5f.). 말하자면 그 사람은 그리스도의 십자가 아래로 자신을 철저히 내려놓는다는 것인데 하나님께 산 제사로 드리는 것이다(롬 12:1). 계속해서 하나님 아들의 형상을 닮음을 향해 가며, 옛 사람을 벗고 대신에 새 사람을 입고 나서 그 사람은 천상의 존재로서 예수 그리스도를 자기 하나님과 주님으로 온 세상 앞에서 고백한다. 높은 곳에서 오는 능력에 사로잡히고, 그래서 그에게 하나님의 비밀들이 계시된다.

일곱 번째 그 사람이 그러한 방식으로 붙들리고 하나님으로부터 받은 생명 안에서 자라기 위해서 주님의 만찬에서 주 예수 그리스도의 몸을 먹고 피를 마신다. 여기에서 그는 점점 더 생명과 능력과 힘과 하나님 은혜의 자라남을 얻되 그리스도의 장성함에 걸맞는 완전한 사람으로까지 자라게 된다(엡 4:13).

여덟 번째로 성령의 인침이 뒤따른다.…… 이때 그 사람은 믿음으로 말미암아 새로운 영원한 계약에 돌입한다. 이제 그리스도 하나님의 뜻대로 구한 것을 그리스도 예수 안에서 얻게 된다. 그리고 본향에 이르기 위해서 바울과 함께 이 사망의 몸에서 해방되는 것을 바라게 된다(롬 7:24). 왜냐하면 여기에는 영원한 도성이 없기 때문이다. 이렇게 함으로 그는 철저하게 하늘의 존재로서 그리스도와 함께 머물 수 있게 되려는 것이다. 하나님께서 허락하시기를 바란다. 아멘.

아홉 번째, 그러한 사람이 이제 영원한 죽음, 악한 영과 지옥으로부터 확실하게 자유롭게 된 것이다. 하지만 사는 동안에는 이 지상의 장막[1]과 죄악 되고 불순종하는 육체 가운데에서 지체의 법과 싸우지 않을 수 없다. 왜냐하면 우리가 육체 가운데 거하는 한에서는 육신의 욕망이 영혼과 싸우는 것이 없을 수 없기 때문이다.······

열 번째이며 마지막으로는 이렇게 묘사한 기독교인은 그리스도 안에서 모든 죄와 모든 욕망을 철저하게 죽이는 데에 최선을 다한다······ 그 때문에 죽음은 제 아무리 육체가 그에게 저항하고 두려워할지라도 모든 하나님의 성도들을 위한 선택된 수단이다. 그것으로 인해서 그들이 두려움과 곤궁으로부터 황홀함과 즐거움과 영원한 복에 이르기 때문이다.

> 원전: CSch 3, 572-575. — 참고문헌: G. Maron, Individualismus und Gemeinschaft bei Caspar von Schwenckfeld, Stuttgart 1961 (1489-1561); A. Sciegienny, Homme charnel - homme spirituel. Étude sur la christologie de Caspar Schwenckfeld (1489-1561), Pennsburg 1977; P. C. Erb (Hg.), Schwenckfeld and Early Schwenckfeldianism, Pennsburg 1986; R. E. McLaughlin, The Freedom of Spirit, Social Privilege, and Religious Dissent, Baden-Baden u.a. 1996; H. Weigeld, Art. Schwenckfeld, in: TRE 30, 1999, 712-719; P. G. Eberlein, Caspar von Schwenckfeld: Ketzer oder Heiliger?, Metzingen 1999; T. K. Kuhn, Caspar Schwenckfeld von Ossig, in: M. H. Jung/ P. Walter (Hg.), Theologen des 16. Jahrhunderts, Darumstadt 2001, 191-208.

b) 세바스챤 프랑크, 파라독사(1534)

교회는 특별한 무리들과 손가락으로 가리켜야만 하는 파당, 곧 질료들과 시간과 인물과 장소에 매인 것이 아니고 그리스도의 모든 지체의 영적이고 보이지 않는 몸, 곧 하나님으로부터 출생하였으며, 하나님의 생각, 영, 믿음 안에 있는 몸이다. 하지만 한 도시나 한 지역에 외적으로 모여서 사람들이 보고 손가락으로 가리킬 수 있는 것이 아니라 우리가 믿으며 마음과 속사람의 영적인 눈이 아니고는 볼 수 없는 것(모임)이다: 모든 세상에 있는 올바른 하나님의 경건하고 선한 마음을 가진 새사람들의 모임이고 공동체로서 사랑의 띠로 동여진 (모임)이다. 이 밖에는 구원, 그리스도, 하나님, 성경 이해, 성령, 복음도 없다.

나는 이 (모임) 안에 그리고 그것과 함께 있다. 그리고 이방인들 가운데 흩어져 있고 잡초와 뒤섞여 있는 곳에서 나는 그 모임을 향해 나의 영 안에서 사모하며, 그래서 이 성도들의 모임을 나는 믿는다. 비록 그것을 가리킬 수 없지만 내가 교회 안에 있음을 확신하며 내가 바라는 곳에서도 그러하다. 그래서 그리스도를 찾듯이 여기서 그리고 저기서도 찾지 않는다. 왜냐하면 어떤 돌들이 성전에 있고 밭에 그 어떤 알갱이들이 있는지 나는 모르기 때문이다. 이것은 하나님만 아신다. 그 때문에 그분이 그 구분을 자기 천사들에게만 맡겼고 우리에게는 염소들로부터 양들을 알곡과 잡초를 가려내라고 명령하지 않았다. 열매로 나무를 알아보는 것처럼 (요 13:35) 기독교인을 알아보게 하는 증인들의 사랑, 표시, 소망의 색채와 검지가 있지만 외적인 속임수(사기)가 종종 우리가 판단할 때 속게 되는 아름다운 열매를 가지고 온다(마 7:15-23; 13:1-17). 하지만 하나님께서는 누가 자기의 사람이며 어떤 돌이 성전에 있는지 아신다(딤후 2:19). 나는 하나님의 은혜를 힘입어서 나를 위하며 나를 멀리하지 않는 각각의 내 형제들을 혈과 육으로 보지 않을 정도로 당리당략적이지 않다. 곧 하나님을 향해 열심을 내며 묻고, 판단이나 공의를 행하거나 베드로가 체험으로 말한 바와 같이 하나님을 두려워하며 온 세상에서 바르게 행하는 자를 말이다. 또한 (나는 이런 자들도 그렇게 본다) 연약함으로 인해서(악하게 성령을 거슬러서 사망에 이르는 자 말고) 일시적으로 잘못을 하고 실족하고 죄를 범하는 자들도 분명히 그렇기 때문에 하나님을 기쁘시게 하며 주를 위해서 죽는(쓰러진) 자는 부활하며 그리스도의 지체이다. 그렇지만 이 사람 안에서 내가 나의 육신과 내 앞 거울에 있는 나의 오류를 보면서 그를 위해서 간구하고 그를 결코 판단하지 않아야 한다(롬 2:17-24; 14:1-13).

그 때문에 많은 사람들이 매일 같이 하나님을 위해서 새로운 백성을 모으고 새로운 교회를 세우는 일을 감행하는 자기들의 그 멍청한 열심을 내려놓고 그런 일에 지원을 하기에 이르기까지 추수 때에 그런 일에 질주하기보다 차라리 섬기지 않았으면 싶다. 시의 적절하지 않은 열심은 많은 사람들을 몰아부쳤는데, 이들은 결국에는 스스로 자기들의 질주는 시기에 앞섰고 그러한 일을 하도록 하는 소명도 없이 이루어졌다고 고백하였다. 사람이 다른 사람의 짐과 연약함을 담당해야 하는데, 이는 이것만이 사랑의 대상이고, 율법의 완성이고 기독교인의 표시이며 최고의 힘이기 때문이다(갈 6:1-10).…… 다른 사람의 짐을 져야 하는데 이는 조상들도 잘못을 하고 잘못 이해하였고, 잘못 없는 사람이 없기 때문이며, 또 심지어 우리는 사도들과 선지자들도 여기저기서 어떤 일에서 실패했기 때문이다. 우리 모두는 다윗과 함께 우리의 어리석음과 무지 때문에 간구하지 않으면 안 되는데, 이는 우리 모두는 더욱 많은 것이 부족하기 때문이고, 우리는 모두 목자 없는 양 같이 길을 방황하기 때문이고, 모든 잘못이 저주 받아 마땅하지는 않기 때문이다.

> 원전: Paradoxa Ducen=[ta octoginta … entdeckt/ außge|fürt/ und an den| tag geben/| Durch Sebastianum| Francken …,o.O.oJ., f. 4v-5v (Vorrede). 번역: Sebastian Franck, Paradoxa, hg. u. eingel v. S. Wollgast, Berlin ²1995, 11-13.
> —참고문헌: H. Weigelt, Sebastian Franck und die lutherische Reformation, Gütersloh 1972 (SVRG 186); S. Wollgast, Der deutsche Pantheismus im 16. Jahrhundert. Sebastian Franck und seine Wirkungen auf die Entwicklung der pantheistischen Philosophie in Deutschland, Berlin 1972; St. Ozment, Sebastian Franck, in: ders Mysticism and Dissent,

> New Haven/ London 1973, 137-167; J.-D. Müller (Hg.), Sebastian Franck (1499-1542), Wiesbaden 1993 (Wolfenbütteler Forschungen 56); Patrick Hayden-Roy, The inner word and the outer world. A biography of Sebastian Franck, New York u.a. 1994; S. Wollgast (Hg.), Beiträge zum 500. Geburtstag von Sebastian Franck (1499-1542), Berlin 1999 (Memoria 2).

1) Tabernaculum, 문자적으로는: 장막. 중세 축성된 빵, 곧 그리스도의 몸을 보관하는 상자.

32. 자유의지에 관한 에라스무스와 루터 사이의 논쟁

로테르담의 에라스무스는 눈에 띄게 종교개혁을 상대로 언급을 하며 자기 쪽에서 루터를 향해서 경계를 표해야 하는 궁지에 몰렸다. 그의 책 >De libero arbitrio $διατριβή$ sive collatio<(본문 a)에서 9월 달에 루터에 대한 비판의 출발점으로 루터가 13번째 하이델베르크 논제(Nr. 13을 보라)에 명백하게 드러나는 대로 자유의지를 반대한 것을 선택하였다. 왜냐하면 그와 함께 인간의 도덕적 개선을 위한 모든 노력이 무너지는 것으로 보였기 때문이다. 루터의 >De servo arbitrio< (본문 b). 종교개혁 인문주의와 가장 첨예하게 차이를 보인 루터의 가장 지적인 작업 중 하나인 이 문서는 1525년 루터가 가장 골몰하였던 여러 사건들 때문에 12월에 가서야 출판될 수 있었다. 이 문서로 인해서 분명하게 드러난 것은 인문주의는 종교개혁과 계속 궤를 같이 하지 않았고, 옛 신앙에 머무르는 종교개혁적인 일파로 분열되었으며, 동시에 기독교의 두 형태 안

에서 또 그 너머로 영성주의와 재세례파 안에서 영향을 발휘하였다는 사실이다.

a) 에라스무스, 자유의지에 관한 논문(1525. 9)

1. 비밀에 가득한 성경의 깊이

말하자면 성경 안에는(in divinis literis) 하나님께서 우리로 하여금 더 깊이 들어가는 것을 허락하려고 하지 않는 접근할 수 없는 일단의 구절들이 있고, 그래서 파고들려고 하면 깊이 들어갈수록 더 어둠속으로 빠져들어서 한편으로는 하나님 지혜의 헤아릴 수 없는 엄위함을 다른 한편으로는 인간적인 정신의 연약함을 우리로 알게 만든다. 마치 폼포니우스 멜라[1]가 코리코스에 있는 동굴[2], 곧 일단은 그 어떤 기분 좋은 사랑스러움으로 매혹시켜 이끌어 들여서 결국 점점 더 깊이 들어간 자들을 거기 거하는 신성의 엄위함(maiestas numinis illic inhabitantis)과 무시무시함이 쫓아내어버리는 동굴에 대해서 말한 것처럼 말이다. 그러므로 이 지점까지 이르게 되면 곧바로 내 생각에는 인간의 이해력을 넘어서는 것을 파악하려고 하기(definire)보다는 바울과 함께 또 이사야와 함께 이렇게 외치는 것이 가장 사려 깊고 가장 경건할 수 있다(consultius ac religiosius): "깊도다 하나님의 지혜와 지식의 풍성함이여, 그의 판단은 헤아리지 못할 것이며 그의 길은 찾지 못할 것이로다"(롬 11:33); "누가 여호와의 영을 지도하였으며 그의 모사가 되어 그를 가르쳤으랴?"(사 40:13) 많은 것들이 우리가 더 이상 거울을 통해서나 안개 속에서 보지 않고 덮인 것이 벗겨진 얼굴로 주의 영광을 보게 되는 때(고전 13:12 참조)를 위한 것이다.

> 원전/번역: Erasmus von Rotterdam, Ausgewählte Schriften. 8 Bde., hg. v. W. Welzig. Bd. 4, Darmstadt 1995, 10f. ― 참고문헌: P. Walter, Theologie aus dem Geist der Rhetorik. Zur Schriftauslegung des Erasmus, Mainz 1991; 또 본문 a) 3과 b) 4도 보라.

2. 자유의지에 관한 탐구가 지닌 도덕적 위험

그래서 자유의지와 관련된 것을 내 판단으로는 최소한 우리는 성경에서 다음과 같이 배웠다: 우리가 경건의 길에 있다면 뒤에 있는 것은 잊어버리고(빌 3:13 참조) 더 나은 것을 향해서 용감하게 질주해야 한다; 죄에 얽매였다면 힘을 다해서 빠져 나오려고 해야 하며 사람의 의지가 무엇인가 노력하고 힘쓰려면 꼭 필요한 하나님의 자비를 모든 수를 다해서 얻으려고 해야 한다; 혹시 악한 것이라면 책임을 져야 하고 선한 것이라면 우리의 우리 됨은 바로 하나님의 자비라고 하는 그 자비의 덕이라고 합시다; 그밖에 이 삶에서 우리에게 닥친 모든 것, 기쁜 것이든 슬픈 것이든 그분이 우리 구원을 위해서 보낸 것이라고 믿읍시다. 그리고 본성적으로 의로우신 하나님에게서 불의를 겪는다는 것은 있을 수 없으며 아무리 우리에게 저지르지 않은 일이 닥치는 것처럼 보여도 본성이 넘치도록 온유한(venia a deo natura clemntissimo) 하나님으로부터 오는 용서를 의심하지 맙시다: 나는 이것을 굳게 붙드는 것이 내 생각에는 기독교 경건을 위해서(Christiana pietas) 충분할 수 있다고 말한다. 그러면 불경한 호기심으로 저 헤아릴 수 없는 영역들, 곧 불필요한 질문들이라고까지 말하지 않으려고 하는 것인데, 그런 것들에 파고들지 않았을 수 있다. 곧 하나님은 그 어떤 것을 우발적으로 미리 하시는가(an deus contingenter praesciat aliquid)[3], 우리의 의지는 영원한 구원과 관련이 있는 일들에서도 그 어떤 능력을 가지고 있는지, 아니면 그저 작용을 하고 있는 은혜(agens gratia)의 영향 하에만 있는지, 우리가 선한 것이든 악한 것이든 항상 행하는 것은 순전히 어쩔 수 없이 행하거나 아니면 당하는 것인가.……

따라서 우리는 마치 위클리프[4]가 가르치고 루터가 다음과 같이 주장한 것을 어떤 의미에서 참된 것처럼 다룹시다: 우리로 인해서 일어나는 것은 항상 자유의지에서가 아니라 순전히 필연적으로 발생한다. 도대체 이 모순을 세상에 알리는 것보다 더 맹목적인 것이 있는가? 또 다시 아우구스티누스가 어딘가에다가 하나님은 우리 안에서 선도 악도 일으키신다[5], 그리고는 우리 안에 있는 자기의 선한 일에 상을 주고 우리 안에 있는 자신의 악한 일을 심판하신다고 기록한 것을 마치 어떤 의미에서는 참인 것처럼 그렇게 알립시다. 이 주장을 백성들 가운데 퍼트린다면 수많은 사멸할 자들에게 특히 사멸할 자들의 엄청난 나태함, 경망함, 악, 온갖 종류의 악으로 향하는 그 개선 불가능한 경향에 큰 창을 열지 않겠는가? 어떤 약한 자가 자기 육신을 상대로 한 영원하고 힘든 싸움을 계속해 나가겠는가? 어떤 악한 자가 자기 삶을 개선하려고 힘쓰겠는가? 그 누가 마치 인간의 고통을 즐기는 자처럼 지옥에서 가련한 자들에게 자기 자신의 악행을 심판하기 위해서 지옥을 만든 그 하나님을 마음을 다하여 사랑하기 위해서 자신을 극복할 수 있겠는가? 말하자면 대부분은 이렇게 해석을 할 것이다. 곧 인생들의 생각은 본래 무지하고 육신적이고 불신앙, 범죄, 하나님 모독의 경향을 가져서 불에다가 기름을 뿌릴 필요가 없다는 말이다.

원전/번역: Erasmus von Rotterdam, Ausgewählte Schriften. 8 Bde., hg. v. W. Welzig. Bd. 4, Darmstadt 1995, 10-13. 18f. ―참고문헌: 본문 a) 3과 b) 4를 보라.

3. 자유의지와 은혜의 관계

펠라기우스는 자유의지에게 과도하게 능력을 부여하였고[6], 스코투스는 넘치도록 많이 부여하였다.[7] 루터는 일단 그 오른 팔을 자르면서 불구로 만들고 다음에는 그에 만족하지 않고 자유의지를 죽이고는 완전히 제거해버렸다. 나는 자유의지에 조금(nonnihil) 부여하지만 은혜에 대부분을 할애하는 사람들의 생각이 마음에 든다.…… 이 분할로 인해서 도출되는 것은 불완전하기는 하지만 그 어떤 선행에 대해서 사람은 아무 것도 자랑할 수 없다는 것이다; 어떤 공로가 있는데 그 완성은 하나님의 몫이 되는 것이다. 인생의 삶 가운데에는 연약함과 오류와 악행이 충분할 정도로 있기 때문에 사람이 자기를 살피려고 하면 쉽사리 자랑을 버리게 된다. 비록 우리는 인간이 의롭다 칭함을 받아도 그저 죄인일 뿐이라고 주장하고 싶지는 않지만 말이다. 특별히 그리스도는 그 인간을 거듭남(요 3:3), 바울은 새로운 피조물(고후 5:17)이라고 칭하고 있다. 왜 자유의지에 조금이라도 허락하는가 라고 묻고자 하는가? 불신자들에게, 곧 의도적으로(volentes) 하나님의 은혜에 복종하지 않는 자들에게 정당하게(merito) 평가할 것이 있게 하기 위해서, 잔인함과 불의함을 하나님께로 돌리지 못하게 하고, 배려 없음을 그렇게 하지 못하게 하며, 우리가 더 노력하도록 독려하기 위해서이다. 이 이유들로 인해서 거의 모두가 자유의지를 주장하고 있지만 이 의지는 꾸준한 하나님의 은혜가 없이는 능력이 없는데(inefficax absque perpetua dei gratia), 이는 우리가 아무 것도 자랑하지 못하게 하기 위함이다. 누군가가 이렇게 질문할 수 있다: 자유의지가 아무 것도 실행할 수 없다면 무엇 때문에 그것이 선하단 말인가? 나의 대답이다: 마치 토기장이가 흙으로 작업하며 또 그가 돌을 가지고 작업을 했었을 수도 있는 것처럼 하나님께서 인간을 가지고 일하신다면 인간은 무엇 때문에 선한가?

원전/번역: Erasmus von Rotterdam, Ausgewählte Schriften. 8 Bde., hg. v. W. Welzig. Bd. 4, Darmstadt 1995, 172-1919 — 참고문헌: W. P. Eckert, Erasmus. Werk und Wirkung. 2 Bde., Köln 1967; C. Augustijin, Erasmus von Rotterdam. Leben, Werk, Wirkung, München 1986; M. Hoffmann, Glaube und Frömmigkeit bei Erasmus von Rotterdam, Stuttgart 1989; I. Bejczy, Erasmus and the Middle Ages. The historical consciousness of a Christian humanist, Leiden u.a. 2001.

b) 루터, 노예의지론(1525)

1. 성경의 명료함

나의 구분은 내가 조금은 수사적이고 변증적인 사람이 되려고 하는 것처럼 보인다: 하나님과 하나님의 문서는 두 개의 서로 다른 것이어서 창조자와 하나님의 창조가 서로 다른 것 만큼이나 다르다. 하나님 안에는 우리가 모르는 많은 것들이 감추어져 있다는 것에 대해서는 아무도 의심하지 않는다.…… 하지만 성경 안에는 혼란스러운 것이 있고 모든 것이 분명하게 제시되어 있지 않다는 것을 신앙이 없는 소피스트들[8]이 퍼뜨렸다. 에라스무스 당신도 그들의 입을 가지고 여기서 말하고 있다. 하지만 그들은 자기들의 이 허튼 소리를 증명할 수 있는 단 한 항목도 제시하지 않았고 할 수도 없다. 그러한 소피스트들을 통해서 사탄은 성경 읽는 것을 두려워하게 만들려고 하고 성경을 무시하도록 하여서 철학에서 끌어낸 자기의 역병을 교회 안에서 창궐하게 만들려고 하였다.

물론 성경 안에 많은 구절들이 그 내용의 고고함 때문이 아니라 우리의 단어와 문법의 무지로 인해서 모호하고 혼란스럽다(obscura et abstrusa)는 것을 인정한다. 하지만 이 구절들이 성경의 모든 내용 이해를 방해할 수는 없다. 왜냐하면 봉인된 것이 떨어져 나가고(계 6:1), 무덤의 돌이 굴려지고 그리스도, 곧 하나님의 아들이 사람이 되었고 하나님은 세 분으로 나누어지지만 하나이고 그리스도는 우리를 위해서 고난당하시고 영원히 다스리신다는 그 최고의 비밀이 선포되고 나서 성경 안에 그 어떤 더 높은 것이 숨겨져 있을 수 있는가? 이것은 온 세상에 알려지고 선포되지 않았는가? 그리스도를 성경으로부터 받으라, 그러면 그 안에서 무엇을 더 발견하겠는가?

성경 안에서 선포된 내용들은 분명하며, 어떤 구절들도 지금까지 알려지지 않은 단어들 때문에 모호할 수 있다. 하지만 성경의 전체 내용은 아주 대낮 같이 분명하다는 것을 아는데 어떤 불분명한 단어들 때문에 사실들이 모호하다고 여기는 것은 정말로 어리석고 불신앙적이다. 한 구절에서 단어들이 모호하다면 다른 구절에서는 분명하고 이해할 수가 있다. 그런데 온 세상에 아주 노골적으로 제시된 같은 일이 성경 안에서는 어떤 때는 분명한 단어로 제시되고 다른 경우에는 지금까지 그 이해할 수 없는 단어들 때문에 감추어져 있다. 사실이 분명하다면 그 사실을 가리키는 그 어떤 표시가 모호하게 있더라도 그 표시들 중 많은 다른 것들이 분명하다면 정말로 그것은 전혀 문제가 되지 않는다.……

당신이 소위 말하는 코리코스 동굴에 관해서 언급한 것은 아무 의미가 없다.[9] 성경 안에서는 전혀 관계가 없다. 왜냐하면 여기서 다루는 가장 고상하고 가장 모호한 비밀들은 아주 멀리 감추어져 있지 않고 공개되었고 모든 사람의 눈앞에 제시되어 있기 때문이다. 그리스도는 우리에게 성경을 이해하도록 그 이해를 열어주었고(눅 24:45) 복음은 모든 자들에게 선포되었고(막 16:15) 그 파장은 온 땅에 퍼졌다(시 19:5; 롬 10:18). 기록된 모든 것은 우리를 가르치려고 기록되었다(롬 15:4). 나아가서: "모든 성경은 하나님으로부터 감동되었는데 우리를 가르치기에 유익하다"(딤후

3:16). 때문에 당신과 모든 소피스트들이여: 지금까지 성경에 여전히 모호하게 남아있는 비밀을 단 하나라도 가져 오라. 하지만 많은 사람들에게 많은 것들이 모호하게 남아 있는데, 이것들은 성경의 모호함이 아니라 바울이 유대인들에 대해서 고린도후서 3장 (15)[10)]에서 말한 것 같이 성경의 모든 분명한 진리를 보려고 노력하지 않는 자들의 소경됨과 편협함 때문에 모호한 것이다: "수건이 그 마음을 덮었도다." 또 "만일 우리의 복음이 가리었으면 망하는 자들에게 가리어진 것이라. 그 중에 이 세상의 신이 믿지 아니하는 자들의 마음을 혼미하게 하였다"(고후 4:3f.). 똑같은 사악함으로 어떤 사람은 스스로 눈을 가리거나 아니면 빛으로부터 어둠 속으로 가서 빛을 피하게 되면 태양과 소위 어두운 날 탓을 할 수 있다.

원전: Martin Luther, Studienausgabe, hg. v. H.-U. Delius. Bd. 3, Leipzig ²1996, 184,8-185,28. 번역: Luther Deutsch. Die Werke Martin Luthers in neuer Ausgabe für die Gegenwart, hg. v. K. Aland, Bd. 3, Göttingen ²1983, 161-163; —참고문헌: R. Hermann, Von der Klarheit der Schrift. Untersuchungen und Erörterungen über Luthers Lehre von der Schrift in >De servo arbitrio<, in: ders., Studien zur Theologie Luthers und des Luthertums (Gesammelte und nachgelassenen Werke. Bd. 2), hg. v. H. Beintker, Göttingen 1981, 170-255; E. Herms, Äußere und innere Klarheit des Wortes Gottes bei Paulus, Luther und Schleiermacher, in: C. Landmesser u.a. (Hg.), Jesus Christus als die Mitte der Schrift. Studien zur Hermeneutik des Evangeliums. FS O. Hofius, Berlin/ New York 1997 (BZNW 86), 3-72; 본문 b) 4도 보라.

2. 하나님의 전능성에 관한 설교의 필요성

많은 악이 거기에서 나오는 것 같음을 일반적으로 확산시키는 것은 그 어떤 유익을 가져오고 그 어떤 필요가 있는가? 여기에 대해서 대답하겠다: 본래적으로 보면 하나님께서 일반적으로 확산하려고 한다고 말하는 것으로 충분해야 한다. 하나님 뜻의 결정에 대한 근거(voluntatis divinae ratio)를 제시한 다음에는 거기에 대해서 묻지 않고 간단히 그것을 숭배해야 한다. 그리고 하나님 홀로 정의롭고 지혜로우시고, 어떤 누구에게도 불의를 행하지 않으며 우리에게는 아주 다르게 보일 수 있더라도 그 어떤 것을 어리석거나 그저 만용으로 규정하시는 분이 아닌 하나님께 영광을 돌려야 한다. 이 대답으로 경건한 자들은 만족해야 한다. 하지만 충분하게 설명하기 위해서 말한다: 두 가지 이유가 이 가르침을 선포하라고 한다. 하나는 우리 교만을 굴복시킴(humiliatio nostras superbiae)과 하나님 은혜를 깨달음, 다른 하나는 기독교 신앙 그 자체이다.

첫째로: 하나님은 겸손한 자들에게, 곧 자신에 대해서 절망해서 포기한 자들에게 분명히 자기의 은혜를 약속하신다. 하지만 자신의 복은 철저하게 자기 능력, 의도, 노력의 외부에 있으며 자기 뜻과 자기의 행위는 철저히 다른 이, 곧 하나님 한 분의 임의, 결단, 뜻과 행위에 달려 있다. 말하자면 그 사람이 자기 복을 위해서 아주 작은 것은 할 수 있다고 생각하는 한 그는 자기를 의지하고 (fiducia sui) 있으며 자기에 대해서 철저히 절망하고 있지 않다; 따라서 하나님 앞에서 굴복하지 않고 최소한 자기가 복에 이르도록 되는 기회, 시간 또는 그 어떤 선행을 고려하거나 희망하거나 바란다. 하지만 모든 것이 하나님의 뜻에 달려 있다는 것을 정말로 의심하지 않는 자는 철저히 자기에게 절망을 하고 자기 것을 선택하지 않고 홀로 역사하시는 하나님만 바란다. 그가 바로 복을

받게 되는 은혜에 가장 가까이 있다. 때문에 선택 받은 자들 때문에(propter electos) 이 가르침은 선포됨으로—이런 식으로 굴복 당하고 파멸된 다음에—복을 받게 된다. 다른 자들은 이 굴복에 저항하고, 자신에 대한 절망을 선포하는 것을 정죄하고 자기들에게는 최소한 스스로 이룰 수 있는 아주 작은 그 어떤 것이 남아있기를 바란다. 이 교만한 자들과 하나님 은혜를 대적하는 자들은 자신들을 숨긴다. 하나의 이유는 이것이라고 나는 말한다: 경건한 자들은 은혜의 약속(promissio gratiae)을 겸손하게 깨닫고 구하고 받는다.

다른 이유는 믿음은 보이지 않는 것들과 관계하고 있다(히 11:1)는 것이다. 그래서 신앙에게 자리를 내어주기 위해서 믿음의 대상이 된 모든 것은 필연적으로 감춰져 있어야 한다(abscondantur). 하지만 경험의 반대되는 것에서 대상이 나타나는 것보다 그 대상이 더 철저하게 숨겨지게 될 수는 없다. 이를테면 하나님께서 살려주시려면 죽이면서 하신다; 의롭게 만드시려면 이것을 하되 심문을 하면서 하신다; 하늘로 이끄시려면 지옥으로 끌어가면서 하신다. 곧 성경이 말하는 바처럼 말이다(삼상 2:6): "여호와는 죽이기도 하시고 살리기도 하시며 스올에 내리게도 하시고 거기에서 올리기도 하시는도다." 이러한 것들에 대해서 말하는 것은 지금이 적당하지 않다; 우리 책들을 읽은 사람은 아주 익숙한 일들이다. 이렇게 하나님은 자신의 영원한 자비와 긍휼을 영원한 진노 아래에, 의로움은 불의 아래에 감추고 계신다. 여기에 믿음의 최고 단계가 있다: 그토록 소수를 구하시고 많은 자를 정죄하시는 분이 온유하시다는 것을 믿는 것, 자기 자신의 의지로 우리를 저주받아 마땅하게 만드셔서 에라스무스가 말하는 바와 같이 불행한 자들의 고난을 기뻐하고 사랑보다는 미움을 더 벌어들이는 것처럼 보이는 분이 의롭다는 것을 믿는 것. 그래서 이 하나님, 곧 그토록 많이 진노와 불의를 드러내시는 분이 어째서 자비하시고 의로우실 수 있는가를 내가 어떤 방식으로도 이해할 수 있다면 믿음은 필요하지 않을 것이다. 그분을 파악할 수 없는 지금 그러한 것이 선포되고 일반적으로 알려지게 되면서 믿음을 펼칠 여지가 생기는데, 말하자면 하나님이 죽이시면 사망 가운데에서 생명에 대한 믿음이 실행되는 것처럼 말이다. 여기에 대해서는 지금 서론에서 충분히 언급되었기를 바란다.

> 원전: Martin Luther, Studienausgabe, hg. v. H.-U. Delius. Bd. 3, Leipzig ²1996, 205,24-206,29. 번역: Luther Deutsch. Die Werke Martin Luthers in neuer Ausgabe für die Gegenwart, hg. v. K. Aland, Bd. 3, Göttingen ²1983,193-195. — 참고문헌: K. Schwarzwäller, theologia crucis. Luthers Lehre von der Prädestination nach De servo arbitrio, 1525, München 1970 (FGLP, 10. Reihe. Bd. 39); 본문 b) 4도 보라.

3. 하나님과 마귀의 중간에 있는 인간의 의지

소위 말하는 또 다른 모순(altertum paradoxon): 우리에 의해서 행해지는 것은 자유의지가 아니라 철저히 필연에 의해서 이루어지는데, 그것을 잠시 주목함으로 이 모순이 너무 위험스럽게 표현되었다는 점을 놓치지 않도록 하자. 여기서 나는 이런 식으로 말한다: 우리의 능력과 판단 밖에 있는 우리의 구원은 오직 하나님의 역사에 달려 있다(in solius opere Dei pendere salutum nostram)는 것, 내가 이것을 아래 이 연구의 본문에서 분명하게 제시하기를 바라는데, 이 사실이 증명되는 즉시 우리가 행하는 것은 하나님이 자신의 행위로 우리 안에서 함께 하지 않는다면 모든 것이 악하다는 것과 우리는 어쩔 수 없이 구원에는 아무런 소용이 없게 되는 식으로 행할 수밖에 없다는 것이 분명하게 드러나지 않겠는가? 말하자면 우리가 아니라 하나님이 우리 안에서 구원을 이루신다면 그분의 역사에 앞서서 우리는 우리가 원하든 말든 구원을 일으키는 것을 전혀 못한다.

나는 "어쩔 수 없이"라고 말하지 "강제로"(necessario, ······ non coacte)라고 하지 않는데, 그 사람들이 말하는 것처럼 강제성이 아니라 소위 말하는 불변성의 필연을 따라(necessitas immutabilitatis, non coactionis) 말하는 것이다. 곧, 사람이 하나님의 영을 갖지 못하면 마치 멱살이 잡혀서 끌려가는 것처럼 힘으로 인해서 강요를 받아 자기 의지에 반해서 악을 행하지 않는다. 꼭 도둑이나 강도가 싫은데 벌 받게 되는 식이 아니라 자발적이고 기꺼이 하는 것이다(sponte et libenti voluntate). 하지만 이 자발성이나 (악한) 행위를 하려는 이 의지를 자기 능력으로 포기하고, 제어하거나 변경할 수가 없고 제 아무리 힘으로 그 자신의 밖으로 끌어서 다른 것을 행하도록 압박을 받는다고 해도 그 원함과 자발성에서 떠나지 못한다; 내부에서 그 의지는 거기에 등을 돌리고 자기를 그렇게 억압하거나 반대를 하는 자를 향해 분을 낸다.······

반대로, 하나님이 우리 안에서 행하시면 하나님의 영으로 변화되고 우호적으로 된 의지는 마찬가지로 온전한 원함과 성향을 가지고 하고자 하면서 행한다. 그리고 그 어떤 상반되는 것으로 인해서 다른 것을 향해 바뀌지 않는데, 말하자면 절대로 지옥의 문에 의해서(마 16:18 참조) 제압되거나 강요받을 수 없다. 오히려 과거에 악한 것을 원하고 즐겨했고 사랑했던 것과 똑같이 선한 것을 원하고 즐겨하고 사랑하는 방향으로 진행하게 된다. 이 사실은 또 경험이 증명한다. 왜냐하면 성스러운 사람들은 강제로 다른 것을 향하도록 강요받게 되는 반면에 그만큼 난공불락이고 확고부동하기 때문이다. 정말로, 그들은 그런 것으로 인해서 훨씬 더 원하도록 독려를 받는데, 마치 불이 바람으로 인해서 꺼지기 보다는 오히려 타오르는 것과 같다. 그래서 여기서 까지도 하나님의 영과 은혜가 사람 안에 머물면서 다른 곳으로 방향을 틀거나 다른 것을 원하는 그 어떤 자유나 자유로운 원함이 없게 되는 것이다.

요약으로, 우리가 참 하나님의 개입하심과 그 영이 없이 하나님 아래에서 세상에 속해 있으면 바울이 디모데에게 말하는 것처럼(딤후 2:26) 그분의 뜻에 붙잡혀서 오직 그가 원하시는 것만을 원할 수 있다. 왜냐하면 그는 자기가 소유한 모든 사람들이 평안히 거하도록 해서 그들이 자신을 향해서 아무런 동요나 충격을 일으키지 않도록 자기 집을 지키는 잘 무장한 자(눅 11:21)이기 때문이다. 이런 식으로 되지 않으면 사탄의 나라는 분열되어 서지 못하는 반면에 그리스도는 그 나라가 서 있을 것을 보증하신다(눅 11:21). 이것을 우리가 자발적으로 기꺼이 행하는데 그것은 의지의 본성, 곧 강요를 받는다면 더 이상 의지가 아닌 그의 지의 본성을 따른 것이다. 강요는 반대로(말하자면) 비의지(noluntas)이다. 그런데 더 강한 것이 그를 지배하고 굴복시키고 우리를 자기 노획물로 삼는다면 우리는 반대로 그 영의 종이요 포로가 되어서 (그렇지만 이것은 지배하는 임금 같은 자유[regia libertas]를 의미한다) 우리는 그가 원하는 것을 기꺼이 원하고 행하게 된다.

이렇게 인간의 의지는 가축 같이 가운데에 처해 있다. 하나님이 그 위에 타면 시편이 말하는 것처럼 하나님이 원하는 방향으로 원하고 간다: "내가 짐승이오나 내가 항상 주와 함께 하니"(시 73:22f.). 사탄이 그 위에 타면 그는 사탄이 원하는 방향을 원하고 간다. 위에 탄 그 둘 중에서 하나를 향해 가거나 그 하나를 스스로 선택하는 것은 그의 판단에 속해 있지 않고, 탄 자들이 그를 얻고 소유하려고 서로 싸우는 것이다.

원전: Martin Luther, Studienausgabe, hg. v. H.-U. Delius. Bd. 3, Leipzig ²1996, 207,3-208,7. 번역: Luther Deutsch. Die Werke Martin Luthers in neuer Ausgabe für die Gegenwart, hg. v. K. Aland, Bd. 3, Göttingen ²1983, 195f. —참고문헌: A. Adam, Die Herkunft des Lutherwortes vom menschlichen Willen als Reittier Gottes, in: LuJ 29 (1962) 25-34; H. M. Barth, Der Teufel und Jesus Christus in der Theologie Martin Luthers, Göttingen 1967 (FKDG 19); U. Rieske-Braun, Duellum mirabile. Studien zum Kampfmotiv in Martin Luthers Theologie, Göttingen 1999 (FKDG 73); 본문 b) 4도 보라.

4. 선포된 하나님과 감추어진 하나님의 구분

우리에게 선포되시고, 제시되시고 우리로부터 높임을 받으시는 하나님과 하나님의 뜻을 논하는 것이 다르고, 선포되지 않고 계시되지 않고 제시되지 않고 높임을 받지 않으시는 하나님에 관해서 논하는 것이 다르다. 하나님이 자신을 감추시고 우리에게 알려지기를 원하지 않는 한 우리와 전혀 관계가 없다. 말하자면 여기에서 다음의 말이 정말 참되다: 우리 위에 있는 것은 우리와 아무 관련이 없다.[11] 이 구분이 내게서 왔다고 믿게 만들지 않으려고 나는 바울을 따르고 있다. 그는 데살로니가 교인들에게 적그리스도에 관해서 기록하면서 하나님으로 선포되고 영광을 받으려고 하는 그는 모든 사람들보다 위에 서려고 한다고 하였다(살후 2:4); 이렇게 함으로써 자기가 선포되고 영광을 받으며, 그러니까 우리에게 하나님이 알려지고 우리와 관련을 갖게 되도록 하는 (nobiscum habet commercium) 말씀과 예배보다 위에 있으면 그가 하나님보다 위에 높아질 수 있다는 것을 분명하게 알려주고 있다. 하지만 하나님 자신의 본성과 위엄(natura et maiestas) 가운데 있는 그 영광을 받지 않고 선포되지 않은 하나님보다 위에 설 수 있는 것은 아무 것도 없고 모든 것이 그분의 강력한 손아귀 안에 있다. 그래서 우리는 하나님께서 자신의 위엄과 자신의 존재 안에 거하시도록 하여야 한다. 왜냐하면 우리는 그런 방식으로는 그분과 아무런 관련을 갖지 못하고, 그래서 그분은 그런 식으로는 우리가 그분을 대하는 것을 원하지 않으셨기 때문이다. 그렇지만 그분이 자신을 제시하시는 수단인 말씀을 통해서 변장하시고 알려 주시는 한에서는 관련을 맺어야 한다. 말씀은 그분의 장식이고 그분의 명예여서 시편 기자는 그것으로 옷 입혀서 영광을 돌리고 있기 때문이다(시 21:6). 그래서 우리는 이렇게 말한다: 참(pius) 하나님은 백성들 안에 일으키신 그 백성들의 죽음을 슬퍼하지 않으시고 백성 안에 거하며 백성이 피하려고 애쓰는 죽음을 슬퍼하신다. 말하자면 선포된 하나님은 죄와 죽음이 제하여지고 우리가 구원받는 것을 일으키신다. "그가 그의 말씀을 보내어 그들을 고치시도다"(시 107:20). 또 자신의 위엄 가운데 감추어지신 하나님께서는 죽음을 슬퍼하지 않고 제하시지도 않고 오히려 생명과 사망과 모든 것 안에서 모든 것을 일으키신다(고전 12:6). 또한 그는 자신의 말씀 안에 제한되지 않으시고 모든 것 위에 자신의 자유 자체를 놓으신다.

그런데 논문은 선포된 하나님과 감추어진 하나님, 곧 하나님의 말씀과 하나님 자신(inter Deum praedicatum et absconditum, hoc est, inter verbum Dei et Deum ipsum) 사이의 차이를 모르고 자기의 무지 가운데에서 속고 있다. 하나님께서는 우리에게 자신의 말씀을 통해서 제시하지 않고 많은 것을 행하시고 또한 자신의 말씀으로 원하시는 바를 뚜렷하게 보여주지 않으시면서 많은 것을 원하기도 하신다. 이렇게—그분 말씀을 따른다면—죄인이 죽는 것을 원하지 않으시지만, 그 헤아릴 수 없는 뜻에 따르기를 원하신다. 이제 우리는 말씀을 주목할 수는 있지만 그 헤아릴 수 없는 뜻은 건드리지 않아야 한다. 말하자면 우리는 하나님 말씀을 향하고 그 헤아릴 수 없는 의지를 겨냥하지 않아야 한다. 누가 철저히 불가해적이고 알 수 없는 뜻을 찾을 수 있겠는가? 우리는 하나님 안에 찾아낼 수 없는 뜻이 있다는 것을 아는 것으로 충분하다; 그런데 그분이 무엇을 원하시고 왜 그리고 어디까지 원하시는가 하는 것을 찾고 묻고 그것을 고민하고 다가가려고 하는 것은 우리 몫이 아니다. 그저 우리는 그분을 두려워하고 예배할 수 있다. 그래서 이렇게 말하는 것이 옳다: 하나님이 사망을 원하지 않는다면 우리가 멸망하는 것은 우리 탓으로 돌려야 한다. 당신이 선포된 하나님에 관해서 말한다면 그것은 옳다고 생각한다; 하나님은 구원의 말씀으로 모든 사람들에게 오셨기 때문에 모든 사람이 구원받는 것을 그분이 원하기 때문이다(딤전 2:4). 마태복음 23장 37절이 말하는 바와 같이 오류는 바로 그분을 받아들이는 우리 의지에 있다: "내가 네 자녀를 모으려 한 일이 몇 번이더냐 그러나 너희가 원하지 아니하였도다." 그런데 왜 그 엄위하심이 우리 의지의 이 잘못을 제하지 않거나 그러한 일은 사람의 능력에 속하지 않으니까 모든 사람에게서 바꿔주지 않는지, 아니면 사람이 오류로부터 자유로울 수 없는데 왜 그 책임을 사람에게 돌리는가에 대해서 묻는 것은 우리 몫이 아니다. 당신이 그토록 수없이 묻는다면, 그런데 왜 바울이 로마서 9장 20절에서 한 말과 같이 이것은 왜 생각하지 않으려 하는가: "네가 누구이기에 감히 하나님께 반문하느냐?"

> 원전: Martin Luther, Studienausgabe, hg. v. H.-U. Delius. Bd. 3, Leipzig ²1996, 253,14-254,17. 번 역: Luther Deutsch. Die Werke Martin Luthers in neuer Ausgabe für die Gegenwart, hg. v. K. Aland, Bd. 3, Göttingen ²1983, 247-249. ―참고문헌: A. Adam, Der Begriff >Deus absconditus< bei Luther nacj Herkunft und Bedeutung, in: LuJ 30 (1963) 97-106; R. Weinhold, Das Thema vom verborgenem Gott von Nikolaus

> von Kues zu Martin Luther, Münster 1967 (BCG 2); W. Otto, Verborgene Gerechtigkeit. Luthers Gottesbegriff nach seiner Schrift De *serbo arbitrio* als Antwort auf die Theodizeefrage, Frankfurt u.a. 1998 (Regensburger Studien zur Theologie 54); H. J. McScorley, Luthes Lehre vom unfreien Willen nach seiner Hauptschrift De Servor Arbitrio im Licht der biblischen und kirchlichen Tradition, München 1967 (BÖT 1); O.H. Pesch (Hg.), Humanismus und Reformation – Martin Luther und Erasmus von Rotterdam in den Konflikten ihrer Zeit, München/ Zürich 1985, 91-118; Th. Reinhuber, Kämpfender Glaube. Studien zu Luthers Bekenntnis am Ende von De servo arbitrio, Berlin/ New York 2000 (TBT 104); V. Leppin, Deus absconditus und Deus revelatus. Transformation mittelalterlicher Theologie in der Gotteslehre von >De servo arbitrio<, in: BThZ 22 (2005) 55-69.

1) 폼포니우스 멜라, 주후 1세기 중반의 로마 지리학자.
2) 길리기아에 있는 도시.
3) 하나님께서는 우발적인 일들도 사전에 아실 수 있는가 하는 질문은 스콜라주의에서는 뜨거운 철학적 문제였다. 이를테면 옥캄(그에 관해서는 『중세교회』 Nr. 48을 보라)의 "Tractatus de praedestinatione et de praescientia Dei respectu futurorum contingentium"에 나온다. 왜냐하면 이성을 거쳐서라면 본래 필연적인 것만 사전에 알게 될 수 있기 때문이다. 의지의 결정들이 우연적인 한에서 의지가 자유롭다면 이 질문은 의지의 자유에 질문에도 해당된다.
4) 존 위클리프(약 1330-1384; 『중세교회』 Nr. 65를 보라). 콘스탄츠 공의회는 그의 다음 문장: "Omnia de necessitage absoluta eveniunt"을 정죄하였다(『중세교회』 Nr. 67 참조).
5) 이 구절은 아우구스티누스에게서 확인할 수 없다.
6) 펠라기우스(약 354-420); 『고대교회』 Nr. 92를 보라.
7) 둔스 스코투스(약 1265/6-1308); 『중세교회』 Nr. 47을 보라.
8) 스콜라주의자.
9) 위 본문 a) 1을 보라.
10) 루터는 고린도후서 4장을 제시하고 있다.
11) 미누시우스 펠릭스, 옥타비우스 13, 1. 에라스무스의 Apophthegmatum 3권 Socrat. 23장에 인용되고 있다.

33. 농민전쟁

이미 15세기에 다양한 농민 봉기들, 이를테면 농민봉기 동맹 같은 것들이 있었다. 16세기 20년대 중반에는 사회적, 신분법적, 종교적 측면들이 남서 독일과 그 중심을 그리고 튀링엔, 바로 직후에 토마스 뮌처가 핵심 인물이 될 그곳에 진앙지를 가진 하나의 봉기 안에 농축되었다. 어떤 면에서는 종교적으로도 진술된 이 운동의 강령문서를 12조항이 제시하였다(본문 a). 이것을 멤밍엔의 모피 가공 도제 세바스챤 롯체르(약 1490-1525?)가 작성하였다: 12개 요구 조항은 그 요구들의 구조를 일별하게 한다. 멤밍엔에서는 동맹의 법규도 생겨났는데, 그 동봉 문서인 소위 말하는 "조항 문서"(본문 b)—아마도 발타자르 홉마이어(1485-1528)에 의해서—가 작성되었다. 이 문서는 농민들이 자신들을 어떻게 그리스도교인의 동맹으로 이해했는가를 보여준다. 농민전쟁의 실재는 종종 권리를 관철하려는 실제적인 시도와 비버락흐에 있는 헥박흐 수도원의 일지가 가르쳐 주는 바와 같이 특별히 여성들을 대적해서도 폭발할 수 있던 완전한 폭력의 혼재가 제시하였다(본문 c). 그러한 과도함은 마르틴 루터, 곧 농민들 스스로가 심판관으로 세웠던 그가 이제 드러나게 되는 폭력으로부터 분명하게 거리를 두도록 만드는 데에 일조를 하였다. 여기서 루터는 2년 전에 전개된 세상 안에서의 하나님 행위론을 두 왕국과 두 정부론을 통해서 다시 붙들 수 있었다(본문 d 1). 이 배경에서 그는 농민들의 요청들을 존중하지만 동시에 모든 소요를 거부할 수 있었다(본문 d 2). 점증하는 충돌의 폭력과 함께 농민들에 대한 그의 주장들은 점점 날카로워졌고 세속 권력에게 그들을 잔인하게 무찌르라는 외침은 점점 무자비해졌다.

a) 농민층의 12개 요구 조항

기독교인 독자들에게 그리스도로 말미암아서 하나님의 평강과 은혜를 기원한다.

결집된 농민층들 때문에 지금 다음과 같이 말하면서 복음을 폄하하는 기회를 잡은 반기독교인들이 많이 있다: 새로운 복음의 열매는 이것들이다: 누구에게도 복종하지 말고 방방곡곡에서 들고 일어나며, 거대한 파괴력을 가지고 결집하고, 영적 권력와 세속 권력을 개혁하고, 뿌리 뽑고 어쩌면 아예 몰살시킨다!

이런 식으로 불신앙적이고 악독하게 판단하는 모든 자들에게 다음에 나오는 조항들이 답을 한다―첫째로, 이러한 하나님 말씀을 모욕하는 것을 제거하고, 둘째로 불복종, 곧 모든 농민들의 봉기를 기독교적으로 천명하기 위함이다.

첫째: 복음은 봉기도 소요도 조장하지 않는데, 이는 복음은 그리스도, 곧 약속된 메시아의 말씀이기 때문이다(롬 1:3ff.).[1] 그분의 말씀과 삶은 사랑과 평화와 인내와 화목만을 가르치고 있다.…… 하지만 농민들의 모든 요구조항들은 (분명하게 보지 않을 수 없도록) 결국에 복음을 청종하고 그에 걸맞게 사는 것을 추구하고 있기 때문에 반기독교인들이 복음을 봉기와 불순종의 원인이라고 말할 수 있겠는가? 하지만 몇몇 반기독교인들과 복음의 원수들이 그러한 요구와 갈망들을 반대해서 들고 일어난 것에 대한 책임은 복음이 아니라 하나님 말씀(사랑, 평강, 화목을 가르치는)을 억누르고 제거하려고 불신앙을 통해서 자기 편들에게 그런 것을 심어 놓는 마귀, 곧 복음에 대한 최악의 원수 탓이다.

둘째로 여기서 분명하고 뚜렷하게 도출되는 바는 요구조항에서 가르침과 삶을 위해서 그러한 복음을 갈망하는 농민들은 불순종하다고 하며 소요를 일으키는 자들이라고 부를 수 없다는 사실이다. 그런데 하나님께서 (두려움과 소망에 차서 하나님의 말씀대로 살 수 있도록 간구하는) 농민들에게 귀 기울이고자 하는 경우에 그 누가 그 하나님의 뜻을 책망하고자 하겠는가? 누가 그분의 심판에 개입하려고 하겠는가?(롬 11:33ff.; 사 40:13; 롬 8:33f.) 정말로,

누가 그분의 위엄을 거스르려고 하겠는가? 그가 자기를 향해서 부르짖는 이스라엘 자손들에게 귀를 기울이고 바로의 손에서 그들을 건지셨다면(출 3:7f. 14), 지금도 자기 사람들을 구할 수 없겠는가?(눅 18:7f.) 그렇다, 그들을 구원하실 것이다! 창졸 간에!

때문에, 기독교인 독자들이여, 다음에 나오는 조항들을 세밀하게 읽고 판단을 하라.

요구조항들이다:

첫째 조항: 첫째로 우리의 겸손한 요구와 바램, 그리고 우리 모두의 뜻과 생각은 우리는 지금부터 온 공동체가 자기들의 목회자를 선출하고 판단할 힘과 권리를 갖기를 원한다는 사실이다(딤전 3:1-7; 딛 1:6-9; 행 14:23). 그들은 또한 그 목회자가 합당하지 않게 처신하는 경우에 다시 내보내는 권리를 가져야 한다. 선출된 목회자는 그 어떤 인간적인 첨가물, 가르침과 명령이 없이 거룩한 복음을 선명하고 뚜렷하게 선포해야 한다(신 17:9-13; 출 31:1-6; 신 10:22ff.). 참다운 복음을 꾸준하게 선포하는 것은 우리로 하여금 하나님의 은혜를 간구하고 우리에게 이 바른 믿음을 심어주며(einlylden) 우리 안에서 확실히 자리 잡도록 하나님께 간구하도록 하기 때문이다. 그분의 은혜가 우리 안에 각인되지 않으면 우리는 계속해서 아무 짝에도 쓸모없는 혈과 육으로 머물게 된다(요 6:63); 우리는 오직 참된 믿음으로만 하나님께 이를 수 있고 그분의 자비하심으로만 구원을 받는다고 성경에 분명하게 기록되어 있다(갈 2:16). 따라서 우리에게는 그러한 지도자와 목회자가 필요하며 또 이런 방식으로 성경에 근거를 가지고 있다.

둘째 조항: 두 번째로, 바른 십계명이 구약에 제정되어 있고 신약에서 이루어졌지만(시 110:4), 우리는 정당한 곡물 십일조[2]를 당연히 기꺼이 내기를 원하지만 합당하게 내기를 원한다: 곧, 하나님께 드리고 그의 백성들에게 나누어주어야 한다(창 14:20; 신

18:1; 12:12; 신 25:4; 딤전 5:18; 마 10:9f.; 고전 9:9). 그래서 그것은 하나님의 말씀을 분명하게 선포하는 목회자의 몫이다. 앞으로 이 십일조는 공동체가 세운 교회 재산 관리자들[3]을 통해서 모아들이고 거두어지는 것을 우리는 원한다. 거기에서 공동체가 세운 목회자에게 공동체의 규정에 따라서 그와 그에 딸린 식구들을 위한 합당하고 충분한 분량이 지급되어야 한다. 남는 것은 그 마을에 있는 궁핍한 자들에게 나누되 공동체의 처지와 규정에 따라서 한다.…… 소십일조[4]는 내고 싶지 않다. 이는 사람들이 고안해낸 허락되지 않은 것으로 간주하기 때문에 우리는 더 이상 내지 않으려고 한다.

 셋째 조항: 셋째로 그들은 우리를 자기들의 노예같이 취급하던 것이 지금까지 관행이었는데, 그리스도께서 우리 모두를 자기의 귀한 피로 구속하신 것을 생각한다면 정말 한심한 짓인데(사 53:4ff; 벧전 1:18f; 고전 7:23), 예외 없이 아주 높은 자들과 목자들이 그렇게 한다. 그러므로 우리는 자유로우며 그러하기를 원한다는 것이 성경에서 도출된다. 우리는 아주 자유롭고 그래서 그 어떤 세속 권력도 원하지 않는다는 것이 아니다(롬 13:1ff; 잠 6:4). 하나님께서는 우리에게 자유로운 인간 자의성을 따르는 것이 아니라 계명을 따라 살 것을 가르치지 않는가? 오히려 우리는 하나님을 사랑하고(신 6:13; 마 4:10; 눅 4:8) 그분을 우리 이웃 안에 있는 우리 주님으로 깨닫고 하나님이 마지막에 성만찬에서 우리에게 명하신 것처럼 우리가 즐겁게 했을 모든 것을 그분을 위해서 해야 한다. 따라서 우리가 그분의 계명을 따라 살아야 하기 때문에 이 계명은 우리에게 세속 권력에게 복종하지 않아야 한다고 제시하고 가르치지 않는다. 오히려 세속 권력뿐 아니라 누구 앞에서도 우리는 겸손해야 한다. 그래서 우리가 선택하고 세운 권세에게, 이는 하나님에 의해서 세워진 것으로서(롬 13:1f.), 합당하고도 기독교적인 사안에서 기꺼이 순종한다(행 5:23). 당신들이

우리들을 농노 신분에서 참되고 합법적인 기독교인으로서 기꺼이 방면하리라는 것-아니면 우리가 농노라는 것을 복음을 따라서 우리에게 가르치리라는 것을 의심하지 않는다.

넷째 조항: 넷째는 지금까지 가난한 사람 누구도 사냥한 짐승 고기, 조류 또는 흐르는 물에서 물고기를 잡는 허가를 받지 못하는 것이 일반적이었다. 이것은 우리에게 아주 부당하고 비우호적으로 보이며, 특히 이기적이고 하나님 말씀에 합당하지도 않다고 보인다.……

여섯 째 조항: 여섯 번째로 우리에게는 매일 매일 점점 커져가는 부역으로 인해서 무거운 부담이 지워졌다.……

여덟 째 조항: 여덟 번째로 우리와 또 재산을 가진 많은 사람들이 이 재산들이 세금을 창출해 낼 수 없고 농민들은 자기들 땅을 잃는 일로 인해서 힘들어하고 손해를 보고 있다. 우리가 간청하는 바는 군주들이 이 재산들을 믿을 만한 사람들을 시켜서 점검하게 하고 합당하게 소득에서 세를 매김으로 농민들이 헛수고하지 않게 되는 것인데, 일하는 자는 자기 삯을 받을 권리가 있기 때문이다 (마 10:10).

아홉 째 조항: 아홉 번째로 계속해서 새로운 법을 만들고, 사안에 걸맞게 하는 것이 아니라 자기의 싫고 좋음에 따라서 처벌을 하는 심각한 악으로 인해서 고통을 겪고 손해를 보고 있다. 사안을 따라서이지 취향에 따라하지 않는, 옛적에 명문화된 처벌 규정에 따라서 처벌해야 한다고 우리는 생각한다(엡 6:1-9; 눅 3:14; 렘 26:14).

열 번째 조항: 열 번째로, 어떤 사람들이 들판과 공동체의 소유인 밭을 사유화함으로 우리가 손해를 보고 있다(눅 6:31). 이것들을 그들이 정당하게 사들이지 않는 한 다시금 우리 공동의 소유 (zu unsern gemainen henden)로 가져올 것이다.……

결의: 열두 번째로 우리의 결의이기도 하고 궁극적인 생각은 한

조항이나 여기 열거된 많은 조항들이 혹시 하나님 말씀에 부합되지 않으면—우리가 믿는 바와 같지 않게—그것을 하나님의 말씀으로 증명하는 한, 성경에 근거해서 증명한다면 우리는 폐기하고자 한다. 어떤 조항들은 우리에게 허용하지만 그 다음에 그것들이 정당하지 않다는 것을 드러내는 경우에는 그 즉시 그 조항들은 죽은 것이고 효력이 없으며 더 이상은 아무 가치가 없게 된다. 마찬가지로 하나님을 거스르고 이웃의 피해(beschwernus)를 주는 어떤 조항들이 참답게 성경의 증명에 근거해서 발견이 되면 우리는 [그 조항들을 폐기할] 권리를 가지며 폐기를 결정하고자 한다.

우리는 모든 기독교의 가르침 안에서 살며 그것을 실행(brauchen)하고자 한다; 그것을 허락하실 수 있는 유일하신 분인 주 하나님께 간구한다.

그리스도의 평화가 우리 모두와 함께 하시기를 바란다!

원전: A. Laube/ H. W. Seiffert (Hg.), Flugschriften der Bauernkriegszeit, Köln u.a. ²1978, 26-31; G. Franz (Hg.), Quellen zur Geschichte des Bauernkrieges, Darmstadt 1963, 174-179도 참조. —참고문헌: G. Franz, Die Entstehung der >Zwölf Artikel< der deutschen Bauernschaft, in: ders., Persönlichkeit und Geschichte. Aufsätze und Vorträge, Göttingen u.a. 1977; E. Walder, Der politische Gehalt der zwölf Artikel der deutschen Bauernschaft von 1525, in: SBAG 12 (1954) 5-22; M. Brecht, Der theologische Hintergrund der Zwölf Artikel der Bauernschaft in Schwaben von 1525, in: ZKG 85 (1974) 174-208; P. Blickle, Nochmals zur Entstehung der Zwölf Artikel, in: ders.,: (Hg.), Bauer, Reich und Reformation: FS Gunther Franz, Stuttgart 1982, 286-308; F. Hartweg, Die zwolf Artikel der Bauernschaft (1525) und Stellungnahmehn der Reformatoren Luther, Melanchthon und Brenz, in: ders., (Hg.), Martin Luther (1517-1526), Strasbourg 2001, 181-227; 총체적으로 농민전쟁을 다룬 것으로는 본문 d) 3을 보라.

b) 슈바르츠발트 지역 농민들의 "요구조항 문서"

전능하신 분 하나님의 평강과 은혜를 당신들, 곧 시장, 시의회, 빌링엔 시 전체에게 보내며 하나님의 정의와 우리 주 예수 그리스도의 거룩한 복음과 기독교적인 우정으로 형제가 된 당신들을 위해서 여기 동봉하는 요구조항 문서의 내용에 따라서 협력해줄 것을 권고합니다. 그래서 지체 없이 이 사절을 통해서 문서적 답변을 주실 것을 간절히 바랍니다.

1525년 성 십자가의 날[5] 다음 월요일 (날짜) 푀렌박흐. 슈바르츠발트 모임의 지휘관들과 평의회…….

요구조항 문서

명망 있고 현명하며 자비가 풍성한 군주들, 친구들, 사랑스러운 이웃들이여!

지금까지 하나님과 모든 정의를 거스르는 엄청난 고통(beschwärden)이 영적 군주들과 세속 군주들 그리고 당국에 의해서 자기들은 단 한 번도 손가락도 대지 않은(마 23:4) 그 고통이 도시와 시골에 사는 가련하고 평범한 사람들(gemainen man)에게 부과되었기 때문에 단순하고 가련한 사람들은 자기와 자기 자식의 자식들이 거렁뱅이가 되어 구걸하지 않으면 그런 짐과 고통을 더는 지거나 감당할 수 없는 지경에 이르렀습니다. 그래서 이 기독교적인 모임의 의미와 목적은 하나님의 도움으로 스스로를 자유롭게 하며(ledig ze machen) 그것도 가능한 칼부림과 피흘림이 없이 하는 것입니다. 이것은 기독교적인 공동의 유익(gemainen christlichen nutz)에 해당하며 이 동봉된 요구조항들[6] 안에 요약되어 있는 그 허용되는 모든 사안들에서 형제적인 경고와 일치가 없이는 실현이 불가능합니다.

따라서 다음에 나오는 우리의 우정 어린 부탁, 우리 생각과 형제적인 요청이 있습니다. 곧 당신들이 우리와 함께 이 기독교적인 동맹과 형제단에 자원해서 들어오고 우정에 찬 의지로 동참하여서 기독교적인 공동의 유익과 형제 사랑이 다시 세워지고 만들어지고 풍성해지도록 하자는 말입니다. 그렇게 한다면 거기에서 하나님의 이웃 사랑의 계명이 성취되는 가운데에 있는 하나님의 뜻이 드러납니다. 그런데 우리가 받아들일 수 없는 것을 당신들이 제시한다면 우리는 당신들을 세상적인 추방을 하고 이 문서에 근거해서 당신들이 자신들의 의도를 떠나 선한 뜻을 가지고 이 기독교적인 연합체에 참여할 때까지 추방에 머물게 할 것입니다.……

세상적인 추방은 이러한 의미와 목적이 있습니다:

이 기독교적 연합체에 있는 모든 사람들, 곧 명예를 가지고 또 행해 왔던 최고로 가치가 있는 임무를 가진 사람들은 이 형제적인 연합체에 가입하고 공동의 기독교적인 유익을 진작하는 것을 거절하고 고집을 쓰는 자들과 철저히 그 어떤 교제를 가지거나 힘쓰지 않아야 하는데, 먹고, 마시고 목욕하고, 곡식을 빻고 빵을 하고, 경작하거나 목축을 하지 않고, 그들에게 음식, 곡식, 음료, 나무, 고기, 소금이나 다른 것을 가져다 주지도 않고 이런 일을 하도록 그 누구에게도 허락하거나 용인하지 않아야 한다; 그들로부터 아무 것도 사지 않고 팔지 않아야 한다; 오히려 그들을 기독교적 공동 유익과 분쟁 중지에 기여하기 보다는 오히려 반대하려고 하는 단절되고 죽은 지체로 머물도록 하여야 한다.

그들에게는 그들의 치리권(zwingen und bennen) 밖에 있는 모든 시장, 장작, 들판, 초장, 물을 금해야 한다.

이 연합체에 속한 자 중에서 이것을 지키지 않는 자는 곧바로 제외되고, 같은 추방에 처하고 부인과 아이들과 함께 대적들과 고집불통인 자들에게 보내야 한다.

원전: Seebaß, Artikelbrief 34-36. —참고문헌: G. Seebaß, Artikelbrief, Bundesordnung und Verfassungsentwurf. Studien zu drei zentralen Dokumenten des südwestdeutschen Bauernskrieges, Heidelberg 1988 (AHAW.PH 1988,1); 농민전쟁 전반에 관해서는 본문 d) 3을 보라.

c) 수녀원을 향한 폭도들의 위협

1520년 마르틴 루터라고 하는 검은 아우구스티누스파 수도사로 인해서 치명적이고 미혹시키는 이단이 독일에 등장했다는 것은 일반적으로 알고 있다. 그는 작센의 비텐베르크에서 시작하였다. 그 이단은 평범한 사람들 가운데에서 대부분에게 큰 해가 되었다.……

1525년 올해에는 수요일인 마리아 촛불 미사[7]를 드리는 저녁에 수녀원이 식탁에 앉았을 때 울름의 시장인 울리히 나이트아르트[8]에게서 전갈이 왔다. 이 사람은 당시에 전쟁 상황에서는 지휘관이었고 동맹[9]에서는 최고 지도자 네 명 중 한 사람이었다. 그가 우리에게 에들렘과 리번에서 겪었을 일을 방지하라고 조언을 하였다. 그 이유는 그가 리에트에서 농민 무리와 만나서 거기서 무엇을 하는지 물었기 때문이었다. 그러자 그들은 자기들이 파티를 하려고 한다고 대답했다는 것이다. "그런데 처녀가 없지 않느냐"고 하자, 그들이 우리 수녀원을 가리키면서 저기에 처녀들이 충분히 있고, 그들과 춤추려고 한다고 했다고 한다.……
Circumdedeunt 전 토요일, 그날은 발렌티니와 일요일 문자 A[10] 이전인데 불쌍한 우리 사람들이 왔다. 이들은 우리의 복 되신 수녀원장에게 중요한 사람들이었고, 울리히 슈미트는 지휘관이었고 검은 막달레나의 오빠인 한스 갈스터는 사관 후보생이었다. 그들은 우리에게 이자의 얼마를 감해줄 것을 부탁하고 특히나 자기들이 암탉과 수탉과 계란을 바치지 않으려 한다고 하였다. 그러자

나의 복 되신 원장이 그렇게 할 수 없다고 하면서 자신은 하나님의 집에 바쳐지는 것을 감할 능력이 없다고 하였다. 원장은 계속해서 그들에게 그 의도를 버리라고 부탁하였다. 그 이유는 그들이 그녀 자신과 하나님의 집을 재앙으로 끌고 갈 수 있기 때문이고, 그것은 각 사람에게도 큰 불행이 된다는 것을 설명하였는데, 그녀는 자기가 그들, 특히 줄밍엔에서 온 사람들을 부끄럽게 할 수밖에 없다고 하였다. 그러자 그들은 자기들을 부끄럽게 할 필요가 없고, 자기들의 명예는 자기들이 가지고 있다고 말하였는데, 특히 울리히 슈미트가 그렇게 하였다. 이 사람은 큰 무리 가운데에서 크게 추앙을 받았는데, 무리들을 가르쳤고, 그래서 성령이 그 사람으로부터 말하는 것처럼 보일 정도로 하였다.

그러자 농민들은 주인이고 권세를 부리고 싶어 했고, 우리는 오래도록 일해야 했고, 그들이 우리의 수하에 있었던 것처럼 그들의 수하로 있어야 했다. 그런 식으로 그들은 진행시켜 나갔고, 주인들이 되고 싶어 했고 그래서 여러 주간 동안 열심히 큰 무리가 모여서 어떻게 자기들이 수도원들과 귀족들로부터 재산을 빼앗고 수도사들과 수녀들을 수도원에서 몰아낼까를 논의하였다. 그들은 헥박호에서 시작해서 수녀들을 수녀원에서 몰아내려고 하였다: 우리가 비밀리에 두 명의 고해신부들과 농장 관리인으로부터 아이들을 낳았고, 관리인은 우리가 그 아이들을 숨기는 것을 도와주고 있었다고 하면서 자기들이 그 고해신부를 만나면 먼저 아주 악랄하게 고통을 주고 찔러 죽이겠다고 하였다.……

래타레 다음 재물의 날[11]과 이윤의 날[12]에 우리 형제들 중 몇 사람이 건너 와서 곡물을 가져가면서 어차피 자기들 것이라고 하였다. 외부인들보다 차라리 자기들에게 양보해야 한다고 하였고 또 아주 악랄하게 그렇게 하리라고 맹세까지 하였다. 그리고는 악한 여자들이 와서는 나의 원장과 직분을 가지고 있는 수녀들을 공격하면서 이들이 자기 남자들을 상대로 동맹을 주창한다고 하였다. 그리고 만일 자기 남자들을 사람들이 죽이면 자기들이 쳐들어 와서 수녀들의 눈을 빼 버리겠다고 하였다. 수녀들은 나가서 소젖을 짜고 낡은 옷을 걸치고, 농민의 여자들은 안에 들어와서 고급 털을 걸치고, 사람들이 우리를 몰아넣고 머리에 옷을 뒤집어씌우고 우리도 아이들을 낳고, 전에 자기들이 겪은 것처럼 고통을 받아야 한다고 하며, 그전에 우리가 두 명의 고해신부들과 농장 관리인에게서 그렇게 했었으리라고 하였다.

> 원전: A. Conrad/ K. Michalik (Hg.), Quellen zur Geschichte der Frauen. Bd. 3: Neuzeit, Stuttgart 1999, 289-291. —참고문헌: U. Bejick, Gibt es eine >weibliche< Geschichtsschreibung? Die Bauernkiegschronik des Klosters Heggbach als Beispiel wieblicher Wirklichkeitsbewältigung, in: S. Jenisch (Hg.), Standpunkte. Ergebnisse und Perspektiven der Frauengeschichtsforschung in Baden-Württemberg, Tübingen/ Stuttgart 1993, 36-48; C. Ulbrich, Die Heggbacher Chronik. Quellenkritisches zum Thema Frauen und Bauernkrieg, in: H.R. Schmidt u.a. (Hg.), Gemeinde, Reformation und Widerstand, Tubingen 1998, 391-399; 농민전쟁 전반에 관해서는 본문 d) 3을 보라.

d) 농민들과의 충돌 때 나온 루터의 두 왕국론

1. 기초: 세속 권력 문서(1523)

여기서 우리는 아담의 자손들과 모든 인간들을 두 부분으로 나누어야 한다: 첫째는 하나님 나라에 속한 자들, 다른 부분은 세상 나라에 속한 자들. 하나님 나라에는 그리스도 안에 그리고 그리스도 아래에 있는 바른 신앙인들이 속한다. 왜냐하면 그리스도는 시편 2장 6절과 성경 전체가 말하는 바와 같이 하나님 나라에서 왕이고 주님이시기 때문이다. 그리고 그분은 또한 하나님의 나라를 시작하고 세상에 세우려고 오시기까지 했다. 그 때문에 그분은 빌라도 앞에서도 "내 나라는 이 세상에 속한 것이 아니라, 진리에 속한 자는 내 음성을 듣느니라"(요 18:36f)고 말씀하시며, 복음서 안에서 항상 하나님 나라를 제시하며 이렇게 말씀하신다: "회개하라, 천국이 가까이 왔느니라!"(마 3:2), 또 "먼저 그의 나라와 그의 의를 구하라"(마 6:33), 그리고 복음이 하나님 나라를 가르치고 다스리고 유지하기 때문에 하나님 나라의 복음이라고 하신다.

이제 보라, 이 사람들은 세상의 칼이나 법을 필요로 하지 않는다. 그래서 온 세상이 바른 기독교인, 그러니까 바른 신앙인들이라면 제후, 왕, 군주, 칼이나 법이 필요하지 않고 무익할 것이다. 그들에게 이런 것들이 무슨 필요가 있겠는가? 그들은 마음 속에 누구에게도 불의를 행하지 않고 모두를 사랑하고 모두로부터 즐겁게 불의를 겪고, 심지어 죽음도 겪으라고 가르치는 성령이 있기 때문이다. 불의만 겪고 의로움만 행하는 곳에는 싸움, 미움, 심판, 벌, 법이나 칼이 필요하지 않다. 때문에 기독교인들 중에서는 세상적인 칼과 법을 발견하는 것이 불가능한데, 이는 바울이 디모데전서 1장 9절에서 말하는 것처럼 그들은 모든 법과 가르침이 요구하는 것보다 훨씬 더 많은 것을 스스로 행하기 때문이다: "율법은 옳은 사람을 위하여 세운 것이 아니요 오직 불법한 자를 위하여……"

그런데 당신은 '그러면 왜 하나님께서는 그 많은 율법을 모든 사람에게 주셨고 그리스도는 복음서에서 그토록 많은 것을 하라고 가르치고 있느냐' 묻는가? 거기에 대해서는 설교집[13]과 다른 곳[14]에서 많이 서술하였다. 당장은 아주 짧게 말하겠다: 바울은 율법이 불의한 자들 때문에 주어졌다고 곧 우리가 나중에 듣게 되는 바와 같이 기독교인들이 아닌 사람들이 율법으로 인해서 악한 행위에서 돌이키게 하려고 주어졌다고 말하고 있다. 그런데 어떤 사람도 본성적으로 기독교인이거나 의롭지(frum) 않고 철저히 죄인이고 악하기 때문에 하나님께서 율법을 수단으로 그들 모두가 자기들의 악을 자기들 뜻대로 자신들의 행위를 가지고 행하지 못하도록 막으시는 것이다. 여기에 대해서 바울은 로마서 7장 7절과 갈라디아서 3장 24절에서 율법에게 하나의 임무까지 주고 있는데, 곧 죄를 깨닫게 하여서 사람이 그리스도의 은혜와 그리스도를 믿도록 겸손하게 하는 역할을 주고 있다. 마찬가지로 그리스도께서 악에게 대항하지 말라고 가르치시는 마태복음 5장 39절에서도 그것을 말하고 있다. 이렇게 하시면서 우리가 듣게 되는 바와 같이 바른 기독교인이 어떠하고 어떠해야 하는지를 설명하고 가르치고 계신다.……

만약 그렇지 않다면 그래도 모든 세상은 악하고 천 명에 거의 한 명의 바른 기독교인이 없고 서로 뜯어 먹으려 해서 아내와 자식을 아무도 부양하지 않고 하나님을 섬길 수 없고 그래서 세상이 파괴되는 일이 일어날 것이다. 때문에 하나님이 두 정부를 제정하셨다: 영적 정부로, 성령으로 말미암아 기독교인들과 경건한 사람을 만드는 이 정부는 그리스도 아래에 있고, 세상 정부는 비기독교인들과 악한 자들을 옹호하여서 이들이 자기들의 뜻에 반해서 외적으로 평화를 유지하고 조용히 있지 않으면 안 되도록 하는 정부이다. 이런 식으로 바울은 세속의 칼을 로마서 13장 3절에서 해석하며 이는 선한 자들을 위한 것이 아니라 악한 행위들을 두려워하도록 하기 위함이라고 말하고 있다. 또 베드로는 악행을 행하는 자들을 처벌하기 위해서 주어졌다고 말하고 있다(벧전 2:14).

그래서 누군가가 세상을 복음대로 다스리고 모든 세상의 법과 칼을 제하고 모든 사람이 세례를 받고 기독교인이며 그들 중에는 복음이 아무런 법이나 칼을 가지고 있지 않고 필요가 없다는 것을 보이려고 한다면 나의 친애하는 이여, 말해보라 그가 무엇을 하게 되겠는가? 그는 사납고 악한 짐승들에게서 매는 끈과 줄을 풀어서 이들이 모두를 찢고 물게 만들 것이고, 그러면서도 아주 양순하고 부드럽고 훈련이 된 짐승인 것처럼 보이도록 할 것이다. 하지만 나는 내 상처에서 그것을 겪게 될 것이다. 이런 식으로 악한 자들이 기독교의 이름 하에서 복음의 자유를 오용하고 자기들의 비행을 자행하면서 자기들은 기독교인이고 어떤 법이나 칼에 매이지 않았다고 말할 것이다. 이미 현재 몇몇 사람들이 날뛰면서 멍청하게 주장하고 있는 것처럼 말이다.

> 원전: Martin Luther, Studienausgabe, hg. v. H.-U. Delius, Bd. 3, Leipzig ²1966, 37,32-38,22; 38,34-40,15. 번역: Luther Deutsch. Die Werke Martin Luthers in neuer Ausgabe für die Gegenwart, hg. v. K. Aland, Bd. 7, Göttingen ²1983, 13-15.
> —참고문헌: 본문 d) 3을 보라.

2. 농민층의 12개 요구조항에 입각한 루터의 평화 권고

영주들과 주군들에게:

첫째로 우리는 당신들 빼고 땅위의 누구에게서도 그러한 피해와 소란을 겪을 수 없다. 곧 영주들과 주군들 그리고 특히 소경이 된 감독들과 멍청한 성직자들과 수도사들을 말하는데, 이들은 오늘날까지도 목이 곧고 고집을 쓰며 분명히 복음이 의롭고 당신들이 저항할 수 없는 것임을 알면서도 복음을 거슬러서 미쳐 날뛰는 일을 그치지 않는 자들을 말한다. 게다가 당신들은 세속 정부 안에서 당신들의 호화스러운 생활을 계속 영위하기 위해서 평범한 사람들(gemeine man)이 더는 감당할 수 없을 정도로 미친 듯이 돈을 긁어모으는 일 밖에 하는 것이 없다. 칼이 당신들 목에 얹혀져 있다; 그런데도 당신들은 누구도 떨어뜨릴 수 없을 정도로 안장에 단단히 앉아 있다고 생각한다. 이 안전과 굳은 어리석음이 당신들의 목을 부러뜨릴 것인데, 당신들이 보게 되리라. 이것을 나는 당신들에게 자주 선포하였는데[15], 곧 당신들은 시편 107편 40절[16]에 있는 속담 앞에서 조심해야 한다: "Effundit comtemptum super principes": "여호와께서 고관들에게 능욕을 쏟아 부으시도다." 당신들이 그렇게 되려고 발악을 하며 머리통을 맞으려고 하는데, 그 어떤 경고도 견책도 돕지 못한다.

자, 당신들 자신이 이 하나님의 분노에 대한 원인이기에 시간이 가도 여전히 개선하지 않는다면 당신들 위에 이것이 떨어질 것은 의심의 여지가 없다. 친애하는 주군들이여, 하늘의 징조와 땅의 이적들이 당신들에게 해당된다; 당신들에게는 선한 것을 의미하지 않고 당신들에게는 그 어떤 선한 것이 일어나지 않을 것이다.……

(농민들이) 12개 요구조항을 제시하였는데, 그 중 몇 개는 하나님과 사람 앞에서 당신들의 명예를 빼앗고 고관들 위에 능욕을 그들이 쏟아 붓는다는 시편을 참이 되도록 할 정도로 마땅하고 옳다. 그렇지만 그 조항들 대부분은 자체의 유익과 득을 얻으려고 제시되었고 최상의 것을 향해서 전개되지 않았다. 분명 나는 독일 귀족들에게 쓴 책에서 했던 것처럼[17] 온 독일과 (세속) 정부에게 해당되는 다른 조항들을 당신들을 반대해서 제시했고 그 이상이리라고 본다. 그런데 당신들이 그것을 귀담아 듣지 않았기 때문에 이제 당신들은 그런 이기적인 요구조항들에 귀를 기울이고 아픔을 겪어야 한다. 그리고 당신들에게는 아무 말도 할 필요가 없기 때문에 이것이 발생하는 것은 정당하다.

농민들이 복음에 귀를 기울이는 것과 목회자를 선출할 권리를 바라고 있는 첫째 요구조항을 당신들은 그 어떤 법이라는 형식을 가지고 폐하면 안 된다: 그들이 자기들의 것이 아닌 십일조로 그런 목회자들을 부양할 것 같이 하면서 이기성이 스며들어 있지만 목회자들에게 복음의 선포를 맡기는 것은 최고의 법이다. 그 어떤 세속 권력도 이것에 대해서 반대할 수도 없고 해서도 안 된다. 정말로 세속 당국은 각자가 가르치고 믿고자 하는 바, 그것이 복음이든지 아니면 거짓말이든지 간에 막아서는 안 된다; 소요와 불화를 가르치는 것을 막는 것으로 충분하다.

신체적인 고통을 보여주는 다른 요구조항들은…… 정당하고 옳다. 왜냐하면 당국은 자기 이익과 원하는 바를 아랫사람들에게서 얻는 것이 아니라 아랫사람들에게 유익이 되고 그 최고의 것(을 구하는 것)을 위해서 세워졌기 때문이다. 이제 앞으로는 그런 식으로 돈을 긁어모으는 것은 용인될 수 없다. 한 농부의 밭이 줄기와 곡식 같이 그렇게 많은 돈을 맺는다면, 당국은 그저 그만큼 더 많이 가져가서는 그것으로 당국의 영광만 키우고 그 재물을 옷과 먹을 것, 마실 것과 건축과 그런 등등의 것으로 마치 지푸라기같이 써버린다면 열매 맺음이 무슨 도움이 되겠는가? 정말로 낭비를 막고 지출을 막아서 가난한 사람들이 조금이라도 가질 수 있게 해야 한다. 더 많은 가르침을 당신들은 그들의 문서들로부터 분명히 받았는데, 거기에서 그들이 자신들의 고통을 충분히 제시하고 있다.

농민들에게:

…… 첫째로, 친애하는 형제들이여: 당신들은 하나님의 이름을 제시하고, 또 자신들을 기독교인의 무리 또는 연합체라고 부르고 하나님의 법에 따라 처리하고 처신하고자 한다고 천명하고 있다. 자, 당신들은 하나님의 이름, 말씀, 호칭이 불필요하게 또 무용지물로 일컬어서는 안 된다는 것도 알고 있다. 말하자면 제 2계명에서 말하는 하나님이 말씀하시는 것처럼 말이다: "너는 주 너의 하나님의 이름을 망령되게 일컫지 말라." 게다가 그분이 말씀을 한다: "여호와는 자기 이름을 망령되게 일컫는 자를 그냥 두지 않으리라."(출 20:7) 여기서 본문은 분명하고 뚜렷한데, 이 본문은 당신들 및 모든 인생들을 말하고 있고 우리와 다른 모든 사람들에게와 똑같이 당신들에게도—당신들의 엄청난 숫자, 정의로움, 무시

무시함을 개의하지 않고 — 자신이 분노할 것임을 말하고 있다. 그분은 당신들이 아는 바와 같이 당신들이 하나님의 이름을 하릴없이 무익하게 일컫는다면 여기서 분노하시리라고 한 것처럼 심판하기에 충분히 능력이 있고 강하다: 당신들이 그분의 이름을 잘못 일컫는다면 행복이 아니라 저주를 각오해야 한다는 것을 잊지 말고 우호적으로 권고를 받기를 바란다. 아주 많은 수의 농민들을 죽이거나 방해를 하는 것은 그분에게 간단한 일인데, 과거에 온 세상을 홍수로 멸망시키고 소돔을 불 태워버리셨던 분이다. 전능하시고 무시무시한 하나님이시다.

둘째, 그런데 당신들이 하나님의 이름을 무익하게 일컫고 수치스럽게 만드는 사람들이라는 것을 증명하는 것은 아주 간단하다. 그래서 결국 모든 불행이 닥치게 될 것이라는 것, 그러니까 하나님이 진실하시다면 그것은 의심의 여지가 없다. 여기 하나님의 말씀이 있고 그리스도의 입을 통해서 말씀하고 있다: "칼로 흥하는 자는 칼로 망하리라"(마 26:52). 말하자면 자기 자신의 사악한 만용으로 인해서 권력을 행사하면(der gewallt unterwinden) 안 되고 바울이 말한 바와 같아야 한다는 것을 말하는 것이다: "각 사람은 위에 있는 권세들에게 두려움과 공경으로 복종하라."(롬 13:1) 그런데 어찌해서 당신들은 이 하나님의 말씀과 또 당신들이 하나님의 법에 따라서 행하고 있다고 자랑하는 그 하나님의 법을 무시하고, 그러면서도 칼을 잡고 하나님의 법으로 세워진 세속 권력을 거슬러서 반항할 수 있는가?

> 원전: Martin Luther, Studienausgabe, hg. v. H.-U. Delius, Bd. 3, Leipzig ²1996, 111,28-112,12; 114,22-115,18; 116,12-117,22.
> 번역: Luther Deutsch. Die Werke Martin Luthers in neuer Ausgabe für die Gegenwart, hg. v. K. Aland, Bd. 7, Göttingen ²1983, 163f.166f.168f. — 참고문헌: J. Heckel, Im Irrgarten der Zwei-Reiche-Lehre. Zwei Abh. zum Reichs-u.

Kirchenbegriff Martin Luthers, München 1957; P. Althaus, Luthers Haltung im Bauernkrieg, Darmstadt ⁴1971; M. Greschat, Luthers Haltung im Bauernkrieg, in: ARG 56 (1965) 31-47; G. Wolf (Hg.), Luther und die Obrigkeit, Darmstadt 1972 (WdF 85); J. Wallmann, Ein Friedensappell - Luthers letztes Wort in Bauernkrieg, in: D. Henke u.a. (Hg.), Der Wirklichkeitsanspruch von Theologie und Religion. FS E. Steinbach, Tübingen 1976, 57-75; Chr. Windhorst (Hg.), Die Vorstellung v. Zwei Reichen u. Regimenten bis Luther, Gütersloh ²1978; U. Duchrow, Christenheit und Weltverantwortung. Traditionsgeschichte und systematische Struktur der Zwei-Reiche-Lehre, Stuttgart ²1983; H.-J. Gänssler, Evangelium und weltliches Schwert. Hintergrund, Entstehungsgeschichte und Anlass von Luthers Scheidung zweier Reiche oder Regimente, Wiesbaden 1983 (VIEG 109); W. Härle, Luthers Zwei-Regimenten-Lehre als Lehre vom Handeln Gottes, in: MJTh 1 (1987) 12-32; R. Anselm, Art. Zweireichelehre I, in: TRE 36, 2004, 776-784; G. Franz, Der deutsche Bauernkrieg, Darmstadt ¹²1984; G. Maron, Art. Bauernkrieg, in: TRE 5, 1980, 319-338; P. Bliekle (Hg.), Bauer, Reich und Reformation: FS Günter Franz, Stuttgart 1982; ders., (Hg.), Der deutsche Bauernkrieg von 1525, Darmstadt 1985 (WdF 460); H. Buszello u.a. (Hg.), Der deutsche Bauernkrieg, Paderborn u.a. ³1995 (UTB 1275); P. Blickle, Der Bauernkrieg. Die Revolution des gemeinen Mannes, München ²2002.

1) 성경구절들은 여백 메모에 있다; 본문에 있는 배열은 그래서 겨우 근사치 정도로만 가능하다.
2) 곡물과 농산물에 부과된 토지 십일조.
3) 교회재산 관리자.
4) 동물들과 동물과 관련된 생산물에 부과된 피의 십일조.
5) 5월 8일.
6) 첨부된 멤밍엔 동맹 규정을 말한다.
7) 2월 1일.
8) 울리히 나이트라이트(1470-1552), 울름 시장.

9) 슈바벤 동맹을 말한다.
10) 2월 12일.
11) 3월 29일.
12) 3월 28일.
13) 1552년 강림절 설교; 특히 WA 10/I/2,152-170을 보라.
14) 특히 기독교인의 자유를 말하는 것으로 보아야 한다. Nr. 20 c)를 보라.
15) 무엇보다 우선해서 세속 당국에 관한 문서에 있다.
16) 루터는 시편 104편을 제시하고 있다.
17) Nr. 20 a)를 보라.

세속 정부의 종교개혁 도입

34. 1526년 슈파이어 제국의회

공동의 작업으로 이룬 농민전쟁 진압이 잠정적으로 제국의회 의원들 간의 종교적 차이를 덮어버렸지만, 그 이후에 이 차이는 급격히 다시 대두되었다. 자문도 없고 결실도 없이 정회된 1525/6년 아욱스부르크 제국의회 이후 1526년 6월 25일 새로이 슈파이어에 모였다. 황제의 제안(본문 a)을 낭독함으로 신앙문제에 관해서는 하나의 방향이 제시된 것이지만, 의원들의 복잡한 심리과정 중에서는 그렇게 지켜지지 않았다. 그 결실은 하나의 결정이었는데(본문 b), 이 결정은 차라리 황망함에서 이루어진 정형들을 보여주는 것이지만 개혁자들 측에 의해서는 곧바로 종교개혁의 입장을 합법화하는 데로 이용되었다.

a) 황제의 제안(1526. 6. 26)

…… 이제 황제 폐하는…… 황제 관을 받고 동시에 자기 교황의 거룩함으로 보편 공의회를 소집하려고…… 로마로 달려가리라

고 구상했었다. 곧 우리의 거룩한 신앙과 보편 기독교 세계의 관심과 고통, 곧 모든 이단, 폐단들과 무질서들이—이러한 것들이 많은 지역에서 하지만 신성 로마제국에서 가장 위험하고 가장 혐오스럽게 창궐하고 끊이지 않고 있다—종식되고, 박멸되고 공의회의 건전하고 일치된 기독교의 새로운 모습(reformacion), 규정과 정관과 삶을 통해서 앞으로는 유사한 비기독교적일 뿐 아니라 비인간적인 선동들과 봉기들에 대한 도처에서 대비를 하고 방어를 하게 되는 공의회를 구상하였다. 하지만 이 공의회 개최가 어느 정도 지체가 되고 위에서 언급한 오류들 가운데에 더 오래 지체하는 것은 보편적인 독일제국에는 실익이 없고 심지어 아주 어려울 수 있다. 동시에 염두에 두어야 할 것은 어떤 제국의회의 의원들에게 매일 점점 더 많이 폐스럽고 정죄를 받은 그리고 옳지 않은 새로움들이 침투해 들어온다는 것과 대중적으로 염려스러운 충동을 일으킴으로 평민들에게 선포되고 있다는 사실, 모든 당국에 대한 비방에 찬 공격을 담고 있는 많은 새로운 문서들이 도처에서 인쇄가 되어서 확산되고 있는데, 이것들이 평민들의 선동적인 움직임들을 일으키고 있다는 사실: 신성하고 기독교적인—또한 황제 폐하와 제국의—규정들, 정관들, 명령들과 결정들을 대항하는 모든 것을 말한다. 그래서—만일 시기적으로 맞으며 명민한 판단이 나타나지 않으면—그런 것으로부터 (부분적으로는 위에서도 언급하였다.) 우리의 거룩한 믿음의 파괴, 기독교의 파멸, 엄청난 불순종, 당국을 상대로 한 봉기, 당파, 선동들, 제국 안에서의 분열, 우리 창조주 하나님을 모독함, 우리의 사랑스런 성도들을 비난함 등등, 곧 황제 폐하와 신성 제국과 모든 당국과 존영에 다시는 선하게 만들 수 없는 해를 가져다주게 될 많은 악이 일어나는 것을 두려워하지 않으면 안 되게 되었다.

그런데 전능하신 분의 도우심과 존귀한 선제후들, 영주들과 제국의 다른 신분들의 협력과 가능한 신실한 노력으로 선수를 치려고, 언급한 황제 폐하이며 스페인 국왕 폐하 등등, 가장 자비로우신 우리 주군의 가장 첫째가는 자비하시고 엄위한 소망과 간절함과 명령을 위해서 신성 로마제국의 선제후들, 제후들과 신분들은 앞에서 말한 위원들과 폐하의 전권을 가진 자들과 함께 이 오늘의 제국의회에서 협의하고 논하고 결국에는 서로 일치를 보고 수단과 기준과 방법을 결정하려고 한다. 이러한 것들을 가지고 기독교 신앙과 보편 교회의 잘 계승되고 선한 기독교적 삶과 질서가 자유 공의회가 이루어지기 전인 이 중간 시기에(mitler zeit) 다루어지고 거기서 신성한 제국 지체들 가운데에 있는 일치됨이 모든 사람에 의해서 지켜지고 범죄자가 자기 악행에 대해서 심판을 받는 것처럼 — 어떤 사람이 힘으로 그 심판에 대해서 저항하는 한에서는 — 당국은 다른 당국에게 도움이 될 수 있게 하기 위함인데, 이로써 각 사람이 황제 폐하의 칙령[1]과 언급한 위원회가 제국의 신분들과 함께 결정한 것을 따라서 살게 되고 또 각 사람에게 거부 불가능한 집행이 이루어질 수 있도록……

> 원전: W. Friedensburg (Hg.), Der Reichstag zu Speier 1526. In Zusammenhang der politischen und kirchlichen Entwicklungen Deutschlands im Reformationszeitalter, Berlin 1887 (= Nieuwkoop 1970), 527-529. 번역: H. Junghans (Hg.), Die Reformation in Augenzeugenberichten, Dusseldorf ²1967, 354-356. — 참고문헌: 본문 b)를 보라.

b) 제국의회의 의결(1526. 8. 27)

그 다음에 우리, 곧 선제후들, 제후들, 제국의회 의원들과 그들의 대리자들은 지금 여기 이 제국의회에서 한마음으로 협의하고 합의를 보았는데, 다음 공의회 아니면 국가 - 회의(mitler Zeit deß Concilii, oder aber National-Versammlung)가 있을 때까지는 그래도 우리 신하들과 함께 각 사람은 그 칙령 — 황제 폐하로 말미암아 보름스에서 개최된 제국의회에서 선포된 — 과 관련이 될 수 있는 일에서는 각자가 하나님과 황제 폐하에 대해서 그러한 일을 책임질 수 있기를 소망하고 그렇게 여기는(vertraut zu verantworten) 식으로 스스로 살고 조절하고 유지한다는 것이다.

> 원전: Neue und vollständigere | Sammlung | der | Reichs = Abschiede······ Zweyter Theil | derer | Reichs = Abschiede | von dem Jahr | 1495. Bis auf das Jahr 1551. | inclusive, Frankfurt/ Main 1747, 274 & 4. —참고문헌: W. Friedensburg, Der Reichstag zu Speier in Zusammenhang der politischen und kirchlichen Entwicklung Deutschlands im Reformationszeitalter, Berlin 1887 (Historische Untersuchungen 5) (= Nieuwkoop 1970); R. Wohlfeil, Der Speyrer Reichstag von 1526, in: BPfKG 43 (1976) 5-20; A. Kohnle, Reichstag und Reformation. Kaiserliche und ständische Religionspolitik von den Anfängen der Caus Luthheri bis zum Nürnberger Religionsfrieden, Gütersloh 2001 (QFRG 72), 248-276.

1) 보름스 칙령. Nr. 21 c를 보라.

35. 헤센의 노력: 공동체의 원리와 종교개혁

종교개혁적으로 생각하는 의원들은 슈파이어 제국의회의 결정을 의회의 의도와 달리 종교개혁적인 조치들을 용인하는 것으로 해석하고는 이것을 다양한 방식으로 활용하였다: 헤센은 태수인 대범한 사람이라는 젊은 필립(1504-1567) 하에서 완전히 새로운 교회 모델을 선택하였다:

1526년 10월 헤센의 필립은 홈베르크에 교회회의를 소집하였는데, 곧 헤센 교회의 새로운 규정을 논하는 회의였다; 여기에서 이루어진 논의와 결부되어서 헤센의 종교개혁가 아비뇽의 프란츠 람베르트(1487-1530)는 *Reformation ecclesiarum Hessiae*를 작성하였는데—전문적인 의미에서 16세기의 교회 현상에 대해서 처음으로 "reformation"라는 개념이 사용된 문서였다. 이 교회 규정으로 헤센 교회는 마인츠 대주교의 치리권에서 벗어나서 종교 회의 구조를 가지고 세워지게 되었다(본문 a). 이 종교회의 구조는 개별적인 많은 특징들을 가지고 전개되었지만 전체적으로는 결정적인 법적 성격을 얻지는 못했다는 것이 루터가 정확히 서둘러서 제기한 반박에도 나타나고 있다(본문 b)—이로써 헤센에도 작센 방식의 종교개혁 방식이 제시되었다.

a) 홈베르크 교회 규정(1526)

제1장: 참된 하나님 예배에 관하여

"하나님을 신령과 진정으로 예배할 때가 오나니"(요 4:23). 이 일은 하나님께서 자신의 영원한 진리의 말씀대로 예배를 받으실 때 이루어진다. 그러므로 우리의 모든 공동체에서는(in omnibus ecclesiis nostris) 바로 이 말씀을 따라서 하나님이 가장 정결하게 예배 받으셔야 하고 거기에서 벗어나는 예배는 이 교회들에서 제거되어야 한다. 하나님 예배 자체는 믿음의 순수성에 뿌리를 두어야 하지만 그래도 하나님의 말씀을 따라서 우리에게서 이루어지며 우리를 하나님의 예배자로 증거해 주는 온갖 종류의 외적인 행위도 하나님 예배에 속하기 때문이다. 이런 방식으로 하나님이 모든 공동체 안에서 예배 받으셔야 한다.

제2장: 교회의 최고 지도부

그리스도의 양들은 오직 자기 목자의 음성을 듣고 낯선 자들의 소리에는 귀를 기울이지 않기 때문에(요 10:4f.) 우리는 우리 목자 자신의 말씀만 허락하며, 나아가서 하나님의 능력으로 명한다: 공동체에서 감독들이(episcopi) 철저히 다른 말씀을 가르치면 안 되고 공동체는 그의 말대로 인도를 받아야 한다. 혹시 다른 말씀을 구원에 필요하다고 가르치면 그는 폐해야 하고 그에게 교회적 사귐을 박탈해야 한다.

나아가서 우리가 여기서 하나님의 말씀을 통해서 분명하게 권고되지 않는데 교회 활동에서 합당한 규정을 위해서 제시한 모든 것을 모두가 하나님 말씀과 전혀 상충되지 않는 건강한 조언들이라고만 여겨야 한다. 하지만 이것들은 그리스도의 영광이 요구하는 곳에서는 변경될 수 있다.

제18장: 연례적 종교회의에 관해서

앞 장에서 각각의 공동체들의 교회회의를 세우고 이끌기 위해서 말하며 교회회의의 필요성에 관해서 말하는 데에서 또 다른 필요성이 도출되었는데, 곧 어떤 영지 전체 공동체들을 위해서도 더 큰 회의이고 교구의 교회회의로 모이는 것을 말한다. 하나님 말씀에 근거해서 전체 교구회의를 구성하고 지도에 관해서 판단하게 되는 것이 이 회의에서 이루어진다.

따라서 우리는 다음과 같이 정한다: (매년) 한 번 헤센 전체를 위하여 교회회의가 부활절 다음 세 번째 주일에 마르부르크에서 열리는데, 모임은 이미 이 주일날 전 토요일에 이루어져야 한다. 그렇지만 특별한 경우에 이 모임을 다른 날로 연기하는 것은 영주 전하의 전권이다.

여기에는 병이나 납득될 근거로 불가능한 자들은 제외하고 모든 감독들이 참여하는데, 불참하는 경우에는 양해서를 작성해서 그 공동체의 위원에게 전달하여야 한다.

말하자면 우리는 거행되게 되는 교회회의 때에 모든 공동체는 모여서 그중에서 믿음과 하나님의 영으로 충만한 한 사람(행 6:5 참조), 곧 공동체가 이 공의회에 관계된 모든 일들에 대한 전권을 넘겨주는 사람을 선출하기를 바란다. 공동체들은 시찰자들과 감독들이나 그 조력자들에게 어떤 중대한 과실이 있는지 살펴보아야 한다. 심각한 것으로 드러난 것을 그들은 교회회의에 제출해야 하지만 세밀하고도 충분히 증명이 된 것만을 제출해야 한다. 그밖에 공동체들이 한 감독을 폐한 경우에는 새로운 감독을 선출하고 전임자의 폐위 근거를 공의회에 제출해야 한다. 마찬가지로 교회회의에서 해결해주기를 공동체가 바라는 어떤 의구심이 생기면 그 진술에다가 그 세부 내용들을 정확하게 진술해야 한다.

하나님 안에서 모두를 향한 우리의 부탁이 있는데, 최대 3일 안에 교회회의의 모든 회무를 해결하고 그 때문에 매일 아침 5시부터 시작하는 것이다.……

총회에서 믿음과 성령이 충만한 13명이 선출되어야 하고 그들의 직무는 공의회에 보내진 모든 의구심들과 모든 회무를 정리해서 혹시 어려움이 보이면 사전에 전체 교회회의에 제시되도록 해야 한다. 이어지는 교회회의는 이 사람들이 개회하고 다음 새로운 사람들이 선출되기까지 지휘를 한다. 마찬가지로 한 교회회의와 다음 회의까지의 기간에 혹시 중대한 일이 발생하게 되면 곧 다음 교회회의까지 미루면 큰 위험이 있는 경우에는 그 13명이 시찰자들과 함께 마르부르크에서 모이도록 하는데, 제후가 다른 명령을 하지 않고 다른 장소에서 모이는 것을 더 좋아하지만 않는다면 그렇게 한다.……

교회회의에서의 발언권은 무엇보다 우선 최고로 자비하신 전하, 그리고 백작들과 귀족들(comites et nobiles)에게 있는데, 그들이 13명 선출에 참여하고자 하고 몸소 재석하는 경우에 그러한데, 모든 감독들과 공동체들의 전권을 위임받은 자들과 함께 발언권을 갖는다.……

공동체들로부터 수임된 모든 것에 대한 협의를 위해서 13명의 선출자들은 특정 장소에서 모임을 가지도록 한다. 그런데 모든 것에 대한 답할 것이 자신들 안에서 일치를 이루면 곧바로 자기들 중 두 명을 총회로 보내야 하는데, 그들 중 한 명이 이렇게 말하도록 한다: "형제들이여, 다음의 의구심을 가진 정황들이 당신들로부터 제출되었습니다. 우리 견해에 따르면 이러저러한 성경구절에 근거해서 그 답은 이러해야 합니다. 당신들 중 한 명이 하나님 말씀으로부터 다른 견해를 갖고 있다면 그 사람은 그렇게 하면서 공동체를 세워야 하지 침묵할 자유가 있다고 생각하면 안 된다. 왜냐하면 우리 모든 사람은 그리스도의 영광을 구해야 하기 때문이다." 그러면 어떤 사람이 다른 견해를 피력하고, 아무리 그 사람이 혼자일지라도 더 명백하고 뚜렷한 성경구절과 증거를 가질 수 있다(so soll dies gelten). 왜냐하면 하나님의 말씀은 인생 전체보다 더 크고, 그래서 자기 판단을 따르는 수많은 사람보다 하나님의 말씀을 가진 단 한 사람에게 매달리는 것이 더 낫기 때문이다. 선출된 자들의 판단에 아무도 다른 견해를 가진 자가 없으면 이 판단에 따라서 공동체에 답변이 주어져야한다.……

제23장: 감독들의 선출, 축성, 수입 그리고 이와 유사한 것들에 관하여

각 공동체는 자신들의 감독을 선출도 하고 폐하기도 해야 하는데 이는 목자의 음성에 대한 판단이 그들에게 있기 때문이다. 올해 그리고 공동체들이 하나님의 말씀으로 교육을 받게 될 때까지 시찰자들의 자문을 받아서 전하에 의해서 감독들이 청빙되고 임명하고 폐하고 또 거기에 대한 서류 발급은 제후들로부터 받게 된다.……

각 공동체들은 자신들의 감독의 생계를 책임져야 하는데, 밭 가는 소의 입을 막으면 안 되기 때문이다(신 25:4; 고전 9:9). 그래서 그가 자기 가족과 함께 생활하고 또 바울의 명령대로 손님 대접을 할 수 있을 정도로 주어야 한다(딤전 3:2; 딛 1:8). 그 이상으로는 감독들이 사사건건 요구하면 안 된다.……

하지만 감독의 서임은 전체 공동체 앞에서 기도와 함께 안수를 함으로 진행되어야 한다.

> 원전: Die evangelischen Kirchenordnungens des XVI. Jahrhunderts, hg. v. E. Sehling. Bd. 8: Hessen 1. Hälfte: Die gemeinsamen Ordnungen, Tübingen 1965, 44.56f.59f. 번역: Reformation der Kirchen Hessens von 1526, hg. v. H. Hermelink, Marburg 1926, 6f33-36.42f. —참고문헌: 본문 b를 보라.

b) 루터의 응답: 너무 서둘지 말라!

폐하께서 나의 생각을 요청하면서 보내주신 교회 규정에 대해서 정말로 나는 즐거이 입장 표명을 하지 못한다. 왜냐하면 비텐베르크에서 우리를 비난하기를 정말 하나님은 아시는데 우리가 우리 없이 누구라도 최선의 것을 행하기를 원하는 데도 우리 말고는 누구도 용인하지 않는다는 소리가 있기 때문이다. 하지만 전하께서 역할을 하시기 위해서 그리고 나도 그러한 교회규정에 조언을 주었으리라는 소문을 가지고 사라지지 않아야 하기에 내가 진심어린 그리고 겸손한 조언은 이것이다. 곧 전하께서 지금(noch zur Zeit) 이 교회규정 출판을 허락하지 않기를 바란다. 왜냐하면 지금까지 나는 그렇게 강력한 표현을 가진 그런 법들 뭉치를 우리에게 퍼뜨릴 만큼 그렇게까지 담대하지 않으며 그럴 수도 없기 때문이다. 이 자세는 모세가 자기 율법을 가지고 진행한 바에 걸맞는 것으로 그는 자기의 율법의 대부분을 이미 백성들 가운데에 통용되던 옛 전승에서 가져오고 베끼고 제정하였다. 이렇게 전하께서도 먼저는 교구와 학교에 좋은 인물들을 조달하고 그들이 행할 바를 그것도 가능한 한 짧고도 조금만 구두 명령과 메모 같은 것으로 전달하셔야 한다. 이보다 훨씬 좋은 것은 혹시 목회자들이 우선은 한 명, 세 명, 다섯 명, 아홉 명이 서로 일치된 행동방식을 시작하되 한 조항이나 셋, 다섯, 여섯 조항들을 행해서 실행되고 유행이 되기까지 한다면 말이다. 그 다음에 계속해서 본질 자체가 도출이 되고 강요를 해서 모든 교구가 따르는 일까지 일어날 수 있다. 그 다음에 작은 소책자에 기록할 수도 있다. 왜냐하면 법이 통용과 실행보다 너무 일찍 만들어지는 경우에는 성공적으로 되는 경우가 매우 드물다는 것을 나는 알고 있고 경험도 했기 때문이다. 사람들은 혼자 앉아서 어찌되어야 할지를 말과 생각으로 써 대는 사람들이 생각하는 방식에 익숙하지 않다. 규칙을 정하는 것과 따르는 것은 서로 멀리 떨어져 있다. 이 규정에 있는 많은 조항들이 변경되어야 하고 또 많은 조항들은 시 당국에 일임되어야 한다는 것을 경험이 가르쳐줄 것이다. 하지만 몇몇 조항들은 회자된다면 그와 관련해서 어떤 것을 행하고 또 그것들을 체계화하기가 쉽다.

원전: WA.B 4,157,5-158,32 (Nr. 1071). —참고문헌: W. Maurer, Franz Lambert von Avignon und das Verfassungsideal der Reformatio ecclesiarum Hassiae von 1526, in: ders., Kirche und Geschichte. Gesmmelte Aufsätze. Bd. 1, hg. v. H.-W. Kohls u. G. Müller, Göttingen 1970, 319-364; G. Müller, Franz Lambert von Avignon und die Reformation in Hessen, Marburg 1958 (VHKHW 24,4); A. Cahill, Philipp of Hesse and the Reformation, Mainz 2001 (VIEG 180); Die Homberger Synode von 1526. Die Reformation in Hessen, Kassel 2002; G. Schneider-Ludorff, Die Homberger Synode und die Reformatio ecclesiarum Hassiae. Beobachtungen zum Wandel Philipps von Hessen vom Süätmittelalterlichen Landesherren zum protestantischen Fürsten, in: JHKGV 54 (2003) 89-101; dies., Der fürstliche Reformator. Theologische Aspekte im Wirken Philipps von Hessen von der Homberger Synode bis zum Interim, Habil. schrift masch. Jena 2004, 45-64.

36. 작센 방식: 교회 순시

헤센에서와 마찬가지로 작센에서도 1526년 제국회의의 의결을 종교개혁적인 처치들의 실행을 위한 일종의 허가증 같이 이해하였다. 물론 이 처치들은 이미 시작된 것을 그저 전개시키고 있었다: 이미 1525년 성탄절에 비텐베르크에는 독일어 미사가 도입되었다. 독일어 미사는 루터가 언어적인 질문의 가능성을 충분히 열어 두었음에도 불구하고 이미 그 즉시 그때까지의 라틴어 예배를 대체하였다(본문 a); 이 서문은 개신교에서 가장 영향력이 있는 글에 속하며 특별히 정말로 기독교적으로 깊은 사고의 산물인 글들을 모으려는 경건주의적인 노력에 박차를 가하게 하였다 「근대교회」(?) Nr. 14를 보라). 독일어 미사 자체는 거기에 벌써 지역주의적인 예배규정이라는 생각이 나타나고 있지만 그 어떤 힘 있게 강조가 된 확정된 지침서로 여겨지지는 않았다. 마찬가지로 1525년 이미 중세적 범례들과의 연결된 상태에서, 목회자와 공동체의 신앙과 삶을 검증하는 첫 번째 조심스러운 교회순시를 시작하였다. 이것은 이제 종교개혁적인 움직임이 시작된 직후에 새로운 신앙이 얼마나 목회와 또 지역 주민들 안에 깊이 뿌리를 내렸는가를 평가하기 위해서 심화되었다. 결정적인 역할은 다른 사람들도 있지만 행정적인 면에서 경험이 있는 전 사무총장 게오르크 슈팔라틴(1484-1545)이 감당하였다. 그는 1525년부터 알텐부르크에서 목사로 나중에는 총회장으로 활동하였고 1528년 교회순시지침을 제시하였다. 이 지침은 같은 해에 나온 멜란히톤의 그 우선적으로 교육적인 목적을 가진 "교회순시관들 교육"보다 더 강력하게 실용적이고 교회질서를 전면에 가지고 있다(본문 b와 c). 종종 목사들과 교인들에게서 보이는 황량한 상황은 루터로 하여금 독일어 미사 서문에서 "진정으로 기독교인이 되기 원하는 자들"을 위한 예배의 중심에 두었던 바로 그 주제들에 대한 초보 단계 교육을 제공하는 세례교육을 펴내도록 하였다: 십계명, 사도신경, 주기도문과 성례들(본문 d). 이 조처들을 가지고 당국은 중세적인 영주의 통솔 형식들에다가 지역주의적인 교회를 결부시켰지만, 그때까지 있어 왔던 감독들의 권한에까지도 개입하였기 때문에 "지역 군주적인 교회통치"를 향한 길에는 신학적인 합법화가 어쩔 수 없이 필요하게 되었다(본문 e).

a) 루터의 독일어 미사

무엇보다 우선 아주 간절히 그리고 하나님 때문에 내가 부탁하고자 했던 것은 우리의 이 예배 규정을 보거나 따르기 원하는 모든 사람들은 그 어떤 꼭 필요한 법(nöttig gesetz)을 여기에서 끄집어내지도 말고 어떤 사람의 양심을 거기에 엮거나 붙잡아두지 말고 기독교의 자유를 따라서 그 규정 자체에 걸맞게 사안이 동반하며, 요구하는 방식과 장소와 때와 시간 동안 규정을 사용하여야 한다는 것이다.……

어떤 사람이 이 자유를 활용하듯이 누구에게도 이 자유를 막거나 방해해서는 안 된다는 것은 각자의 양심에 달렸다. 하지만 이 자유는 사랑과 이웃의 종 됨이고 그래야 한다는 것을 눈여겨야 한다. 그런데 사람이 상응하는 다양한 면모를 가진 관습에 대해서 화가 나거나 갈피를 잡지 못하는 일이 일어나는 데에서 우리는 자유를 제한하며, 가능한 한에서 사람들이 우리에게 화를 내는 것이 아니라 우리를 개선시키도록 행하고 또 그렇게 하도록 허용해야 한다. 이 외적인 규정(하나님 앞에 있는 우리 양심을 본다면)은 중요하지 않지만 이웃들에게는 유익할 수 있기 때문에 바울이 가르치는 바와 같이(고전 1:10, 또 다양한 구절들) 우리는 사랑에 합당하게 한 마음을 가져야 하고 또―가능한 한에서―모든 기독교인들이 하나의 세례와 하나의 성례를 가지며 누구에게도 하나님으로부터 특별한 것이 주어지지 않은 것과 같이 (또한) 동일한 방식과 행동을 하도록 힘써야 한다.

그렇지만 나는 이미 자기들의 좋은 규정을 가지고 있거나 하나님의 은혜로 인해서 그것을 더 좋게 만들 수 있는 사람들이 이 규정을 버리고 우리를 피하는 것을 원하지는 않는다. 모든 독일이 똑같이 우리의 비텐베르크 규정을 받아들여야만 한다는 것이 나의 생각은 아니다; 하지만 지금까지도 신앙재단들과 수도원들과 교회들이 모든 면에서 동등한 적은 한 번도 없었다. 오히려 특정 통치 지역에서 예배가 같은 방식으로 이루어지고 주변 작은 도시들과 농촌들이 한 도시와 동등한 예배 형식을 가진다는 것은 멋있는 것이 될 것이다.……

서로 다른 세 종류의 예배 형식이 있다: 첫째로 라틴어 형태인데, 곧 우리가 지금까지 관행시켰던 것으로 Formula Missae라고 부른다.[1] 이로써 나는 이것을 폐기하거나 변경하는 것을 원하지 않는다; 오히려 우리가 지금까지 유지했던 것과 마찬가지로 우리가 원하거나 특별한 동기들이 우리로 그렇게 몰아가는 때와 장소에서 그 형식을 사용하는 자유가 있기를 원한다. 나는 절대로 라틴어를 예배에서 완전히 제거하는 것을 원하지 않는다; 내게는 모든 것이 청소년기와 관련이 있기 때문이다. 그래서 가능하다면 또 희랍어와 히브리어가 라틴어처럼 우리에게 보편적이 되고 그 언어들도 라틴어와 같이 아름다운 음악과 찬송가를 가지고 있다면 주일 마다 네 개의 언어 모두, 곧 독일어, 라틴어, 희랍어, 히브리어로 미사를 드리고 찬양하고 성경 봉독을 하면 좋겠다.……

두 번째로 독일어 미사와 예배, 곧 그것에 관해서 지금 우리가 다루고 있는데, 단순한 평신도들 때문에 갖추어 있어야 한다. 그런데 이 두 종류의 예배가 거행되도록 하되 교회 안에서 공개적으로 그리고 모든 사람들 앞에서 거행되어야 한다. 사람들 가운데에는 아직 믿지 않거나 기독교인이 아닌 사람들이 많이 있고 대부분은 거기 서서 하품을 하면서 마치 우리가 터키 사람들이나 이방인들 중에서 광장이나 들판에서 예배를 거행하는 것처럼 신기한 것을 보고 있는 듯한 태도를 보이고 있다. 여기에는 아직도 복음대로 기독교인들을 다스릴 수 있는 그러한 규정이 되었거나 확고한 모임이 없고, 신앙과 기독교로의 공개적인 자극(이 있을 뿐이다).

그러나 바른 종류의 복음적인 규정이 가져야 할 세 번째 방식의 예배는 그런 식으로 광장에서 공개적으로 모든 종류의 사람들 가운데에서 이루어져서는 안 된다. 정말로 기독교인이 되고자 하며(so mit ernst Christen wollen seyn) 복음을 삶과 마음으로 고백하는 자들은 이름을 대고 가입하고 한 가옥 안에 자체적으로 모여서 기도하고, 성경 읽고 세례를 거행하고 성례를 받고 다른 기독교적인 행위를 하여야 한다. 이 규정 안에서 기독교적으로 행하지 않는 자들을 알아채고 마태복음 18장(15절 이하)에 나오는 그리스도의 규범을 따라 치리하고 개선시키고 출교나 파문을 시킬 수 있다. 또 기독교인들에게 일반적인 자선행위를 부과시킬 수 있는데, 자발적으로 이루어지며 그것을 고린도후서 9장 1절을 따라 바울의 모범대로 가난한 자들에게 나누어주어야 한다. 또 많은 찬송들과 거대한 찬송들도 필요 없다. 또 세례와 성찬도 짧고 간단한 방식으로 행하고 모든 것은 말씀과 기도와 사랑을 따라 해야 한다. 사도신경과 십계명과 주기도문에 대한 짧고 좋은 강의(교리문답교육)를 해야 한다. 요약: 정말로 기독교인이 되기를 간절히 사모하는 사람들이 있다면 그를 위한 규정과 규범들이 신속하게 만들어져야 한다.

원전: WA 19,72,3-10; 72,20-73,8; 73,32-74,9; 74,22-75,18. 번역: Luther Deutsch. Die Werke Martin Luthers in neuer Ausgabe für die Gegenwart, hg. v. K. Aland, Bd. 6, Göttingen ²1983, 86-90. —참고문헌: H. B. Meyer, Luther und die Messe. Eine liturgiewissenschaftliche Untersuchung über das Verhältnis Luthers zum Meßwesen des späten Mittelalters, Paderborn 1965; R. Meßner, die Meßform Martin Luthers und die Eucharistie der Alten Kirche. Ein

> Beitrag zu einer systematischen Liturgiewissenschaft, Innsbruck/ Wien 1989; D. Wendebourg, Den falschen Weg Roms zu Ende gegangen? Zur gegenwärtigen Diskussion über Martin Luthers Gottesdienstreform und ihr Verhältnis zu den Traditionen der Alten Kirche, in: ZThK (1997) 437-467.

b) 슈팔라틴의 교회 순시 지침

1. 기사 계급과 귀족 계급 사람들은 진정과 열심히 하나님의 말씀이 우선적으로 투명하고 정결하고 신실하게 선포되도록 하는 일에 힘써야 한다.

2. 교회 순시에 따라 규정과 예식을 열심히 지켜야 한다.

3. 공동 금고를 잘 관리하고 권장을 하면서 도움으로써 헌납이 유용하고도 적시에 이루어지도록 해야 한다.

4. 우선적으로 또 특별하게 가난한 자 보살피는 책무를 받아들여야 한다;

5. 신하들이 목사들에게 신실하게 마땅한 바의 것을 드리되 최소가 아니라 하나님께서 자기들에게 주신 것과 같이 드리도록 하는 것에 힘써야 한다.

7. 또 신하들이 하나님 말씀을 열심히 청종하도록 해야 한다……

10. 외지의 걸인들은 쫓아내어서 공동 금고가 부담을 갖지 않게 해야 한다;

11. 목사의 자리가 비게 되면 궁정에 성직자를 소개해서 적합한 사람인지 판단을 할 수 있게 하라. 목사직에 대한 성직자들의 주장과 권리가 박탈되면 안 되기 때문이다.

12. 그 외에는 과거에 자애로우신 우리 영주께 영적인 봉토가 제시되지 않았다면 그 어떤 자리도 더 이상 할애되지 않도록 하여

서 하나님 말씀과 예배를 위해서 최상으로 제정되도록 해야 한다.

13. 설교가 진행되는 중에 여기저기 돌아다니거나 그 밖의 못된 짓을 하는 자들은 처벌하여야 한다.

14. 주일날과 또 다른 축일 오전에 예배가 진행되는 동안(unter den gotlichen ambeten) 아무 것도 팔지 않게 해야 한다.

15. 술꾼들이 낮이고 밤이고 무질서하게 소리 지르는 것을 없애도록 해야 한다.

16. 지금까지 엄하게 처벌한 살인과 폭행 등과 같은 비행과 악행을 넘어서 기독교인들 가운데에서 용인될 수 없는 것들도 처벌받게 해야 한다: 악한 비방(afterrede), 비난 조장(auflegung) 적들에게 분을 유발시킴, 또한 지금까지 드물게 처벌되었거나 그저 사적인 이익 때문에 처벌되었던 범죄들, 곧 경망스러운 맹세와 하나님 이름을 망령되게 일컫는 것 같은 범죄들;

17. 나아가서 폭식, 폭음, 도박, 나태함;

18. 또 포도주 가게, 맥주 집, 술집에서 신앙과 관련된 일들에 관해서 비난조로 또는 경망스럽게 다루고 싸움을 벌이는 경우;

19. 길에서 또는 집 안에서 젊은이들의 분노를 유발시키도록 음란한 노래를 부르고, 또 그러한 마땅치 않고 상스러운 일들이 있을 때;

20. 소문이 나고 특별히 공개된 음란과 매춘과 처녀를 건드림;

21. 아이들이 부모에 대해서 불손종함과 특히 아이들이 자기 부모들에게 언사로 또는 손찌검을 함으로 모독하는 일을 감행하는 경우;

22. 아이들이 부모가 모르는 채 또는 동의가 없이 약혼이나 결혼을 하는 경우……

26. 소요를 일으키며 악폐를 일으키는 음란 가요들과 추잡한 노래들을 인쇄하고 팔고 사는 것은 강력하게 막고 단속하고 처벌

해야 한다.

> 원전: Die evangelischen Kirchenordnungen des XVI. Jahrhunderts. Bd. 1: Sachsen und Thüringen, nebst angrenzenden Gebieten. Erst Hälfte: Die Ordnungen Luthers. Die ernestinischen und albertinischen Gebiete, hg. v. E. Sehling, Leipzig 1902 (= Aalen 1979), 175. —참고문헌: H. Junghans, Art. Spalatin, Georg, in: TRE 31, 2000, 605-607; 본문 c도 보라.

c) 1528/9년 코부르크 지역 교회 순시 기록

가른슈타트[2]:

…… 목사직 소유자는 현재 볼프 린드너이다. 일반 사람들은 그의 가르침과 관련해서 그에게 좋은 증언을 하였는데, 곧 시험에서도 적합하다는 평을 받았다. 하지만 어울리기를 좋아하는 것 같고 즐겨서 게임을 하고 또 술판매대 주위를 맴돌고 사람들에게 분을 일으킨다는 비난이 있다; 또 때로는 게으른 것 같다는 말도 있다. 그 자신의 고백과 고치겠다는 스스로의 요청에 따라서 그렇게 하지 않아야 한다는 명령이 내려졌다.

브라이테나우:

…… 그 목사는 비난도 받았다. 그래서 그가 성경에는 조예가 깊지 않지만(in der schrifft nit viel gegrundet) 노력하고 있다는 것을 부분적으로 확인한 후에, 그가 자기 목양 사람들로부터 얻고 있는 사랑에 근거해서 목사로 유임되었다. 그러면서 개선하고 공부에 열심을 낼 것을 부과하였다. 그가 개선의 여지가 있는지 다시금 권고하고 시험받게 될 것이다.

그룹³⁾:
…… 그룹의 목양 대상들은 여러 항목을 제시하면서 그와 관련해서 자신들의 목사를 상대로 고충들을 나열하면서 많은 항목을 적시하였다. 여기에 따르면 그는 교황주의를 신봉한다; 시험을 한 결과 목사에 부적합 소견이 나왔다. 때문에 영주인 샤움부르크의 한스는 그 사람의 나이를 고려해서 보상을 하고 목사직에는 다른 사람을 앉힌다는 것에 동의하였다.

> 원전: J. John (Hg.), Quellen zur Geschichte Thüringen von der Reformation bis 1918, Erfurt ²1997, 62f. —참고문헌: K.A.H. Burkhardt, Geschichte der sächsischen Kirchen-und Schulvisitationen von 1525 bis 1545, Leipzig 1879 (= Aalen 1981); P. T. Lang, Die Bedeutung der Kirchenvisitation für die Geschichte der frühen Neuzeit. Ein Forschungsbericht, in: Rottenburger Jahrbuch für Kirchengeschichte 3 (1984) 207-212; Th. Klein, Ernestinisches Sachsen, kleinere thüringische Gebiete, in: A. Schindling/ W. Ziegler (Hg.), Die Territorien des Reichs im Zeitalter der Reformation und Konfessionalisierung. Land und Konfession 1500-1650. Bd. 4: Mittleres Deutschland, Münster 1992 (KLK 52), 8-39; c. Peters, Art. Visitation I. Kirchengeschichlich, in: TRE 35, 2003, 151-163.

d) 루터, 소요리문답 서문(1529)

이 요리문답 내지는 기독교 가르침을 이런 작고 평범하고 간단한 형태로 서술하도록 이 슬프고도 처참한 난국이 나를 몰아세웠는데, 이 난국은 내가 교회 순시관이었던 때 최근 경험한 것이다.⁴⁾ 사랑하는 하나님, 도우소서, 제가 얼마나 많은 애통함을 보았는지요. 평범한 사람들이 기독교의 가르침에 대해서 전혀 모르고, 특히 농촌에서 그러한 것을 보았고, 또 유감스럽게도 많은 목사들이 가르치는 데에 전혀 재능도 없고 적합하지 않은 것을 보았다. 그래도 모두가 기독교인이라고 하고, 세례를 받고 거룩한 성례를 누려야 한다. 하지만 그들이 주기도문도 신앙고백 또는 십계명[5]도 알 수가 없이 짐승과 미련한 돼지처럼 살고 있다. 복음이 전해져 온 현재 그들이 모든 자유를 능숙하게 오용하는 것은 세련되게 배웠다.

오, 그들의 감독들, 당신들이 백성들을 그렇게 처참하게 만들고 당신들의 직분을 한 순간도 감당해주지 않은 것을 그리스도 앞에서 어떻게 책임지려고 하는가? 그에 대한 응분의 벌이 당신들에게 닥치게 되기를(Dass euch alles Ungluck fliehe)! 한 종류(성찬)를 주며 당신들의 인간 법에 의지하지만 그러면서도 그들이 주기도문, 사도신경, 십계명이나 그 어떤 하나님 말씀을 아는지는 묻지 않는다. 영원토록 목이 터져라 비명을 지르리라!

나의 사랑하는 영주들과 형제들, 공 목사들이거나 설교자들인 당신들 모두에게 하나님 때문에 부탁한다: 당신들 직분을 진심으로 받아들이고, 당신들에게 맡겨진 백성들에게 궁휼한 마음을 갖고 사람들, 특히 젊은 사람들 가운데에 이 요리문답을 펼치는 일에 우리를 도우라. 이 일을 더 잘할 수 없는 사람들은 이 본문들을 우선적으로 다루면서 백성들에게 한 자 한 자 새겨줄 수 있을 것이다…… 혹시 본문을 잘 다룰 수 있을 때는 나중에 그 이해한 바도 가르쳐서 그 의미하는 바를 그들이 알 수 있게 하라. 일단 이 요리문답이나 당신이 원하는 어떤 짧은 해석 방법을 택하고 그것을 고수하고 단 한 글자도 변경시키지 말고…… 시간을 두고 생각하라. 모든 구절을 단번에 택할 필요가 없고 하나씩 하여야 한다. 첫 계명을 바르게 이해하게 되면 그때 두 번째 것 그리고 그 다음 것을 다루라. 그렇지 않으면 백성들이 감당할 수 없어서 하나도 잘 유지할 수 없다.

> 원전: BSLK 501,8-502,13-26; 번역: Luther Deutsch. Die Werke Martin Luthers in neuer Ausgabe für die Gegenwart, hg. v. K. Aland, Bd. 6, Gottingen ²1983,138-140. —참고문헌: A. Peters, Kommentar zu Luthers Katechismen. 5 Bde. hg. v. G. Seebaß, Göttingen 1990-1994.

e) 멜란히톤, 제후 직분론(1539)

나는 제후들과 세속 정부가 거짓 예배에 마침표를 찍고 교회 안에 참된 가르침이 전파되고 바른 예배(pii cultus)가 거행되게 하여야 한다고 천명한다. 이 판단을 나는 수많은 명철한 주장으로 뒷받침하겠다.……

셋째 근거는 세속 정부의 책무에서(ab officio magistratus) 도출되었다: 세속 정부는 첫째 율법 목록과 둘째 목록의 수호자인 데, 이것들은 외적 질서와 관련이 된다, 곧 정부는 공공의 악덕을 제어하고 잘못을 저지른 자들을 벌주며 선한 본을 공개적으로 드러내야 한다. 첫째와 둘째 계명에서는 우상과 신성모독이 금지되었다는 것은 분명하다. 그래서 세속 정부는 공개적인 우상과 신성모독을 제거하고 공적으로 참된 가르침(pia doctrina)과 바른 예배가 드러나도록 애를 써야 한다. 비록 세속 정부가 심령을 돌이킬 수 없고 영적 책무를 가지고 있지 않다지만 자신의 책무에 합당하게 첫째 목록과 관련된 일들에서도 외적인 질서를 유지하여야 한다.……

다섯 째 근거는 교회 내에서 모든 지체가 가지는 공적인 책무에 관해서: 감독들이 거짓 가르침을 상대로 아무 것도 하지 않거나 감독들 스스로가 잘못된 것을 가르친다면 그밖의 교회는 악한 목자에게서 직분을 박탈하고 각 공동체들에서 가장 명망이 있는 지체들이 다른 사람들보다 앞장서고 다른 사람들을 도와서 교회가 개선되게 해야 한다. 제후들과 다른 공직자들은 교회에서 가장 탁월한 지체들이어야 한다(praecipus membra ecclesiae). 그래서 이들이 이 개선을 이끌고 뒷받침할 필요가 있다. 이 주장의 상위 문장은 명철하다.[6] 왜냐하면 다음의 계명들은 전체 교회와 각 지체들에게 해당이 되기 때문이다: "거짓 선지자를 주의하라"(마 7:15), 고린도전서 5장 13절: "이 악한 사람은 너희 중에서 내쫓으라", 갈라디아서 1장 9절 "만일 누구든지 다른 복음을 전하면 저주를 받을지어다." 우리는 거짓 예배와 거짓 가르침을 옹호하는 자들을 출교된 자들과 저주 받은 자들로 정죄해야 한다고 우리 각자에게 명하고 있다. 이것이 아주 올바르기 때문에 교회는 악한 자들을 제거하고 나서 학식이 있고 경건한 설교자를 선출해야 한다.…… 가르침이 잘못되었다는 것이 분명하기만 하면 교회의 바른 신앙 가진 쪽(sanior pars)은 악한 설교자들을 내보내고 거짓 예배를 제해야 한다는 것은 의심할 여지가 없다. 이 개선은 특별히 세속 정부가 꼭 교회의 영향력 있는 지체와 마찬가지로 지지해 주어야 한다. 이 근거는 너무도 분명해서 긴 설명도 필요치 않으며 다른 근거로 인해서 어떤 방식으로라도 흔들림을 받을 수 없다. 그리고 교회와 탁월한 지체들은 거짓 예배를 옹호하는 자들을 신구약 성경에서 자주 명령하는 바와 같이 교회적 직분에서 내쫓아야 한다는 데에는 의심의 여지가 없다.……

자연법에서 도출된 일곱 번째: 인간 사회의 목표(finis societatis humanae)는 본래 그리고 우선적으로 하나님을 알게 되는 것이다. 정부는 인간 사회의 보호자이다. 그래서 더더군다나 그 본래적 목표의 보호자여야 한다. 왜냐하면 모든 행동에서 그 본래적 목표가 우선적인 추구의 대상이어야 하고 눈여겨져야 하기 때문인데, 이것은 의사가 치료를 할 때 건강을 특별히 추구하고 주목하여야 하는 것과 같다. 그래서 통치자는 사회를 이끌어 나갈 때 사회의 본래적 목표를 우선 추구해야 한다. 그러니까 통치를 목표와 분리시키고 자기는 그저 평강과 신체에 대한 보호자라고 믿는 세속 정부는 틀린 것이다. 정부는 하나의 다른 그리고 더 큰 의무, 곧 첫째 목록과 둘째 목록의 그 전체 율법을 방어하는 의무를 가지고 있는데, 이는 정부는 외적인 질서와 관련이 있기 때문이다.

원전: Melanchthons Werke in Auswahl, hg. v. R. Stupperich. Bd. I, Gütersloh 1951, 388,18-22; 390,13-25; 392,32-330,12.20-31; 394,31-395,7. 번역: Melanchthon deutsch, hg. v. M. Beyer u.a. Bd. 3, Leipzig 1997, 200.202.204f.207 —참고문헌: J. Heckel, Melanchthon und das heutige Staatskirchenrecht, in: Um Recht und Gerechtigkeit. Festgabe Erich Kaufmann, Stuttgart 1950, 83-102; G. Weber, Grundlagen und Normen politischer Ethik bei Melanchthon, München 1962 (TEH.NF 96); H.-W. Krumwiede, Zur Entstehung des landesherrlichen Kirchenregiments in Kursachsen und Braunschweig-Wolfenbuttel, Göttingen 1967 (Studien Zur Kirchengeschichte Niedersachsens 16); R. B. Huschke, Melanchthons Lehre vom ordo politicus. Ein Beitrag zum Verhältnis von Glauben und politischem Handeln bei Melanchthon, Gutersloh 1968 (Studien zur evangelischen Ethik 4).

1) 온건한 개혁 형식을 지닌 Formula Missae는 루터가 1523년 비텐베르크 소요(본문 28 a])의 영향 하에서 만들어내었다.
2) 오늘날: 그로스가른슈타트
3) 오늘날: 포르스트에 있는 그룹.
4) 루터는 1528년 7월 28일 쿠어작센과 마이센의 교회 순시관으로 부름 받아서 10월 22일부터 11월 중순까지 그리고 1528년 12월 28일부터 1529년 1월 9일까지 순시관으로 활동하였다. 1529년 3월 12일 이 직무에서 놓임 받았다.
5) 이 전통적인 서열과 상이하게 루터는 스스로 이런 순서로 정열시켰다: 십계명, 사도신경, 주기도문.
6) 멜란히톤은 여기서 중세 아리스토텔레스주의적인 논리에서 나온 삼단논법의 기준을 사용하고 있다: 상위문장과 하위 문장에서 결론이 도출된다.

37. 제2차 슈파이어 제국의회 1529년

중부 유럽으로의 터키의 진군은 벌써 1526년 바로 직후에 새로운 제국의회가 필요하도록 만들었다. 헝가리와 보헤미아의 왕인 페르디난드는 황제의 대리로서 1529년 슈파이어로 제국의회를 소집하였다. 터키를 대적하기 위한 지원 문제를 제외하고 그 밖의 논제들 중에서는 가장 전면에 신앙문제의 해명이 있었다. 이것은 페르디난드와 옛 신앙을 고수하는 의원들 대부분에게는 보름스 칙령으로의 회귀와 또 헤센 주와 작센 주에서 종교개혁적인 규정을 관철하도록 한 1526년의 종교규정(Nr. 34를 보라) 폐지를 의미하였다. 4월 4일 대위원회가 이에 걸맞는 규정을 입안하자, 노골적인 제국의회의 분열로 치달았다: 개신교인들은 자신들의 법적 지위에 대한 장중한 입장표명으로 항의서(본문 a)를 준비하였다 — 이 해명서는 이들에게 장기간에 걸쳐서 "프로테스탄트"라는 칭호를 가져다주었다. 제국의회의 의결은 종교적인 사안에서는 다수의 입안을 고수하였지만 동시에 처음으로 종교개혁 시대에 신앙문제에서 휴전을 명시한 것이었다.

a) 개신교 제국의회 의원들의 항의서(1529년 4월 20일)

국왕 폐하[1] 우리는 선한 확신을 가지고 있으며, 이와 마찬가지로 당신들, 곧 다른 이들(제후들)은 우리가 위에서 상고한 조항들[2] 때문에 국왕폐하와 일치를 이루지 못하는 경우에 우호적이고 자비로우며 선한 의도로 우리를 이해할 것입니다. 해당되는 조항이 — 여럿이 아니라 — 한 마음으로 말미암은 합의로 의결되었던 이전 슈파이어 제국의회의 의결에 힘입어서 행하고 있음을 상고하면서 제국의회에서 여러 차례 강조된 바와 같이 우리가 다수에 승복하고자 하지 않을 때에도 선한 의도로 그렇게 할 것입니다. 그러한 만장일치의 결의는 존엄성, 공정성 합법성에 따라서 다시금 일치된 동의가 아닌 다른 방식으로는 변경될 수도 없고 그래서도 안 됩니다. 게다가 하나님의 존귀함, 우리 영혼의 구원과 축복과 관련된 일에서는 각자가 스스로 하나님 앞에 서서 책임을 져야 합니다; 여기서는 아무도 소수나 다수의 토의나 의결로(핑계 삼아서) 변명할 수 없습니다.……

하지만 이제 우리의 분명한 아픔에 대한 이 세 번째 통고[3)]가 국왕 폐하와 당신들, 곧 다른 이들(제후들)에게서 받아들여지지 않기에 우리는 이와 함께 우리의 유일하신 조성자이시며 인도자이시며, 구원자이시고 복 주시는 분이신 하나님 아버지 앞에서 드러내놓고 항의하며 증언합니다. 그분은—이미 상고한 바와 같이—유일하게 우리 모두의 마음을 헤아리시고 아시며 또한 다음에 따라서 의롭게 판단하실 것입니다. 또한 모든 사람과 피조물 앞에서 항의하며 증언합니다. 곧 우리는 우리와 우리 쪽 사람들과 모두를 위해서 전에 말한 바와 같이 하나님, 그의 거룩한 말씀, 우리 모두의 영혼 구원과 선한 양심 그리고 이전에 소환한 슈파이어의 제국의회의 결의를 반대해서 기획되고 결정되고 만들어진 그 언급된 사안이나 또는 그 밖의 다른 사안에서는 그 어떤 행위와 소위(제국의회의) 의결에 동의도 않고 인정도 않으며 오히려 언급한 이유와 또 다른 명백한 이유에서 무효이고 구속력이 없다고 여김으로 우리는 이에 대한 반대로 공식적으로(하나의 문서를) 공표하고 로마 황제의 권위, 곧 우리의 최고로 자비하신 군주께 그 안에 더 구체적이고 진실한 보고를 드릴 필요를 갖게 되었습니다. 말하자면 이 때문에 우리는 제시된 헛된 의결 다음에 어제 곧바로 서둘러서 우리가 이것으로 또 다시 반복하는 이 첨부한 항의서가 공공연하게 알려지도록 했으며 그 외에 아래의 내용을 자청하고 있습니다. 그래도 우리는—그 사이에 통보된, 보편적이고 자유로운 그리스도교 공의회나 국가회의가 하나님의 도우심으로 전권을 가지고 있으며 또한 많이 인용된 이전 슈파이어 제국의회의 의결이 담고 있는 바―우리의 정부 및 우리의 신하들과 동족들에게까지 그리고 그들과 함께 우리가 전능하신 하나님과 로마 황제의 존엄에 대한 책임을 다하려고 소망하며 그렇게 하고 있는 것과 같이 그렇게 대하고 살고 다스리려고 합니다.

> 원전: DRTA.JR VII, 2, 18-33; 1286, 14-1287, 12. ―참고문헌: J. Ney (Hg.), Die Appellation und Protestation der evangelischen Stände auf dem Reichstag zu Speyer, Leipzig 1906 (QGP 5) (= Darmstadt 1967); H.-J. Becker, Protestation, Protest, in: Zeitschrift für historische Forschung 5 (1978) 385-412; K. Schlaich, Die >protestatio< beim Reichstag zu Speyer in verfassungsrechtlicher Sicht, in: ZevKR 25 (1980) 1-19; G. Schmidt, Art. Protestation von Speyer, in: TRE 27, 1997, 580-582; 본문 b도 보라.

b) 슈파이어 제국의회의 결정

우선적으로 우리 거룩한 기독교 신앙의 분열에 관한 항목과 관련되어서는 독일 지역에서 자유로운 보편 공의회(frei general concilium in teutscher nacion)를 개최한다는 것 이상 기독교의 하나님과 이 오류를 다스리기 위해서 더 실속 있고 더 나은 것을 발견하거나 생각할 수 없었다.…… (제국의회 의원들은) 간청하고 그 때문에 상기시킨 것은 전하께서 기독교 세계의 가장 고귀한 머리요 집행관으로서 이토록 독일에 가장 어려운 상황이요 관계가 되는 일에 우선적으로 더 이상은 지체할 수 없으며 가능한 빨리, 늦어도 대략 일 년 안에 자유로운 기독교 보편 공의회가 선포되고…… 독일 지역에서 특정 장소, 곧 이를테면 멧츠, 쾰른, 마인츠나 슈트라스부르크나 아니면 이 나라에서 회의 장소로 편리한 곳에 있는 다른 지역에서 개최되어서 독일이 거룩한 기독교 신앙에서 하나가 되고 횡행되고 있는 분열 문제를 논할 수 있게 하여야 한다는 것이다.

하지만 위에 정한 시간에 거행될 보편공의회가 교황의 거룩함을 방해를 한다든지 아니면 다른 이유로 거행될 수 없으면……, 황제 폐하께서 독일과 다른 나라들의 모든 의원들의 총회를 독일 안에 공포하고 폐하가 머리로서 그 총회에…… 직접 자리에 배석하고자 하는 것……

최근 여기 슈파이어에서 개최된 제국의회의 결의에 다음과 같은 내용을 가지고 있는 항목이 기록되었다. 곧 선제후, 제후들 그리고 제국 의원들과 그들의 사절들이 한마음으로 서로 비교하고 일치를 본 것은 보름스 제국 의회에서 나온 황제 폐하의 칙령[4]이 언급하는 사안들에서는 공의회까지는 자신들의 신하들과 함께 각 사람이 하나님과 폐하 앞에서 책임을 지고자 하는 마음으로 살고, 다스리고 지켜나간다는 것이다. 하지만 이 조항이 많은 사람들에게서 계속해서 오해하고 계속해서 판단을 할 때 수많은 끔찍한 새 가르침들과 분파들에 의해서 아전인수격으로 이용되고 해석이 되었다. 그 이후에 이것을 막고 더 이상의 이탈, 불만, 충돌, 손상을 막기 위해서 선제후들, 제후들, 고위성직자들 백작들과 다른 의원들이 결정하였다. 곧 언급한 그 황제의 칙령을 지금까지 고수하는 사람들은 이제 앞으로 다음 공의회까지 그 칙령을 붙들고 신하들이 그렇게 고수하도록 한다는 것이다; 그런데 다른 의원들, 곧 다른 가르침이 횡행하고 부분적으로는 감지할 만한 소요와 풍파와 위기가 없이는 돌이킬 수 없는 의원들에게는 앞으로 가능한 한 그리고 인간적인 면에서 다음 공의회까지는 더 이상의 다른 시도가 자제되어야 한다는 것이다.

특별히 몇몇 가르침들과 분파들이 우리 주 예수 그리스도의 참된 몸과 피의 그 존귀한 성례를 거스르는 한에서는 신성로마제국 의원들에게서는 받아들여지지 않으며 또한 이후에 설교하는 것을 허락되면 안 된다. 마찬가지로 거룩한 미사의 직분들은 폐하면 안 되고 그래서 다른 가르침이 발생하고 거행되는 곳에서도 미사에 청종하는 것은 누구에게도 거절하면 안 된다. 또한 그 누구도 방해받거나 배척되어서는 안 된다.

최근에 재세례를 하는 새로운 분파가 생겨났는데, 이 분파는 보편적인 법으로 금지되었고 벌써 수백 년 전에 파문에 처해 졌던 분파이다.[5] …… 생겨난 후에 폐하께서는 …… 적법한 규정, 정관 법령을 반포하였는데, 곧 모든 재세례파와 재세례를 받은 지각이 있는 연령의 남녀는 사전 조사가 없이 영적인 재판관들에 의해서 심판을 받고 개인별로 불, 칼 또는 그와 비슷한 것으로 본래 생명에서 죽음으로 가게 해야 한다.……, 또 모든 설교자들이 함께 …… 말해야 하는 것은 설교에서 단순한 사람들이 정부에 대항하도록 자극이 되거나 기독교인을 오류로 끌고 갈 구실을 줄 수 있는 것은 피하고 오히려 오직 성경해석을 따라서 거룩한 복음을 ― 거룩한 기독교 교회가 승인하고 수용한 ― 설교하고 가르치며 또 싸움이 되는 사안들을 다루는 것은 폐하고 언급한 기독교 공의회의 결정을 기다려야 한다는 것이다. 게다가 우리 선제후들, 제후들 제국의회의 의원들은 그 공의회까지 모든 출판들과 책출판업자들과 관련해서 …… 다음 규정을 유지하여야 한다. 곧 더 이상 새로운 것은 출판하지 않고 특별히 비판적인 문서들은 공개적으로도 비밀리에도 집필하고 인쇄하고 판매하거나 해석하지 않아야 한다는 것이다; 계속해서 출판되거나 판매되는 것은 사전에 당국에 의해서 …… 검열을 받아야 한다.

원전: DRTA.JR VII,2, 1299,3-23; 1143,5; 1299,26-37; 1300,31-1301,2. ―참고문헌: J. Kühn, Die Geschichte des Speyer Reichstages 1529, Leipzig 1929 (SVRG 146); W. Eger, Zum Protestationsreichstag zu Speyer im Jahre 1529, in: BPfKG 46 (1979) 177-189; I. Höss, Der Reichstag zu Wpeyer

> 1529-Teilnahme, Verhandlungspunkt, Ergebnisse, in: Das Wappenbuch des Reichsherolds Caspar Sturm, bearb. v. J. Arndt, Neustadt a.d. Aisch 1984, 139-150; A. Kohnle, Reichstag und Reformation. Kaiserliche und ständische Religionspolitik von den Anfängen der Causa Lutheri bis zum Nürnberger Religionsfrieden, Gütersloh 2001 (QFRG 72), 365-375.

1) 황제의 형제 국왕 페르디난드(1526년부터 헝가리와 보헤미아의 왕, 1530년부터는 >로마< 곧 독일 국왕이었다)는 제국의회에서 참석하지 못한 황제의 자리를 차지하고 있었다.
2) 말하자면 이전 1526년 슈파이어 제국의회의 결정(34번을 보라)을 폐하라는 황제의 요구.
3) 첫 번째 문서적 제시는 4월 12일에 이루어졌고, 두 번째 상고는 4월 19일, 그리고 세 번째는 4월 20일 서면으로 국왕 페르디난드에게 보내었지만, 그는 반려하였다.
4) Nr. 31 c)를 보라.
5) Codex Iustinianus I,6,1-3 (Corpus iuris civilis, hg. v. P. Kruger u. Th. Momssen. Bd. 2, Berlin 1884, 60).

38. 북구에서의 종교개혁이 펼친 영향력: 부겐하겐의 함부르크 교회 규칙(1529)

헤센과 작센 영지 외에 종교개혁의 본연의 토양은 우선적으로 남부 독일이 제시하였다면, 비텐베르크에서부터 출발해서 점점 더 크게 종교개혁적인 사상은 북쪽으로 또한 자의식을 가진 한자동맹 도시들로까지 전개되었다. 이 과정에서 강력한 역할을 한 사람은 요한네스 부겐하겐(1485-1558), 곧 "Dr. Pomeranus"로 그는 1523년부터 비텐베르크 시의 목사를 역임하였다. 그는 수많은 교회규정을 집필하였는데(1528년 브라운슈바이크, 1531년 뤼벡, 1534년 포메른, 1537년 덴마크, 1542년 홀슈타인, 1543년 브라운슈바이크-볼펜뷔텔, 1544년 힐데스하임), 그 중 1529년 그 2년 전에 있던 공동체 규정을 손대면서 함부르크 규정을 집필하였다; 제국도시와 덴마크의 영향 하에 있는 한자동맹도시들과 오래도록 연관되어 있었다: 1524년 성 니콜라이 교회로의 청빙은 시 의회의 반대로 좌절되었다ㅡ그런데 바로 이 의회가 그에게 교회규정을 만들어달라고 부탁하였다. 이 규정은 루터 신학의 관심들을 한 도시에서 없어서는 안 되는 신앙 훈련들과 결합시켰다.

이 규정과 다음과 같은 것들이 처리된다: 청소년들을 위한 좋은 학교와 우리 모두를 위해서 하나님의 말씀을 선포하는 좋은 설교자들, 또 합당하며 기독교에 걸맞게 종사하는 자들의 급료, 그 외에 가난한 자들 구제. 또한 성경을 라틴어로 봉독하는 것이 규정되었고, 그 어떤 예배 관례와 어떤 기독교 예식들을 하나님 말씀에 따라서 우리가 청소년들과 백성들의 개선을 위해서 지켜야 하는지. [이 모든 것은 언제까지 지켜져야 하느냐 하면] 기독교 공의회가 다른 방식으로 하나님 말씀에서 출발해서 제시할 때까지이다. 하나님 말씀에 상반되고 또 말씀이 없는 것은 기독교인들로부터 멀리해야 한다. 그런데 무엇을 설교하고, 또는 어떻게 세례를 주거나 그리스도 몸과 피의 성례전을 베풀고 받아야 하는가를 위해서는 공의회가 필요하지 않다. 성 삼위일체의 거룩한 공의회에서 영원 전부터 결정되었고 그리스도와 그의 사도들에 의해서 우리에게 명령되고 가르쳐졌다. 하나님께서 우리에게 예수 그리스도 우리 주로 말미암아 은혜를 베풀어주시기 바랍니다. 아멘.

강독에 관하여

지식인들을 위해서 아래 기록된 바와 같이 다양한 라틴어 강의를 위한 강독이 갖추어져야 한다.……

　이 도시의 명예와 경건을 위해서도 두 명의 법률가가 각각 1주일에 세 번씩 낭독하도록 하는 것이 옳은 일이라고 여겨졌는데, 한 사람은 Institutiones imperiales를, 다른 한 사람은 Codex iuris civilis[1]를 읽되 자기들이 볼 때 그 안에서 가장 유익하게 보이는 것을 읽도록 하며, 또 이 역할에 대해서 각각 1년에 100 마르크를 받도록 한다. 또 이 사람들이 거처가 없는 경우에는 빈집을 가지도록 한다. 그밖에도 이 두 명의 법률가들을 혹시 존경할 만한 의회와 도시가 필요로 할 경우에 선하게 이용할 수 있다. 이들은 시의회와 임명 받은 집사로부터 받아들여져야 한다.

　마찬가지로 이 선한 도시가 그 규모 때문에 Medicus와 Physicus[2]를 고용하는 것이 아주 시급한데, 말하자면 얻을 수 있는 가장 우수하고 노련한 지식인을 말한다. 이 사람도 일주일에 세 번 관심 있는 사람들 앞에서 강의를 하고 가난한 자들에게는 값을 치른 약국에서 급료가 없이 의료적인 도움을 주어야 한다. 이 사람은 의회로부터 급료를 받는다. 이 사람도 이곳에 거처를 소유하지 않았다면 빈집을 가지게 된다. 그가 더 필요로 하는 것은 자기의 실제 활동(practica)이 자기에게 가져다주되 지불을 할 수 있는 사람들에게서 가져오게 된다. 이 사람은 존경받을 의회와 집사들 앞에서 자기의 의료 지식과 깨달음을 따라서 동의를 하면서 병자들을 다루어야 하는 의무를 가지게 된다.

　이 강독에서 성경을 읽는 중요한 강독들도 개신교 감독과 그의 조수를 통해서 개최되어야 한다. 각 사람이 일주일에 4번 읽어야 한다. 한 사람은 오전에, 다른 사람은 저녁에 자기들이 유익하다고 여기는 그런 주제에 관해서 읽으며, 그때 읽는 사람의 명예가 아니라 듣는 사람의 개선을 위해서 읽어야 한다. 이는 이런 식으로 바울이 골로새서 3장(16절)에서 말하고 있는 바와 같이 성경이나 하나님의 말씀이 우리와 함께 그리고 우리 안에 거하도록 하기 위함이다.

혹시 몇몇 목사들이나 시설의 전속목사들도 라틴어 강독을 매주 한 번 또는 두 번 또는 정해진 절기에 성경에서 라틴어 oratio 나 exhortatio를 할 능력이 있다면,—그러니까 모든 사람, 또 목사들에게 그런 능력이 주어지지 않았다—이것도 공식적인 강독들을 방해하지 않는 가운데 일어날 수 있다.

출교에 관하여

공개적인 간음 가운데 있는 자들, 창기들, 방랑자들, 매일 술독에 빠져서 사는 자들, 신성모독을 한 자들, 그리고 부끄러운 삶을 살고 불법적인 삶을 살면서 다른 사람들을 대적해서 행동하는 자들은 우선 진지하게 설교자들 중 한두 명이 한두 번 고치도록 권면해야 한다. 그들이 원하지 않으면 그리스도께서 우리를 가르치시며 마태복음 18장(15절 이하)이 판결하는 바와 같이 그들을 비기독교인이며 저주받은 백성이라고 간주해야 한다. 그러므로 그들이 드러나게 개선될 때까지 성례전에, 그러니까 더 큰 저주로 가지 못하도록 하여야 하는데, 이는 그들이 공개적으로 죄를 범했기 때문이다. 또 그들이 하나님을 두려워하며 공동체의 이름으로 하나님의 말씀에서 나온 설교자들의 판단을 경하게 여기지 않아야 한다는 것을 경고함으로 하나님의 심판도 짊어지지 않도록 하여야 한다. 왜냐하면 그들 자신의 양심 및 하나님의 계명과 판단이 그들과 마주 대하고 있기 때문이다.

현재 더 이상의 출교는 우리가 감행할 수 없다. 그리스도도 우리에게 더 이상은 위임하지 않았다. 그분이 말씀하신다: "이방인과 세리와 같이 여기라"(마 18:17b) 그 이상으로 그를 용인할 수 있으며 이웃과 시민으로, 보편적인 평강을 위한 세속 질서에는 있게 해야 한다. 그러니까 기독교인들이 그를 피할 수도 없고 그래서도 안 되는 일상생활에서는 기독교인이 아니라 다른 동료시민들처럼 그와 관계를 가져야 한다는 것을 알아야 한다.

그 이상으로 심판하는 것은 설교자들이 아니라 오직 우리 시당국의 소관이다.

어떤 가난한 자들이 금고의 혜택을 받아야 하는가

이 가난한 자들을 위한 금고[3]로 정말 가난한 모든 사람이 혜택을 받아야 한다. 첫째는 집을 지닌 가난한 자들이다.[4] 마찬가지로 자기 재산을 술로 날리고, 망하거나 무익하게 사용한 자들이 아니라 열심히 일하며 명예롭고 정직하게 살았는데 불운하게 되어서 자기 잘못이 없이 곤란하게 된 직공들이나 노동자들도 혜택을 보게 해야 한다. 또 병이 들거나 신체적인 손상으로 일을 할 수 없는 자들. 또 아무 것도 없고 일하거나 벌이를 할 수 없고 또 그들을 의무로나 기꺼이 받아줄 친척도 없는 과부나 고아들이 바울이 디모데전서 5장(4절 이하)에서 과부에 대해서 기록한 바와 같이 고상한 삶을 살고 악하게 살지 않는 한에서 대상이 되어야 한다. 그들이 젊다면 바울이 그곳에서 말하고자 한 바와 같이 하나님의 도움으로 다시 남편을 얻도록 도와야 한다. 또 가난한 젊은 부인들과 정식 하녀들, 곧 좋은 평판을 받고, 그들을 거두려는 사람이 아무도 없고 모든 사람들로부터 헤어진 자들. 또 한동안 우리에게서 봉사하여서 검증이 되고 바르다고 증명을 받은 자들인데, 우리들 가운데에서 정식 직업을 가지기 위해서 기술을 배울 수 있는 도움을 하나님께 간구하는 자들. 또 병에서 낫도록 도울 수 있는데, 그렇지 않으면 가난으로 인해서 망할 수밖에 없는 자들. 이들과 또 유사한 사람들을 우리는 그 곤경에서 빠져 나오도록 돕는다. 이 사역은 위선이 아니라…… 진정하고 올바르고 선한 사역이다.

일정 기간 동안 아니면 계속해서 도와야만 하는 가난한 자들의 이름은 명부에 기재해야 한다. 그들에게서 주목할 것은 명예롭게 살고 있는가 하는 것이다.

성실한 기술자들, 곧 자기들의 잘못이 없이 부인과 아이들과 함께 어려움에 처한 자들을 일정 기간 후에 수수료나 이자 없이 갚아야 하는 선불을 줌으로 도와야 한다. 집사들은 이런 일에서 지혜롭게 행하여서 규모가 없이 제공함으로 말미암아 가난한 자들에게 어리석게 상처를 주지 않아야 한다. 그런데 마지막으로는 기독교적인 사랑이 끌고 가야 한다. 외지에서 온 걸인들과 또 일할 수 있고 그밖에는 어려움이 없는 다른 사람들은 여기서 구걸하는 것을 허락하면 안 된다. 하지만 아무리 외지인이라지만 우리 중에서 병이 든 사람들에게는 우리 중에 거하거나 봉사하던 사람에게와 똑같이 하도록 하자. 왜냐하면 우리는 하나님께서 그들의 곤란한 처지를 우리가 돕도록 보내신 것으로 보기 때문이다.

그런데 당시에 여행 중에 있는 궁핍한 사람이 우리의 공동 재물에서 돈이든, 바지든 아니면 신발이든지 간에 받았는데, 특별히 성실한 시민이나 설교자가 추천을 함으로 받았다면 그것은 빼앗으면 안 된다. 물론 우리의 궁핍한 자들이 상처받지 않도록 해야 한다.

어떤 사람이-남자, 여자, 종, 하녀-증명할 수 있는 어려움을 겪으므로 하나님께 의지하고 간청해서 그에게 일생동안 우리 모두의 재물로 부양한다는 것이 허락된다면 이 가난한 자를 위한 금고는 곧바로 그의 모든 재산을 동산이 되었든 부동산이 되었든 모든 것을 부양을 위한 보조금으로 넘겨받아야 하며, 해당하는 사람이 죽은 후에도 남은 것이 있다면 영구히 금고에 귀속된다.

우리 중에 있는 수도사들, 늙고 병들거나 또 거동이 불가능한 수도사들을 돌아보아서 그들이 규율에 맞는 삶을 살고 나쁜 소문이 날 수 있는 구실을 주지 않도록 하고, 그들의 시의적절한 부양을 하도록 하여야 한다.

정말로 우리는 모든 사람들로부터 떨어져 나온 사람들의 어려움을 바르고 철저하게 돌아보아야 한다; 이것을 우리의 복음과 바른 기독교의 사랑이 요청하고 있다. 물론 그들이 삶을 자기들에게 마땅할 정도로 정직하고 바르게 영위하고 싶어 하여야 한다. 그들이 믿거나 믿지 않는 모든 것은 우리가 하나님께 맡겨야 한다. 그것은 하나님의 소관이다; 그저 그들은 다른 사람들에게 우리 복음과 그리스도 안에 있는 은혜의 선포를 방해하지 않아야 한다.

> 원전: E. Sehling (Hg.), Die evangelischen Kirchenordnungen des XVI. Jahrhunderts. Bd. 5, Leipzig 1913 (= Aalen 1979), 495.499.509.534f. 번역: Johannes Bugenhagen, Der Ehrbaren Stadt Hamburg Christliche Ordnung 1529, hg. v. H. Wenn, Hamburg ²1991, 37.55-59.105.223-229. — 참고문헌: K. Stoll (Hg.), Kirchenreform als Gottesdienst. Der Reformator Johannes Bugenhagen. 1485-1558, Hannover 1985; R. Postel, Die Reformation in Hamburg. 1517-1528, Gütersloh 1986 (QFRG 52); E. Volk, Johannes Bugenhagen. Der Reformator im Norden, Hamburg 1999; H.-G. Leder, Johannes Bugenhagen Pomeranus - vom Reformer zum Reformator. Studien zur Biographie, hg. v. V. Gummelt, Frankfurt/M. 2002 (Greifswalder Theologische Forschungen 4).

1) Institutiones와 때로는 Codex iuris civilis라고도 하는 Codex Iustinianus는 중세의 (교회 법과 구별된) 초석이 되는 로마-법전, 황제 유스티니아누스(527-565) 하에서 이루어진 Corpus iuris civilis의 일부이다.
2) 두 개념이 모두 의사를 의미한다.
3) 앞에 있는 절이 공동 금고 활용을 정리한다.
4) "집을 지닌 가난한 자"는 명예롭게 궁핍에 빠진 사람들인데, 이들은 땅부자들과 상반되어서 정착한 사람들이다.

성만찬 논쟁

39. 코르넬리우스 헨드릭스 호엔, 독특한 성만찬 해석(1525년 8/9월 출판)

이미 칼슈타트의 사고와 함께 드러난 것은 종교개혁 진영에는 미사를 희생으로 보는 해석은 받아들이면 안 되고 제4차 라테란 공의회(『중세교회』 Nr. 40a]를 보라)의 화체설은 거부되어야 한다는 데에는 일치를 이루었다 ― 성만찬의 요소들과 예수 그리스도 사이의 관계에 관해서는 그 어떤 가르침이 이 화체설에 합당한지는 이 일치로 명백해지지는 않았다. 특별히 루터 자신은 실제적 임재를 결코 문제 삼지 않았다. 하지만 지금 이 초기에는 특별히 무리하게 강요하지는 않았다. 새로운 도약은 아마도 마르틴 부처(그러니까 과거에 짐작한 것처럼 훌드리히 츠빙글리가 아니라)가 1525년 익명으로 홀란드의 변호사 코르넬리우스 헨드릭스 호엔(1524년 사망)이 죽기 전에 집필하였고, 독특한 성만찬 이해를 담고 있는 편지를 공표하던 때 일어난 논쟁으로 얻게 되었다. 그는 제정의 말씀(Hoc est corpus meum: 이것은 내 몸이다)에 있는 "est"를 "significat"으로 해석하면서 그렇게 하였다.

우리 주 예수 그리스도 그분은 수없이 자기 사람들에게 죄의 용서를 약속하셨고 마지막 만찬에서 자기 사람들의 내면(suorum animi)을 굳세게 만들려고 하셨다. 그는 자기 약속에 하나의 보증(pignus)을 더하여 주심으로 그들이 전혀 요동하지 않도록 하셨다. 이것은 신랑이 자기 신부에게 아무런 의심을 가지지 않도록 확신을 주고 싶어 하고 그래서 그녀에게 다음과 같이 말하면서 반지를 주는 것과 꼭같다: "받으세요, 당신께 나 자신을 드립니다." 그러면 반지를 받으면서 신랑은 자기 것이라고 믿으면서 자기 마음을 다른 모든 구애자들에게서 돌이키고 오직 어떻게 하면 자기 배필의 마음을 기쁘게 할까 하는 것만 생각한다. 마찬가지로 성만찬(eucharistia)을 자기 신랑, 곧 자기 자신을 주신다고 확증을 주는 그분의 증표로 받는 자는 누구나 그리스도는 이미 자신을 바치신 분으로 이미 자기 것이라는 것과 그의 피를 흘려주셨다는 것을 굳게 믿어야 한다. 이 때문에 그 사람은 과거에 사랑해 왔던 모든 것에서 방향을 돌리게 되며 항상 그리스도를 기쁘게 하는 것만을 향하면서 오직 그리스도에게만 붙어 있게 되는 것이다; 하지만 자신을 위해서 아무 것도 원하지 않으면 그리스도만을 향해서 모든 노력을 경주하게 된다(벧전 5:7). 곧 그는 자기가 그분의 것이라는 것과 그분만이 모든 일에서 자기에게 넘치도록 충분하다는 것을 믿는다. 이것이 참으로 "그리스도를 먹는 것"이며 "그의 피를 마시는 것"이다. 곧 구주께서 요한복음 6장 57절에서 말씀하신 바와 같이 말이다: "나의 살을 먹고 나의 피를 마시는 자는 내 안에 내가 그 안에 있느니라." 하지만 믿음이 없이 성찬을 받는 자들은 그리스도가 아니라 오히려 유대인들의 만나를 먹는 것처럼 보인다.

　이 가장 살아 있는 믿음을 로마의 스콜라주의자들은 기억하지 않는 것처럼 보이고, 오히려 그들은 빵이 축성 되고 나서는 참된 그리스도의 몸이라고 주장하며, 또 그런 일이 어떻게 일어나는가를 성경 어디에도 증명이 되지 않는 수없이 많은 교묘한 술수들로 주장하면서, 어떤 다른 죽은 신앙을 교권으로 확정하면 충분하다고 생각하였다. 하지만 그 신앙, 곧 사실 신앙[1]은 정당성을 부여 받을 수 없다는 것은 분명하다(Sed fides illa, cum historica sit, clarum est, quod iustificari non possit).······

　바울도 고린도전서 10장 16절에서 (이 해석에) 반대하지 않는다; 그도 "우리가 나누는 이 빵이 주님 몸에 참여하는 것이 아니냐?"고 말할 때 "빵은 주님의 몸이다"고 말하고 있지 않기 때문이다. 그래서 이 구절에서 거의 명백한 것은 "이다"는 "의미하다"를 대신하고 있다. 이것은 바울이 우리의 빵과 우상에게 바친 빵을 비교함에서 더 분명하게 도출되고 있다. 이 우상에게 드린 빵이 실제로 변하지 않지만, 그럼에도 불구하고 바쳐진 그 대상인 마귀와의 일종의 공동체 "이든지" 아니면 "의미한다"는 것을 그가 증언하고 있다.……

그러니까 우리가 입으로 먹는 빵과 믿음으로 받아들이는 그리스도를 구분하자; 그래서 어떤 사람이 자기가 입으로 먹는 것 말고는 받고 있지 않다고 생각하면서 주님의 몸을 구분하지 않으면 그는 주님의 몸과 피를 욕되게 하며 심판을 먹고 마시고 있는 것이다(고전 11:28). 왜냐하면 그 사람은 먹고 마심으로 그리스도는 가까이 계신데도 불신앙으로 그리스도가 그에게서 멀다는 것을 보여주고 있기 때문이다.

> 원전: CR 91, 512,10-29; 513,9-15; 517,37-518,3. —참고문헌: A. Hyma, Hoen's Letter on the Eucharist and Its Influence upon Carlstadt, Bucer and Zwingli, in: PTR 24 (1926) 124-131; H. Rückert, Das Eindringen der Tropuslehre in die schweizerische Auffassung vom Abendmahl, in: ARG 37 (1940) 199-221 (= ders., Vorträge und Aufsätze zur historischen Theologie, Tübingen 1972, 146-164); Th. Kaufmann, Die Abendmahlstheologie der Straßburger Reformatoren bis 1528, Tübingen 1992 (BHTh 81); B. J. Spuryt, Wessen Gansfort and Cornelis Hoen's Epistola Chritiana, in: F. Akkermann (Hg.), Wessel Gansfort (1419-1489) and Northern Humanism, Leiden 1993, 122-141.

1) fides historica, 곧 마귀와 귀신들도 얻을 수 있는 그 구원 사실에 대한 믿음.

40. 루터와 츠빙글리의 논쟁

츠빙글리가 호엔이 제안한 해석을 받아들였다는 사실은 그와 마르틴 루터 사이에 벌어진 장기간의 논쟁의 시발점이 되었다: 이 싸움은 성만찬과 성례전 해석 자체의 차이뿐 아니라 성경 사용과 기독론에서의 차이도 첨예함이 더해지고 인격적인 싸움이 되었다. 옛 신앙을 고수하는 측에게는 이 싸움이 종교개혁은 자체 안에서도 일치가 되지 않고 애초부터 성숙하지 못했다는 것을 증명하는 것으로 비쳐졌다.

a) 몸과 영

1. 츠빙글리, Commentarius(1525)

2년 전 나는 67개 논제[1] 중 18번에서 성만찬에 관해서 기술하였다; 그 당시에 성만찬 자체보다는 상황과 관련된 것을 많이 기록하였다. 그리스도도 자기 주인의 하인들에게 양식을 주는 그 충실한 종에 대해서 놀라서 다음과 같이 말하며 넘치도록 칭찬할 수가 없었다: "누구인가"—곧 이 얼마나 위대하고도 마땅한가—"충성되고 지혜 있는 종이 되어 주인에게 그 집 사람들을 맡아 때를 따라 양식을 나누어 줄 자가?"(마 24:45). 그래서 사는 동안 나는 말씀을 다음의 방식으로 나누어주리라고 마음먹었다, 곧 나의 주님께 최대한의 열매를 거둘 수 있도록. 극심한 겨울서리에도 계속해서 쟁기로 땅을 갈고 씨를 뿌리는 종을 누가 쫓아내겠는가? 이런 것은 한 해의 벽두에 해야 한다!

당시에 내가 겨냥한 독자들의 연약함을 고려해서 많은 것을 양보하였지만 성장시키려고 모든 것을 경주하였다. 그리스도의 본을 따라서 어떤 때는 노출시키고 어떤 때는 숨겼는데, 그분은 성만찬을 제정하시고는 제자들에게 더 많은 것을 말해야 하지만 지금은 그들이 이해할 수 없다고 말씀하셨다(요 16:12f.). 그래서 나는 여기서 그때 말했던 것을 되짚으려고 하는데(retractamus igitur hic, quae illic diximus) 현재 42세에 제시하는 바를 40세에 기록한 것보다 우선시하는 식으로 하겠다.

그렇지만 "보기에 당신은 성만찬에 그리스도의 살과 피가 임재하지 않는다는 생각을 가진 것 같다"고 주장하는 자들에게 이렇게 대답하겠다: 이 말을 당신 자신이 하고 있는가 아니면 당신에게 다른 사람들이 말하였는가?(요 18:34 참조) 당신이 신앙인이라면 당신은 구원을 이루는 것이 무엇인지 분명히 알며, 그러면 하나님의 말씀이 많은 것을 당신에게 행하실 수 있어서 당신이 육신적인 살을 구하지 않게 된다. 그런데 내가 생각하기에 당신에게 다른 사람들이 말한 것 같은데, 그렇다면 나는 그들에게 반박하겠다: 이 문제에서 나는 그리스도의 교회와 똑같이 생각하고 있다. 교회는 그리스도의 몸이 실제로 육체적으로 또는 존재적으로(realiter, corporaliter aut essentialiter) 성만찬의 성례에 있는가 하는 질문을 하게 하지 않는다. 당신이 이 세상 물질을 언급한다면 교회는 당신에게 이 방패를 들이댈 것이다: "육체는 무익하도다"(요 6:63) 그런데 왜 당신은 육체에 관해서 논하는가? 혹시 당신이 "하늘이여, 땅이여", 심지어 "병들과 바다여"라고 외친다면 나는 이 말 외에 다른 것을 말하지 않을 것이다: "육은 무익하도다." 그런데 왜 그토록 호기심에 차 있는가? 차라리 조바심을 가지고 걱정 근심을 하는 것이 더 나을 수 있다.

그러니까 바로 철재 울타리라고 하겠다: "육은 무익하니라." 이제 가서 모든 무기를 가져와 보라, 곧 투석기, 파성기, 방어막, 각종 소화기들을 말이다. 절대로 쓰러뜨리지 못하고, 결코 흔들지도 못하리라. 그래서 이 성례전의 빵과 포도주에 대해서 지금까지 신학자들이 선포했던 것과 다르게 생각해야 한다. 그들의 생각을 모든 느낌, 생각, 이해, 정작 믿음도 반박하고 있다.

   나의 생각에는 다음과 같이 말하고자 하는 자들에게 귀를 기울이면 안 된다: "이 성례전에서 그리스도의 참된 몸, 또는 신체적이고 감각적으로 접할 수 있는 살을 먹는다는 것을 나는 항상 굳게 믿어 왔다." 그렇게 말하는 자들은 이 말로 어떤 사람이 감지하지 않은 것을 그 사람이 감지하고 있다고 믿고 있다고 자기들은 확신한다고 하는 것과 같다. 그래서 그들이 "모든 것은 믿음에 달려 있고, 그 때문에 우리가 육체적인 살을 감각을 가지고 받아들이고 있다는 것을 확실히 믿어야 한다는 것을 사람들이 부인할 수 없다고 말한다면 나는 다음과 같이 대답한다: 나는 믿음이 무엇인지 안다; 또한 감각이 무엇인지(quid sit sensus)도 안다. 그런데 당신들이 그것을 모른다면 또는 우리가 몰랐다고 생각한다면 당신들은 우리의 확실함을 어둡게 하려고 애쓰고 있는 것이다. 믿음은 하나님의 영으로 말미암아 우리 마음에 있다(Fides constat per spiritum dei in cordibus); 그것을 우리는 감지하고 있다: 믿음은 영혼의 운행이고 그래서 모호한 것이 아니지만 우리는 감각으로 감지하지는 않는다.

   그러니까 이제 믿음이 감각이나 이성에서 나오지 않으며 감각적으로 감지하는 사물을 향하지도 않기 때문에 그들의 두 번째 잘못이 어디에 있는지 알아채는 것은 쉽다. 두 번째 오류는 다음과 같다: 그들은 믿음을 감각적으로 감지할 수 있는 사물들과 관련시키면서 신앙은 이러한 것들을 매개로 해서 확실성을 가져온다고 주장한다. 그렇지만 이런 것은 쓸데없는 일이다. 감각으로 파악되는 것은 믿음을 필요로 하지 않기 때문이다. 사람이 보는 것을 무엇 때문에 소망하겠는가? 감각적으로 받아들이는 사물들은 감각에 속하면서 감지되는 것들이기 때문이다.

   이제 이 모든 것이 잘 요약되고 있는지 봅시다. 첫째: 믿음으로 우리는 그리스도의 살이 신체적으로 감각적으로 임재하고 있다고 믿는다. 이 믿음으로 감각과는 아주 먼 것들을 믿는다; 하지만 신체적인 것은 모두 감각적으로 받아들일 수 있어서 혹시 감각적으로 감지되지 않는다면 절대로 신체적인 것이 아니다. 그러니까 믿는다와 또 감각으로 감지한다는 서로 다른 것이다(Disparata igitur sunt: credere et sentire). 다음의 말 안에 얼마나 엄청난 것이 숨겨져 있는지 주목하라: 나는 감각적으로 만질 수 있으며 신체적인 살을 먹는다는 것을 믿는다. 신체적인 것이라면 믿음이 필요 없기 때문이다; 그것은 감각적으로 감지가 된다.

하지만 감각적으로 감지가 되는 것은 믿음을 필요로 하지 않는데, 그 이유는 감각을 통해서 우리는 완전한 감각적 확실함을 얻기 때문이다. 그런데 반대로 당신이 먹는다는 것을 믿는다면 당신이 믿는 바는 더는 감각적이거나 신체적일 수가 없다. 그러니까 당신은 아주 엄청난 것을 발설하고 있다. 나아가서: 신학자들은 여기서 감각이 붙잡을 수 없는 것, 그러니까 빵이 살이라는 것을 주장해 왔다. 정말 그렇다면 감각이 결정권을 가진 것이지 믿음이 아닌 것이 된다. 말하자면 믿음은 감각과 관련된 것과 연관되지 않고, 그래서 믿음은 감각과 관계하지 않는다.

더욱이 다음과 같은 사람들에게는 귀를 기울이면 안 된다고 나는 믿는다. 곧 지금 다룬 생각은 촌스러울 뿐 아니라 불경하고 근거가 없다고 생각하며 그래서 "우리는 참되고 신체적인 그리스도의 살을 먹지만 영적인 방식으로 먹는다"[2]고 판단하는 사람들이다. 왜냐하면 이들은 "몸이 있음"과 "영적 방식으로 먹음"은 공존할 수 없다는 것을 모르고 있기 때문이다. 몸과 영은 말하자면 서로 상반된다: 하나를 선택하면 다른 것은 제외된다: 영에 관해 말한다면 분명한 반대 법칙에 따라서 몸을 말할 수 없다는 것이 도출된다; 몸에 관해서 말하고 있다면 그것을 듣는 자들은 누구나 영을 말하는 것이 아니라는 것을 확신한다. 따라서 "신체적인 살을 영적 방식으로 먹는다는 것은 다름이 아니라 신체인 것이 영이라고 주장하는 것이 된다.

> 원전: CR 90, 773,26-774,12.19-21; 785,27-786,14; 786,24-787,13. 번역: Huldrych Zwingli, Schriften. Bd. 3, hg. v. Th. Brunnschweiler u. S. Lutz, Zürich 1995, 253f. 271-274. 참고문헌: 본문 c) 2를 보라.

2. 루터, 광신자들 반박(1527)

 입은 그리스도의 몸을 육체적으로 먹는데, 이는 입은 말씀을 만질 수 없고 먹을 수도 없으며 자기가 먹는 것을 알지 못하기 때문이다. 입은 마치 그리스도의 몸이 아닌 것을 먹는 듯이 맛을 느낀다. 하지만 마음은 믿음 안에서 말씀을 붙들고 입이 육신적으로 먹는 것을 영적으로 먹는다. 왜냐하면 마음은 이해하지 못하는 인간이 먹는 것을 알아채기 때문이다. 마음은 이 깨달음을 어디에서 얻는가? 빵도 아니고 입으로 하는 먹음도 아니라 "먹으라 이것은 나의 몸이다"고 쓰여 있는 말씀으로부터 얻는다.
 입과 마음 둘이 각자의 방식으로 먹는 것은 동일한 몸이다. 마음은 몸을 신체적으로 먹을 수 없고, 입은 그것을 영적으로 먹을 수 없다. 하지만 하나님은 입이 마음을 위해서 육신적으로, 마음이 입을 위해서 영적으로 먹도록 조정해 주시므로 이 둘이 하나의 음식에서 배를 불리고 복도 받는다. 이해하지 못하는 몸은 자기가 영생에 이르게 되는 수단이 되는 그러한 음식을 먹는다는 것을 모른다. 감지하지 못하고 이성이라고는 없는 짐승과 같이 자기가 아주 평범한 음식을 먹은 것처럼 죽고 썩어진다. 하지만 영혼은 몸이 영원한 음식, 곧 그를 썩게 하지 않고 무덤에 두거나 재가 되지 않게 하는 양식을 먹었기 때문에 영원히 살 수밖에 없다는 것을 알고 또 이해한다.

이로써 츠빙글리의 결론은 견지될 수가 없다: "그리스도의 육신이 먹힌다면 육신적인 것만 나올 뿐이다." 소고기나 돼지고기에 대해서 말한다면 그 말이 맞다. 반대로 이러하다: "그리스도의 살을 먹는다면 영밖에 다른 것이 나오지 않는다"; 왜냐하면 그것은 영적인 살이며, 변하지 않고 오히려 변화시키고 그것을 먹는 자들에게 영을 주기 때문이다. 가련한 사멸할 것, 우리의 몸이 죽은 자들로부터 부활하고 영생에 들어간다는 소망을 가지고 있기 때문에 몸은 바로 영적으로 되어야 하고 그 몸에 있는 육신적인 것은 모두 소화되고 버려지지 않으면 안 된다.

> 원전: WA 23, 190,11-28; 204,6-14. —참고문헌: 본문 c) 2를 보라.

b) 성만찬 제정사 해석

1. 츠빙글리 상징론의 해석적 근거

"그리스도는 반석이시라"는 말씀에서 상징적인 표현 방식(tropus)이 사용되었다는 것을 우리가 사는 내내 부인한다고 하더라도 그렇게 해서 우리가 싸워서 획득하는 것은 다름 아니고 그리스도는 정말 자연적인 돌덩어리(schrof) 아니면 바위라는 것밖에는 없다: 간단히 말하자면 "petra" "바위"라는 것이다. 누군가 누가복음 15장(23절)에서 살진 양으로부터 그리스도를 만들어내고자 하는 것과 같다. 왜냐하면 그분이 자신을 가리켰기 때문이라는 것이다. 그래서 (이 해석을 하는 자들은) 이렇게 말하려고 한다: "그분은 우리를 위해 죽임 당한 진짜 양이다." 그래서 "진짜 양"이라는 단어를 기반으로 곧바로 자기의 입장을 버리려고 하지 않는다. 왜냐하면 그에게는 그 양을 통해서 그리스도가 암시되고 있다는 것과 다를 바 없기 때문이다. 사악한 무뢰한이 아니겠는가?

아무리 그리스도께서 "나의 살은 참된 양식이다" 또는 "참된 진정한 양식이다"(요 6:55)라고 말하고 있더라도 그의 살과 "양식"이라는 단어는 상징적이거나 은유적(anderverstendig)으로, 말하자면 "그의 살"은 그분의 죽음, "양식"은 영혼의 양분이라는 것으로 이해해야 한다. 이와 마찬가지로 여기서 "그리스도는 정말 양"이라는 것은 "그리스도는 정말 그 양으로 암시되는 죽임 당한 희생물"로 이해해야 한다. 그리스도는 정말 돌이 아니라는 것을 우리가 깨닫는 즉시로 그것은 비유, 곧 은유(anderverstand)인 것이다. 그런데 루터는 말한다[3]: "그리스도가 어떻게 반석이신지 사람들은 안다; 그가 영적인 반석이시다; 그 앞에 이렇게 기록되었기 때문이다: '그들은 모두 영적인 반석에서 마셨다'(고전 10:4). 여기서 우리는 그분을 오직 영적인 반석으로 부른다는 것을 보게 된다." 루터가 여우 같이 모피(balg)를 다시 가져 오는 것에 대해서 그에게 감사한다. 그러니까 다시 한 번 상징적인 말씀 "반석은 그리스도였다"를 그 앞에 있는 이 말씀과 결부된 말씀을 통해서 해석하고 이해하도록 해야 한다는 소리를 내가 듣고 있다. 그러니까 그 앞에 있는 것에 귀를 기울이지 않고 그리스도로부터 돌을 만들어내는 것은 내게 마땅하지 않다. 친애하는 루터여, 이제 하나님의 이름으로 가서 이 말씀 "이것은 내 몸이라"는 말씀을 그 뒤에 나오는 말씀을 통해서 배우라; 우리가 의미를 이해하는 수단이 되는 말씀이 앞에 있는지 뒤에 나오는지는 중요하지 않다. 왜냐하면 (심지어) 우리는 성경 전체를 통해서 가능한 의미들을 말씀들이 비록 나란히 나오지 않는다고 할지라도 대질시켜야만 하기 때문이다. "요한은 엘리야"(마 11:13f.)라고 말한다면 이것은 상징이다; 그런데 "그는 엘리야와 같다"거나 "엘리야라는 이름으로 암시한다"거나 "칭한다"고 한다면 상징적인 표현방식은 해체되고 분명하게 언급한 것이다. 그러니까 바울이 "그런데 반석은 그리스도"(고전 10:4)라고 말한다면 그것은 비유적인 표현방식이고, 그 앞에서 "그들은 모두 영적인 반석에서 마셨다"고 말할 때는 비유적인 표현방식이 참으로 견지되고 있다. 마찬가지로 "이것은 나의 몸이다"고 우리가 말한다면 다음에 나오는 말씀 "너희를 위해서 주는"이라는 말씀으로 이해하는 것을 배우는 비유이다.

원전: CR 92,867,3/868,17. ─참고문헌: 본문 c) 2를 보라.

2. 루터, 그리스도의 성만찬론. 신앙고백(1528): 비유론

나는 인간 그리스도를 가리키며 말한다: "이것은 하나님의 아들이다" 또는 "이 사람은 하나님의 아들이다." 궤변가들[4]이 성례전과 관련해서 빵에 대해서 이야기를 지어낸 것처럼 이 단어 "이것"이 하나님을 가리키고 사람을 가리키지 않기 위해서 인간성이 소멸되거나 없어져야 하는 것은 필요하지 않고 인간성은 존속해야 한다. 하지만 빵과 몸, 불과 나무 또는 소와 나귀 사이보다 사람과 하나님은 훨씬 더 상이하고 서로 훨씬 더 멀다. 두 개의 그토록 상이한 본성들이 한 존재가 되고 한쪽이 다른 쪽을 위해서 언급되는 것(eine die ander gesprochen wird)을 누가 만들어내었나? 의심할 것 없이 본성들의 존재적인 하나됨이 아니고(……) 인격적 하나됨이다.

그 때문에 사람이 빵을 가리켜서 "이것이 그리스도의 몸이다"고 말하는 것은 아주 맞는 말이다. 그리고 빵을 보는 자는 그리스도의 몸을 본다. 마찬가지로 이 말은 훨씬 더 올바르게 된 것이다: "이 빵을 만지는 자는 그리스도의 몸을 만진다. 그리고 이 빵을 먹는 자는 그리스도의 몸을 먹는다; 이 빵을 이빨이나 혀로 으깨는 자는 그리스도의 몸을 이빨과 혀로 으깨는 것이다." 그렇지만 그 누구도 다른 육체를 가시적으로 보고 씹는 것처럼 그리스도의 몸을 보고, 만지고 먹거나 씹지 않는다는 것은 전적으로 참되다. 사람이 빵을 대하면 하는 것이 성례전적인 일치 때문에 그리스도의 몸과 관련되는 것은 정당하다. 때문에 광신자들과 또 영적인 법[5]에 대한 주해들이 교황 니콜라우스[6]를 비난하는 것은 정당하지 않다. 왜냐하면 베렝가르[7]로 하여금 그리스도의 참된 몸을 이빨로 깨어 부순다는 고백을 하도록 강요한 탓에 비난하는 것은 부당하기 때문이다. 어떤 일에서도 이 교황이 베렝가르의 경우에서 이 고백으로 했던 바와 같이 모든 교황들이 해 왔기를 하나님께서 원하신다면……

이 논리가 빵과 몸,…… 하나님과 사람은 서로 상이한 본성을 가지고 있다고 가르치고 있는 것은 정당하다. 하지만 그에 앞서서 모든 언어에서 문법이 서로 다른 존재가 한 존재를 이룬다면 이 두 존재는 한 개념(rede)으로 요약될 수 있다고 가르치고 있는 바로 그 문법을 조언자로 삼아 귀를 기울여야 한다. 그래서 두 존재의 하나됨에 주목하는 한에서는 그 논리는 두 존재를 하나의 개념으로 말한다. 이런 식으로 그리스도 안에서 하나님과 인간이 하나의 인격적인 존재이며, 그 때문에 이 논리는 두 존재에 대해서 이렇게 말한다: "이는 하나님이요, 이는 사람이다"…… (마찬가지로:) "이것은 빵이고 이것은 나의 몸이라"……

두 개의 서로 다른 존재를 하나로 말하는 이 방식을 문법학자들은 비유라고 부른다. 그리고 이것은 아주 널리 알려져서 성경에서만이 아니라 모든 언어에서도 나타난다. 하나의 자루나 가방을 가리키거나 암시하며 "이것은 100굴덴이다"라고 말할 때에도 나는 이렇게 말하는데, 그래서 동시에 이 가리킴과 "이것"이라는 말은 가방을 향하고 있다. 그렇지만 가방과 굴덴은 어떤 방식으로는 하나의 존재이기에, 한 덩어리같이 동시에 굴덴도 말한다. 똑같은 방식으로 포도주 통을 잡고는 나는 "이것은 라인 포도주, 벨서 포도주, 적 포도주다"고 말한다.

> 원전: WA 26,440,34-441,1; 442,29-443,3.12-21; 444,1-8. —참고문헌: 본문 c) 2를 보라.

c) 기독론적 차원

1. 츠빙글리, 그리스도의 성만찬론 강의(1526)

그리스도 안에 두 개의 서로 다른 본성, 곧 신적 본성과 인간적 본성이 있다: 하지만 둘은 한 분 그리스도이다. 그분의 신적 본성을 따라서 그리스도는 아버지의 오른손을 떠난 적이 없지만 그분은 아버지와 함께 한 하나님이시다. 때문에 그분은 이렇게도 말씀하신다: "나와 아버지는 하나이다"(요 10:30), 또 "하늘에서 내려온 자 곧 인자 외에는 하늘에 올라간 자가 없느니라"(요 3:13). 자기의 신적 본성 안에서 그리스도는 하늘로 올라갈 필요가 없는데, 그는 이미 항상 거기에 있기 때문이다. 그리스도의 다른 본성은 인성으로서, 우리 때문에 영원히 정결한 마리아의 몸 안에서 취하시되 성령으로 말미암아 잉태함으로 취하셨다. 이 본성을 그리스도는 참으로 이 시대에 지니고 계셨다. 인성에 따라서 그는 몸과 영이 장성하였다(눅 2:52); 인성 안에서 주리시고 목마르셨으며, 추위와 더위와 다른 궁핍들을 겪으셨다. 이 본성으로 십자가에 못 박히셨고 하늘에 올라가셨다. 이 본성은 하늘에서 손님이셨는데, 그전에 그 어떤 육체도 거기에 간 적이 없기 때문이다. 마가복음 16장 19절에서 그리스도가 하늘에 오르사 하나님 우편에 계시다고 한다면 이것은 그의 인성에 관한 것으로 이해해야 한다.

이는 그분의 신성으로는 항상 영원히 거기 계시기 때문이다. 마태복음 28장 20절에서 "내가 너희와 세상 끝 날까지 함께 하리라"고 하는데, 이것은 신성에만 해당이 되는 것이다. 왜냐하면 하나님으로서는 그리스도는 항상 특별한 은혜와 위로를 가지고 자기를 믿는 자들과 함께 하기 때문이다. 구분을 하지 않고 신성에 관해서 하는 말을 모두 인성에게 관련시키고, 반대로 인간이신 그리스도에게만 해당되는 것을 모두 구분하지도 않고 하나님과 연결을 시키면 성경 전체와 믿음을 완전히 엉망진창으로 만들게 된다. 우리가(그 그리스도의 외침) "나의 하나님, 나의 하나님 어찌하여 나를 버리셨나이까?"(마 27:46)를 신성에 연결시킨다면 어찌되겠는가!……

"하나님께서 우리를 위해서 고난 받으셨다", 이 표현 방식은 거듭해서 기독교인들에게서 허용이 되어 왔고, 나를 혼란스럽게 하지 않는다. (이 말은) 신성이 고난을 당한다는 말이 아니라 그 인성 안에서 고난 받으시는 분이 하나님이며 또 사람이었다는 것을 말하는 것이다.…… 성경은 (그리스도의 본성을 따라) 철저히 구분을 필요로 하고 있다. 이제 그리스도는 하나님 우편에 앉아 계시고 또 거기에 머물러 계시는데 그가 마지막 날에 다시 오실 때까지 어떻게 그가 성만찬에서 이 땅에 몸으로서 먹힐 수가 있겠는가!

원전: CR 91,827,17-24; 828,3-24.30-33; 829,19-22. -참고문헌: 본문 c) 2를 보라.

2. 루터, 그리스도 성만찬론. 신앙고백: 그리스도의 편재(1528)

우리의 믿음은 그리스도가 하나님이며 사람이며 두 본성이 하나의 인격이기에 이 한 인격은 나누어질 수 없다고 말하기 때문에 그분이 원하시는 곳에 당연히 신체적이고 만질 수 있는 방식으로 나타날 수 있다; 그런 방식으로 부활 후에 그분은 활동하셨고 마지막 날에 하실 것이다. 하지만 나아가서 그분은 복음서가 무덤과 닫힌 문에서(요 20:19) 증명하고 있듯이 접촉할 수 없는 방식으로 하실 수도 있다. 하지만 그분은 초자연적인 방식으로 하나님과 한 인격이시며 이 인간을 떠나서는 하나님이 아닌 그런 인간이기에 이런 결론이 나온다. 그분은 제 삼의 초자연적인 방식으로 하나님이 계신 곳 어디에나 계시고 또 계실 수 있으며, 모든 것이 철저히 그리스도이며 그래서 인성을 따라서도 그분은 만질 수 있는 방식이 아니라 초자연적인 신적 방식으로 계신다. 여기에서 말해야만 한다: 신성에 따라서 그리스도가 계신 곳에 그분은 자연적인 신적 인격이시며, 또 거기에 본성과 인격을 따라서도 어머니 몸 안에 잉태된 것이 증거하는 방식으로 계신다. 그분이 하나님의 아들이라면 그분은 본성과 인격으로 어머니의 몸에 있어야 하고 또 인간이 되어야 한다. 그가 있는 곳에 본성과 인격으로 있다면 그는 거기에 인간으로도 있어야 한다. 왜냐하면 두 개의 떨어져 있는 인격들이 아니라 하나의 인격이기 때문이다. 그 인격이 있는 곳에 떨어져 있지 않은 유일한 인격이 있는 것이며, 그래서 "여기 하나님이 계시다"고 당신들이 말할 수 있는 곳에서 또한 "그러면 그리스도가 인간으로도 계신다"고 말해야 한다.

원전: WA 26,332,12-32. — 참고문헌: W. Köhler, Zwingli und Luther. Ihr Streit über das Abendmahl nach seinen politischen und religiösen Beziehungen. 2 Bde., Leipzig 1924. Gütersloh 1953 (QFRG 6f.); H. Gollwitzer, Zur Auslegung v. Joh. 6 bei Luther u. Zwingli: In Memoriam Ernst Lohmeyer, hg. v. Weiner Schmauch, Stuttgart 1951, 143-168; E. Bizer, Studien zur Geschichte des Abendmahlsstreit im 16. Jahrhundert,

> Darmstadt ³1972; A. Peters, Realpräsenz. Luthers Zeugnis von Christi Gegenwart im Abendmahl, Berlin ²1966 (AGTL 5); Eberhard Grötzinger, Luther u. Zwingli. Die Kritik an der mittelalterlichen Lehre von der Messe als Wurzel des Abendmahlsstreits, 1980 (Öth 5); H. A. Oberman, Via Antiqua and Via moderna: Late Medieval Prolegomena to Early Reformation Thought, in: From Ockham to Wycliff, Oxford/ New York 1987. Hg. v. A. Hudson u. M. Wilks, 445-463; F. Miege, Sacramental Semeiosis. Fragmentary Reflections in Connection with a Semiotic Reconstruction of the Debate Between Luther and Zwingli Over the Lord's Supper, Deuisburg 1997.

1) Nr. 26 b)를 보라.
2) 이것이 말하자면 카예탄의 입장이었다(본문 14 b]를 보라).
3) WA 23, 101,35/103,4를 참조하라.
4) 곧, 스콜라주의자들.
5) De cons. D.2 c. 42에 대한 주해 (Corpus Iuris Canonici, hg. v. E. Friedberg. Bd. 1, Leipyig 1879 [= Graz 1955], 1328f.).
6) 니콜라우스 2세 (1058-1061).
7) 뚜르의 베렝가르(1088 사망), 『중세교회』 Nr.33 a)를 보라.

41. 마르부르크 종교회담

성만찬을 둘러싼 루터와 츠빙글리 사이의 신학적 논쟁은 1529년 슈파이어 제국의회에서 표명된 바와 같이(Nr. 37을 보라) 종교개혁적 원칙들을 되돌리도록 다시금 강력하게 몰아세우는 제국 정책이라는 맥락에서 본다면 개신교 측의 엄청난 약화를 의미하였다: 이 약화는 구원의 매개라는 핵심에서의 불일치로 나타났다. 구체적으로는 두 개의 파, 곧 북동부의 작센 영지와 남서부의 제국 도시라는 두 파로 나누어질 상황이 되었다. 상이한 신학적 기반에 서 있는 수많은 도시 종교개혁자들은 루터보다 오히려 츠빙글리와 궤를 같이 하고 있었기 때문이다. 이 위험을 헤센의 필립은 자신의 마르부르크 성에서의 종교담화로 충돌하고 있는 측들을 초대하면서 잠재워보려고 하였다. 이것은 츠빙글리와 루터 사이의 유일한 인격적인 상봉이었다. 이 만남은 루터의 친구인 안드레아스 오시안더(1498-1552)와 츠빙글리 자신이 관점으로 인한 모든 차이에서도 분명하게 알 수 있도록 해 주고 있는 바와 같이 비우호적이었고(본문 a, b) 대부분의 신앙내용에서 광범위한 일치를 이루었음에도 불구하고 긍정적인 결과가 없이 끝났다(본문 c). 이 두 사람을 제외하고 비텐베르크에서는 멜란히톤과 유스투스 요나스(1499-1555), 바젤에서는 요한네스 외콜람파드(1482-1532), 마르틴 부처(1491-1551)와 카스파 헤디오(1494-1552, Nr. 27e를 보라)가 슈트라스부르크에서, 슈베비쉬 할에서는 브렌츠(1499-1570)가 참석하였다.

a) 안드레아스 오시안더의 보고서(1529년 가을)

(1529년 10월 2일 토요일) 루터가 다른 측들은 "이것은 나의 몸이다"와 "이것은 나의 피다"(마 26:26)가 그리스도의 말씀이 우리가 믿고 가르친 것과 다른 이해를 하도록 한다고 하는 것을 증명하려고 애를 쓰고 있다고 짧게 표명하였다. 그들이 이 사실을 인정하자 루터는 계속해서 "그 증명을" 자기가 그들에게서 받기를 원하는데 아직 이루어지지 않았다고 말했다. 그는 앞으로도 이루어지지 않을 것을 바라지만 그들의 증명제시를 듣고 거기에 대해서 지적할 것을 우호적이고 간략하게 제시하고 싶다고 하였다. 그래서 그는 "이것이 나의 몸이다"라는 본문을 분필로 탁자에 썼다.

그 다음에 츠빙글리와 외콜람파디우스가 자기들의 생각을 성경 그리고 교부들의 분명한 말로 증명하겠다고 하였다. 그래서 츠빙글리가 시작하고 요한복음 6장 63절 말씀 "육은 무익하니라"를 다음을 증명하려는 생각으로 끄집어왔다: 그리스도의 육은 무익하기 때문에 그리스도가 그것을 먹으라고 주지 않았을 것이다. 그가 자기 입장에 유리하도록 전체 장을 말하려고 하자……, 긴 횡설수설이 될 것을 눈치재고 츠빙글리에게 그 장에서 그리스도는 성찬이 아니라 믿음에 관해서 말했기 때문에 이 논쟁에 아무런 내용을 주지 않는다는 것을 츠빙글리가 알면서도 그 구절을 제시한 것에 놀랐다고 대놓고 말했다.

그에 대해서 츠빙글리가 그것은 맞지만 거기에서 자기가 육은 성찬에서 무익하다는 것을 증명하고자 한다고 응수하였다. 그는 루터가 그 말씀을 기꺼이 들으려고 하지 않는 것에 대해서 놀라지 않는다고 했다. 왜냐하면 그의 (그가 격하게 말했는데), 곧 루터의 목이 부러질 것이기 때문이라는 것이었다. 그래서 루터가 스위스로 갈 때까지 교만하고 완고한 말은 자제해줄 것을 요청하였다; 그렇지 않으면 자기가 그의 입을 쥐어박을 것 같기 때문이라고 하였다.……, 그리고는 츠빙글리가 잠잠해지고 물러났다.

츠빙글리가 "육은 무익하니라"라는 말씀을 자기 책에서 한 것과 같은 방식으로 주장하고 나서 루터가 열정적으로 다음과 같은 것으로 응수하였다: 첫째, 자기는 그리스도가 성경 다른 곳에서 보이는 방식대로 자기 육에 대해서가 아니라 우리의 죄 많고 육신적인 존재에 대해서 말하고 있는 것으로 생각한다고 했다. 다른 하나로는 제 아무리 그리스도가 자기 자신의 육에 관해서 말하고 있을지라도 거기에서 다음과 같은 결론을 내리는 것이 옳다고 생각하지 않는다고 했다: "육은 무익하다, 그래서 성찬에 임재하지 않는다." 그와 달리 그는 츠빙글리에게 반대해서 다음의 결론을 내릴 수 있다고 했다: "빵은 무익하다, 그래서 성찬에는 빵이 없다."…… 그렇지만 츠빙글리는 자신이 바르게 결론을 내리지 않은 것을 깨닫지 못할 것이 분명하다고 했다. 오히려 육과 피를 포괄하고, 주님의 성찬에 개입되었고 즐기라고 명한 이 말씀이 덧붙여지지 않으면 무익하고 또 그 말씀을 주목하지도 않고 믿지도 않는 등의 경우에는 아무 짝에도 쓸모없는 모든 것들을 유익하게 만든 다. 이렇게 이 말로 반나절을 보냈고 일반적인 판단을 따라서 루터로 말미암아 다른 입장에 있는 자들에게서도 이 말씀은 성찬 문제에 불필요하고 아무 것도 증명할 수 없다는 것이 관철되었다.

그런데 오후에 우리가[1] 거기에 있을 때 츠빙글리가 히브리서 4장 15절을 제시하였다[2]: "모든 일에 우리와 똑같이 시험을 받으신 이로되 죄는 없으시니라." 또 로마서 8장 3절 "자기 아들을 죄 있는 육신의 모양으로 보내어"와 빌립보서 2장 7절 "종의 형체를 가져 사람들과 같이 되었고 사람의 모양으로 나타나셨다"도 제시하였다. 그는 여기에서 그리스도가 우리와 모든 점에 같게 되었고, 죄만 제외한다; 그렇지만 우리의 몸은 한 장소에만 있기에 그리스도의 몸도 오직 한 장소에만 있어야 하고 성찬에서 많은 장소에 있을 수 없다는 결론을 끄집어내려고 하였다

그에 대해서 루터가 웃으면서 응수하였다: "그러면 '동등됨'이나 '모양'이라는 오직 죄를 뺀 모든 것을 가진 것이 되기까지 이른다면 그것은 정말 내게는 희한한 일이다; 나에게는 아내가 한 명 있다; 그것은 죄가 아니다; 그러하기에 그리스도도 한 명의 아내가 있었어야 한다 등등. 그렇지만 달리 말하겠다: '그리스도는 죄만 빼고 모든 것이 우리와 동등해야 한다고 하더라도 우리의 몸이 한 장소에만 있어야 한다는 것에는 동의하지 않는다. 왜냐하면 하나님은 전능하시기 때문이다; 그분도 공간은 없이 하나의 몸을 가질 수 있다. 또한 하나 이상의 장소에서 하나의 몸을 지니실 수 있다⋯⋯, 원하시는 바에 따라서'" 그러면서 그가 진지한 말로 츠빙글리에게 하나님의 권위와 전능에 관해서 그렇게 어린애같이 생각하고 말하지 말라고 부탁하였다. 왜냐하면 하나님은 "없는 것을 있도록 부르시는 분"(롬 4:17)이시기 때문이라고 하였다.

츠빙글리가 대답하여 고백하기를 하나님은 원하시기만 하면 이것을 하실 수 있지만, 하지 않으신다고 하였다; 그가 이렇게 증명

하였다: 성경은 우리에게 항상 한 장소에 계신 하나님을 보여주신 다, 이를테면 구유 안에 계신……, 무덤에 계신, 아버지의 우편에 계신 것처럼; 때문에 그분은 항상 한 특정 장소에 계시지 않으면 안 된다고 생각하였다. 그에 대해서 내가 이러한 말로는 그리스도 가 다양한 시간에 여러 특정 장소들에 계셨다는 것 이상 증명할 수 없다고 말하였다; 하지만 그분은 항상 그리고 영원히 특정 장 소 또는 알맞은 곳에 계시고, 정말 그러셔야 하며 그래서 한 장소 또는 여러 장소 없이는 자연적 방식이든지 아니면 초자연적인 방 식이든지 간에 계실 수 없다고 하였다. 그러니까 그들이 성경 안 에서는 절대로 증명되지 않는다고 주장하는 바와 같은 방식으로 계신다는 말이다.

그러자 츠빙글리가 말하였다: "나는 그리스도가 한 장소에 계셨 다고 증명하였다; 이제는 그분이 그 어떤 장소에도 아니고 또는 많은 장소에 계시다고 증명하고 있는 것이다." 루터가 대답하였다: "당신들은 처음에 그것이 불가능하고 우리의 이해가 잘못되었다는 것을 증명하겠다고 제안하였다. 그것을 하는 것은 당신들의 책임 이고 (우리에게서) 증명이 될 것을 요구하면 안 된다; 우리는 당 신들에게 아무런 책임이 없다." 츠빙글리가 대답하기를 우리가 그 렇게 까다로운(schwern) 조항을 가르치고 옹호하였지만 그에 관 한 성경을 제시할 수 없고 또는 하려고 하지 않는다는 것은 수치 일 것이라고 하였다. 그때 루터가 우단 덮개를 들어올리고 그에 게 "이것은 내 몸이다"는 글씨, 곧 자기가 분필로 썼던 것을 보여 주며 말하였다: "여기 우리의 글씨가 있다; 당신들이 주장했던 바 와 같이 이 글자를 우리에게서 빼앗아가지 못하였다. 우리는 다른 글자가 필요없다."

이 글자 말고 다른 글자, 다른 주장이나 증거가 없느냐고 츠빙 글리가 물었다. 그때 루터가 대답하였다: "당신들이 먼저 이것을 빼앗는다면 듣게 될 또 다른 것이 있다; 누구도 빼앗을 수 없는 하나님의 특정 말씀을 버리고 다른 말씀으로 갈 필요가 어디 있겠는가? 이것을 무너뜨리라! 그 다음에 당신들은 내가 하게 될 주장을 듣게 되리라."

츠빙글리와 외콜람파디우스가 성경으로부터 그만큼의 증거들을 제시하고 더는 없었다; 그들은 계속해서 열정적으로 이성에 따라서 하나의 몸이 어떻게 많은 장소에 있거나 그 어떤 장소에도 없을 수 있는가를 제시하고자 하였다. 그것을 루터는 그들에게 허용하지 않았다; 루터는 "이성, 철학, 수학은 여기에 상관이 없다"고 하였다.

성례전의 핵심 항목에서 그들이 도움도 조언도 하지 못하는 것을 사람들이 알게 되자 헤센 제후 필립이 우리에게 고마움을 표하였다. 한 명 한 명에게 조언과 방법과 또 혹시 양보할 수는 없는지 물었다. 그리고 우리 모두에게서 혹시 그들, 곧 다른 쪽이 성만찬에 그리스도의 몸이 임재하고 사람의 생각 안에만 있는 것이 아니라는 것을 고백하고자 한다면 우리는 그들에게 다른 질문들을 양보하고 그리스도가 몸으로인지 아니면 영으로인지, 자연적 또는 초자연적으로 또 한 장소에만 있는지 아니면 장소가 없이 있는지 등 아무 것도 다그치지 않으며 그들을 형제로 다시금 받아들이고 그들이 원하는 모든 것을 하고자 한다는 것을 알아챘다. 하지만 ─ 이상하게 들리는데 ─ 그들은 원하지 않았다.

> 원전: Andreas Osiander d. Ä., Gesamtausgabe, Bd. 3: Schriften und Briefe 1528 bis April 1530, hg. v. G. Müller und G. Seebaß, Gütersloh 1979, 428,4-433,11; 437,17-438,1; 438,5-12 ─ 참고문헌: 본문 c 뒤에 나오는 것을 보라.

b) 츠빙글리의 보고서(1529년 10월 20일 바디안에게 보내는 편지)

우리가 안전하게 안내를 받아가며 마르부르크에 이르고 루터는 자기를 수행하는 사람들과 도착하고 나서 지역의 백작 외콜람파디우스는 루터와 함께 멜란히톤은 츠빙글리와 함께 떨어져서 심판관이 없이 실험적으로 논쟁을 시작하라고 명령하였습니다. 말하고자 하는 바는 이러하다: 당신들은 서로 혹시 당신들 가르침에서 화해를 이루는 데에 도움이 될 만한 것이 있는지 알아보시오. 그러자 루터가 외콜람파디우스를 자기가 신뢰하는 사람이 말하기를 외콜람 파디우스가 최근 엑크[3]의 손아귀에 굴러 떨어졌다고 비난했다고 공격하였습니다. 그러나 이 말은 입이 무거운 사람들에게만 전해야 합니다. 그런데 멜란히톤은 뱀장어처럼 엄청 미끄럽게 빠져나가고 프로테우스[4]처럼 가능한 모든 모습을 가진 사람이었습니다. 그 때문에 그 사람은 미꾸라지 같은 사람, 또 생각해낼 수 있는 모든 도망갈 구멍과 숨을 구멍 안에서 출판을 해 대는 사람을 냉혹하게 단단히 붙들기 위해서 내가 펜을 잡고, 소금으로 내 손을 덧씌우고 말리게 만들었습니다. 그래서 당신에게 그가 한 수십만 마디의 말 중 몇 개의 말을 받아 적은 사본을 보냅니다. 그렇지만 그것을 발설하지 않는 사람들, 곧 거기에서 그 어떤 비극 드라마를 만들어내지 않는 자들에게만 전해주겠다는 조건 하에서 보냅니다. 필립도 그러한 사본을 가지고 있기 때문입니다. 이 필사본은 말하자면 내게서 나온 것이지만 그가 모든 내용을 철저히 보고 읽고 어떤 것은 자기가 구술하였습니다. 하지만 우리는 새로운 비극의 실마리를 제공하고 싶지 않습니다.

이 대화는 나와 필립 사이에 6시간, 루터와 외콜람파디우스 사이에서는 3시간 지속되었습니다. 다음 날(10월 2일) 백작과 몇 명의 심판관들 — 많게는 24명 — 앞에 루터와 멜란히톤, 외콜람파디우스와 츠빙글리는 논쟁 장에 올라섰습니다; 이 싸움은 이 첫 번 회기와 그 외 세 번의 회기 동안 진행되었습니다. 전체적으로는 이 심판관들 앞에서 싸움이 운이 좋게 진행되게 한 사람들은 이 네 명이었습니다. 곧 우리는 루터를 상대로 세 번 "그리스도는 신성에 따라 고난을 당하였다", "그리스도의 몸은 편재한다"와 성경말씀인 "육은 무익하니라"라는 가벼운 문장들을 그가 지금 주장하는 것과는 다른 의미로 해석하였다고 이의를 제기하였습니다. 하지만 그는 본모습대로 상냥하게 이 모든 것에 대해서 아무런 대답을 하지 않았습니다. 그저 "육은 무익하니라"라는 말씀에 대해서만 "츠빙글리, 옛 사람들 모두가 수백 년 동안 또 훌륭한 판단력으로 성경 본문을 항상 다르게 다루었다는 것은 당신도 알고 있지 않아요"라는 말을 하였습니다. 그는 "그리스도의 육은 육신적으로 우리 육신 안에 먹히시지만 동시에 혹시 영혼도 육을 먹는 가능성에 대해서는 유보하겠습니다"라고 말하였습니다. 반면에 그 직전에 그는 "입으로 그리스도의 몸이 육신적으로 먹힘을 당하고, 영혼은 그것을 육신적으로 먹지 않는다"고 분명하게 말했습니다. 그리스도의 몸은 "이것은 내 몸이라"는 말씀으로 말미암아 이루어진다고 말했습니다. 이런 말을 하는 자는 그 어떤 악한 자인지는 관심 없습니다. 그리스도의 몸은 제한 당하신다는 것은 인정하였습니다. 그리스도 몸의 상징은 유카리스티아라고 부를 수 있다는 것도 인정했습니다. 그가 이런 셀 수도 없이 많은 다른 모순되고 비논리적이고 미련한 문장들을 해변의 찰싹거리는 파도처럼 지치지 않고 그렇게 만들어 내었습니다. 마찬가지로 그는 우리에 의해서 반박을 받아서 심지어 전하 자신이 공개적으로는 다른 제후들 앞에서 그러한 것을 감추는 분임에도 불구하고 우리에게 동의를 표하셨습니다. 헤센 궁정은 거의 완전하게 루터에게 등을 돌렸습니다. 전하는 분명하게 우리 책들은 처벌받지 않고 읽어도 된다고 허락하였습니다. 그분은 우리 가르침에 동의하는 목회자들(episcopi[5])이 자리에서 쫓겨나는 것을 허용하지 않았습니다. 작센의 요한[6]은 배석하지 못했지만 뷔르템베르크의 울리히[7]는 있었습니다. 마지막에 당신이 나중에 인쇄된 것을 읽을 수 있을 그 일치된 바를 받아들인 다음에 헤어졌습니다.

진리는 너무나 뚜렷하게 승리하였기에 그때 하나가 굴복했다면 루터가 모든 사람의 면전에서 보였던 뻔뻔함과 교활함과 함께 굴복한 것인데, 물론 밝게 보고 의로운 재판관 앞에서 그러하다는 것입니다. 와중에 그가 본모습처럼 자기는 패배하지 않았다는 등의 말을 크게 외칠 수도 있습니다. 우리는 거기에서 기독교의 다른 가르침들(dogmata)에서 일치가 되고 나면 교황주의자들이 루터가 자기들 쪽으로 올 거라고 더는 바랄 수 없다는 소득도 있었습니다.

> 원전: CR 97, 316,2-218,8 (Nr. 925). 번역: Huldrych Zwingli, Ausgewählte Schriften, hg. v. E. Saxer, Neukirchen-Vluyn 1988, 126-128. ─참고문헌: 본문 c 뒤를 보라.

c) 마르부르크 회담 항목[8]

이 조항들에서 여기 서명한 자들은 1529년 10월 3일 일치하였다.

[1. 성 삼위일체]

첫째로 우리 양측은 일치하여서 믿고 지켜나가는 것은 오직 한 분 유일하시며 옳으시고 당연하신 하나님, 만물의 창조자가 계시고, 바로 그 하나님께서 본질과 본성에서 하나이시고 인격들, 말하자면 성부, 성자, 성령의 인격에서는 셋이며, 니케아 공의회에서 결의되고 니케아 신조[9] 안에서 온 세상에 있는 온 기독교 교회에서 노래하며 낭독되고 있는 것과 같다는 점.

[2. 하나님의 아들, 우리 주 예수 그리스도]

두 번째로 우리가 믿기는, 성부도 아니고 성령도 아니라, 하나님 아버지의 아들, 정당하게 본성적으로 하나님이신 분은 성령의 역사로 사람이 되셨고, 사람이 덧붙여지신 것이 아니며, 순결한 동정녀 마리아에게서 나시고, 다른 사람과 같이 몸과 영혼을 지녀서 육체적으로 완전하셨지만 죄는 없으셨다[히 4, 15].

[3. 그리스도의 구원사역]

세 번째로 동일하신 하나님이며 마리아의 아들 예수 그리스도가 분리되지 않은 채로 우리를 위해서 십자가에 달리시고, 죽으시고, 장사 지낸 바 되었다가, 죽은 자 가운데서 부활하시고 하늘에 오르사 하나님 우편에 앉아 계시며 만물의 주인이시고, 산 자와 죽은 자를 심판하러 오시리라[사도신경].

[4. 원죄]

네 번째로 우리가 믿기는 원죄가 아담으로부터 우리에게 배태되었고, 물려졌고, 말하자면 모든 사람을 저주하였다. 예수 그리스도께서 자신의 죽음과 삶으로 우리에게 오시지 않았다면 우리는 영원히 그로 인해서 죽었어야 하며 하나님의 나라와 복락에 가지 못했을 것이다.

[5. 용서]

다섯째로 그 죄와 다른 죄들과 영원한 죽음으로부터, 우리를 위해서 죽으신 하나님의 아들 예수 그리스도를 믿기만 하면 용서받을 수 있다. 이 믿음 외에는 그 어떤 행위, 신분이나 지위를 통해서도 그 어떤 죄로부터도 용서받을 수 없다는 것을 우리는 믿는다.

[6. 신앙]

여섯째로, 그 어떤 앞서 행한 사역이나 공로로도 얻을 수 없고 자신의 능력으로도 이룰 수 없고 성령이 원하셔서 주시며 이루시는 믿음은 선물이다. 우리가 복음이나 그리스도의 말씀을 들으면 우리 마음 안에 있는 바로 그 믿음이다.

[7. 그리스도교의 의로움]

일곱째, 그 신앙은 하나님 앞에서의 우리 의로움이다. 이 때문에 하나님께서 우리를 의롭고 경건하고 거룩하게 여기시는 것이다. 곧 아무런 행위와 공로 없이, 이 믿음으로 말미암아 죄와 죽음과 지옥으로부터 도우시고, 은혜로 받아주시고 우리가 믿는 자기 아들 때문에 우리를 복되게 만드시고, 그 믿음을 통해서 자기 아들의 의로움, 생명, 모든 선물들을 누리며, 그에 참여케 된다. 그러므로 수도원의 삶과 서약이 의롭게 됨에 유익하다는 것은 철저히 거부한다.

[8. 외적인 말씀]

여덟째, 성령은 누구에게도 그 믿음이나 자기의 은사를 사전에 주는 설교나 구두로 전하는 말씀이나 그리스도의 복음 없이는 주지 않으신다. 외적인 말씀을 통해서 그리고 그 말씀을 가지고 자기가 원하는 곳과 원하는 사람 안에서 믿음을 일으키시고 이루신다. 롬 10장 [17절].

[9. 세례]

아홉째, 거룩한 세례는 그 믿음에 이르도록 하나님께로부터 제정된 성례이다. "온 세상으로 가라"[마 28, 19]는 하나님의 명령과 "믿고 세례를 받는 자가 복 있을지어다"[마 16, 16[10)]라는 하나님의 약속이 그 안에 있기 때문에, 그것은 내용이 없는 빈 상징이거나 그리스도인들 가운데 있는 점치는 것이 아니라, 우리가 생명으로 거듭나는 수단인 우리 믿음을 요구하는 하나님의 상징이고 역사이다.

[10. 선행]

열 번째, 이 신앙은 성령의 역사를 통해서 의롭고 거룩하게 여겨지고 그렇게 된다면, 성령을 통해서 선행을 행하는 것이다. 곧 이웃 사랑, 하나님께 기도하며 온갖 박해를 견디는 것을 말한다.

[11. 고해]

열한 번째, 고해 또는 자기 목회자나 이웃에게 도움을 바라는 것은 억지로가 아니며 자유로워야 한다. 하지만 슬프고 시달리거나 죄에 짓눌리며 잘못을 범한 양심에 매우 유용하며, 그 이유는 바른 면죄인 복음의 위로 때문이다.

[12.]

열두 번째, 모든 관원들과 세상 법, 재판과 질서들은 올바르며 선한 신분이며, 그래서 어떤 교황주의자들과 재세례파들이 가르치고 우겨대는 것처럼 금지되어서는 안 된다. 오히려 그리고 부르심을 받거나 태어난 기독교인은 그리스도를 믿은 믿음을 통해서 행복해질 수 있다. 꼭 아버지 어머니 신분과 주인과 부인의 신분 등과 같다.

[13. 인간적 질서]

열세 번째, 전승은 영적인 혹은 교회적인 일에서 인간적 질서로 여긴다; 이것이 분명한 하나님 말씀에 반하지 않을 경우에는 우리가 관계하는 사람들이 어떤 사람들인가에 따라서 [그것을] 허락하거나 내버려 둘 수 있다. 이는 도처에 불필요한 혼란을 막고 사랑을 통해서 약한 자들과 일반적인 평강을 위해서이다. 또 사제의 결혼을 막는 가르침은 마귀의 가르침이다[딤전 4, 1. 3].

[14. 유아세례]

열네 번째, 유아세례는 정당하며 그들[아이들]이 이로 말미암아서 하나님의 은혜와 기독교인으로 받아들여진다.

[15. 그리스도 몸과 피의 성례]

열다섯 번째, 우리 모두가 우리의 사랑하는 주님 예수 그리스도의 성찬에 관해서 믿고 견지하기를 그리스도께서 제정하신 것과 같이 두 형태로 하여야 한다; 또한 미사는 이것을 가지고 한 사람이 죽은 사람이든 산 사람이든 다른 사람을 위해서 은혜를 얻는 행위가 아니다; 성단의 성례도 참된 몸과 피의 성례로서 모든 기독교인들에게 필요하다; 이와 같이 성례의 사용도 말씀처럼 전능하신 하나님께로부터 약한 양심들이 이로써 성령으로 말미암아 믿음으로 움직이게 하기 위해서 주시고 명령하셨다. 하지만 현재 우리는 그리스도의 참된 몸과 참된 피가 빵과 포도주 안에 있는가에 관해서는 일치를 보지 못했다. 하지만 한쪽은 다른 쪽에게 양심이 감당할 수 있는 한에 사랑을 나타내어야 하며, 양쪽은 전능하신 하나님께 자신의 영을 통해서 우리에게 올바른 이해를 주고 싶어 하시도록 열심히 간구하여야 한다. 아멘. 마틴 루터, 유스투스 요나스, 필립 멜란히톤, 안드레아스 오시안더, 스테파누스 아그리콜라, 요한네스 브렌티우스, 요한네스 외콜람파디우스, 홀드리히 쯔빙글리, 마틴 부처, 카스파 해디오.

> 원전: WA 30/III, 160-171. 번역: R. Stupperich (Hg.), Das Bekenntnis der Reformatoren, Gladbeck 1966 (KGQ 16), 40-43. ─참고문헌: W. Köhler, Das Marburger Religions-gespräch 1529. Versuch einer Rekonstrucktion, Leipzig 1929 (SVRG 148); S. Hausammann, Die Marburger Artikel-eine echte Konkordie?, in: ZKG 77 (1966) S. 288-321; G. May, Marburger Religionsgespräch, in: TRE 22, 1992, 75-79; G. Schneider-Ludorff, Der fürstliche Reformator. Theologische Aspekte im Wirken Philipps von Hessen von der Homberger Synode bis zum interim, Habil.schrift masch. Jena 2004, 215-223.

1) 즉, 아욱스부르크의 스테판 아그리콜라(1491-1547), 요한네스 브렌츠, 안드레아스 오시안더.
2) 오시안더는 기록하였다: Hebr 5.
3) 요한네스 엑크, 16번을 보라.
4) 프로테우스는 희랍 신화에 등장하는 예언자 바다의 노인이다. 그는 다양한 모습을 취할 수가 있었다: 그렇지만 그를 붙든 사람만이 그에게서 예언을 받을 수 있다.
5) 헤센 주의 목사직 이해에 관해서는 35a를 보라.
6) 작센의 항존자 요한(1486-1532).
7) 뷔르템베르크의 공작 울리히(1498-1559)는 1519년 슈바벤 동맹으로 인해서 직분을 빼앗겼다가 1534년에 가서야 헤센의 필립이 지휘하는 연합군에 의해서 직분을

다시 얻게 되었다.
8) 본문은 아주 오래된 형태, 곧 카셀 필사본을 따르고 있다. 짐작하기로는 마르부르크 안에서 취리히에 보관되어 있던 사본에 들어가게 된 첨가문은 이태리체로 표시하였다.
7) 오늘날은 연구들을 통해서 니케아-콘스탄티노플 신앙고백이라고 명명하는 신조를 염두에 두고 있다(『고대교회』 Nr. 81 a]를 보라).
10) 이 두 개의 성경 인용은 독일어 원문 안에서 라틴어로 기록되어 있다.

1530년 아욱스부르크 제국의회

제국법적 상황은 1529년 슈파이어 제국의회 이후로는 종교적 문제에서 화평을 다시금 모색하려면 새로운 전개가 있어야만 하는 방향으로 흘러갔다 — 물론 황제의 관점에서는 1529년 터키가 비인을 포위하게 되었고 이로 인해서 합스부르크 가문의 세력권이 직접적으로 위협을 받게 되고 나서는 이 터키의 문제가 더 시급하였다. 이렇게 해서 황제 칼 5세는 이상하리만치 중도적인 제국의회 소집을 공포하고—9년을 제국 외부 생활 이후가 되는—1530년 6월 20일에 친히 아욱스부르크에서 이 제국의회를 개회시켰다. 이 제국의회는 사실상 하나의 무대, 곧 화해되지 않은 종파들 간의 상충되는 것들이 이어가며 등장하는 무대가 되었다.

42. 아욱스부르크 신앙고백
(Confessio Augustana)

도입부에 표현이 된 황제의 권유를 따라서 작센 선제후령은 다른 몇 명의 제후들과 함께 6월 25일 아욱스부르크 신앙고백을 제출하였다. 여러 차례 교정이 된 본문은 많은 선행 작업들, 특별히 츠빙글리를 반대하고 있는 "슈바박허 조항"과 나중에 "토르가우어 조항"이라고 부르는 작센의 변증으로 소급될 수 있다. 멜란히톤이 이 신앙고백을 나중에는 간간이 자기의 손에서 나온 개인적인 작품으로 취급하였지만 이 본문은 분명한 타협의 특징을 가지고 있는데, 특별히 작센 선제후령과 헤센 사이에서의 타협으로 보아야 한다 — 멜란히톤의 서문은 과거 작센의 문서담당 성직자 그레고르 브뤽(1483-1557)의 더욱 정치적으로 제시된 서문으로 대치되었다. 이 문서의 과제는 신앙에서의 공동의 토대를 확고히 함과 또 이 토대 위에서 작센과 다른 제후들 안에서 한 계획의 변경을 서술하는 것이 될 수 없었다. 이 문서와 함께 처음으로 비텐베르크 종교개혁으로 기울어진 제후들을 하나로 묶는 신앙고백이 제출되었고, 이것은 나중에 루터교 안에서 근본적인 신앙고백서로 받아들여졌다. 루터 자신은 겨우 추방자로서 작센 선제후령의 남쪽 끝에 있는 코부르크 성을 돌아볼 수 있었기 때문에 실제적으로 이 문서의 출현에는 거의 참여하지 않았다. 하지만 그 전개과정은 예의 주시하였고, 그래서 그의 발언은 계속해서 무게가 실렸다(본문 b). 아욱스부르크 신앙고백의 본문은 라틴어와 독일어로 제출되었다. 여기에 제시된 번역은 원래 독일어 표현을 따르고 있다.

a) 본문

서문

황제 폐하께서 최근 총 제국의회를 우리와 기독교의 이름의 숙적, 곧 터키 족과 관계된 문제에서 어떻게 하면 포고문과 꾸준한 도움으로 그들에게 저항할 수 있을까 하는 간절한 마음을 가지고 자비하게도 여기 아욱스부르크로 소집시키셨다. 또 "거룩한 믿음과 기독교 신앙 안에 있는 분열 때문에 어떻게 처리되어야 하는지" 논의하는 회의이다. 우리 사이에 있는 각 사람의 견해, 확신, 생각을 사랑과 자비한 마음으로 듣고 이해하고 숙고하는 일과 그것들을 기독교 공동의 진리로 응집하고 균형을 이루도록 하는 일을 위해서 힘을 쏟아야 한다. 이 두 개의 측면에서 바르게 해석하지 못하거나 이행하지 못한 것은 모두 폐기되어야 한다. 또한 우리 모두로 말미암아 참된 공동의 신앙이 수용되고 지켜져야 하며 우리도 그와 같이 모두가 사회와 교회와의 일치 가운데에서 살아야 한다"는 것이다. 우리─선제후와 그와 함께 아래에 열거하고 있는 제후들 그리고 우리와 연합한 자들(Verwandten)─다른 선제후들, 제후들, 제국의회 의원들과 마찬가지로 그곳에 초대되었기 때문에 우리를 자랑하는 것이 아닌 상태에서 그 지도자들과 함께 이곳으로 온 것을 명예롭게 여겼다.

우리는 황제 폐하의 바람에 대해서 동시에 최고로 몸을 낮춘 복종을 하면서 우리의 목사들과 설교자들의 가르침들을─또한 우리 믿음의 고백도 함께─건네어 바칩니다. (말하자면) 그들이 무엇을 또 어떻게 성경에 근거해서 우리의 나라들과 제후들의 영지들과 소유지들과 도시들과 각 지역들에서 설교하고 가르치고 지키고 강의하고 있는지를…….

이와 같이 우리는 아주 겸손하게 또 거듭거듭 황제 폐하께…… 폐하께서 통치하시는 동안 폐하에 의해서 제국에서 거행된 모든 제국의회에서 고상하고 용기 있는 동기를 가지고 선제후들과 제후들과 의회 의원들로 인해서 결정된 것들과 똑같이 그러한 보편적이고 자유로운 기독교 공의회를 향해서 우리가 준비가 되어 있음을 밝힙니다. 또한 황제 폐하와 함께 우리도 그렇게 아주 중요한 사안 때문에 벌써 일찍이[1] 정당한 방식과 모습으로 (그런 공의회를) 요청하고 호소하였습니다.

4. 칭의론

그리고 가르칠 것은 우리는 죄의 용서와 하나님 앞에서의 의롭다 함을 우리의 공로, 사역 혹은 보속을 통해서 얻지 못하고, 그리스도로 인한 은혜로부터 믿음을 통해서 죄의 용서를 받으며 하나님 앞에서 의롭게 된다는 것이다. 곧 우리가 그리스도는 우리 때문에 고난 받았고, 그 자신 때문에 우리의 죄가 용서되며, 의로움과 영원한 생명을 선물로 받게 된다는 것을 믿을 때 말이다. 왜냐하면 바울이 로마교인들에게 3장과 4장에서 말한 것처럼, 이 신앙을 하나님께서는 그 자신 앞에서의 의로 여기시고 간주해주시기 때문이다.

5. 설교직

그러한 신앙을 얻기 위해서 하나님께서는 설교직임을 제정하셨고, 복음과 성례전들을 허락하셨다. 이들을 통해서, 말하자면 매개로, 성령을 주신다. 성령이 원하는 곳과 때에 복음을 듣는 자들 안에서 믿음을 일으키신다. 복음은 우리의 공로가 아니라, 그리스도의 공로를 통해서 그것을 믿기만 하면 은혜의 하나님을 얻게 된다고 가르친다. 그래서 재세례파들과 육체적인 것과 결합된 복음의 말씀 없이도 자신의 준비와 생각과 행위들을 통해서 성령을 얻을 수 있다고 가르치는 자들은 저주를 받을지어다.

6. 새로운 복종

또한 그러한 신앙은 선한 열매와 선한 행위를 가져온다는 것과 하나님께서 명령하신 모든 선한 행위를 하나님 때문에 행하여야 하지만, 그것을 통해서 하나님 앞에서 은총을 벌어들일 수 있다는 식으로 행위를 의지하면 안 된다는 것도 가르쳐야 한다. 왜냐하면 우리[들]의 용서와 의로움을 그리스도 자신이 말씀하신 것처럼 그를 믿는 믿음을 통해서 얻기 때문이다: "너희가 이 모든 것을 행하였다면, 너희는 '우리는 무익한 종이옵니다' 라고 말하여야 한다"[눅 17, 10]. 이와 같이 교부들도 가르치고 있다; 암브로시우스가 말한다: "그래서 하나님에게서 결정된 것은 그리스도를 믿는 자는 복된 자이며, 행위를 통해서가 아니라 오직 믿음을 통해서, 그러니까 벌어들임이 없이 죄의 용서를 받는다."

7. 교회론

항상 하나의 거룩한 그리스도의 교회여야 그렇게 유지되어야 한다는 것을 가르쳐야 한다. 이 교회는 복음이 정결하게 선포되며 성례전이 복음에 맞게 나누어져야 하는 모든 성도들의 모임이다. 왜냐하면 분열되지 않고 정결한 이해 안에서 [깨끗한 이성을 따라 일치하여서] 복음이 선포되고 성찬이 하나님 말씀을 따라서 나누어져야 하는 것은 그리스도 교회의 참다운 일치를 위해 충분하기 때문이다. 모든 곳에서, 사람이 제정한 의식들을 같은 것으로 지키는 것은 그리스도 교회의 참다운 일치를 위해 필요하지는 않다. 바울도 에베소서 4장에서 말한 것처럼 말이다: "한 몸, 한 영, 너희가 너희 부름의 한 소망으로 부름 받았던 것처럼, 한 주님, 한 신앙, 하나의 세례"[엡 4, 5. 6].

8. 교회론

마찬가지로 기독교 교회는 본래 다른 것이 아니라 모든 신자들과 성도들의 모임이지만, 이생에서는 경건한 자들 중에 거짓 기독교인들과 위선자들과 또한 드러난 죄인들도 있다. 그럼에도 불구하고 성례를 전달해주는 사제들이 불경하다고 해도 성례는 효력을 발생한다; "모세의 보좌에 바리새인들 등등이 앉아 있도다"(마 23:2-3)라고 그리스도께서 말씀하신 바와 같다.

때문에 도나투스주의자들[2]과 또 이와 다르게 가르치는 자들이 모두 정죄를 받았다.

10. 성만찬[3]

주님의 성찬에 관해서 그리스도의 참된 몸과 [참된] 피가 실제로 성찬에서 빵과 포도주의 형상 하에서 실제로 현재하며, 거기서 나누어지고 취하게 된다는 것을 가르쳐야 한다. 따라서 이를 거스르는 가르침도 폐하여야 한다.

14. 교회의 지배권

교회의 지배권에 관해서 가르치는 바는 그 누구도 규정에 맞게 청빙 받지 않고는 교회 안에서 공개적으로 가르치거나 설교하거나 성례를 주어서는 안 된다는 것이다.

> 원전: BSLK 44,4-45,7; 45,28-46,3; 48,23-49,3; 56,1-60,12; 61,1-62,14; 64,1-8; 69,1-5. 번역: Unser Glaube. Die Bekenntnisschriften der evangelisch-lutherischen Kirche, bearb. v. Horst Georg Pöhlmann, Gütersloh ³1991, 53f.56. 62-66.69f. —참고문헌: 본문 b에 있는 문헌들을 보라.

b) 코부르크 성채의 선제후 요한에게 보내는 루터의 서신(1530. 5. 15)

필립 선생의 변증[4]을 자세히 읽어 보았습니다; 저의 마음에는 아주 흡족해서 개선하거나 수정할 곳이 없습니다. 그렇게 하는 것은 바람직하지 않아 보입니다. 왜냐하면 저는 그토록 부드럽고 조용하게 할 자신이 없기 때문입니다. 우리 주님 그리스도께서 우리가 바라고 구하는 바와 같이 그 변증이 많은 열매의 커다란 결실을 맺도록 해주시기 바랍니다.

> 원전: WA. B 5, 319,5-9 (Nr. 1568) 번역: Luther Deutsch. Die Werke Martin Luthers in neuer Ausgabe für die Gegenwart, hg. v. K. Aland, Bd. 10, Göttingen ²1983, 202. —참고문헌: L. Grane, Die Confessio Augustana, Göttingen ⁵1996; W. Maurer, Historischer Kommentar zur Confessio Augustana. 2 Bde., Gütersloh 1976. 1978; H. Meyer u.a. (Hg.), Confessio Augustana, Bekenntnis des einen Glaubens. Gemeinsame Untersuchungen lutherischer und katholischer Theologen, Paderborn u. Frnakfurt/M. 1980; H. Scheible, Die Gravamina, Melanchthon und Luther während des

Augsburger Reichstags 1530, in: ders., Melanchthon und die Reformation, Mainz 1996 (VIEG. Beih. 41), 198-220; G. Wenz, Gheologie der Bekenntnisschriften der evangelisch-lutherischen Kirche. Eine historische und systematische Einführung in das Konkordienbuch. Bd. 1, Berlin/ New York 1996, 349-513; H. Immenkötter/ G. Wenz (Hg.), Im Schatten der Confessio Augustana. Die Religionsver-handlungen des Ausburger Reichstages 1530 im historischen Kontext, Münster 1997 (RGST 136); A. Kohnle, Reichstag und Reformation. Kaiserliche und ständische Religionspolitik von den Anfängen der Causa Lutheri bis zum Nürnberger Religionsfrieden, Gütersloh 2001 (QFRG 72), 381-394.

1) 1529년 슈파이어 제국의회에서.
2) 4세기 북아프리카의 분열적 그룹으로서 디오클레티아누스 황제 박해 시에 감독답게 행동하지 못한 감독들에게서 적법한 성례집행권을 박탈하고 따라서 그들의 서품이 무효라고 주장하였다. 『고대교회』 48번을 보라.
3) 라틴어 본은 여기에서 분명하게 독일어본과 다르다: "주님의 성찬에 대해서 그들은 그리스도의 살과 피가 실제로 임재하며 주님의 성찬에서 먹도록 건네어진다. 그래서 그들은 다르게 가르치는 자들을 비난하고 있다"("De coena Domini docent, quod corpus et sanguis Christi vere adsint et distribuantur vescentibus in coena Domini; et improband secus docentes").
4) 아욱스부르크 신앙고백을 말하고 있다.

43. 츠빙글리, 신앙에 관한 해명(1530. 7. 3)

남독일과 독일어권 스위스 도시들, "기독교적 시민권" 안에서 도시들은 아욱스부르크 제국의회를 위한 공동의 구상을 결정할 수 없었다. 이것은 스위스 도시들이 제국과 가진 불분명한 위치와도 관계가 있다. 하지만 츠빙글리는 황제에게 보내는 한 편지, Fidei ratio에서 자기의 신앙을 설명하였다. 그런데 이 편지는 정치적으로 결실이 없는 채로 그쳤지만 그저 한 번 더 개신교 진영의 갈라져 있는 것만 보여주었다.

(6. 교회론)

여섯 번째로 그래서 우리는 교회에 관해서 이렇게 생각한다: "교회"라는 말은 성경에서 다양하게 사용되고 있다. 어떤 때는 하나님의 뜻에 따라서 영생으로 정해진 선택된 자들을 지칭한다. 이것은 바울이 교회가 점도 없고 흠도 없다(엡 5:27)고 할 때 사용하였다. 이 교회는 하나님께만 알려져 있는데, 이는 그분만이 솔로몬의 말을 따른다면 사람의 마음을 아시기 때문이다(왕상 8:39). 하지만 그럼에도 불구하고 교회의 지체들이 믿음을 가지고 있으면서 자기들이 선택되었고 이 첫 교회의 자녀라는 것을 안다. 하지만 어떤 지체들이 그밖에 이 교회에 속하고 있는지는 알지 못한다. 말하자면 사도행전에 이렇게 기록되어 있다: "영생으로 작정된 자들은 다 믿더라"(행 13:48). 믿는 자는 따라서 영생으로 작정되었다. 하지만 누가 진실로 믿는 자인지는 믿는 자만이 안다. 그 사람은 하나님이 선택한 자라는 것을 벌써 확신하고 있다. 말하자면 사도 바울의 말대로 성령의 보증을 갖는다는 말이다(고후 1:22). 성령으로 말미암아 성별되고 인을 받고는 자기가 참으로 자유로우며 집의 종이 아니라 아들이 되었다는 것을 안다(요 8:35f.). 이 영은 속일 수 없다. 그가 우리에게 계속해서 하나님은 우리 아버지이고 또 우리가 영원한 유업을 얻게 된다는 것을 확신하면서(securi) 하나님을 신뢰하고 담대히 우리 아버지라고 부른다면 하나님의 아들의 영이 확실하게(certum) 우리 마음에 부어지신 것이다(딛 3:5f.). 그래서 그토록 확실하고 신뢰를 하는 자는 선택되었다. 믿는 자는 영생으로 작정되었기 때문이다(행 13:48). 하지만 반면에 아직 믿음이 없는 자들 중 많은 사람들이 선택되었다. 하나님을 낳으신 여인, 요한, 바울이 아직 작은 아이들이었을 때는 선택을 받지 않았지만 선택은 세상 창조 이전에 이미 이루어진 것이 아닌가? 그런데 그들은 이 사실을 믿음이나 계시 때문에 안 것이 아니었다. 마태, 삭개오, 십자가 상의 강도와 막달라 마리아는 세상 만들기 전에는 선택되지 않았는가? 그렇지만 그들은 성령에 의해서 조명을 받고 아버지께서 그리스도에게 이끌어줄 때까지 그 사실을 몰랐다(요 6:44). 여기서 도출되는 것은 이 첫 교회는 오직 하나님께만 알려져 있고, 또 오직 굳세고 흔들리지 않는 믿음을 가진 자들만 자기들이 이 교회의 지체들이라는 것을 안다.

한편, "교회"라는 말은 그리스도의 이름으로 칭하는 모든 사람들, 곧 그리스도께 고백하는 모든 사람들에 대해서 사용된다. 그들 중 대부분은 그리스도를 신앙고백이나 성찬에 참여하면서 가시적으로 인정하지만 마음에서는 그를 거부하거나 모른다. 그러므로 이 교회에는 그리스도의 이름을 고백하는 자들이 속한다. 유다는 이렇게 그리스도의 교회에 속하며 그리스도로부터 등을 돌린 사람들 모두도 속한다. 말하자면 유다는 사람들로부터 베드로와 요한과 똑같이 그리스도의 교회로 여겨졌다. 그 이상은 아니었지만 말이다. 하지만 그리스도는 누가 자기에게 속하고 누가 마귀에게 속하는 사람인지 안다(요 13:11). 그래서 이 감지할 수 있는 교회는 이 세상에서 모이지 않지만 (그들 중에 제외된 사람들이 많이 있지만) 그래도 그리스도를 고백하는 모든 사람들로 이루어지는 교회이다.

마지막으로 "교회"라는 말은 이 보편적이고 가시적인 교회의 각각의 공동체, 곧 로마, 아욱스부르크, 리옹에 있는 교회 같은 교회들을 지칭한다. 또 다른 의미의 "교회"라는 말이 있지만 여기서는 열거하지 않아야 한다. 따라서 나는 하나의 교회, 곧 자기들이 하나님 집의 자녀들이라는 것을 확신하게 만드는 성령을 가진 자들로 이루어진 하나의 교회가 있다고 믿는다. 이것이 교회들의 첫 열매이다. 이 진리 가운데 있는 이 교회는 잘못을 범하지 않는다고 나는 믿는다. 말하자면 모든 것의 근거가 되는 믿음의 결정적인 기초 위에 있는 교회를 말한다. 나아가서 그 하나의 보편적인 가시적 교회는 이미 앞에서 말한 참된 신앙고백을 굳게 붙들고 있는 한 유일한 교회라고 나는 믿는다.

(7. 성례전들)
  일곱 번째로 성례전들은 모두 은혜를 전달해주는 것과는 너무도 먼 것이라서 은혜를 절대로 가져오지도 않고 주관하지도 않을 정도라는 것을 나는 믿습니다, 정말로 나는 압니다. 최고의 힘을 가지신 황제께 이 문제에 관해서 어쩌면 너무 무모하게 보일 수도 있겠지만 이 해석은 확실하게 근거 제시가 되어 있습니다. 말하자면 은혜는 성령으로부터 발생하거나 선물로 주어집니다.―그런데 저는 이 단어를 라틴어의 의미로, 말하자면 "은혜"를 저는 용서, 관용, 자비를 칭할 때 씁니다.―이와 같이 이 선물은 오직 성령의 일입니다. 그런데 성령은 그 어떤 지도자와 전달 수단을 필요로 하지 않습니다. 말하자면 그분 자신이 능력이요 모든 것을 전달해주는 전달자입니다. 그는 자신이 사용되어지는 것을 필요로 하지 않습니다. 우리는 성경에서도 감성적으로 감지될 수 있는 것, 곧 성례전 같은 것들이 확실하게 성령을 가져 온다는 것을 읽은 적이 없습니다. 오히려 감성적으로 감지할 수 있는 것이 성령과 결부되어 있다면 성령이 전달자이지 감각적으로 느낄 수 있는 것이 아닙니다.
  이와 같이 세례는 공동체 앞에서 그 사람, 곧 세례를 받기 전에 그리스도에 대한 신앙(religio Christi)을 고백하든지 아니면 약속의 말씀을 가지고 있는 자에게 주어지며, 이로 말미암아 그가 교회에 속하고 있다는 것을 사람들이 압니다. 때문에 우리가 성인에게 세례를 베풀 때 그가 믿는가를 묻습니다. 이제 아이를 데리고 오면 부모는 그가 세례 받는 것을 원하는가를 묻습니다. 그들이 대부들을 통해서 아이가 세례 받는 것을 원한다는 대답을 하면 그때서야 아이는 세례를 받게 됩니다. 여기에서도 하나님께서 우리 자녀들을 히브리인들의 자녀와 똑같이 교회에 속하게 하시리라는 하나님의 약속이 선행합니다. 말하자면 교회에 속한 자들이 자기 자녀를 데리고 오면 그 아이는 그리스도로부터 왔기 때문에 이미 그 아이는 하나님의 약속에 근거해서 교회의 지체에 속한 자라고 인정받는다는 전제 하에서 세례를 받습니다. 그래서 세례로 말미암아 교회는 이미 그 전에 은혜로 말미암아 받아들여진 자를 공식적으로 받아들이는 것입니다. 그러니까 세례가 은혜를 가져 오는 것이 아니라 오히려 은혜가 세례 받는 자에게 주어졌다는 것을 세례로써 교회가 증거하는 것입니다.

그러니까, 황제 폐하, 성례는 거룩한 것, 곧 주어진 은혜의 상징(sacramentum esse sacrae rei, hoc est: factae gratiae signum)이라고 저는 믿습니다. 저는 그것이 보이지 않는 은혜의 가시적인 모양 또는 형상이라고 믿습니다. 그 은혜는 당연히 하나님의 선물로 말미암아 일어나고 주어진 것, 곧 성령으로 인해서 일어난 일에 일종의 유사성을 가지고 있는 가시적 모델입니다. 공개적인 증거라고 저는 믿습니다.

또한 저는 재세례파가 신앙인들의 자녀들에게 세례를 거부한다면 철저히 잘못하고 있다고 믿는데, 단순히 이 문제에서만이 아니라 여기서는 다루지 않아야 하는 많은 다른 문제들에서도 그러합니다. 그들의 어리석음과 악함에서 저를 보호하려고 저는 위험이 없지는 않지만 처음으로 하나님의 도우심에 의지해서 그들을 반대해서 가르치고 글을 써서 이제는 하나님의 자비하심으로 말미암아 이 악이 우리에게서 대단히 감소하였습니다. 이 소요를 일으키는 분파로부터 어떤 것을 받아들이고, 가르치고 또는 방어하는 것은 제게 있을 수가 없습니다.

> 원전: CR 93/2, 800,16-801,20; 801,31-802,8; 803,5-15; 804,19-805,10; 805,29-806,5; 번역: Huldrych Zwingli, Schriften. Bd. 4, hg. v. Th. Brunnschweiler u. S. Lutz, Zürich 1995, 110-113. 115-117. —참고문헌: F. Blanke, Zwinglis "Fidei ratio" (1530). Entstehung und Bedeutung, in: ARG 57 (1966) 96-102; G.W. Locher, Huldrych Zwingli an Karl V. Das Antwort zur Fidei Ratio 1530, in: ThZ 46 (1990) 205-218.

44. 4개 제국도시의 신앙고백
(Confessio Tetrapolitana, 1530. 7. 9)

슈트라스부르크는 아욱스부르크 신앙고백의 성만찬 조항에 함께 할 각오를 할 수 없었기 때문에 마르틴 부처와 볼프강 카피토의 이름을 가진 독자적인 신앙고백서가 마련되었는데, 어떤 의미에서는 이미 제시되어 있는 아욱스부르크에 대한 하나의 반응을 제시하고 있다. 성만찬 조항을 변경하고 또 첨예화하고 나서 콘스탄츠, 린다우, 멤밍엔 이 세 제국도시들도 이 고백을 자신들의 고백으로 제시할 각오를 할 수 있었다. 7월 9일 황제에게 독일어와 라틴어 본문이 놓이게 되었지만 공식적인 낭독에까지는 이를 수 없었다. 엑크가 만든 날카로운 반박이 10월에 그 도시들의 의원들 앞에서 낭독되었다. 또한 제국의회의 결의는 "츠빙글리의 도시들"에 관해서 루터의 도시들에 대해서 보다 더 날카롭게 말하였다: 이 고백은 오래도록 유효하지 않았고, 장기적으로는 슈말칼덴 동맹과 비텐베르크 일치와의 맥락에서 아욱스부르크 신앙고백의 토양 위에 서 있을 수밖에 없었다.

XVIII. 그리스도의 살과 피의 성례에 관하여

여기에 대해서 우리는 복음서 기자들과 바울에 의해서 기록되었고 거룩한 교부들이 지켰으며 하나님의 공동체에 가장 유익하고 가장 효과 있도록 하는 방식으로 가르침 받고 선포되었다. 말하자면 주님께서 자신의 마지막 만찬에서와 같이 오늘도 자기 제자들과 믿는 자들에게 이들이 그분의 거룩한 성찬을 다음의 말씀대로 거행한다면 하시도록 하였다: "받으라 그리고 먹으라, 이것은 나의 몸이다 등. 마시라, 이 잔은 나의 피로 세운 새 언약이다."(고전 11:24f.) 이 성례에서 그분의 참된 몸과 그분의 참된 피를 실제로(warlich) 먹고 마시도록 주시는데, 이들의 영혼의 양식과 영생을 위해서 주심으로 이들이 그분 안에 그분이 그들 안에서 머물게 하려 함이다. 따라서 그들이 그 다음에 또한 그분으로 인해서 마지막 날에 불멸과 영생으로 부활되는 것이다.

또한 특별한 노력을 해서 사람들이 이 사안에서 모든 싸움과 불필요하고 우스운 논쟁에서 벗어나 오직 유익이 되며 또 그리스도께서 이 문제에서 생각하신 바를 향해서 가도록 하였다. 말하자면 우리가 그분으로 인해서 배를 불리고 그에 따라서 그분을 통해서 또 그분 안에서 하나님을 기쁘시게 하며 거룩하고 영원한 삶을 살고, 또한 "떡이 하나요 많은 우리가 한 몸이니 이는 우리가" 성만찬에서 "다 한 떡에 참여함이라"(고전 10:17). 때문에 거룩한 성례전들과 그리스도의 성만찬을 우리가 모든 경건과 최고의 존경으로 받고 또 다루는 것이다.

이로부터, 최고로 자비하신 황제여, 폐하의 위험은 우리에게서 그리스도의 말씀이 우리 원수들에 의해서 거짓되게 확산되는 것과 같이 왜곡되고 찢겨지지 않는다는 것을 보실 수 있다. 또한 구운 빵(Peckenprot)과 평범한 포도주가 그리스도의 만찬에서 제공되어 우리가 그 고귀한 성찬을 경하게 여기고 폐기하도록 하지 않는다.

진실로 우리 설교자들은 모두 열심히 주님의 이 말씀을 한마음
으로 믿을 것을 또 사람들의 모든 주석과 주해를 끝에 두고 이 말
씀을 받아들이고 그 내용에 의심도 없이 붙들려 있을 것을 열렬하
게 가르치고 권하고 있다; 또한 주님께서 제정하셨듯이 거룩한 성
례들은 최고로 경건하게 영혼의 양식으로 또 우리 구주께 감사하
는 기념으로 종종 받아들일 것을 가르치고 있다. 따라서 이것은
이 시대 이전보다 아주 자주 그리고 더 큰 경건으로 이루어지고
있다.

> 원전: Martini Buceri Opera Omnia. Series 1: Martin Bucers Deutsche Schriften. Bd. 3: Confessio Tetraplitana und die Schriften des Jahres 1531, hg. v. R. Stupperich, Gütersloh/Paris 1969, 123-127. – 참고문헌: F. Braun, Confessio Tetrapolitana. Das Schwäbische Vierstädtbekenntnis 1530, Memmingen 1930; J. M. Kittelson. Art. Confessio Tetrapolitana, in: TRE 8, 1981, 173-177; M. Lienhard, Evangelische Alternativen zur Augustana? Tetrapolitana und Fidei ratio, in: Z: Reinhard, Bekenntnis und Geschichte. Die Confessio Augustana im historischen Zusammenhang, München 1981, 81-100.

45. 아욱스부르크 신앙고백 반박
(Confutatio Confessionis Augustanae, 1530. 8. 3)

1530년 6월 말 다른 사람들과 함께 요하네스 엑크(16번을 보라), 요
한네스 코클래우스(1479-1552), 요하네스 파브리(1478-1541)가 참여한

신학자들 위원회는 아우스부르크 신앙고백 반박문을 작성하라는 임무를 부여 받았는데, 이 임무의 강조점은 차이가 있었다: 황제는 옛 신앙의 가르침을 신앙고백을 방불하는 서술하기를 바랐다면 교황의 대리인은 개신교 교리를 완전하게 반박할 것을 밀어붙였다. 다양한 구상형태들로부터 결국에는 아우스부르크 신앙고백문의 주제마다 따라가며 많은 동의를 하면서도 여전히 남아 있는 교리적 차이를 부각시키는 반박문(Confutatio)이 나왔다. 아래 본문은 8월 3일 독일어로 제국의회에서 낭독되었는데, 황제가 이 반박문을 개신교에게 건네주는 것을 도저히 받아들일 수 없는 조건들과 결부시켰기 때문에 이루어지지 않았다.

(CA IV: 칭의론에 관하여)

네 번째 조항에서 이단적인 펠라기우스주의자들[1], 곧 사람은 하나님의 은혜가 없이는(제외하고는) 자기 힘으로 영생을 얻을 수 없다고 생각한 자들을 정죄한 것은 받아들여야 하는데, 이것이 기독교적이며 고대 공의회에 부합되기 때문이다.……

이 조항에서 누군가가 하나님 은혜의 도우심으로 인해서 일어나는 인간의 공로들을 폐기하려고 감히 시도를 한다면 이 생각이 기독교 교회보다는 오히려 마니교에게 더 부합되는 경우에는[2] 인정하면 안 된다; 게다가 우리의 공로의 사역을 폐기하려는 사람은 성경을 어기고 있다. 바울이 "내가 선한 싸움을 싸우고 달려갈 길을 마치고 믿음을 지켰으니 선한 재판관이 그날에 내게 주실 의의 면류관이 기다린다"(딤후 4:7f.)고 말하고 있기 때문이다. 또한 그는 고린도 교인들에게 이렇게 말하고 있다: "이는 우리가 다 반드시 그리스도의 심판대 앞에 나타나게 되어 각각 선악 간에 그 몸으로 행한 것을 따라 받으려 함이라"(고후 5:10). "상급이 있는 곳에 공로도 있게 되어 있다. 여호와께서 아브라함에게 이와 같이 말하고 있다: "두려워하지 말라. 나는 너의 방패요 너의 큰 상급이니라"(창 15:1).

그렇지만 그리스도를 믿는 사람들은 모두(alle christglauben[3]) 이 믿음 안에서 우리의 사역 자체로는 공로를 얻을 수 없고 하나님의 은혜가 이것들을 영생의 가치가 있게 만드신다는 것을 고백한다.……

(*CA V: 설교직에 관하여*)
이어진다. 제5 조항에서 성령은 말씀과 성례전을 수단으로 일을 하신다고 고백하고 있는데, 이것은 마땅한 방식으로 받아들여야 한다. 왜냐하면 사도행전(Bottenbuech) 10장 44절에 다음과 같이 기록되어 있기 때문이다: "베드로가 이 말을 할 때에 성령이 말씀 듣는 모든 사람들에게 내려오셨다."

또한 여기에서 믿음에 대해서 말한 것은 철저히 받아들여야 한다. 하지만 많은 사람들이 부당하게 가르치고 있는 바와 같이 오직 믿음 하나(ainigen glauben)를 말하고 있다고 하는 식이 아니라 성 바울 사도(bot)가 갈라디아서 5장 6절에서 바르게 가르친 바와 같이 "사랑으로 역사하는" 믿음을 말하는 것으로 받아들여야 한다. 왜냐하면 세례에서 믿음만이 아니라 교황 알렉산더가 "Maiores. De baptismo et eius effectu"에서 가르치고 있는 바와 같이[4] 소망과 사랑도 함께 부어지기 때문이다.……

(*CA VI: 새로운 복종에 관하여*)
하지만 제6 조항에서 믿음은 선한 열매를 맺게 한다고 가르치고 있는 것은 받아들일 수 없다. "행위가 없는 믿음은 죽은 믿음"(약 2:17.26)이며 성경 전체는 우리에게 선행을 할 것을 권하고 요구하고 있기 때문이다……

그들은 이 조항에서 칭의(gerechtmachung)를 오직 믿음에게만 귀속시키고 있는데, 이 조항과 일부는 허용할 수 없고 그 이유는 복음의 진리에 대해서 직접적으로 거스르기 때문이다. 복음은 단 한 군데에서도 행위를 제외시키고 있지 않다. 바울도 분명하게 말하고 있다: "선을 행하는 각 사람에게는 영광과 존귀와 평강이 있으리라"(롬 2:10).……

그러므로 각 사람은 자기가 선을 행하지 않으면 하나님의 친구가 아니라고 믿어도 된다. 이는 그리스도께서 이렇게 말씀하고 있기 때문이다: "너희가 내가 명하는 바를 행하면 나의 친구라"(요 15:14).……

나아가서 칭의가 그토록 자주 오직 믿음에게만 귀속되고 있는 것은 받아들일 수 없는데, 그 이유는 칭의는 그보다 더 하나님의 은혜와 사랑에 달려 있기 때문이다. 바울이 확실하게 이렇게 말하고 있기 때문이다: "내가 산을 옮길 만한 모든 믿음이 있을지라도 사랑이 없으면 내가 아무 것도 아니요." 여기에서 성 바울은 온 교회에게 믿음만이 의롭다 칭하게 하지 않는다는 것을 가르치고 있다(고전 13).……

(*CA VII: 교회론에 대하여*)

교회는 성도들의 모임이라는 이 신앙고백에서 제시하고 있는 제7 조항은 거룩한 믿음을 손상시키지 않고는 받아들일 수가 없다. 왜냐하면 이로 말미암아 교회에서 악한 자들과 죄인들을 제외시키게 되기 때문이다. 이렇게 이 조항은 과거 콘스탄츠 공의회에서 얀 후스의 오류들에 포함되어서 정죄되었고[5] 분명하게 거룩한 복음과 상충이 된다. 세례 요한은 거룩한 복음서에 보도를 따른다면 교회를 마태복음 3장 12절에서 타작과 비교하였다: "그리스도가 손에 키를 들고 타작 마당을 정하게 하사 알곡은 모아 곳간에 들이고 쭉정이는 꺼지지 않는 불에 태우시리라." 쭉정이는 그런데 다른 것이 아니라 알곡이 선한 사람들을 의미하듯이 악한 사람들을 의미하고 있다. 마찬가지로 그리스도는 스스로 교회를 고기 잡는 그물, 좋은 고기 나쁜 고기가 같이 그물과 비교하였다(마

13:47f.). 또한 그리스도는 교회를 열 명의 처녀와 비교하였는데, 이 중에서 다섯은 지혜롭고 다섯은 어리석은 자들이었다(마 25:1f.). 따라서 이 조항은 절대로 수용하면 안 된다.

하지만 그들이 적절하게 칭찬을 받는 곳은 교회는 영원히 존재하게 된다고 한 곳이다. 왜냐하면 여기에는 영원한 진리로 말미암아 약속이 된 그리스도의 약속이 있기 때문이다. 곧 교회에는 진리의 영이 영원히 함께 있으리라는 약속(요 14:16)과 주 예수 그리스도 그분 자신이 "교회와 세상 끝 날까지 항상 함께 하겠다"는 약속을 말한다(마 28:20).

또 그들이 교회의 질서 또는 교회의 관습의 차이는 신앙의 단일성을 나누지 않는다고 고백한 것은 응당 칭찬받아야 한다. 이 고백은 관습들은 히에로니무스가 말하고 있는 바처럼[6] 하나의 나라나 지역이 경건하게 가질 수 있는 바와 같이 오직 특별한 관습들과 관련된다고 이해되어야 한다. 하지만 이 생각이 보편 기독교 세계의 보편적인 관습과 습관과 관련이 되고 그렇게 이해해야 한다면 아무도 이 이해를 받아들일 수도 없고 받아들여서는 안 된다.

(*CA X: 성령론에 관하여*)

열 번째 조항은 문자적으로 제시된 바와 같이 우리가 폐기해야만 하는 해로운 것을 가지고 있지 않다. 성만찬에서 규정에 따른 축복(consecration)에 이어서 그리스도의 살과 피가 본질적이고도 참되게 임재한다(zugegen)고 그들이 고백하고 있기 때문이다. 그런데 이 고백은 제후들이 각각의 성물의 모습 하에서 온전한 그리스도가 임재하고 또 그리스도의 피는 포도주의 형상 아래에서와 마찬가지로 빵의 형상 아래에서도 똑같이 임재하고 또 그 반대에서도 그러하다고 믿는다는 첨부와 함께 받아들여진다. 그렇지 않으면 성만찬에서 그리스도의 몸은 바울이 로마서 6장 9절에 기록한 바에 반하여 피흘림은 없지만 죽은 것이 되기 때문이다: "그리스도께서 죽은 자들 가운데서 살아 나셨으매 다시 죽지 아니하시고……"

또한 여기에서 마땅히 이 조항의 고백에는 제후들은 응당 선하고도 바르게 가르치지 않는 몇몇 사람들보다 보편적인 교회를 더욱 믿어야 하는데, 말하자면 전능한 하나님의 말씀과 성찬의 봉헌으로 말미암아 오래 전에 한 보편 공의회에서 의결하고 교회법 Firmiter. De summa trinitate et fide catholica[7]에서 결정되었던 바와 같이 빵의 본질이 그리스도의 몸으로 변화된다는 것을 믿어야 한다는 것을 첨부하는 것은 긴히 필요하다.……

> 원전: Die Confutatio der Confessio Augustana vom 3. August 1530, bearb. v. H. Immenkötter, Münster 1979 (CCath 33), 84-96.100. —참고문헌: V. Pfnür, Einig in der Rechtfertigungslehre? Die Rechtfertigungslehr der Confessio Augustana (1530) und die Stellungnahme der katholischen Kontroverstheologie zwischen 1530 und 1535, Wiesbaden 1970 (VIEG 60); E. Iserloh, Confessio Augustana und Confutatio. Der Augsburger Reichstag 1530) und die Einheit der Kirche, Münster 1980 (RGST 118); B. Dittrich, Das Traditionsverstandnis in der Confessio Augustana und in der Confutatio, Leipzig 1983 (Erfurter Theologischen Studien 51); H. Immenkotter/ G. Wenz (Hg.), Im Schatten der Confessio Augustana. Die Religionsverhandlungen des Augsburger Reichstages 1530 im historischen Kontext, Münster 1997 (RGST 136).

1) 본문 11번 주 2번을 보라.
2) 선과 악의 날카로운 부분을 하는 고대 영지주의 종교로서 예언자 마니에게로 소급된다.
3) 라틴어 본문: catholici.
4) 사실은 교황 인노첸트 3세이다: X 3.42.3 (Corpus Iuris Canonici, hg. v. E. Friedberg. Bd. 2, Leipzig 1879 [= Graz 1955], 644-646).

5) DH 1201. 다음의 문장이 정죄를 받았다: "예정된 자들 전체인 거룩한 보편 교회는 단 하나이다"("Unica est sancta universalis Ecclesia, quae est praedestinatorum universitas").
6) Hieronymus, Epistola 71,6 (CSEL 55,7,6-8).
7) X 1. 1. 1 (Corpus Iuris Canonici, hg. v. E. Friedberg. Bd. 2, Leipzig 1879 [= Graz 1955], 644/646).

46. 첫 번째 제국의회의 결정(1530. 9. 22)

아직도 가능한 일치를 위한 열띤 심리가 진행되는 중에 1530년 9월 14일부터 황제의 한 위원회가 종교적인 문제에서 하나의 제국의회의 결의를 준비하기 시작하였다. 이 결의는 개신교에 대한 과격한 거부와 황제의 양보 사이의 균형을 이루는 것이었다. 이 결의는 개신교 의원들에게 9월 22일 제시되었지만 무엇보다도 우선 논쟁이 되지 않는 조항들에 대해서만 수용하는 것이 명시되었다는 이유 때문에 거부에 직면하였다: 공동의 제국의회의 결의 가능성은 더 이상 제시된 것 같지 않아 보였고, 작센의 선제후는 9월 23일 떠나버렸다. 9월 22일 결의는 옛 신앙에 속한 대다수의 의원들이 추진함으로 심지어 두 번째 결의를 통해서 더욱 첨예하게 되었다. 이 결의는 11월 19일 공포되었고 실제로는 1521제국 법적인 상황의 회복을 의미하는 것이었다. 이로써 제국 차원에서의 평화적인 일치 기회는 물거품이 되었다.

작센의 선제후[1], 브란덴부르크 태수 게오르그[2], 뤼네부르크의 공작들인 에른스트와 프란츠 형제[3], 헤센의 백작 필립[4], 안할트의 제후 볼프강[5] 및 뉘른베르크, 로이틀링엔, 켐프텐, 하일브론, 빈데스하임과 바이센부르크 시들의 파견단들[6]의 고백과 생각들을 우리가 다른 선제후들이 배석한 가운데 듣고 거기에 시의적절하고 강력한 충고를 첨부하고 거룩한 복음서들과 성경으로 말미암아 근거를 제시하면서 반박하고 거부하였다.······

찬양받을 독일민족의 신성로마제국의 평화와 일치를 유지하고 폐하의 자비하심을 증명하며 또 특별한 자비함에서 출발해서 우리는 언급한 선제후와 다섯 명의 제후들 및 여섯 도시들에게 다음 4월 15일까지 논의하고 심사숙고하는 것을 허락하였다. 곧 논쟁 중에 있는 조항들 때문에 기독교 교회, 황제의 거룩함, 그의 권위 또 다른 선제후들, 제후들 신성로마제국의 보편적인 의원들 및 또 기독교의 다른 지도자들과 보편 기독교 세계의 지체들과 함께 다음에 있을 공의회에서 논의할 때까지······ 일치하고자 하는지 아니하는지를 말이다.······ 또한 그들은 자기들의 이해에 관해서······ 언급한 15일이 가기 전에 우리에게 알려야 한다. 그동안에는 우리도 해야 할 일을 생각하고 그들에게 우리의 생각을 문서적으로 보여주고자 한다.

곧, 작센의 선제후, 다섯 명의 제후들, 여섯 도시들도 말한 4월 15일까지는 신앙의 문제에서 자기들의 영지들과 지역들에서 그 어떤 새로운 것도 팔지 않는다는 것과 또한 황제 폐하의 엄한 뜻과 명령은 이 심사숙고의 기간 동안 신성한 제국의 모든 선제후들, 제후들과 의원들은 선한 평강과 일치를 유지하는 것임을 규정하여야 한다는 것. 또한 작센의 선제후, 다섯 제후들과 여섯 도시들뿐 아니라 그들의 통치 대상들도 황제와 제국 및 다른 선제후들, 제후들, 보편적인 의원들의 통치대상들을 지금까지와 같이 자기들과 자기들의 분파로 끌어들이거나 강요하지 않는다는 것······

원전: Urkundenbuch zu der Geschichte des Reichstages zu Augsburg im Jahre 1530, hg. v. K.E. Förstemann. 2. Bd., Halle 1835, 475-477. —참고문헌: A. Kohnle, Reichstag und Reformation. Kaiserliche und ständische Religionspolitik

> von den Anfängen der Causa Lutheri bis zum Nürnberger Religionsfrieden, Gütersloh 2001 (QFRG 72), 384-394; G. Haug-Moritz, Der Schmalkaldische Bund 1530-1541/42. Eine Studie zu den genossenschaftlichen Strukturelementen der politischen Ordnund des Heiligien Römischen Reiches Deutscher Nation, Leinfelden-Echterdingen 2002 (Schriften zur Südwestdeutschen Landeskunde 44).

1) 작센의 항존자 요한(1525-1532). 여기에서 열거된 제후들과 도시들은 아욱스부르크 신앙고백에 서명한 자들이다.
2) 브란덴부르크-안스박흐의 게오르그(1515-1543).
3) 고백자 에른스트(1520-1546)와 프란츠(1549년 사망).
4) 헤센의 필립(1519-1567).
5) 안할트의 볼프강(1508-1562; 1566년 사망).
6) 빈데스하임, 하일브론, 켐프텐과 바이센부르크는 1530년 7월 1일 아욱스부르크 신앙고백에 동참하였다.

47. 슈말칼덴 동맹 체결(1531. 2. 27)

아욱스부르크에서의 최종적인 제국의회의 의결 이후에 개신교 제국의회 의원들은 보름스 칙령의 재 발효에 근거해서 나라의 평화 결렬 때문인 처형을 두려워하지 않으면 안 되었다. 이것이 군사적인 방어동맹들을 형성하도록 만들었다. 이와 결부된 루터가 오래도록 문제를 삼았던 황제의 세속권에 대한 저항의 합법성은 결국 루터도 설득이 되도록 제국의원들을 제국의 권세를 함께 나누어 가지는 자들이라고 말하는 사법적 견해를 굳게 만들었다. 이 배경 하에서 하나의 동맹이 결성되었는데, 여기에는 비텐베르크 종교개혁의 핵심 영지인 쿠어 작센만이 가담한 것이 아니라 헤센 및 한때 남독일 종교개혁의 대표들인 4개 도시 신앙고백에 서명한 네 개의 도시들도 하였다 — 이와 함께 과거 마르부르크 종교 회담에서 헤센의 필립이 추진한 목표, 곧 종교개혁의 서로 다른 중심지들이 최소한 정치적인 길에서는 일치하고자 하는 목표에 이르렀다 — 신학적 일치는 비텐베르크 일치로 말미암아(49번) 나중에 이루어졌다.

시간의 흐름이 증명하고 가르쳐주고 발전시킨 바는 마치 사람들은 그 밝고 분명하고 정결하고 흠이 없는 하나님의 말씀을 자신들의 선제후령, 도시들, 국가들, 지역들에서 전능하신 분의 은혜와 허락하심(vorleihung)으로 설교하고 선포하도록 해서 많은 종류의 폐해를 잠재우고 변화되도록 만든 사람들을 힘과 행동으로 이러한 그들의 기독교적인 계획에서 끊으려고 한 것처럼 보이게 하였는데, 신하들에게 하나님의 말씀을 선포하도록 하는 것뿐 아니라 힘과 열의와 능력으로 신하들이 강압에 의해서 하나님 말씀에서 떨어져 나가도록 방해하는 것도 각각의 기독교 세속권의 직무였다는 것이다. 이렇게 증명이 되고 나서 우리의 가장 최우선 필요와 또 정부의 마땅한 직임이 다음과 같은 것을 요청하고 있다: 현재 또는 나중에 누군가가 우리와 우리 신하들에게 힘이나 행동으로 하나님 말씀에서 그리고 깨달은 진리로부터 끊어버리고자 하는 것(이것은 자비롭고 긍휼이 많으신 하나님이 은혜로 막아주시며 우리에게 절대로 일어나지 않기를 바라는 것이다)과 그래서 다시금 폐기되고 변경된 폐단으로 강요하고자 한다면 우리는 가능한 최고의 노력으로 막고자 한다. 그러한 무력을 꺾고 몸과 영혼의 둘이 망가지는 것을 우리와 우리 신하들이 막을 수 있기 위해서 우리는 전능하신 하나님을 찬양하기 위해서, 하나님의 자유로운 가르침이 계속 번성하고 성장하도록 하기 위해서, 기독교의 일치된 존재와 평화를 일깨우고 장려하기 위해서 독일 민족의 신성 로마제국과 모든 명예로움을 위해서, 게다가 우리의 선제후령, 도시, 농촌들을 위한 선행, 복지, 명예, 유익과 이득을 위해서, 모두를 방어하고 인간적인 법뿐 아니라 명문화된 법도 모든 사람에게 정의롭게 허락하고 허용한 구원으로 달려가기 위해서 우리는 서로서로 하나의 기독교적인 계약에 일치를 보고 결의하였고 기꺼이 수용하였으며 이것은 현재 이 문서에 힘입어서 아래 모습으로 이행하기로 한다:

　말하자면 우리 모든 계약 파트너들(zu allen teilen) 서로가 서로에게 충실하게 진심으로 도움이 되기를 원하며, 이것을 유지하기 위해 앞에서 경고하여야 하고 그것을 원한다. 누구도 다른 사람의 원수나 대적자를 공개적으로나 비밀리에 알고도 들여놓으며, 계속해서 돕거나 보호하면 안 된다. 따라서 이 조약은 오직 방어와 구조와 관계가 있으며 우리 중 누군가가 그 어떤 전쟁을 시작하는 것을 목적으로 하지 않는다. 누가 되었든지 간에 그 어떤 계약 파트너가 복음적인 가르침의 하나님 말씀과 우리의 거룩한 믿음 때문에 또는 하나님의 말씀과 복음적인 가르침과 거룩한 신앙으로부터 도출되고 그와 관계가 되는 일 때문에―아니면 다른 일이 우리 중 하나를 대항하는 핑계거리가 된다면, 그런데 그때까지 공격을 받지 않은 우리, 다른 자들이 이 일이 하나님의 말씀 때문에 일어났다는 것을 알아챌 수 있다면―무력으로 습격을 받고 굴복 당하게 될 지경이거나 아니면 싸움이 벌어지고 습격을 받는다며……, 그 다음에 이 기독교 계약 안에서 결성이 된 우리 모두와 각자는 자신을 위해서 이 사실을 우리가 습격을 당한 자 또는 다른 방식으로 신뢰할 만한 전달로 말미암아 알고, 보고서를 통해서 이 일은 마치 우리 각자가 공격을 당하고 전쟁을 하고 습격 당하는 것과 같고 각자 자기 자신의 문제일 수도 있다는 것을 알게 되는 일이 벌어진다면 즉시 위험스러운 모든 지체가 없이 각자는 자기의 능력의 최고 단계로 다른 이들을 기다리지 않고 공격을 받고 습격을 받은 자를 돕고, 구하고 대신해서 숨을 돌리고 여유를 만들어주어야 한다.

원전: J. John (Hg.), Quellen zur Geschichte Thüringens von der Reformation bis 1918, Erfurt ²1997, 65-67. —참고문헌: E. Fabian, Die Entstehung des Schmalkaldischen Bundes und seiner Verfassung 1524/29, Tübingen 1962; E. Wolgast, Die Wittenberger Theologie und die Politik der evangelischen Stände. Studien zu Luthers Gutachten in politischen Fragen, Gütersloh 1977; GÖ Schlütter-Schindler, Der Schmalkaldische Bund und das Problem der causa religionis, Frankfurt u.a. 1986 (EHS.G 283); G. Haug-Moritz, Der Schmalkaldische Bund 1530-1541/42. Eine Studie zu den genossenschaftlichen Strukturelementen der politischen Ordnund des Heiligen Römischen Reiches Deutscher Nation, Leinfelden-Echterdingen 2002 (Schriften zur südwest-deutschen Landeskunde 44).

루터 진영에서의 신학적 공고화

48. 루터: 인간론
(Disputatio de homine, 1536. 1. 14)

이미 아욱스부르크 제국의회의 사건들은 루터를 제국에서 일어나는 일의 변경에 있도록 밀어내었다: 진행되고 있는 제국 밖으로의 추방 때문에 루터는 아욱스부르크까지 갈 수 없고 그저 코부르크 성채에서 제국의회의 진행과정에 거의 개입할 수가 없었다. 엄청난 양의 서신 왕래가 그에게 접촉들을 가능하게 했지만 비텐베르크와 그 대학은 더욱 선명하게 그의 삶과 사역의 중심점이 되었다. 이것이 바로 여전히 연구에서 충분하게 다루어지지 않은 대학 활동의 집중화를 가져왔다: 엄청난 강의들과

1525년에 중단되었다가 1533년부터 새로운 대학 정관에 근거해서 다시금 수용이 된 비텐베르크에서의 박사 과정 제도 가운데에서의 수많은 학위논문 토론들이 생겨났다. 이 토론들은 엄청난 개념적 예리함으로 출판을 위한 수많은 문서들과 논쟁들에 들어있는 초기의 동력이 만들어낸 것의 결실을 마무리하였다. 이 맥락에서 1536년 1월 14일 자의 "Disputatio de homine"는 아주 중요한데, 여기에서 근본적으로 자신의 인간 이해를 전개할 뿐 아니라 그에 근거해서 철학과 신학을 나란히 병렬시켰다.

1. 철학, (이것은) 인간의 지혜는 인간을 이성을 갖추며 감각과 신체를 가지고 있는 생명체로 정의내리고 있다(animal rationale, sensitivum, corporeum).
2. 이제는 사람이 본래적으로 또는 비본래적인 의미에서 "생명체(animal)로 표현해야 할지에 대해서 생각할 필요가 없다.
3. 하지만 이것을 알아야 한다: 이 정의는 겨우 사멸하고 흙으로 지어진 인간(mortalis et huius vitae homo)만을 규정하고 있다.
4. 그런데 사실 이성(ratio)은 모든 것 중 핵심이며 이 삶에서의 다른 것들과 비교할 때 최상의 것이며 (바로) 신적인 것이다.
5. 이성은 모든 (자유로운) 문예들[1], 의학, 법학, 그리고 이 삶에서 인간의 지혜, 능력, 용맹, 영화가 깃든 모든 것들을 만들어내며 조종하는 것이다.
6. 이렇게 이성은 인간을(인간으로서) 동물과 그밖의 일들과 차별해서 규정하도록 만드는 존재의 차이라고 표현해야만 한다는 것은 정당하다.
7. 성경도 "다스리라 등!"(창 1:28)의 명령으로 이성을 땅과 새와 물고기와 들짐승들의 지배자로 임명하셨다.
8. 말하자면 이성은 태양과 또 일종의 신적인 능력인데, 이 삶

에서 이 (모든) 것들을 다스리도록 임명되었다.

9. 아담의 타락 이후에도 하나님께서는 이성에게서 이 위엄을 가져가지 않고 오히려 확증시켜 주었다.

10. 물론 이성이 그러한 위엄이라는 것을 바로 이 이성 자신은 원인(a priore)을 깨달음으로는 모르고 겨우 일어난 작용들(a posteriore)에서 소급해서 안다.

11. 때문에 사람들이 철학 또는 이성 자체를 신학과 비교하면 우리는 인간에 관해서 거의 아는 것이 없다는 사실이 드러난다.

12. 그렇지만 인간의 질료적인 원인(materialis causa)마저도 충분할 정도로는 깨닫지 못하는 것 같다.

13. 그런데 철학은 분명히 작동하는 원인(efficiens)을 모르고 따라서 목적 원인(finalis)도 모른다.

14. 말하자면 목적 원인으로서 철학은 다른 것이 아니라 이생에서의 평강(pax huius vitae)을 든다; 작용하는 원인이 창조주 하나님이라는 것을 모른다.

15. 모양을 만드는 원인(formalis)[2], 사람들은 영혼을 그렇게 칭하는데, 이 원인에 관해서는 철학자들 가운데에서 한 번도 일치를 이룬 적이 없고 이루어지지 않을 것이다.

16. 아리스토텔레스는 이 원인을 살아가는 능력을 갖춘 신체의 첫 번째 활동(actus primus)으로(생명이 있는 몸의 원리로) 정의함으로써[3] 그는 최상의 선생들과 학생들을 두고 싶어 하였다.

17. 인간이 자신을 원천 자체, 곧 하나님 안에서 깨닫지 않는 한 우선 이 부분에서 자기 자신을 존재적으로 깨달을 수 있는 가능성은 없다.

18. 그래서 참담한 것은: 자기의 판단(suum consilium) 또는 자기 생각을 사람이 한 번도 충만히 신뢰할 수 있을 만큼 다스릴 수 없고 판단이나 생각에서 그저 우연이나 허무함에 굴복한다.

19. 하지만 이 땅의 삶이 그러하듯이 인간의 정의와 인식은 말

하자면 그토록 충분하지 않고 애매하고 너무도 물질적인 면으로 판단하는 경향이 있다.

20. 반대로 신학은 자체의 충만한 지혜로부터 전체적이고 완전한 인간을 정의하고 있다.

21. 곧: 인간은 육체와 생명력 있는 영혼(anima spirans)으로 이루어진 하나님의 피조물이며, 처음부터 하나님의 형상으로(ad imaginem) 만들어졌으며(창 1:27) 죄는 없이 후손을 생산하고 사물을 다스리고 죽지 않는다는 특징을 가졌다;

22. 하지만 아담의 타락 후에는 마귀의 세력, 곧 죄와 죽음 — 인간의 능력으로는 극복할 수 없고 영속하는 두 개의 악에 내동댕이쳐졌다;

23. 오직 하나님의 아들 예수 그리스도로 말미암아 해방이 되고(그를 믿으면) 생명의 영원을 선물 받아야만 된다.

24. 이 상황 하에 저 최고로 아름답고 최고로 거룩한 것, 곧 죄의 타락 이후에(도) (완전한 모습으로) 이성의 모습을 말하는데, 그 상황 하에 있다, 하지만 — 결과적으로 그렇게 도출된다 — 마귀의 세력 하에.

25. 따라서 인간은 그럼에도 불구하고 온전히 그리고 예외 없이 — 그는 왕, 주인, 종, 지혜롭고, 의롭고 이 땅의 그 어떤 선한 것으로 드높일 수 있는 것은 무엇이든지 간에 그러한 존재인데 — 마귀에서 지배 하에 있기 때문에 죄와 사망에 사로잡혀 있다.

26. 그러므로 (인간의) 본성적인 능력은 타락 후에 그대로 남아 있다고 말하는 자는 하나님을 믿지 않고 신학을 반대해서 불경하게 철학을 하고 있다.

27. 인간은 자기 능력 범위 안에 있는 것(faciendo quod in se est)을 행함으로 하나님의 은혜와 생명을 벌어들일 수 있다고 말하는 자도 마찬가지이다.

28. (인간에 관해서 신학적 관점에서는[de homine theolog-

ico] 아는 것이 없는) 아리스토텔레스를 인용하는 자, 곧 이성은 자기 바람을 최고의 것을 향하도록 한다고 (할 정도로) 인용하는 자도 마찬가지이다.

29. 사람 안에는 "우리 위에 인침의 상징으로 놓으신 하나님 얼굴의 빛"(시 4:6), 곧 바른 지시와 선한 의지를 일으키는 자유로운 판단능력(liberum arbitrium)이 있다고 하는 것도 마찬가지이다.

30. 선과 악 또는 생명과 사망 사이에서 선택하는 것이 인간의 능력에 달렸다고 하는 것도 그러하다.

31. 그렇게 주장하는 사람들은 모두 인간이 무엇인지 이해하지 못하고, 자기들이 말하는 바도 모른다.

31. 바울이 로마서 3장 24절 "믿음으로 행위를 돌아보지 않으심으로 의롭다 하심을 얻었느니라"고 한 곳에서 인간은 믿음으로 의롭게 된다고 하도록 인간 정의를 간단하게 요약하고 있다.

33. (인간에 대해서) 의롭다 칭함을 받아야만 한다고 말하는 자는 인간은 죄인이고 불의한 자이며 그 때문에 하나님 앞에서 (coram Deo) 죄를 범하였지만 은혜로 구원 받아야 한다는 것을 주장하고 있는 것이다.

34. (거기서) 그는(바울은) 온 세상 또는 "인간"을 칭하는 것이 무엇이든지 간에 인간은 죄 아래에 있다는 것을 말하기 위해서 "인간"을 제한 없이, 곧 보편적으로 이해하고 있다.

35. 이렇게 이(땅에서의) 삶에서의 인간은 미래의 모습으로 살아가기 위한 단순한 재료이기 때문이다(pura materia Dei ad futurae formae suae vitam).

36. 이제 허무함에 굴복한 피조물 전체도 하나님을 위해서 영광스러운 미래의 형상을 위한 재료이다.

37. 태초에(in principio) 땅과 하늘이 여섯 째 날 다음의 완성된 형상 앞에 있듯이, 곧 그 형상의 질료로서,

38. 이 삶에서의 사람은 자기의 미래의 모습, 곧 하나님의 형상으로 회복되고 완성이 되는 때의 형상에 대해 관계를 가지고 있다.

39. 그때까지 인간은 죄 아래에 있으며 매일매일 의롭다 하심을 받거나 (점점) 더 망가질 것이다.

40. 때문에 바울은 이 이성의 나라를 한 번도 "세상"이라고 부를 가치가 있는 것으로 보지 않고 오히려 "세상의 외형"이라고 칭하고 있는 것이다(고전 7:31).[4]

> 원전: Matin Luther, Studienausgabe, hg. v. Delius. Bd. 5. 5, Berlin 1992, 129-133. 번역: Ebeling, Lutherstudien 2/1, 15-24. — 참고문헌: W. Joest, Ontologie der Person bei Luther, Göttingen 1967; G. Ebeling, Lutherstudien 2: Disputatio de homine. 3 Teile, Tübingen 1977.1982.1989; R. Saarinen, Gottes Wirken auf uns. Die transzendentale Deutung des Gegenwart-Christi-Motivs in der Lutherforschung, Stuttgart 1989 (VIEG 137).

1) 7개의 "artes liberales"(문법, 수사학, 변증학, 수학, 기하, 음악, 천문학) 등 중세 대학의 일반 교육의 하부구조를 이루고 세 개의 상위 학부들, 법학, 의학, 신학 수업을 위한 전제였다.
2) 네 개의 원인은 아리스토텔레스의 네 개의 원인 체계에서 왔다.
3) 아리스토텔레스, De anima 2, 1.
4) 불가타 본문(figura hius mundi)과 달리 루터는 여기서 "schema mundi"를 제시하고 이렇게 하면서 라틴어의 대학 전공 언어의 맥락에서 희랍어 본문으로 거슬러 갔다: "τὸ σχῆμα τοῦ κόσμου τούτου."

49. 비텐베르크 일치(1536. 5. 28)

개신교 측의 어려운 상황은 — 한편으로는 마르부르크 종교회담 이후의 매듭이 지어지지 않은 성만찬 문제(41번)와 다른 한편으로는 정치적 동맹으로(47번) — 계속해서 유지될 수는 없었다. 부처의 노력으로 다시금 헤센의 필립이 주도권을 행사하였다: 1534년 8월 2일 그의 사촌인 뷔르템베르크의 울리히가 남독일의 암브로시우스 블라러와 루터파 측을 지향하는 에르하르트 슈네프가 하나의 형식에서 일치를 보도록 하는 것을 성공시켰다. 이 형식은 공동의 성만찬 교리를 담아내는 것이었다. 그 다음에 필립은 그해 12월에 부처와 멜란히톤을 대화하도록 카셀로 초청하였다. 이로 인해서 조정을 하는 긴 과정이 시작되었고, 이 과정에는 결국 처음에는 아주 주저하던 루터도 개입이 될 수 있었다. 남독일 신학자들과 비텐베르크 신학자들의 비텐베르크에서의 만남은 마지막에 1536년 5월 28일 일치에 이르게 되었는데, 이 일치는 슈말칼덴 동맹에서 단일화된 개신교인들을 — 스위스는 제외 — 하나로 묶었다. 라틴어와 독일어 초안에 슈트라스부르크 종교개혁자들인 카피토와 부처, 울름의 종교개혁자 마르틴 프레히트 및 비텐베르크 종교개혁자들인 부겐하겐, 루터, 멜란히톤과 또 다른 사람들이 서명하였다. 다음의 번역은 독일어 초안을 따른 것이다.

그리스도의 살과 피의 성례전에 대해서 마르틴 부처씨와 또 그와 함께 그 도시들에서 온 다른 설교자들이 자기들의 생각을 명시한 바와 같이, 우리는 말하자면 다음과 같이 들었다:

그들은 이 성례에는 두 가지 것, 곧 하나는 천상의 것과 하나는 세상적인 것이 있다는 이레나이오스의 말[1]을 따라서 고백하고 있다. 그를 따라서 그들은 빵과 포도주와 함께 참으로 그리고 본질적으로[2] 그리스도의 살과 피가 임재하며 건네어지고 받는다고 생각하며 가르치고 있다.

그들이 화체설을 받아들이지 않고 또한 그리스도의 살과 피가 장소적으로, 공간적으로 빵 안에 둘러싸이거나 또는 그 성례를 향유함과 구별되어서 그것과 하나를 이루었다고 생각하지 않는다. 그렇다고 할지라도 그들은 성례전적인 일치로 인해서(durch Sacramentliche einigkeit[3]) 빵은 그리스도의 몸이라고 고백하는데, 곧 그들은 빵이 건네지면 그리스도의 몸이 동시에 현재하며 참으로 건네어진다고 생각하고 있다. 왜냐하면 그들은 만일 빵을 치우고 성례전 함에 보관하거나 교황청에서 하는 것처럼 행렬 때에 운반하고 다니고 보여주는 경우 성찬을 향유하는 것과 별개로 그리스도의 몸이 임재한다고 생각하지 않기 때문이다.

둘째로 그들은 이 성례의 제정, 곧 그리스도로 인해서 생긴 이 제정은 기독교 세계에서 유효하다는 것과 그것은 성만찬을 건네주는 성직자들(des dieners)의 자격과 받는 자들의 자격에 달린 것이 아니라고 생각하고 있다. 왜냐하면 성 바울이 말한 바와 같이 자격 없는 자들도 이 성찬을 먹기 때문이다[4](고전 11:27). 그들은 자격이 없는 자들에게도 그리스도의 살과 피가 건네지고, 또 주 그리스도의 성찬의 제정과 명령을 붙든다면 자격 없는 자들도 이 것을 참되게 받는다는 것을 받아들이고 있다. 하지만 이들은 성 바울이 말하고 있는 것처럼 심판으로 그것을 받는다; 그들은 참된 회개와 믿음이 없이 받기 때문에 성례전을 모독하고 있기 때문이다. 참된 회개를 하고 그리스도를 믿는 믿음으로 위로를 받은 자들에게 그리스도의 은혜와 자비가 그 자리에서 주어지고 그들은 그리스도와 한 몸을 이루고 그리스도의 피로 씻김을 받게 하려고 제정되었기 때문이다.

그런데 이번에는 우리 중 조금 밖에 오지 않았고 이 문제는 다른 설교자들과 다른 지배자들에게도 양면으로 전달이 되어야 하기 때문에 이 일치가 다른 자들에게 이르기까지는 우리가 이 일치를 마무리할 수 없다. 그렇지만 이 사람들 모두가 아욱스부르크 신앙고백과 변증⁵⁾에 있는 모든 조항들에서 개신교 제후들을 따라 또 동등하게 믿고 가르치고자 한다고 고백하였다.…… 그리고 나서 우리는 우리 안에 항구적인 일치가 이루어지고 있다는 선한 소망을 가지게 되었다.

> 원전: Martin Buceri Opera Omnia. Series 1: Deutsche Schriften. Bd. 6/1: Wittenberger Konkordie (1536). Schriften zur Wittenberger Konkordie (1534-1537), bearb. V. R. Stupperich u.a., Gütersloh 1988, 115-127. —참고문헌: W. Köhler, Zwingli und Luther. Ihr Streit über das Abendmahl nach seinen politischen und religiösen Beziehungen. Bd. 2, Gütersloh 1953 (QFRG 7), 432-525; Th. Kaufmann, Art. Wittenberger Konkordie, in: TRE 36, 2004, 243-251; G. Schneider-Ludorff, Der fürstliche Reformator. Theologische Aspekt im Wirken Philipps von Hessen von der Homberger Synode bis zum Interim, Habil. schrift masch. Jena 2004, 229-248.

1) Adversus haereses IV, 18, 5 (Pg 1028f.).
2) 라틴어 본문: vere et substantialiter.
3) 라틴어 본문: sacramentali unione.
4) 라틴어 본문: etiam indignos manducar.
5) 본문 42번; Melanchthons Apologie in BSLK 141/404.

50. 슈말칼덴 조항

　교황 바울 3세(1534-1549)가 1536년 6월 2일 이듬해에 만투아로 공의회를 소집하자 개신교인들에게는 이것이 정말로 의미대로 자유로운 공의회로 인정되어야 할는지의 질문뿐 아니라 어떤 협상 기반을 가지고 그런 공의회로 갈 수 있을까 하는 질문이 제기되었다. 작센의 요한 프리드리히(1532-1554)는 루터에게 자신의 가르침을 요약하고 어떤 조항에서는 경우에 따라서 양보가 가능한지를 밝혀달라고 요청하였다. 여기에 부응해서 루터는 세 부분으로 나누었다: 논쟁이 되지 않는 하나님의 엄위하심에 관한 조항과 두 번째 부분에는 논쟁이 되는 구원에 관한 조항을 두었는데, 이 두 조항에 관해서 루터는 공의회를 통한 판단을 기대하였다--세 번째 부분의 조항들에서는 협상이 가능한 것으로 보인다. 특별히 이 세 번째 부분에서 다루었던 성만찬론은 개신교 내부에서도 합의가 불가능하여서 루터의 필사 초안을 따르는 다음의 번역이 보여주는 루터의 조항은 1537년 슈말칼덴 동맹일에 언급할 만한 역할을 하지 못하였다―하여간에 공의회를 소집하기 않기로 결정되었다. 일련의 Corpora doctrinae와 일치서에 나중에 수용됨으로 그럼에도 불구하고 슈말칼덴에서 많은 신학자들이 서명한 루터의 사적 문서는 1580년 루터교의 신앙고백서가 되었다.

두 번째 부분은 예수 그리스도의 직임과 사역 또는 우리 구원을 다루는 조항들을 다루고 있다.
여기에서 그 첫째 되고 핵심이 되는 조항은
예수 그리스도, 곧 우리 하나님이며 우리의 주님은 우리 죄 때문에 죽고 우리의 의롭다하심을 위해서 부활하셨으며(롬 4:25), 그분만이 세상 죄를 지고 가는 어린 양이고(요 1:29) 하나님께서 우리의 모든 죄를 그에게 담당시키셨다(사 53:6)는 것이다. 나아가서: 그들은 모두 죄인들인데 공로가 없이 그분의 은혜로, 예수 그리스도의 피 안에서 그분의 구속으로 말미암아 의롭게 된다(롬 3:23f.)는 것이다.
이것은 이제 믿어져야 하며 행위와 율법과 공로로 얻거나 차지할 수 없기 때문에 성 바울이 로마서 3장 28절에서 말하고 있는 바와 같이 이 믿음이 우리를 의롭다하게 만든다는 것은 분명하고

확실하다: "사람이 의롭다 하심을 얻는 것은 율법의 행위에 있지 않고 믿음으로 되는 줄 우리가 인정하나니", 또한 "그분만이 의로 우며 예수를 믿는 믿음을 가진 자를 의롭게 하신다"(29절).

제 아무리 하늘과 땅 또는 그밖에 영속하지 않을 것이 쏟아져 내린다 해도 이 조항에서는 그 어디로 회피하거나 양보할 수 없다: "우리에게 구원 얻을 만한 다른 이름을 주신 일이 없느니라"고 바울(베드로?)이 사도행전 4장 12절에서 말하고 있으며, "그가 상함으로 우리가 나음을 입었기" 때문이다(사 53:5). 또한 이 조항에 우리가 교황과 마귀와 세상을 반대해서 가르치고 산 모든 것이 근거를 두고 있다.

그러므로 우리는 이것을 아주 확신하고 의심하지 않아야 하는데, 그렇지 않으면 모든 것을 잃게 되며 교황과 마귀와 모든 것이 우리를 상대로 승리와 권세를 갖게 된다.

둘째 조항은

미사는 이 조항을 곧바로 또 강력하게 반대하기 때문에 교황청 안에서 가장 크고 가장 무시무시한 악이 아닐 수 없다는 것과 교황권의 다른 모든 우상숭배들 위에 그리고 그 앞에 가장 높고 가장 아름다운 것이었다는 것이다. 왜냐하면 그러한 희생이나 미사의 행위는(제 아무리 악한 불한당으로 인해서 제기된다고 하더라도) 죄를 상대로 해서 인간을 돕는데 여기 이생에서 뿐 아니라 저기 연옥에서도 돕는다고 주장이 되고 있기 때문이다; 하지만 그런 것은 위에서 언급된 바와 같이 하나님의 어린양만이 할 수밖에 없다; 왜냐하면 첫째 조항은 그런 주장을 감당하지 못하기 때문이다.……

셋째로 성만찬은 훨씬 더 좋으며 구원을 가져오는(seliger) 방식으로 그리스도의 제정을 따라서 견지할 수 있다. 성례를 선하고 더욱 복되게 가질 수 있다면[1] 도대체 지어내고 필요하지도 않은 일 때문에 세상을 고통으로 몰아넣으려고 한다는 것이 말이 되는가?

 넷째로, 미사를 사고팔면서 온 세상에 무수히 많고 형언할 수 없는 폐단들이 생겨났기 때문에 미사가 비록 그 자체로는 어떤 유익한 것과 선한 것을 가지고 있다고 하더라도 그러한 폐단들을 막기 위해서라는 그것 하나 때문이라도 당연히 폐지해야 한다. 하지만 미사가 불필요하고 무익하고 위험스럽기 때문에 그리고 모든 것을 미사 없이 더 유익하고 더 알뜰하고 확실하게 가질 수 있다면 훨씬 더 그것을 폐지해야 한다.

 다섯 째: 하지만 미사는 다른 것이 아니고 다른 것일 수도 없이 바로 인간의 행위, 곧 사람이 자신과 또 다른 이들을 하나님과 화해시키고 죄의 용서와 은혜를 얻고 벌어들일 수 있게 하는 수단이기 때문에(왜냐하면 미사가 최고로 견지된다면 바로 그런 식으로 견지를 하는 것이기 때문이다: 그밖에 미사가 무엇이겠는가?), 그것을 정죄하고 폐기해야 한다. 왜냐하면 이것은 바로 핵심조항과 충돌이 되기 때문이다.……

 미사에 관한 조항은 공의회의 핵심이 될 것이다. 만일 그들이 우리에게 다른 조항들에서 양보를 하는 것이 가능하다면 캄페지오[2] 가 아욱스부르크에서 말한 바와 같이 그들은 이 조항에서는 양보할 수 없다: 그는 미사를 폐지시키고 싶어 하기 전에 갈가리 찢어놓고 싶어하였다. 나도 마찬가지로 미사 노예를 그의 행위와 함께 나의 주 구세주 예수 그리스도와 동등하게 또는 위에 놓기 전에 하나님의 도움으로 앞서서 불태워버릴 것이다. 그래서 우리가 영원히 갈라지고 충돌하고 있다. 그들은 이것을 분명히 느끼고 있다: 미사가 폐지되면 교황청은 쓰러진다. 미사가 이런 일을 일으키기 전에 가능한 한 우리 모두를 죽인다.……

 넷째 조항
 교황은 하나님의 법으로나(iure divino) 또는 하나님의 말씀으로도 전체 기독교의 머리가 아니고(이것은 오직 한 분 예수 그리스도에게만 가능하기 때문이다) 오직 로마 교회의 주교나 사제 또 자신을 자발적으로 또는 인간이 만들어낸 피조물로 말미암아(곧 세상 정부로 말미암아) 그에게 복종하는, 그러니까 주님으로서 그의 아래에 있는 것이 아니라 그와 나란히 형제와 동료 기독교인이고자 하는 자들의 주교나 사제라는 것인데, 이것은 옛 공의회들과 성 키프리아누스[3] 시절에 증명한 바와 같다.

  그렇지만 지금은 그 어떤 주교도 그때처럼 교황을 감히 형제라고 칭하고자 하지 않고 왕이나 황제일지라도 그를 가장 자비하신 주님이라고 불러야 한다. 우리는 이것을 우리 양심으로는 받아들이고 싶지 않고 그래서도 안 되고 그럴 수도 없다; 하고 싶어 하는 자는 우리 없이 그렇게 해야 한다.

  여기에서 도출되는 바는 교황이 그런 거짓되고 해괴하고 모독적이며 참람한 권력으로 행하거나 시도했던 것은 다른 것이 아니라 모두 마귀의 작업이었고 지금도 여전하며(하나님께서 독재자와 불한당을 통해서 백성에게 선한 많은 것을 해 주시는 도구인 육신적인 지배세력과 관련된 것을 빼고) 그것은 (할 수 있는 한) 거룩한 기독교회 전체를 파괴하려는 목적이며 또 예수 그리스도로 말미암은 구원에 관한 첫 핵심조항을 파괴하려는 것이다.

  그가 사자와 같이 부르짖되(요한계시록 10장 3절[4]의 천사가 벌써 이전에 묘사하고 있는 것처럼) 그에게 복종하지 않고 그가 원하고 그가 말하고 그가 하는 모든 것 안에서 복종하지 않는 기독교인은 아무도 복을 받을 수 없다고 하는 그의 모든 교서들과 책들이 있기 때문이다. 그런데 그것은 다음과 같이 말하는 것 밖에 다른 것이 아니다: 당신이 그리스도를 믿고 축복을 위해 필요한 것을 모두 그분에게서 가진다고 하더라도 나를 당신의 하나님으로 삼고 나에게 복종하고 순종하지 않으면 이 모든 것이 아무 것도 아니고 소용이 없다. 하지만 여기에서 분명한 것은 거룩한 교회는 교황이 없이 있어 왔고, 최소한 500년 이상을 그러했다는 것과 오늘까지 희랍 교회와 다른 언어를 가진 많은 다른 교회들은 교황 아래에 있은 적이 없고 오늘까지도 그렇게 있다는 사실이다.……
또한 교황권은 유익함이 없이 교회 안에 있으며, 이는 교황권이 아무런 기독교의 직임을 행사하지 않기 때문이다. 그래서 교회는 교황이 없이 있어야 한다.……

이 부분은 확실하게(gewaltiglich) 그는(교황은) 정말 끄트머리 기독교인 또는 반기독교인이라는 것을 가르쳐준다. 곧 기독교인들을 아무 것도 아니고 하나님에게서 제정되거나 주어지지도 않은 자기 권세 없이는 복을 받지 못하게 하기 때문에 그는 그리스도 위에 그리고 거슬러서 자기를 들어올린 자이다.……

셋째 부분
……

(VI.) 성만찬 성례에 관하여

우리는 성찬에서의 빵과 포도주는 그리스도의 참된 살과 피이며 오직 경건한 기독교인들에게만 건네어지고 받게 되지 않고 악인들도 그렇게 한다는 것과 오직 하나의 형상으로만 주어지면 안 된다고 믿는다. 그리고 우리는 하나의 형상 하에서도 소피스트들[5]과 콘스탄츠 공의회가 우리를 가르치려고 하는 바와 같이[6] 두 개의 형상 하에서와 똑같다고 우리를 가르치는 고상한 재주를 원하지 않는다. 제 아무리 한 형상 하에서와 두 형상 하에서가 같다는 것이 비록 참일지라도 그 하나의 형상은 그리스도가 제정하시고 명하신 바와 같이 전체 규정과 제정이 아니기 때문이다.……

화체설과 관련해서[7] 빵과 포도주가 자체의 자연적인 본질을 버리거나 잃어버리고 오직 빵의 형상과 색깔만 남아서 진짜 빵이 아니라고 궤변론자들이 가르칠 때 우리는 그 악한 궤변 어떤 것도 견지하지 않는다. 바울이 고린도전서 10장 16절에서 말한 바와 같다: "우리가 떼는 빵", 또 고린도전서 11장 28절: "이 떡을 먹

고"······

(VII.) 고해성사에 관하여

사죄의 선언 또는 열쇠권이 죄와 악한 양심에 대한 도움이고 위로이고, 이것은 그리스도로 말미암아 복음 안에서 제정되었기 때문에 고해성사 또는 사죄의 선언은 교회 안에서 절대로 실행을 멈추면 안 되는데, 특별히 약한 양심들, 또한 어리고 성숙하지 못한 백성들을 위해서 기독교 가르침 안에서 듣고 교육을 받도록 하기 위해서 그렇게 하면 안 된다. 하지만 죄의 열거는, 곧 열거하고 싶은 것과 그렇게 하고 싶지 않은 것에 대해서는 각자에게 맡겨야 한다. 우리가 육체 가운데 있는 한에서는 우리가 다음과 같이 말할 때 거짓말을 하지 않게 되기 때문이다: 나는 죄로 가득한 가련한 인생입니다; 로마서 7장 23절: "내 지체 안에서 다른 법을 느끼는도다" 등등. 개인적인 사면(absolutio privata)이 열쇠 직분에서 오기 때문에 그것을 무시하지 말고 기독교회의 모든 다른 직분처럼 높게 귀하게 여겨야 한다.······

(X.) 서품과 소명에 관하여

주교들이 진짜 주교이고 교회와 복음을 책임지고자 한다면 사랑과 일치를 위해서 받아들일 수 있는데, 그들이 우리와 우리의 설교자들을 임명하고 인증하였다는 필연성으로 받아들일 수 있다. 그렇지만 비기독교적인 내용과 허식의 모든 허상들은 제하면서 해야 한다. 그런데 현재 그들은 진짜 주교들이 아니거나 그러고 싶지도 않고 오히려 설교도 가르치는 것도 세례도 베풀지 않고 성만찬도 거행하지 않고 교회의 어떤 사역이나 직책도 수행하지 않는 세상의 영주나 제후들이기만 원하고 게다가 그러한 직임을(그것을 위해서) 부름 받은 자들로서 행사하고자 하고 그래서 이런 사람들 때문에 교회가 섬기는 자들을 둘 수 있게 하는 그런 자들을 박해하고 정죄하고 있다.

그러므로 우리는 교회와 교부들의 옛 모범들이 가르치는 바와 같이 용감한 사람들을 이 직책에 임명하고자 하며 그렇게 할 것이다.[8] 그래서 그들은 우리가 이것을 하는 것을 금하거나 막을 수 없고 자기들의 권세로도 안 된다. 왜냐하면 그들의 법들도 이단들에게서 임명된 자들도 임명되었다고 하고 임명자로 있는 것이라고 말하고 있기 때문이다.[9] 히에로니무스가 알렉산드리아 교회에 대해서 처음에는 주교들이 없이 사제와 설교자들에 의해서 공동으로 다스려졌다고 기록하고 있는 바와 같다.[10]

(X.) 사제들의 결혼에 관해서

결혼을 금하고 사제들의 거룩한 신분을 계속적인 미혼 상태로 무겁게 짐을 지우는 것에 대해서 그들은 그럴 권리도 능력도 없고 그저 끄트머리 기독교인인 자들이며 폭력적이고 냉혈한 악인들로서 그렇게 하였다. 그렇게 함으로써 도처에서 끔찍하고 처참한 수많은 부정한 죄악들을 부추겼는데, 그들은 지금도 여전히 이 죄악들 가운데 박혀 살고 있다. 남자에게서 여인을 또는 여인에게서 남자를 만들거나 두 성의 차이를 완전하게 제거하는 것이 우리나 그들의 능력에 주어지지 않았듯이 하나님의 그러한 창조물을 갈라놓거나 금하여서 품위 있게 혼인을 해서 함께 거하지 못하게 하는 힘도 그들은 가지고 있지 않다. 따라서 우리는 그들의 고통스러운 독신주의에 동의하지 않고 그것을 용인하고자 하지 않으며 혼인은 하나님께서 정하시고 창시하셨기 때문에 혼인을 자유롭게 하기 원한다. 그분의 행위를 파괴하며 방해하고자 하지 않는데, 이는 바울이 디모데전서 4장 1절에서 그것은 마귀의 가르침이라고 말하기 때문이다.

(XII.) 교회에 관하여

그들이 교회라고 하는 것에 우리는 그들에게 동의하지 않으며, 그래서 그들은 교회가 아니다; 또한 그들이 교회의 이름으로 제시하고 금한 것을 우리는 듣고 싶지 않다. 왜냐하면 다행스럽게도 일곱 살 아이도 교회가 무엇인지, 말하자면 자기 목자의 음성을 듣는 거룩한 신앙인들과 어린 양들이 무엇인가를 알기 때문이다.

> 원전: Martin Luther, Studienausgabe, hg. v. H.-U. Delius. Bd. 5, Berlin 1992, 354,11-358,9; 360,9-362,10; 364,1-10; 378,1-380,25; 384,3-6; 422,1-424,6; 426,1-13; 432,8,436,6. 번역: Luther Deutsch. Die Werke Martin Luthers in neuer Ausgabe für die Gegenwart, hg. v. K. Aland, Bd. 3, Göttingen ²1983, 339-342.346.361f. 364-366; — 참고문헌: H. Volz, Luthers Schmalkaldische Artikel, in: ZKG 68 (1957) 259-286; B. Lohse, Die ökumenische Bedeutung der Schmalkaldischen Artikel, in: W.-D. Hauschild u.a. (Hg.), Kirchengemeinschaft. Anspruch und Wirklichkeit. FS. Georg Kretschmar, Stuttgart 1986, 165-175; K. Hagen, The Historical Context of the Smalcald Articles, in: CTQ 51 (1987) 245-253; G. Wenz, Theologie der Bekenntnisschriften der evangelisch-lutherischen Kirche. Eine historische und systematische Einführung in das Konkordienbuch. Bd. 1, Berlin/ New York 1996, 526-542; K. Breuer, Art. Schmalkaldische Artikel, in: TRE 30, 1999, 214-221.

1) 출판물에서는 여기에서 첨가문으로 다음의 내용이 뒤따른다: "사람들에게 공개적으로 어떻게 미사가 죄 없이 중지될 수 있으며 미사를 지키지 않는 사람 누구도 정죄 받지 않고 미사 없이도 선하게 더 좋은 방법으로 복을 받을 수 있는가를 설교하도록 해야 한다. 그 다음에 미사가 제정신이 아닌 인간들뿐 아니라 경건하고 기독교적이며 이성적이고 하나님을 경외하는 마음들 모두에게서도 폐지되지 않을까에 대해서 내기해 보겠는가? 하나님의 말씀과 뜻이 없이 지어내어지고 고안해낸 아주 위험한 일이라는 것을 그들이 듣게 된다면 훨씬 더할 것이다."
2) 추기경 로렌초 캄페지오(1474-1539), 1530년 아욱스부르크 제국의회에서 열렬하게 교황의 관심을 대변한 교황 사절.
3) 카르타고의 주교 키프리아누스(약 190-258); 『고대교회』 Nr. 37을 보라.
4) 루터는 요한계시록 12장을 제시하고 있다.
5) 스콜라주의자들.
6) 소위 말하는 속성의 교류인데, 곧 빵 하나만 받을 때에도 전체 그리스도를 받게 된다는 것을 보장하는 것으로 1415년 6월 15일 콘스탄스 공의회 13번째 회의에서 (『중세교회』 Nr. 67을 보라) 인증되었다.

7) 빵과 포도주의 본질이 외적인 외양(Akzidentien)은 동일하게 남아 있음에도 불구하고 그리스도 주님의 살과 포도주의 본질로 바뀌었다는 중세-가톨릭 교리; 『중세교회』 Nr. 40a]를 보라.
8) 1553년 5월부터 비텐베르크에서 다시금 서임들이 시행되었고, 일반적으로는 부겐하겐으로 인해서 거행되었다.
9) Decretum Gratiani: D. 68 c. 1; C. 9 q. 1 c. 4; De cons. d. 4 c. 107 (Corpus Iuris Canonici, hg. v. E. Friedberg. Bd. 1, Leipzig 1879 [= Graz 1955], 254; 601; 1395).
10) 루터는 마찬가지로 Decretum Gratiani(D. 93 c. 24; a.a. O: Sp.327-329)에 수록된 히에로니무스(약 347-419/420)가 교황권에 관해서 에바그리우스에게 보낸 편지를 전거삼고 있다.

51. 비텐베르크 진영에서 발생한 논쟁들: 반율법주의자들에 대한 첫 번째 반대 논증에 대한 루터의 테제들(1537. 12. 18)

루터의 복음 설교는 이미 20년대에 종교개혁 진영에서 율법 설교는 시대에 뒤떨어졌다는 견해가 등장하도록 하였다. 특별히 열정적으로 이 견해를 요한 아그리콜라(1494-1566), 곧 루터의 출생 도시인 아이슬레벤에 있는 라틴어 학교 교장이 대표하였는데, 그는 구원에 필수적인 회개는 복음으로부터도 나올 수 있다고 주장하였다. 1527년 첫 논쟁들이 있고 난 다음에 그의 설교의 이러한 기조는 1537년 새롭게 비텐베르크에 알려졌다. 저항 때문에 아그리콜라 자신은 하나의 해명에 주력하였다 ― 이 해명은 루터로 인해서 우선 반율법주의자들에 대한 논제들을 공표함으로 그 다음에는 1537년 12월 18일 논제들에 대한 토론으로(아그리콜라는 불참) 인해서 일어났다. 여러 해 동안 지속된 논쟁의 과정 중에 1540년 아그리콜라가 쿠어 작센을 떠날 수밖에 없게 한 이 싸움은 루터 생각의 근본 범주의 하나인 율법과 복음의 구별에 대해서 해명하는 것을 의미하였다.

  1. 회개는 모든 사람들의 증언에 부응하고 또 참되게 삶을 개선하려는 의도와 결합된 죄에 대한 고통이다(dolor de peccato cum adiuncto proposito meliores vitae).

  2. 이 고통은 원래 마음이나 양심 안에서 율법을 느낌 또는 감지함과 다른 것이 아니고 다른 것일 수가 없다.

  3. 많은 사람들이 율법을 잘 듣는다; 하지만 마음 안에서 율법의 작용이나 능력을 느끼지 못하기 때문에 고통도 회개도 없이 지낸다.

  4. 회개의 첫 부분, 곧 고통은 오직 율법으로부터만 오며 다른 부분, 곧 선한 의도(삶을 개선함)는 율법에서 올 수 없다.

  5. 죄에 직면해서 소스라치는 사람은 자기 힘으로는 선한 것을 자신에게 제시할 수 없는데, 이는 편안하고 안전하다고 여긴다면 (바로 그때는) 그런 것을 행할 수 없기 때문이다.

  6. 오히려 죄의 힘에 의해서 수치를 당하고 제압을 당하게 되면 그 사람은 절망과 하나님을 미워함(desperatio et odium Dei)에 빠져들거나 성경이 말하는 바와 같이 지옥으로 달려간다.

  7. 따라서 약속(promissio)이나 복음이 율법에 첨부되어야 하는데, 약속은 놀란 양심을 편안하게 하고 온전하게 해서 선한 것을 향한 구상을 하게 된다.

  8. 율법 홀로 만들어내는 회개는 반쪽 회개 아니면 회개의 시작 또는 그저 부분적으로만 이루어진(per synecdochen) 회개이다. 왜냐하면 그 회개에는 선한 의도가 없기 때문이다.

  17. (궤변론자들은) 선한 의도는 인간의 힘에서 나온 이후에는 죄를 피하리라고 선택한 생각이라고 생각한다.

  18. 하지만 반면에 복음에 따르면 선한 의도는 그 와중에 죄는 육신 안에서 더욱 강하게 대적하지만 이후에는 (하나님) 사랑에서

부터 죄를 미워하도록 하는 성령의 자극이다.······

23. 사람이 그렇게 말하는 근거나 다루고 있는 사안을 눈여기지 않는 어떤 사람들은 이것은 하나님의 법에 반한 언급이라고 생각한다.

24. 그래서 다음과 같이 위태롭게 가르친다: 하나님의 법을 무조건 교회에서 몰아내야 한다. 이것은 혐오스럽고 흉악한 것이다.

25. 왜냐하면 성경 전체는 회개는 율법으로부터 그 출발을 얻는다는 것을 가르치며, 이것은 이 사안 자체의 질서와 경험도 증명하고 있다.

원전: Martin Luther, Studienausgabe, hg. v. H.-U. Delius. Bd. 5, Berlin 1992, 242-244; 번역: W² 1628-1630. ─참고문헌: G. Kawerau, Johann Agricola von Eisleben. Ein Beitrag zur Reformationsgeschichte, Berlin 1881 (= Hildesheim 1977); J. Rogge, Johann Agricola Lutherverständnis unter besonderer Brücksichtigung des Antinomismus, Berlin 1960; S. Kjeldgaard Pdersen, Gesetz, Evangelium und Buße. Theologiegeschichtliche Studien zum Verhältnis zwischen dem jungen Johann Agricola (Eisleben) und Martin Luther, Leiden 1983 (Acta theologica Danica 16); E. Koch, Johann Agricola neben Luther. Schulerschaft und theologische Eigenart, in: G. Hammer/ K.-H. zur Muhlen (Hg.), Lutheriana. Zum 500. Geburtstag Martin Luther, Koln u.a. 1984 (AWA 5), 131-150.

52. 아리스토텔레스 재수용:
멜란히톤, 아리스토텔레스 생애에 관한 강연

아리스토텔레스를 반대하는 루터의 날카로운 주장은 물론 우선은 아리스토텔레스를 신학에서 사용하는 것과 관련이 있지만 또한 중세의 총체적 학문 체계와의 단절로 갈 정도의 압박을 가하였다. 이미 루터 자신의 Disputatio de homine 안에서 이 단절은 의도하지 않았던 것을 알 수 있다. 하지만 더욱 분명하게 비텐베르크 진영에서 아리스토텔레스로 긍정적인 소급이 필립 멜란히톤에 의해서 가능하게 되었다. 그는 이미 그의 튀빙엔에서의 학문하던 시절에 정련된 아리스토텔레스 출판 계획을 추진하였고 1537년 철학자에 대한 자신의 높은 평가에 대해서 스타기라에서 "Oratio de vita Aristotelis" 안에서 분명한 강조를 하였다.

아리스토텔레스는 아테네로 돌아와서 강의를 시작하였다. 사물에 대한 학문과 웅변술은 결합되어야 한다는 것을 파악하였기 때문에 아침 공부는 철학에 저녁 공부는 웅변술 훈련에 할애하였다. 그는 유일하게 모든 학문들의 연관을 보았다. 이렇게 해서 그는 물리를 기하학적 증명 위에 올려놓고 근거를 제시하였다. 그 때문에 그는 모든 학문을 다루었고 사물의 본질에 관해서 철학, 영혼의 불멸성, 천체에 관하여 서술하였다. 그는 많은 것을 알렉산더를 위해서 집필함으로[1] 승자가 사회를 법령들과 헌법과 재판권과 원리로 굳건하게 하도록 하였다. 여기서 그는 생명체의 역사에 관한 그 황금의 책들을 집필하였다.……

그의 유명한 문서들 중 어떤 것들은 실종되었다고는 하지만 보존되어 있으며 최소한 강의하는 데에 특별히 적합한 책들은 하나님의 섭리로 보존되어서 후세가 더 잘 교육을 받을 수 있게 되었다.……

아리스토텔레스는 공부하는 사람들에게 유익한 것을 배려하고 학교를 장려하고자 하였다. 철학자들에게 있는 이 생각은 커다란 찬양을 받을 만한 것이다. 그는 변증과 물리와 윤리를 포괄적으로 서술하였다. 그래서 그는 가르침에서 명료함에 도움이 되는 두 가지의 일을 활용하였다: 학문적인 결론 도출의 방법과 독특함(methodus et proprietas sermonis). 그래서 젊은이들이 아리스토텔레스의 처치에 적응하는 것은 유익하다. 논의에서 그 플라톤적인 자유는 불확실하고 모순이 가득한 생각들을 불러내는데, 곧 장난삼아서 키메라와 켄타우루스를 그리는 경조부박한 화가들에게서 나타나는 모습과 다를 게 없다.

하지만 도대체 어떻게 아리스토텔레스는 사안 자체에서 다른 가르침의 방향들을 능가하였는지는 아리스토텔레스의 변증 말고 다른 변증이 후세에까지 이르는 데에 적당하다고 여겨지지 않는다는 사실에서 알 수 있다. 그렇게 여겨지는 것은 그의 변증은 물리를 아주 지혜로운 방식으로 기하하적 근거에서 도출하고 있기 때문이다.……

그래서 나의 생각은 철저하게 아리스토텔레스, 곧 유일하며 그만이 방법론의 대가인 그가 소홀히 취급을 당하면 엄청난 가르침의 혼란이 올 수밖에 없다는 것이다. 아리스토텔레스 철학의 이 방식에서 세심하게 훈련하지 않으면 다른 방식으로는 방법론을 통달할 수 없다. 때문에 당신들 때문만이 아니라 후세 전체 때문에 당신들을 권하는데, 이 탁월한 종류의 가르침을 세심하게 발달시키고 보존하라. 플라톤은 프로메테우스가 하늘로부터 가지고 온 불꽃[2], 그것은 곧 방법론이라고 말하였다. 그래서 이 불꽃이 없는 곳에서는 인간들이 곧바로 괴물로 변하게 된다. 말하자면 가르침과의 참된 만남이 제쳐진다면 인간들을 괴물들과 구분하는 것은 아무 것도 없다. 그래서 우리가 이 불꽃을 보존하기 위해서 아리스토텔레스가 전승해준 이 종류의 가르침을 모든 열의로 보존해야 한다.

> 원전: CR 11, 345-348f.; 번역: Melanchthon deutsch, hg. v. M. Beyer u.a. Bd. 1, Leipzig 1997, 163f.166-168. —참고문헌: H.-G. Geyer, Welt und Mensch. Zur Frage des Aristotelismus bei Melanchthon, Diss. Bonn 1959; G. Frank, Die theologische Philosophie Philipp Melanchthons (1497-1560), Leipzig 1995 (EThS 67).

1) 멜란히톤은 이 바로 앞에 아리스토텔레스가 주전 336년 왕좌에 오르고 난 직후까지 8년 동안 알렉산더 대제(BC 356-323)의 교사요 고문이었던 시절을 서술하였다.
2) 타이탄의 아들인 프로메테우스는 희랍 신화에 따르면 인간들에게 제우스가 그들에게 주지 않으려 한 불을 가져다 주었다.

53. 루터의 창세기 강의

1535년 6월 초 루터는 창세기 강의를 시작하였다. 이 구상은 많은 중단들을 겪으면서 수십 년 동안, 그러니까 1545년 11월 17일, 죽기 몇 달 전에 이 강의를 마무리할 때까지 계속되었다. 이렇게 해서 창세기 주석은 그의 마지막 노년의 대작, 그의 신학의 대전이 되었다. 이 작품의 대부분은 겨우 바이트 디트리히와 다른 사람에게서 나온 개정판에 보존되어 있는데, 이것은 1544-1554년에 네 권의 책으로 출판되었다. 이 책과 루터가 실제로 한 강의와의 관계는 여전히 분명하게 규명되어야 한다.

a) 세 개의 신분: 교회, 사회, 가정(창 2:16f. 주석)
"여호와 하나님이 그에게 명하여 말하였다: 동산에 각종 나무의 열매는 네가 임의로 먹되 선악을 알게 하는 나무의 열매는 먹지 말라"(창 2:16f.).

이렇게 교회는 세워졌는데(Haec est institutio Ecclesiae) 가정(oeconomia)과 정부(politia)가 있기 전에 세워졌다; 왜냐하면 하와는 아직 만들어지지 않았기 때문이다. 하지만 교회는 울타리도 없고 화려함도 없이 세워졌다; 그리고 세워진 장소는 충분한 공간을 제공하였고 보기에 사랑스러웠다. 교회가 세워진 다음에 가정도 아담의 옆구리에서 배필로 하와가 생겨나면서 세워졌다. 이렇게 교회는 가족보다도 오래 되었으며 또 더 중요하다. 그런데 정부는 죄의 타락 이전에는 전혀 존재하지 않았다; 필요가 없었기 때문이다. 말하자면 정부는 타락한 본성을 위한 궁여지책의 구원수단이다. 이 본성의 탐욕을 법적인 사슬과 처벌로 제한시켜서 그 선을 넘지 않게 하여야 하기 때문이다. 때문에 바울이 모세도 죄와 사망의 종이라고 부르고 있는 것처럼(롬 8:2) 정부를 "죄의 나라"라고 부르는 것은 정당할 수 있다.

이를 테면 바울이 다음과 같이 말하고 있듯이(롬 13:4) 정부는 우선적으로 죄를 막는 의무가 있다: "권세(potestas)는 악을 행하는 자에게 벌을 주려고 칼을 가지고 있다." 그래서 사람들이 죄로 말미암아 악하여지지 않았다면 정부가 필요하지 않으며 아담과 그의 후손들은 절대적인 안락함 가운데 살고 손가락 하나로 오늘날 모든 칼과 작두와 도끼를 합한 것보다 더 많은 것을 이루었을 것이다. 그러면 다른 사람에게 빼앗고 때리고 훔치고 비방하거나 거짓말을 하는 사람이 없었을 것이다. 율법과 정부가 무슨 필요가 있었겠는가? 정부는 병든 지체를 잘라서 다른 지체들을 구하는 달구어진 쇠 또는 잔인한 구원도구이다.

그래서 아담은 낙원에서 교회와 나란히 그 다음에는 그의 가정의 질서(administratio)의 책임을 지게 되었다. 하지만 교회는 하나님께서 인간은 다른 생명체들과 다른 목적 때문에 만들어졌다는 것을 교회라는 상징을 수단으로 보여주기 위해서 먼저 세워졌다. 교회는 하나님의 말씀으로 세워졌기 때문에(instituitur verbo Dei) 사람은 죽지 않고 영적인 생명으로 만들어졌다는 것은 확실하다. 곧 아담이 에덴동산에서 그리고 그밖의 땅 위에서 고통 없이 생명으로 배불릴 때까지 살고 나서 죽음을 겪지 않고 불려가거나 옮겨졌을 수 있는 그 생명으로 만들어졌다. 그에게서 지금까지 횡행하고 있는 수치스러운 욕구(foeda libido)가 없었을 수 있다; 남성과 여성이라는 성 사이에 있는 사랑은 단순하고 정결했을 수 있다. 이와 함께 자식 생산에는 아무런 흠집이 동반하지 않았을 수 있다; 그것은 대체적으로 순종의 의무(oboedientia)였을 수 있다. 엄마들도 고통이 없이 자식들을 생산했을 수 있다; 그리고 이들의 양육은 큰 애씀과 고통과 결합되어 있지 않았을 수 있다.

하지만 그 누가 말로 그 상실한 순결함을 마땅히 찬양할 수 있겠는가? 부인을 향한 남자의 바람(appetitus)은 부분적으로는 그의 본성에 남아 있어서 지금도 생산을 하도록 이끌지만 끔찍하고 부끄러운 요구와 출생 때에는 엄청난 고통이 없을 수 없다. 게다가 그들이 허락을 받은 성교를 즐기고자(frui) 하면 배우자 자신에게 수치감과 혼란이 생긴다. 이렇게 원죄의 치명적인 악(peccati originalis gravissimum malum)은 어디에나 있다. 창조물과 그 위에 있는 축복은 선하다; 하지만 죄로 인해서 모든 것이 타락하여서 배우자들은 부끄러움이 없이는 그것을 사용할(uti) 수 없다. 이 모든 것은 아담이 가졌던 것과 같은 순결한 상태에서는 없었고 오히려 배우자들이 부끄러움이 없이 함께 먹고 마시고 하는 것과 같이 자식의 생산과 출생도 절대적인 고귀함을 가지고 부끄러움과 혼란스러움이 없이 잘 진행되었을 수 있다.

> 원전: WA 42,79,1-39 ─참고문헌: W. Maurer, Luthers Lehre von den drei Hierarchien und ihr mittelalterlicher Hintergrund, München 1970 (SBAW.PPH 1974/4); R. Schwarz, Luthers Lehre von den drei Ständen und die drei Dimensionen der Ethik, in: LuJ 45 (1978) 15-34; 아래 본문 b에서도 보라.

b) 하나님과의 참된 사귐과 거짓된 사귐(창 19:14 주석)

바른 방식으로 생각을 펼치고자 하는(recte speculari) 사람은 자신의 세례를 주목하고 성경을 읽고 설교에 귀를 기울이고 부모를 공경하고 어려움에 처한 형제에게 도움이 되어야 한다. 역겨운 수도사들과 수녀들 무리들처럼(sordidum monachorum et monacharum vulgus) 한 구석에서 갇혀서 자기 자신의 경건한 훈련(devotiones)을 즐기고 마지막에는 자기가 그리스도도 없고 말씀도 없고 성례도 없으면서 하나님 품에 앉아서 하나님과 교제하고 (commercium) 있다고 믿게 되는 데로 가는 자들과는 달라야 한다.

그런 사람들은 실천하는 삶(vita activa)을 아주 경멸을 하며 언급한다. 내가 이 오류에서 벗어나기까지 이런 태도가 나에게도 값이 나갔다. 이 오류는 이성을 만족시키며 바울이 말한 바와 같이 이성에게는 천사의 종교처럼 보인다(골 2:18). 비첼[1], 곧 그 위선자요 변절한 하나님 모독자가 한 번은 나에게 우리 가르침이 외적이며; 영적인 일들에 미물러 있어야 한다고 비난하였다. 이성은 실제로 기꺼이 자기 위에 있는 기적의 세계 안에 머물려고 한다. 하지만 당신들은 사탄의 이 흉계에 조심하고 바라보는 삶을 수도원 안에서 가르치는 것과는 다르게 정의를 내려야 한다, 말하자면 다음과 같이 말이다: 참된 바라보는 삶(vita speculativa)은 소리된 말씀(verbum vocale)을 듣고 그를 믿으며 "십자가에 달린 그리스도"(고전 2:2) 외에 다른 것은 모르는 데에 있다. 왜냐하면 이 분만이 자기 말씀 안에서 그 바라봄의 유익하고 복된 대상이기 때문이다. 그에게서 벗어나지 않도록 주의하라; 수도사들처럼, 지금은 슈벵크펠트[2]와 다른 사람들 같이 하나님을 봄에서 그리스도의 인간성 및 육신을 버리거나 도외시하는 사람은 절망에 빠지거나 하나님 권세의 영광스러움(claritas)에 의해서 깔려버리거나 정신없이 날뛰며 사탄이 그를 속이고 그런 속임수로 오도하기 때문에 자기가 이미 하늘에 있다고 꿈을 꾸기 시작한다. 하지만 그 절망한 자들은 최소한으로 도울 수 있는데, 자기가 황홀경에 취해서 이미 하나님 품에 있다고 하는 자들은 그 반대로 도울 수가 없다.

게르송[3]도 바라보는 삶에 관해서 기록하며 위대한 말로 그것을 찬양하고 있다. 미성숙한 사람들이 그렇게 읽으면 하나님의 말씀 같이 받게 된다(pro divinis oraculis). 하지만 실제로는 다음의 격언에 있는 것과 같은 것이다: "석탄으로 만들어진 보물."[4] 때문에 자기들의 바라봄으로 자랑하는 자들(vani speculatores isti)에 대해서 침착하게 "외적인" 또는 "세상적인"(civilis) 사람이라고 비난하고 그런 것으로 염려하지 말라. 당신이 하나님의 말씀과 그 외적인 일들에 대해서 하나님께 감사하고 하늘을 찌르는 바라봄들은 다른 사람들에게 맡기는 것이 당신에게는 관건이다.

나는 그런 책들을 엄청난 열심을 가지고 읽었으며 당신들도 읽으라고 권하지만 비판적으로(cum iudicio) 읽으라. 내가 당신들에게 하나님의 자기를 얽어맴(in ortinatam Dei potentiam)을 보고 하나님이 사용하시는 그 수단을 보라고 독촉하고 계속해서 못을 박는 데에는 이유가 없지 않다. 로마서 11장 33절에서 말하고 있는 바와 같이 "우리가 하나님을 온전하게(Deus nudus) 알려고 하지 않으며 그의 길은 찾지 못할 것이고 그의 판단은 헤아릴 수가 없다."

하나님의 자기 얽어맴, 곧 육신이 되신 아들을 받아들입시다,

곧 "그 안에 신성의 모든 보화가 그 안에 숨겨져 있다"(골 2:3). 자기 어머니 마리아의 품에 있는 이 아이에게, 십자가에 달리는 그 희생제물(ad victimam)에게 갑시다: 거기에서 우리가 하나님을 참되게 바라보게 되며(contemplabimur), 거기에서 우리가 방해 받지 않고 그분의 마음 속을 들여다 보며 그분이 자비로우시다는 것과 죄인이 죽는 것을 기뻐하지 않으시고 돌이켜서 사는 것을(겔 33:11) 기뻐하신다는 것을 보게 된다. 그러한 바라봄 및 주목함으로부터 참된 즐거움과 마음의 참된 즐거움이 자라난다. 때문에 바울이 이렇게 말하고 있다(고전 2:2): "내가 그리스도 외에는 아무 것도 알지 아니하기로 작정하였음이라." 이 바라봄으로 우리를 바치는 것은 열매를 가져다 줄 것이다.

> 원전: WA 43, 72,9-73,10. — 참 고 문 헌 : P. Meinhold, Die Genesisvorlesung Luthers und ihre Herausgeber, Stuttgart 1936 (FKGG 8); H. Bornkamm, Luther und das Alte Testament, Tübingen 1948; H.-U. Delius, Die Quellen von Luthers Genesisvorlesung, München 1992 (BETh 111); U. Asendorf, Lectura in Biblia. Luthers Genesisvorlesung (1535-1545), Göttingen 1998 (FSQTh 87); M. L. Mattox >Defender of the most holy matriarchs<. Martin Luther's interpretation of the women of Genesis in ther Enarrationes in Genesin, 1535-45, Leiden u.a. 2003 (SMRT 92); J. Schwanke, Creatio ex nihilo. Luthers Lehre von der Schöpfung aus dem Nichts in der großen Genesisvorlesung (1535-1545), Berlin u.a. 2004 (TBT 126).

1) 게오르그 빗첼(1501-1573)은 1523년 종교개혁 추종자로서 혼인 때문에 바카(Rhon)의 사제직을 상실하였다; 루터의 천거에 따라서 1526년 니멕에서 목사직책을 얻었지만 다시금 종교개혁 움직임에서 이탈하였다가 1533년 아이슬레벤의 작은 옛 신앙 공동체의 사제가 되었고 1538년 작센의 공작, 곧 종교개혁에 대한 세찬 대적에 의해서 드레스덴으로 초빙되었다.

2) Nr. 31 a)를 보라.
3) 장 게르송(1363-1429), 중세 후기 경건신학자; 『중세교회』 Nr. 69를 보라.
4) Phaedrus 5, 6, 6.

54. 후기에 나타나는 완고해진 증거들: 루터, "유대인들과 그들의 거짓말"(1543)

마르틴 루터는 자신의 초반기에는 복음을 다시 제시하는 것이 유대교가 기독교를 납득시키게 되어 있다는 확신을 가지고 있었다. 그래서 그는 이 맥락에서 1523년 자신의 문서 "예수 그리스도는 태생이 유대인이다"로 기독교와 유대교의 관계에 관한 중요한 관점들을 형성시켰다. 이와 함께 제시된 확신, 곧 유대교는 예수 그리스도의 나타나심으로 말미암아 종교로서 필요하다는 확신은 그 외에는 강력하게 완고함으로 기울어지는 그의 말년에는 유대교에 대해서 공격적인 욕설을 하기까지 농후해졌다. 이 욕설들은 이후 세기들 동안 루터교의 유대인 적대감을 확신시켜주지는 않는다면 최소한 합법화시켜줄 수 있었고 그렇게 그 영향 안에서 젊은 루터는 그 유대교와의 공개적인 교제 가능성을 묻어버렸다.

이 모든 것으로부터 우리 기독교인들은(왜냐하면 그들, 유대인들은 볼 수 없기에) 그 어떤 끔찍한 하나님의 진노가 이 백성 위에 임하였으며 쉬지 않고 임하고 있고, 어떤 불과 화염이 타오르고 있으며 그리스도와 그의 기독교인들을 저주하거나 대적한 자들이 받은 것이 무엇인지를 보고 있다.……

우리 기독교인들은 이 버려지고 저주받은 유대인들과 하고 싶은 것이 무엇이냐? 그들이 이제 어떤 때는 우리와 함께 하고 그들의 그런 거짓말, 비방, 저주가 우리에게 알려졌기에 우리는 감당할 수가 없다; 그렇지 않으면 우리가 그들의 거짓말과 저주와 비방에 참여하는 자들이 되고 만다. 우리도 선지자들이 말하는 바와 같이(렘 4:4) 하나님 진노의 그 꺼지지 않는 불을 끌 수 없고 유대인들도 돌이킬 수 없다. 기도와 하나님 경외심으로 첨예한 자비를 베풀 수 있고 어쩌면 몇 사람 정도는 불길과 화염에서 구원할 수 있다. 우리는 복수를 하면 안 된다: 그들은 우리가 원할 수 있는 것보다 천 배나 더 복수에 시달리고 있다:

첫째, 사람들이 그들의 회당들이나 학교에 불을 놓고 타지 않는 것은 흙으로 덮어버림으로 영원히 사람들이 그것들의 돌이나 재도 볼 수 없도록 하는 것. 이것을 우리 주님과 기독교를 찬양하기 위해서 행함으로 하나님께서 우리가 기독교인이며 그러한 공개적인 거짓말들, 그분의 아들과 그의 기독교인들을 저주함과 비방하는 것을 우리가 알고 허용하거나 인정하지 않았다는 것을 보시도록 하여야 한다.……

다른 것은 사람들이 그들의 집들도 마찬가지로 헐고 부수는 것이다. 왜냐하면 그들은 그 안에서 그들의 학교 안에서 하는 것과 같은 짓을 하고 있기 때문이다. 이를 위해서 그들을 집시들처럼 한 지붕 밑이나 한 우리 안에 두어서 그들로 자기들이 자부하는 바처럼 자기들이 우리 땅의 주인이 아니고 자기들이 쉴 새 없이 하나님 앞에서 우리를 참소하는 것과 똑같이 자기들이 애통 가운데 있고 사로잡혔다는 것을 알게 하여야 한다.

셋째, 그러한 우상숭배, 거짓말 저주, 비방을 가르치는 데에 사용하는 그들의 기도서들과 탈무드를 빼앗는 것이다.

넷째, 그들의 랍비들이 사는 동안 다시는 가르치지 못하게 하는 것이다.……

다섯 째, 유대인들에게는 통행권과 도로를 철저히 봉쇄하는 것인데, 이는 그들이 영주들도 아니고 관료들도 아니고 상인들이나 그런 사람들이 아니기 때문에 지상에서는 아무 것도 하면 안 되기 때문이다.……

여섯 째, 그들에게 이자를 주는 것을 금지하는 것……

일곱 째, 젊은 남녀 유대인들에게는 도리깨, 도끼, 괭이, 삽, 실과 물레를 주고 아담의 자식들에게 주어진 것처럼(창 3:19) 자기들의 빵을 땀이 코에 맺히면서 벌어먹게 하는 것.

> 원전: WA 53, 522,20-23; 522,29-523,6.24-32; 524,6-8.18; 525,31-526,1. 번역: W² 1898-1994. ─참고문헌: Johannes Brosseder, Luthers Stellung zu den Juden im Spiegel seiner Interpreten. Interpretation und Rezeption von Luthers Schriften und Äußerungen zum Judentum im 19. und 20. Jahrhundert vor allem im deutschsprachigen Raum, München 1972 (Beiträge zur ökumenischen Theologie 8); Heiko A. Oberman, Wurzeln des Antisemitismus. Christenangst und Judenplage im Zeitalter von Humanismus und Reformation, Berlin 1981; Peger von der Osten-Sacken, Martin Luther und die Juden. Neu untersucht anhand von Anton Margarithas >Der gantz jüdisch glaub< (1530/31), Stuttgart 2002.

55. 종교회담들

종교개혁 문제를 한 공의회에서 해결해보고자 하는 칼 5세의 노력들이 잠정적으로는 좌절되었다. 그 다음에 그는 40년대 초기에 협상의 길을 모색하려는 시도를 하였다: 하게나우, 보름스(1540), 레겐스부르크에서 그는 정치적 압박과 신학적 균형을 섞어서 진행되는 회담을 주선하였다. 보름스 회담을 위해서 멜란히톤은 스스로 옛 신앙에 머문 교회들에 대한 강화된 선긋기와 비텐베르크 일치로 달성한 것을 토대로해서 슈말칼덴 동맹 내부의 일치를 강조한다는 의미에서 아욱스부르크 신앙고백을 수정하였다(본문 a)—이렇게 해서 옛 신앙 측에 슈말칼덴 동맹의 공동 신앙고백이라고 건네주진 아욱스부르크 신앙고백 변경판과 함께 하나의 본문이 생겨났는데, 이것은 훗날 우선적으로 종교개혁자들에게 엄격한 루터파의 성만찬 신학에 대한 책임을 지지 않으면서 아욱스부르크 신앙고백 소속함을 밝히는 토대를 마련하였다. 우선 부처와 옛 신앙 측 신학자 요한네스 그롭퍼(1503-1559)가 작업한 보름스 책자는 레겐스부르크에서 레겐스부르크 책자라는 모습이 되었다(본문 b). 그러면서 칭의론과 같은 아주 본질적인 질문들에서는 일치의 형식이 만들어졌지만 마지막에는 이 본문은 개신교 측과 옛 신앙 측 모두가 거부하게 되는 단계로 진행되었다 - 이로써 1541년 5월 황제의 연합정책은 좌절되었다.

a) 보름스 종교 담화: 아욱스부르크 신앙고백 변경판(Confessio Augustana Variata, 1540)

조항 4(칭의)

그런데 우리가 그리스도의 자비(beneficia Christi), 말하자면 죄의 용서, 칭의, 영생을 얻도록 하려고 그리스도는 그 안에서 이 자비가 우리 눈에 제시되는 복음을 주셨다. 누가복음 24장 27절에 기록된 바와 같이 그분의 이름 안에 있는 회개와 죄의 용서가 만백성 중에 선포되었다. 말하자면 자연적으로 출생한 모든 사람들은 죄가 있고 하나님 율법을 정말로 충분하게 이행할 수 없기 때문에 복음은 우리에게 죄를 지적하고 우리에게 중보자 그리스도를 보여주시고 그렇게 죄의 용서를 가르치고 있다.

복음이 우리 죄를 제시하면 엄청나게 놀란 마음은 그리스도 때문에 공짜로 죄의 용서와 칭의가 믿음으로 말미암아 주어진다는 것을 확신해야 한다. 그 믿음으로 말미암아 우리는 우리를 위해서 희생제물이 되시고 아버지와 화해시키신 그리스도 때문에 그러한 것이 우리에게 선물로 주어졌다는 것을 믿고 고백해야만 한다. 그래서 복음은 회개를 요구하지만 죄의 용서가 확실해지기 위해서 이렇게 가르치고 있다: 죄의 용서는 거저 선물로 주어진다, 곧 우리의 자격이라는 조건에 매이지 않고, 그 어떤 앞선 행위나 뒤에 오는 행위의 자격 때문에 주어지지 않는다는 사실을 말한다. 왜냐하면 죄의 용서는 우리가 앞선 행위로 벌어들이거나 회개가 충분한 공로가 되고 나서 우리에게 주어진다고 생각하면 용서는 불확실해질 것이다.

말하자면 양심은 자기의 참된 불안함에서 하나님의 진노를 누그러뜨릴 수 있는 행위를 보지 못한다. 또한 우리에게 그리스도가 주어졌고 그분이 화해자라는 것이 알려졌다. 이 그리스도의 영예는 우리 행위로 양도되어서는 안 된다. 따라서 바울이 말하고 있다: "은혜로 너희가 구원을 받은 것이다"(엡 2:5) 나아가서: 그래서 "약속이 확실해지기 위해서"(롬 4:16) 은혜로 거저, 그러니까 용서는 우리 자격 조건에 달려 있지 않고 그리스도 때문에 선물로 주어졌다고 우리가 믿으면 확실해진다. 이것은 경건하고 매우 놀란 심정들에게 확실하고 필요한 위로이다. 거룩한 교부들도 그렇게 가르치고 있다. 그래서 암브로시우스에게서 다음에 나오는 생각할 가치가 있고 빛나는 문장이 있다: "그리스도를 믿는 자, 공로 없이 오직 믿음으로만 구원된 자는 거저 죄의 용서를 받는다"는 것이 하나님에 의해서 결정되었다.[1]

또한 믿음이라는 단어는 그리스도에 대한 역사적 지식만을 묘사하는 것이 아니라 복음이 특징이 되는 이 약속을 믿고 동의하는 것도 의미한다. 이 약속 안에서 그리스도 때문에 죄의 용서, 칭의, 영생이 허락되었기 때문이다. 이 약속은 역사에 대한 신앙고백 안에 다음의 조항이 첨부된 바와 똑같이 그리스도에 대한 역사와도 관계가 된다: "죄의 용서를 믿나이다." 또한 이 조항에 그리스도 역사에 관한 다른 조항들도 관련이 되어야 한다. 이 자비하심이 그 역사의 목적이기 때문이다. 그러므로 그리스도 때문에 우리에게 죄의 용서와 영생이 선물로 주어지도록 하기 위해서 그분이 고난당하시고 다시 부활하셨던 것이다.……

10. 조항(성만찬)

성만찬(coena Domini)에 관해서 그들은 빵과 포도주와 함께 그리스도의 살과 피가 성찬에서 먹고 마시는 자들에게 주어진다(vere exhibeantur)고 가르치고 있다.

> 원전: Melanchthons Werke in Auswahl, hg. v. R. Stupperich. Bd. V, Gütersloh 1955, 14,31-16,9; 19,30-33. 번역: Das Augsburger Bekenntnis in der revidierten Fassung des Jahres 1540 (Confessio Augustana variata), übers. v. W.H. Neuser, Speyer 1990, 12f.16; —참고문헌: W. Maurer, Confessio Augustana Variata, in: ders., Kirche und Geschichte. Bd. 1: Luther und das evangelische Bekenntnis, hg. v. E.-W. Kohls u. G. Müller, Göttingen 1970, 213-266; W. H. Neuser, 450 Jahre Confessio Augustana Variata. Das >verbesserte< Augsburger Bekenntnis von 1540 als Dokument kirchlicher Einigung und protestantischen Identität, in: BRfKG 59 (1992), 53-62;E. Styernhagen, Melanchthons Abendmahlverständnis in seiner geschichtlichen Entwicklung-unter besonderer Berücksichtigung der Confessio Augustana variata von 1540, Marburg (Microfiche) 1996; G. Seebaß, Der Abendmahlsartikel der Confessio Augustana Variata von 1540, in: J. Loehr (Hg.), Dona Melanchthoniana. FS Heinz Scheible, Stuttgart-Bad Cannstatt 2001, 411-424.

b) 레겐스부르크 종교 담화: 레겐스부르크 문서

5. *인간의 칭의에 관하여(세 번째 초안)*

아담의 타락 이후 모든 사람은 거룩한 바울이 말하고 있는 바와 같이 하나님의 진노와 원수의 자녀로 태어났고(엡 2:3) 그 때문에 사망과 진노의 포로가 되었다는 사실은 어떤 기독교인도 의심할 수 없다. 또한 하나님과 화해하고 죄의 포로에서 자유롭게 될 수 있는 것은 그리스도, 곧 하나님과 사람 사이의 유일한 중보자(딤전 2:5)로 말미암지 않고는 불가능하다는 것은 기독교인 누구에게도 의심의 여지가 없다; 그의 은혜로 말미암아 우리는 사도 바울이 로마서 6장 17-18절에서 말씀하고 있는 바와 같이 하나님과 화해하고 죄의 사슬에서 해방될 뿐 아니라 우리가 하나님의 본성에 참여함을 얻고(efficimur consortes divinae naturae) 하나님의 자녀가 된다(벧후 1:4). 또한 확실하고 분명한 것은 장성한 사람들은 이 그리스도의 궁휼(benefici Christi)을 그 마음과 뜻을 죄를 대적하도록(ad detestationem peccati) 만드시는 성령의 앞선 움직임이 없이는 얻지 못한다는 사실이다.……

그 다음에 인간의 심성이 성령에 의해서 그리스도로 말미암아 하나님께로 움직여지며, 이 움직임은 믿음으로 말미암아 일어난다. 이 믿음으로 말미암아 인간의 심성은 하나님께서 계시하신 것은 무엇이나 확신 있게 믿으며, 그래서 하나님이 우리에게 주신 약속들을 의심 없이 확실하게 믿는다; 이 하나님은 시편(145:13)에서 말하고 있듯이 자기 모든 말에서 신실하시고 따라서 인간 심성은 하나님께서 그리스도를 믿는 자들 — 곧, 자기의 이전 삶을 후회하는 자들 — 에게 죄를 거저 용서하시고 그들을 (자기) 자녀로 삼아주시겠다고 약속하신 그 하나님의 약속 때문에 신뢰(fiducia)를 한다. 또한 이 믿음 안에서 성령에 의해서 심성은 하나님께로 높이 올려진다. 따라서 성령도 받고 죄의 용서, 의를 옷입음(imputatio)과 셀 수 없이 많은 다른 선물들을 받는다.

때문에 죄인이 생명력 있고 활동하는 믿음(fides viva et efficax)으로 말미암아 의롭게 된다는 것은 변함없으며 건전한 가르침이다. 왜냐하면 이로 말미암아 우리가 그리스도 때문에 하나님께 기쁨이 되기 때문이다.…… 하지만 동시에 의지를 치유해서 그 의지가 아우구스티누스가 말한 대로[2] 율법을 이루기 시작하도록 하는 사랑(charitas)도 동시에 부음을 받지 않으면 이것은 누구에게도 나누어지지 않는다. 그래서 의롭다 하는 믿음은 사랑으로 역사하는(efficax per charitatem) 믿음이다(갈 5:6). 하지만 그럼에도 불구하고 분명한 것은 우리가 이 믿음으로 말미암아 의롭게 되는 것은 ― 곧 하나님에 의해서 받아들여지고 그와 함께 화해가 되는 것은 ― 그리스도와 그분의 공로 때문에, 그러니까 자격이나 그리스도 안에서 우리에게 주어진 의 때문이 아닌 그 자비와 의를 붙잡는 한에서 가능하다.

의롭다 여김을 받은 자가 그 칭의를 받고 바울이 말한 바와 같이 그리스도로 말미암아 자신의 것으로 만든다(habet…… inhaerentem)고 하자: "너희가 씻김을 받고 너희가 거룩해 졌고 너희가 의롭다함을 받았다." 그 때문에 거룩한 교부들도 "칭의"라는 말은 가지고 "첨가가 된 의를 받아들인다"라는 의미를 가진 것을 표현하였다. 그럼에도 불구하고 믿는 마음은 그것에 의지하는 것이 아니라 우리에게 주어진 그리스도의 은혜만 붙들어야 한다. 곧 그것이 없으면 의도 없고 있을 수도 없는 그 그리스도의 의를 말한다. 이렇게 우리는 그리스도를 믿는 믿음으로 의롭다 함을 받거나 의롭다고 여겨지고(reputamur iusti), 곧 우리의 자격이나 행위 때문이 아니라 그분의 공로 때문에 받아들여진다. 또한 우리는 부속되어 있는 의와 관련해서 말한다면, 우리가 요한의 말씀대로(요일 3:7) 의로운 것을 하기 때문에 의로운 자라 칭해지는 것이다; "의를 행하는 자는 의롭다."

거듭난 자들 안에서 하나님 경외, 인내, 겸손, 다른 덕목들이 꾸준히 증가해야 하는데, 이는 그 갱신이 불완전하고 이 사람들에게는 엄청난 약함이 달라붙어 있기 때문이다. 그래도 바른 회개를 하는 자들(poenitent)은 항상 믿음의 확실함 안에서 그리스도가 은혜의 보좌요, 대제사장이요, 우리를 위한 보혜사, 곧 아버지께서 다른 모든 소유와 함께 우리에게 주신 분이기 때문에 그 중보자 그리스도 때문에 하나님을 기쁘게 한다는 것을 굳게 붙들어야 한다.

그렇지만 사람은 이 약함 가운데에서 완전한 (믿음의) 확실함이 없고 자주 중한 의심들로 인해서 도전을 받고 사는 약하고 공포에 사로잡힌 양심들이 많다. 이 약함 때문에 그리스도의 은혜에서 제외되지 않고 해당되는 사람들은 오히려 강하게 권함을 받아야 한다. 곧, 그리스도의 약속들을 용감하게 이 의심에 대립시키고 쉬지 않고 믿음이 자라나게 되도록 다음의 말씀을 따라서 간구하지 않으면 안 된다는 것: "우리에게 믿음을 더하소서"(눅 17:5).

또한 모든 기독교인들에게서 알려져야 하는 것은 이 은혜와 새 탄생은 우리가 처음에 도달했던 우리 갱신의 단계에서 나른하게 붙어 있는 것이 아니라 모든 면에서 머리가 되신 분께 자라나라 (엡 4:15)고 주어졌다는 사실이다. 때문에 그러한 자람을 위해서 노력하도록 백성들을 가르쳐야 하는데, 이것은 선행, 곧 하나님이 명하고 권한 내외적인 선행으로 생긴다. 하나님께서도 복음서의 많은 곳에서 분명하고 또 확실하게 그리스도 때문에 이 선행에 보상을 약속하셨는데, 곧 하나님의 섭리에 따라 그리고 이생의 삶 다음 하늘에서의 삶에서 몸과 마음을 위한 보화를 말한다. 그 때문에 이 약속에 근거해서 거듭난 자들에게 그리스도 안에서 새롭게 태어나자마자 영생의 유업이 주어지지만, 하나님께서는 선행도 보상하고자 하시는데 (물론) 그 선행의 내용을 따른 것이나 우리에게서 나왔기 때문이 아니라 그것이 믿음 안에서 생겨나고 우리 안에 거하시는 성령으로부터 나오며 일부분을 행하는 자유의지의 동반 역할이 하나의 역할을 하기 때문에 그렇게 하시려는 것이다.

더욱 큰 행위와 많은 행위를 한 사람들의 복은 이들이 그러한 노력으로 성장한 믿음과 사랑의 증가 때문에 더 크고 더 아름다울 것이다.

하지만 "오직 믿음으로 우리는 의롭다함을 받았다"고 말하는 자는 동시에 회개와 하나님 경외와 하나님의 심판과 선행에 대한 가르침을 널리 알려서 그리스도께서 말씀하시는 바와 같이 선포의 포괄성이 유지되도록 해야 한다: "내 이름으로 회개와 죄 사함을 선포하라"(눅 24:47), 게다가 말하자면 이 화술이 위에서 기술된 바와 달리 이해되지 않게 해야 한다.

14. 만찬의 성례

만찬의 성례는 우리 주 그리스도의 전능하신 선포이신 말씀에 기반을 둔다. 이 말씀의 능력이 이 성례가 이루어지며 말씀으로 말미암아 축사 후에 주님의 참된 몸과 참된 피가 참으로 본질적으로(vere et substantialiter) 거기에 있으며 믿는 자들에게 빵과 포도주의 형상 하에서(sub specie) 나누어지는 일이 발생한다. 그러면서 그것들, 곧 빵과 포도주가 의심의 여지없이 주님의 살과 피로 변하고 본질이 변화된다(transmutati et transsubstantiati)······

외적인 상징은 말씀이 오면 성례가 되는 빵과 포도주이다.[3] 왜냐하면 성례는 "두 가지 일로 이루어지기 때문이다: 보이는 외적 상징들의 형상과 보이지 않는 우리 주 예수 그리스도의 살과 피."[4] 이 두 번째 것에 우리는 이 성례로 말미암아 참으로 그리고 실제로(vere et realiter) 참여한다.

이 성례의 작용은 우리가 생명을 만들어내는 우리 구세주 예수 그리스도의 살을 영적으로만이 아니라 육신적으로도 그분과 결합되며 다리는 그분의 다리로 살은 그분의 살로 인해서 만들어진다는 데에 있다. 우리가 예수 그리스도 안에서 죄 사함을 받고 성례에서는 우리 지체 안에 박혀 있는 불타는 정욕(concupiscientia)

을 꺼버리는 능력을 받는다는 것을 확실하게 한다. 확실히 이 성례는 죄 사함과 영생과 그리스도 안에서 약속되고 허락된 하나님과의 사귐에 대한 최고로 즐거운 보증이다.

> 원전: Martini Buceri Opera Omnia. Series 1: Martin Bucers Deutsche Schriften. Bd. 9/1: Religionsgespräche (1539-1541), Gütersloh 1995, 397,13-21; 397,25-399,9; 399,12-401,18; 437,11-15; 437,21-439,8. —참고문헌: J. Mehlhausen, Die Abendmahlsformel des Regensburger Buches, in: L. Abramowski u. J.F.G. Goeters (Hg.), Studien zur Geschichte und Theologie der Reformation. FS Ernst Bizer, Neukirchen 1969, 189-211; K.-H. zur Muhlen, Die Einigung über den Rechtfertigungsartikel auf dem Regensburger Religionsgesprach-einen verpaßte Chance?, in: ZThK 76 (1979) 331-359; G. Müller (Hg.), Die Religionsgespräche der Reformationszeit, Gütersloh 1980 (SVRG 191); H.-M. Barth (Hg.), Das Regensburger Religionsgespräch im Jahr 1541. Rückblick und aktuelle ökumenische Perspektiven, Regensburg 1992; A. Lexutt, Rechtfertigung im Gespräch. Das Rechtfertigungsverständnis in den Religionsgesprächen von Hagenau, Worms und Regensburg 1540/41, Göttingen 1996 (FKDG 64); C. Augustijn, Art. Regensburger Buch, in: TRE 28, 1997, 432-437; I. Dingel, Art. Religionsgespräche. IV. Altgläubig-protestantisch und innerprotestantisch, in: TRE 28, 1997, 654-681.

1) 인용문은 암브로시아스터(PL 17,195A), 곧 4세기에 나온 바울 서신에 대한 가장 오래된 라틴어 주석으로, 중세에는 교부 밀라노의 암브로시우스(333/4-397)의 저작으로 보았다.
2) Augustinus, De spiritu et littera c. 9, 15 (CSEL 60,168).
3) Augustinus, In Ioh. Ev. Tractatus 80,3 (CChr 36,529,5f.).
4) 종교 회담 시대 사람들이 아우구스티누스의 것으로 여긴 벡의 랑프랑(1089년 사망)의 인용문(PL 150,421B).

56. 잠정안(Interim)

　　종교회담 좌절 후에 칼 5세는 종교 문제 때문에 깨어져 버릴 것 같아 보이는 제국 안에서 자신의 권력을 다시금 관철하려는 시도를 하였다. 슈말칼덴 동맹의 주요 인물들인 작센의 요한 프리드리히와 헤센의 필립이 1545년 브라운슈바이크-볼펜뷔텔의 공작 하인리히 2세를 불법적으로 체포하자 이 사실은 황제에게 슈말칼덴 동맹을 상대로 하는 개신교 눈에 합법적인 명분을 주었다. 이 전쟁은 1546년 6월에 가동을 시작해서 1547년 4월 24일 뮐베르크에서 결정적인 전투를 벌였다: 요한 프리드리히와 조금 뒤에 필립도 사로 잡혀서 5년간이나 황제에게 감금을 당하였다. 이 상황을 칼 5세는 1547/8년 하나의 "대단한" 제국의회에서 "잠정안"을 반포하는 데에 이용하였다. 이 잠정안은 제국 안에서의 종교적 상황을 그 사이에 개최된 트리엔트 공의회가 끝날 때까지 조절하며 동시에 개신교인들에게 움직일 영역을 거의 주지 않는 것이었다(본문 a). 잠정안은 황제의 집행권이 반대 세력을 위협할 수 있는 지역, 곧 뷔르템베르크 같은 곳에서만 추진될 수 있었지만, 하나의 전국적으로 알아챌 수 있는 신호탄이 되었다. 특별히 어려운 처지에 있는 자는 작센의 모리츠였다. 이 사람은 본래 루터파의 신앙고백을 가졌음에도 불구하고 황제 측에 서서 슈말칼덴 전쟁에 참여하였고 아욱스부르크 결의로 말미암아 자기의 그 에르네스트 가문의 친척 요한 프리드리히에게 빼앗은 선제후 지위를 알버트 계열로 이양하는 것을 얻었다. 비본질적인 것들(Adiaphora)의 양보를 제안한 멜란히톤의 근본적으로는 비판적이지만 세부적으로는 나누어서 보는 조심스러운 태도(본문 b)는 모리츠에게 제국의회의 요구들을 변경시켜서 자기 영지를 위해서는 소위 말하는 라이프치히 조항으로 바꾸어 버리는 하나의 방법을 제시하는 것으로 보였다. 물론 이 요구들은 여기에서 멜란히톤을 둘러싼 비텐베르크 신학자들의 반박 때문에 효력을 발휘하지 못했다. 무엇보다도 이 요구들에 대한 저항이 영향력을 발휘하

였다: 그 본문은 "라이프치히 잠정안"이라고 날카롭게 공격을 받았고 거기에는 적그리스도라고 생각하는 교황에게 동의하는 각오가 울려 퍼졌다. 이렇게 잠정안 보다는 라이프치히 조항이 옛 신앙을 가진 자들에 대한 전쟁의 핵심에 서 있었지만 또한 입장을 상실한 타협가로 모습을 드러낸 멜란히톤에 대한 전쟁이기도 했다. 이 전쟁은 막데부르크에 본거지를 둔 강력한 루터파들이 종교개혁에서 이탈하는 것을 비난하면서 치른 전쟁이었다(본문 c). 마지막 때의 전쟁에 말려들었다고 생각하는 이 무리들 안에서 마티아스 플라키우스(1520-1575)가 이끄는 자였다. 그는 점점 확신에 차서 자신만이 루터의 참 후계자를 자처하였고, 그래서 그의 추종자들은 필립 멜란히톤의 온건한 루터교를 지향하는 "필립주의자"들과 차이가 나게 "순수루터파"라고 불렀다. 사상사적으로 영향력 풍부한 결과로 나타난 것은—신랄하게 멜란히톤의 생각에 발을 딛은—이런 환경에서 하층 신분들의 순수 루터적인 저항권 공식인데(본문 d), 이것은 후에 특별히 개혁파 무리들 안에서 수용되었다.

a) 아욱스부르크 잠정안(1548. 5. 15)

(IV) 칭의에 관하여

이제 그리스도의 값진 피로 구속되고 그리스도의 고난의 공로를 받고 유지하고 있는 자는 그즉시 의롭다함을 받게 된다. 의미하는 바: 그 사람은 자기 죄의 사함을 보며, 영원한 저주의 벌에서 해방되며 성령으로 말미암아 새롭게 되며, 그래서 불의한 자에서 의롭다함을 받은 자가 된다. 하나님께서 의롭다고 하시면 그분은 그저 인간적인 방식으로 그 사람을 용서하고 죄를 그에게서 제하시고 벌에서 자유하게 할 뿐 아니라 그를 또한 더 낫게 만드시는 식으로 그를 다루신다. 이것은 어떤 사람도 주고 있거나 줄 수가 없다. 이는 그분이 그 사람에게 자기의 성령을 나누어주시기 때문인데, 성령은 그의 마음을 정결하게 하고 그의 마음에 부어진 하나님의 사랑으로 그를 부추기셔서 그 사람이 선하고 옳은 것을 구하게 하며 그가 구한 것을 행위에서도 완성하게 하신다.……

이 의, 곧 성령의 법의 샘에서 흘러나온 의는 서기관들과 바리새인들의 의보다 훨씬 낫고 훨씬 풍성하다. 그럼에도 불구하고 우리가 이 땅 위에 사는 동안에는 이 의를 은혜로 받은 사람 안에도 정욕(lüste; 라틴어 본문: concupiscientia)이 영을 대적하는 일이 일어난다. 때문에 이 사람들이 영으로는(gemuet) 하나님의 법을 섬기지만 육신을 따라서는 죄의 법을 따르며 죄 없이 살지 못한다. 사람이 이 땅 위에 사는 한 주어진 의의 완전 단계를 얻을 수 없기 때문에 그리스도께서 "하나님으로부터 나와서 우리에게 지혜와 의로움과 거룩함과 구원함이 되셨기 때문에"(고전 1:30) 그분이 이 자리에서 우리에게 느낄 수 있도록 자비하게 도우러 오시는 일이 일어난다: 말하자면 사람에게 선물로 주어지고 그 사람 안에 있으며, 또한 그 사람에게서 자신의 몫을 취하며, 또 증가도 시키는 사람에게 있는 의롭다함은 그분이 자신의 의를 전달하여줌으로 일으키심으로 영원한 아버지의 나라에서 온전하게 완성을 이룰 때까지 이 의가 매일매일 새로워지는 일이 발생한다. 자신의 값진 피와 완전한 자신의 의의 공로로 말미암아 그분은 사람에게 주어지는 용서를 벌어오셔서 그 사람이 자기의 연약함 때문에 조금도 할 수 없는 모든 것을 그리스도의 완전함으로 말미암아 얻게 되고 선물로 받게 된다. 요한의 그 위로의 말이 여기에 해당된다: "나의 자녀들아, 내가 이것을 너희에게 씀은 너희로 죄를 범하지 않게 하려 함이라. 만일 누가 죄를 범하여도 아버지 앞에서 우리에게 대언자가 있으니 곧 의로우신 예수 그리스도라. 그는 우리 죄를 위한 화목제물이라"(요일 2:1f.).

그래서 그리스도의 공로와 우리가 사랑의 선물로 말미암아 우리가 갱신이 되어서 받게 된 우리 안에 부어 넣음을 받은 의가 만난다: 말하자면 우리로 하여금 "신중함과 의로움과 경건함으로 이 세상에 살고 복스러운 소망과 우리의 크신 하나님 구주 예수 그리스도의 영광이 나타나심을 기다리게 하는"(딛 2:12f.) 그 부음 받은 의를 말한다. 하지만 그리스도의 공로는 그분이 우리 안에 있는 의의 원인이 되게 하며, 또 우리는 모두 많은 일에서 흔들리고 넘어지며 우리의 연약함과 불완전함 때문에 우리 마음을 어둡게 만들며 절망으로 넘어지게 할 수 있는 많은 일들에 충돌하고 맞닥뜨리기 때문에 바로 이 그리스도의 공로와 값진 피 안에서 다시금 새 힘을 얻게 하려는 것이다. 이 공로 안에서 우리는 우리가 영생에 대한 최고로 강력하게 힘을 발휘할 수 있는 길이 무엇인지 알게 된다.

왜냐하면 주 예수 그리스도, 우리 구주며 복 주시는 분, 곧 그리스도를 믿는 자들이 옷 입는 분이며 그분과 함께 모든 것이 함께 선물로 주어지게 되는 그 분 안에 사도 바울이 말하는 바와 같이(롬 8:32) 우리가 철저하고 확실하게 살아 있는 소망을 향해서 붙들려지고 강력해지도록 하는 모든 일들이 우리를 위해서 가장 확실하게 놓여있다.……

(XXVI) 제의들과 관습들에 관하여
세례의 성례에서 활용된 옛 제의들은 모두 그대로 남아 있어야 한다, 곧: 축사, 곧: (마귀를) 거부, 신앙고백, 기름 바름, 곧 기름과 다른 것들. 이것들은 이 성례의 능력을 가리키고 표현하도록 하기 때문이다.

나아가서 보편 교회가 미사에서 사용한 옛 제의들 안에서 하나도 변경하면 안 된다. 이것들은 모두 사람이 미사에서 행하는 것에 아주 부합되기 때문이다.……

아무 것도 변경시키면 안 되는 카논[1]을 위해서는 분명한 해석이 있어서 사제들이 첫째 자기들의 직책 사용을 더 잘 이해하고 또 이해하고 있는 바를 백성들에게 더 잘 전달할 수 있도록 해야 한다.

다른 성례들의 제의들은 옛 비망록들에 맞추어서 활용되어야 한다. 하지만 이 비망록 안에 미신을 위한 구실을 줄 수 있는 것이 침투되었을 부분은 시대에 걸맞는 고견을 따라서 개선되어야 한다. 제단들, 사제들의 의상, 교회의 제기들, 깃발들, 십자가, 초, 성상과 성화들을 교회에 두어야 하지만 오직 기념에만 기여되어야지 이런 것들에게 거룩한 존경이 주어지면 안 되도록 해야 한다. 성상과 성화들에 미신적인 접근이 일어나지 않도록 해야 한다.……

교회에서 받아들인 축일들은 유지되어야 하지만—모든 축일들이 아니라면 아주 탁월한 축일들, 말하자면: 주일, 성탄절, 주의 할례, 동방박사 축일, 종려주일, 부활절과 뒤이은 이틀, 그리스도 승천일, 오순절과 다음 이틀, 성삼위일체 축일, 그리스도 성체 봉송일, 동정녀 마리아 축일들, 사도들과 세례 요한과 막달라 마리아, 성 스테반, 성 로렌티우스, 성 마르티, 성 미카엘, 만성절 축일들……

사도 바울과 함께 아내가 없는 자가 주의 일을 염려하는 방식으로 해야 한다(고전 7:32). 따라서 성직자들 중에 아내가 없는 자들답게 그렇게 실제로도 정절을 지키는 자들이 많이 발견되기를 소망해야 할 것이다. 성직자 신분으로 교회의 직분을 감당하면서 많은 곳에서 부인을 두고 그들을 떠나보내려고 하지 않는 자들이 현재 많이 있다. 그런데 현재는 심각한 파괴가 없이는 그런 현실의 변화가 일어날 수 없기 때문에 여기에 대해서 보편 공의회의 결단과 숙고를 기대하지 않을 수 없다. 그렇지만 혼인의 상태도 성경을 보면 귀하다 할지라도(히 13:4) 아내를 취하지 않고 실제로 정절을 이행하는 자가 바로 성경에 따르면 더 잘 행하고 있다는 것(마 19:10ff.; 고전 7:1.8.26)을 부인할 수 없다.

바로 이 견해는 두 가지 형상 하에서의 성만찬 활용을 위해서도 타당하다. 현재 많은 사람들이 그렇게 하고 있고 거기에 적응되어 있는 바와 같이 말이다; 현재는 심각한 소요(bewegung) 없이는 제거할 수 없다. 신성 제국의 모든 신분들이 굴복하는 보편공의회가 의심의 여지가 없이 이 경우에 많은 사람들의 양심과 교회의 평강을 위해서 필히 충족을 주게 되기 위해서 거룩하고 열정적인 노력을 경주해줄 것이다; 따라서 두 가지 형상 하에서 성만찬을 지금까지 받아들인 자들은 마찬가지로 보편공의회의 생각과 판단을 기다려야 한다. 그렇지만 두 가지 형상의 성만찬을 행하는 자들은 그 사이에 옛 것이 되어 버린 한 가지 형상 하에서 성찬공동체를 이루는 관습을 탓하지 말아야 하고 그 누구도 여기에 대해서 보편 공의회의 결의가 제시되기까지 다른 사람을 이 문제로 공격하면 안 된다.

> 원전: Das Augsburger Interim von 1548, hg. v. J. Mehlhausen, Neukirchen-Vluyn ²1996, 42-46.134-138 ─ 참고문헌: H. Rabe, Reichsbund und Interim. Die Verfassungs-und Religionspolitik Karls V. und der Reichstag von Augsburg 1547/48, Köln/Wien 1970; J. Mehlhausen, Art. Interim, in: TRE 16, 1987, 230-237; H. Rabe, Zur Entstehung des Augsburger Interims 1547/48, in: ARG 94 (2003), 6-104.

b) 멜란히톤이 브란덴부르크 후작 요아킴에 보낸 서신(1548년 7월 31일)

감사하게도 잠정안에 대한 저의 간단한 생각을 아시고 싶어 하셔서 당신께 저와 비텐베르크 대학의 동료들이 많은 사람들에게 어떻게 대답을 했는지 솔직하게 말씀드립니다: 설교자들과 교사들은 잠정안에 대한 자기들의 대답을 세상 정부와 구분해야 한다는 것이었습니다. 하나님을 경외하는 자들, 식견이 있는 설교자들과 교사들은 잠정안을 받아들이지 않으며 동의하지도 않으며 관철시키려고 돕지 않는다는 것을 분명하고 확실하게 말해야 합니다. 왜냐하면 칭의에 관한 조항에서 우리가 아주 확실하게 기만을 당했기 때문입니다. 몇몇 해석의 시도에 반대해서 저는 궤변론자들을 미워하며 판단 능력이 있는 하나님을 경외하며 학식이 있는 많은 사람들의 판단을 증거로 제시합니다. 그밖에도 계속해서 알려진 오류들이 다시금 제시되었습니다. 제 인격을 책임지려는 저는 하나님의 은혜로 말미암아 이 책, 곧 잠정안이라고 부르는 책에 동의하지 않습니다. 이것을 위해서 저는 엄청나게 많은 아주 중요한 근거들이 있습니다. 제가 이제 체포될는지 아니면 추방될는지 모르는 나의 비참한 삶을 하나님께 맡기려고 합니다.

설교자들과 교사들이 해야 할 것을 말하는 것은 전체적으로 볼 때 어렵지 않습니다; 하지만 세상 통치자들에게 조언하는 것은 어렵습니다. 잠정안에 있는 다양한 조항들은 근본적인 것들, 곧 모든 기독교인들이 이해하고 깨끗한 가르침을 유지하기 위해서 보존해야하는 것들을 다루고 있습니다: 칭의, 고해, 예배, 성령을 부름, 온 데를 다니면서[2) 성례를 오용함 등등.

다른 조항들은 본질적인 것들이 아닙니다, 이것들은 모든 사람들에 의해서 판단을 받을 수는 없습니다: 성경해석의 전권과 공의회가 해도 되는 것에 대한 질문. 저는 본질적인 것이 아닌 이러한 조항들에 대해서 제후들, 영주들 또는 도시들이 논의할 것을 조언하지 않습니다. 또한 어중간한 일들 또는 제의들에 관해서 싸우거나 주교의 전권에 대해서 그렇게 하는 것도 저는 권하지 않습니다; 그렇지만 차라리 주교들이 자기들의 전권을 바른 의미에서 사용하는 것을 권합니다. 기독교 가르침을 이해하지 못하거나 다른 사람들 앞에서의 자기들의 명예가 더 중요한 그런 세상 지배자들을 조언하는 것은 헛수고입니다. 하지만 근본이 되는 조항을 바르게 이해하고 잠정안은 모든 궤변 너머에 있는 진리에 부응하지 않는다는 것을 깨닫는 제후는 언급한 원칙적인 조항들에서는 절대로 잠정안을 자기 양심을 거슬러가면서 받아들이지 않아야 합니다.

저는 지금 시간이 좋은 수가 생기리라고 생각합니다. 작센에 있는 많은 도시들이 잠정안을 받아들이지 않게 됩니다. 콘스탄츠와 린다우는 우회적으로 폐기하였고, 슈트라스부르크에서는 아직까지 아무 것도 결의되지 않았습니다. 이 일이 지연되는 것도 기대해야 합니다. 때문에 답을 서두르지 않아야 합니다.

저는 또한 제후가 합당한 겸손의 자세로 황제에게 자기가 받아들일 수 있는 것과 그렇지 않은 것을 표시하고 어중간한 일들에서는 잠정안에 걸맞게 처신을 한다면 황제가 만족하리라고 생각합니다. 그러한 태도를 뉘른베르크도 희망하고 있습니다. 이런 길을 간다면 시간이 좋은 수를 줄 것입니다.

정부가 잠정안을 수용함으로 말미암아 무고한 사제들과 좋은 의도에서 동의할 수 없는 다른 사람들 박해를 약속하는 것도 생각해야 합니다. 그러한 박해를 우리는 지지하면 안 됩니다.

방어를 해야 하는가 하는 질문도 저는 받았습니다. 지금은 생각할 필요가 없습니다. 한 가장이 자기 아내와 자식을 보호해야 하는 바대로 강도가 자기 집에 쳐들어오면 그 가장이 할 수 있는 것과 똑같이 지배자들은 자기들의 교회와 무고한 신하들을 할 수 있는 한 해야 할 의무가 있습니다.

하지만 방어가 불가능한 곳에서는 이 질문이 필요가 없습니다. 다음의 본문이 이렇게 말하고 있기 때문입니다: "할 수 있는 한 자비를 베풀라."(토비아스 4:7) 하지만 황제의 권세는 너무나 커서 제후들이 그에게 아무런 저항을 할 수 없을 정도입니다. 그래서 진리를 고백하고자 하는 자는 하나님께 자신을 맡기고 기록된 바와 같이 이것을 생각해야 한다: "머리카락까지 다 세신 바 되었느니라"(마 10:30).

> 원전: CR 7,85-87. 번역: Melanchthon deutsch, hg. v. M. Beyer u.a. Bd. 2, Leipzig 1997, 246-248. －참고문헌: G. Wartenberg, Philipp Melanchthon und die sächsisch-albertinische Interimspolitik, in: ders., Wittenberger Reformation und territoriale Politik. Ausgewählte Aufsätze, hg. v. F. Flöter u. M. Hein, Leipzig 2003 (AKThG 11), 87-103.

c) 마티아스 플라키우스 일뤼리쿠스, 공의회, 잠정안, 비본질 논쟁으로 인해서 그리스도로부터 적그리스도로 타락한 자들의 치욕스러운 죄 선언(1550년경)

요즈음 유감스럽게도 많은 － 이렇게 밖에는 부를 수 없는데 － 루터파 사람들을 우리는 이렇게 보고 있다. 그들은 과거에 예수 그리스도의 진리를 받아들이고, 적그리스도와 그의 혐오스러운 더러움을 알아채고 버리고 저주했던 사람들입니다. 그들이 마치 돼지들이(벧후 2:22의 말씀을 따라서) 다시 오물로 가서 여러 방법으로 교황의 오물을 정당한 공의회와 하늘의 양식 같이 먹고 있다.

47년 아욱스부르크 제국의회에서 거의 모든 사람들이 트리엔트 공의회는 교황의 종들의 회당과 다를 바가 없다는 것을 알았고, 또 황제에게는 자유로운 공의회가 제시되지도 않았고 그의 법률이 거기에서는 준수되지도 않았다는 것을 알았다. 왜냐하면 이들은 (공의회와 함께) 이미 볼로냐로 피해갔고[3] 또 거기에서 기독교에 완전히 반대되는 그 어떤 비기독교적인 조항이 결정되었는지를 알았으며, (간단하게 말해서) 정말 그것은 그저 교황의 오물이라는 것을 알았기 때문이다. 그럼에도 불구하고 그들은 많은 사람들이 거기에 동의를 하고 또한 최고로 거룩한 아버지에게 아주 겸손하게 빌고 또한 그래서 그가 그들에게 이 가장 거룩한 공의회를 다시 허락하여서 정말 이 귀한 음식을 먹을 수 있도록 해주고자 할 것을 원했었다.

그런데 이것이 성사되지 않자 그들은 아주 섭섭해졌고 다른 길, 곧 이 음식을 얻을 수 있는 길을 모색하고 잠정안, 곧 교황의 거의 모든 만행들을 원했는데, 그저 그 교황의 이름만 달지 않고 조금 완곡하게 만들어졌을 뿐이다. 그런 것을 얻고는, 세상에, 그들이 얼마나 기뻐 뛰었던지! 그 마음에 얼마나 커다란 행복을 얻었던가! 얼마나 그것을 높였던지! 이제 복음이 온 유럽에 선포되어서 (그러면 그리스도를 위해서 커다란 문이 열려진 것이기 때문에) 온 교회 안에 평강과 일치와 화목이 이루어지고 황금기가 오게 되리라는 것 때문이었다.

하지만 치욕스러운 생명 같은 그 행복한 '오물 먹어치우는 것들'[4]과 잠정안 박사[5]와 다른 것들이 그 때문에 많은 사람들에게서 비난과 조롱을 받게 되었기 때문에 이제는 또 다른 어떤 것들, 곧 동일한 더러운 것을 추구하고 바로 같은 재료로 자기들과 남들에게 음식을 장만해주는 그런 것들이 등장하고 있다. 하지만 그러한 것들을 비난하지 못하게 하려고 그들은 설탕과 다른 좋은 양념을 뿌리고 사람들 앞에 제시하면서 하나님과 성도들에게 나쁜 것이라고는 눈꼽 만큼도 들어가지 않은 그런 요리라고 천명을 하고 있다. 거기에는 그저 비본질적인 것만 있고, 하지만 그것도 달콤한 것, 아주 큰 유익, 평강, 화목, 일치, 균일한 모습, 천상의 규율, 복음의 확산 등으로 아주 훌륭하게 양념이 뿌려져 있고 거기에서 황금의 시대가 오게 될 것이기 때문이라고 말이다.

그런데 거기에서 가장 유감스러운 것은 대부분의 내용이 이 양식은 그저 오물이고 교황의 혐오스러운 것일 뿐임을 알아챌 수 있고, 또 알고 경험하고 읽기도 할 정도로 분명한데도 비본질주의자들과 함께 그것을 기꺼이 먹으려고 한다는 사실이다. 왜냐하면 (그림이 말해주는 바와 같이[6]) 교황이 그것 위에 이중 축복, 곧 영적인 것과 세상적인 것을 선포하고 있기 때문이다: 첫째 영적이라고 하는 것은 교황이 신앙, 종교로 조제하고 조종하고 자기가 원하는 것을 가감하고 사도들과 복음서들을 반대로 자기의 가장 깊은 속마음을 따라서 할 수 있기 때문이다. 왜냐하면 그는 모든 것을 자기 생각 대로(mutwillen) 할 완전한 능력이 있기 때문이다; 예를 들어서 과거에 그는 그리스도의 분명한 명령으로부터 모든 사람이 잔을 마시게 하고 또 교황 겔라시우스에게서 어떤 사람이 다르게 행동한다면[7] 그것은 무서운 교회 도적질이라는 것을 알게 되었다. 하지만 그는 이 모든 것을 맘대로 주물럭거리고 평신도는 잔을 마시지 않을 것이고 여기에 대해서 이의를 달면 가장 큰 이단이 되는 것임을 명령할 수 있을 정도이다. 평신도들은 그저 한 가지 형상 하에서만 성찬에 참여한다는 것이 공교회적이고 정통이고 사도적이고 로마교회적이라고 그는 알고 있다. 그래서 또 다시 그는 거기서 나와서 루터파 사람들에게 두 가지 형상 하에서 성례를 받는 것은 이제 비기독교적인 것이 아니라는 허락을 나누어줄 수 있을 정도이다. 사제의 혼인과 관련해서도 그는 똑같이 그렇게 하고 있다.……

그 다음에 세상적인 축복이 덧붙여지는데, 말하자면 자기의 더러운 오물을 참된 종교로 받아들이는 사람들은 모두 평강이 있고 그것을 사고 팔 수 있으며 자기들의 하나님인 배와 맘몬을 숭배하고 부양하고 보존할 수 있다. 이 부분을 이제는 많은 사람들이 바로 그것 때문에 자기들이 알고도 기꺼이 영원한 지옥불로 달려가게 되는 엄청난 것이라고 여기고 있다.

이것이 존경하는 마르틴 루터 박사를 향한 복된 기억이 주는 예언적인 모습의 설명이다. 이 하나님의 거룩한 예언자는 자기가 그토록 오랫동안 아주 열심히 적그리스도와 바빌로니아 창기와 그들의 더러운 악과 그 벌에 관해서 설교를 한 대상인 자기의 독일 민족이 교황이 자기들을 타고 앉는 것과 또 그의 멍에와 그의 독재를 자원해서 받아들이고 특별한 걱정도 하지 않고 그 축복의 땅에서 이 지옥의 바로의 그 무쇠 솥으로 달려가서 특별한 탐욕을 동반한 그의 소름끼치며 철저히 애굽의 혐오스러운 것을 예수 그리스도의 복음의 천상 양식으로 먹기를 사모하게 되리라는 것을 예견하였다.

> 원전: Erklerung der schendlichen | Sünde der jenigen / die durch das Concilium/ | Interim/ und Adiaphora / von Christo zum Antichrist fallen / aus diesem | Prophetischen gemelde / des 3. Eliae seliger gedechtnis / D. M. Luth. Genom. | Durch Math. Fla. Illyr., o.o.o.J. [Magdeburg 1550], B 1r / B 3r. - 참고문헌: M. Preger, Matthias Flacius und seine Zeit. 2 Bde., Erlangen 1859.1861 (= Hildesheim 1964); I. Dingel, Flacius als Schüler Luthers und Melanchthons, in: G. Graf u.a. (Hg.), Vestigia Pietatis. Studien zur Geschichte der Frömmigkeit in Thüringen und Sachsen. FS Ernst Koch, Leipzig 2000 (Herbergen der Christenheit, Sonderbd. 5), 77-93; Olson, O. K., Matthias Flacius and the Survival of Luther's Reform (= Wolfenbutteler Abhandlungen zur Renaessanceforschung 20), Wiesbaden 2002.

d) 막데부르크 신앙고백

힘을 가진 상위의 세속 권력이 교황의 우상을 다시 도입하고 복음의 정결한 가르침과 복음에 속한 자들을 억압하고 말살하려고 하기를 그 어떤 모습이 되었든 또 그 어떤 이름을 붙이든지 간에 하나님의 법뿐 아니라 그들을 반대로 하여 기록된 법을 거슬러서 지금 우리와 다른 이들에게 일어나고 있는 것 같은 일을 하려고 한다면, 하위의 하나님을 경외하는 권력은 자기들이 다스리는 자들과 함께 그런 불의한 권력을 방어하고 할 수 있는 만큼 방해하고 바른 가르침과 예배, 몸과 생명과 재산과 명예를 보호해야 한다.

이것을 진리로 증명하고자 우리는 다른 사람들이 이미 충분하게 했던 몇몇 근거들이 그대로 유효하게 하며 지금은 세 개의 강력한 근거들을 또한 제시하고자 하는데, 여기에서 우리는 쉽고 유익하게 이해가 되기를 바란다.

첫째 논증

세속 권력은 선을 찬양하고 악을 처벌하는 하나님의 질서이다(롬 13:1-5). 따라서 세속 권력이 선을 박해하고 악을 장려하기 시작하면—자기들이 그렇게 다루는 이 사안에서는—그것은 하나님의 질서가 아니라 마귀의 질서이다. 그래서 그러한 구상에 저항하는(widerstehet) 자는 하나님의 질서가 아니라 마귀의 질서에 저항하는 것이다. 하지만 저항하는 자는 그것을 자기의 정당한 소명 안에서 그리고 그것을 통해서 하도록 힘써야 한다.

이렇게 권력을 행사하는 세속권보다 더 높거나 동등한 다른 세속권 또는 그 권력 행사를 당하지만 역시나 높은 세속권에서 나온 하나님의 질서인 세속권의 가장 우선적인 소명이 나온다. 곧 하나님의 질서인 세속권은 선을 장려하고 악을 심판하며 자기 신하들을 하나님의 명령에 따라서 보호하고 인도한다. 높은 세속권이 하나님의 이 질서와 명령을 스스로 변경시킬 수 없다면 다른 것(세속권) 안에서도 변경시킬 수 없고 선을 박해하고 악을 장려하는 것을 허용할 수 없다. 자기가 하나님의 법과 자연 법을 변경시킬 수 없는 것처럼 말이다.

나아가서, 높은 세속권이 아래 세속권, 곧 악 안에서 따르기를 원하는 자가 아닌 아래 세속권을 폐하고 오히려 악 안에서 하고자 하는 세속권을 인정하는, 그러니까 악을 숭상하고 장려하고 선은 숭상하지 않고 파괴한다면 그 세속은 이렇게 폐하는 데에서는 하나님의 질서가 아니라 마귀의 질서이다. 선한 세속권을 폐함은 하나님 앞에서 효력이 없으며 이런 식으로 폐함을 당한 세속권은 하나님 앞에서 계속 자기 사람들에 대해서 자기의 직임을 행하는 책임(하나님에게 여전히 책임을 지고 있다), 곧 심은 대로 각자에게 그리고 바울이 누구라고 확정해서 말하지 않고 아무도 제외시키지 않은 것처럼 높은 자리에 있는 자에 대해서도 선을 행하고 악을 심판하는 책임을 지고 있다. 정말로 그가 폭군이 되었다면 그는 직책으로부터 마귀의 질서를 만들어낸다.……

둘째 논증

그리스도는 마태복음 22장 21절에서 강력한 '예'를 통해서 이것을 확증하며 둘을 함께 엮고 있다: 가이사의 것은 가이사에게 하나님의 것은 하나님께 주라. 여기에서 하나님의 십계명에서 보는 바와 같이 이런 방식으로 강력한 '아니'가 도출된다: (말하자면) 죄가 금지된 곳에 항상 십계명에서 요청하는 선행이 이행된다. 때문에 이 계명으로부터 첫째 도출되는 것은 사도 베드로가 규율과 명령을 주고 있듯이 하나님께 속한 것을 가이사에게 주면 안 된다는 사실이다: "사람보다 하나님께 순종하는 것이 마땅하니라"(행 5:29).

하나님을 거스르는 것을 보면서 세속권에게 순종을 거부하는 사람들은 그 세속권의 권위에 대해서 죄를 범하는 것이 아니고 폭도들과 반항적이고 옹고집 사람들로 비난 받으면 안 된다. 말하자면 다니엘이 왕 다리오에게 말한 바와 같이 말이다: "왕이시여, 나는 왕에게도 해를 끼치지 아니하였나이다"(단 6:23). 이것은 두 가지 근거에서 온다: 첫째, 세속권은 그런 무례한 순종을 하나님에 의해서 세워진 세속권으로서가 아니라 사람이 세운 권위로서 요구하기 때문이다. 곧 하나님의 말씀을 따르면 그 안에 다른 사람에 대한 권세를 갖지 않은 사람들이 세운 권세를 말한다; 사도들도 자신들의 말씀으로 그렇게 제시하고자 한 것으로 보인다. 다른 근거: 정당한 세속권이라고 하더라도 세상 일에서도 낮은 세속권의 법은 높은 세속권의 법에 저촉되면 안 되는 것과 같이 사람들의 법도 우리 하나님의 법에 굴복하여야 한다.

다른 한편: 그리스도께서는 하나님께 속한 것을 가이사에게 주는 것을 원하지 않은 것처럼 그분은 다른 자들에게 속하고 그들 고유의 것을 자기에게 주는 것을 원하지 않되 하나님의 법을 따라서도 안 하시고 가이사의 법을 따라서도 원하지 않으신다. 말하자면 황제가 나에게 나의 생명 또는 다른 자의 생명을 요구하며 내 아내 또는 내 딸의 명예 등을 요구한다면 나는 그에 대해서 그런 책임을 갖고 있지 않다.……

그래서 제후들과 제국의 다른 신분들은 황제가 죽는다면 그럼에도 불구하고 신분들은 여전히 유지되고 자기들에게 맡겨진 직무와 신분, 적법한 권력과 권세를 관장해야 한다. 말하자면 하나님에 의해서 엄중하게 명령을 받은 바를 말하는데, 곧 하나님을 모독하는 자들과 힘으로 다른 사람들도 모독자로 만들고 그렇게 강요하려고 하는 자들을 막고 그들을 심판하고 그 신하들을 그들로부터 해방시키는 것을 말한다. ─ 이 사람들은 전과 동일한 직무를 따라 황제 자신에 대해서도 황제가 자기의 직무 너머뿐 아니라 직무 반대로 행하고 하나님이 아니라 마귀의 질서와 명령으로부터 그렇게 행하려는 죄와 구상에 대해서 위에서 성 바울에게서(롬 13:1-7) 충분히 증명된 바와 같이 막아내어야 하는 권한과 의무를 가지고 있다(책임이 있다).……

셋째 논증
하나님께서는 최고의 세속권이 폭군이 되면 철저히 제한과 제제도 없이 그 신하들인 사람들에 의해서 폐함 받기를 원하신다면, 그 어떤 무질서한 도구와 또 하나님 말씀과 완전 상반된 것이 나오게 되겠는가! 우선적으로 그리고 첫째로 그로부터 도출될 것은 하나님께서 그 세속권을 임명하시고 이런 방식으로 제한도 받지 않고 폐하게 되도록 하시는 그 질서로 악을 보호하고 정말로 숭상하고 장려하시며, 반대로 선은 마찬가지로 제한하시고 막으신다는

결론이 나온다. 나아가서 그분의 마음속과 그분의 질서 안에서 하나님은 자신과 충돌하신다는 사실과 그분은 자기가 인류에게 유익을 주고자 해서 만드신 이 질서로 선보다는 해악을 더 조장하셨다는 사실이 도출될 것이다.

원전: Bekentnis Unter = richt und vermanung/ der Pfarr =|hern und Prediger/ der Christlichen | Kirchen zu Magdeburgk. | Anno 1550. Den 13. Aprilis (······), Magdeburg: Michael Lotter 1550, K Ir - 2r; L 1r - L 2r; L 3 ㅡ참고문헌: E. Hildebrandt, The Magdeburg Bekenntnis as a possible Link between German and English Resistance Theory in the Sixteenth Century: ARG 71 (1980) 227-253; W. Schulze, Zwingli, lutherisches Widerstandsdenken, monarchomachischer Widerstand: Zwingli u. Europe, hg. v. P. Blickle u.a., Zürich 1985, 199-216; R. v. Friedeburg, Widerstandsrecht und Konfessionskonflikt. Notwehr und Gemeiner Mann im deutsch-britischen Vergleich 1530-1669, Berlin 1999 (Schriften zur Europäischen Rechts-und Verfassungsgeschichte 27); Th. Kaufmann, Das Ende der Reformation. Magdeburgs >Herrgotts Kanzlei< 1548-1551/2), Tübingen 2003 (BHTh 123), 176-198; Chr. Strohm, Art. Widerstand II. Reformation und Neuzeit, in: TRE 35, 2003, 750-767; V. Leppin, Magdeburg und die Folgen. Zum lutherischen Beitrag zur Widerstandsdiskussion im 16. Jahrhundert, in: Martin Leiner u.a. (Hg.), Gott mehr gehorchen als den Menschen. Christliche Wurzeln, Zeitgeschichte und Gegenwart des Widerstandsrechs, Göttingen 2005, 99-111.

1) 미사 기도.
2) 성체봉송 행렬을 염두에 두고 있다.
3) 로마 제국의 최고 변경, 그러니까 황제 권위 영역 내에 있는 트리엔트에서 개최된 공의회는 1547년 3월 11일 핑계를 대고는 교회 국가 내에 있는 볼로냐로 옮겼다.
4) 아이슬레벤의 요한 아그리콜라(51번을 보라)는 아욱스부르크 잠정안 본문 작업에 동참하였다.

5) "잠정안 박사"의 정체는 아주 확실하지는 않다. 다시금 아그리콜라일 가능성이 있지만 분명하게 이렇게 표현하는 방식으로 명명하는 것은 그 반대를 말하고 있다. 그래서 플라키우스에게서 분명하게 비난성 이름이 나타나지 않는 멜란히톤을 생각하고 있다는 가능성이 있다(마인츠의 헨니히 위르젠 박사의 우호적인 조언).
6) 팜플렛 겉장, 곧 마르틴 루터에게 소급되는 그림을 주해하고 있다. 이 그림에서 교황이 보이는데, 그는 돼지를 타고 있으며 냄새나는 똥 덩어리를 왼 손으로 들고 오른 손으로는 이것을 축복하는 자세를 취하고 있다.
7) De cons. D. 2 c. 12 (Corpus Iuris Canonici, hg. v. E. Friedberg. Bd. 1, Leipzig 1879 [= Graz 1955], 1318).

57. 아욱스부르크 종교강화(1555년 9월 25일)

새로운 방향전환이 있은 다음에 작센의 모리츠(1541-1553)도 참여한 제후들의 반란은 개신교도들에게 유리하게 압박을 가하는 정치적인 상황을 새롭게 바꾸었다: 벌써 1552년 파싸우 조약은 신앙고백 문제에서는 그때까지의 상태를 인증하였다. 궁극적인 결정은 그 다음에 아욱스부르크 제국회의에서 이루어졌는데, 그 회의는―베른트 묄러의 말을 빌린다면―중세를 중세적인 수단으로 마무리를 하였다. 아욱스부르크 신앙고백과 유사한 고백들을 인정한다는 것은 이제 일면으로는 루터교도에게 유리한 보장을 의미했고―다른 한편으로는 재세례파와 스위스 개신교도들은 계속해서 제국의 강화체계 바깥에 머물렀다.

(우리는) 다음을 확증하고, 지시하고, 원하며 명한다, 곧 이후로 누구도…… 그 어떤 이유 때문이라도…… 다른 사람과 싸우고 전쟁하며 착취하면…… 안 된다. 그리고 그러한 조국의 평화가 신앙의 분열과의 관계에서도…… 더 한결같이 세워지고 유지되기 위해서는 황제의 존엄,…… 또 선제후들, 제후들, 신성한 제국의 의원들이 그 어떤 제국의회의 의원을 아욱스부르크 신앙고백 때문

에…… 폭력적으로 제압하거나…… 그밖에 이 아욱스부르크 신앙고백, 종교, 신앙, 교회 관습과 규정과 예식에 대한 그의…… 양심, 지식과 원함에 상반되게 다른 길로 몰아가면 안 되고…… 이 신앙에…… 평화스럽게 머물도록 해야 한다…… 반대로 아욱스부르크 신앙고백에 속한 제국의회의 의원들은 옛 종교에 속한 제국의회의 의원들, 곧 성직자 의원들이나 세속적 의원들을…… 마찬가지로 방해를 받지 않고 그들의 종교에 머물도록…… 해야 한다. 그렇지만 언급한 두 종교에 속하지 않은 다른 모든 신앙들은 이 평화 안에 있는 것이 아니라 완전히 제외되어야 한다.……

(성직의 보류): 대주교, 주교, 수도원장 또는 다른 성직자 제국의회 의원이 우리의 옛 종교를 떠나게 된다면, 그는 자기의 대주교구, 주교구, 수도원과 그 밖의 다른 특권들에서 즉시로 손을 떼야 한다,…… 하지만 자기 직분의 영예는 유지된다; 또한 참사회원들은ー이들에게 보편적인 법이나 교회와 종교단체의 관습법을 따라서 허락이 된 바와 같이ー옛 종교에 속한 한 인물을 선출할 수 있다.

그렇지만 어떤 제국의회 의원들은……, 몇몇 종교단체들, 수도원들과 또 다른 성직의 재산들을 몰수해서 교회들, 학교들, 자선과 다른 목적들을 위해서 사용하였는데, 이 몰수된 재산들과 제국의회 의원에게 속하지 않은 재산들과 파싸우 조약의 때나 그 이후에 성직자들이 그 소유권을 갖지 않았던 재산들도 이 강화 상태에…… 포함되어야 한다. 그런데 우리의…… 신하들이, 이들이 옛 종교나 아욱스부르크 신앙고백에 가담하기를 원하는데, 자기들의 종교 때문에…… 아내와 자녀들과 함께 다른 지역으로 옮겨 거주하기를 원한다면, 떠남과 합류, 또 자기의 소유와 재산을 파는 것도 농노에 대한 아주 정당한 세금과 추징세 납부와 함께 허락되고 용인되어야 한다. 말하자면…… 예부터 지켜왔던 바와 같이 말이다. 그렇지만 많은 자유도시들과 제국도시들 안에서는 두 종교가…… 지금까지 한동안 나란히 활성화되어 온 후인 터라 앞으로 도 그렇게 유지되어야 한다.

> 원전: K. Brandi (Hg.), Der Augsburger Religionsfriede vom 25. September 1555. Kritische Ausgabe des Textes mit den Entwürfen und der königlichen Deklaration, Göttingen ²1927. 번역: P. Börger (Hg.), Quellen zur Geschichte der Reformation. Quellensammlung zum Lehrbuch für die evangelische Unterweisung an höherren Schulen. Bd. 4, Heidelberg ²1960, 41f. — 참고문헌: G. Wolf, Der Augsburger Religionsfriede, Stuttgart 1890; V. H. Drecoll, Der Passauer Vertrag (1552). Einleitung und Edition, Berlin 2000 (AKG 79); M. Heckel, Ius reformandi. Auf dem Wege zum >modernen< Staatskirchenrecht im Konfessionellen Zeitalter, in: I. Dingel 외 (Hg.), Reformation und Recht. FS Seebaß, Gütersloh 2002, 75-126; A. Gotthard, Der Augsburger Religionsfriede, Münster 2004.

58. 요한네스 칼빈과 칼빈주의의 국제적인 확산

남독일을 비텐베르크 일치로 병합시킨 것은 종교개혁 내부에서의 차이를 잠재우지는 않았을지라도 우선적으로는 한 지붕 밑으로 끌어들였다. 비텐베르크와 갈라진 남독일 신학은 츠빙글리 사후 아주 취약해진 취리히 안에서 유지되어 갔는데, 여기에는 활기찬 목사 하인리히 불링어 (1504-1575)가 츠빙글리의 후계자로 등장하였다. 하지만 새로운 동력으로 이어진 것은 제네바에서 요한네스 칼빈의 활약에서 기인하였다(1509-1564): 연구에서 엄청나게 논쟁이 되는 개신교로의 >subita conversio<, 그러니까 이 새로운 움직임을 향한 예상하지 못한 변화 후에 그는 1534

년 자기의 학문의 장소인 파리를 떠났다. 1536년 그는 제네바의 종교개혁자 귀욤 파렐(1489-1565)에 의해서 그곳의 종교개혁의 동역자가 되었다. 그의 종교개혁 실행 때문에 제네바에서 일어난 싸움 때문에 슈트라스부르크에서의 피난 시절(1538-1541)을 제외하고는 그는 죽을 때까지 그 도시의 운명을 결정지었다. 거기에서 그는 신학적으로 또 사회적으로 독특한 타입의 종교개혁적인 기독교를 만들었는데, 외적인 사건들이 압박을 하는 가운데 점점 더 루터교회 너머의 독자적인 길로 나타났으며 특별히 그의 윤리적인 충격을 통해서 드러내었다. 종교개혁적인 개신교의 이 인물 또는 "칼빈주의" 안에서 프랑스와 네덜란드와 함께 서유럽, 결국에는 영국을 넘어 미국에 이르렀고 여기에서 미국 개신교의 폭넓은 범위에게 정신적 영향력을 행사하였다.

a) 제네바에서의 종교개혁

1. 한 수녀의 제네바 종교개혁 태동 체험

사보이의 클라라 수녀원의 귀족 출신 수녀 주시 잔느(1503-1561)는 불신에 가득찬 상태로 제네바에서 종교개혁 전개를 경험하였다. 적어도 1532년 그는 그 사건들을 연대표에 적어 놓기 시작했는데, 그 표는 마지막에는 1526년 제네바의 수녀원을 떠날 때인 1535년까지를 내포하고 있다. 그녀에게서 여러 다양한 이유 때문에 새로운 신앙을 받아들이지 못하는 옛 신앙인들의 불안과 고뇌가 나타나고 있다. 수녀들에게는 여기서 자주 종교적인 질문들 외에도 그녀들에게는 출신 가문을 떠나고 결혼 적령기를 넘어선 다음에는 더 이상 적당한 사회적 장소가 제공될 수 없다는 중대한 행동의 이유가 있었다.

이단들이 성-클라르의 수녀들의 저녁 기도를 교란시키고 있음. 성 시몬과 유다의 날[1]...... 성-클라르의 수녀들이 저녁 기도를 드리면서 수녀들을 방문한 몇 명의 부녀자들 뒤로 신경을 쓰지 않은 탓에 문이 열려 있던 기도 시간에 한 무리의 개떼가 교회로 쳐들어왔다. 그리고는 기도송을 하고 있는 수녀들에게 향했다. 그리고는 모두가 함께 머리를 높이 들고 날뛰는 늑대들처럼 목청껏 소리를 지르고 고함을 치며 날뛰었다; 지옥에서 오는 것처럼 보이는 그런 귀를 뚫고 들어오는 고함은 지금까지 들어 본 적이 없었다. 그들은 예배를 방해하려고 그렇게 하였다. 하지만 우리 하나님은 수녀들의 마음을 강하게 붙들어주셔서 그들을 인식하지 못할 정도로 신경을 쓰지 않게 되었고 모두가 엄청난 감동에 휩싸여서 그들 무리가 첫 시편에서부터 마지막 장까지 고함을 계속 질러댔지만 압도할 수 없을 정도로 수녀들은 소리를 높였다. 더 이상 그렇게 할 수 없다는 것을 깨닫자 자기들의 통상적인 의도를 나무로 만든 십자가에 드러내고 그것을 조각내어서 집회 앞에서 불 속에 던져 넣었다. 그리고는 그 발에 유물함이 들어 있는 성 우르줄라 상을 들어서-거기에 또한 헌금도 바쳤었다-그것을 깨뜨리려고 계단에 던지고 길바닥에 던져버렸다; 그리고는 그것도 불속에 던져버렸다. 그 때문에 수녀들은 너무나 슬퍼하였다. 그녀들의 고해신부와 또 그를 보좌하는 자들 중 한 명은 채플에 감금되었고 거기에서 저녁 기도를 드렸다. 그들이 모든 것을 보고 도시에서 온 사람들 중 일부를 알고 있었다; 다른 사람들은 독일 사람들이었다. 그들은 자기들을 드러내서 알아보게 하려고 하지 않았는데, 그렇지 않았다면 그들에게 분명 해를 끼쳤을 것이다.

원전: Jeanne de Jussie, Petite Chronique. Einleitung, Edition, Kommentar, v. H. Feld, Mainz 1996 (VIEG 167), 163f. 번역: Helmut Feld (Hg.), Jeanne de Jussie, Kleine Chronik. Bericht einer Nonne über die Anfänge der Reformation in Genf, Mainz 1996 (VIEG. Beih.), 96f.

2. 1537년 "제안들"

칼빈의 주도적인 참여 하에서 제네바 설교자들은 교회제도의 형성을 위한 제안들을 만들었는데, 이것을 그들은 1537년 1월 16일 의회에 제출하였다. 시의회를 통한 동의에도 불구하고 이 제안들은 교회 규정으로 전환되지 못하였지만 개혁교회의 삶의 개혁에 대한 표상과 그 신학적 근거 제시에 대해서 가늠할 수 있게 하고 있다.

가장 중요한 것은 성만찬이 더럽혀지거나 부정하게 되지 않는 것이다. 이것을 위해서 최고로 세밀하게 주의를 기울여야 한다. 성만찬은 우리 주 예수 그리스도의 지체들이 주님과 한 몸과 한 영 안에서 하나를 이루도록 하기 위해서 제시되고 제정되었다. 그렇게 불결하게 만드는 일은 현재 자기들의 악하고 부당한 삶은 절대로 예수께 속한 자들의 삶이 아니라는 것을 인정하지 않는 자들이 성찬에 참여하려고 오면서 일어나고 있다. 그분의 성례를 이런 식으로 불결하게 만들면서 말하자면 심각하게 우리 주님이 자신의 영광을 잃게 되는 것이다. 그래서 우리가 그런 방만함을 방지함으로 하나님의 불명예로 치달리는 그러한 불결하게 함이 우리 중에서 일어나지 않도록 하여야 한다. 거룩한 바울이 이 성찬을 합당하지 않게 다루는 자들에게 심한 보응을 예고하였기 때문이다(고전 11:29). 그래서 이 질서를 관철할 힘을 가진 자는 성찬에 오는 모든 사람들이 인정을 받은 예수 그리스도의 지체들이 되도록 힘을 기울여야 한다. 이런 이유로 우리 주님께서는 자기의 교회 안에서 훈계와 또 출교의 방식을 제정하셨다. 그분은 이렇게 함으로 온전하지 않고 기독교인에게 합당하지 않은 삶을 꾸려가는 자들과 모든 경고에도 불구하고 개선하고 바른 길로 돌이키려고 생각하지 않는 그런 사람들은 교회의 몸에서 제외되고, 말하자면 썩은 지체처럼 잘라 버려지게 되는 것을 원하셨다. 그들이 자기들의 잘못을 깨닫고 그 잘못과 자기들의 빈궁을 알아챌 때까지 말이다. 훈계를 할 때 말한 대로 처치하는 것이 교회의 주님이 마태복음 18장 15-17절에서 교회에게 명령으로 부과되었다.

때문에 우리가 관련되는 명령을 무시하고자 하지 않는다면 이것을 실천하여야 한다. 우리에게 결정적인 것은 성 바울이 디모데전서 1장과 고린도전서 5장 11절에서 한 경고이다: 자기를 기독교인이라고 하면서도 계속해서 쾌락을 탐하고 탐욕적이고 우상을 숭배하고 비방하고 술 취하고 도적질 하는 자들과 교제하면 안 된다.……

그래서 우리는 이제 교회가 주님의 이러한 지시를 진지하게 받아들이지 않으며 정당한 상태로 있을 수 없다는 것과 그 지시를 무시할 때 하나님의 엄한 보응을 두려워하지 않으면 안 되리라고 깨닫게 되었다. 그 지시를 다시 교회로 인도하는 것과 성경이 우리에게 제시하는 규범에 따라서 이행하는 것이 요청되는 것으로 보인다. 하지만 그럼에도 불구하고 다른 한편으로는 주님의 지시를 악한 활용으로 변조하고 못쓰게 만드는 불합리한 일이 일어나지 않도록 하는 일에 세심하게 주의해야 한다.

때문에 우리는 당신들이 선한 삶을 살고 좋은 평판이 있는 몇 사람들을 신실하고 매수당하지 않는 신앙인들 가운데에서 기쁘게 선발하도록 하자는 결론을 내렸다. 그들을 도시의 모든 구역에 배치하고 나서 각 사람의 삶과 행실을 감독하는 일을 맡겨야 한다. 혹시 각 사람에게서 중차대한 잘못을 보게 되면 한 명의 목사에게 알려서 잘못한 사람이 누가 되었든지 간에 경고를 받고 개선을 하도록 형제 사랑으로 권면 받도록 하여야 한다. 그런데 그러한 권면이 아무 의미가 없다는 것을 알게 되면 그 사람 자신의 마음을 교회적으로 알려지게 된다는 것을 그에게 드러내야 한다. 그래서 그가 자기 잘못을 알게 된다면 이미 이 처치 방법의 큰 소득이 보이게 된다. 하지만 그 사람이 들으려고 하지 않는다면 그런 임무를 부여 받은 자가 개입시킨 목사는 교회 모임에서 공개적으로 (publicquement en l'assemblee) 그가 개선되도록 노력했지만 소용이 없었다는 것을 알려야 할 때가 된 것이다. 그러면 그 사람이 완고하게 자기를 고집하려고 할는지에 대해서 알게 되고, 그러면 그 다음에 우선은 그를 출교할 때가 온 것이다. 말하자면 그는 기독교인들의 모임(la compagnie des crestiens)에서 제외되었고 자기의 수치 중에 얼마 동안 마귀의 권세 하에 있는 자로 여겨진다는 것을 말한다. 그가 자기의 회개와 후회를 깨달은 표시를 할 때까지 말이다. 이것에 대한 표식으로 그는 성찬에서 제외되어야 하며 다른 신앙인들에게 그 사람과는 친밀한 교제를 더 이상 가지지 않도록 조언하여야 한다. 하지만 기독교의 선포를 거듭해서 듣기 위해서는 설교에 참여하는 것은 중단하면 안 된다.

> 원전/번역: Calvin-Studienausgabe, hg. v. E. Busch u.a. Bd. 1: Reformatorische Anfänge (1533-1541), Teilbd. 1, Neukirchen-Vluyn 1994, 118-123 ─ 참고문헌: K. McDonnell, John Calvin, The Church and the Eucharist, Princeton 1967; W. Neuser, Calvin and Calvinismus. VI. Die Theologie Calvins. § 11: Kirche und Staat (Kirchenzucht), in: C. Andresen/ A. M. Ritter (Hg.), Handbuch der Dogmen-und Theologiegeschichte. Bd. 2, Göttingen ²1998, 265-268.

3. 칼빈의 신학적 프로그램: 추기경 사돌렛에게 주는 응답 (1539)

1538년 4월 제네바 시의회는 설교자 빌헬름 파렐(1489-1565)과 칼빈을 시에서 추방하고 ─ 이 상황에서 카르펜트라스(남 프랑스)의 주교인 추기경 야코포 사돌렛(1477-1547)은 제네바 사람들을 1539년 3월 한 문서를 통해서 옛 교회로 돌이키려고 하였다. 여기에 대해서 칼빈은 자기의 슈트라스부르크 추방지에서 응수하며 자기 신학을 철저하게 제시할 기회를 선용하였다.

영생과 하나님의 영광: 영생의 특권들을 찬양하면서 당신 편지의 거의 삼분의 일을 차지하는 당신의 서론 부분에서 내가 대답을 하면서 오래 떠나지 않은 것이 사실 노력의 보람은 없다. 왜냐하면 앞으로 올 생명으로 부르심은 밤낮으로 우리 귀에 들리게 하며 항상 우리가 기억하고 쉬지 않고 주목하여야 할 가치가 있다. 하지만 어떤 경건성의 특징을(religionis indicio) 권하려고 한다는 것을 빼놓는다면 왜 당신이 이 부분에서 그토록 멀리까지 당신 생각을 펼치고 있는지는 솔직히 나는 볼 수가 없다. 하지만 당신의 인격에 대한 모든 의심을 제거하고 당신이 하나님 앞에 있는 영광된 삶을 얼마나 진지하게 생각하고 있는가를 증명하려고 하며, 또 당신 편지의 수신자들을 당신이 이 긴 권면으로 감동을 주고 고무시키지 않으면 안 되겠다고 생각하기 때문일 것이다.……: 어쨌든 간에 사람들을 어떤 방법으로 자기와 관계를 맺게 만들어서 하나님 영광(Domini gloria)을 드러내려는 열정이 더는 자기 삶의 원리(principium)로 눈앞에 제시하지 않도록 하는 것은 너무도 신학적인 일이 아니다. 말하자면 우리 자신이 아니고 하나님에게는 우리는 일단 세상에 살고 있다. 하나님에게서 만물이 나오고 그 분 안에 자기의 근본을 두고 있는 바와 같이 바울이 로마서 11장 36절에서 말하고 있듯이 만물은 또한 그분과 관계하고 있어야 한다. 하나님께서 더욱 자기 이름을 영화롭게 하려고 인간을 취하기 위해서 하나님은 자기 영화를 높이고 퍼뜨리려는 열정에 기준을 두셨다고 나는 고백한다: 그의 영광은 끊임없이 우리 자신들의 구원과 결부되어야 한다. 하지만 그분이 이 열심은 그 어떤 선과 안락함(cuiuslibet bonum et commodum)을 향한 모든 생각을 초월해야 한다고 우리에게 가르치신다 — 또한 하나님의 것에 다른 모든 것들보다 우월함을 인정하지 않는 곳에서는 하나님에게 자기 것이란 걸맞지 않는다는 것을 이미 본능의 의도는 가르쳐주고 있다. — 그렇다면 기독교인들의 의무는 자기 영혼의 구원을 추구하며 자기만을 염려하는 것 이상으로 자신을 고양시키는 것이라는 것은 분명하다. 때문에 천상의 삶을 추구하도록 세밀하고도 조심스러운 경고, 곧 인간을 그저 자기 자신에게만 붙들어놓으며 그 사람을 하다못해 은을 가지고라도 하나님 이름을 영화롭게 하도록 드높이지 않는 그런 경고를 관심이 없다고 하지 않는 사람을 나는 정말로 경건한 사람이라고 여기지 않는다. 하지만 이 영화롭게 함 외에 내가 당신에게 기꺼이 동의하는 바와 같이 우리의 온 생애 내내 다음의 것 말고 다른 목표가 우리 눈앞에 있으면 안 된다: 우리의 천상의 부름을 좇아가는 것. 이것을 하나님께서 우리의 언행심사의 흔들리지 않는 지향점으로 주셨기 때문이다. 복된 영원을 향한 소망 안에서 하나님과의 영적인 교제 말고 동물 보다 인간의 다른 우월함도 없다. 우리 설교에서 이것을 명상하고 추구하는 데로(ad meditationem studiumque) 우리 마음을 일깨우는 것 말고 달리 우리가 할 것이 없다.

바른 교회: 사돌렛이여, 이 자발적인 고백을 가지고 당신은 스스로 나의 방어에 근거를 놓았다. 당신이 하나님의 진리가 거짓으로 된 공상들의 폐기물들을 통해서 왜곡된다면 그것이 바로 영혼의 죽음이고 끔찍한 결말이라는 것을 대놓고 당신이 인정한다면 우리에게는 우리 양측에서 어느 쪽이 본질적으로 오직 바른 예배(cultus ille Dei, qui unus est legitimus)를 보존하고 있는지 조사해볼 일만 남았다. 당신 측이라고 하려면 여기에 대한 반석같이 굳센 기준이 교회의 규범(regula, quae ab ecclesia praescribitur)이라는 전제에서 해야 한다. 하지만 마치 우리가

여기서 당신들에게 저항하고자 하는 것처럼 당신은 이 문장을 다시금 논의하자고 한다. 마치 의심스러운 일에서 하는 듯이 말이다. 하지만 사돌렛이여, 이를 위해서 당신이 얼마나 불필요하게 애를 쓰게 되는가를 알기 때문에 이 노력을 절약하게 하고자 한다. 말하자면 당신은 정말로 가톨릭 교회가 해 왔던 것처럼 우리가 기독교를 이러한 종류의 하나님 높이는 데에서 끊으려고 한다는 잘못된 생각에서 출발하고 있다. 하지만 당신들은 교회에 대해서 허무맹랑한 관념을 갖고 있든지 아니면 확실한 앎과 바람 안에서 망상을 만들고 있다. 바로 이어서 당신의 이 시도를 드러낼 것이다. 하지만 당신에게는 여기저기에서 오류가 도사리고 있을 수 있다. 우선 교회의 정의에서 당신은 자신이 바른 이해를 하는데 적지 않게 도움이 될 수 있었던 것(특징)을 간과하고 있다. 말하자면 당신이 (가톨릭) 교회를 이루는 것은 "오늘날과 똑같이 지난 과거 내내 교회는 온 세상에서 그리스도 안에서 하나였고 항상 어디에서나 그리스도의 영에 의해서 인도를 받았다"[2]는 사실이라고 당신이 말한다고 하자: 하나님의 말씀, 곧 주님께서 교회의 표지로 우리 마음에 그토록 자주 주셨던 가장 분명한 특징(nota)은 어디에 있는가? 곧 그분은 하나님의 말씀이 없이 그저 입으로만 영을 언급하는 것이 얼마나 위험스러운가를 예견하셨을 때 교회는 성령의 인도를 받지만 이 인도는 말씀에 결합되어 있어서 교회를 막연하고 불확실한 것으로 여길 수 없도록 명령하셨다.

이 의미에서 그리스도께서 외치신다: 하나님의 말씀을 듣는 자는 하나님에게서 오며, 그의 음성을 자기 목자의 음성으로 아는 자가 자신의 양이다; 다른 자의 음성 (듣는 자는) 다른 사람에게 속하는 자이다(요 10:27). 이런 뜻에서 바울의 입을 통해서 영이 선포하시기를 교회는 사도들과 선지자들의 기초 위에 세워져 있다(엡 2:20). 또 교회는 생명의 말씀 안에서 성령을 통해서 자기 하나님을 위해서 거룩하게 되었다(엡 5:26). 베드로의 입을 통해서 더욱 분명하게 같은 것을 말한다: 썩지 아니할 씨로부터 한 백성이 하나님에게 거듭 났느니라(벧전 1:23). 마지막으로: 복음의 설교가 천상의 왕이 자기 백성을 인도할 때 사용하는 홀이 아니라면 왜 그토록 종종 설교를 하나님 나라와 동등한 것으로 여겼겠는가? 이것을 당신은 사도들의 편지들에서 발견할 뿐 아니다. 오히려 그렇게 자주 선지자들은 교회의 갱신과 온 세상에 교회의 편만해짐을 예언하고 있다: 그들은 항상 말씀에 첫째 자리를 할애하고 있다. "그날에 생수가 예루살렘에서 발원해서 네 개의 지류로 나누어져서 온 땅에 넘쳐흐르리라"(슥 14:8). 그런데 어떤 종류의 생수인가에 관해서 그들은 다음과 같이 말하면서 설명하고 있다: "율법이 시온에서 나올 것이요 여호와의 말씀이 예루살렘에서부터 나올 것이라"(사 2:3): 영을 구실로 삼아서 우리를 복음의 단순한 가르침에서 끊어내려고 하는 자들을 모두 크리소스토모스가 자기 생각을 가지고 거부한 것은 옳다. 왜냐하면 영은 새로운 가르침을 계시하려는 목적이 아니라 복음의 진리를 사람들의 마음에 새겨주려고 약속되었기 때문이다.

바른 교회의 표지들: 교회를 안전하게 하며 교회가 우선적으로 의지할 것은 세 부분이다: 가르침, 제도, 성례전(doctrina, disciplina et sacramenta). 네 번째 자리에 백성들을 예배 행위로 인도하는 외적인 예식들(caeremoniae)이 더 온다.……

이제 당신은 원한다면 우리를 오직 이 기준을 따라 판단하라! 당신이 우리에게 강요하는 그 범죄를 가지고 우리가 잘못했다고 판단할 수 있다는 것은 너무도 황당한 것이다! 성례전에서 우리는 상실해버린 원래의 정결함을 다시 복원하고 그렇게 함으로써 옛 지위를 되돌려주는 것 빼고 다른 것은 하지 않았다. 예식들을 우리는 대폭 제거하였다. 물론 피치 못해서 그렇게 하였다: 한편으로 예식들은 그 엄청난 수효 때문에 유대교적인 행동에 박차를 가

했고 다른 한편으로는 미신적인 생각들을 사람들 가운데 너무도 많이 가지고 와서 제의들이 장려했어야 하는 경건을 심각하게 방해하는 일 외에는 존재의 이유가 없을 정도가 되었기 때문이다. 그럼에도 불구하고 우리는 시대의 필요에 어느 정도는 부응하는 것으로 보이는 것은 유지하고 있다. 과거에 효력을 발휘하였던 교회의 규율이 우리에게 없다는 것은 논박하지 않는다. 하지만 바로 여기에 지금까지 한 것이라고는 규율을 그루터기까지 제거해버리고 그것을 정당하게 되돌리려는 모든 우리의 노력을 오늘날까지 방해하는 자들이 공교롭게도 그 규율 근절 탓에 우리를 비난한다면 그것을 동의하기 위한 감정이 있다.

칭의론: 이 밖에도 당신은 그 당신의 증언으로 우리에게 무죄 선고를 하고 있는 것이다: 당신이 받아들여야 한다고 확실하게 생각할 우리 가르침들(dogmata) 중에서 교회를 세우는데에 그 지식이 아주 필요하지 않을 수 있는 가르침을 당신은 하나도 제시하지 못한다. 믿음으로 의롭다 함(fidei iustificatio)을 당신은 가장 우선 취급하고 있다.[3] 여기에 관해서 우리도 당신과 가장 우선되며 가장 치열한 싸움을 하고 있다. 칭의론이 황당하고 무익한 질문들의 하나인가? 그렇지 않다. 그 지식이 사라진다면 그리스도의 영광이 소멸되며, 신앙은 폐기되고 교회는 파괴되며 우리 구원의 소망은 완전히 좌초되고 만다. 그래서 신앙의 핵심인 이 가르침이 당신에 의해서 하나님의 법에 반해서 인간의 의식에서 근절되어 버렸다고 우리는 주장한다. 이 사안에서의 명백한 증명을 우리의 책이 제시하고 있다. 당신들의 공동체 안에서 오늘날까지도 이 문제에 대해서 지배적인 그 소름끼치는 무지는 우리가 절대로 잘못된 비난을 하지 않고 있다는 것을 보여준다. 당신은 명백한 악에서 출발해서 악한 비방을 우리에게 뒤집어씌우고 있고 우리는 모든 것을 신앙에 의지해서 하며 행위를 위해서는 어떤 여지도 남기

고 있지 않다. 이 자리에서는 제대로 된 논의를 하고 싶지 않다. 이는 하나의 큰 책에서나 마무리할 수 있는 것이기 때문이다. 하지만 내가 제네바 교인들의 목사로 활동하던 시절[4] 그들을 위해서 집필한 교리문답서를 당신이 들여다보게 된다면 당신을 굴복시키고 입을 다물도록 하는 데에는 세 단어면 충분할 것이다. 하지만 여기서는 거기에 대해서 우리가 말한 것을 당신에게 짧게 제시하고자 한다.

 제일 먼저 우리는 사람들이 자기 인식에서 시작하도록 하며, 이것을 경솔하고 겉으로만 하는 것이 아니라 자기 양심을 걸고 하나님의 심판대 앞에서 해야 한다. 그 다음에 자신의 불의함의 상태가 입증이 되면 그는 즉시로 모든 죄인들 위에 떨어지는 선고의 무자비함도 생각하게 된다. 그 사람은 그 깨달음으로부터 오는 자기의 비참함으로 인해서 이끌려 바닥에 주저앉아서 하나님 앞에 자신을 내려놓고 스스로를 낮춘다(humilietur): 모든 자기 신뢰를 버리고 자신이 극도의 파멸에 내던져진 듯이 탄식한다. 그러면 우리는 그에게 그 사람 구원의 유일한 정박지, 곧 그리스도 안에서 우리에게 주어진 하나님의 자비를 보여주는데, 그분 안에서 우리 구원에 필요한 모든 것이 이미 이루어졌다. 그래서 사멸할 것들은 모두 하나님 앞에서 죄인으로서 버림을 받았기 때문에 우리는 그리스도를 우리의 유일한 의라고 부른다: 그분은 자신의 순종으로 우리의 범죄를 없애버리셨고 자신의 희생으로 하나님의 진노를 잠재우셨고 자신의 죽음으로 우리를 위해서 모든 것을 탕감하셨다. 그러니까 이러한 방식으로 그리스도 안에서 인간은 하나님, 곧 아버지와 화해가 된다는 것을 우리는 가르친다: 그 어떤 공로도 아니고 그 공로의 합당성 때문도 아니고 오직 거저 주어진 자비하심으로(gratuita clementia) 된 것이다. 하지만 우리는 믿음으로 그리스도를 붙들고, 말하자면 그분과 교제에 들어가기 때문에 이 신앙을 우리는 성경의 방식을 따라서 믿음의 의라고 한다

(fidei iustitia).

> 원전: Calvin-Studienausgabe, hg. v. E. Busch u.a. Bd. 1: Reformatorische Anfänge (1533-1541), Neukirchen-Vluyn 1994, 360-367.370-377 —참고문헌: R. M. Douglas, Jacopo Sadoleto (1477-1547). Humanist und Reformer, Cambridge/Mass. 1959; T. Stadtland, Rechtfertigung und Heiligun bei Calvin, Neukirchen-Vluyn 1972; H. Feld, Um die reine Lehre des Evangeliums. Calvins Kontroverse mit Sadoleto 1539, in: Catholica 36 (1982) 150-180.

4. 티구리누스 합의(1549)

잠정안 이후 제국에서의 개신교도들에게 긴장된 상황은 스위스 개신교도들을 서로 더 가깝게 만들었다: 무엇보다도 츠빙글리의 후계자 하인리히 불링어(1504-1575)가 작성한 본문에 기초를 두고—이후에 이루어진 교정들과 함께—1549년 5월 20일 취리히의 개신교도들과 제네바 교인들이 성만찬에서 일치를 이루는 일이 성사되었다—이 "취리히 일치"는 독자적이고 자체적으로 완결된 개혁교회의 고백이 탄생하는 데에 결정적인 의미를 얻었다.

7. 성례전의 목적

성례전들은 기독교 신앙고백과 기독교 사회 또는 형제애의 상징과 징표(notae…… ac tesserae)가 되려고 있는 것이다. 감사와 또 신앙과 하나님 경외의 삶의 연습을 위한 동기부여가 되어야 하며, 마지막으로 (그것들은) 모든 것을 (우리를 위해서) 구속력 있게 만드는 책임의 상징이다. 하지만 다른 모든 목적 규정들 중에서 하나가 아주 중요하다: 성례전을 통해서 하나님께서 우리에게 자신의 은혜를 증거하시고 현재화시키시고 인을 치신다. 성례전은 말씀을 통해서 선포된 것 말고 다른 어떤 것을 의미하지 않는다고 하더라도 우리에게는 (성례전을 통해서)−이것이 엄청난 것인데−어느 정도 생생하게 형상들이 눈앞에 제시된다는 것이다: 우리의 감각들을 더 잘 감동시킨다; 마찬가지로 우리에게 그리스도의 죽음과 그분의 모든 자비를 상기시키면서 실제 자체로 인도한다. 이렇게 함으로써 신앙은 더 강력하게 움직이게 되며 도장을 찍는 것처럼 하나님께서 말씀하신 것이 인증받고 효력을 발하도록 한다.

8. 성례전이 실제로(vere) 제시하는 바를 하나님께서 실제적으로 허락하신다. 감사드림.

하나님에 의해서 우리에게 주어진 그분 은혜의 증거들과 인증이 참이기 때문에 그분은 우리 자신에게 실제적으로 의심의 여지없이 자신의 영으로 말미암아 내면적으로(intus, suo spiritu) 성례전이 눈과 다른 감각에게 제시한 것을 허락하시는데−곧 우리가 원천이신 그리스도의 모든 소유가 된다는 것과 그 다음에 그분 죽음의 자비 행위로 인해서 하나님과 평화를 갖게 되고 영을 통해서 삶의 거룩함으로 갱신되며(spiritu renovemur in vitae sanctitatem) 마지막으로 칭의와 구원을 얻는다는 것을 허락하신다. 동시에 우리는 과거에 십자가에서 증명이 되고 우리가 날마다 믿음으로 받고 있는 모든 자비하심에 대해서 감사를 한다.

9. 상징들과 이것들을 통해서 표현이 되는 실제는 구분되어야 한다.

그래서 우리가 상징과 그것을 통해서 상징이 되는 실제 사이에 (inter signa et res signatas)[5] 구분을 한다고 하더라도 우리는 실제성(실제 자체)(veritas)을 상징에서 떼어놓지 않는다. 거기에서 제시된 약속들을 믿음 안에서 붙드는 사람은 모두 그리스도와 그분의 영적인 은사를 영적으로 받는다는 것, 곧 그전에 이미 그리스도의 지체된 자들은 (그분과의) 교제를 지속시키고 새롭게 한다는 것을 우리는 고백하기 때문이다.……

15. 성례전은 어떤 식으로 효력을 발휘하는가
성례전이 징표(sigillum)라고 부르고 있다면, 성례전은 믿음에게 자양분을 주고 강화시키고 장려를 하는 것이다. 그렇더라도 성령만이 본래 징표이며 성령이 믿음의 출발이요 완성이다. 성례전에 속한 것은 모두 하위의 의미를 가진 것이어서 우리 구원의 아주 작은 부분일지라도 그 구원을 일으키시는 유일한 분에게서 떠나서 피조물이나 (성례전의) 재료들에게 공을 돌리게 되어서는 안 되어야 하기 때문이다.

16. 성례에 참여하는 사람 모두가 (성례전의) 실제에 참여하지 않는다.
그밖에 우리가 강조하여 가르치는 바는 하나님은 자신의 능력을 아무런 차이가 없이 성례를 받는 사람 모두에게 증명하시지 않고 오직 선택된 자들에게만 하신다. 하나님은 앞서서 생명으로 선택하신 자들만을 믿도록 조명하시는 것과 마찬가지로 자신의 영의 비밀스러운 능력으로 말미암아서(arcana spiritus sui virtus) 능력을 발휘하셔서 선택된 자들이 성례전이 주는 바를 받게 하신다.

19. 믿는 자들은 성례전을 활용하기 전에 하는 것과 나란히 병행해서도 그리스도와 사귐을 갖는다.
하지만 성례전 활용이 혹시 믿는 자들이 성례전을 멀리하는 때에는 더는 유익하지 않고, 또 심지어 성례전 활용이 그들에게 파멸에 이르게도 할 수 있는 바와 같이 믿는 자들에게는 성례전을 활용하지 않는 때에는 성례전 안에 제시된 실제는 효력을 발한다.

이렇게 세례에서 바울의 죄, 곧 그 이전에 이미 씻김을 받은 죄가 씻어졌다(행 9:15-19). 이렇게 세례도 고넬료에게는 그가 비록 이미 성령을 선물로 받았음에도 불구하고 중생의 목욕이었다(해 10:45.48). 이렇게 그리스도는 성만찬에서 우리에게 자신을 주시는데, 그분은 이미 이전에 자신을 선물로 주셨고 꾸준히 우리 안에 계시는 분이시다. 각자가 자기를 점검하도록 지시를 받는다면 여기서 도출되는 바는 그 사람이 성례를 받게 되기 전에 믿음이 전제되어야 한다는 사실이다(고전 11:28). 하지만 그리스도가 없는 신앙이 없지만 성례전으로 믿음이 강화되고 자라고 또 하나님의 은사가 우리 안에서 강화되고 그러면서 그리스도도 우리 안에서 자라고 그분 안에서 우리도 자란다.

> 원전: Calvin-Studienausgabe, hg. v. E. Busch u.a. Bd. 4: Reformatorische Klärungen, Neukirchen-Vluyn 2002, 16-23.
> —참고문헌: E. Bizer, Studien zur Geschichte des Abendmalsstreites im 16. Jahrhundert, Gütersloh 1940 (= Darmstadt ³1972), 243-274; O. E. Strasser, Der Consensus Tigurinus, in: Zwingliana 9 (1949) 1-16; U. Gäbler, Das Zustandekommen des Consensus Tigurinus im Jahre 1549, in: ThLZ 104 (1979) 322-332.

5. 세르베투스 고발(1553)

스페인의 의사 미셸 세르베(1509/1511-1553), 그의 주석활동에 근거해서 구약과 사도들은 마지막에 하나님에 관해서 양태론적 이론을 가르쳤으며 그 이론에 따르면 성부와 성자와 성령은 그저 한 하나님의 보이는 양태의 방식일 뿐이라는 결론에 이르렀다; 그래서 그는 과격하게 고대 교회의 삼위일체론을 공격하였다. 아마도 이미 칼빈의 도움 하에서 1553

년 로마 가톨릭에 속한 비엔나에서 체포되었다. 여기에 칼빈이 개입되어 있다는 것을 모르는 채 그는 제네바로 도망하였고 여기에서 재판이 이루어졌다. 고발자 니콜라우스 폰테인의 고소장은 대부분 칼빈에게서 왔다. 시의회는 바젤, 베른, 샤프하우제, 취리히의 인증을 받아낸 다음에 세르베를 사형 선고를 하였고 1553년 10월 27일 집행되었다. 문제의 소지가 있는 이 결정과 함께 개혁교회 개신교는 반상위일체론적 움직임에 분명한 선을 그었는데, 이 움직임은 특히 이태리와 중부 동유럽에 그 영향력을 행사하게 되었다.

니콜라우스 드 라퐁텐, 곧 미셀 세르베를 반대해서 일어나 그 때문에 그를 재판에 회부시킨 그가 제시하고 있다:
I. 첫째, 24년 전에 독일 교회를 자기의 오류와 잘못된 가르침으로(erreurs et heresies) 혼란스럽게 만들기 시작한 그 사람(세르베)은 심판을 받았고 도망함으로 자기에게 선고한 처벌에서 도망하였다.……
VII. 이 도망자는 자기 참람함과 이단 사설을 선한 가르침일 뿐이라는 것을 모색할 수 있었고 주장하였기 때문에 언급한 니콜라우스는 말한 이 이단에게 심문한 몇 개의 조항들을 언급하고 있다.
VIII. 말하자면 이것이다: 한 분 하나님 안에 세 분의 서로 다른 인격들, 곧 성부와 성자와 성령이 있다는 것을 믿는 자는 사람이 상상할 수도 없고 그래서도 안 되는 네 개의 유령을 만들어내고 있다고 쓰고 가르치고 공개적으로 퍼뜨렸는지.
IX. 마찬가지로, 하나님 존재 안에 있는 그러한 구분은 세 부분으로 나누어진 하나님을 만들어내고 있다는 것을 의미하며, 그래서 그것은 제르베루스, 곧 옛 시인들이 지옥의 개, 곧 괴물이라고 하는 세 개의 머리를 가진 하나의 마귀라는 것; 또 그와 비슷한 비방들도 더 있다고.
X. 또, 혹 그가 비방과 모욕을 심지어 성 암브로시우스, 아우구

스티누스, 크리소스토모스, 아타나시우스[6] 그리고 오늘날 기독교를 재건 작업에 활약하는 자들 모두를 반대할 정도로 했는지, 심지어 멜란히톤을 믿음도 없는 사람이고 마귀와 벨리알과 사탄의 아들이라고 하였는지.

XI. 마찬가지로, 우리 예수 그리스도는 동정녀 마리아 뱃속에서 성령으로 인해서 잉태되었다는 사실 때문이 아니라면 하나님의 아들이 아니라고 말하지 않았는지.

XXIX. 또한, 사람의 영혼은 죽게 되어 있으며 재료가 되는 숨결만이 불멸적이며, 이 숨결은 예수 그리스도가 하늘에서 갖고 있으며 그 재료가 되며 신적이고 파괴될 수 없는 성령의 본질인 그 본질을 제시하고 있다고……

XXXII. 또, 어린 아이들은 죄가 없으며 때문에 그들이 성장할 때까지는 구원에는 아무 것도 해낼 것이 없었을 것이라고……

XXXIV. 또, 유아세례는 온 기독교 세계를 망가뜨리려는 목적으로 마귀가 만들어낸 것이고, 지옥의 오류라고……

XXXVI. 또한, 철학자들이 세계는 거대한 하나님이라고 말하면 잘못한 것이라고 그가 가르치면서도 예수 그리스도가 사람인 한에서는 항상 하나님 안에 있었고, 그에게서 세상의 신이 유래한다고 주장하는 것.

XXXIX. 또, 그가 선생인 칼빈, 곧 이곳 제네바 교회에서 하나님 말씀 선포자라는 인물의 이름으로 인쇄된 말씀으로 이곳에서 선포된 가르침을 그저 상상만 할 수 있는 온갖 모욕과 비방으로 모독하였다는 것.

XL. 언급된 그의 책이 기독교 세계의 모든 근거를 파괴하기 때문에 단 한 번도 교황주의자들 가운데에서 인정을 받지 못한다는 사실을 잘 알았기 때문에 그는 빌헬름 구루[7], 곧 당시 책의 교정자였던 그를 방패로 내세웠는데, 이는 구루 자신이 밝힌 바이다.

니콜라우스는 세르베에게 그 가르침들이 참인지 아닌지에 관한 논박이 일어나지 않으면서 제시한 조항들에 대해서 말을 하지 않으면 안 되도록 압박을 받을 정도로 요구하였는데, 이는 논박이 이 다음에 일어나게 되어 있기 때문이다.

> 원전: CR 36,728-731. ─참고문헌: V. Gitermann, Der Prozeß des Michael Servetus, in: GWU 5 (1954) 147-161.433-435; R.H. Bainton, Michael Servet 1511-1553), Gütersloh 1960 (SVRG 178); M. Hillar, The Case of Michael Servetus (1511-1553). The Turning Point in the Struggle for Freedom of Conscience, Lewiston, N.Y. 1997 (TSR 74); J. Friedman, Michael Servetus. A Case Study in Total Heresy, Genf 1978; J. Fridman, Art. Servet, Michael, in: TRE 31, 2000, 173-176.

6. 기독교강요(1559)

1530년대 중반 칼빈은 자신의 "기독교강요(Institutio christianae religionis)"에 힘을 쏟으면서 많은 교정을 하여 출판하도록 하였다. 그 첫 판은 칼빈이 자기의 프랑스 고향을 떠나야만 했던 1535년 바젤에서 등장하였다. 그가 슈트라스부르크에서 피난생활을 하던 1539년, 그리고 1543년 1550년 그리고 마지막으로 1559년 판들이 이어졌다. 첫째 판에서는 루터의 소교리문답의 목차를 따른 여섯 장으로 되었던 그 제목(강요)대로 소개서로 구상이 되었던 이 책은 포괄적이며 80개 장을 가진 네 권의 책으로 나누어진 교의서가 되었고 개혁교회 신학의 토대가 되었다.

제1권: 창조주 하나님의 인식

제1장: 하나님 인식과 자기 인식은 서로 관련이 있다; 이 관계의 본질이 여기서 제시될 것이다.

1. 정말 지혜라는 이름에 걸맞고 신뢰할 만 하다면 우리의 모든

지혜는 근본적으로 단 두 가지 내용을 내포한다: 하나님 인식과 우리 자신 인식(Dei cognitio et nostri). 그런데 이 둘은 중첩되어서 관련이 있고, 그래서 첫째 자리에는 어떤 점에서 다른 것을 가능하게 하는가를 그렇게 간단하게 말해서는 안 된다.

말하자면 인간이 하나님 안에서 "살고" 또 "기동하는"(행 17:28) 그분을 바라보는 것에 자기 마음을 향하지 않으면서 자신을 깨달을 수 있는 사람은 없다. 우리의 소유인 모든 은사를 우리가 우리 스스로에게서 가진 것이 아니라는 것은 명백하기 때문이다. 인간이라는 우리 존재 자체마저도 우리가 우리 존재를 그 한 분 하나님 안에서 갖고 있다는(nihil aliud…… quam in uno Deo) 거기에만 있다! 그리고 둘째로 이 선물들은 빗방울처럼 하늘로부터 우리에게로 내려와서 시냇물인 우리를 샘으로 이끌어준다. 하지만 우리의 궁핍함 안에서 하나님 안에 있는 넘치도록 풍성한 자비를 더욱 분명하게 깨달을 수 있게 된다. 특별히 첫 사람의 타락이 우리를 헤어 나오지 못하도록 몰아넣은 그 가슴 아픈 분열이 우리 눈을 위로 치켜뜨도록 강요한다: 굶주리고 고통에 시달리며 우리는 우리에게 없는 것을 하나님께 간구하지만 동시에 두려움과 공포 가운데에서 겸손을 배운다. 인간은 모든 면에서 자기 안에 불행의 세계를 가지고 있으며 그래서 우리가 하나님의 장식(divinus ornatus)을 잃어버리고부터 우리의 치욕적인 알몸은 끝없이 많은 해악을 드러나게 한다. 그런데 그게 사실이라면 필연적으로 모든 사람은 자신의 구제 불가능한 상황 인식으로부터 최소한 하나님에 대한 그 어떤 지식으로 내몰리게 되어 있다! 우리의 무지, 허무함, 궁핍, 연약함, 악함, 파멸을 우리는 깨닫는다 — 그러면 오직 하나님 안에서만 지혜의 참된 빛, 실제적 능력과 덕, 측량할 수 없는 모든 선과 정결한 의의 풍성을 발견해야 한다는 데로 우리가 가게 된다. 이런 식으로 우리를 우리의 고통이 하나님의 자비를 깨닫도록 하는데, 그러면 우리 자신이 싫어지기 시작하면 진지하게 그분을 향해서 우리가 팔을 뻗게 된다. 모든 사람은 자신을 의지하는 것을 엄청 즐거워하는데—또 항상 가능하다—그것은 아직 자기 자신을 모를 때이다. 자신의 능력을 기뻐하며 자기 비참함을 모르거나 알려고 하지 않을 때에나 그러한 것이다. 자기를 아는 자는 그 사실로 말미암아 하나님을 찾도록 자극을 받게 될 뿐 아니라 어느 정도까지는 손으로 그분을 발견하는 데로 인도를 받게 된다.

2. 하지만 다른 한편으로는 사람이 거기에 앞서서 하나님 얼굴을 보지 않고(nisi prius Dei faciem sit contemplatus) 이렇게 봄으로 해서 자기 자신을 바라보는 데로 가지 않고는 자기 자신을 참으로 아는 데에 결코 다다를 수 없다. 우리는 태어나기를 엄청난 교만을 가지고 있으며, 그 때문에 우리 불의, 더러움, 어리석음, 부정함을 간단명료한 증명이 제시하고 그렇게 인도하지 않으면 항상 아주 정결하고, 지혜롭고 거룩한 것으로 나타나기 때문이다. 우리가 그저 우리 자신만 보고 동시에 하나님은 보지 않으면 여기에 이르지 못한다; 그런데 하나님은 (우리 자신에 대한) 그런 판단이 이루어질 수 있도록 하는 유일한 기준이시기 때문이다. 우리는 본성이 모두 위선을 향하여 있으며 공허한 의의 겉모습이 오직 의 자체만이 (본래적으로) 할 수 있는 것과 똑같이 우리를 만족시킨다. 우리 아래에 그리고 우리에게는 끔찍한 불결함으로 오염되지 않은 것은 찾아볼 수가 없기 때문에 우리가 인간의 불결함의 경계 너머로 눈길을 주지 않는 한에서는 그저 조금 덜 오염된 것이 이것을 우리가 아주 정결하다고 여기기 때문에 그것이 우리를 열광하게 만든다.……

제2장: 하나님 인식의 본질과 과제

하나님 인식이라는 것으로 나는 "하나님은 한 분이시다."를 아는 것만을 생각하지 않는다. 우리로 하여금 그분에 대해서 필히 알도록 하는 것, 그분의 영광이 되도록 하는 것, 우리에게 유익한 것도 붙들어야 한다. 경외(religio)와 경건이 없는 곳에서는 참 하나님 인식을 말할 수 없기 때문이다. 버림받고 저주받은 인간이 중보자인 그리스도 안에서 하나님을 구원자로 붙들게 만드는 그런 방식의 하나님 인식을 나는 단 한 번도 생각해 본 적이 없다. 여기에서는 아담이 타락하지 않았다면 본성의 질서가 이미 이끌어 줄 그러한 근원적이고 단순한 인식 방식을 말하고 있는 것이다. 그리스도께서 우리가 하나님과의 평화를 얻도록 하기 위해서 중간에(medius) 서기 전에 이 타락 가운데에서 하나님을 아버지요 자기 구원을 일으키시는 분으로 깨달을 수 있는 사람은 분명히 없다. 하지만 하나님을 자기 능력으로 우리를 받치시고 섭리로 인도하시고 자비로 돌보시고 그 충만한 자신의 축복이 함께 하도록 하시는 일을 일으키시는 자(factor)로 하나님을 인식하는 것과 그리스도 안에서 우리에게 오는 화목함의 은혜를 붙잡는 것은 다른 일이다. 하나님께서는 정말로 단순하게 창조자로(creator) 우리에게 다가오시고—성경의 보편적인 가르침 안에도 있는 바와 같이 그분의 창조물인 세상 안에서—그리스도 앞에서 구세주로 오시기 때문에 하나님 인식은 이중적이 된다.……

2. 제2권: 그리스도 안에 계시는 구세주로서의 하나님 인식

제6장: 버림받은 인간은 그리스도 안에서 자신의 구원을 구해야 한다.

그래서 모든 인류는 아담 안에서 이렇게 멸망에 이르렀다. 그의 원초적인 탁월함과 우리가 말하였던 고귀함은 모두 철저히 우리에게 아무 것도 가져다주지 않으며 죄로 더럽혀지고 파괴된 인간을 자기 피조물로 인정하지 않는 하나님께서 독생자의 모습 안에서 구세주로 등장하지 않으셨다면 우리의 부끄러움을 훨씬 더 처참하게 드러낼 것이다. 우리가 생명에서 죽음으로 넘어가 버리고 나서 말했던 그 우리 창조주로서의 하나님 인식은 모두 하나님이 그리스도 안에서 아버지로 나타내주는 믿음이 오지 않는다면 아무런 유익이 없다! 세상이라는 건물은 우리에게 바른 하나님 경외함을 배워서 영생과 완전한 복으로 우리를 인도하도록 하기 위해서 우리가 그 경외함을 배우는 학교라는 것이 원래의 질서였다. 하지만 타락 이후에 달라졌다: 우리 눈이 닿는 대로 도처에서 하나님의 저주가 우리를 향하고 있다; 우리 죄로 인해서 그 저주는 심지어 무고한 피조물에게도 미치고 함께 파멸로 이끌고 있다; 이렇게 해서 저주는 필연적으로 우리 영혼을 절망으로 몰아넣는다! 하나님은 여전히 항상 여러 방식으로 우리를 향한 자신의 아버지의 자비를 보이신다; 하지만 세상을 보면서는 그분이 아버지라는 것을 깨닫는 것이 불가능하다; 왜냐하면 양심이 내면에서 우리를 공격하며 죄가 바로 하나님이 우리를 박대하시고 더 이상 자식으로 보거나 자식으로 신경 쓰지(reputet) 않게 하는 원인이라고 비난하고 있기 때문이다. 여기에 또 우리의 나태함과 배은망덕함도 한 몫을 한다; 우리 "심성"은 어두워져서 무엇이 참인지를 깨달을 수 없고, 우리의 감각들은 모두 파멸되었고 때문에 악한 방식으로 하나님에게서 그분의 영광을 도둑질한다. 그래서 우리는 바울의 그 선포에 이르게 된다: "세상이 자기 지혜로 하나님의 지혜를 깨달을 수 없기에 전도의 미련한 것으로 믿는 자를 구원하시기를 기뻐하셨도다"(고전 1:21). 하나님 지혜 아래에서 바울은 하늘과 땅의 찬란한 형상(theatrum), 곧 셀 수 없이 많은 이적으로 가득 찬 모습대로, 또 그것을 봄으로 하나님이 제대로 깨달아질 수 있는 형상을 생각하고 있다; 하지만 우리가 하나님을 그렇게는 형편없이 조금 밖에 모르기 때문에 바울은 우리를 그리스도에 대한 믿음으로 인도하고 있다. 물론 이 믿음은 미련한 모습을 가지고 있기 때문에 믿지 않는 자들에게 미련해 보일 수 있다. 그래서 십자가를 선포하는 것은 인간의 자부심에 부응하지 않지만 우리가 떠나온 우리의 운용자요 창시자에게 돌아가서 그분이 다시 새롭게 우리 아버지시기를 바란다면 그 선포를 겸손히 받아들여야만 한다!

> 원전: CR 31f.; 34; 247,18-248,3. 번역: Johannes Calvin, Unterricht in der Christlichen Religio, übers. u. bearb. v. O. Weber, Neukirchen-Vluyn ⁶1997, 1-3.200. —참고문헌: P. C. Böttger, Calvins Institutio als Erbauungsbuch. Versuch einer literarischen Analyse, Neukirchen-Vluyn 1998; P. Opitz, Calvins theologische Hermeneutik, Neukirchen-Vluyn 1994; T.H.L. Parker, Calvin. An Introduction to his Thought, Louisville/ Ky. 1995; W. Neuser, Calvin und der Calvinismus. VI. Die Theologie Calvins, in: C. Andresen/ A. M. Ritter (Hg.), Handbuch der Dogmen-und Theologiegeschichte. Bd. 2, Göttingen ²1998, 238-271; E.-M. Faber, Symphonie von Gott und Welt. Die resposorische Struktur von Vermittlung in der Theologie Calvins, Neukirchen-Vluyn 1999.

7. 제네바 교회 규칙(1561)

이미 칼빈은 1541년 제네바로 귀환할 때 하나의 교회규정을 제시하였는데, 이 규정은 그 이후에 거듭거듭 보완하였고 1561년 11월 13일 마침내 의회에서 결의가 되었다. 단순히 기독교강요에서 발전시킨 생각을 현실화시킨 것이 아니고 정치적인 심급들을 개입시킴으로써 제네바의 실제적 상황에 대한 인정도 내포하고 있는 이 규정은 유럽과 나중에는 미합중국에서의 개혁교회 공동체 구성에 영향력을 발휘하였다.

(첫 부분: 네 개의 직임)

우선: 우리 주님께서 자신의 교회를 인도하게 하기 위해서 만드신 네 개의 직분영역 또는 네 종류의 직분이 있다: 첫째는 목사,

다음에 박사, 다음에 장로, 네 번째로 집사. 그래서 우리가 질서가 잘 잡히고 온전한 교회를 가지기 원한다면 이런 형태의 지도체계를 고수해야 한다.

(목사): 목사에 관해서는 성경에서 이들이 때로는 "감독", "장로"(Anciens), "종"(Ministres)이라고 부름 받고 있다. 그들의 임무는 공적으로 및 개인에게 하나님의 말씀을 선포하는 것이다: 가르치고, 권고하고, 지도하고, 책망하는 것이다(딤후 3: 16f.). 그런데 그들은 성례전도 집행하고 장로 또는 시의회가 임무를 부여한 자들과 함께 형제애를 가진 지도를 하여야 한다.

그렇지만 교회 안에 무질서가 도사리지 않도록 하기 위해서 그러한 일을 하도록 부름 받지 않은 사람은 그러한 직임에 참여하면 안 된다. 여기에서 세 가지 일을 염두에 두어야 하는데, 곧 가장 중요한 것은 테스트이고, 다음으로는 누가 목사를 임명할 수 있는지, 셋째 그들의 직분임명 때의 형식 또는 행동방식.

테스트는 두 부분으로 이루어진다: 첫째는 가르침과 관련된다. 청빙을 받게 될 자가 성경에 대한 바르고 깊은 지식을 가지고 있는가가 테스트되는 것이다. 다음으로는 기독교의 가르침을 교인들이 양육되도록 전달할 능력이 있으며 적합한지를 본다.

임명하고자 하는 자가 잘못된 교리적 생각을 대변하는 것을 막기 위해서 그가 분명하게 바른 교회의 가르침을, 특히 교리문답의 가르침을 지키기로 약속하는 것이 필요하다.

그가 가르치는 데에 적합한가를 확증하기 위해서 그 사람이 주님의 가르침을 어떻게 다루고 있는가를 수소문하고 작은 무리 안에서 물어보아야 한다.

둘째 부분은 생활방식과 관련된다: 여기서는 그 사람이 존경받을 만한 삶을 살고 있고 그때까지 과실이 없는가를 테스트한다. 이때 어떻게 진행되어야 하는지를 바울이 우리에게 아주 잘 보여주었다(딤전 3:1-7). 우리 모두가 그것을 따르는 것이 권장할 만하다.

목사 임명 권한에 관해서: 『고대교회』의 규정을 따르는 것이 최상의 방법이라고 우리는 생각하는데, 오직 성경이 우리에게 가르치는 것만을 제시하고 있기 때문이다: 첫째, 목회자들은 목사 직분의 임명에 관해서 우리의 소위원회에게 강의를 하고 나서 임직시키고자 하는 자를 정해야 한다. 이어서 그 사람은 시의회에 소개를 시켜야 한다. 그 사람이 적합해 보이면 그 자리에서 그 사람을 받아들이고 인증하여야 한다. 이때 그 사람을 마침내 예배 시간에 교인들에게 소개하여서 신자들의 공동체가 주는 보편적인 동의로 말미암아서 받아들여지도록 하기 위해서 그 적합성을 공개적으로 증서를 주어야 한다.……

선택하고자 하는 목회자들을 잘 테스트하는 것이 필요한 것과 마찬가지로 그들이 직무를 바르게 이행하는 데에 도움이 되는 적당한 제도가 필요하다.

이 목적을 위해서는 첫째로 모든 목회자들이 그 가르침의 정결함과 일치를 보존하기 위해서 한 주일의 정한 날 성경연구를 공동으로 하기 위해서 모이는 것이 필요하다.……

모든 종류의 불쾌한 삶에 대항하기 위해서 목사들을 위한 훈련 규정이 필요하다.…… 곧 모든 사람들이 예외 없이 승복하는 규정을 말한다. 규정은 목사직의 명성을 보존해주어서 목회자의 나쁜 소문으로 인해서 하나님의 말씀이 그 명성을 빼앗기거나 멸시 당하지 않게 하는 데에 도움이 된다.……

(박사): 박사들의 특별한 의무는 신자들을 구원의 가르침 안에서 교육하여서 복음의 정결함이 무지로 그리고 잘못된 가르침으로 탁하게 되지 않도록 하는 데에 있다.…… 더 이해하기 쉬운 표현을 사용해서 우리는 교사의 직(l'Ordre des escoles)이라고 부

른다.

 이웃을 섬기는 직임과 교회 통솔과 아주 밀접하게 결합된 것은 신구약 성경을 포괄하는 신학적 강의이다. 이 강의가 득이 되기 위해서 우선 언어 지식와 보편적인 교육을 받아야 한다. 이 이유로—미래를 눈여기면서 후손들을 권해서 교회가 우리 아이들에게 좋지 않은 상태로 물려지지 않도록 하기 위해서 필요한 일이기에—학생들을 가르치고 또 교회에서의 섬김 및 정치적이고 지도적인 직분을 준비시키기 위해서 김나지움을 설치해야 한다.……

 (장로): 이들의 임무는 각 사람의 삶을 꾸림을 지켜보며 잘못하거나 바르지 않은 상황에서 살고 있는 것을 보게 된 사람들을 친절하게 권면하는 것에 있다. 필요한 상황에서는 형제애로 하는 지도의 대상이 되는 전체 무리에게 전달을 해서 공동으로 대처해야 한다.

 오늘의 교회의 형태와 규정에 상응해서 소위원회에서 두 명의 대표, 60인회에서 넷과 대위원회에서 여섯을 선발하는 것이 바람직하다. 존경할 만하고 정숙한 삶을 영유하며, 흠이 없고 그 어떤 혐의도 없으며 무엇보다도 하나님을 경외하고 영적인 명민함을 소유한 사람들이어야 한다. 이 사람들이 모든 것을 감찰할 수 있으려면 선발할 때 모두가 도시 각 구역을 대표하는 것에 주목해야 한다.

 선발과정과 관련해서 우리는 다음의 내용을 결정하였다: 소위원회는 찾아볼 수 있는 한에서 가장 흠이 없고 가장 적합한 사람들이 추천되도록 지시해야 한다. 이 목적을 위해서 목회자들을 자문에 동참시켜야 한다. 이어서 추천된 사람들을 대위원회에 소개하여야 하는데, 이 위원회는 그들이 합당하다고 여기면 인증하여야 한다.……

 (집사): 고대교회에서는 항상 두 종류의 집사들이 있었다: 하나

는 구호품을 받고 나누어주고 관리하는 임무, 곧 일상의 구제뿐 아니라 소유, 이자, 집세 등을 관리하는 임무를 부여 받았다. 다른 집사는 병자를 보살피고 가난한 자에게 먹을 것을 주는 일을 맡았다. 이 일에는 우리가 애를 써 왔고 또 앞으로도 그렇게 하게 될 것인데, 이와 같이 기독교 도시들 모두가 동참하여야 한다: 말하자면 우리는 이미 사회복지사들과 양로원을 책임지는 자들을 두고 있다.

원전/번역: Calvin-Studienausgabe, hg. v. E. Busch u.a. Bd. 2: Gestalt und Ordnung der Kirche, Neukirchen-Vluyn 1997, 238-247.252-257. —참고문헌: C. A. Cornelius, Die Gründung der Calvinischen Kirchenverfassung in Genf 1541, München 1892; W. Köhler, Zürcher Ehegericht und Genfer Konsistorim. Bd. 2: Das Ehe-und Sittengericht in den süddeutschen Reichsstädten, dem Herzogtum Württemberg and Genf, Leipzig 1942 (QASRG 13), 540-674; A. Ganoczy, Calvin, théologien de l'e glise et du ministère, Paris 1964; J. R. Weerda, Ordnung zur Lehre-zur Theologie der Kirchenordnungen bei Calvin, in: ders., Nach Gottes Wort reformierte Kirche, München 1964, 132-161.- W.J. Bouwsma, John Calvin. A Sixteenth-Century portrait, New York 1988; W. van't Spijker, Calvin. Biographie und Theologie, Göttingen 2001 (KiG 3, J2); E.-M. Faber, Johannes Calvin, in: M. H. Jung/ P. Walter (Hg.), Theologen des 16. Jahrhunderts, Darmstadt 2002, 227-243.

b) 하이델베르크 교리문답

선제후 오트하인리히(1556-1559)가 팔츠를 루터파 종교개혁으로 이끌어들이고 나서 프리드리히 3세(1559-1576)는 개혁파 신앙고백으로 방향을 트는 어려운 길을 가기로 결정하였다. 아욱스부르크 종교 강화를 통해서 그 결정을 엄호하려는 것은 매우 문제가 있었다. 1563년 하이델베르크 교리문답은 이 새로운 방향을 분명하게 하고 있기는 한데 사실 제네바의 모델을 따른 종교개혁에 직접적인 동화를 의미하지는 않는다: 하이델베르크 신학교수인 자카리아스 우르시누스(1534-1583)는 필립 멜란히톤의 제자였으며 그의 신학을 칼빈의 신학과 결합시켰다.

첫째 강독, 첫째 주일
첫째 질문: 삶과 죽음에서 유일한 위로는 무엇인가?
답: 몸과 영혼을 지닌 나는 살 때나 죽을 때(롬 14:8)[8] 내 것이 아니고(고전 6:19) 나의 진실한 구주 예수 그리스도의 것이다(고전 3:23). 그분은 자신의 값진 피로(벧전 1:18f.) 나의 모든 죄를 완전하게 대속하시고(요일 1:7) 나를 마귀의 권세에서 해방시키시고(요일 3:8) 보호하셔서(요 6:38f.) 하늘에 계신 나의 아버지 뜻이 아니면 내 머리에서 머리카락 하나도 떨어지지 않으며(마 10:29-31; 눅 21:18f.) 모든 것이 나의 구원을 위해서 역사하지 않으면 안 되게 하셨다(롬 8:28). 따라서 그분은 자신의 성령으로 말미암아 나에게 영생을 보증하시고(고후 1:21f.; 엡 1:13f.; 롬 8:15f.) 내가 진심으로 앞으로 그분을 위해서 살도록 각오하게 하신다(롬 8:14).

둘째 질문: 당신이 이 위로 가운데에서 복되게 살고 죽을 수 있으려면 얼마나 많은 것을 알아야만 합니까?
답: 세 가지이다(눅 24:46f.; 고전 6:11; 딛 3:3-7). 첫째: 나의 죄와 고통이 얼마나 큰지(요 9:41; 15:22). 둘째: 나의 이 모든 죄와 고통에서 어떻게 내가 해방되는지(요 17:3). 셋째: 이 구원에 대해서 하나님께 내가 얼마나 감사해야 하는지(엡 5:8-11; 벧전 2:9f. 15; 롬 6:11-14).

첫째 부분: 인간의 고통
둘째 주일
셋째 질문: 당신은 어디에서 당신의 고통을 알게 되는가?
답: 하나님의 율법으로부터(롬 3:20).……

둘째 부분: 인간의 구원에 관하여
둘째 강독. 다섯 째 주일
열두 번째 질문: 우리는 하나님의 정의로운 판단에 따라 일시적이고 영원한 형벌을 얻었기 때문에: 어떻게 우리가 이 형벌에서 벗어나서 다시 은혜에 들어갈 수 있는지?
답: 하나님께서는 자기 의가 충족되는 것을 원하신다(출 20:5; 23:7). 때문에 그것을 위해서 우리 스스로 아니면 다른 사람으로 말미암아 완전한 값을 치르지 않으면 안 된다(롬 8:3f.).

열세 번째 질문: 그런데 우리가 스스로 값을 치를 수 있는가?
답: 절대로 있을 수 없고 오히려 우리는 그저 매일 죄를 더 크게 지을 뿐이다(욥 9:1-3; 15:15f.; 마 6:12).

14번째 질문: 그런데 그 어떤 피조물이 우리를 위해서 값을 치를 수 있는가?
답: 없다. 왜냐하면 첫째로 하나님은 사람이 지은 것을 다른 피조물이 갚는 것을 원하지 않으며(히 2:14-18), 둘째로 또한 그 어떤 피조물도 죄를 향한 하나님의 진노의 엄위함을 감당하고 다른 이를 거기에서 해방시킬 수 없기 때문이다(시 130:3).

열다섯 째 질문: 그러면 어떤 중보자와 구주를 우리가 찾아야 하는가?
참되며(고전 15:21f. 25f.) 의로운 사람(렘 33: 16; 사 53:11;

고후 5:14-16; 히 7:15-17)이며 그렇지만 모든 피조물 보다 강한, 곧 동시에 참된 하나님인 그런 분(사 7:14; 롬 8:3f.).

31번째 주일
83번째 질문: 무엇이 열쇠 직임인가?
답: 거룩한 복음 설교와 기독교의 회개 교육. 이 두 가지로 말미암아 하늘나라가 믿는 자들에게 열리며 믿지 않는 자들에게 닫히게 된다(마 16:18f.; 18:18).

84번째 질문: 하늘나라가 복음 설교로 인해서 열리고 닫히는가?
답: 그리스도의 명령대로 모든 믿는 자들에게 선포되고 분명하게 증거되기를 참 복음의 약속을 참된 믿음으로 받아들일 때마다 그리스도의 공로 때문에 참되게 자신의 모든 죄가 사함 받게 된다는 방식으로이다 - 또한 반대로 믿지 않는 자들과 위선자들에게는 하나님의 진노와 영원한 저주가 그들이 돌이키지 않는 한 그들 위에 임하는 식이다. 복음의 이 증언에 따라 하나님은 이생에서 그리고 다음 생에서 판단하실 것이다.

85번째 질문: 하늘나라가 어떻게 기독교 회개 교육으로 닫히고 열려지는가?
답: 그리스도의 명령에 따라 기독교의 이름 아래에서 비기독교적인 가르침이나 삶을 영위하며, 그들이 여러 차례 형제애를 가지고 권고를 받고도 자기들의 잘못과 악덕을 버리지 않는 자들이 교회와 또 교회로부터 임명 받은 자들에게 고발이 되고, 그분들의 권고에 신경을 쓰지 않으면 이분들에 의해서는 성례전 금지를 통해서 기독교 공동체에서 그리고 하나님으로부터는 그리스도의 나라에서 추방되고 - 반대로 그들이 참된 개선을 약속하고 증명한다면 그리스도와 교회의 지체로 받아들여지는 방식이다(마 18:15-

18; 고전 5:3-5; 살후 3:14f.; 요이 10f.).

7번째 강독: 32번째 주일
셋째 부분: 감사에 관하여
86번째 질문: 우리는 우리 자신의 공로 없이(우리가 벌어들이는 것 하나 없이) 은혜로 그리스도를 통해서 구원받는다 - 왜 우리는 선행을 하여야 하는가?
답: 그리스도는 자신의 피로 우리를 구속하신 후에 또한 성령으로 말미암아 우리를 자신의 형상으로 새롭게 만들어주심으로 우리로 하여금 하나님께 그분의 자비에 대해서 온 삶을 다해서 감사하게 하며(롬 6:13; 12:1f.; 벧전 2:5.9f.; 고전 6:19f.) 또 우리로 인해서 그분이 찬송을 받게 되도록 하시기 때문이다(마 5:16; 벧전 2:11f.); 더욱이 우리 스스로 우리 믿음을 그 열매로 확신할 수 있도록 하기 위함이며(벧전 1:10f.; 마 7:17f.; 갈 5:5f. 22-25) 우리의 거룩한 삶으로 우리 이웃도 그리스도께로 인도하기 위함이다(벧전 3:1f.; 롬 14:19).

원전: Die Bekenntnisschriften der reformierten Kirche. In authentischen Texten mit geschichtlicher Einleitung und Register hg. v. E.F.K. Müller, Leipzig 1903 (= Waltrop 1999), 682f.685.705f. — 참고문헌: K. Barth, Einführung in den Heidelberger Ketechismus, Zürich 1960; A. Péry, Der Heidelberger Katechismus. Erläuterungen zu seinen 129 Fragen und Antworten, Neukirchen-Vluyn 1963; W. Henss, Der Heidelberger Katechismus im konfessionspolitischen Kräftespiel seiner Frühzeit, Zürich 1983; H. Schilling (Hg.), Die reformierte Konfessionalisierung in Deutschland-das Problem der >zweiten Reformation<, Gütersloh 1986 (SVRG 195); E. Wolgast, Reformierte Konfession und Politik im 16. Jahrhundert. Studien zur Geschichte der Kurpfalz im Reformationszeitalter, Heidelberg 1998.

c) 프랑스로의 칼빈주의 영향력 확산

제네바의 종교개혁이 또한 의미하는 바는 첫 번째로 독일어권 밖에서 정치적인 일치가 종교개혁 사고에 그 문을 열었다는 사실이다. 이 사고는 벌써 그 이전에 우선적으로 인문주의적인 무리들 안에서 로만어를 사용하는 나라들에서도 영향력을 행사하였다. 특히 프랑스에서는 개혁교적인 색채를 지닌 개신교가 일찌감치 발을 들여놓았지만 이와 함께 심한 박해도 함께 하였다.

1. 신앙고백

이미 20년대부터 프랑스에서는 종교개혁적인 생각을 하는 자들에 대한 박해가 있었는데, 앙리 2세(1547-1559) 하에서 첨예하게 되었고 특히 1547년 이단 법정인 "Chambre ardente"를 설치함으로 말미암았다. 왕을 통한 인정을 받을 수 있을까 하는 관심에서 "위그노"(아마도 "동맹자")라는 이름을 곧바로 얻은 프랑스 개신교인들은 1559년 칼빈의 초안에 기초를 두고 신앙고백서, "Confession du foi"를 만들었다.

12. 모든 사람이 빠져 들어간 이 보편적인 파멸과 저주로부터 하나님께서는 우리 주 예수 그리스도 안에 있는 자신의 자비와 사랑으로 말미암아 그들의 행위를 고려하지 않고 자신의 영원하고 불변한 섭리 안에서 선택한 자들을 해방시키셨다는 것과 동시에 다른 자들에게는 자신의 의를 나타내시려고 앞의 사람들에게 자신의 풍성한 자비를 드러내시는 것과 같이(롬 3:22; 9:23) 바로 그 파멸과 저주에 그대로 내어두신다(출 9:16; 롬 9:22)고 우리는 믿는다. 하나님께서 이들을 자신의 불변하신 결정, 곧 그분이 예수 그리스도 안에서 세상 창조 이전에 하신 결정(엡 1:4f.)에 따라 나

누실 때까지 앞에 사람들이 뒷사람들보다 더 낫지 않았고, 우리는 본성이 하나님이 우리에게 오셔서 우리로 능력 있게 하실 때까지 단 하나의 선한 활동도 깨달을 수 없거나 또는 선한 생각을 할 수 없기 때문에 그 누구도 자신의 힘으로는 그러한 선을 향한 길을 갈 수 없다.

13. 예수 그리스도 그분 안에서 우리 구원에 필요한 모든 것이 우리에게 건네졌고 전달되었다(este offert et communique)고 우리는 믿는다. 그분이 우리에게 구원을 위해서 주어졌기 때문에 우리에게 그분은 지혜와 의와 성화와 구원이 되셔서(고전 1:30) 혹시 그분에게서 돌아선다면 우리의 유일한 피난처를 발견할 수 있는 아버지의 자비를 버리게 된다.……

25. 하지만 우리가 오직 복음을 통해서 예수 그리스도의 한 부분이 되기 때문에(롬 1:16f.; 10:17), 그분의 권위 안에 세워진 교회의 질서는(마 18:20; 엡 1:22) 거룩하고 온전해야 하며 그 때문에 가르치는 직임(la chage d´enseigner)을 가지고 있으며 정당하게 청빙이 되고 자신들의 임무를 충성되게 이행하면 사람들이 존경하고 존경심을 가지고 듣는 목자들이 없는 곳에는 교회가 있을 수 없다고 우리는 믿는다(마 10:40; 요 13:20); 하나님이 그러한 조력이나 하위의 수단에 매이지 않고 우리를 그러한 고삐 아래에 두는 것을 기뻐하시기 때문이라고 믿는다(롬 10:14-17). 따라서 능력이 닿는 대로 말씀 설교와 성례전의 직분을 폐지하려는 모든 광신자들을 우리는 혐오한다.

26. 따라서 우리는 아무도 후퇴하며 자신에게 움츠러들지 말고 모두가 서로 교회의 하나됨을 보존해야 한다고 믿는다(시 5:8.22f.; 42:5). 말하자면 모두가 보편적인 교훈과 예수 그리스도의 멍에에 굴복하고 하나님께서 교회의 참된 질서를 세우는 곳이라면 그 어디에서고 세속권(les Magistratz)과 그들의 명령이 그에 반대한다고 할지라도 그렇게 하여야 하고, 또 이 일에 협조하

지 않거나 이탈하는 자들은 모두 하나님 명령을 거스르고 있다고 믿는다(히 10:25).……

29. 참된 교회와 관련해서 우리가 믿는 바는 그 교회는 우리 주 예수 그리스도가 세운 질서를 따라서 다스려져야 한다는 것인데, 곧 목자, 감독, 집사들이 있어서(행 6:3-5; 엡 4:11; 딤전 3) 참된 가르침이 바르게 서고 악이 개선되고 악이 눌림을 당하며 또 이렇게 하면서 가난한 자들과 다른 모든 괴로움을 당하는 자들이 그 고통에서 도움을 받고 하나님의 이름으로 큰 자들과 작은 자들의 교육을 위해서 집회가 이루어지는 것을 말한다.

> 원전: Die Bekenntnisschriften der reformierten Kirche. In authentischen Texten mit geschichtlicher Einleitung und Register hg. v. E.F.K. Müller, Leipzig 1903 (= Waltrop 1999), 224f. 227-229. 번역: Rudolf Mau (Hg.), Evangelische Bekenntniss. Bd. 2, Bielefeld 1997, 188.191f. —참고문헌: H. Jahr, Studien zur Überlieferungsgeschichte der Confession de foi von 1559, Neukirchen-Vluyn 1964; J. Cadier, La confession du foe de la Rochelle, in: RRef 32 (1971) 43-54.

2. 왕권을 상대로 한 저항

프랑스에서의 개신교 박해의 상징이 된 것은 바돌로메의 밤(1572. 8.24), 곧 왕의 어머니인 메디치의 카타리나에 의해서 이루어진 개신교의 나바라의 하인리히와 가톨릭의 마르게르트 드 발루아와의 결혼식을 기화로 일어난 위그노 학살이다. 이 사건은 위그노들이 왕가를 대적하는 행동을 하게 한 동기를 제공하였다. 이 대적 행위는 아래에 지시되면 분명히 필립 뒤 플레시스-모르나이(1549-1623)가 유니우스 브루투스의 가명으로 집필한 1577년에 나온 문서 "Vindiciae contra tyrannos" 같은 군주를 대적한 문서들을 통해서 신학적으로 정당화되었다. 이렇게 하면서 이 문서는 막데부르크 신앙고백에서 발전되었던 그 논증들과 결부시키고 있다(Nr. 56d]를 보라).

백성을 대표하는 자들은 국가를 대적하는 폭력적인 것이나 모함 같은 것이 추진되고 있다는 것을 알아채는 즉시 우선은 제후들에게 경고를 보내야 한다. 그런데 그 악이 흉악해지고 만연할 때까지 기다릴 수는 없다. 왜냐하면 폭정은 처음에는 다루기가 쉽고 알아채기가 어렵지만 나중에는 알아채기는 쉬운데 다루는 것은 너무도 어려운 심한 열병과 같이 취급해야 하기 때문이다. 그래서 악은 싹을 꺾어버려야 하고 아주 작은 것도 간과하면 안 된다. 그가 이제 더 앞으로 진행하며 계속되는 경고에도 고칠 생각을 하지 않고 처벌도 받지 않고 모든 것을 자행할 수 있는 데까지 질주를 한다면 그는 실제로 폭정으로 넘어 간 것이다. 그러면 우리에게 법과 정당한 권력(seu ius seu iusta vis) 폭군을 대적하도록 우리 손에 준 모든 조력들을 그를 상대로 사용할 수 있다. 폭정은 범죄일 뿐 아니라 모든 것 중에서 가장 큰 것이며 범죄 덩어리이다. 폭군은 나라를 전복시키며 보편적인 것을 훼파한다; 폭군은 모두의 생명을 노리며, 모든 사람에게서 말을 빼앗고 성스러움과 선서 앞에서 부끄러움도 내팽개친다. 그는 어떤 도둑과 강도와 살인자와 신성을 모독하는 자들 보다 훨씬 흉포한데, 이는 그저 개인을 해하는 것보다 많은 사람, 아니 모두를 해하는 것이 훨씬 잔인하기 때문이다. 그 범죄자들이 모두 영원한 수치를 당해야 된다면 이 범죄자들은 죽어 마땅하며 실제로 사형을 당한다면 그 엄청난 범죄가 벌어들일 형벌이 어떠할까 그 누가 생각할 수 있겠는가? 나아가서 우리는 모든 왕이 그 왕의 권위를 백성에게서 받는다는 것, 온 백성이 왕보다 더 강력하며 더 높이 있다는 것 (populum universum rege potiorem et superiorem esse),

나라의 왕과 제국의 황제는 첫째 종이고 실행자이지만(minister et actor) 백성은 본래적으로 주인(dominus)라는 것을 증명하였다. 여기서 도출되는 바는 폭군은 봉토의 영주인 백성에게 배신[9]을 하고 있다는 것과……, 때문에 그는 그에 상응하는 법에 위배되었고 더욱 엄중한 형벌을 자초하였다는 사실이다. 바르톨루스[10]가 말하기를 "그런 사람은 자기 위에 있는 사람으로부터 폐위되거나 율리우스 법을 따라 대중적인 힘에 의해서 아주 엄중하게 처벌받아야 한다." 그의 위에 있는 자는 온 백성이거나 그의 대리자들이다: 선제후, 백작, 귀족, 의원총회와 다른 자들. 그 사이에 폭군이 아주 굳건해져서 무기를 가진 힘이 없으면 내쫓을 수 없게 되었으며, 할 수 없이 이 사람들은 백성들을 무기를 들도록 하며 군대를 모아서 조국과 나라의 적인 그를 대적해서(hostis patriae reique publicae) 힘도 계략도 그 어떤 묘수도 발휘하지 못할 것이 없도록 모든 것을 다 할 수밖에 없다.

원전: Vindiciae contra tyrannos…… Stephano Iunio Bruto Celta Auctore, Edinburgh 1577, 192-194. 번역: W. Lautemann/ M. Schlenke (Hg.), Geschichte in Quellen. Bd. 3, München ³1982, 263f. (Ne. 120). ―참고문헌: G. Stricke, Das politische Denken der Monarchomachen, Heidelberg 1967; Winfried Schulze, Zwingli, luth. Widerstandsdenken, monarchomachischer Widerstand, in: Peter Blickle u.a. (Hg.), Zwingli u. Europa, Zurich 1985, 199-216; I. Dingel, Katharina von Midici im Spannungsfeld von Religion und Politik, Recht und Macht, in: dies. u.a. (Hg.), Reformation und Recht. FS Gottfried Seebaß, Gütersloh 2002, 224-242; Chr. Strohm, Art. Widerstand. II. Reformation und Neuzeit, in: TRE 35, 2003, 750-767, 754-757.

3. 위그노들을 용인함: 낭트 칙령(1598)

1589년 위그노의 정치적 지도자 나바라의 앙리가 앙리 4세로 권좌에 올랐다(1589-1610). 정치적인 고려를 함으로 그는 자신의 개신교 신앙고백을 포기하고 가톨릭으로 전향하였다. 하지만 그는 1598년 4월 13일 낭트 칙령으로 개신교인들에게 관용과 양심의 자유를 허락하였다. 이 칙령은 루이 14세로 인해서 1685년 엄청난 수효의 개신교도들이 프랑스를 떠나는 엑소더스가 이루어질 때까지 효력을 발하였다.

6. 우리 신하들 사이에 소요와 싸움의 기회를 철저히 없애기 위해서 우리는 언급한 소위 개혁교회적인 종교에(ladite religion prétendues reformee) 속한 자들에게 우리 왕국과 우리 권세 하에 굴복한 나라들의 모든 도시와 지역에서 거주하고 사는 것을 허락해 왔고 허락한다. 그들은 요구도 받지 않고 괴롭힘을 당하지도 않고 압력도 받지 않고 또는 신앙 때문에 자기들의 양심에 반해서 그 어떤 행동을 하도록 강요를 받지도 않으며 그밖에도 이 칙령에 규정된 바와 같이 행동을 한다면, 그들의 선택으로 거주하고자 하는 집과 지역에 신앙의 이유로 방문할 수도 있다.……

18. 우리의 모든 신하들, 그들이 그 어떤 신분(qualité)에 있든지 어떤 지위로 살든지[11] 간에 힘으로나 속임수로 부모들의 의사를 반해서 그 종교에 속한 아이들을 가톨릭적이고 사도적이고 로마 교회적인 교회에서 세례나 견진을 베풀려고 끌고 가는 것을 금한다[12]; 똑같은 금지법을 소위 말하는 개혁교 종교에 속한 자들에게도 주어진 것과 마찬가지이다. 모든 이 행위들은 본보기로 형에 처한다.

19. 언급한 앞에 제시한 그 종교에 속한 자들은 절대로 어떤 것을 위해서도 강요받으면 안 되며 그들이 과거에 한 각서, 약속, 맹세 때문에 또는 그 종교와 관련해서 했던 보증 때문에도 구속되

면 안 된다. 때문에 그들을 묘수를 짜내어서 비방하거나 성가시게 해서는 안 된다.

20. 그 종교에 속한 자들도 가톨릭적이고 사도적이고 로마의 교회에서 거행되는 축제들을 주목하고 지키는 책임을 갖는다. 그래서 그런 축일에는 장사를 하거나 팔거나 노점에 물품을 진열하면 안 되며[13] 그와 같이 자기 상점 바깥에서 문을 닫은 방이나 집에서 말한 그 축일과 또 그런 것을 금지하는 다른 날에 노동자들이 그 소음이 밖에 지나가는 사람들과 이웃에게 들리는 그런 일을 하면 안 된다. 그런 일에 대한 색출은 오직 사법 관료들을 통해서만 가능하다.

21. 말한 앞의 그 개혁교 종교와 관련된 책들은 그 종교활동을 공개적으로 허용한 도시와 지역에서만 인쇄되고 판매할 수 있다. 다른 도시에서 출판된 다른 책들과 관련해서 우리의 관료들과 또한 신학자들을 통해서 정독해서 검열을 해야 하는데, 우리의 지시로 명한 바와 같이 해야 한다. 비방하는 책, 팜플렛, 비방적인 문서들은 우리 규정에 명시되어 있는 형벌을 내림으로 그 인쇄, 출판, 판매를 분명하게 금한다: 이 점을 엄히 주시할 것을 우리 판사들과 관료들에게 엄중히 경고한다.[14]

22. 그 종교와 관련해서 대학, 신학교와 학교들에서의 강의에 학생을 받을 때 또한 요양원과 병원에 있는 병자들과 가난한 자들 그리고 공적인 구제에서 그 어떤 차별과 배제가 있어서는 안 된다는 것을 명한다.

23. 그 종교에 속한 자들은 우리 왕국에서 수용된 가톨릭적이며 사도적이고 로마의 교회의 성사되었으며 또 성사될 결혼에 관해서 혈연과 친족의 촌수와 관련해서 지키고 있는 법들을 지킬 책임이 있다.

24. 그 종교에 속한 자들도 마찬가지로 상례와 같이 그 일을 맡은 관료와 직임자에게 입장료를 내야 하는데, 물론 그들 종교에

상반된 어떤 축제에 참여하도록 강요할 수는 없다. 그들이 맹세를 하게 된다면 손을 들고 맹세하며 하나님께 진실만을 말하리라는 약속을 하는 방식으로 할 의무만 있다; 그들이 계약과 의무를 해지한다면 이행한 맹세에서 벗어나고자 요청할 의무는 없다.

25. 이 종교에 속한 자들 모두와 그들의 파당이었던 사람은 모두 그 어떤 신분과 자격과 지위에 있든지 간에 모든 정당하고 합목적적인 방식으로 또 그것에 대해서 반포된 칙령들에 담긴 형벌에 의해서 다음의 것을 이행할 책임이 있고 그것은 강제성을 띨 것을 우리는 원하며 명하는데, 그것은 곧 지역의 목회자들과 다른 성직자들과 그들이 속한 다른 자들 모두에게 십일조를 내며 각 지역의 소용과 관습에 따라 납부하는 것을 말한다.

> 원전: E. Walder (Hg.), Religionsvergleiche des 16. Jahrhunderts. Bd. 2, Frankfurt/ Bern ³1974 (QNG 8), 18.21-23. 번역: Das Edikt von Nantes. Das Edikt von Fontainebleau, Flensburg 1963, 25.29-30. —참고문헌: J. H. Mariéjol, La reforme et la ligue. L edit de Nantes (1559-1598), Paris 1983; J. Garrisson, Denn so gefällt es uns······ Geschichte einer Intoleranz, Bad Karlshafen 1995; B. Cottret, 1598-1 edit de Nantes, Paris 1997; M. Grandjean/ B. Roussel (Hg.), Coexister dans l´intolerance. L´edit de Nantes (1598), Genf 1998; I. Dingel, Art. Hugenotten. I. Kirchengeschichtlich. 1. Europa, in: RGG⁴ 3, Tübingen 2000, 1925-1929.

d) 칼빈주의의 교리적 공고화: 도르트레히트 공의회, 법령들, 조항 1(1618. 11. 13-1619. 5. 29)

특별히 칼빈의 사후 제네바에서 지도적 인물로 부상한 테오도르 베자(1519-1605)로 말미암아 체계적으로 예리하게 구조를 갖춘 예정론이 칼빈적인 경건의 핵심으로 발전하였다. 그 형식에서는 칼빈에게서 보이는 하나님의 구원 의지의 강조가 이중예정의 논리적으로 세밀한 형식보다 덜 전면에 등장하고 있다. 여기에 대해서 라이덴의 신학교수 야콥 아르미니우스(1560-1609)가 반대를 하였다. 그는 하나의 복잡한 체계 안에서 예정보다 하나님의 구원의지의 우선성을 표현하려고 애를 썼다. 그의 추종자들은 1610년 우월한 위치에 있는 칼빈주의를 반대하는 레몬스트라치온(거절)을 만들어서 레몬스트란트들이라는 이름을 갖게 되었다; 그들의 반대자들은 아르미니우스의 첫째 반대자, 곧 그의 대학동료 프란시스쿠스 고마루스(1563-1641)의 노선에서 생각을 전개하는 콘트라레몬스트란트들이었다. 네덜란드 사람들이 지배적인 공의회는 팔츠, 나싸우, 헷센, 동프리스랜드, 브레멘, 스위스, 영국과 스코틀랜드에서 온 대표단들로 인해서 국제적 성격을 얻었다—프랑스의 개신교도들은 물론 왕의 금지 때문에 참석할 수 없었다. 그 공의회는 레몬스트란트들을 정죄하는 것과 하나님의 예정적으로 판단하시는 구원 역사에서 하나님의 주권을 강조하는 것으로 막을 내렸다.

1. 모든 사람은 아담 안에서 범죄하고 그로써 저주와 영원한 죽음을 벌어들였기 때문에 하나님께서 온 인류를 죄와 저주에 머물게 하고 그의 죄 때문에 심판하셨더라도 그분은 누구에게도 불의를 행하신 것이 아니다; 사도 바울이 말하는 바와 같이: "온 세상이 하나님의 심판 아래 떨어졌으니"; 로마서 3장 19절; "모든 사람이 죄를 범하였으매 하나님의 영광에 이르지 못하더니"; 로마서 3장 23절; "죄의 삯은 사망이요"; 로마서 6장 23절.

2. 그렇지만 그 안에 하나님의 사랑이 나타나셨다, 곧 "하나님이 독생자를 보내셔서 그를 믿는 자마다 멸망하지 않고 영생을 얻게 하셨다"; 요일 4장 9절; 요한복음 3장 16절.

3. 그렇지만 사람들이 믿음으로 움직이도록(adducantur) 하나님께서 그의 선하심 가운데에서 이 무한한 복음 선포자들을 보내

시는데, 곧 그분이 원하는 자, 그리고 그분이 원하시는 때 보내신다; 그들의 섬김을 통해서 사람들은 회개(resipiscentia)로 그리고 십자가에 달리신 그리스도를 믿음으로 부름을 받았다. "그런즉 그들이 듣지 못한 이를 어찌 믿으리요? 전파하는 자가 없이 어찌 들으리요? 보내심을 받지 아니하였으면 어찌 전파하리요?"; 로마서 10장 14-15절.

4. 이 복음을 믿지 아니하는 자에게는 하나님의 진노가 임한다. 그 반대로 받아들이고 참된 살아있는 믿음으로 예수를 사랑의 구주로 받아들이는 자는 그분으로 말미암아 하나님의 진노와 파멸에서 해방되며 선물로 영생을 받는다(요 3:36; 막 16:16).

5. 불신 및 다른 모든 죄의 원인과 잘못은 절대로 하나님께가 아니라 사람에게 있다. 그 반대로 예수 그리스도에 대한 믿음과 그분을 통한 구원은 하나님의 거저 주시는(gratuitus) 선물이다, 기록된 바와 같이: "너희는 그 은혜에 의하여 믿음으로 말미암아 구원을 받았으니, 이것은 너희에게서 난 것이 아니요 하나님의 선물이라"; 에베소서 2장 8절; "은혜로 (그리고) 거저(gratis) 너희에게 주신 것은 그리스도를 믿는 것이라"; 빌립보서 1장 29절.

6. 그렇지만 같은 시대 안에서 하나님으로부터 어떤 사람들은 믿음을 선물로 받고, 다른 사람들은 그렇지 않은 일은 그분의 영원한 결정으로부터(ab aeterno ipsius decreto) 발생한다. "그의 모든 선하신 역사를 말하자면 그분은 영원부터 아시느니라"; 사도행전 15장 18절; 에베소서 1장 11절. 이 결정에 따라서 그분은 선택한 자들의 마음을, 설사 더 강퍅할지라도, 부드럽게 만드시지만, 선택받지 못한 자들을 그분은 그분의 의로운 판단 안에서 그들의 악함과 강퍅함에 그대로 두신다. 그리고 여기에서 우리에게 특별히 동일하게 타락한 인생들을 구분하시는 심오하며 자비로우면서도 의로우신 구분과 또 선택과 유기의 결정(Decretum Electionis et Reprobationis)이 나타나는데, 이것은 하나님의

말씀 안에서 계시되었다.

> 원전: Die Bekenntnisschriften der reformierten Kirche. In authentischen Texten mit geschichtlicher Einleitung und Register hg. v. E. F. K. Müller, Leipzig 1903 (= Waltrop 1999), 843f. —참고문헌: A. P. F. Sell, The Great Debate. Calvinisum, Arminianism and Salvation, Worthing 1987; W. van't Spijker, De Synode van Dordrecht in 1618 en 1619, Houten 1987; H. A. Oberman, Zwei Reformationen. Luther und Calvin-alte und neue Welt, Berlin 2003.

1) 1534년 10월 11일.
2) Sadolet, Epistola ad Genevetas, in: CR 33, 378.
3) Sadolet, Epistola ad Genevetas, in: CR 33, 371.
4) 칼빈은 제네바 교리문답의 전 단계, 곧 기독교강요 제1판(1536)에서 나온 발췌문을 끌어대고 있다. 제네바 시민권은 1537년 시의회의 결의에 따라 이 발췌문에 대고 선서를 하게 된다.
5) 여기서 다루는 res와 signum의 구별은 아우구스티누스에게까지 소급되는 중세 신학의 공유재산이다.
6) 암브로시우스에 관해서는 『고대교회』 Nr. 86; 아우구스티누스는 『고대교회』 Nr. 91; 크리소스토모스는 『고대교회』 Nr. 88; 아타나시우스에 대해서는 『고대교회』 Nr. 67을 보라.
7) 게루, 곧 출판업자 아르놀렛의 교정자가 비엔나에서 세르베의 책을 인쇄하였다.
8) 여기 괄호 속에 나열된 성경구절들은 원래 본문에 주로 첨부되어 있다.
9) 봉토의 영주와 봉토 수여자 간의 의도적인 충성관계 단절.
10) 바르톨루스 드 삭소페라토(1313/14-1357), 로마법 선생.
11) 앙리 4세와 위그노 지도자들 사이에 언급된 본래의 본문은 1599년 2월 파리 의회에서 인정을 받은 본문과 차이를 가지고는 여기에서 다음의 첨언이 있다: "언급한 그 개혁교 종교에서 세례를 받은 아이들을 다시 세례를 주거나(rebaptiser) 강제로 다시 세례를 받게 하거나" 등.
12) 여기에서 뒤에 나오는 다음의 문장 "또한…… 주어진 것들과 같이"는 원래의 본문에는 없다.
13) 조항의 나머지 부분은 원래 본문에는 없다.
14) 21번째 조항은 원래 본문에는 이렇게 나온다: "언급한 우리의 왕국, 우리의 지배를 받는 나라들, 지역들, 영토들에서는 사전에 우리의 지역관료들이 검색하지 않

은 책들은 팔면 안 된다. 단 언급한 그 종교와 관련된 책으로서 그 조사와 판단이 이후에 이 종교에 속한 자들에 대한 재판 과정을 위해서 세워진 의회에 소관된 책들은 예외로 한다. 이 의회에서 금지한 경우를 제외하고는 이들이 사용하거나 인쇄하고 판매하는 책들 때문에 조사가 있으면 안 된다. 하지만 그들의 모든 비난 책자나 비난 문서들의 인쇄, 출판, 판매는 우리 규정에 있는 형벌을 가지고 아주 강력하게 금한다! 여기에 대해서는 강력하게 대처할 것을 우리 재판관들과 관료들에게 경고한다."

59. 루터교의 형성

잠정안은 비텐베르크와 결부된 신학자들과 영지들 그룹 내에 깊은 분열을 가져왔고, 1555년 아욱스부르크 종교강화(57번)로 아욱스부르크 신앙고백의 동류성이라는 정의도 내적인 유대보다는 외적 테두리를 의미하였다. 이 아욱스부르크 신앙고백의 동류성의 주요 임무는 아욱스부르크 신앙고백에 참여하는 자들에게 의미를 가질 수 있는 그런 정의에서 일치를 이루는 데에 있었다. 비록 논란이 없지는 않지만 일치신조서에 가서야 비로소 이 길을 가는 데에서 벌어진 다양한 논쟁들을 최소한 일반적인 루터교를 찾아 볼 수 있는 방식으로 결합할 수 있었다. 이로써 루터교 정통주의―및 루터교 바로크 신학―를 펼치기 위한 기초도 이루게 되었는데, 이 정통주의는 18세기 안으로까지 루터교에 특징을 이루었다.

a) 멜란히톤의 교리체계 서문(1560)

1560년 라이프치히 출판업자 푀겔린은 "Corpus doctriane Christianae"를 출판하였는데, 이 책은 고대교회의 세 개의 신앙고백과 함께 멜란히톤의 가장 중요한 신학문서들을 내포하고 있고 그래서 이후에 멜란히톤 자신은 서문에서 개인적인 특성을 완화시키려고 하였지만

"Corpus doctrinae Philippicum" 또는 마이센과 관련이 있기 때문에 "Misnicum"이라고 칭하게 되었다. 선제후 아우구스트 1세(1553-1586)가 이 개인적으로 시도한 Corpus doctriane를 자신의 영지 교회에 도입하면서 신앙고백이라는 정의의 기초가 아욱스부르크 신앙고백을 중심으로 확장되었다. 이 사례를 곧 이어서 대부분의 영지교회들이 따르면서 신앙고백 입장의 다양성이 루터교에 각인되었다.

나는 그래서 (아욱스부르크 제국의회에서) 앞에 있는 이 신앙고백의 장들을 한편으로는 황제에게 답하기 위해서 다른 한편으로는 소위 말하는 법법들에 관한 잘못된 주장들을 반박하려고 우리 교회의 가르침의 총체를 가능한 요약하면서 간단한 노력으로 모아보았다. 이렇게 하는 중에 나의 몫은 아무 것도 남겨두지 않았다. 규정된 방식으로 배석한 제후들과 다른 통치자들과 설교자들이 각각의 문장들에 관해서 논의하였다.
그러한 관점에서 신앙고백의 전체 형태도 루터에게 보내어졌는데, 그는 제후들에게 자기가 이 신앙고백을 읽었고 동의한다고 편지하였다.[1] 이 일이 이렇게 진행되었다. 제후들과 또 다른 존경스럽고도 학식이 있는 사람들이 중인들로서 아직도 그것을 기억하고 있다. 나중에 황제와 배석한 수많은 제후들 앞에서 낭독되었다; 이 사실은 원하지 않은 황제에게 강요를 한 것이 아님을 말하고 있다. 이렇게 해서 나는 트리엔트 공의회 시절에 바로 이 신앙고백을 또 한 번 작성하였는데[2], 이 신앙고백에 대해서 판단하는 데에 그 이름들이 첨부된 다른 수많은 사람들이 개입되었다. 그들의 증언들을 나는 불의한 심사자들에게 제시하였지만 그들은 이 고백을 나중에 폐기해버렸다.……
진행되고 있는 상황들로 인해서 다양한 생각들이 등장하였다는 사실을 나는 숨길 수 없다. 그리고 이 혼란함은 나쁜 종자들에게 기막힌 가르침들을 만들어 내도록 했다. 이런 때에 유익한 것을 선택하는 것과 그것을 본래적이고도 분명한 의미에서 설명하는 것이 얼마나 어려운 일인지는 지각이 있는 사람들은 안다. 하지만 나는 하나님께서 학문적 가르침(scholastica sarcina)의 짐을 내게 지우셨기 때문에 멋진 것을 추구하지 않고 교리문답에 걸맞게 신앙의 열정으로 청소년들에게 그 내용을 제시하였고 설교하는 음색으로 그것을 설명하려고 노력하였다고 보증한다.……

그렇지만 나는 하나님의 아들 우리 주 예수 그리스도, 영원하신 아버지 오른편에 앉으셔서 인간에게 은사를 나누어주시는 분께 언제나 이 지역에 영원한 교회를 불러 모으시고 나를 자비로 인도하시고 우리 수효가 얼마가 되었든지 간에 하나님 안에서 하나가 되도록 해주시기를 간구한다.

> 원전: Melanchthons Werke in Auswahl, hg. v. R. Stupperich. Bd. VI, Gütersloh 1955, 8,9-27; 11,1-5. —참고문헌: P. Tschackert, Die Entstehung der lutherischen und der reformierten Kirchenlehre samt ihren innerprotestantischen Gegensätzen, Göttingen 1910, 613-626.

b) 마티아스 플라키우스, 성경의 열쇠(Clavis Scripturae Sacrae, 1567)

플라키우스, 곧 반 잠정안 논쟁의 기관차인 그는 과거 자기 선생이었던 멜란히톤의 실질적인 맞수가 되었다: 거듭해서 그와 그의 동반자들은 온건한 필립주의자들을 무엇보다도 주도면밀한 칭의론 형성과 관련된 논쟁으로 몰아갔다. 일시적으로 예나 대학을 자신들을 루터의 참(γνήσιος) 계승자로 여기는 순수루터주의의 아성으로 만들 수 있었다. 하지만 인간의 본질을 원죄와 동일시하면서 그는 작센의 에르네스트 공작령을 떠날 수밖에 없었다. 이렇게 시작된 유랑생활에도 불구하고 그는

1567년 *Clavis Scripturae Sacrae*로 개신교 정통주의 해석학의 초석이 되는 문서를 집필하기에 이르렀다.

성경 자체에서 얻어낸 성경 이해의 규정들

7. 모든 방식으로 우리는 하나님께서 인간과 교제하며 가르치며 교정하려는 데에 수단으로 삼은 외적이며 그분 자신이 드러내 놓고 또는 선포하신 가르침을 지켜내야 한다. 그렇게 하나님께서는 인간을 천사를 다루듯이 하지 않으시고 몸을 가진 피조물 같이 다루신다: 귀와 눈을 통해서, 말씀과 성례전을 통해서 가르치시지만, 내적인 움직임이나 깨우치심이 없이 하지 않으신다. 따라서 그분은 우리에게 외적인 도우심과 자신의 예언(oracula)의 거룩한 책을 주셨다. 또한 그렇게 하심으로 우리를 쉼 없이 부르시고 가르치심으로 우리로 듣게 하신다. 가르치심과 돌이키심의 전 과정을 바울은 하나님께서 깨달은 자들, 그러니까 성경과 성령으로 깨우침 받은 사람들(누가복음 24장 45절. 49절)을 보내시고 이들이 가르쳤다고 말하면서 조목조목 기록하였다. 로마서 10장 14-15절. 그렇지만 그의 입으로부터 나오는 하나님의 말씀을 들은 자들은 그것을 믿었다; 믿는 자들은 그에게 기도하였고, 결국 그에게 간구한 자들은 구원을 받게 되었다. 그러므로 슈뱅크펠트[3])와 같은 광신도와 교황이 우리를 성경으로부터 멀게 하고, 나는 알 수 없는 어떤 영적인 계시들과 그들 마음의 아주 더러운 구석으로, 곧 모든 의로움과 영적인 계시들이 감춰져 있는 곳으로 끌고 가려고 한다면, 그것은 아주 분명한 마귀의 간계이다. 그들은 심지어 악한 영의 지옥 불구덩이이다.

8. 성경은 하나님을 경외하면서 읽음으로 우리가 확고하게 서 있고 믿음 안에서나 미덕에서나 그 어떤 행위에서 좌로나 우로나 치우치지 않아야 한다. 여호수아 1장 7-8절; 신명기 5장 32절. 이는 그분이 가장 지혜로운 분이시기에 그분만이 바른 길을 아시며,

자신의 이 집에서 유일하고도 가장 높으신 가장으로 청종되어야 할 분이시기 때문이다.

9. 우리가 그리스도께로 돌이킨다면 덮개가 우리 마음으로부터 그리고 문자로부터도(고후 3:12-16 비교) 제거가 되는데, 이는 우리가 영적인 빛으로 말미암아서 조명될 뿐 아니라(illuminamur) 성경의 결정적인 관점과 본질적인 내용(argumentum), 곧 주 예수 그리스도 자신을 그분의 고난과 선하심과 함께 가지게 되기 때문이다. 고린도후서 3장 16절. 이는 율법의 마침이 그리스도이시기 때문이다(롬 10:4). 그분만이 진주 또는 보물이며, 그래서 우리가 주님의 밭에서 그분을 발견하기만 하면 충분히 얻은 것이 된다(마 13:44-46 비교).……

우리 판단에 따라서 수집하거나 생각해 낸 성경 읽는 방식의 가르침들

1. 모든 깊은 사고들, 경영들과 행위에서 특별히 어렵고, 무엇보다도 거룩한 일들에 관해서일 때는 하나님의 도우심을 간구하는 것이 매우 유익하다. 이 도우심은 우리의 경영들이 처음부터 생기를 갖게 하고, 꾸려나갈 때 도움을 주고 결국 마지막에는 복을 주거나 우리 작업에 행복한 마무리와 성장과 열매를 준다.……

5. 성경을 읽는 자는 성경 특히 지금 자기가 읽은 곳의 단순하고 본질적인 의미(simplex atque genuinus…… sensus)가 파악될 때 만족하기 바란다. 그는 분명히 알레고리의 문제이거나 문자적인 의미가 다르게는 도저히 잡히지 않거나 모호한 경우가 아니라면 도식을 찾거나 알레고리나 하늘의 비유(allegoriae aut anagogiae[4])의 공상에 매달려서는 안 된다.

6. 어떤 것을 이해하여 기억에 새기고는 곧바로 거기에다가 일종의 묵상(meditatio)을 적용함으로 그 일과 문장을 더 온전하게 파악하고 기도, 위로 또는 다른 가르침 및 도덕적 행위를 위해서

경건한 활용과 믿음의 실천(usus praxisque fidei)으로 바꾸어야 한다.

9. 그래서 당신이 하나의 책 독서에 몰입할 때 가능한 한에서는 처음부터 곧바로 우선적으로 전체 문서의 관점, 목적이나 의도, 무엇이 이것의 주제나 관점의 역할을 하는가를 눈여겨야 한다. 이것은 대부분 몇 마디로 표현할 수 있으며, 그래서 종종 제목에 곧바로 언급된다. 전체 문서가 통일된 전체를 이룰 경우는 하나이기도 하고, 문서가 하나로 엮이지 않은 여러 부분을 가지고 있을 경우는 여럿일 수 있다.

10. 두 번째로 총체적인 본질적 내용, 종합, 발췌나 요약을 파악하는 작업을 하라. 그렇지만 나는 본질적인 내용을 전체의 관점과 우회적으로 표현하는 내용이 가득한 개념이라고 부른다. 그 안에는 집필 동기도 동시에 들어있는 경우가 있는데, 문서 자체 안에 들어있지 않을 경우에는 필연적으로 그러하다.

11. 세 번째로 책이나 작품의 전체의 구도와 목차를 눈여겨야 한다. 그리고 말하자면 어디에 머리, 손, 발 등등이 있는지 아주 주도면밀하게 주목하라. 그럴 때 그 몸이 어떻게 생겨먹었는지, 어떤 식으로 이 지체들을 거머쥐고 있으며 어떤 방식으로 그 많은 지체들이나 부분들이 함께 하나의 몸을 형성하고 있는지, 무엇이 각각의 지체들 사이에 또는 전체의 몸이나 특히 머리 사이에 있는 일치이며, 조화이며 또는 관계인지 정확하게 생각해낼 수 있다.

12. 마지막으로 하나의 몸을 다양한 지체로 온전히 해부하고 나누어서 하나의 도표에 기입하는 것도 유익할 것이다. 이로써 그 작품을 좀 더 쉽사리 영적으로 파악하고 이해하고 기억 속에 집어넣을 수 있다. 왜냐하면 그 많은 것을 하나의 개괄 또는 말하자면 하나의 관점 아래로 이끌고 가게 되기 때문이다.

원전: Matthias Flacius Illyricus, De ratione cognoscendi sacras literas/ Über den Erkenntnisgrund der Heiligen Schrift, hg. v. L. Geldsetzer, Dusseldorf 1968 (Instrumenta Philosophica. Series Hermeneutica 3), 32f. 88-93. ─참고문헌: G. Moldaenke, Schriftverständnis und Schriftdeutung im Zeitalter der Reformation. Teil 1: Matthias Flacius Illyricus, Stuttgart 1936; R. Keller, Der Schlüssel zur Schrift. Die Lehre vom Wort Gottes bei Matthias Flacius Illyricus, Hannover 1984 (AGTL. N.F. 5); B. J. Dibner, Matthias Flacius Illyricus. Zur Heumeneutik der Melanchthon-Schule, in: H. Scheible (Hg.), Melanchthon in seinen Schülern, Wiesbaden 1997 (Wolfenbütteler Forschungen 73), 157-181.

c) 이탈자 처리: 1572년 작센의 마녀법령 공포

큰 규모의 마녀 박해는 중세의 현상이 아니라(이것에 관해서는 『중세교회』 79번을 보라) 신앙고백 시대의 현상이었다: 아주 큰 기준에서는 약 1560년부터 이 현상이 나타나지만 그 다음에는 계속해서 새로운 파도가 1590년, 1630년과 1660년으로─1775년 켐텐과 1782년 스위스의 글라루스에서 일어난 마지막 처형까지─계속되었다. 신앙적인 결속 위에 세워진 영지들의 그 이탈 요소들을 제거하려는 노력들이 여기에 기여했을 수 있다. 물론 이것은 그저 사회적이고 성차별적인 역사적 경향의 많은 요소들 중 하나에 불과한데, 그 중에서는 인간적인 세계의 현실성 안에 마귀가 개입하는 것에 대한 두려움이 아주 현저하게 있었다. 이 현실은 무엇보다도 양성에서 수동적인 것으로 해석된 여성들에 관해서 있을 수 있는 현실로 보았다. 이와 결부된 마귀가 역사한다는 것에 대한 분명한 관념들이 1572년 루터교회에 속한 작센 선제후령의 법법 규정에도 나타난다.

마술이 오락가락하면서 극렬하게 침투해 들어오고 보편적으로 명시된 황제의 법률들[5] 안에서만이 아니라 성경에도 가장 엄중하게 금지되었기 때문에 다음과 같이 명한다: 어떤 사람이 자기의 기독교 신앙을 잊고 마귀와 연합하고 그와의 교제 또는 그 밖의 것을 하였다면 그가 마술로 누구에게 해를 끼치지 않았다고 하더라도 화형을 언도하고 집행하여야 한다. 하지만 그러한 연합 외부에서 마술로 해를 끼친다면 그 해가 크든지 작든지 간에 그 마술사는 남자든 여자든 칼로 처형되어야 한다. 마찬가지로 마귀의 술수에 근거해서 예언을 하거나 구슬을 가지고 또는 다른 방식으로 마귀와 대화하거나 그런 교제를 하고 또 마귀를 통해서 일어난 일들과 미래의 일들을 알려는 시도를 하는 자들도 칼로 처형할 것을 명한다.

> 원전: Des······ Füsten······ Augusten, Hertzogen zu Sachsen······ Verordenungen und Constitutionen des Rechtlichen Proces, Dresden 1572, 85f. 번역: W. Behringer (Hg.), Hexen und Hexenprozesse in Deutschland, Frankfurt/ M. ⁴2000, 158. — 참고문헌: R. van Dulmen (Hg.), Hexenwelten. Magie und Imagination vom 16-20. Jahrhundert, Frankfurt/ M. 1987; L. Roper, Ödipus und der Teufel. Körper und Psyche in der Frühen Neuzeit, Frankfurt/ M. 1995; W. Behringer, Hexen, München ³2002; R. Bier-de Haan u.a. (Hg.), Hexenwahn, Ängste der Neuzeit, Berlin/ Wolfratshausen 2002.

d) 일치신조: 루터교의 계속되는 일치(1577)

Corpora doctrinae의 다양함과 순수루터주의자들로 인해서 강화된 수많은 논쟁들은 아욱스부르크 신앙고백과의 유사성의 판단기준에 관한 불분명함이 더 커졌고—가톨릭 측에게 프로테스탄트들이란 자체 안에 깊숙이 분열된 현상을 말하는 것 같은 인상을 심화시킬 수밖에 없었다. 일치를 위해서 결국에는 광범위하게 효과가 있는 노력들이 일단은 뷔르템 베르크의 공작 크리스토프(1550-1568)에게서 나왔다. 그는 튀빙엔 대학의 신학교수인 야콥 안드레애(1528-1590)에게 일치를 위한 타진 시도의 임무를 부여하였다. 이러한 노력들을 안드레애는 브라운슈바이크 교구 감독인 마틴 켐니츠(1522-1586)와 공동으로 추진하였다. 작센의 선제후인 아우구스트 1세(1553-1586)의 영지에서 필립주의자들이 붕괴되고 나서 그와 브란덴부르크의 요아킴 2세(1553-1571)가 합류하면서 1577년 루터교의 다수파를 공동의 신앙형식을 향해서 모을 수 있게 되었다. 이 형식은 상세하게는 "Solida declaratio", 간략하게는 "Epitome"(여기에 제시된 번역이 뒤 따르고 있다.)으로 존재한다. 두 개의 본문은 1580년 협화신조서에 수록되었는데, 이 책은 루터교에 기준이 되는 신앙고백 문서들을 모은 것이다. 물론 루터교 내부의 논쟁은 아직 이것으로 가라앉지 않았고, 그러므로 당연히 협화신조의 규정은 절대로 루터교 공동의 신앙고백으로 취급될 수 없다.

IV. 선행에 관하여
선행에 관한 논쟁 중 핵심질문
선행에 관한 가르침에 대해서는 여러 교회 안에서 두 종류의 분열이 발생하였다:
1. 첫째로 일단의 신학자들이 아래 주장에 관해서 나뉘었다. 한 쪽은 기록하였다: 선행은 구원에 필요하다. 선행이 없이 구원 받는 것은 불가능하다. 그래서: 선행이 없이는 어떤 사람도 구원을 받지 못했다. 하지만 다른 쪽은 그 반대로 기록하였다: 선행은 구원에 해롭다.[6)]
2. 그 다음으로, "필요하다"와 "없이"라는 두 단어와 관련해서 몇몇 신학자들 사이에도 분열이 발생하였다. 한 쪽은 변호하기를 "필요하다"는 말을 새로운 복종이라는 점에 초점을 맞추면서 사용하지 말아야 한다고 했다. 곧 복종은 필연과 강제성에서가 아니라

의지의 자유로운 정신에서 나온다는 것이다. 다른 측은 "필요"라는 단어를 고수하였는데, 그러한 복종은 우리 판단 하에 있는 것이 아니라, 거듭난 자들은 그러한 복종의 의무가 있다는 것이다.[7]

단어들을 둘러싼 이런 논쟁으로부터 실제 문제 자체를 둘러싼 더 발전된 논쟁이 발생하였다. 한쪽은 주장하기를 그리스도인들에게는 절대로 율법을 선포하면 안 되고 오직 거룩한 복음으로부터 선행으로 권면해야 한다고 하였다. 다른 쪽은 이를 반대하였다.[8]

긍정적 형식
이 논쟁의 질문에 대한 그리스도교회의 정결한 가르침
이 논쟁을 근본적으로 설명하고 해소하기 위한 우리의 가르침, 믿음 그리고 고백은 아래와 같다:
1. 선행은 참다운 믿음이 죽지 않고 살아 있는 믿음이라면 좋은 나무의 열매처럼 확실하고도 의심의 여지가 없이 그 뒤를 잇는다.
2. 우리가 믿고, 가르치고 고백하는 바는 구원에 관해 질문할 때와 하나님 앞에서의 칭의의 규정에서 선행은 철저히 제외되어야 한다는 것이다.……
3. 모든 사람들, 특히 성령으로 거듭나고 새롭게 된 자들은 선행을 할 의무가 있다고 우리는 믿고, 가르치고 고백한다.
4. 이 이해를 따라, "필요하다", "…… 해야 한다", "일 수밖에 없다"라는 단어들은 거듭난 자들로부터도 바르게 또 그리스도교적으로 사용되어야 하며 바르게 사용되는 단어들과 진술의 범례에 절대로 어긋나지 않는다.……

VI. 율법의 세 번째 사용
핵심질문
율법은 세 개의 다양한 이유로 인간에게 주어졌다: 첫째로, 이로 말미암아 불법과 불순종에 대해서 외적인 질서가 보장되도록.

또 다른 이유는, 이로 말미암아 인간들이 자기들의 죄를 깨닫게 되도록. 셋째, 거듭난 후에도 육체에 사로잡혀 있는 그들이 율법으로 인해서 더 안전한 규칙을 가지게 하려는 이유로, 이 규칙에 따라서 그들이 온 삶을 정돈하고 영위하도록 하기 위해서. 때문에 율법의 세 번째 사용을 둘러싸고 소수의 신학자들 사이에 논쟁이 발발하였다: 말하자면 율법은 거듭난 그리스도인들에게도 선포되어야하는가 아니면 그렇지 않은가.

한 측은 그렇다, 다른 쪽은 아니라고 하였다.[9]

긍정적 형식

이 논쟁점에 관한 바른 그리스도교의 가르침

1. 우리가 믿고 가르치고 고백하는 바는 그리스도를 믿으며 참되게 하나님께로 돌아선 사람들은 그들이 비록 그리스도로 말미암아 율법의 저주와 압제에서 해방되어 자유하게 되었더라도 바로 그 이유 때문에 율법이 없이 존재하는 것이 아니라, 오히려 율법 안에서 낮이고 밤이고 자신을 훈련해야 한다(시 119, 1)는 이유로 하나님의 아들에 의해서 구속되었다는 것이다.……

2. 율법을 설교하는 것은 단지 믿지 않는 자들과 회개하지 않은 자들에게만이 아니라 그리스도를 믿는 자들과 참으로 회개한 자들과 거듭난 자들과 또한 믿음으로 말미암아 의롭다 칭함 받은 자들에게도 열정적으로 유지되어야 한다고 우리는 믿고 가르치고 고백한다.

원전: BSLK 786, 18-787, 18; 788, 1-10; 793, 4-38; 794, 6-12. 번역: Rudolf Mau (Hg.), Evangelische Bekenntnisse. Bd. 2, Bielefeld 1997, 226. 230f. —참고문헌: P. Tschackert, Die Entstehung der lutherischen und der reformierten Kirchenlehre samt ihren innerprotestantischen Gegensätzen, Göttingen 1910 (= Göttingen 1979); M. Brecht/R. Schwarz (Hg.), Bekenntnis und Einheit der Kirche. Studien zum

> Konkordienbuch, Stuttgart 1980; e. Koch, Art. Konkordienformel, in: TRE 19, 1990, 476-483; I. Mager, Die Konkordienformel im Fürstentum Braunschweig-Wolfenbüttel. Entstehungsbeitrag, Rezeption, Geltung, Göttingen 1993 (Studien zur Kirchengeschichte Niedersachsens 33); I. Dingel, Concordia controversa. Die öffentlichen Diskussionen um das lutherische Konkordienwerk am Ende des 16. Jahrhunderts, Gütersloh 1996 (QFRG 63); M. Richter, Gesetz und Heil. Eine Untersuchung zur Vorgeschichte und zum Verlauf des sogenannten Zweiten Antinomistischen Streit, Göttingen 1996 (FKDG 67); V. Leppin, Zwischen Freiheit und Gesetz. Zur Grundlegung christlicher Ethik in den lutherischen Bekenntnisschriften, in: Lutherische Kirche in der Welt. Jahrbuch des Martin-Luther-Bunes 49 (2002) 63-76.

e) 교훈적인 루터교 정통주의의 형성

이미 루터교 내부의 논쟁들과 가톨릭교회, 특히 트리엔트 공의회를 상대로 한 싸움 때문이기는 하지만 사실은 협화신조 안에 폭넓은 일치의 형성과 함께 루터교적인 생각을—특히 주도적인 비텐베르크와 예나 대학에서—교육적인 형식으로 확정할 수 있는 기초가 마련되었다. 여기에 가장 중요한 요소는 특별히 멜란히톤으로 말미암아 중세 아리스토텔레스주의의 방법론적인 엄격함을 새로이 취해서 비텐베르크 성향의 종교개혁의 기본 확신에 활용하는 일이 이루어졌다는 것이다.

1. 마르틴 켐니츠, 그리스도의 양성론(1576)

성만찬에 관한 논쟁은 이미 루터와 츠빙글리 사이에서 그리스도론적인 문제에 관한 논의로 발전하였다(40c를 보라). 이 현상은 16세기 후반부에 요한네스 브렌츠(1449-1570)가 루터에게서 출발한 그리스도의 신체적인 본성의 편재설(Ubiquitas)을 자기 주장의 중심에 놓으면서 더욱 심화되었다. 마틴 켐니츠(1522-1586)는 이 기독론적 사고를 더욱 확장시켰다 – 그래서 결국 그리스도론은 루터교 정통주의의 가장 생산성 있는 주제들이 되었다. 신성과 인성 간의 관계에 대한 숙고뿐 아니라 왕, 제사장과 예언자라는 그리스도의 삼직무설의 발전을 말한다.

그 문제 자체와 관련해서는 일치가 이루어졌고, 본체적인 연합에서 오는 것에 관한 문장, 표현 또는 설명은 모두가 동일한 방식이 아니라 그 안에 차이가 있으며, 이 차이들은 필히 구분되어야 한다고 나는 생각한다. 그리고 이 제시된 생각과 관련한 것은 합당한 방식으로 셋으로 나누어질 수 있다고 생각한다.

1. 첫째로 말하자면 일종의 문장들이 있는데, 그 문장들 안에서 본성에 속한 것, 곧 특징이나 행위나 속성이 인격에게 구체적으로 주어지는데, 단지 한 본성 때문에 인격에 귀속이 되고 있다.

2. 둘째로 한 종류의 문장들이나 주장들이 있는데, 그 문장들에서는 그리스도의 직분의 행위들에서 인격적인 실행에 두 본성 중 하나가 다른 본성과 교환을 하면서(cum communicatione) 각 본성에게 고유한 것을 일으킨다. 말하자면 이러한 방식으로 인격에 관해서 언급하며 인격에 귀속되는 것은 첫 번째 종류의 문장들에서와 같이 오직 한 본성 때문이 아니라 두 본성 때문에 인격에 귀속된다.

3. 셋째로, 그리스도께서 취하신 인간적 본성에 관해서 말하는데 그 존재적 속성들(essentialia idiomata)이나 본성적 속성들을 따라서 말하지 않고, 그리스도 안에 있는 인간적 본성에(말하자면 신적인 속성에는 아무 것도 덧붙여지거나 감해지지 않고) 물질적 속성들 이외 그리고 그것들을 넘어서서 덧붙여지는 그것, 또 로고스와 위격적인 일체라는 것 때문에 그리고 영광스럽게 됨과 높아지심으로 인해서 그분에게 주어지는 것을 말한다면 또 다른

종류의 문장들이 있다.

> 원전: Locorum theologicorum······ Martini Chemnitii······ Pars Tertia······ opera et studio Polycarpi Leyseri, Wittenberg 1615, 185. —참고문헌: J. A. O. Preus, The second Martin. The Life and Theology of Martin Chemnitz, St. Louis 1994; Th. Kaufmann, Martin Chemnitz. Zur Wirkungsgeschichte der theologischen Loci, in: H. Scheible (Hg.), Melanchthon in seinen Schülern, Wiesbaden 1997, 183-253.

2. 레온하르트 후터의 편람 (1610)

선제후인 크리스챤 2세(1601-1611)는 비텐베르크 대학의 신학교수 레온하르트 후터(1563-1616)에게 작센의 제후 학교를 위한 교본을 편찬하라는 임무를 부과하였다. 내용적으로 본다면 후터는 협화신조에 기반을 두고 대부분을 필립주의와 그 추종자들을 반대하였지만 방법론적으로는 철저히 멜란히톤의 신학총론을 따랐다. 이 작품은 곧바로 각 신학대학들로 확산되었고 루터교에 근본이 되는 교본으로서 멜란히톤의 신학총론을 대체하였다. 서두에서 루터교 정통주의에 근본이 되는 성경의 원리에 관한 견해를 제시하고 있다.

조항 1(locus primus): 성경에 관하여
1. 성경은 무엇인가?
성경은 하나님의 말씀으로서, 성령의 자극과 영감으로 말미암아서 예언자들과 사도들에 의해서 문서적인 증서 안에 기록이 되어서 하나님의 존재와 뜻 안에서 우리를 가르치고 있다. 또 성경이라는 이름 하에 일반적으로 모든 경전적인 책들이 이해되고 있지만 성경이라는 이름은 우선적으로 정경적이라는 문서들에게 주어진다. 따라서 성경 자체도 정경이라고 부른다, Chemnitz, Examen Concilii Tridentini.

4. 정경적인 책들은 어디에서 권위를 가지는가?

유일하게 하나님 자신, 곧 그 저자되시는 분으로부터 정경적인 문서는 자체 안에 내포하고 있는 것, 곧 천상의 진리(딤후 3:16; 벧후 1:21)를 가지고 있다. 나아가서 하나님 자신이 교회로 말미암아 정경적인 문서들의 존귀함이 증거되기를 원하셨지만 사실 임의의 하나의 교회가 아니라 정경의 기록자들이 지상에 살던 때에 있던 그 교회를 통해서 되기를 원하셨다. 하지만 그 교회는 성경에 대한 심판자가 아니라 오직 성경의 증거자이다.

7. 성경은 이해가 가능하며 분명한가(dilucidus et perspicuus)?

성경은 아주 이해가 가능하며 분명한데, 무엇보다도 하나님 앞에서의 믿음과 칭의 그리고 우리의 영원한 구원을 다루는 곳에서는 그 어디에서 보다 더욱 그러하다. 시편 119편 105절: "주의 말씀은 내 발에 등이요 내 길에 빛이니이다." 베드로후서 1장 19절: "우리에게는 확실한 예언이 있어 어두운 데를 비추는 등불과 같으니 너희가 이것을 주의하는 것이 옳으니라."

8. 정경 문서는 완전하며 믿음이나 행실에 관한 가르침에 충분한가?

아주 그러하다. 왜냐하면 "모든 말씀은 하나님의 감동으로 된 것으로 가르침과 책망과 바르게 함과 의로 교육하기에 유익하니 이는 하나님의 사람으로 온전하게 하며 모든 선한 일을 행할 능력을 갖추게 하려 함이라."(딤후 3:16f.)

16. (성경과 신앙고백 간의 서열) 차이는 어디에 있는가?

우리는 오직 성경만 심판자요 규범이요 기준(iudex, regula et norma)으로 인정한다. 곧 그것을 유일한 시금석으로 삼아서 모든 가르침이 경건한지 아니면 불경한지, 참인지 거짓인지 시험하고 판단해야 한다. 다른 신앙고백들과 문서들에게는 심판자의 존엄이 없다. 이 존엄성은 말하자면 성경에만 허락된다.

17. 그렇다면 이 신앙고백서들은 무슨 역할을 하는가?
신앙고백서들은 성경이 교회 안에서 가르침과 논쟁이 되는 신앙의 조항에 관련해서 당시 생존하고 있던 교사들에 의해서 어떻게 이해되고 해석이 되었는지; 또 어떻게 성경으로 그 잘못된 가르침들이 내침을 당하고 저주 받았는지를 말하는 신앙의 증인이요 해설이다.

원전: Leonhard Hutter, Compendium locorum theologicorum, hg. v. W. Trillhaas, Berlin 1961 (Kleine Texte für Vorlesungen und Übungen 183), 1, 1-10; 1, 24-2, , 3. 13-26; 4, 6-19. 번역: Leonhard Hutter, Compendium locorum theologicorum. 독일어판, 번역, 서론과 편찬 W. Schnabel, Waltrop 2000 (Theologische Studientexte 8), 36-39. 43 — 참고문헌: J. A. Steiger, Leonhard Hutters 'Compendium Locorum Theologicorum' (1610). Zu Entstehung und Wirkung eines Bestsellers lutherischer Theologie. Mit der Vorstellung eines Editionsprojektes, in: editio. Internationales Jahrbuch für Editionswissenschaft 17 (2003) 100-125.

3. 게오르그 칼릭스트, 서방 교회의 곤경의 원인에 관한 강연 (1643)

루터교 정통주의는 자체의 신앙고백을 확정하는 데에 기여하였다. 그렇지만 단순한 경계를 긋는 것을 훨씬 넘어서는 생각들도 바로 여기에서 발전할 수 있었다: 헬름슈테트의 신학교수 게오르그 칼릭스트(1586-1656)는 근본적인 신앙 규정의 시대로서 고대교회에 철저하게 집중하는 자기의 생각 consensus antiquitatis을 발전시켰다. 이것을 나중에 그의 적대자들은 Consensus quinquesaecularis로 이름 붙였다. 이 생각은 일단은 가톨릭교회에 반대하는 논쟁신학적인 주장이었지만 점증하는 교회분열 극복을 위한 구상이었다; 이 입장의 기초를 그는 1643년 3월 헬름슈테트에서 박사학위 축하를 위한 강연에서 제시하였다. 물론 칼릭스트와 이 평화적인 입장은 자신의 진영에서 인정을 거의 받지 못했다: 폴란드 왕 블라디스라우스 4세가 가톨릭, 루터교, 개혁파를 불러 모은 토르너 종교 대화에서 칼릭스트는 훗날 비텐베르크의 신학교수가 된 단찌히의 루터파 아브라함 칼로프(1612-1686)의 교사로 인해서 루터파 대표단에서 제외되었다.

우리는 폐해의 또 다른 원인을 첨부한다. 그것은 말하자면 구원에 꼭 필요한 근본 가르침(fundamenta)과 구원에 대한 염려 없이 의심을 가질 수 있는 그 너머에 있는 질문들을 모든 사람이 아주 분명하게 구분하지 않았다는 것이다. 그 때문에 여기에 대한 자기들의 입장들이 유효한 생각으로 받아들여졌다고 여기려고 하며 그것을 필수적인 신앙의 내용으로 강요하였고, 그러면서 하나님께서는 우리에게 모든 것에 관해서 아는 것을 원하지 않으시며, 우리가 모른다고 해도 우리에게 아무런 해가 되지 않으며 어느 한 쪽에 유리하게 확정하지 않아야 할 것들이 많이 있다는 것을 거의 생각하지 않았다. 우리가 벌써 아주 오래 전에 제시하였던 바와 같이 신학은 실천을 지향한다(theologia est practica). 그러므로 구분이 없이도 하나님을 향한 바른 신앙, 생활의 경건함, 성례전의 올바른 활용 그리고 교회의 평화는 있어야 한다는 것은 확실하다. 그리고 구원을 잃게 되면서까지 이것을 믿는 것을 하나님께서는 우리에게 요구하지 않으셨고, 그래서 어떤 사람도 우리에게 의무로 부과할 수 없다. 그래서 어떤 사람이 필수불가결하고, 수용이 되어 믿고 있는 가르침(dogma)을 넘어서는 질문이나 부가적인 명제를 어느 한 쪽에 유리하게 결정하려고 하거나 자기의 결정을 우리에게 필수불가결한 것으로 강요한다면 나는 그에게 질문하려고 한다. 그 조항을 위해서 자신이 확고히 주장하는 것을 사람들이 구원을 잃지 않으려면 믿어야 하는 것으로 여기기를 원하는지. 아니면 그 정도까지는 원하지 않는다면, 혹시 그것 없이는 더 우선이 되고 근본적인 조항이 위험에 빠진다고 생각하는지—자기 생각과 다른 주장으로 말미암아 근본조항이, 우리가 말하는 식으로는, 어떤 필수불가결하며 그에게 반대로 치달리는 결과로 인해서 뒤엎어지는지, 아니면 하나님과 이웃을 향한 사랑을 실천함이 방해가 되거나 성례전의 합당한 활용이 교란이 된다고 생각하는지. 이들 중 그 어떤 것이 일어난다는 것을 그가 보증한다면, 정확히 그러하다는 것을 그는 증명해야 한다.…… 그 어떤 것이 영향력이 있으며 경건하며 오래도록 모든 사람이 찬양을 한 저자에 의해서 가르쳐 온 것이 확실하다면, 그것을 가볍게 정죄하며 이단적이라고 낙인찍으면 안 된다; 그럼에도 불구하고 이름이 있는 교사가 어떤 것을 가르쳤기 때문에 그것은 참이라는 결론이 나는 것은 당연히 절대로 안된다. 더욱이 그것이 신앙의 조항이라는 결론은 더더구나 있을 수 없다. 희랍 교인들의 네 명의 중심 교부들이라고 부르는 아타나시오스[10], 바실레이오스[11], 나찌안쯔[12], 크리소스토모스[13]의 넷을 따라서, 라틴 교인들의 중심 교부들 또는 탁월한 자들(교사들)이라고 말하는 암브로시우스[14], 히에로니무스[15], 아우구스티누스[16], 그레고리오스[17]를 따라서 어떤 것이 아주 참인 바와 같이 참이라면, 후대 사람들에게도 조금도 가감이 없이 유지되어야 한다, 이들이 더 많은 배움과 권위를 갖추고 있더라도 그러하다. 고대인들 중에서 혼자이고 더 고대인들이나 그의 시대를 대표하는 자들로부터 이탈한 사람에게 우리는 그가 여전히 성스럽고 또 찬양을 받아야 한다고 아주 많이 권하지 않는다. 하지만 중요한 교리(말하자면 우리는 지금 주요한 신앙 조항에 대한 부가적으로 일어나는 첨가되는 질문을 말하고 있는 것은 아니다)를 일치된 동의와 특별히 공시가 된 신조와 신앙고백으로 확증을 하는 자들에게 아주 많이 주목해야 한다.

> 원전: Georg Calixt, Werke in Auswahl. Bd. I, Göttingen 1978, 446, 18-447, 21; 451, 13-32. —참고문헌: H. Schüssler, Georg Calixt. Theologie u. Kirchenpolitik. Eine Studie zur Ökumenizität des Luthertums, Wiesbaden 1961 (VIEG 25); J. Wallmann, Der Theologiebegriff bei Johann Gerhard und Georg Calixt, Tübingen 1961 (BHTh 30); I. Mager, Georg Calixts theologische Ethik und ihre Nachwirkungen, Göttingen 1969 (Studien zur Kirchengeschichte Niedersachsens 19); C. Böttigheimer, Zwischen Polemik und Irenik. Die Theologie der einen Kirche bei Georg Calixt, Münster 1996 (Studien zur Systematischen Theologie und Ethik 7); C. H. Ratschow, Lutherische Dogmatik zwischen Reformation und Aufklärung. 2 Bde., Gütersloh 1964-1966; M. Matthias, Art. Orthodoxie. I: Lutherische Orthodoxie, in: TRE 25, 1995, 464-485.

f) 루터교가 처한 상황에서의 경건신학

루터교 정통주의에게는 경건주의 비판자들과 계몽주의 비판자들 이후에 경직되었고 생명력이 없다는 외침이 있었다. 종종 추상적인 교재에 근거해서 나온 이 선입견이 얼마나 정확하지 않은가를 정통주의의 맥락에서 나온 경건신학적 주장들이 가르쳐준다. 이 주장들은 늦어도 요한 아른트에서부터는 볼 수 있지만 루터교 정통주의의 중심인물인 요한 게르하르트에게서도 엄청나게 많이 나타나고 있다. 아른트의 동일한 시도들은 게르하르트가 자기의 정통주의 체계 안에 접목시켰는데, 물론 요한 발렌틴 안드레애는 이것들을 정통주의의 합의 너머로까지 전개시켰다.

1. 요한 아른트, 참된 기독교

해당 지역의 칼빈주의화 때문에 안할트 지역의 교회 봉사에서 쫓겨난 루터교인 요한 아른트(1555-1621)는 1559년부터 1609년까지 브라운슈바이크에서, 이후에는 2년간 아이슬레벤에서 목사로 활동하였고 마지막으로 1611년부터는 브라운슈바이크-뤼네부르크에서 그때는 총감독으로 있었다. 중세 후기 신비주의의 영향 하에 있으면서 그는 1605년부터 1610년까지 "참된 기독교에 관한 네 권의 책"을 집필하였는데, 여기에서 그는 정통주의 신학을 개인 경건과 연결짓고 있다. 나중에 필립 야콥 슈페너(1635-1705; 4권 『근대교회』를 보라.)와 함께 등장한 경건주의는 아직도 철저히 정통주의의 범주에 속한 아른트에게 근거를 두었다. "종교개혁 정통주의"라는 개념보다는 "경건신학"이라는 개념이 그의 관심에 부합되는데, 이 개념은 후기 중세의 신학형태를 위해서 함(B. Hamm)이 만들어내었다.

제2권 51장: 믿음의 연약성에 대한 위로
이사야 42장 3절: "상한 갈대를 꺾지 아니하며 꺼져가는 등불을 끄지 않으신다"
이 말씀은 이사야 선지자가 두 개의 비유로 만든 믿음의 연약함에 대한 기막히게 아름다운 위로이다. 첫째 비유를 그는 상한 갈대, 곧 꺾지 않기 위해서 조심스럽고도 부드럽게 만지지 않으면 안 되는 것에서 찾는다. 하나님도 우리의 연약함과 우리의 약한 신앙을 그렇게 다루고 계시다. 꺼져가는 심지가 작은 불씨를 가지고 있다면 강하게 불면 꺼지기 때문에 그렇게 하면 안 되듯이 그리스도 우리 주님은 우리 신앙의 작은 불씨를 자기 영의 부드러움(gelindigkeit)과 자기 입의 부드러운 숨결로 불고 자기 얼굴의 부드러운 모습으로 쓸어주심으로 우리가 우리 연약함 안에서 놀라고 질식하지 않도록 하신다(사 57:15). 믿음의 이 소심함과 연약함은 모든 기독교인들이 비록 사람에 따라서 강도는 다르다고 할지라도 많이 겪지 않으면 안 되는 무거운 시련이다. 그 때문에 성령은 하나님 말씀 안에서 우리가 열심히 붙잡아야 할 강력하고 풍성한 위로를 보이심으로 우리로 하여금 슬픈 투쟁-시절에 복되게 사용할 수 있게 하신다.

1. 믿음은 우리의 행위와 노력이 아니라 하나님의 역사라는 것을 면밀하게 붙들어야 한다: "하나님께서 보내신 이를 믿는 것은 하나님의 일이니라. 아버지께서 이끌지 아니하시면 아무도 내게 올 수 없느니라"…… 믿음이 하나님의 일이고 우리에게 있는 우리의 일이 아니기 때문에 우리의 믿음이 강한지 약한지는 우리 것이거나 우리 능력에 있는 것이 아니다. 하나님께서 우리를 구원하시고자 하였다고 우리에게 인정해주신 바와 같이 그분은 우리 믿음이 곧 구원을 얻을 수 있게 하는 믿음이 어떤 방식으로 강하게 되어야 할는지를 아시며, 그래서 그만큼 우리에게 주시려고 하신다.……

5. 당신이 말하기를 나는 내 안에서 아무런 믿음도 느끼지 못한다고 하면 나는 정말로 믿기를 원하느냐고 묻겠다. 그것을 느낀다면 그게 바로 신앙이다. 하나님은 우리 안에 원함도 일으키시기 때문이다. 때문에 기꺼이 믿고 싶다면 당신 안에서 하나님의 일하심을 느끼며 "네 안에 원함을 일으키시는 분이 이룸도 일으키시리라"(빌 1:6; 2:13)는 위로의 소망을 가지게 된다.

제3권, 16장: 성령은 어떻게 받게 되고 우리 영혼 안에서 그분이 어떻게 역사하시는가

…… 따라서 당신의 마음을 내적으로도 외적으로도 피조물에 매달리지 않게 하고 당신 자신을 사랑함도 당신 자신의 뜻도 아니고 온전히 하나님께만 매달리게 하라. 이렇게 해서 당신은 가장 크고 가장 유익한 일을 한 것이다. 또한 당신 자신 사랑과 기쁨으로 말미암아 방해받지 않도록 하라. 그것은 위대한 장인이 위대한 일을 시작하는 때에 아이가 와서 모든 것을 어지럽히는 것과 같다. 하나님께 속한 것을 사람이 자기에게 적용하며 그러면서 자기 기쁨과 흥미를 찾는 것과 같다. 이런 방식으로 성령의 역사를 망가뜨리며 자기 자신의 일을 추구하면서 생각하기를 자기 자신의 일이고 자기 소견이면서도 모든 것이 자기 안에 있는 하나님의 일이라고 하기 때문이다. 하지만 우리는 이 모든 우리의 행위에서는 무익한 종들이며(눅 17:10), 그러므로 무익한 종은 무익한 일을 행한다는 것을 안다. 하나님께서 모든 피조물 보다 나은 것만큼이나 그분의 일도 모든 사람의 일과 인간의 규정들 보다 낫다. 따라서 하나님께서 당신 안에서 실제로 또 귀하게 역사해야 한다면 당신은 그분에게 자리와 공간을 드리고 당신의 감정을 쉬게 하고 하나님을 겪는 것이 필요하다. 하나님께서 당신 안에서 말씀하시게 되면 당신 안에 있는 모든 것들은 침묵해야 한다. 친애하는 인생들이여 당신 안에서 역사하는 것이 모두 하나님의 일이 아니라 당신의 혈과 육의 일이다. 이것을 잘 구분할 줄 알며 마귀의 일을 하나님에게로 돌리지 않도록 주의하라.

그런데 당신 안에서 성령이 역사하기를 바란다면 다음 두 개의 규율을 지켜야 한다: 첫째, 당신 마음을 세상과 피조물들과 당신 자신과 당신의 모든 뜻과 감정으로부터 돌이키고 단절해야 한다. 성령의 역사는 이렇게 방해 받지 않고 당신 안에 있다. 둘째로 십자가와 고난의 모든 운명이 어디에서 오고 무엇이 되었든, 내적이든 외적이든지 간에 하나님이 당신에게 매개도 없이 직접 보내신 것으로 받아들이고, 그것을 받아들이되 하나님이 그로 말미암아 당신을 하나님 자신에게와 자신의 위대한 은사들을 향해서 넓히시고자 하시는 것으로만 받아들여야 한다는 것이다.

> 원전: Johann Arndts Vier Bücher vom Wahren Christentum nebst desselben Paradiesgärtlein, Berlin ⁷1860, 341.343.415f. —참고문헌: E. Weber, Johann Arndts vier Bücher vom wahren Christentum als Beitrag zur protestantischen Irenik des 17. Jahrhunderts. Eine quellenkritische Untersuchung, Hildesheim ³1978 (Studia irenica 2); J. Wallmann, Johann Arndt und die protestantische Frömmigkeit, in: D. Breuer (Hg.), Frömmigkeit in der frühen Neuzeit, Amsterdam 1984 (Chloe 2), 50-74; M. Brecht, Johann Arndt und das Wahre Christentum, in: ders., (Hg.), Geschichte des Pietismus. Bd. 1, Göttingen 1993, 130-151; E. Axmacher, Johann Arndt und Paul Gerhardt, Studien zur Theologie, Frömmigkeit und geistlichen Dichtung des 17. Jahrhunderts, Tübingen 2001 (Mainzer hymnologische Studien 3); H. Geyer, Verborgene Weisheit. Johann Arndts >Vier Bücher vom Wahren Christentum< als Programm einer spritualisch-hermetischen Theologie, Berlin 2001.

2. 요한 게르하르트의 유언(1603)

아른트의 영향 아래에는 요한 게르하르트(1582-1637)도 있었는데, 그는 나중에 루터교 정통주의의 중심인물이 될 사람이었고 1616년부터는 예나의 신학교수였다. 21살 때 심한 병이 들었을 때 그는 유언장을 작성했는데, 신앙의 고백도 되는 이 유언장은 그가 가진 신앙의 표상을 응축시켜서 요약하고 있다.

의로우시고 자비하신 하나님께서 내게 약한 육신을 주셨고 어떻게 해서 신실한 하나님께서 자기만의 현명한 판단과 신적인 의지를 따라서 그렇게 하실 수 있는지 나는 알 수가 없다. 때문에 내가 이 세상을 떠나도록 부름을 받게 되고 나의 사랑하는 어머니, 친지들, 좋은 친구들과 작별해야만 하는 경우를 위해서 전달될 요량으로 이것을 기록했는데, 모든 것을 잘 생각하고 또 맑은 이성으로 하였다(guter vernunfft).……

서두에 나는 사랑하시며 신실하신 하나님께서 내가 아무 것도 아닐 때 나를 만드신 것과 지금까지 육신에 필요한 것을 정말 아버지로서 공급해주셨음에 대해서 진심으로 감사를 드린다. 마찬가지로 나의 사랑하는 주님이며 하나님, 나의 구주요 복을 주시는 분이신 예수 그리스도께 자신의 거룩하고 진홍 빛을 지닌 피로써 나를 죄와 사망과 영원한 저주에서 해방시켜 주신 것에 대해서 감사를 드린다. 성령 하나님께도 진심으로 감사를 드리는 것은 거룩하신 하나님의 말씀을 통해서 내게 그리스도의 자비를 전해주셨고 성례전을 통해서 나누어주신 것에 대해서이다; 이 자비는 너무도 커서 생각으로도 말로도 나는 거기에 도달할 수가 없을 지경이다. 하지만 신실하신 하나님께서 나의 이 초라하고 미미한 감사행위를 그리스도 때문에 기뻐해주시기를 간구한다.

또한 나의 아이 때부터 지금 청년 시절까지 엄청나게 많이 저지른 모든 죄에 대해서 내가 하나님의 심판 앞에 설 책임이 있다는 것을 고백한다. 나의 외적인 큰 죄는 너무도 많고 무거우며 하나님의 율법의 둘째 판을 거슬러서 죄를 많이 그리고 무겁게 지었다.[18] 하지만 하나님 계명의 첫째 판[19]에 대해서는 더 무겁고 더 많은 죄를 범하였다. 그것에 대해서 말해서 무엇하겠는가: 생각과 의지와 마음 안에서 내가 어두워지고 더럽혀지고 왜곡되었으며, 그래서 나는 분명히 "내 안에, 곧 내 육신에는 선한 것이 거하지 않는다는 것을 안다"(롬 7:18). 하지만 나는 하나님의 압도적 자비하심과 그리스도의 값을 매길 수 없는 공로로 말미암아 위로를 받는다.…… 마지막으로 하나님께서 나의 모든 죄를 그리스도의 값진 공로 때문에 자비롭게 용서하시고 하나님을 인식과 불변한 소망과 참된 믿음과 신뢰 안에 내 마지막 호흡까지 굳게 나를 붙들어주시고 내가 용감하게 극복하도록 나를 도우시고 죽음과의 싸움에서 내곁에 계시며 그분의 사랑하는 천사를 통해서 내 영혼을 아브라함의 품에 놓아주시기를 간구한다. 아멘, 아멘, 아멘.

  내 신앙고백과 관련해서 하나님의 참된 말씀이라고 내가 받아들이는 그 유일한 성경(과 특별히 신구약 정경문서들)을 붙든다; 이 성경은 믿어야 할 것과 행할 바와 그래서 우리 기독교에 속한 것을 완전히 이해할 수 있도록 가르치고 보여주기 때문에 나는 진심으로 성경은 모든 하나님 가르침과 기독교적 행위의 판단규범과 기준이라고 믿으며 그것을 입으로 고백한다(롬 10:10 참조). 이 성경은 나를 가르치고 마음으로 주 하나님은 본질적으로 하나이며 인격으로는 셋이라는 것과 그리스도 안에는 두 개의 서로 다른 본성이 있지만 두 본성으로 또 두 본성 안에서 한 인격이라는 것[20], 그러니까 두 본성인 신성과 인성이 섞이지 않고 변하지 않고 나누어지지 않고 떨어져 있지 않게[21], 그러니까 나란히 있지 않고 그저 외적으로 하나를 이루었거나 용해되었거나 섞이지 않고 인격적으로 위격적으로 하나가 되었다는 것을 확신하게 하셨다; 이 고백에서부터 본성의 하나 됨을 따라오는 속성의 교류가 나온다.[22]……

  하지만 하나님께서 유일하게 진리이신 그분의 말씀과 함께 나를 마지막까지 항상 붙드시고 내가 삶에서나 믿음에서 언젠가 잘못하였거나 잘못하게 되면 그리스도의 값진 공로 때문에 용서해주시기를 주 하나님께 간구한다. 예정에 관해서는…… 하나님은 진실하고 변함없이 그리스도를 믿는 자는 모두 그리고 그 이유로 나도 영원 전부터 그리스도 안에서 영생으로 선택하셨다고 믿는다; 저주 받은 자들에 관해서, 그들이 저주를 받은 것은 잘못이 그분에게 있지 않고 오히려 그분은 죄인의 죽는 것을 원하지 않는다

(겔 18:23 참조). 그분은 자기 아들을 모든 사람을 위해서 내어 주셨고 그분은 온 세상을 사랑하고 계시며 그리스도께서는 온 세상의 죄를 위해 속량하셨으며 이것을 모든 피조물들에게 선포하라고 자기 사도들에게 명령하셨다(마 28:19). 때문에 그들이 원하지 않았다고 하며, 그래서 오직 하나님의 자비만이 선택된 자들을 구원하시지만 불경한 자들의 유기의 유일한 근거는 그들의 뜻이라는 것은 확실하다. 이때 나는 그리스도의 인격과 하나님과 섭리와 그 밖의 다른 것들에 관한 조항에서와 같이 이 조항에도 우리는 성령의 첫 열매만 가지고 있기 때문에(롬 8:23) 이생에서 우리 지혜로는 알 수 없는 많은 비밀들이 있고 또 더군다나 그 비밀들은 탐구조차 할 수도 없다는 것을 부인하고 싶지 않다.

> 원전: J.A. Steiger, Johann Gerhard (3번에서 보라) 164-167.169f. ―
> 참고문헌: 3번에서 보라.

3. 요한 게르하르트, 거룩한 명상(1606)

게르하르트의 주요 작품은 "Loci theologici" 였는데, 이것은 9권으로 1610-1622년에 출현하였다. 이 포괄적인 총론의 본질적인 토대를 그는 이미 1606년 "Meditationes"에서 펼쳤는데, 이것은 동시에 그의 유언과 똑같이 루터교 정통주의 안에서 신학과 경건이 얼마나 긴밀하게 서로 결합되었는지를 보여준다.

V. 그리스도의 사투에 나타난 그의 사랑에 근거한 믿음의 연습
  예수의 은혜가 내게 유익이라.
  주 예수여 보소서, 제가 얼마나 당신의 고난을 불의하게 대적하고 있는가를: 내 마음은 불안하고 내 영혼이 심히 상심되었도다

(시 42:6), 이는 나의 행위가 없고 공로도 전혀 없기 때문인데 이는 당신의 고난이 나의 행위이기 때문입니다: 당신의 행위는 나의 공로입니다. 제가 당신 고난에 불의하게 대적하는데, 이는 그것으로 충분한데도 불구하고 제가 소심하게 제 행위로 보충을 하려고 하기 때문입니다. 내게서 의를 발견할 수 있다면 당신의 의는 제게 무익할 것이며 아니면 열심히 그 의를 찾지 않을 것입니다. 제가 율법의 행위를 하고자 하면 저는 율법으로부터 저주받게 될 것입니다.

그렇지만 저는 더 이상은 율법 아래에 있지 않고 은혜 아래에 있습니다(롬 6:14). 하늘에 계신 아버지, 저는 버림받아 마땅하게 살았으며 죄를 범하였으며 종이라 부름 받을 자격이 없나이다(눅 15:19). 그런데 당신은 저를 아들이라 부르는 것을 거부하고자 하지 않습니다. 아, 당신 고난의 그 구원을 주는 열매를 제게 거절하지 말아주십시오. 당신의 피가 열매가 없지 않고 제 안에서 열매를 맺어서 제 영혼이 자유롭게 되게 하소서. 제 죄는 제 육신 안에 항상 생생하게 있습니다. 아, 죄가 마지막에는 저와 함께 죽게 하소서. 육신은 항상 저를 지배하였지만 영은 승리를 거머쥘 것입니다. 외적 인간은 흙과 벌레들에게 나누어져서 속사람으로 하여금 영광스럽게 높여지게 될 것입니다. 저는 지금까지 사탄의 계교를 좇았지만, 마지막에 그가 제 발 아래에 있게 하소서(롬 16:20 참조).

사탄은 현존하며 저를 고소하지만 저를 지배할 수 없습니다: 죽음의 외양(mortis species)은 저를 놀라게 만들지만 죽음은 제 죄의 종말이고 거룩한 삶의 시작이 될 것입니다. 그때 저는 드디어 선함과 덕 안에서 흔들리지 않을 것입니다. 그는 제 죄로 저를 놀라게 하지만 그는 제 죄를 대신 지신 분, 제 죄 때문에 하나님께서 죽음으로 내어주신 분을 고소하게 될 것입니다. 저의 죄는 너무도 크고 엄중하며 그것을 저는 전혀 회수할 수가 없습니다.

하지만 저는 저의 믿음을 보증인의 풍성함과 자비에 두고 있습니다. 저를 위해서 보증인을 자처하신 분이 저를 해방시키실 것입니다. 주님, 제가 죄를 범하였으며 저의 죄가 많고 너무도 큽니다. 그렇지만 저의 죄에 대해서 충족이 되었다(satisfactum ess pro iniquitatibus meis)고 당신이 말과 행동과 맹세 하신 것을 거짓말이라고 뒤집어씌우는 끔찍한 죄는 범하지 않겠나이다. 저의 죄로 인해서는 두려워하지 않는데, 이는 당신이 저의 의이기 때문입니다.……

주 예수여, 당신은 의이시며, 저의 죄는 당신보다 강력하지 않을 것입니다. 당신의 생명이요 부활이며, 저의 죽음이 당신보다 강하지 않을 것입니다. 당신은 하나님이고, 사탄은 당신보다 강하지 않을 것입니다. 제게 당신 영의 보증을 주셨습니다(고후 1:22), 그것을 저는 자랑하며, 이것으로 제가 승리하고 제가 어린 양의 혼인잔치 자리에(계 19:7) 들어가는 것을 허락 받으리라는 것을 굳게 믿고 의심하지 않습니다. 최고로 사랑스러운 신랑이여, 당신이 저의 혼인예복이며, 그것을 거룩한 세례에서 입었습니다(갈 3:27). 당신이 저의 알몸을 감싸주셨습니다. 당신의 값지고 아름다운 옷을 제 의를 가지고 수선하지 않겠나이다; 인간의 의가 더러운 헝겊 말고 무엇이겠나이까?(사 64:5) 제가 어떻게 감히 당신의 너무나 값진 의의 옷에다가 이 끔찍한 넝마쪼가리를 갖다 붙이려고 하겠습니까? 당신이 이 땅을 법과 정의로 심판하려 하실 때 저는 이 옷을 입고 당신의 심판대에서 당신 앞에 나타나겠나이다. 이 옷을 입고 하늘나라에서 당신의 얼굴 앞에 서겠나이다.

원전: Johann Gerhard, Meditationes Sacrae (1606/7), Lateinisch-deutsch, hg. v. J.A. Steiger, Stuttgart-Bad Cannstatt 2000 (Doctrina et Pietas 1,3), 46,1-47,36; 48,49-61; 같은 책 376,1-377,54; 378,75-379,92. - 참고문헌: J. Wallmann, Der

> Theologiebegriff bei Johann Gerhard und Georg Calixt, Tübingen 1961 (BHTh 30); E. Koch, Therapeutische Theologie. Die Meditationes sacrae von Johann Gerhard (1606), in: PuN 13 (1988), 25-46; J. A. Steiger, Johann Gerhard (1582-1637). Studien zu Theologie und Frömmigkeit des Kirchenvaters der lutherischen Orthodoxie, Stuttgart-Bad Cannstatt 1997 (Doctrina et Pietas 1,1).

4. 요한 발렌틴 안드레애, 기독교인의 도시(Christianopolis, 1619)

일치신조가 등장하는 데에 주도적으로 관여한 야콥 안드레애(본문 59d를 보라)의 손자인 요한 발렌틴 안드레애(1586-1654)는 뷔르템베르크 루터 교회 내부에서 대단한 경력을 쌓았다. 이 경력은 그를 궁정 설교자와 총감독의 지위에까지 이르게 하였다. 그런데 그의 문학적 활동은 과거의 것의 개혁을 목표로 가지고 있었다. 1610년부터 분명히 그가 집필한 장미십자문서들에 담긴 보편적-사변적인 생각은 그저 에피소드로 남았다. 그가 1619년 집필한 유토피아 "Rei publicae christianopolitanae descriptio"가 그를 더 대표한다. 이 문서는 아른트 식의 경건 동력으로 윤색된 사회적 구상을 중심에 두고 있다.

14. 공개적 기도

전개에 앞서서 공적 예배(pietas publica)에 관해서 언급해야만 하겠다. 매일 세 번의 기도 시간을—아침, 점심, 저녁—지켜야 하는데, 이때에 하나님으로부터 받은 자비에 대해서 그분께 감사하고 장엄한 기도에서는 무릎을 꿇고 팔을 벌려서 그분의 계속적인 도움과 복된 마지막을 간구해야 한다. 아주 중요한 이유 없이는 누구도 여기에서 예외될 수 없다; 부모는 자기들의 아이들을 참여시켜서 그들도 비록 아직은 능란하지 않는 입일지라도 하나님의 찬양을 하도록 해야 한다. 그 다음에 하나님 말씀 강독에 귀를 기울이고 약 반시간 뒤에 찬미가로 모임을 폐한다. 하나님의 특별한 자비를 기억하는 축일이 닥치면 더 많은 시간을 공적 예배에 사용한다. 그것을 위한 장소로는 모든 사람이 자기 자리를 가질 수 있는 아주 큰 탑들에 있는 강당들이다. 이것이 참된 기독교인들의 방식인데, 이는 아주 자주 조용히 하나님께 예배하였다는 것을 느낀다면 이 마음과 기도의 모임은 하나님의 귀를 향한 아주 특별한 화음과 자체의 기능을 한다. 이것을 소홀히 하는 자들은 아마도 구원을 아주 확신할 수 없다; 하지만 한때 천상의 모임을 기다렸던 자들은 이 세상에서의 모든 일도 하늘 아버지 나라를 바라보며 하고 있는 것처럼 하나님 찬양에 그 어떤 다른 일보다도 더 집중하고 열정적으로 힘을 쏟는다. 이 땅에서 이미 소망 중에서 영원할 그 생명의 첫 열매들을 맛보는 자들은 이렇게 행복하고 현명하지만 사멸할 존재의 짐을 지니고 생을 마감하는 자들은 아주 불쌍하고 어리석은 자들이다.

15. 식량 공급

기독교 도시 사람들은 자기 식사 시간을 스스로 꾸려야 하지만, 음식물은 공공의 저장소에서 가져 온다. 함께 식사하는 엄청난 무리 중에서 반듯하지 않은 태도와 무질서를 피할 수가 없기 때문에 각자가 자기 집에서 식사하는 것이 옳다고 생각한다. 해마다의 추수의 결손에 따라서 식량이 분배가 되듯이 식구 수에 따라서 일주일 단위로 제공된다; 포도주 공급만큼은 반년 마다 이루어지고 아니면 상황에 따라서 더 큰 간격으로도 이루어진다. 육고기는 고기 은행에서 받으며 지시에 따른 양만큼 배급된다. 생선, 야생동물, 온갖 종류의 조류는 적당하게 분배되며, 그때 계절과 나이도 고려한다. 일반적으로 네 번의 식사 시간을 가지는데, 부인들이 정결하게 차리고 경건하고 마음을 담은 말로 맛을 내게 된다. 손님을 대접하고자 하는 사람은 해도 되며 상호 간에 음식으로 협력을 한다; 외부인일 경우에는 필요한 것을 공적 저장소에서 조달한다. 이는 위에서 묘사한 부엌의 모습은 일주일 단위로 정해진 양을 뛰어넘어서 상황에 따라서 정성껏 대접하려는 이유로 더 많이 제공할 수 있도록 하고 있기 때문이다. 다 자란 아이들은 집 밖에서 식사를 하기 때문에 대부분의 경우 한 가족은 네 명이나 다섯 명이며 그보다 많지는 않지만 종종 여섯 명으로 이루어지는데, 곧 아버지, 어머니, 한 두 명의 아이들, 남종과 여종들로 이루어지는데, 이 종들이 있는 가족은 아주 적다. 이들은 병자를 돌보며 산후조리를 하는 부인들이나 어린 아이들을 돌보는 데에 필요하다. 남편과 아내는 공동으로 일반적인 가정사를 해낸다; 그 이상의 것은 공적 공장들에서 이루어진다. 장성한 청소년들과 관련되어 생기는 일은 나중에 듣게 될 것이다. 먹고 마시는 것과 배를 채우는 일에서 우리가 해방된다면 그 얼마나 무거운 짐에서 우리가 자유롭게 되겠는가 하는 생각에만 집중해 보자.

원전: Joh. Valentin Andreae, Christianopolis 1619. Originaltext und Übertragung nach D.S. Georgie 1741. Eingeleitet und hg. v. R. van Dülmen, Stuttgart 1972 (Quellen zur wurttembergischen Kirchengeschichte 4), 58.60. 번역: J. V. Andreae, Christianopolis. Übers. v. W. Biesterfeld, Stuttgart 1975, 33-35. —참고문헌: J. W. Montgomery, Cross and Crucible. Johann Valentin Andreae (1586-1654). Phoenix of the Theologians. 2 Bde., The Hague 1973 (AIHI 55); R. van Dülmen, Die Utopie einer christlichen Gesellschaft. Johann Valentin Andreae (1586-1654). Teil I, Stuttgart-Bad Cannstatt 1978; S. A. Seewald, Das Verfassungsbild in der Christianopolis des Johann Valentin Andreae, Frankfurt u.a. 1986 (EHS. 2,529); R. Edighoffer, Rose-Croix et Sociéte Idéale selon Johann Valentin Andreae (1586-1654), 2 Bde.,

Neuilly 1982.1987; M. Brecht, Johann Valentin Andreae und die Generalreformation, in: ders. (Hg.), Geschichte des Pietismus. Bd. 1, Göttingen 1993, 151-166.

1) 본문 42b를 보라.
2) 1551년 Confessio Saxonica. 작센의 교회 총감독들 및 브란덴부르크-안스박흐, 만스펠트, 폼메른에서 온 신학자들 및 슈트라스부르크 교인들이 서명하였던 신앙고백이다. 멜란히톤은 트리엔트 공의회에서 이것을 제출하려고 했는데-전투의 혼란함이 이 계획을 막았다.
3) 31a를 보라.
4) 중세의 네 가지 문자의 의미에는 문자적 의미와 도덕적 의미 외에 비유적인 의미와 신비적 의미가 속한다.
5) 칼 5세의 난처한 재판규정을 염두에 둔 것 같다. 근세 초기의 마녀 심판의 대부분은 이 규정에 근거를 두고 있다.
6) 마요르 논쟁은 멜란히톤의 제자 게오르크 마요르(1502-1574)의 주장, 곧 선행은 구원에 필요하다는 주장으로 발발하였고, 이에 대해서 니콜라우스 폰 암스도르프(1483-1565)가 반대 주장으로 반격하였다: 선행은 구원에 해롭다.
7) 선행의 필연성의 대표자인 압디아스 프래토리우스(1524-1573)와 선행의 자유로움의 대표자인 안드레아스 무스쿨루스(1514-1581), 곧 프랑크푸르트의 동료들 사이에서 발생한 논쟁.
8) 이것은 율법의 세 번째 사용이 문제가 되었던 두 번째 반율법주의 논쟁을 해석하고 있는데, 첫 번째 반율법주의 논쟁의 의미에서 하고 있다(51번을 보라).
9) 율법의 세 번째 기능을 둘러싼 두 번째 반율법주의 논쟁에서는 암스도르프, 무스쿨루스, 안드레아스 포아크(1515-1585), 안톤 오토(사망 연대는 알려지지 않음), 미카엘 네안더(1525-1595)는 율법의 세 번째 기능을 거듭난 자들에게 사용하는 것을 반대하는 입장을 취했고, 플라키우스와 요아킴 뫼를린(1514-1571)은 찬성하였다.
10) 알렉산드레이아의 아타나시오스 (295-373), 『고대교회』 Nr. 67을 보라.
11) 카이사레이아의 바실레이오스 (약 330-379), 『고대교회』 Nr. 78을 보라.
12) 나찌안쯔의 그레고르 (약 330-390), 바실레이오스와 마찬가지로 콘스탄티노플 공의회 전야의 신니케주의 신학의 대표자 중 한 명.
13) 요한네스 크리소스토모스 (약 347-407), 『고대교회』 Nr. 88을 보라.
14) 밀라노의 암브로시우스 (333/4-397), 『고대교회』 Nr. 85와 Nr. 86을 보라.
15) 히에로니무스 (340/350-420), 『고대교회』 Nr. 82을 보라.
16) 아우구스티누스 (354-430), 『고대교회』 Nr. 91을 보라.
17) 대 그레고리오스 (590-604 교황), 『중세교회』 Nr. 10을 보라.

18) 인간적인 상호성과 관련이 되는 계명들(제 4계명에서 제 10계명까지).
19) 하나님과의 관계와 관련이 되는 계명들(제 1계명에서 제 3계명까지).
20) 단지 두 본성 "안에 있는"을 제시하는 칼케돈 신앙고백에 대한 신칼케돈주의의 확장은 양성론과 단성론 기독론 사이의 타협을 기술하고 있다; 요한네스 다마스쿠스의 Expositio Fidei III, 3(PTS 12,111,21)을 참조하라.
21) 451년 칼케돈 공의회의 형식들이 이러하다(『고대교회』 Nr. 93g를 보라).
22) 두 본성 사이에서 속성들이 다른 속성에 건네어질 가능성 또는 한 본성이 그리스도 전 인격체로 건네어질 가능성.

60. 로마 가톨릭 형성을 위한 옛 신앙적인 개혁

종교개혁은 자신과 관련이 되지 않은 교회의 다른 쪽에게도 변화를 가져다주었다: 그런데 이 교회마저도 단절이 없이 중세의 그 모든 것을 포괄하는 교회를 전개시킬 수 없었고 하나의 일부 교회가 되었다, 곧 로마-가톨릭교회. 여기에서 중세와의 연속성이 강조되는 곳에서도 이것이 의미하는 바는 종교개혁의 시각에서 볼 때 단절로 끌고 간 그 전개들의 한 부분은 최소한 부정적인 폐단이라고 판단되었고 그에 상응해서 교정이 되었다는 사실이다. 그 과정에서 트리엔트 공의회(1546-1563)에서 새롭게 토대를 마련한 로마-가톨릭교회는 중세 후기 개혁 현상들과 연결되었는데, 이 현상들은 그저 부분적으로 종교개혁적 교회에 침투하였지만 부분적으로는 옛 신앙의 교회 안에 남게 되었다.

a) 가톨릭의 개혁과 종교개혁 방어

1. "과오의 고백" 하드리안 6세(1522년 11월 25일)

1522년 1월 9일 아드리아누스 플로렌츠 보이엔스가 교황으로 선출되었다. 루터에 대한 출교가 선포되고 난 2년 후에 이 사람과 함께 인문주의적인 사고를 가진 네덜란드의 현대적 경건(Devotio moderna)의 추종자가 교황의 보좌에 오른 것이다. 실제로 그는 교황청과 전체 교회의 개혁을 추진하였는데,—하지만 이것은 소위 말하는 "과오의 고백"처럼 그가 1522년 11월 25일 뉘른베르크 제국의회에서의 자기 대사에게 주었고 1523년 1월 3일 거기에서 낭독이 된 훈령이 보여주고 있지만, 루터와 그의 추종자들을 부드럽게 다루도록 하는 쪽으로 전개되지는 않는다. 교황청 안에서 겨우 소수에게서만 지지를 받은 그의 개혁적인 교황직은 간주곡에 불과하였다: 1523년 9월 14일 베네딕트 16세(2005년부터) 때까지 당시 독일 지역 출신 마지막 교황이 사망하였다.

이제 누군가가 루터가 청문회도 없고 소명의 기회도 없이 사도 보좌로부터 정죄 받았고 때문에 어떤 경우에서도 그가 옳지 않다는 것이 증명되기 전에는 그에게 귀를 기울여야 하고 그를 정죄하면 안 된다고 말한다고 하자. 거기에 대해서 다음의 의미로 답을 한다: 신앙에 속한 것은 하나님의 권위 때문에 믿어야 되지 증명되는 것이 아니다. 암브로시우스가 말하고 있다: "믿음을 다루고 있다면 증명을 버리라; 내가 믿음을 주는 자들은 어부들이지 논리학자들이 아니다."[1] 당연히 나도 사실의 문제, 곧 그가 어떤 말을 했는지, 선포했는지, 기록했는지 아닌지와 같은 문제라면 그에게 방어의 기회를 주어야 하는 것이 마땅하다고 생각한다. 그러나 하나님의 법과 성례의 질문에서는 성인들과 교회를 따라야 한다. 더욱이 루터의 거의 모든 일탈들은 이미 전에 다양한 공의회들로부터 정죄를 받은 것들이다.……

그래서 루터와 그를 추종하는 자들은 거룩한 교부들의 공의회들을 정죄하였고, 거룩한 교회법(sacri canones)을 불사르고 자기들 마음대로 모든 것을 혼란스럽게 만들었고 정말로 온 세상을 소란스럽게 하였다. 그 때문에 그들이 공적인 평화의 적들이고 이 평화를 사랑하는 모든 사람들을 혼란의 소용돌이에 빠지게 만든 자들(perturbatores)로서 박멸되어 마땅하다는 데에는 의심의 여지가 전혀 없다.

그밖에도 내가 하나님이 자기 교회에 대한 이 박해를 허락하시는 근거가 인간의 죄, 특히 사제들과 교회의 고위 성직자들의 죄에 있다고 진심으로 고백하고 있다는 것도 당신은 말하여야 한다.……

이 거룩한 보좌에 이미 수년 전부터 영적인 일들에서 끔찍한 많은 과오들과 또 하나님 계명을 거스르는 일들이 있어 왔다는 사실과 정말로 모든 것이 왜곡되어 버렸다는 사실을 우리는 알고 있다. 이런 것들은 머리에서부터 모든 지체들에까지, 그러니까 교황들로부터 교회의 하위 지도자들에게까지 병이 퍼져버렸다고 하면 놀랄 일이 아니다. 우리 모두, 그러니까 고위성직자들과 성직자들(ecclesiastici)이 치우쳐버렸다: 모두가 제 길로 가고(사 53:6) 선을 행하는 자가 없으니 하나도 없다(시 14:3). 때문에 우리 모두는 하나님께 영광을 돌리고 그분 앞에서 겸비하여야 한다; 우리 각 사람은 하나님으로부터 그의 진노의 채찍의 심판을 받기 전에 (고전 11:31) 어디에 굴러 떨어졌는지 보고 스스로를 판단해야 한다. 우리에게 관련된 일에 한해서는 우리가 모든 노력을 해야 하는데, 가장 먼저 모든 악이 나오는 교황청이 개혁되어서 (reformetur) 모든 종속된 자들을 타락으로 몰고 갔듯이 이제는 그들의 치유와 이 모든 일에서 개혁(reformatio omnium)이 일어나게 되리라고 당신이 약속해도 된다. 더욱이 온 세상이 그러한 개혁을 간절히 사모하고 있다는 것을 내가 보는 것보다 더 많이 나는 그것을 느끼고 있다.

정말로 나는 이 교황직을 나 자신을 위해서 갈구하지 않았다는 것을 당신에게 이미 말하였다. 내 마음대로라면 나는 차라리 개인의 삶을 영위하였을 것이고 평안하게 하나님을 섬겼을 것이다. 정말로 하나님을 두려워함과 나를 선택함의 정당함과 내가 거부하는 경우에 있을 분열에 대한 두려움이 이 직을 받도록 강요하지 않았다면 나는 분명하게 이 직을 거부하였을 것이다. 그래서 가장 귀한 직분을 받아들였는데, 이는 우리의 권력욕에 빠져들거나 나의 친지들을 부요하게 만들기 위해서가 아니라 하나님 때문에 순종하고, 망가져버린 그의 신부, 모두를 포괄하는 교회(deformata eius sponsa ecclesia catholica)를 개혁하고 압제 당하는 자들에게 도움을 주고 이미 오래도록 주목 받지 못한 채 있는 지성인들과 덕 있는 사람들을 바로 세워주고 우대해주기 위해서—요약: 선한 교황과 거룩한 베드로의 정당한 후계자가 해야 할 모든 것을 하기 위해서였다. 우리가 모든 오류와 폐단들을 즉시 제거할 수 있게 된다면 당연히 누구도 놀라워하면 안 된다. 병환은 시간이 흐르면서 너무나 깊숙이 파고 들어서 치료를 하려면 엄청난 노력을 경주해야 하며 한 가지가 아니라 많은 약을 사용하지 않으면 안 된다. 이렇게 할 때 가장 먼저 제일 크고 위험스러운 악을 다루어서 모든 것을 단번에 개혁하려는 분명한 열심 앞에서 모든 것을 혼란스럽게 만들지 않아야 한다.

원전: DRTA.JR 3,396,15-25; 397,1-8.14-398,8. — 참고문헌: G. Müller, Die römische Kurie und die Reformation 1523-1534. Kirche und Politik während des Pontifikates Clemens VII., Gütersloh 1969 (QFRG 38), 11-15; P. Berglar, Die kirchliche und politische Bedeutung des Pontifikats Hadrians VI., in: AKuG 54 (1972) 97-112; J. Bijloos, Adrianus VI. De Nederlandse paus, Haarlem 1980; P. Nissen, Adrianus VI. Een biografie, Amsterdam 2005.

2. 킴제의 주교 베르토드 퓌르스팅어, 독일 신학(1531): 음부 교리의 근거 제시

옛 신앙 고백에 머무는 것과 종교개혁으로 돌아서는 것 사이에서 선을 긋는 것이 중세 후기의 교회 개혁에 관심이 있는 사람들에게는 어려운 일이었다. 1508년부터 킴제의 주교였던 베르톨드 퓌르스팅어(1464/5-1543)가 아마도 1519년에 "Onus ecclesiae", 그때까지의 교회에 대한 천년왕국설적으로 색채를 띤 비판인 하나의 문서를 집필하였고 어쨌든 이 비판에 동의하며 받아들였다. 그러면서도 그 다음에는 교리적 및 목회적인 문서들을 가지고 가속화시킨 옛 교회 개혁을 위한 적극적인 대표자가 되었다. 그의 가장 중요한 업적은 그가 1527년까지 작업해서 1531년 인쇄가 된 "Tewtsche Theologey"이다. 이 문서에서 퓌르스팅어는 논쟁의 목적을 가지고 그리고 종교개혁과 꾸준한 내적 외적인 논쟁을 시키면서 옛 신앙을 소개하고 있다.

81번째 조항: 연옥의 존재 여부에 관하여
1. 연옥이 존재하는가 아닌가 하는 의심이 이 성마른 시대에 등장하였다. 여기에 대해서 몇몇 비이성적인 사람들이 오직 두 길, 곧 하늘로 가는 길과 지옥으로 가는 길 밖에는 없다고 글을 쓰고 설교를 하고 있다; 연옥은 없다. 성경에는 세 번째 길이 없고 연옥에 대해서는 옛 교사들이 과거에 연옥에 대해서 많이 제시한 것을 제외한다면 아무 것도 없다. 그래서 죽은 사람들을 위해서 기도하거나 예배드리는 것은 불필요하다고 말이다. 마치 이 예배를 성직자들이 그저 최근에 와서 자기들의 이득을 위해서 만들어내고 죽은 자들을 위해서 드리고 있다는 듯이 말이다.

이로 말미암아서 단순한 신자들이 자기 부모나 신앙인들을 위해서 예배를 드리지 않게 되었고, 그래서 이 사람들은 하나님 영광과 신앙인들의 후원이 제거된다면—성직자의 손해와 그들 생계비 감축을 위해서—잘한 것이라고 생각한다. 이 악한 시기심은 성직자들에게 손해를 입히는 것보다 연옥에 있는 사랑하는 영혼들에게 더 많이 해를 끼치는 것이 된다. 하지만 마귀와 마귀의 성경학자들은 연옥을 억압하여 여기서는 성직자들의 양식을 빼앗고 저기서는 영혼의 회복을 더 지연시키려고 하고 있다. 그럼으로 해서 온 교회가 손상을 입는데, 이는 천상의 교회가 영광을 빼앗기고 연옥에서 회개하는 자들이 내팽개쳐지고 지상의 교회는 파괴되기 때문이다. 마귀가 지금 독일에 있는 자기 종들을 통해서 연옥을 반대해서 행하고 있는 그 전체 교회의 오류와 손상은 연옥에 있는 영혼들만 방해하는 것이 아니다. 곧 이 영혼들이 자기들의 유산과 또 다른 사람들로부터 받게 되는 도움을 빼앗기게 되기 때문이다. 그뿐 아니라 그런 노력을 하지 않는 사람들 자신에게도 손해가 되는데 그 이유는 자기들이 많은 것을 물려받았지만 아무 것도 되돌려 드리지 못하게 되는 그 자기 부모들에 대한 배은망덕함을 증명하는 것이기 때문이다. 그러므로 감사하지 않는 사람들로서 그들은 하나님의 노여움을 사게 되며 자기 이웃들이 살았든지 죽었든지 간에 그 이웃들에게 도움을 베푼다면 그들에게 주어질 상급을 놓치게 된다. 그리고 이들은 다음에 제시되는 바와 같이 위에서 열거한 원인들로부터는 자기들의 거짓 신앙을 위해서는 아무런 근거도 제시할 수 없다.

2. 단지 두 길, 곧 의의 길과 불의한 길이 있다는 것은 참이다. 하지만 기록되었듯이 회개의 장소인 연옥은 의의 길에 속한다: "하나님은 회개하는 자들에게 의의 길을 주신다"(시락 17:20 참조). 이 길을 우리는 꾸준히 사모하고 간구해야 한다: "주 하나님, 우리를 의의 길로 인도하소서." 복음서를 따른다면 하나님의 심판은 두 길에서만 이루어진다: 한 길은 의인들을 위한 길, 불의한 자들을 위한 길. 불의한 자들은 영원한 벌을 받게 되고 의인들은 영생에 이른다. 그러므로 이 시점에서는 연옥의 지옥은 폐지되어야

한다; 이것에 관해서 지혜자가 하나님께 말한다: "주께서 영혼들을 지옥으로부터 해방시키리로다"(지혜서 16:8). 여기나 그곳에서 일어나는 모든 회개는 죄에 대한 갚음이며 영혼이 영생에 이르는 것을 방해하는 죄의 흔적을 씻음이기 때문이다. 죄와 흔적이 제거되면 그 의는 영생에 완전히 다다른 것이다. 그러므로 연옥은 의의 길에 속하며 거기에서 회개하는 영혼은 모두 심판, 곧 하나님이 영혼이 몸으로부터 떨어지는 때에 그 영혼을 구원하려고 그들 위에 내리시는 심판에 의지하여 자기 구원에 확신을 갖는다. 이 판단에서 의심의 여지가 없이 인간의 영이 천상의 상태에 합당하기까지 연옥에서 얼마나 심하게 얼마나 오래도록 회개하여야 할지가 결정된다. 연옥에서 회개하는 영혼은 여기서 회개하는 살아 있는 사람보다 더 훌륭하게 의의 길에 있으며 자기 구원에 더 확신을 갖고 있다; 살아 있는 사람들은 이 세상에서 앞으로도 시험과 또 불확실한 전투를 극복해야 하기 때문이다. 하지만 연옥에 있는 자들은 과거에 그리로 가지고 간 공로에 선한 것도 악한 것도 덕도 악도 더할 수 없으며, 그래서 모든 잘못을 다 청산하기까지는 나오지 못하는 그 부과된 연옥의 회개 말고 다른 것을 감당할 필요가 없다. 연옥에서 해방되는 것을 바라는 그 소망은 이러하다.……

4. 하지만 연옥이 있다는 것은 두 방법, 곧 필연적인 (이성의) 근거와 성경으로 드러난다. 첫째, 연옥을 위한 근거들에 관해서 말한다면 이것을 생각해야 한다: 악한 자들과 완고한 자들에게는 여기서도 거기서도 형벌이 도움이 되지 않고, 반대로 아주 의로운 자들은 여기서 벌이 필요 없고 거기서는 연옥이 필요 없다. 하지만 그 사이에 많은 기독교인들, 더 큰 무리가 있는데, 깨끗하지도 않고 부정하지도 않지만 은혜 가운데 있는 자들이 있다. 이들은 완전히 정결하게 되어야 한다. 때문에 복음서는 영원한 벌과 한시적인 벌을 구분하며 말하고 있다: "주인의 뜻을 알고도 준비하지

아니한 종은 많이 맞을 것이요, 알지 못하고 맞을 일을 행한 자는 적게 맞으리라"(눅 12:47f.), 곧 한시적인 연옥으로. 하지만 죽을 죄에 대해서 여기에서 충분한 회개를 하지 않고 모든 종류의 용인될 만한 죄로 죽은 자들에게는 연옥이 꼭 필요하다...

> 원전: Bertold, Bischofs von Chiemsee, Tewtsche Theologey, hg. v. W. Reithmeier, München 1852, 562-564. ─참고문헌: J. Schmuck, Die Prophetie >Onus Ecclesiae< des Bischofs Berthold Pürstinger, Wien 1973 (Dissertationen der Universität Graz 22); E. W. Zeeden, Berthold von Chiemsee (1465-1543), in: E. Iserloh (Hg.), Katholische Theologen der Reformationszeit. Bd. 3, Münster 1986, 65-76; V. Leppin, Art. Pürstinger, Berthold, in: TRE 28, 1997, 1-3.

b) 예수회

바스크 족 귀족인 이니고 드 로욜라(1491-1556)는 1521년 심각한 부상을 당한 후에 중세 경건 서적의 영향 하에서 회심을 하였고, 이 회심은 그를 금욕적-신비적인 삶으로 이끌었다; 이와 결부된 영적 경험들을 그는 벌써 일찌감치 기록하였고 그것으로 나중에 영향력을 발휘한 그의 연습(본문 3)의 초석을 제시하였다. 학문을 닦는 동안 그는 그때까지는 반종교개혁적인 취지는 전혀 없이 '주 안에서의 친구들' 그룹을 모았으며, 이 그룹은 1534년 8월 15일 청빈, 정절, 복종과 성지 선교 또는 대체 방식으로 교황 휘하에 위치함에 대한 서약을 하였다: '예수회'의 발아로, 1540년 9월 27일 교황 바울 3세(1534-1549)가 승인하였다(본문 1). 이들은 엄격한 복종의무로 자신들의 특징을 삼았고, 이 의무는 1541년부터 이그나티우스에 의해서 만들어졌지만 그의 사후인 1558년 수도원장 모임에 의해 승인된 정관들이 가진 특징이 되었다; 이로써 예수회는 그 세기 후반기에 교황 측에서 잘 써먹게 될 반종교개혁을 겨냥한 창끝이 되었다.

1. 교황 바울 3세의 예수회 재가: 교서: "Regimini militantis ecclesiae"(1540. 9. 27)

나는 최근에 사랑하는 아들들 이그나티우스 폰 로욜라, 페트루스 파버, 야콥 라이네즈, 클라우디우스 야이우스, 파샤시우스 보로엣, 프란츠 사비에르, 알폰스 살메론, 시몬 로데리히, 요한 코두리, 니콜라우스 폰 보바딜라와 팜필로나, 제네부아, 시구엔자, 톨레도, 비소이, 엠브룬, 팔렌시아 도시들과 관구들, 또 파리 대학의 문예학부 교사들과 수년 전부터는 신학도들이 성령의 부으심을 받고─신앙의 마음으로 믿는 바와 같이─이미 오래 전부터 세상의 다양한 분야에서 물러나서 한 무리를 이루었다는 것을 알게 되었다. 이들은 동지들(socii)이 되어 세상 유혹을 거부하고 자기들의 생명을 영원히 우리 주 예수 그리스도와 로마에 있는 나 개인 및 내 이후 교황들을 섬기기로(servitium) 헌신하였다. 이들은 벌써 수년 동안 주님의 포도밭에서 명예롭게 활약하고 있다. 충분한 전권으로 무장하고 이들은 하나님의 말씀을 드러내놓고 선포하고 있다. 개인적으로 그들은 신자들에게 선하고 복된 삶, 경건한 생각을 갖도록 권하고 있다. 나아가서 그들은 병원에서 봉사하고 아이들과 교육받지 못한 자들에게 기독교인 양육에 필요한 것을 가르치고 있다. 간략하게: 그들이 가는 곳 어디에서고 그들은 자기들의 사랑의 의무를 완수하고 영혼을 위로하는 데에 필요한 바를 모두 행하면서 많은 명성을 얻었다.

그런데 지금 이들이 이 귀한 도시에 이르렀고 사랑의 끈으로 굳게 묶인 바 되어서 자기들 동지회(societas)의 하나 됨이 그리스도 안에서 완수하고 지켜내야 하는 생명의 규범(vivendi forma)을 제출하였다. 이 규범은 그들이 경험에서 배운 지침들을 담고 있는데, 곧 목적으로 삼은 바에 도움이 되고 동시에 복음적인 가르침과 교부들의 교회법과 일치하는 지침들이다. 때문에 이 규범으로 세워진 바와 같이 이 동지들의 삶은 정직하고 또 하나님을 위해서 열심을 내는 많은 사람들에게서 인정을 받고 있을 뿐 아니라 심지어 어떤 사람들은 자기들도 한 몫을 하고자 할 정도로 동의하는 일이 일어났다. 언급한 규범은 이러하다:

"우리가 예수의 이름으로 칭하고자 하는 우리 동지회 안에서 십자가의 기치 아래에서 하나님께 전투의 임무를 다하면서 섬기며(militare) 오직 주님과 땅에서의 그분의 대리자인 로마 교황만 섬기고자(servire) 하는 자들은 모두 영원한 정절의 엄숙한 서약을 하고 자신이 다음의 동지회의 한 부분이라는 것을 주목하여야 한다. 곧 기독교적 삶과 기독교 가르침에서 영혼의 정진과 신앙의 확산을 위해서 애를 쓰되, 대중적인 설교와 하나님 말씀을 섬김과 영적인 훈련(spiritualia exercitia)과 사랑의 사역과 무엇보다도 아이들과 무지한 사람들을 기독교적으로 가르침과 고해를 들어주는 가운데 기독교인들을 영적으로 위로하면서 노력을 경주하기 위해서 세워진 동지회이다. 동지회 각 사람은 먼저는 하나님, 다음으로는 이 또한 하나님께 이르는 분명한 길인 이 자기 모임이 가진 목적도 항상 주목하며 하나님께서 세우신 이 목적을 온 힘을 다해서 추구해야 한다.…… 그 다음에는 모든 동지들은 다음의 것을 알고 또 서약의 삶(professio)의 출발에서만이 아니라 사는 내내 매일 마음으로 이행해야 한다. 곧 이 동지회는 그 안에 있는 모두 그리고 각자가 하나님을 위해서 전투의 봉사를 하되 우리의 가장 거룩한 주이신 교황과 로마의 주교들인 그분의 후계자들에 대한 충실한 순종 가운데에서 이행한다는 것을 말한다.

이미 복음이 우리를 가르치고 온전한 믿음이 깨닫게 하는 바와 같이, 우리 자신이 힘써서 고백하고 있는 바와 마찬가지로 모든 그리스도를 믿는 자들은 자기들의 머리이며 예수 그리스도의 대리자인 로마 교황 아래에 있다. 하지만 우리 동지회의 더 큰 겸손을 위하고 자신을 온전히 죽이기 위하고 또 우리 자신의 뜻을 부인하기 위하여 우리 각 사람이 그 공동의 끈을 넘어서 특별한 서약을 할 의무를 지는 것 그것을 가장 유익하게 생각한다. 이 서약의 내용은 우리가 주저하지 않고 핑계도 대지 않고─우리 능력이 닿는 한─현재의 또는 훗날의 교황이 영혼의 유익함과 신앙의 확산을 위해서 명하는 바는 모두 즉시 이행한다는 것이다. 그때 그는 우리를 자기가 원하는 곳 어디든지, 터키 사람이 되었든지 아니면 신앙이 없는 다른 사람들이 되었든지 소위 말하는 '인디안' 일지라도 어떤 이단이든지 아니면 분열주의자들이든지 그 어떤 특정 신앙인이든지 간에 그들에게 보낼 수 있다.…… 특별히 이들은 아이들과 무지한 자들을 기독교의 가르침 안에서 십계명과 그 밖의 다른 기초적인 지식, 곧 인물과 장소와 시간에 따라 필요해 보이는 것을 가르칠 의무를 지게 된다. 이 과제의 범위를 지도자(praepositus)와 총회가 특별히 관심을 기울여야 하는데, 그 이유는 이웃들에게서 기초가 없이 신앙의 맹세가 나올 수 없고 우리에게서는 어쩌면 바로 더 학식이 있는 자들이 첫눈에 볼 때 초라해 보이는 지역을 피하려고 애쓸 가능성이 있기 때문이다. 하지만 교육의 대상인 이웃들을 위해서 이보다 더 큰 열매를 맺을 다른 행위가 없고 사랑과 겸손의 의무를 같은 방식으로 따를 기회를 우리에게 주는 그런 다른 행위가 없다.……

우리 주 예수 그리스도가 오직 하나님 나라만을 바라는 봉사자들(마 6:33)에게 필요한 양식과 입을 옷을 주시리라는 것을 우리는 알고 있다. 그 때문에 모두는 자신을 위해서 또 동지회로서 영원한 청빈을 맹세하고 (예수)회의 생계와 유익을 위해서 개인적으로 뿐 아니라 공동으로 확실한 소유나 수확이나 수입을 위한 세상적인 권리주장을 할 수가 없다고 선언해야 한다. 사는 데에 필요한 것을 얻기 위해서 자기들을 위해서 준비된 재단들의 활용 (usus)으로 만족하여야 한다. 물론 대학에 본인들의 수입, 소유, 재산으로 한 두 개의 학과를 세울 수 있다. 단지 이것이 학생들에게 유익이 되고 그들의 필요를 위해서 사용되어야 한다. 이 경우에 이 학과들과 학생들에 대한 감독과 지도권은 지도자와 예수회에게 있다.…… 이들(학생들)은 다시금 영과 지식에서 진보가 보이면 우리 회에 받아들여질 수 있고 그들은 충분한 검증시기를 거쳐야 한다. 하지만 거룩한 서품을 받은 모든 동지들은 각자가 스스로 공동체적으로가 아니라 개인적으로 비록 교회적인 시험도 없고 교회의 수입이 없다고 해도 교회의 성무 기도를 할 의무가 있다.…… 예수 그리스도께서 영원히 찬양과 감사를 홀로 받으실 하나님 아버지의 영광을 위해서 우리의 두렵고 떨리는 출발을 사랑스럽게 내려다보시기를 바란다. 아멘."

  이 제시한 바에 경건하지 않고 거룩하지 않은 것을 발견할 수가 없어서 나는 모든 겸손으로 나에게 해당 청원을 내려놓은 그 동지들이 그들의 경건한 삶의 구상에 머무르려고 더욱 각오하게 되고 더욱 충성스럽게 사도 보좌와 교류하는 법을 알게 되고, 제시된 바를 내가 허락한다는 것과 그들이 더욱 분명하게 보도록 하기 위해서 다음의 것을 선포한다: 내가 확실하게 파악한 그 문서에 근거해서 우리 사도적 전권에 의지해서 이 규범 전체 그리고 개별 조항들을 동의하고 인정하고 축복하며(approbamus, confirmamus et benedicimus) 이 규범이 동지들의 영적 진보와 다른 기독교 무리들에게 권장할 만함으로 이 규범에게 영원한 비준을 허락한다. 이 동지들을 나는 나의 특별한 보호와 거룩한 사도 보좌의 보호 안으로 받아들이며, 동시에 그들이 예수회의 목적과 우리 주 그리스도의 영광과 이웃을 후원하는 데에 도움이 된다고 생각한다면 자신들을 위한 특별한 정관(particulares…… Constitutiones)을 발표할 수 있는 제한 없는 권한을 허락한다.

원전: QGPRK 1, 539-542. — 참고문헌: 본문 3에 있는 문헌들을 보라.

2. 예수회 정관(1558)

제VI부, 제1장: "복종"

　복종은 모든 사람이 아주 신실하게 준수해야 하고 그 점에서는 뛰어나고자 힘써야 한다. 말하자면 강제적으로 원하는 곳에서만이 아니라 계율에서는 전혀 특별히 규정하지 않은 곳에서도 그러해야 한다. 이것은 상급자의 뜻이 뚜렷한 명령으로 나타나지 않고 그저 윙크(signum) 표시인 경우에도 마찬가지이다. 우리가 복종을 할 때는 우리 창조자이며 주님이신 하나님께서 우리 눈앞에 계셔야 한다; 그분 때문에 우리는 한 인간에게 복종을 한다. 그렇지만 우리는 사랑의 영이, 그러니까 불안한 두려움이 아닌 그 영이 우리 행위의 동력이 되도록 노력해야 한다. 모든 규율에 대한 무조건적인 준수(absoluta omnium Constitutionum observatio)와 우리 의도의 특별한 목적을 성취하면서 우리 모두는 확고한 마음으로 그 어떤 것도 하나님의 은혜로 도달할 수 있는 그 완전함에서 벗어나지 않도록 하는 데에 힘써야 한다. 힘이 닿는 만큼 복종의 덕을 무엇보다도 먼저 교황에게, 그 다음에는 (예수)회의 상급자를 향해 증명하도록 우리는 모든 신경을 모으고 힘을 발휘하는데 최선을 다해야 한다. 우리는 항상—사랑에 손상을 주지 않은 채로— 복종을 해야 하는 모든 일에서 교황의 목소리를 마치 우리 주 그리스도의 소리인 듯이 따를 준비가 되어 있어야 한다(왜냐하면 그분에게 주목하며 그분을 향한 경의와 사랑에서 우리는 복종을 하기 때문이다); 경우에 따라서 끝까지 기록되지 않은 문서를 다룬다고 하더라도 여기에 모든 것이 달려 있도록 만들어야 한다.

　이 목적을 향해서 이제 우리는 주님 안에서 모든 힘과 우리의 응집된 집중력을 쏟으므로 거룩한 복종이 우리의 행위에서만이 아니라 우리의 원함과 생각에서도 항상 어느 모로나 완전하도록 해야 한다. 우리는 모든 임무를 최고의 신속함, 영적인 기쁨과 꾸준함으로 이루어 나가야 한다. 모든 것을 우리는 선하고 바르다고 간주해야 하며, 모든 반대 생각과 우리 자신의 판단을 대체적으로 맹목적인 복종 안에서 거부해야 하는데, 말하자면 상급자의 모든 명령이 (이미 말한 바와 같이) 죄와 연관이 있다는 것을 확증하지 못하는 것이라면 그런 생각에 대해서는 예외 없이 그렇게 해야 한다. 수도회의 복종 하에 사는 자는 모두 자기 상급자들이 하나님의 섭리를 따라서 자기를 마치 몸이 없는 몸(cadaver)처럼 취급하는 것, 그러니까 어느 곳으로나 보내고 그 어떤 방식으로도 다루라고 하는 사람처럼 취급하는 것에 동의해야 한다. 늙은이의 손에서 항상 도움이 되는 지팡이와 같고, 어디에서나 무슨 일에서나 사용할 수 있는 그것과 아주 같다. 이러한 복종 안에서 수도회의 모든 지체들은 정결한 마음으로 상급자가 온 수도회를 염려하는 가운데 자신을 사용하고자 하는 일을 실행해야 한다. 하지만 그는 자기 자신의 뜻을 따르고 그래서 다른 판단을 따르는 때보다 이런 방식으로 오히려 더 하나님의 뜻을 따르고 있다고 확신해도 된다.

> 원전: QGRPK I, 542f —참고문헌: P. de Chastonay, Die Satzungen des Jesuitenordens. Werden, Inhalt, Geistesart, Einsiedeln 1938; 그 이상의 문헌들은 본문 3을 보라.

3. 이그나티우스, 영적 연습(1522년; 1548년 교황 바울 3세를 통해서 인증)[2]

아래 제시하는 영적 연습을 위한 몇 가지 통찰을 얻기 위해서 또 그것을 주는 자와 받아들여야 하는 자 모두를 도와주기 위한 지침들.

첫째 지침. "영적 연습"이라는 이름은 양심을 살피고, 숙고하고, 입과 정결한 마음으로 고백하고 나중에 더 설명이 될 바와 같이 다른 영적 행위들을 하는 방식을 말한다. 이는 산책, 뛰고 달리는 것이 육체적인 연습인 것처럼 영적 연습은 영혼을 준비시키고 그것을 행할 채비를 하고 모든 저급한 성향들을 멀리하고, 그렇게 한 다음에는 영혼의 구원을 위해서 자기 삶을 정돈하면서 하나님의 뜻을 구하고 발견하는 방식이라고 명한다.

네 번째 지침. 아래 연습을 위해서 네 주간을 잡는다. 이것은 연습을 네 부분으로 나누는 것에 상응하는 것이다. 말하자면 첫 부분에는 죄를 살피고 돌아봄, 두 번째는 그리스도 우리 주님의 종려주일까지의 삶, 셋째는 그리스도 우리 주님의 수난, 넷째는 부활과 승천. 동시에 세 가지 방식의 기도가 첨부된다; 그렇지만 이것이 각 주간이 필히 칠일이나 팔일이어야 한다는 말로 생각하면 안 된다.……

다섯 번째 지침. 연습을 하는 자에게는 자기 창조주요 주님을 향해서 아주 고결한 마음과 솔직함으로 임하는 것이 매우 유익하다. 이것은 그분께 온전한 뜻과 자유를 바침으로 그분의 신적인 엄위함이 그의 인격과 함께 그가 가진 모든 것을 그분의 거룩하신 뜻에 따라서 사용하실 수 있게 하면서 되는 것이다.……

원리와 근거

인간은 하나님 우리 주님을 찬양하고, 그분께 경의를 표해 드리며, 그로써 자기 영혼을 구하도록 만들어졌다.

지상에 있는 다른 것들은 사람을 위해서 창조되었고, 곧 사람이 만들어진 그 목표를 이루는데 도움이 되도록 만들어졌다.

여기서 도출되는 것은 사람은 그것들을 자기의 목적에 도움이 되도록 하는 데까지 사용해야 하며, 목적을 방해하기 전까지는 내

버려 두어야 한다는 것이다.

때문에 우리는 필히 우리의 자유로운 의지의 선택에 맡겨지고 금지되는 않은 모든 것에서는 모든 창조된 사물들을 중립적으로 (indifferentes) 상대해야 한다.

이런 방식으로 우리 쪽에서 병보다는 건강을, 가난보다는 부요함을, 수치보다는 명예를, 단명함보다는 장수를 더 바라면 안 되며 그런 식으로 다른 모든 일에서도 그러면 안 된다.

단 하나 창조된 목적을 향해서 우리를 더 이끌어나가는 것 하나 만큼은 우리가 바라고 택해야 한다.

> 원전: Sancti Ignatii de Loyola Exercitia spiritualia, hg. v. J. Calveras, C. de Dalmases, Rom 1969 (Monumenta Historica Societatis Iesu 100), 141-146. 164-166 —번역: Geistliche Übungen, übers. v. A. Haas, Freiburg ⁴1978, 15f. 25f. —참고문헌: A. Astrain, Histôria de la Compania de Jesus en la Asistencia de Espana. 7 Bd., Madrid 1907-1925; J. O. Malley, Die ersten Jesuiten, Würzburg 1995; G. Maron, Ignatius von Loyola. Mystik—Theologie—Kirche, Göttingen 2001; P. C. Hartmann, Die Jesuiten, München 2001.

c) 트리엔트 공의회(1545-1563)

개신교인들과 제국의회 의원들로부터 수도 없이 많이 요청이 되고 교황 측에서는 거듭해서 예고했던 공의회가 드디어 1545년 12월 13일 트리엔트에서 개최되었다. 장소는 황제와 교황의 타협에 근거를 두었다: 로마 제국 국경 내에 있지만 로마와 가능한 한 가까운 곳에 있었다—이것을 이미 1547년 교황은 그 공의회를 첫 번째 회의 시기 끝에 이르기 전에 볼로냐로 옮길 구실로 이용하였다. 그런데 이 행동은 그저 전체 공의회가 엄격한 교황의 지도 하에 있고 또 개신교인들이 "자유 공의회"에서 제출했던 조건들을 처음부터 이행할 수 없다는 것을 표현하는 것에 불과하였다; 잠정적으로 개신교 의원들도 그 공의회에 대표를 파송했다는 것은 슈말칼덴 전쟁 후의 상황과 그에 상응하는 개신교인들의 제한된 행위의 자유로부터 나온 것이다(56번을 보라). 여러 차례 중단되고 결국 세 번의 회담 시기—1545-1547, 1551/2, 1562/3—안에서 이루어진 이 공의회의 주요 과제들은 한편으로는 종교개혁이 요구하는 바에 대해서 로마-가톨릭교회를 확고하게 하는 것(본문 a와 b)과 한편으로는 교회의 개혁이었다(본문 c). 이 공의회와 함께 로마-가톨릭교회는 최종적으로 다른 신앙고백들과 나란히 서 있는 현대 개별적인 교회로 체제를 갖추게 되었다.

1. 4회기: 성경과 전통(1546. 4. 8)

거룩하고, 에큐메니칼하며 보편적인 트리엔트 공의회는 성령 안에서 적법하게 모여서…… 꾸준히 오류들이 제거되고 교회 안에서 복음의 정결함(puritas ipsa Evangelii)이 보존되는 것을 주목하는데,—과거에 선지자들을 통해서 성경 안에서 약속한—이 복음은 우리 주 예수 그리스도, 하나님의 아들이 먼저 자신의 입으로 선포하고(promulgavit) 다음으로 그분의 사도들을 통해서 모든 구원 진리와 도덕적 질서의 원천으로서 만민에게 선포하라고 명하신(막 16:15) 것이다. 이 진리와 질서는 기록된 책들과 기록되지 않은 전승(traditiones)에 담겨 있다는 것을 공의회는 확실하게 알고 있다. 이 전승은 곧 그리스도의 입으로부터 나오고 사도들에 의해서 받아들여졌거나 사도들에 의해서—성령으로부터 구술된(Spiritu Sancto dictante) 똑같이 손에서 손으로 우리에게까지 전달이 되었다. 거룩한 공의회는 바른 신앙을 가진 교부들의 예를 따르며 구약 및 신약의 모든 책들을 받아들이고 공경하는데, 이는 이 둘이 한 분 하나님을 창시자로 삼고 있기 때문이다. 또한 신앙과 예절에 관한 전승도 그리스도에 의해서 구두로 발설되었거나 성령에 의해서 구술되고 단절되지 않는 계승 가운데에서 (continua successio) 가톨릭교회 안에 보존되었기 때문에 공의회는 동등한 경건한 각오와 공경심을 가지고 받아들이며 높인다.

(이어서 정경이 — 토비아스, 유딧, 솔로몬의 지혜서, 예수 시락, 바룩과 마카비서들이 포함된 — 확정되고, 불가타 성경이 신뢰할 만한 성경이라고 선언한다.)

이외에도 공의회는 악한 영을 억제하기 위해서 신앙의 문제와 기독교 교육을 세우는 데에 속한 예절들 문제에서 자기 지혜를 믿고 자기 임의로 성경을 왜곡시키고 또 성경의 바른 의미와 바른 해석의 판단을 할 권세가 있는 거룩한 어머니인 교회가 확정했고 지금도 그렇게 하고 있는 의미를 거스르고 또는 교부들의 한목소리를 내는 일치를 거슬러서 성경을 해석하려고 하면 안 되며, 비록 그런 해석이 절대로 출판되지 않을 것이라고 하더라도 그런 해석은 하면 안 된다는 것을 결의하고 있다.……

원전: DH 1501-1507. —참고문헌: J.R. Geiselmann, Das Konzil von Trient über das Verhältnis der Heiligen Schrift und der nicht geschriebenen Traditionen, in: M. Schmaus (Hg.), Die mündliche Überlieferung, München 1957, 123-206; H. Smolensky, Schrift und Lehramt. Weichenstellungen in der römisch-katholischen Kirche des 16. Jahrhunderts, in: Th. Schneider/ W. Pannenberg (Hg.), Verbindliches Zeugnis. Bd. 3: Schriftverständnis und Schriftgebrauch, Freiburg/ Göttingen 1998 (Dialog der Kirchen 10), 204-220; 본문 3에 있는 문헌들도 보라.

2. 6회기: 의화에 관한 교령(1547. 1. 13)

제1장: 인간의 의화에 대한 자연과 율법의 무능(imbecillitas)

우선 거룩한 공의회는 의화 교리의 선하고 바른 이해를 위해서는 모든 사람이—아담의 범죄로 순결함을 상실했기 때문에(롬 5:12ff.)—사도 바울이 말한 바와 같이(엡 2:3) 그 본성이 진노의 자식들이 되었다는 사실을 깨닫고 고백하는 것이 필수라고 선언한다. 원죄에 대한 교령에서(de peccato originali) 제시한 바와 같이[3] 인간은 죄 아래에 사로잡혀 있고 마귀와 사망의 권세 하에 굴복되어서 이방인들이 본성의 능력으로 유대인들이 모세 율법의 문자를 통해서 거기에서 해방되거나 일어날 수가 없다. 물론 그들에게는 자유의지가(liberum arbitrium) 비록 그 힘이 약화되고 손상을 입었을지라도 소멸되지는 않았지만 말이다.

제3장: 누가 그리스도로 인해서 의롭게 되는가

비록 그분이 "모든 사람을 위해서 죽으셨지만"(고후 5:15) 그렇다고 모두가 그의 죽음의 혜택을 받는 것이 아니라 그분의 고통의 공로가 주어진(communicatur) 자들만 받는다. 사실 인간이 아담의 씨로부터 이식됨으로 태어나지 않았다면—말하자면 이 혈통으로 말미암아 인간은 잉태할 때 자신의 불의를 자기에게 끌어온다—불의한 자로 태어나지 않았을 것이다. 이와 같이 사람이 그리스도 안에서 거듭나지 않는다면 절대로 의롭게 되지 못한다. 왜냐하면 이 거듭남으로 말미암아 그분 고난의 공로에 의지해서 이들에게 은혜가 주어지기 때문인데, 이 은혜를 통해서 인간이 의롭게 된다. 이 혜택에 대해서 우리는 사도 바울의 권고를 따라 아버지께 감사하여야 하는데, 곧 "우리로 하여금 빛 가운데에서 성도의 기업의 부분을 얻기에 합당하게 하시며 우리를 흑암의 권세에서 건져 내사 그의 사랑의 아들의 나라로 옮기셨으니 그 아들 안에서 우리가 속량 곧 죄 사함을 얻었도다"(골 1:12-14).

제4장: 믿지 않는 사람들의 의롭게 됨과 은혜의 질서 안에서의 그 방법

이 말로 불경한 자들의 의롭게 됨(iustificatio impii)이 서술되고 있다: 의롭게 됨은 사람이 첫째 아담의 자녀로서 태어나서 처한 그 신분에서 둘째 아담 예수 그리스도 우리 구주로 말미암은 은혜의 하나님 자녀로 받아들여짐의 신분으로의 넘겨짐이다. 이 넘겨짐은 기록된 바와 같이 복음이 전파된 이래로 거듭남의 씻음이나 그것을 사모함이 없이는 이루어질 수 없다: "물과 성령으로 거듭나지 않은 자는 천국에 들어갈 수 없느니라"(요 3:5).

제5장: 성인들에게 해당되는 의롭게 되기 위한 준비의 필요성과 그 출처

또 공의회는 선언하고 있다: 성인들에게서는 의롭게 됨이 예수 그리스도를 통해서 사전에 오는 하나님 은혜로부터(a Dei per Christum Iesum praeveniente gratia) 그 시작을 취해야 하는데, 곧 그 어떤 존재하고 있는 공로가 없이(nullis eorum exsistentibus meritis) 그들을 부르신 그분의 부르심으로부터 시작해야 한다; 죄로 인해서 하나님으로부터 돌아선 그들이 그분의 깨우시고 도우시는 은혜로(per eius excitantem atque adiuvantem gratiam) 이 은혜에 대한 자유로운 동의와 자유로운 동역 가운데에서 자신의 의롭게 됨을 향해서 돌이킬 계획을 하게 되는데 말하자면 이러하다: 하나님께서 성령의 조명을 통해서 사람의 마음을 건드리시면 사람은 한편으로는 그 불어넣으심을 받으면서 스스로 아무 것도 하지 않는 것이 아니다; 그것을 버릴 수도 있기 때문이다. 다른 한편으로는 그래도 인간은 하나님의 은혜 없이는 자기 자유의지를 통해서 하나님 앞에서 의롭게 되는 데로 움직일 수 없다. 그래서 성경에서는 이렇게 말하고 있다면: "내게로 돌이키라, 그리하면 내가 너희에게 돌아서리라"(슥 1:3), 하나

님의 은혜가 우리에게 먼저 임한다고 우리는 고백한다.

제6장: 준비의 방법

인간은 하나님의 은혜로 인해서 일깨워지고 도움을 받아서 들음으로부터 오는 믿음(fides ex auditu)을 받고(롬 10:17) 하나님을 향해서 자유롭게 움직이게 되고 신적으로 계시되고 약속된 바, 특히 신앙이 없는 자(impius)가 하나님에 의해서 그분의 은혜로 말미암아, 곧 "예수 그리스도 안에 있는 구원으로 말미암아"(롬 3:24) 의롭게 된다는 것을 신앙으로 참되다고 여김으로 말미암아 이 의롭게 됨을 향한 각오를 하게 된다; 또 하나님의 의, 곧 치유효과가 있도록 떨게 되는 그 의 앞에서의 두려움으로 인해서 자신을 죄인이라고 고백하는 자기 고백 안에서 하나님 자비를 바라도록 돌이키고 소망을 향해서 일어서게 되며 하나님께서 그리스도 때문에 자비를 베푸시리라는 믿음 안에서 그분을 모든 의의 원천으로서 사랑하기 시작하고 그 때문에 죄를 향해서 일종의 미움과 혐오를 하면서 죄를 대적해서 움직이게 되고, 곧 세례를 앞두고 해야 하는 그 회개를 통해서 준비를 한다; 마지막으로 세례를 받고 새 삶을 시작하고 하나님의 계명을 지키려고 마음을 먹으면서 의롭게 될 준비를 한다.……

제7장: 믿음이 없는 자들의 의롭게 됨의 본질과 그 동기들

이 각오(dispositio) 또는 채비(praeparatio)를 의화가 뒤따른다. 의화는 단순히 죄의 면제뿐이 아니고 은혜와 은사를 기꺼이 받아들임으로 인해서 내적 인간이 성화되고 개선되는 것인데, 이를 통해서 인간이 불의한 자에서 의로운 자가 되고 적에서 친구가 되어서 소망대로 영생의 상속자가 되는 것이다(딛 3:7). 이 의화의 원인은 이러하다: 목적 원인(finalis): 하나님과 그리스도의 영광과 영원한 생명; 동기 원인(effeciens): 자비하신 하나님이다.

이분은 "약속하신 성령, 곧 "우리 유업의 보증이신"(엡 1:13f.) 성령으로 인치시면서 기름을 바르시면서 공짜로(gratuito) 씻어내고 거룩하게 하신다; 공로의 원인(meritoria)은 그분의 독생자, 우리 주 예수 그리스도로서 이 분은 "우리가 원수 되었을 때"(롬 5:10) "우리를 사랑하시는 그 넘치는 사랑 때문에" 자신의 그 십자가에서의 아주 거룩한 고통으로 말미암아 의화를 벌어들이시고 우리를 위해서 하나님 아버지를 만족시키셨다; 나아가서 도구 원인(instrumentalis): 세례의 성례, 곧 믿음의 성례로서, 이 성례 없이는 누구라도 의화를 얻을 수 없다. 유일한 존재들을 허락하는 원인(formalis causa)은 마지막으로 하나님의 의이다. 이 의를 통해서 그분 자신이 의로우신 것이 아니라 우리를 의롭게 하시는 의를 말한다. 말하자면 우리가 이것을 선물로 받으며 우리 심령이 새롭게 되고(엡 4:23) 그저 의롭게 보이게 될 뿐 아니라 실제로 의로운 자라고 칭하여지며 실제로 그러한 자가 된다(non modo reputamur, sed vere iusti nominamur et sumus), 그 의를 우리 안에 받은 자가 되는데, 각자가 성령이 원하시는 대로 각자에게 나누어준 규모에 따라서 또 각자가 자신의 각오와 협동을 따라서 그렇게 된다.

비록 누구라도 우리 주 예수 그리스도의 고난의 공로가 나누어질 수 있을 만큼 의로울 수는 없지만 하나님을 믿지 않는 자의 의화 안에서 그것이 일어난다. 곧 그분의 아주 거룩한 고난의 공로로 말미암아 하나님의 사랑이 성령을 통해서 의롭게 된 자들의 마음에 부어넣어지고(롬 5:5) 거기에 거주하면서(inhaeret) 일어난다. 그래서 인간은 의화에서 죄의 용서와 함께 이 모든 것, 곧 그 사람에게 심겨져 있는 예수 그리스도로 말미암아 그는 이 모든 것의 부어 넣어주심을 받는다: 믿음, 사랑, 소망.

믿음은 소망, 그리고 사랑이 함께 하지 않으면 그리스도와 완벽하게 하나가 되지 않고 그분의 살아있는 지체로 되지 않기 때문이다. 이러한 이유 때문에 아주 참되게(verissime) 언급된 것은 행함이 없는 믿음은 죽고(약 2:17) 나태하다는 것과 그리스도 예수 안에서는 할례도 무할례도 소용이 없고 사랑으로 역사하는 믿음이 (갈 5:6) 소용이 있다. 수세자들은 사도적 전승을 따라서 영생을 허락하는 믿음을 구할 때 세례 전에 교회로부터 이 믿음을 구한다; 영생을 믿음은 소망과 사랑이 없이 허락할 수가 없다. 때문에 수세자들은 동시에 그리스도의 말씀도 듣게 된다: "네가 생명에 들어가려면 계명들을 지키라"(마 19:17). 이렇게 거듭난 자들이 참되고 기독교적인 의를 받는다면 계명들을 잔치 복장과 똑같이 (눅 15:22), 그러니까 아담의 불순종으로 인해서 그와 우리가 잃어버린 것 대신에 예수 그리스도로 말미암아 수세자들에게 선물로 주어진 그 복장을 깨끗하고 흠이 없도록 유지하라는 명령이 주어진다. 우리 주 예수 그리스도의 심판 보좌 앞에까지 입기 위해서 또 영생을 얻기 위해서 말이다.

제8장: 하나님을 믿지 않는 자가 믿음으로 공로는 없이(gratis) 의롭게 된다는 것을 어떻게 이해해야 하는가

사도 바울이 "믿음으로" "공로 없이"(롬 3:22. 24) 의롭게 된다고 말한다면 이 말씀은 가톨릭교회가 항상 한마음으로 붙들고 해석하는 그러한 의미에서 이해해야 한다. 말하자면: 믿음은 인간 구원의 시작이고(initium) 모든 의화의 기초요 뿌리이고 그래서 믿음 없이는 하나님을 기쁘시게 못하며 자녀의 반열에 이를 수 없기(히 11:6) 때문에 우리는 믿음으로 의롭게 된다고 말하는 것이다; 또 우리가 공로가 없이 의롭게 된다고 말하는 이유는 의화에 앞서는 것, 그것이 믿음이든, 행위이든지 간에 그 어떤 것이라도 완전한 의미에서 의화의 은혜를 벌어들이지 못하기 때문이다 (ipsam iustificationis gratiam promeretur). 그런데 그것이 은혜라면 행위에서 오지 않으며, 그렇지 않다면 (사도 바울이 말

하고 있는 것처럼) 은혜는 은혜가 아니다(롬 11:6).······

제10장: 받은 의화의 자라남

그래서 이러한 방식으로 의롭게 되고 하나님의 친구요 식구가 되고 나서(엡 2:19) 그들은 사도 바울이 "매일 새로워진다"(고후 4:16)고 하듯이 덕에서 덕으로 전진하게 된다(시 83:8 불가타 성경). 말하자면 그들이 자기 육신의 지체들을 죽이고(골 3:5) 지체들을 하나님과 교회의 계명을 준수하면서 성화를 위하여 의의 무기로 제공하면서(롬 6:13. 19) 그렇게 되는 것이다. 그리스도의 은혜로 인해서 받은 바로 그의 안에서 그들은 믿음이 선행과 함께 역사하면서 자라나고 또 기록된 바와 같이 더 의롭게 된다: "의로운 자는 더욱 의롭게 되리라"(계 22:11 불가타 성경), 또 "죽을 때까지 의롭게 되는 것을 부끄러워하지 마라"(시락 18:22), 또 "인간이 행함으로 의롭다함을 받고 믿음으로 만은 아니니라"(약 2:24). 거룩한 교회가 "여호와여 우리의 믿음과 소망과 사랑을 더 증가시키소서"[4] 하고 기도한다면 이 의의 자람을 구하고 있는 것이다.

제11장: 계명의 준수, 그 필연성과 가능성

하지만 제 아무리 의롭게 된 자일지라도 계명 준수에서 자유하다고 믿으면 안 된다; 그러한 뻔뻔하고 또 교부들로부터 저주받은 (sub anathema prohibitus) 말을 사용하면 안 된다: 하나님 계명을 의롭게 된 사람들이 준수한다는 것은 불가능하다. "하나님은 불가능한 것을 명하지 않고 명하신다면 당신이 할 수 있는 것을 하도록 권하고 동시에 할 수 없는 바를 간구하도록 권하고"[5] 당신이 할 수 있도록 도우신다. "그의 계명은 쉽고"(요일 5:3) 그의 멍에는 부드럽고 그의 짐은 가볍기 때문이다(마 11:30). 하나님의 자녀들은 그리스도를 사랑한다; 하지만 그를 사랑하는 자는 그분이 증거하시는 바와 같이(요 14:23) 그분의 말을 지킨다. 이것을 하나님의 자녀들은 철저히 하나님의 도움으로 행한다. 그들이 아주 거룩하고 의로울 수 있지만 이 사멸할 생에서도 때로는 최소한 가볍고 일상적이며 또한 "용서 가능한 죄"라고 하는 죄에 빠진다 할지라도 의롭게 되는 것을 그 때문에 포기하지 않는다. 이것이 겸손하고 의로운 의인들의 음성이다: "우리 죄를 사하시고"(마 6:12). 바로 의인들이 이미 "죄에서 해방되어 하나님의 종이 되었고"(롬 6:22) 자기들을 이 은혜에 이르는 길을 얻게 하신 그리스도 예수로 말미암아(롬 5:2) 정결하고 의롭고 경건한 삶을 통해서(딛 2:12) 전진할 수 있기 때문에 의의 길을 갈 의무가 있다고 느껴야만 한다. 참으로 하나님은 자기 은혜로 의롭게 된 자들을 그들이 떠나지 않는 한 절대로 떠나지 않는다.[6]

그래서 아무도 비록 자기가(그리스도와 함께) 영광스럽게 되려고(롬 8:17) 그분과 함께 고난을 당하지 않지만 믿음으로만 자기가 상속자로 정해지고 유업을 얻으리라는 생각으로 믿음만을 가지고(in sola fide) 우쭐해지면 안 된다. 그리스도도 사도 바울이 말하고 있는 것처럼 "비록 아들이면서도 받으신 고난으로 순종함을 배워 온전하게 되셨은즉 영원한 구원의 근원이 되셨다"(히 5:8).……

제14장: 죄에 굴러 떨어진 자들과 그들의 회복

하지만 받은 의의 은혜로부터 죄로 말미암아 이탈된 자들이 만일 하나님의 자극으로 인해서 그리스도의 공로에 근거해서 회개의 성례로 잃어버린 은혜를 다시 얻으려고 노력한다면 새롭게 다시 의로워질 수 있다. 이 의화의 방식은 말하자면 넘어진 자들을 다시 일으켜 세움인데, 이것을 거룩한 교부들은 정확하게 "파선하고 난 다음에 잃어버린 은혜의 두 번째 널빤지"라고 불렀다.[7] 세례 받고 나서 죄에 빠진 자들에게 그리스도 예수는 "성령을 받으라:

너희가 누구의 죄든지 사하면 사하여질 것이요, 누구의 죄든지 그대로 두면 그대로 있으리라"(요 20:22f.)고 말씀하시면서 회개의 성례를 제정하셨기 때문이다. 따라서 타락한 후의 기독교인들의 회개와 세례 때의 회개가 아주 다르며, 그 회개는 죄에서 놓임 받음과 죄를 싫어함을 담고 있고 또는 "상하고 통회하는 마음"(시 51:17)을 내포하고 있을 뿐 아니라 회개의 성례전적 고백, 최소한 때에 따라서 그렇게 할 의도 및 사제의 사죄 선언도 담고 있다. 마찬가지로 금식, 자선, 기도, 영적인 삶의 또 다른 경건한 훈련을 통한 보속도 포함하고 있다. 물론 성례전을 통하거나 성례전을 받으려는 구상을 통해서 죄와 함께 면제되는 영원한 형벌 대신이 아니다. 오히려 성경이 가르치는 바와 같이 세례 때 일어나는 것처럼 한시적인 형벌을 위한 것이다. 받은 은혜에 감사하지 않으면서 성령을 근심하도록 하며(엡 4:30) 하나님의 전을 모독하기를 두려워하지 않는 자들이(고전 3:17) 면제받는 죄에 대한 보속이다. 이 회개에 관해서 기록되어 있다: "어디서 떨어졌는지를 생각하고 회개하여 처음 행위를 가지라"(계 2:5), 또 "하나님의 뜻대로 하는 근심은 구원에 이르게 하는 회개를 이룬다"(고후 7:10), 또 "회개하라"(마 3:2; 4:17), 또 "회개에 합당한 열매를 맺으라"(마 3:8).

제15장: 죽을 죄로 인해서 잃는 것은 은혜이지 믿음이 아니다

또한 "달콤한 말과 아첨하는 말로 순진한 자들을 미혹하게 하는"(롬 16:18) 어떤 자들의 교활한 발명의 재능을 상대해서라도 다음의 내용은 타당하지 않으면 안 된다: 신앙마저도 상실하게 하는 불신앙으로 인해서만 아니라 또 다른 죽을 죄로 인해서 신앙까지 함께 상실하게 되지는 않는다고 하더라도 받은 의화의 은혜를 잃게 된다. 이로 말미암아 하나님의 율법의 가르침이 보호를 받는데, 이 가르침은 믿음이 없는 자들을 하나님의 나라에서 제외시킬 뿐 아니라 마찬가지로 신앙인들도 제외시킨다. 이 신앙인들은 방

탕한 자, 음란한 자, 쾌락을 도모하는 자, 남색하는 자, 도적질하는 자, 인색한 자, 술을 즐기는 자, 비방하는 자, 강도들(고전 6:9f.)과 또 죽을 죄를 범하는 다른 모든 자들을 말한다. 죽을 죄는 하나님의 도움으로 이 신앙인들이 멀리할 수 있는 죄이며, 바로 이 죄 때문에 그리스도의 은혜에서 분리되게 되는 죄를 말한다.

제16장: 의화의 열매, 곧 선행의 공로, 그리고 공로의 역할

이 근거에서 의롭게 된 모든 인간들에게 이들이 현재 받은 은혜를 꾸준히 유지하고 있거나 잃었다가 다시 얻었거나 상관없이 모두에게 다음의 사도 바울의 말씀이 선포되어야 한다: 모든 선행에서 항상 충만하도록 하라 "이는 너희 수고가 주 안에서 헛되지 않은 줄 앎이라"(고전 15:58); "하나님은 불의하지 아니하사 너희 행위와 그의 이름을 위해서 나타낸 너희 사랑을 잊어버리지 아니하시리라"(히 6:10); "너희 담대함을 버리지 말라. 이것이 큰 상을 얻게 하느니라"(히 10:35). 그래서 "마지막까지"(마 10:22; 24:13) 선하게 행하며 하나님께 소망을 두는 자들에게 영생이 약속되어야 한다. 이것은 하나님 자녀들에게 그리스도 예수로 말미암아 풍성하신 자비하심으로 약속이 된 은혜로서, 또 하나님 자신의 약속에 따라 선행과 공로를 위해서 신실하게 허락된 상급으로서 주어져야 한다. 이것이 바로 사도 바울이 말한 그 자기의 싸움과 달려갈 길을 마친 후에 선한 재판관으로부터 자기에게 주어지도록 준비된 의의 면류관인데, 자기에게만 아니라 "그의 오심을 사모하는 모든 자들"(딤후 4:7f.)에게도 준비되어 있는 것이다. 말하자면 그리스도 예수 자신이 쉬지 않고 의롭게 된 자들에게 자기의 능력이 흘러가도록 하시는데, 머리로서 지체들에게(엡 4:15) 그리고 포도나무로서 가지에게(요 15:5) 가도록 하신다; 이 능력은 항상 그들의 선행을 앞서 있고, 동반하며 뒤따르는데, 이 능력

없이는 절대로 하나님을 기쁘시게 하며 칭찬 받을 수 없다. 때문에 의롭게 된 자들이 하나님 안에서 행한 사역으로 말미암아 이 삶의 상황을 위해서 하나님의 율법을 철저히 충족시켰고(은혜 가운데에서 죽는다면) 영생의 때에 영생에 이르는 공을 세웠다고 여기는 데에는 부족함이 없다고 믿어야 한다. 왜냐하면 그리스도 우리 구주께서 말씀하시기 때문이다: "내가 주는 물을 마시는 자는 영원히 목마르지 아니하리니 내가 주는 물은 그 속에서 영생하도록 솟아나는 샘물이 되리라"(요 4:14).

그래서 우리 자신의 의는 우리에게서 나온 우리 자신의 것(ex nobis propria)이라고 여겨도 안 되고 하나님의 의가 오인되고 폐기되어도 안 된다; 말하자면 우리가 우리 안에 머물러 있는 (inhaerens) 의, 그 의를 통해서 의롭게 되기 때문에 우리 의라고 부르는 의는 동시에 하나님의 의인데(eadem Dei est) 이 의가 그리스도의 공로로 인해서 하나님에 의해서 우리 안에 부어지기 때문이다.

또한 이것을 잊으면 안 된다: 성경에는 그리스도께서 자기의 지극히 작은 자 하나에게 냉수 한 잔 준 자에게도 상급이 있다고 약속을 하고(마 10:42) 사도 바울도 이 삶에서 일시적이고 경한 환란이 장래의 지극히 큰 영광과 족히 비교할 수 없다고 증언할 정도로(고후 4:17) 선행에 대해서 많이 기록되어 있다. 하지만 기독교인이 자만하거나 우쭐하며 주님을 의지하지 않는 일은 일어나면 안 된다(고전 1:31; 고후 10:17). 모든 인생을 향한 주님의 자비는 너무도 커서 자신의 선물을 그들의 공로가 되기를 원하신다.

"우리 모두는 많은 것에서 부족하기에" 은혜와 자비와 마찬가지로 엄위함과 심판을 기억해야 하며 죄를 깨닫지 못할지라도 스스로를 판단하면 안 된다. 왜냐하면 인간의 삶은 인간 판단으로 시험하고 판단하면 안 되고 하나님의 판단으로 해야 하기 때문이다. 이 하나님은 "어둠에 감추인 것들을 드러내고 마음의 뜻을 나타내시며, 그 때에 각 사람에게 하나님으로부터 칭찬이 있도록 하시는 분이며"(고전 4:5), 기록된 바와 같이 그는 각 사람에게 행위대로 갚으시는 분이다(롬 2:6).

> 원전: DH 1521.1523-1526.1528-1532.1535-1538.1542-1549. —참고문헌 : H. Rückert, Die Rechtfertigungslehre auf dem Tridentinische Konzil, Bonn 1925 (AKG 3); J. F. McCue, Double Justification at the Council of Trient, in: C. Lindberg (Hg.), Piety, Politics and Ethics. FS George Wolfgang Forell, Kirksville, Mo. 1984, 39-56; H. Jorissen, >Einig in der Rechtfertigungslehre?< Das Verständnis der Rechtfertigung im Konzi von Trient und bei Martin Luther, in: M. Beintker (Hg.), Rechtfertigung und Erfahrung. FS Gerhard Sauter, Gütersloh 1995, 81-103, 및 본문 3의 문헌들.

3. 논란이 된 교회 개혁: 가브리엘 팔레오티의 일기[8]

(주교들의 거주 의무에 관한 표결이 있고나서 [1562년 4월 20일][9]:)

오늘 일어난 모든 일은 대부분의 사람들에게는 뜻하지도 않게 일어났다. 때문에 엄청난 의심이 생겨났고 어떤 사람들에게 비방의 구실을 주었다.

파리의 주교는 말하기를 도대체 이것이 무슨 공의회란 말인가 하고 자문하고 여기에 온 것을 후회한다고 하였다. 소요가 들끓었는데, 수많은 고위성직자들이 교황의 뜻에 굴복했기 때문에 이 공의회는 자유로워 보이지 않았기 때문이었다. 반대로 다른 사람들은 이 공의회에서는 모든 것이 교황의 뜻에 따라 이루어져야 한다고 주장하도록 루터파 사람들에게 구실을 준 것에 대해서 불만을 가졌다. 교황은 오히려 공의회가 자유롭기를 바라고 직전에 이 문제에 대해서 편지 한 통을 썼는데, 거기에서 그는 공의회 교부들에게 그들의 이해대로 거주 의무가 하나님의 법에 근거를 두고 있는지 정하는 것을 위임하였던 것이다.

또한 사절들 자신들도 일치를 이루지 못한 것으로 보였고, 이것이 여러 사람들에게 불신을 키웠다. 나는 다음날 아주 풀이 죽어서 이 완전한 혼란에 대해서 심지어 우는 사람들 몇을 보았다. 많은 사람들이 사절들이 더 지혜롭게 처신할 수 있었다고 책임을 돌렸다. 사절들은 자기들은 공의회 교부들의 표결이 분명하게 되는 것을 원했다고 자신들을 방어하였다; 이렇게 말하는 사절들에게는 다음날로 미루어서 교부들에게 생각할 시간을 주었을 수 있었다는 것으로 반박을 하였다.……

(자선과 면죄부 질문에 관해서 [1562년 4월 21-24일]:) 개혁 구상들 중 마지막 제안은 소위 말하는 구호금 모금 맡은 자들(quaestores eleemosinarii)에 대한 것이었다. 때문에 많은 사람들이 이 사람들을 극렬하게 공격하기 시작했다. 그 사람들이 당시 제일 먼저 루터의 역병에 동기 부여를 했을 뿐 아니라 오늘날도 그들의 사기 행각 때문에 많은 사람들에게서 악평을 받고 있다고 하였다; 때문에 그들의 업무와 그들의 이름을 기독교 세계에서 완전히 몰아내야 한다고 하였다. 와중에 물론 이런 목소리들도 컸는데, 곧 구호물품 모금자들의 행위는 교회 안에서 이미 아주 오래 되었고 이미 라테란 공의회에서[10] 또 리옹 공의회[11]와 비인 공의회[12]에서 비록 그 일을 이행하는 중에 폐단들이 스며들었고 또 당연히 다양하게 정죄 당하기도 했지만 이런 공의회들에서 용인되었다; 때문에 수많은 요양원들과 다른 경건의 성지들을 그들에 의해서 모금된 구호금으로 유지할 수 있는 것이다; 그밖에도 거룩한 아버지께서 기독교 백성에게 모금자들로 말미암아 면죄부와 영적인 은사들을 나누어주고 많은 사람들의 마음을 그렇게 도울 수 있

는데, 특별히 멀리 떨어져 있음으로 해서 거룩한 아버지께 쉽사리 갈 수 없는 경우에 그렇게 할 수 있는 것이다; 때문에 이 교회의 보물(ecclesiae thesauri)을 지금 억압해서는 안 되고 오히려 그들의 활동에서 사기행각이 나타나는 경우에 모금자들을 지도해야 하며 또 그들의 이후 이 활동을 위한 확고한 기준을 주어서 이 직임이 돈을 모으기 위함이 아니라 경건을 위해서 세워졌다는 것을 모두가 분명히 알게 하여야 한다는 소리들이다. 이러한 근거들이 어떤 사람들에게서 열거되었다. 하지만 다른 사람들이 훨씬 더 많았고 또 결국에는-우리가 아래에서 보고할 바와 같이-이들의 생각이 거룩한 아버지의 동의를 얻을 수 있다는 것이 믿을 만한 소식통을 통해서 알려졌기 때문에 공의회는 압도적인 일치로(conspiratio) 자선 기금 모금자들을 폐지한다고 결의하였다.

원전: CT III, Diaria 3, 1, Freiburg u.a. 1931, 319, 1-13. 19-35. — 참고문헌: G. Fahrnberger, Bischofsamt und Priestertum in den Diskussionen des Konzils von Trient, in: Cath (M) 30 (1976) 119-152; H. Jedin, Das Konzil von Trient. Ein Überblick über die Erforschung seiner Geschichte, Röm 1948; ders., Geschichte des Konzils von Trient. 4 Bde., Freiburg i. Br. 1949-1975; R. Bäumer, Concilium Tridentinum, Darmstadt 1979 (WdF 313); G. Müller, Art. Tridentinum, in: TRE 34, 2002, 62-74.

d) 가톨릭의 개혁과 제국에서의 반종교개혁

1552년 파사우 조약과 아욱스부르크 종교평화는 개신교의 법적 지위 인정과 한 영지의 신앙고백을 통치자의 신앙고백과 결합시키는 것을 통해서 로마-가톨릭 지도자를 둔 많은 영지들에게는 일단 개신교의 움직임이 자기 땅 안에서 움츠러 들지 않으면 안 되는 것을 의미하였다. 여기에 결정적인 것이 된 것은 이그나티우스 로욜라에 의해서 창설된 예수회였는데, 이 수도회는 개신교와의 단절과 역할을 감당하는 공동체의 삶을 형성하는 가운데 독일 안에서의 로마-가톨릭 신앙고백 문화를 이룩하는 데에 결정적인 역할을 하였다.

1. 페트루스 카니시우스에게 보내는 이그나티우스 로욜라의 편지(1554. 8. 13)

예수회를 창설하는 가운데 종교개혁 움직임에 부정적인 단절을 전혀 고려하지 않았던 이그나티우스는 독일 내에서의 전개를 염려스럽게 보았다. 그는 로마에서 페트루스 카니시우스(1521-1597)에게 편지를 썼는데, 이 사람은 1549년 8번째 구성원으로 받아들여지고는 독일에 있는 로마-가톨릭교회와 경건을 수립하면서 중심 인물 중 하나가 되었다. 1549년 잉골슈타트에서 교수였고 1552-1556년에는 비인, 그 다음에는 1569년까지 독일 예수회의 교구장이었다.

신부님이 7월 7일 편지와 17일 편지에서 신앙적인 염려를 하면서 말씀하신 바람들을 우리가 잘 이해하였습니다: 우리 생각에 다음과 같은 것을 위해서 역할을 감당할 수 있는 바를 우리가 기록하여야 한다는 것입니다: 왕의 지역들[13]을 가톨릭 신앙을 유지하며 신앙이 깨어져 버린 지역들에서는 다시 회복시키고, 신앙이 불안정한 지역에서는 후원하는 것을 말합니다.……
우선 인간에게 명령으로 주어진 구원의 모든 수단 중에서 이것이 가장 효과 있고 중요한 것인데, 왕께서(이미 항상 그러하듯이) 가톨릭일 뿐 아니라 자신을 이단에 대한 가장 날카롭게 잔인한 적이라고 고백하고 이단들의 모든 오류들에 대해서 비밀스럽게만 하지 않고 공개적으로 전쟁을 선포한다면 말입니다. 여기에서 그 다음으로 두 번째로 중요한 처신으로 도출되는 바는 전하께서 자신의 추밀원에(consilium suum Regium) 이단을 받아들이지 않고 그들의 계획하는 바가(consilia) 공개적이든 비밀스럽게든 그들이 몸담은 그 해로운 이단을 권장하고 이롭게 만드는 것을 목적으로 삼고 있다고 생각하지 않으면 안 되는 그런 사람들에게는 아무 것도 허락하지 않는다는 것입니다. 그밖에도 영지나 지역을 다스리면서-특별히 최고의 지위에서-지위가 높은 직책과 신분에는 이단성으로 물든 자는 임명하지 않는다면 아주 득이 될 것입니다. 마지막으로 해로운 이단으로 넘어갔거나 심각하게 의심이 가면 즉시로 지위와 재산 소유를 허락해서는 안 되고 오히려 그 다음에는 이 두 가지를 빼앗는다는 사실을 모든 사람이 분명하게 알도록 해야 합니다. 여러 번 사형이나 재산 박탈과 추방으로 본보기를 삼고 이와 함께 종교적인 문제는 진지하게 취급된다는 것을 분명하게 한다면 이 해결의 수단은 더욱 효과가 있을 겁니다. 비인과 다른 지역에 있는 대학들에서 우리 생각을 따라 모든 대중적인 교수들과 관리 책임을 가진 사람들이 가톨릭 신앙의 관점에서 선한 명성이 없으면 그 직을 박탈해야 합니다. 이것은 사립 대학의 총장들, 학장들, 강사들에게도 해당됩니다; 곧 청소년들을 신앙적으로 교육해야 하는 자는 그들을 망치면 안 된다는 말입니다.

 치밀한 검색으로 출판업자들이나 개인이 소유하고 있다는 것이 드러난 이단적인 책들은 모두 불살라버리든가 해외로 내보내야 합니다. 마찬가지로 우리 생각에는 문법이나 수사학이나 변증학에 관한 것 같이 그 자체가 이단적인 것이 아닌 이단들의 책들은 저작자들의 이단성 때문에 철저하게 유통을 금해야 합니다. 그들의 이름을 부르거나 청소년들에게 소개하는 것은 위험하기 때문입니다. 왜냐하면 이단들이 이들을 현혹시키는데 책들, 곧 그 책들 안에서 교육되는 내용들이며 문제가 되는 위험들과는 조금 밖에 관계되지 않는 내용들을 읽게 하는 그런 책들을 통해서 현혹시키기 때문입니다. 중벌로 위협을 하면서 언급한 이단적인 책들에 해당되는 책을 출판하는 것을 금하며, 주해서들에 이단의 주, 곧 단 하나의 예나 단어에서 그 불신앙적인 가르침을 상기시키거나 이단에 속한 저자의 이름이 포함된 그런 주는 넣지 않는다면 유익함이 클 것입니다.

이단 설교자들과 지도자들 그리고 이 역병을 다른 사람들에게 전염시키는 것이 발각된 사람들은 모두 엄하게 처벌을 받아야 합니다. 그러면서 이 포고 후 한 달 이내에 바른 생각을 갖게 된 사람들은 모두 양대 재판에서 자비로운 사면(absolutio)을 받을 수 있다는 것을 도처에 공개적으로 선포해야 합니다. 그렇지만 이 기간 후에 이단으로 붙잡힌 자는 명예를 상실하고(infamis) 다시는 직책을 받을 수 없습니다(inhabilis ad omnes honores). 어쩌면 어떤 사람들을 추방, 구금 또는 상황에 따라서 사형으로 벌을 내릴 수 있다면 훨씬 지혜로운 방법이 될 수 있습니다; 하지만 이 최고 형벌과 이단재판소 설치에 관해서는 말하지 않겠는데, 이것은 독일의 현행법이 수용할 수 없기 때문입니다.

> 원전: QGPRK 1, 554f. —참고문헌: J. Brodrick, Petrus Canisius. 1521-1597. 2 Bde., Wien 1950; J. Oswald/ P. Rummel (Hg.), Petrus Canisius. Reformer der Kirche. Festschrift zum 400. Todestag des zweiten Apostels Deutschlands, Augsburg 1996; R. Bernd (Hg.), Petrus Canisius (1521-1597). Humanist und Europäer, Berlin 2000 (Erudiri sapientia 1); 본문 4에 있는 문헌들도 보라.

2. 수도회 남독일 관구의 도미니크파 수도사들 개혁을 위한 지침

옛 수도회들은 종교개혁으로 인해서 심각한 압박을 받았다: 14세기에 여러 면에서 진행되었던 개혁들은 새로운 사상들을 막아내는 방파제를 구축하지 못하였고, 개신교가 된 지역들에서는 그 구조가 무너져버렸다. 재건의 과정에서 수도회들은 로마에 대한 충성이라는 예수회적인 경향을 지향하였는데, 이것은 도덕적 개선과 학문적 능력을 얻으려는 노력들과 결합되어 있었다. 여기에 대한 대표적인 모습은 프리드리히 바르톨로매우스 클라인딘스트가 1558년 호른박흐에서 남독일 도미니크 수도사들의 관구 총회에서 제출한 제안들이다.

도미니크 수도사들이 남독일 수도회 관구를 쉽고도 효과적으로 개혁할(reformare) 수 있는 세 가지 방법:

의사는 사람을 치료할 때 치료약을 정하기 전에 병과 고통과 그 동기와 원인들을 자세히 알려고 애를 쓴다. 그런데 그 영혼의 치명적인 상처들을 ─ 하나님의 아들이 위하여서 죽은 영혼 말이다 ─ 치료하고자 한다면, 곧 개혁(reformatio)을 수행하려 한다면, 그리고 과거에 찬란하였고 지금은 폐허가 된 우리 수도회 건물(religio nostra)을 지속적으로 재건하고자 한다면 훨씬 더 세심하게 해야 한다.……

내가 보는 바에 따르면 우리 교구에서 특별히 지적하지 않으면 안 되는 것에 관해서는 우선 세 개의 폐단을 언급해야 한다: (1) 형제들의 초라한 수효. (2) 그들의 무지(inscitia)와 나쁜 성향(malitia) 및 ─ 조심스럽게 표현해서 ─ (3) 그들의 무질서한 생활(dissolutio). 우리에게 만일 학식이 있고 비난의 여지가 없는 형제들이 많이 있다면 우리가 비난하거나 개혁하지 않으면 안 되는 것이 전혀 없을 것이기 때문이다.……

우리 교구가 그저 소수의 형제들이 있는 데에는 15개의 중요한 이유가 있는 것으로 보인다:

1. 온 세상이 악에 물들어 있고(요일 5:19) 많은 사람에게 이미 사랑이 식었고 매일 더욱 냉랭해져서(마 24:12) 아주 사라져버린 것처럼 보인다면 그저 기껏해야 소수가, 아니, 거의 아무도 수

도회 생활, 곧 하나님 사랑의 불길과 열정만이 들어가도록 감동을 줄 수 있는 이 삶으로 들어온다는 사실에 대해서 놀랄 필요가 없다.……

거기에 무슨 좋은 해결책이 있느냐는 질문에 관해서 하나님의 도움으로 많이 생각해 보았다.……

각 수도원에서 일단 자기를 개선하려고 하지 않는 자들(incorrigibiles)을 내보내야 한다─물론 잔인하지 않고 자비롭게 하여서 그들이 더 망가져서 다른 사람들도 망가뜨리지 않게 해야 한다. 다음으로 각 수도원에 둘 또는 세 명의 바르고(boni) 깊이 있게 교육받은(solide docti) 신부들을 네덜란드, 이태리, 프랑스나 스페인에서 불러들여야 하는데, 이들은 하나님과 수도회를 위한 참된 열정을 가진 자들이어야 한다.

이 일을 위해서 내 스스로가 책임을 맡아야 한다면 관구 전체에도 충분할 정도의 많은 사람들을 찾을 수 있다고 약속한다. 어쩌면 이들이 민족의 언어를 이해하지 못한다 하더라도 관구 전체에 아주 유익이 될 수 있다: 그들은 예배를 집전하고(celebrando) 삶을 통해서 모범을 보이고 가르치며, 신입수도사들을 가르치고 찬송하고 형제들에게서 올바르게 고해를 들으며─내 생각에 개혁 전체를 위한 가장 중요한 원칙이다(totius reformationis principium)─원장들과 대중적인 고해신부들(confessores)에게 중요한 조언을 줄 수 있다. 그밖에도 그들은 설교자들에게 평신도들이 구원을 위해서 어떻게 교육되어야 하는지 지침을 줄 수 있고 각 수도원들을 순시하며 규범을 어긴 형제들을 지도할 수 있다.

마지막으로 많은 곳에서 이제는 올바르게 치러지지 않는 거룩한 명상도 개혁하고, 이 지역에서 다른 많은 것들을 개선할 수 있다. 그 다음에 각 수도원에 최소한 두 명의 형제가 더 있다면, 곧 한 명은 원장이고 다른 하나는 세상 사람들의 설교자요 고해신부가 있다면 온 관구는 최고의 질서를 가지게 되며, 곧 개혁되리라고 나는 믿는다. 말한 이 둘이 수도사로 받아들여질 신입들을 확실하게 판단하여 선택하고 그들을 항상, 특히 초기에 경건하고 진지한 묵상(meditationes)으로 인도하고 이렇게 함으로 참된 영적(religiosus) 삶과 기독교 교리로 잘 인도해서 이들 중에서 나중에 합당한 후계자를 얻게 된다면 굳이 외부에서 형제들을 부를 필요가 없다.

이 제안들을 규정에 맞게 실행하기 위한 원칙들을 만드는 것은 총회의 몫이다; 하지만 이 직무도 한 명의 참으로 학식이 있고 경건하며 노련한 사람에게 위임할 수 있다. 원하는 경우에는 내가 6년간 존귀하신 신부 페드로 드 소토에게 배운 바[14] 또는 이태리에서 본 바를 문서로나 구두로 전달하는 것을 기꺼이 하려고 한다. 이를 위해서 5년 또는 6년의 세월이 필요하지 않기를 소망한다; 다른 관구에서 온 신부들은 존경을 받으며 돌아갈 수 있을 것이다.……

하지만 한편 우리 관구의 아들들이 수많은 수도원에 충분할 수 없고 다른 한편으로 다른 관구에서 사람들을 불러와야 한다고 생각한다면 우선 한 수도원을 새롭게 정관을 갖추게 하고(instituatur) 개혁할 가능성은 아직 있다. 여기로부터 그 다음에 우리가 나중에 다른 수도원들에 적당한 인물들을 공급해줄 수 있다.……

우리가 만일 마땅하게 거룩한 열정으로 일에 매달린다면 하늘도 우리를 도우시리라고 나는 확신한다. 나는 모든 일에서 하늘에 소망을 두고 신뢰를 두며 그 때문에 예수 그리스도의 진실한 사랑으로 부탁하며 당신들이 이 제안들을 받아들이기를 간청한다; 당신들을 향한 사랑이 이 제안의 동기이기 때문이다. 그런데 수용하지 않는다면 다른 사람들의 제안들이 더 낫기 때문에만 그렇게 하기를 부탁한다. 이렇게 할 때만이 당신들이 우리 주 예수 그리스도, 곧 하나님 아버지와 성령의 하나됨 가운데에서 사시며 다스리시며 영원히 영광 받으시는 분의 이름으로 이곳에 모인 그 임무를 감당하게 된다. 아멘.

> 원전: Vier Documente aus römischen Archiven. Ein Beitrag zur Geschichte des Protestantismus vor, während und nach der Reformation, Leipzig 1843, 69.71f.83.87-90. ―참고문헌: K.-B. Springer, Die deutschen Dominikaner in Widerstand und Anpassung während der Reformationszeit, Berlin 1999 (Quellen und Forschungen zur Geschichte des Dominikanerorden. N.F. 8).

3. 페트루스 카니시우스, 교리문답: "가톨릭 신앙에 관한 짧은 가르침"(1560)

마르틴 루터는 자기 교리문답으로 자기를 중세 후기 문학적 형식과 연속선상에 세웠지만 가톨릭 측으로부터는 그 어떤 응수를 하기가 힘들 정도로 감명 깊은 문서를 만들어냈다. 가장 영향력을 발휘한 시도는 페트루스 카니시우스의 교리문답인데(본문 1을 보라), 이 교리문답은 대중적 호감에서는 심지어 트리엔트 공의회의 "Catechismus Romanus"를 능가하였다.

기독교 독자들에게 드리는 서언
  죄와 악으로 가득한 이 시대는 특별히 우리 기독교인들이 우리 영혼의 구원과 관련한 일을 주목하면서 열심히 우리 자신과 또 우리 사람들을 돌보도록 하는데, 특별히 이 위험스럽고 싸움이 극심하고 죄에 빠지도록 하는 상황 하에서 그것을 하고 있다. 이는 기독교 신앙과 경건(andacht)이 시간이 갈수록 유감스럽게도 점점 더 위축되고 사랑은 식고 악은 더 창궐하고 그리스도가 예언한대로 홍왕하고 있기 때문이다(마 24:12). 그럼에도 불구하고 인쇄가 된 수많은 책과 소책자들을 보게 되는데, 이 책들은 우리와 우리 사람들이 하나님의 구원 안에서 잘 보호가 되고 모든 근심에서 해방되도록 하는 참된 기독교의 길만을 보여주는 것처럼 보이는 책들이다. 그런데 사실 그렇게 보급된 책들 중 대부분이 그저 진리의 모양과 아름다운 겉모습만 제시되고 있으며, 그 외에는 도처에 잘못되고 오도하며 해가 되는 가르침이 뒤섞여 있다. 이러한 가르침은 일반인들이 쉽게 알아채고 이해하지 못하는 가르침들이다. 그래서 각자가 진지하게 자기가 읽는 바가 무엇인지, 특히 교리문답들과 기도서와 같은 것들에서 읽는 바를 잘 주목하고 자기 영혼의 복을 염두에 두고 권면을 받아야 한다. 성 요한이 "모든 영을 믿지 말라"(요일 4:1)고 말한 것처럼 이렇게 말할 수 있다: 많은 거짓 선지자들과 글 쓰는 자들이 세상으로 나갔으니 모든 책자들과 교리문답을 믿지 말라. 그런데 참되고 정결한 기독교 가르침이 짧게 요약되고 제시된 그런 가톨릭 책자들과 교리문답서들이 있음에도 불구하고 이 책자는 아마도 그런 책자들보다 적지 않은 열매를 가져다 줄 것이다. 왜냐하면 장황하지 않고 간결하고 근본적으로 가장 중요하고 필수적인 것들을 언급하며 소개하고 있기 때문이다. 기독교 독자들이여, 거기에서 우리 참된 기독교적이며 공교회적이고 복을 주는 종교의 기초와 주요 항목들을 발견할 것이기 때문이다. 하지만 우리가 하나님의 자녀요 그리스도 안에서 의롭고 복을 받게 되기를 바란다면 모든 것은 믿음, 소망, 사랑, 성례전과 의에 달려 있다.

일반적인 기독교 달력
(1월)
…… 1월에는 금식의 계명이 없다는 것을 알아. 많은 교구들에서도 성 바울의 회개 전야[15]에는 금식하지 않는 관습이 있다. 각

자가 일 년 내내 그리스도의 날이 금요일이나 토요일에 해당되지 않는 한 매주 금요일과 토요일에는 육식을 삼갈 의무가 있다는 것을 알라. 이것은 선하고 보편적이고 항구적인 기독교 교회의 규정을 따라서 그러한 것인데, 여기에 대해서 그리스도가 말씀하신다: "만일 그들이 교회의 말을 듣지 않거든 이방인과 세리와 같이 여기라"(마 18:17).

(2월)

…… 매 넷째 해는 윤년이라는 것을 기억하고 그러면 이 달은 29일이고 성 마티애의 축제는 다른 해의 2월 24일이 아니라 25일 거행해야 한다. 이 성 마티애의 축일이 비록 금식일에 해당되지 않지만 전야나 전날(die Vigili)에 금식할 의무가 있다. 40일 금식과 관련해서는 각 사람이 비록 2월이나 3월에 시작하고 있지만 재의 수요일부터 부활절까지 매일 금식하고 그저 낮에 한 번 그것도 적당하게 먹고 육식과 계란을 삼가여야 하는데, 이때에 두 번의 금식 음식을 취하여도 된다. 옛 기독교 교사들에게서도 옛 기독교인들도 이미 그 시대에 어떻게 금식하고 부활절까지 엄한 회개의 삶을 준비했다는 것을 충분히 발견하게 된다. 물론 여기에 대해서 천 년 전에 반대로 글을 쓴 이단의 괴수 애리우스[16]는 제외하고 말이다. 또한 첫째 금식 일요일 후 수요일, 금요일, 토요일에 한 해의 첫 콰템버[17]를 지켜야 한다는 것도 주목해야 한다; 콰템버는 일 년에 네 번 있는데, 여기에는 항상 세 번의 금식일이 속한다.

(3월)

…… 이 달에는 단 한 번의 축일, 곧 마리아 수태고지일이 있다[18]; 금식 때문에 특별히 기억할 필요가 없는데, 이는 40일간의 금식일이 항상 3월에 지켜지기 때문이다.

(4월)

…… 성 게오르그[19] 축일은 모든 교구 또는 모든 곳에서 동일한

날에 지켜지지 않는다는 것을 기억하라. 때문에 각 사람은 자기가 속한 교구의 규정을 지키라. 또한 가장 성스러운 부활절은 4월이 되든 또는 5월에 있든 간에 그 다음 이틀의 축일을 두어야 한다는 것도 알아야 한다. 성 마가의 날에는[20] 옛 교회 규정을 따라서 행렬과 연도를 해야 한다; 이에 상응해서 경건한 기독교인들의 오래된 전승을 따라서 육식도 금하곤 한다.

(5월)

…… 십자가 주간[21]이 5월이나 그 앞이나 뒤에 오면 교회 관습을 따라서 그리스도 승천 이전 3일을 기도하며 지내고 육식을 금하여서 일반적인 기도가 더 힘이 있고 더욱 하나님을 기쁘게 해야 한다. 그 외에 부활절과 오순절 사이에는 오순절 전야를 제외하고는 지정된 금식일이 없다. 이어서 오는 거룩한 오순절은 어떤 달에 오든 상관없이 그 다음 이틀을 함께 축하해야 한다. 나아가서 그 오순절 다음 수요일에는 그 주의 금요일과 토요일과 마찬가지로 금식이 있는데, 여기에 콰템버가 있기 때문이다. 또 매년 성체봉송일을 성대하고 귀하게 지켜야 하는데 성 삼위일체 주일[22] 다음 목요일에 해야 한다.

(6월)

…… 성 요한일 전야[23]에 금식해야 하고 성 베드로와 성 바울의 날 전야에도[24] 또 중요한 사도의 축일에도 그렇게 해야 한다는 것을 알라.

(7월)

…… 성모 마리아 축일[25]에는 많은 곳에서 금식이 정해지지 않았다는 것을 알라. 더욱이 7월에는 성 야고보 사도의 날 전야에 한 번 금식일이 있다(>zwölffpotten<).[26]

(8월)

…… 이 달에는 세 번의 금식일이 있는데, 곧 성 로렌츠의 날 전야[27], 마리아 승천일 전야[28], 거룩한 하나님 어머니의 날 전야와

성 바돌로메 사도의 날 전야에 있다.[29]

(9월)

…… 거룩한 십자가 드높임의 날[30]은 모든 곳에서 축하하지 않는다는 것을 주의하라. 성 마태 사도의 날[31] 전야에는 금식할 의무가 있고, 그밖에 9월에는 성 마태의 날 다음에 있는 콰템버의 3일 금식이 있다는 것을 기억하라.

(10월)

…… 이 달에는 사도 시몬과 유다의 날[32] 그리고 만성절[33] 전야에 금식이 있다.

(11월)

…… 만령절[34] 오전에 예배를 드리러 가서 고인이 된 기독교인들 그리고 특별히 우리 친우들과 자비를 베풀어 준 자들의 영혼에 대한 특별한 기념을 교회와 함께 하는 것을 기억하라. 또한 11월은 단 한 번의 금식일이 있는데, 특히 성 안드레[35]의 날 전야에 있다; 성 카타리나의 날[36]은 보편적으로 축하를 하고 있다.

(12월)

…… 첫째로 각 사람이 거룩한 강림의 시기를 세심하게 경건하게 지키고 묵상으로 거룩한 그리스도의 날을 준비해야 한다는 것을 주목하라. 또한 성 루키애의 날[37] 다음에 있는 수요일, 금요일, 토요일에 있는 콰템버를 금식을 하며 지켜야 한다. 더욱이 성 도마의 날[38]과 그리스도 전야에 금식을 하는 의무를 가진다. 셋째로 모든 사람은 이 그리스도 주간에 성 스테반의 날[39]과 성 요한의 날[40]을 기념하여야 한다, 전정으로 많은 교구에서 순결한 어린이의 날[41]도 기념하고 있다.

기독교의 핵심 조항

제1장: 신앙과 신앙의 조항에 관하여

I. 누가 기독교 신앙을 가진 참 가톨릭 교인이고 그렇게 부름을 받아야 하는가?

예수 그리스도 참 하나님이고 참 인간이신 분의 구원의 가르침을 자기 교회와 자기 공동체에서 고백하고 그 어떤 종파, 그 어떤 분열 또는 잘못된 가르침, 곧 보편적 기독교 교회를 대적하는 그런 곳에 속하지 않은 자.

II. 어떤 일에 관해서 가장 첫째 되는 것으로 가르치고 지도하여야 하는가?

믿음, 소망, 사랑에 관해서, 성례전들과 기독교적인 의에 속한 것들에 관하여.

III. 무엇이 믿음인가?

하나님의 선물이며, 인간의 양심의 짐을 덜어주는 수단이며 성경에 있든지 없든지 간에 주 하나님께서 믿으라고 계시한 모든 것을 굳게 믿도록 만드는 빛이다.……

제2장: 소망과 주기도문에 관하여

I. 무엇이 소망인가?

그것은 하나님이 인간에게 부어주시고 그로 인해서 확실한 신뢰를 가지고 우리의 구원과 영생의 재산을 기다리고 소망하는 능력이다.

II. 우리는 어디에서 바르게 소망하고 바르게 간구하는 것을 배우는가?

그리스도 우리 주요 선생님이 그분의 거룩한 입으로 가르치고 주기도문이라고 부르는 것을 기도하라고 명하신 기도로부터……

제3장: 사랑과 십계명에 관하여

I. 무엇이 사랑이고 그렇게 부르는가?

하나님을 그분 자신 때문에 사랑하고 이웃을 하나님 때문에 사랑하는 그 정결하고 완전하고 사랑스러운 감정.

II. 얼마나 많은 사랑의 계명들이 있는가?

주 하나님께서 다음의 말씀으로 보여주고 있는 두 개의 핵심 계명이 있다: "네 마음을 다하고, 목숨을 다하고 뜻을 다하고 힘을 다하여 주 너의 하나님을 사랑하라 하셨으니 이것이 크고 첫째 되는 계명이요. 둘째도 그와 같으니 네 이웃을 네 자신 같이 사랑하라 하셨으니 이 두 계명이 온 율법과 선지자의 강령이니라"(마 22:37-40).……

제4장: 성례전에 관하여

I. 보이지 않는 하나님의 은혜의 외적이고 가시적인 상징이며, 하나님 자신에 의해서 제정되어서 그것을 통해서 사람이 하나님의 은혜와 성화를 받는 것이다; 이를 테면 아이들이 세례에서 물로 씻음을 받는다면 이것은 아이들의 영혼이 내적으로 씻김을 받는 것, 곧 죄에서 정결하게 되고 거룩하게 되는 것에 대한 힘 있는 분명한 상징이다.

II. 얼마나 많은 거룩한 성례전이 있는가?

일곱 개로서, 곧: 세례, 견진, 성만찬, 회개, 종부성사, 서품과 혼배; 이 일곱 성사는 우리 주 그리스도께서 제정하셨고 사랑하는 사도들로부터 우리에게 전달되어 가톨릭교회에서 꾸준히 이행되고 보존해 와서 우리에게까지 왔다.

제5장: 참된 기독교의 의

참된 기독교의 의에는 무엇이 있는가?

아주 짧게 두 개, 곧 다윗이 다음의 말로 정리한 것이다: 믿는 자여, "악을 떠나고 선을 행하라"(시 33:15; 36:27). 첫째 것은 악이나 죄를 깨닫고 피하는 것에 있다; 그런데 둘째 것은 선을 추구하고 애쓰는 데에 있다.

> 원전: S. Petri Canisii Catechismi Latini et Germanici, hg. v. F. Streicher, Rom 1936 (Societatis Iesu selecti scriptores 2,1,2: Catechismi Germanici) —참고문헌: O. Braunsberger, Entstehung und erste Entwicklung der Katechismen des seligen Petrus Canisius aus der Gesellschaft Jesu, Freiburg 1893 (StML.E 57); 1번에 있는 참고문헌들도 참조하라.

4. 독일에서의 반종교개혁 전략 백서(1622년 이전)

신원 미상의 저자에 의해서—아마도 가스파르 스키오피우스(1576○1549)—어떻게 하면 종교개혁을 후퇴시킬 수 있을까 하는 구상으로서 이 백서가 교황청에 전달되었다—이 백서는 독일 안에서의 개신교인들의 광범위한 성과에 대한 간접 증거이기도 하다.

2. 몇몇 도시들에서(독일에 있는) 가톨릭 신앙이 이단들의 엄습을 당했으면서도 여전히 이행되고 있다(exercitium catholicum); 다른 도시들은 아예 더 이상 허용하지 않고 있다. 시민들이 일부는 가톨릭, 일부는 이단인 곳에서는 두 무리가 자기들의 종교를 공개적으로 믿고 있는데, 말하자면 아욱스부르크, 라벤스부르크 또는 비버락흐에서 그러하다. 이 도시들 중에서 몇 개는 재속 성직자들이나 수도회 성직자들에 의해서 잘 보살핌을 받고 있지만 다른 도시들, 곧 카우프보이렌과 콜마르는 그렇지 못하다. 나중에 든 두 도시들을 위해서는 선교사들 또는 너무나 열악한 성직록이 보충되고 합당한 지식이 있는 사람들을 위해서 사용

할 수 있는 정도가 되도록 개선시킬 수 있는 금전적인 수단이 필요하다.

3. 뉘른베르크, 울름, 슈트라스부르크, 프랑크푸르트, 뇌르틀링엔, 멤밍엔 같은 중요한 도시들은 가톨릭 시민을 받아들이지 않으며, 마찬가지로 대부분의 다른 도시들, 곧 린다우, 로이틀링엔이나 바이센부르크와 같은 대부분의 도시들도 대동소이하다. 전체적으로 볼 때 80개 이상의 제국도시들 중에서 겨우 6개 도시만 가톨릭이고 소수의 도시들은 그런 식으로 섞여 있다; 다른 도시들은 거의 모두 이단의 손에 떨어졌다.

4. 그럼에도 불구하고 주민들 모두가 루터교인들이나 칼빈주의자들인 많은 자유 도시들 안에는 여전히 독일 수도회 기사들과 몰타 기사단들의 임대 수입(commendae)과 건물들이 있다; 이 말은 뉘른베르크, 뇌르틀링엔, 프랑크푸르트, 슈트라스부르크나 하일브론에게 해당된다. 다른 도시들, 곧 린다우, 부카우 같은 도시들에는 귀부인들이 세운 기부성당들 또는 프랑크푸르트에서는 참사회원들의 성당들이 있다. 몇몇 곳에는 아직도 수도원들 또는 요양소들과 이들이 소유한 도시의 토지들이 있다. 열거할 만한 곳들은 켐텐―이 수도원의 원장은 심지어 제국의 제후이다―이스니와 에슬링엔이 있다. 여기에서는 여러 교회에서 가톨릭 신앙 행사들이 도처에서 허용되고 있다. 이제 여기서 힘을 기울여야 할 것은 임대료를 받는 사람들, 수녀원장들, 대성당 수석 신부들, 수도원장들은 목회자들과 성직자들을 좋은 본을 주고 신앙(religio)을 확산시키고 방어할 수 있는 정도의 학식 있는 사람들로 임명하는 것이다. 이런 사람들을 둘 수가 없거나 성직록을 지불할 수 없는 경우에 선교사들이나 금전을 통한 부양이 제공되었다. 이 도시들에 있는 수도원장들이 학식이 있고 영이 굳건한 사람들에 의해서 보좌되도록 권면해야 한다.

5. 가장 어려운 것은 기사수도회가 아무런 수입이 없는 곳, 재

속성직자들이나 수도회성직자들에 의한 아무런 기부교회가 없는 곳, 가톨릭 신앙의 마지막 불꽃이 꺼져버려서 공식적으로(aperte) 더는 이 신앙이 허용되지(toleratur) 않는 도시들이나 지역들에서이다. 여기에서 어쩌면 가톨릭 신앙을 가진 이웃 지역들에서부터 이런 곳들에 영향을 주거나 성령이 영국과 네덜란드에 있는 가톨릭 교인들에게 주었던 것과 같은 비밀스러운 다른 전술들을 펴나가면서 도움을 줄 수도 있다. 물론 독일에서의 상황은 더욱 어려운데 여기에서는 가톨릭 교인들에게(개신교 영지들과 도시들에서) 그 어떤 공개적인 종교행사들을 허용하지 않을 뿐 아니라 사적으로(privat)도 들키는 것을 허락하지 않기 때문이다. 그 결과는 이단들의 지역들에는 더 이상 가톨릭 교인들이 없고 반면에 이단들의 수효는 영국과 네덜란드에서 점점 더 아주 많아졌다는 사실이다.

가장 중요한 비가톨릭 대학들은 뷔르템베르크의 튀빙엔, 마이센의 라이프치히, 작센의 예나와 비텐베르크, 헤센의 마르부르크, 뤼네부르크 공국의 헬름슈테트, 폼메른의 로스톡, 선제후령 브란덴부르크의 프랑크푸르트 오더, 엘자스의 슈트라스부르크, 프랑켄의 알도르프, 운터팔츠의 하이델베르크, 스위스 국경에 있는 바젤이며 그 외에도 있다; 이들 중에서 마지막 언급한 대학들은 칼빈주의 대학이다.

이 대학들로 (선교사) 한 두 명을 보낼 수 있는데, 이들이 거기서 겉으로는 법학이나 의학을 공부해야 한다. 이는 이 두 학과에서 루터교인들이 아주 특출 나서 이 대학들로 때로는 가톨릭 교인들이 찾는 때도 있기 때문이다. 그 다음에 선교사들이 학생들과 다른 사람들과 친분을 쌓게 되면 가톨릭 신앙에 대한 잘못된 선입관(sinistra iudicia)을 허물고 이 신앙에 대한 사랑을 최소한 몇 사람에게라도 일으키고 가톨릭 문서들을 확산시킬 수 있다. 물론 이 역할을 위해서는 28-30살 그 이상의 나이가 아닌 젊은이들이 적합할 것이다; 그 이상의 나이의 사람들이 공부하기 위해서 시간을 낸다는 것은 믿기가 아주 어렵기 때문이다. 또 여러 해 동안 강의도 듣지 않고 개별적으로 해당 대학에 머물면서 유명한 법학자들이나 의학자들의 지도 하에서 법학이나 의학을 더 공부하기 위해서 있는 것도 또 다른 가능성이 될 수도 있다.

영혼을 얻는 데에는 곁으로 그 선교사들이 이태리어, 프랑스어, 스페인어 같은 외국어로 강의를 한다면 더 큰 기회를 제공할 수 있다. 비가톨릭 청소년들에게도 이 언어들과 그 선생님들이 아무리 가톨릭 교인들일지라도 크게 힘을 발휘할 수 있다.

7. 이단적인 많은 도시들 가까이에 독일수도기사단과 몰타 기사단들 및 가톨릭 백작들과 남작들과 다른 귀족들이 있다. 이들은 부분적으로는 심지어 이단들과 그들의 지역에서 함께 살고 있다; 하지만 그들이 이단들의 신하가 아니라 제국에 직접적으로 연결되어 있는 것이다. 여기에는 촐레른, 외팅엔, 퓌르스텐베르크, 레히트베르크 등의 백작들 및 프라이베르크, 크뇌리겐, 일레르베르크, 아델만스펠덴 등의 남작들과 귀족들이 있다. 이들은 루터교 귀족들과 칼빈주의 귀족들의 이웃들인데, 특히 뷔르템베르크 공국 안의 모습이 그러하다. 이곳 안에서 어떤 사람들은 이들 귀족들로 인해서 먹고 살고 있다. 이런 식으로 알프스 지역들 안에서도 많은 가톨릭 귀족들이 이단들과 함께 살고 있는데, 예를 들면 추르 교구에서 그러하다.

이런 곳들 모두가 합당한 선교사들이나 학식 있는 목회자들로 인해서 도움을 받을 수 있는데, 이들은 이웃된 이단들과 확신있게 말할 수 있는 사람들을 말한다. 그렇다. 그들은 가톨릭 교인들도 신앙적으로 도와주어서 계속되는 이단들과의 교제 안에서도 흔들리지 않게 하여야 한다; 왜냐하면 그렇지 않으면 가톨릭 교인들이 이단들의 망상(fabulae)을 철저하게 살펴서 반박할 수 있는 사람이 없기 때문이다. 가톨릭의 의식들(ritus)을 하찮게 여기는 많은 상류층들이 있을 만큼의 지경이 되었다; 이들은 로사리오 묵주를 더는 사용하지 않고, "하나님의 어린 양" 송가⁴²⁾도, 성수 등도 사용하지 않는다; 교회 사법권도 인정하지 않고 자기들 말을 따라 판단할 때 완전한 타락에서 더 이상 멀리하지 않는다. 이로 말미암아 신앙이 측량할 수 없는 해를 입게 된다; 왜냐하면 이들은 각각 개별적으로 잃게 되는 것이 아니라 그들의 수많은 신하들도 떨어져나가게 되기 때문이다.

가톨릭 신앙에 접근 가능성이 없는 지역이나 궁정들에서 사용 가능한 다른 전술들로는 영국과 네덜란드에서의 경험들이 고무적일 수 있다. 여기에서 많은 하나님의 종들, 곧 세속인들과 수도회 사람들이 심지어 생명의 위협을 받으면서도 하나님의 일과 영혼 구원을 위해서 싸우고 있다. 독일에서도 자기 형제들을 위해서 생명을 바치는(요일 3:16) 사람들이 있을 것이다. 어쩌면 그러면 조국도 그들의 피로 물들어서 풍성한 열매를 가져올 것이다. 물론 개신교인들(protestantes)이 지난 세기 이단이 발발할 때 보여주었던 그 극렬함을 많이 잃게 되어서 참 신앙(veritas orthodoxa)을 위한 전사들이 피로 얼룩진 박해를 감당하려고 하지 않게 되었다.

또 수학자들, 의사들, 역사가들이 제후들에게 특별히 쉽게 접근한다는 사실을 덧붙일 수 있다; 이들은 영혼을 붙잡기에(ad animos inescandos) 특별히 어울린다. 그러므로 이 목적을 위해서 수도회와 세속성직에 속한 자들을 더 많이 언급한 이 학문들의 훈련을 받도록 하는 것을 기대하고 그를 위해 노력해야 한다. 시간이 가면서 이 사람들과 다른 사람들이 풍성한 열매를 맺을 수 있다―이때 그들은 자기들의 가톨릭 신앙을 이단들의 궁정에서 필요한 경우에는 비밀로 해도 된다. 그들의 역할은 성 세바스찬⁴³⁾의 역할과 과거 수 년 동안 이방 황제들의 궁정에서 다양한 직책을 수행하면서 비밀리에 기독교 신앙을 위해서 힘썼던 다른 사람들의 역할과 비교할 수 있을 정도가 될 것이다.

하지만 이 선교 사역에 동역하는 자는—재속 또는 수도회 사람들에 속한 듯이—흔들리지 않는 덕을 지녀야 한다.

필요한 숫자의 그런 사람들을 독일 대학에 새로운 강좌를 열거나 이미 기존의 것을 넓히면 얻을 수 있을 것이다. 여기에는 딜링엔의 대학이 사례로 적합할 듯하다. 이 대학은 슈바벤의 유일한 가톨릭 대학으로서 이미 전체 슈바벤, 뷔르템베르크와 이웃한 지역들에서 측량할 수 없는 열매들을 맺었다.……

이러한 것과 또 다른 것을 실행시킬 수 있으려면 한편으로는 사도 보좌의 관대함이 필요하고 다른 한편으로는 독일에 있는 신앙심이 있는 가톨릭 교인들의 기부(collectae)가 있어야 한다. 왜냐하면 돈 없이는 여기서 이룰 수 있는 것이 없기 때문이다. 이 점은 구주께서 친히 자기 자신의 모범으로 분명하게 하셨기 때문인데, 그분은 전대를 가지고 가는 것(요 13:29 참조)과 돈으로 도움 받는 것을 책망하지 않으셨다; 사도들은 모태 공동체를 위해서 모금을 청할 때 그분의 본을 따랐다. 사도 보좌가 도움이 많이 되는 자기 손을 움츠리지 않는다면 독일인들이 이를 위해서 좀 더 손쉽게 움직이리라는 것은 확실하다.

원전: I. v. Döllinger, Geschichte der Moralstreitigkeiten in der römischen-katholischen Kirche. Bd. 2, Nördlingen 1889, 390-393. ─ 참고문헌: J. Jedin, Katholische Reform und Gegenreformation? Ein Versuch zur Klärung der Begriffe nebst einer Jubiläumsbetrachtung über das Trienter Konzil, Luzern 1946; E.W. Zeeden (Hg.), Gegenreformation, Darmstadt 1973 (WdF 311); W. Reinhard/ H. Schilling (Hg.), Die katholische Konfessionalisierung, Gütersloh 1995 (SVRG 198).

1) 암브로시우스, De fide 1, 13,84 (PL 16,548BC).
2) 이 번역은 이그나티우스 자신의 본래 스페인 판을 따르고 있다.
3) DH 1510-1516을 참조하라.
4) 오순절 다음 13번째 주일 기도.
5) 아우구스티누스, De Natura et gratia c. 43, 50 (CSEL 60, 270,20-22).
6) 아우구스티누스, 앞의 책 26, 29 (CSEL 60,28-61,4).
7) 테르툴리아누스, De paenitentia 4, 2와 12, 9(CChr.SL 1,326,10; 340,35f.).
8) 가브리엘 팔레오티(1522-1597)는 세 번째 회기(1562/3)의 교황 사절들의 자문관이었다.
9) 열띤 논쟁 후에(4월 7-17일) 주교들의 자기 교구 거주의무는 교회법적일 뿐 아니라 하나님의 법인가에 관한 질문에 대한 표결은 찬성 66표 반대 35표였고, 자기들의 결정은 교황의 앞선 심문에 종속시키기 원하는 첨언을 가진 표가 36표로 결의되었다.
10) 제4차 라테란 공의회, 1215년; 『중세교회』 Nr. 40번을 참조하라.
11) 1274.
12) 1311/2.
13) 칼 5세의 동생 페르디난드는 1531년부터 로마의 왕이었다. 그는 자기 형이 1556년 퇴임하고 나서 형의 후계자인 황제가 되었다.
14) 도미니크파 수도사 페드로 드 산토(1563년 트리엔트에서 사망)는 황제의 고해신부였고 공의회 신학자였는데, 1549-1555년에 가톨릭 교육 장소(1551년부터 대학) 도나우 강 유역 딜링엔에서 신학을 가르쳤다. 아마도 클라인딘스트가 여기서 그에게서 배웠다.
15) 1월 25일.
16) 애리우스(375년 이후 사망)는 금욕자 무리에서 떨어져 나와서 금식 의무를 버렸다.
17) 일사분기의 금식과 성결시기들.
18) 3월 25일.
19) 성 게오르그는 예를 들면 잘츠부르크, 아욱스부르크, 프라하에서 4월 23일, 상부 이태리와 헝가리에서는 반대로 4월 24일, 추르에서는 4월 25일 기념하고 있었다.
20) 4월 25일.
21) 부활절 다음 다섯 번째 주일부터 그 다음 주 수요일, 곧 그리스도 승천 전날까지의 기도일들.
22) 삼위일체: 오순절 다음 일요일.
23) 6월 24일.
24) 6월 29일.
25) 7월 2일: 마리아가 엘리자베스를 방문한 축제(눅 1:39-45.).
26) 7월 25일.

27) 8월 10일.
28) 8월 15일.
29) 8월 24일.
30) 9월 14일.
31) 9월 21일.
32) 10월 28일.
33) 11월 1일.
34) 11월 2일.
35) 11월 30일.
36) 11월 25일.
37) 12월 13일.
38) 12월 21일.
39) 12월 26일.
40) 12월 27일.
41) 12월 28일.
42) 하나님의 양의 초상화를 수호 상징으로 들어 올리는 것을 말하는 것이 분명하다.
43) 세바스찬은 5세기 전설에 따르면 기독교인으로서 기독교인 박해자 디오클레티아누스의 친위대장이었고 이 지위를 자신이 순교를 당할 때까지 남녀 기독교인들을 위해서 이용하였다.

61. 영국 교회

　로마에게서 독립된 영국교회의 탄생은 대륙에서와는 완전히 다른 배경을 가지고 있다. 헨리 8세(1509-1547), 곧 과거 세대의 장미전쟁 이후에 분명한 통치권 계승이 귀할 수밖에 없는 그는 자기에게 남자 왕위계승자를 낳아줄 아내를 구하는 데에 교회법적인 구속이 방해가 된다는 것을 알았다: 교황은 아라곤의 카타리나와의 그의 결혼 무효를 허락하지 않았다. 이미 전에 헨리는 이 여인을 위해서 교황의 의무 이행 면제를 얻은 바가 있다. 1521년 루터의 "교회의 바벨론 포로"를 반대하는 "Defensio septem sacramentorum"이라는 글 때문에 신앙의 수호자라는 명예로운 칭호를 획득했던 헨리는 이 이혼 허락 사태에서 영국의 국가 이성에 외세가 불충하게 침범하는 것을 보았다. 이 문제로 인한 가장 중요한 종교 개혁적 행위가 된 것은—수도원들의 세속화와 함께—영국 왕을 영국교회의 머리로 선언하는 것(수장령; 본문 a)이었다. 헨리의 후계자 에드워드 6세(1547-1553) 때 가서야 더 분명한 종교 개혁적 입장이 신학과 신앙고백에서도 볼 수 있게 되었는데, 특별히 "공동기도서" (1549년, 1552년 개정)와 42개 조항에서 볼 수 있다. 이 42개 조항은 켄터베리의 대주교 토마스 크랜머(1489-1556)가 제안하고 1563년 39개 조항으로 변경되었다(본문 b). 여왕 마리아 튜더(1553-1558) 치하에서의 가톨릭화 시도가 있었는데, 이 과정에서 수많은 사람들과 함께 크랜머도 처형되었다. 이 시도 후에 엘리자베스 1세(1558-1603) 통치 때에 영국 국교회는 다시금 복원되었다. 물론 다양한 구상들이 서로 경합을 하는 모습이 점점 더 뚜렷하게 나타났다: 실상은 대중을 겨냥한 소책자인 1571년의 소위 말하는 의회에 대한 경고(본문 c)로 영국 교회의 과격—개신교적이고 청교도적 진영은 엄격하게 하나님 말씀을 지향하면서 종교 개혁을 이루려고 하였다. 반면에 리차드 훅커(약 1554-1600)는 한편으로는 초기에 드러나는 청교도적으로 교회를 세우려는 경향과 단절하고 다른 한편으로는 로마-가톨릭교회와 단절해서 영국교회적인 Via media를 확립하였다. 이것은 영국의 교회의 자기 이해를 지속적으로 각인시켰다; 이를 위한 결정적인 것은 다섯 권으로 나누어진 그의 주저 "Of the Laws of Ecclesiastical Policy"이다(1594, 1597, 6권부터는 1648년 이후에 가서야 출간되었다; 본문 d).

a) 영국 왕의 수장령(1534. 11. 3)

국왕 폐하는 법률과 헌법에 따라 영국 교회(Church of England)의 머리(supreme heed)이고 또 그래야 마땅하고 또 국가의 성직자들이 교회 총회(convocacions)에서 그렇다고 인정을 하였다. 그럼에도 불구하고 이것을 인증하고 발효하기 위해서,

영국에서의 기독교 신앙을 강화하고, 모든 오류들, 잘못된 교리들 그리고 지금까지 여기서 횡행하였던 다른 혐오스러운 것들과 폐단들을 제거하고 박멸하기 위해서 이 의회의 권세에 힘입어서 다음의 내용이 제정되었다. 우리 최고의 군주요 왕, 그분의 후계자들과 계승자들, 이 국가의 왕들은 영국 교회, 이름하여 성공회(Anglicana Ecclesia)의 유일한 머리로 받들고 그렇게 여기고 간주한다. 국가의 왕관과 함께 그분들은 그 칭호, 나아가서 모든 존경과 품위와 우선권과 특권과 전권과 자유와 이권들, 곧 언급한 이 교회의 머리의 위엄에 속하는 것들을 소유하고 누리게 된다.…… 언급한 우리의 최고 군주와 그의 상속자들과 후계자들과 이 국가의 왕들은 때때로 그러한 모든 오류들, 잘못된 교리들, 악행들, 경시하는 행위들, 혐오스러운 일들과 유사한 일들을 조사하고 제한하고 제거하고 개선하고 폐하고 바로 잡고 억압하거나 변경시킬 권한을 가진다. 말하자면 이것들이 영적인 권세나 판결에 의해서 개선되고 제한되고 질서를 가지고 폐지되고 바로잡히고 압박을 받거나 개선될 수 있거나 아니면 그러해야 하는 경우에 그렇게 할 것이다. 이는 전능하신 하나님을 기쁘게 하고 기독교 신앙을 강화하고 이 국가 안에서 평강과 일치와 안녕을 유지하기 위한 것으로, 그에 반대되는 모든 관습들과 모든 외국의 법과 권위를 고려하지 않는다(foreyne lawes, foreyne auctoryte).

> 원전: An Acte concernynge the Kynges Highnes to be supreme heed of the Churche of Englande and to have auctryte to refourme and redresse all errours, heresyes and abuses yn the same, in: The Statutes of the Realm III, London 1817, 492. 번역: H.J. Hillerbrand, Brennpunkte der Reformation, Göttingen 1967, 308; 본문 d에서도 보라.

b) 영국 교회의 신앙고백. 39개 조항(1563)

8. 세 개의 신앙고백

세 개의 신앙고백, 곧 니케아 신앙고백, 아타나시우스 신앙고백, 일반적으로 사도신경이라고 하는 신앙고백은 모든 면에서 수용되고 믿어져야 한다; 말하자면 이 고백들은 성경의 가장 확실한 증거들로 증명될 수 있다.……

10. 자유의지

아담의 타락 후에 인간의 상태는 자기의 자연적 능력과 선행으로는 믿음과 또 하나님의 부르심으로 돌아서고 그렇게 준비할 수가 없는 상태이다. 때문에 우리는 그리스도로 말미암아 하나님의 은혜가 먼저 우리로 하여금(gratia Dei, quae per Christum est, nos praeveniente) 하나님을 기쁘시게 하는 경건한 행위를 성취하기를 원하고 그렇게 원할 때 우리를 도우시도록 하지 않으면 아무 것도 할 수 없다.

11. 인간의 칭의

오직 우리 주 구세주 예수 그리스도의 공로 때문에 우리는 믿음으로 말미암아 하나님 앞에서 의롭다고 여겨지지, 우리 행위와 공로 때문이 아니다(per fidem, non propter opera et merita nostra, iusti coram Deo reputamur). 그 때문에 우리는 오직 믿음으로 의롭게 된다는 가르침은 설교에서[1] 인간의 칭의에 관해서 정리가 된 것처럼 가장 유익하고 위로가 되는 가르침이다.

12. 선행

신앙의 열매이며 의롭다고 여김을 받은 자들에게서 나오는 선행은 비록 우리 죄를 소멸시키지 못하고 하나님의 엄위한 심판을 감당해 낼 수 없지만 하나님을 기쁘시게 하고 그리스도 안에서 만족을 주며 참되고 살아 있는 믿음으로부터 필연적으로 흘러 나와서 나무를 그 열매로 판단할 수 있는 것과 똑같이 그 선행으로부

터 살아 있는 신앙이 인정받게 된다.······

19. 교회

그리스도의 가시적 교회는 성도들의 공동체로서(coetus fidelium), 이곳에서 하나님의 말씀이 정결하게 선포되고 성례전이······ 그리스도의 제정에 따라서 바르게 집전된다. 예루살렘 교회와 알렉산드리아와 안디옥 교회가 잘못을 범하였던 것처럼 로마 교회도 잘못을 범하였는데 교회의 제의들 취급과 실행에서 뿐 아니라 믿어야만 하는 일들에서도 잘못을 범하였다.

20. 교회의 권위

······ 교회에게는 하나님 말씀에 상반되는 것을 명령하는 것이 허락되지 않았고, 그래서 성경의 그 어떤 구절도 다른 구절과 상반된다는 식으로 해석할 수 없다. 교회는 하나님의 책들을 증언하는 자요 관리하는 자일 수 있지만 그에 반해서 결정하고 그 책들을 제외하고는 그 어떤 것도 마치 축복에 필수적인 것처럼 믿으라고 강요해서는 안 된다.······

22. 연옥

연옥, 면죄부, 성상들과 유물들의 존경과 숭배 그리고 성인들에게 간청하는 것에 대한 로마의 가르침은 아무 것도 아니고 공허한 상상이며 성경의 그 어떤 증언에 근거를 두고 있지 않고 참으로 하나님 말씀과 상충된다.

25. 성례전

그리스도께서 제정한 성례전들은 기독교인들의 상징(notae)일 뿐 아니라 우리를 향한 하나님의 은혜와 자비하신 뜻의 확실한 증거요 실효성 있는 상징(signa)으로서 하나님께서 이것을 통하여 우리 안에서 그분이 보이지 않게 일하시고 그분에 대한 우리 믿음을 일깨우실 뿐 아니라 확고하게 하신다. 두 개의 성례전이 그리스도 우리 주님에 의해서 복음서 안에서 제정되었는데, 곧 세례와 성만찬이다. 일반적으로 소위 말하는 5개의 "성례전", 곧 견진, 고해, 서품, 혼배, 종유는 복음적인 성례전으로 간주되면 안 된다. 이것들은 한편으로는 왜곡된 사도들 모방에서 나왔고 한편으로는 삶의 신분들일 뿐(결혼 상태 및 사제 신분)으로, 말하자면 성경 안에 있지만 성례전의 특성들을 세례와 주의 만찬과 함께 가지고 있지 않다. 곧 고해가 하나님에 의해서 제정된 가시적인 상징이나 예식이 없는 것처럼 말이다. 성례전은 그것을 바라보거나 듣고 다니라고 그리스도가 제정하신 것이 아니라 우리가 바르게 다루도록 하기 위해서 하셨다; 합당하게 받는 자들에게는 구원의 효과를 갖지만, 합당하지 않게 받는 자들은 스스로 저주를 쌓는 것이다(바울이 고린도전서 11장 27-29절에서 말한 바이다.).

28. 주의 만찬

주의 만찬은 기독교인들 안에서 상호간에 갖는 단순한 교제의 상징이 아니라 오히려 그리스도의 죽음으로 인한 우리 구원의 성례전이다. 그래서 바르고 합당하고 믿음으로 받는 자들에게는 우리가 떼는 빵은 그리스도의 몸에 참여함이다; 마찬가지로 축성이 된 잔은 그리스도의 피에 참여함이다(고전 10:16). 성만찬에서의 빵과 포도주가 변화됨(transsubstantiatio)은 성경에서 증명될 수 없고 분명한 성경 말씀과 상충되며, 성례전의 본질을 왜곡시키며 많은 미신적 신앙에게 동기를 부여하였다. 그리스도의 몸이 성만찬에서 주어지고 받고 먹게 되지만 천상의 방식과 영적인 방식으로(coelestis et spiritualis ratio) 그런 것이다. 성만찬에서 그리스도의 몸을 받고 먹게 되는 수단은 믿음이다. 성만찬 성례전은 그리스도의 명령에 따라서 보존되고 봉송을 하고 높이 들어올리거나 숭배하면 안 된다.……

30. 이종 배찬

주님의 잔은 평신도들에게 거부하면 안 되는데, 이는 주님 성례전의 두 부분은 그리스도의 명령과 지시를 따라서 모든 기독교인들에게 동등하게 나누어져야 하기 때문이다.……

32. 사제의 혼인

주교들과 사제들과 집사들에게 독신을 서약하거나 혼인을 멀리 하도록 하는 명령은 하나님의 명령으로 말미암아 내려진 것이 아니다. 따라서 그들에게도—다른 모든 기독교인들에게처럼—자기들 판단에 따라서 더 경건에 도움이 되는 곳에서 자기들이 원하는 대로 결혼하는 것이 허용되어야 한다.……

34. 교회의 전통

일반적으로 어디에서나 같은 전통들과 의식들 또는 그와 아주 유사한 것들이 일어날 필요는 없다. 말하자면 이런 것들이 항상 다양하게 있어 왔던 것처럼 지역과 시대와 풍습의 다양함을 따라서 하나님 말씀에 충돌되는 것만 명령하는 것이 아니라면 변경될 수 있다. 하나님 말씀과 충돌하지 않고 공적 권위에 의해서 명령이 되고 인증이 된 교회의 전통들과 의식들을 임의대로 실제로 또 의식적으로 드러내놓고 손상을 입힌 자는—공적인 교회 규정을 함부로 대하고 당국의 권위에 해를 끼치고 유약한 형제들의 마음에 상처를 입힌 자와 같이—공개적으로 처벌을 받아서 다른 사람들에게 경각심을 주도록 하여야 한다. 개별 교회들이나 국가 교회(ecclesia particularis sive nationalis)는 그저 인간의 권위로 명령이 내려진 제의들이나 교회 관습들이 신앙의 함양을 위해서라면 수정하고 변경하고 폐지할 전권을 갖는다.

원전: Die Bekenntnisschriften der reformierten Kirche. In authentischen Texten mit geschichtlicher Einleitung und Register hg. v. E.F.K. Müller, Leipzig 1903 (= Waltrop 1999), 508, 10-15; 508,31-510,5; 512,28-513,10.21-28; 514,9-515,4; 515,41-516,24.39-45; 517,10-20; 517,27-518,6. 번역: Die Bekenntnisschriften der evangelisch-reformierten Kirche, hg. v. E.G.A. Böckel, Leipzig 1847, 666-678. —참고문헌: 본문 d에 있는 것들을 보라.

c) 의회에 보내는 첫 번째 경고(1571)

영국에 있는 우리는 하나님 말씀에 따라 참되게 개혁된 교회(a church rightly reformed according to the prescript of Goes worde)를 얻는 것에 너무나 멀리 떨어져 있어서 단 한 번도 그런 교회의 외양을 가져보지 못했다. 그 증거로 우리는 모두가 동의하는 어떤 것들을 언급하겠다. 참된 기독교 교회의 외적인 표지(markes)는 이러하다: 정결한 말씀의 선포, 성례전을 바르게 제공, 관습을 훈계하고 철저한 개선으로 이루어진 교회규정(ecclesiastical discipline). 첫째 것, 곧 말씀 선포와 관련해서는 제공이 된 많은 교리들이 바르고 선하다는 것을 우리는 인정한다. 하지만 그런 일을 행하는 자들이 하나님의 말씀을 따라 검증하고 선별하고 요청되거나 규정이 되지 않고 그들의 행위가 법과 필연성을 따라 하듯이 그렇게 정확하게 판단되지 않는 데에서는 실패하였다. 과거 교회에서는 가르치는 능력을 그들의 하나님을 경외하는 실생활과 똑같이 엄하게 검증하였다.

오늘날 어떤 사람의—귀족이든 아니든—선한 말은 이미 충분해서 가장 사악한 사람들이 목사로 임명되게 되어서 복음을 손상시키고 원수들을 기쁘게 하는 자들이 되어 있다. 과거에는 미신적인 희생제의를 행하는 자들이나 이교의 사제들은 복음의 설교자들로 임명되지 않았다; 하지만 우리는 교황주의적인 미사 사제들, "시절과 무관한" 사람들, 곧 국왕 헨리의 사제들, 국왕 에드워드의 사제들, 여왕 마리아의 사제들을 허용하고 있는데, 이들 모두는 하나님 말씀을 정확히 따라서 처리한다면 곧바로 제거되어야 할 자들이다. 당시에는 그 사람들이 다른 사람들을 가르쳤다; 오늘날은 그들 자신이 교육받아야 하고 어린 아이와 같이 교리문답을 배워야 한다. 당시에는 선출이 온 교회의 동의를 따라 이루어졌다; 오늘날은 각자가 좋은 성직록을 찾아서 일종의 교회후원자 권리를 사고 있다—그리고는 정당하게 선출되었다고 여긴다. 당시에는 공동체(congregation)가 목회자를 청빙할 권리를 가졌었다; 그 대신 오늘은 불의한 탄원과 구매를 하려고 도처를 휘돌아다니면서 다른 사람들을 방해하고 있다. 당시에는 백성의 동의로 인정받지 않은 목회자를 둔 공동체가 하나도 없었다; 오늘날은 자기 권위를 그저 주교의 손에서 얻는데, 이 주교는 자신의 무소불위의 권세로 그 삶의 방식이나 지식의 부족함 때문에 공동체가 종종 합법적으로 동의하지 않은 자를 밀어 넣는다.…… 당시에는 사제마다 자기 양떼가 있었고, 양떼는 자기들의 목자를(심지어 한 명 이상) 두었다; 오늘날은 그들은 여기저기를 다니며—하나님 교회 안에 있는 끔찍한 무질서—성직록에 성직록을 쌓고 있다; 그들은 양심을 비참하게 만들고, 자기들은 항상 유일한 목자일 뿐이라지만 (목자들이지 늑대가 아닌 자들을 하나님께서 허락해주시옵소서) 그들은 많은 양떼를 붙들고 있다. 당시에는 성직자들이 설교자들이었다; 오늘날은 거의 읽을 줄도 모른다. 혹시 설교할 준비가 되어 있는 경우에는 주교의 허락 없이는 불가능하다. 당시에는 사람들이 그들의 말, 그들의 지식과 가르침으로 알아차렸다; 오늘날은 그저 그들의 교황주의적이며 적그리스도적인 의상으로 알아본다.

> 원전: Puritan Manifestoes, hg. v. W.H. Frere u. C.E. Douglas, London 1907(= 같은 곳 1954), 9-11. —참고문헌: W. Haller, The Reise of Puritanism, Philadelphia 1972; P. Collinson, The Elizabethan Puritan Movement, Oxford 1990; J. Spurr, English Puritanism, Basingstoke u.a. 1998; 그 외에도 본문 d에도 있다.

d) 리차드 후커, 교회통치령에 관하여(1594/97)

제2권, 8, 7 [성경]

때문에 싱경의 충분함에 관해서 두 개의 생각이 있다; 아주 서로 상반되며 이 둘은 진리와 일치하지 않는다.

로마의 학교들은 성경이 너무나 불충분해서(unsufficient) 전통을 덧붙이고 있을 뿐 아니라 성경은 계시된 진리, 초자연적인 진리를 담고 있지 않다고 가르치고 있다. 이 진리는 인간 자녀들이 다음 생에서 구원을 받을 수 있기 위해서 이생에서 무조건 깨달아야 하는 것이다.

이 생각을 곧바로 정죄하면서 다른 사람들은 똑같이 위험스러운 극단에 빠져버렸다; (그들이 말한다), 곧 성경은 이 의미에서 (곧 인간의 구원에) 꼭 필요한 것을 담고 있을 뿐 아니라 모든 것을 담고 있어서, 말하자면 다른 법을 따라서 행하는 것은 모두 불필요할 뿐 아니라 구원에 유해하고 심지어 불법적이고 죄악된 것이라고 말한다.

하나님에 관해서 언급되거나 하나님께 속한 것들에 관해서 언표되며, 그런데 진리에 부합되지 않는 것은 무엇이나 겉으로는 존경으로 보이지만 모독이다. 인간에게 주어지고 믿을 수 없는 칭찬은 종종 벌어들인 칭찬의 신뢰를 축소시키고 약화시키는 것처럼 우리는 성경이 담고 있지 않은 것을 성경에 첨부시킴으로 성경의 실제 내용을 믿을 수 없게 하며 더 집중하지 않게 하지 않도록 조심하여야 한다.

이로써 나는 이 문제에서 그들이 지나치게 과했는지 그렇지 않은지 스스로 판단하도록 하겠다.……

제5권, 56,7.11 [그리스도에게 참여함]

그런데 우리는 하나님 안에서 우리가 실제로 받아들여진 (actual adoption) 때부터 그분의 참된 교회의 몸, 곧 그분 자녀들의 공동체에 속해 있다. 그분은 자기 교회를 알고 사랑하셔서 그 안에 있는 자들이 그래서 그 분 안에서(사는 자들로) 알게 되도록 한다.…… 우리는 사실 죄와 죽음의 몸에 참여하는데, 이 몸은 아담으로부터 우리에게 전달된 몸으로써 거기에 참여하기 때문에 우리가 정말로 그리스도에게 참여하며 실제로 그분의 영으로 채워져 있다는 것을 제외하고는 우리가 영생에 대해서 말한 것은 모두 그저 꿈일 뿐이다..

우리는 그분이 하시고 당하신 것이 우리의 의(righteousness)로 여겨지는 한에서는 한편으로는 그 간주해주심(imputation)을 통해서 그리스도에게 참여하며(사 53:5; 엡 1:7) 한편으로는 우리가 땅에 있는 동안에는 은혜가 내적으로 주어지는 한 계속되며(habitual) 실제적인(real) 부어주심으로 말미암아 참여한다. 그래서 언젠가 우리 혼이 우리 몸과 똑같이 영광 중에서 그분의 몸같이 완전히 동등하게 되는 것이다. 이때 그분에 의해서 이생에서 우리 마음에 부어주시는 것인 그 첫 번째 것이 성령이다(롬 8:9; 갈 4:6).……

제5권, 57, 4 [성례전]

성례전은 자체 안에 능력과 효과(they contain in themselves no vital force or efficacy)가 없고, 그것은 물리적인 도구가 아니라 만일 우리가 은혜의 창시자가 원하시는 바와 같이 성례전을 사용하지 않는다면 그것은 아무런 유익이 없는 구원의 도덕적 도구이다. 왜냐하면 그분의 은혜의 성례전을 받는 자 모두가 하나님의 은혜를 받지 않기 때문이다.…… 성례전을 통해서 또는 그와 함께 은혜를 받는 자는 그 은혜를 그분으로부터 받는 것이지 성례전으로부터 받는 것이 아니다.……

제5권, 67, 2-6.12[성만찬]

이제 의심이 되는(doubtful) 것은 다른 것이 아니라 성례전이 나누어지면 그리스도가 유일하게 홀로 인간 내부에 계시는지

(whole within man only) 아니면 그분의 몸과 그분의 피는 인간 밖 축성이 된 물질들 안에 있는가 하는 것이다; 이 생각을 가진 자들은 그리스도를 물질들과 결합시키고(consubstantiate) 그분을 그것들과 일체로 만들거나(incorporate) 아니면 이 물질들의 본질을 변화시켜(transsubstantiate) 그분의 것으로 만들든가 해야 한다.…… 내가 바라는 바는 사람들이 우리가 성례전으로 말미암아 받는 것을 경건한 마음으로 숙고하는 데에 헌신하는 것이며, 일어나는 일의 방식에 관해서는 싸움을 자제하는 것이다.…… 호기심에 가득차고 복잡한 사변들은 거룩하고 또 특별하게 현존하는 은혜들을 일으키는 황홀함과 기쁨의 불꽃을 방해하고 꺼버리고 질식시킨다.…… 이 천상의 양식은 우리의 빈 영혼들을 만족하게 하려고 주어진 것이지 우리의 호기심에 찬 그리고 교활한 이성을 사용하기 위해서가 아니다.……

주님의 사도가 그분의 해석자이기를 바라며, 우리는 그분의 해석에 만족한다: 나의 몸은 "내 몸에 참여함", 나의 피, "내 피에 참여함"(고전 10:16)…… 언제 어디서 빵이 그분의 몸이고, 잔이 그분의 피가 되는지를 그리스도의 말씀에서 어떻게 끄집어내어야 할지 나는 모른다. 그저 오직 그것들(물질들)을 받는 바로 그의 마음과 영혼 안에서 일어난다는 것만 안다.……

이 물질들 자체 안에 있는 것과는 관계가 없다: 그 물질들을 받는 나를 위해서 그것들이 그리스도의 몸과 피라는 것, 이 증언에 있는 그분의 약속이 그렇게 되는 데에 충분하다는 것, 어떤 방식으로 그분이 자기 말을 이행하게 되는지를 그분이 아신다는 것으로 충분하다. "오 나의 하나님, 하나님은 신실하십니다; 오 나의 영혼아 받은 은혜가 족하도다!"라는 것 말고 다른 그 어떤 생각이 믿음을 가진 성찬 참여자의 심령을 만족시키겠는가.

원전: The Works of······ Richard Hooker, hg. v. J. Keble, Oxford ⁷1888 (= Hildesheim 1977). Bd. 1,335f. Bd. 2,249/251f.349/ 352.362. —참고문헌: W.S. Hill (Hg.), Studies in Richard Hooker. Essays Prilimary to an Edition of His Works, Cleveland-London 1972; R. K. Faulkner, Richard Hooker and the Politics of a Christian England, Berkeley 1981; J. Booty, Reflections on the Theology of Richard Hooker. An Elizabethan adresses modern Anglicanism, Sewanee, Tenn. 1998; P. Hughes, Reformation in England 3 Bde., London 1951-1954; T. M. Parker, The English Reformation to 1558, London ²1966; J. . Moorman, A History of the Church of England, London 1976; W. D. Thompson, Studies in the Reformation. Luther to Hooker, London 1980; R.R. Elton, Reform and Reformation. England 1509-1558, London 1993 (The New History of England 2); R. Rex, Henry VIII and the English Reformation, Basingstoke 1993; D. G. Newcombe, Henry VIII and the English Reformation, London 1995; D. MacCulloch, Die zweite Phase der englischen Reformation (1547-1603) und die Geburt der anglikanischen Via Media, Münster 1998 (KLK 58); C. Haigh (Hg.), The English Reformation Revised, Cambridge 2000; P. Marshall, Reformation England. 1480-1642, London 2003; E. H. Shagan, Popular Politics and the English Reformation, Cambridge 2003.

1) 1547년 내지 1574년에 개신교 교리와 새 교회 관습을 각인시키기 위해서 두 권의 설교집이 공식적으로 출판되었다.

62. 30년 전쟁과 베스트팔리아 평화조약

합스부르크 가문을 상대로 한 보헤미아의 귀족들의 봉기와 함께 30년 전쟁이 발발하였다. 이 전쟁에는 종교적 동기들과 정치 권력적 동기들이 서로 얽혀져 있었다. 무엇보다도 신앙고백적으로 상반됨을 전면에 내세우면서 스웨덴 왕 아돌프 구스타프 2세를 독일 개신교의 해방자로 찬양하는(본문 b) 종교적 의미부여는(본문 a) 이 전쟁의 단 한 측면이었다. 그렇지만 이 측면이 교회사적 관점에서는 여기서 또 한 번 그 까다로운 아욱스부르크의 체계가 문제가 되었다는 점에서 가장 중요한 측면이다. 이 전쟁은 독일 안에서는 그때까지 생각지 못할 만큼의 넓은 지역을 황폐화시켜서(본문 c, d) 독일의 많은 지역에서의 발전을 지속적으로 막았다. 그 마지막인 베스트팔리아 강화조약(본문 e)은 실질적으로 개혁교회를 포함시키면서 아욱스부르크 체계를 승인하였다. 장기적으로는 이 신앙고백들의 충돌이 고백들의 상대화도 가지고 왔으며(본문 f) 이와 함께 우선적으로 초기 계몽주의의 일치추구들과 경건주의와 계몽주의 내부에서의 평화적인 물결에 출로를 마련하였다.

a) 호에 폰 호에넥, 라이프치히 회의 앞에서의 시편 83장에 관한 설교

1631년 초―아돌프 구스타프 2세는 이보다 몇주 전에 힌터폼메른 땅으로 갔으며 이 사람과 결부되어 있는 전쟁의 운이 개신교에게 유리한 상태로 변화되는 조짐은 아직 보이지 않을 때―개신교 대표들이 라이프찌히 회동에 집결하였다. 드레스덴 궁정 최고 설교가인 호에 폰 호에넥(1580-1645)은 2월 10일 시편 83편에 관한 개회설교로 이들이 이 자기들의 임무에 동의하도록 만들어야 했다. 그는 해석한 시편의 말씀과 설교의 의미를 담고 있으며 분명하게 하는 주도면밀한 기도로 마무리하였다:

하늘에 계신 선하신 하나님 아버지, 당신께 우리가 통렬하게 호소하나이다, 당신의 백성과 당신의 개신교 무리들이 지금까지 여러 모양과 방법으로 격하고 원통하게 당신과 우리의 원수들에 의해서 내몰리고 억압을 받아왔나이다. 우리를 상대로 당신의 원수들이 날뛰고 머리를 치켜들고 있습니다: 이렇게 말합니다, "자 그들을 멸하여 다시 나라가 되지 못하게 하고 독일에서는 그들의 이름이 다시는 기억되지 못하게 하자"(시 83:4). 오, 신실하시고 자비로우신 하나님, 당신께는 잘 알려져 있나이다, 당신과 우리의 원수들이 바로 당신과 당신의 말씀과 당신의 백성을 상대로 동맹체를 꾸렸으며(5절)[1], 당신과 우리를 상대로 간계를 꾸몄고(3절), 당신의 집들을 일부는 이미 착복하였고, 일부는 착복하려고 계획하고 있는데, 곧 많은 지역에서 당신의 은혜로운 복음의 음성을 들을 수 없고 당신의 가르침과 가르치는 자들을 더 이상 둘 수 없게 되었나이다. 오 위대하신 하나님, 이 모든 것을 우리는 당신 앞에서 벌어들였나이다. 이는 우리가 우리 조상과 함께 범죄하였고, 불의를 행하였고 불경한 자들이 되었기 때문입니다. 시 106편 6절. 그렇습니다, 주님, 우리, 우리의 왕들, 우리의 제후들과 우리 조상들이 우리들을 부끄럽게 만드는 것이 분명합니다. 우리가 당신께 범죄하였다는 점에서 말입니다. 다니엘 9장 5.8절. 그래서 우리 원수들이 우리보다 그토록 우세해서 당신의 백성들을 거의 모두 소유하고 당신의 대적자들이 당신의 성소를 짓밟고 있나이다(사 63:18). 당신의 성소는 황폐하게 되었나이다. 우리와 우리의 조상들이 당신을 사모하여 온 그 당신의 거룩함과 영광스러움의 집들을 우리가 빼앗겼나이다. 우리가 아름답게 소유하였던 모든 것이 수치스럽게 되었나이다. 이사야 64장 9-10절.

아, 그렇지만, 주님, 주님이시여, 다시 한 번 우리에게 자비를 베푸소서. 우리의 악행을 용서하소서. 제발 우리에게 끝없이 분노하지 마소서. 오 주 하나님, 우리에게 자비를 베푸소서, 우리의 곤경 중에서 자비를 베푸소서. 하늘에서 굽어보시고 당신의 영화로운 처소에서 내려 보소서(사 63:15). 아, 주 하나님, 잠잠하지 마소서! 아, 주님, 침묵하지 마소서!(시 83:1) 위대하신 하나님, 우리의 원수들을 향힌 당신의 격앙을 안에 가두지 마소서. 우리의 원수가 된 자들이 부당하게 우리를 비웃지 말게 하소서; 까닭 없이 우리를 미워하는 눈으로 조롱하지 못하게 하소서! 이들은 해를 끼치려고만 하며 평안히 땅에 사는 자들을 겨냥해서 거짓된 모략을 지어내나이다. 그들이 나를 향해서 입을 넓게 열고 말하나이다: "저기, 저기서 우리가 목격하였나이다." 시편 35편 19-21절.

오 주님이시여, 떨치고 깨셔서 우리를 공판하시며 우리의 송사를 다스리소서(시 35:23)! 방패와 손 방패를 잡으시고 일어나 우리를 도우소서(시 35:2)…… 하지만, 당신의 백성 우리, 오 사랑이 많으신 하나님 아버지, 우리를 당신께 피하게 하소서. 우리를 보호하시고 당신의 끝없는 자비의 날개 아래 우리를 덮어주소서. 우리 영혼을 지키소서. 우리를 눈동자 같이 지키시고(시 17:8), 당신의 자비하심을 얻게 하소서. 우리로 그토록 오랫 동안 고되게 하시고, 그토록 불행을 겪게 하고 나서 이제는 우리로 다시금 즐겁게 하소서. 오 주, 우리의 하나님이시여, 우리에게 친절하시고 중대한 깨우침을 허락하소서, 그럼요, 당신은 우리 손의 역사를 도우려고 하시지요. 오 하나님이시여, 지금 모인 우리의 복음적인 자들과 개신교 선제후들과 대표들이 제후들의 사고를 갖게 하시고 그것을 견지하게 하소서. 이사야 32장 8절. 자기들의 마음을 당신의 증거를 향하게 하셔서 그것을 붙들게 하소서. 그들의 속에 오직 정한 마음을 창조하시고 그들에게 집단적으로 또 개별적으로 새로운 정직한 영을 주소서. 당신의 면전에서 내치지 마시고 당신의 거룩한 영을 그들에게서 거둬가지 마소서. 시편 51편 12-13절. 당신의 선하신 영이 그들을 공평한 땅으로 인도하소서. 시편 143편 10절. 그들에게로 당신의 거룩한 하늘과 당신의 영광의 보좌로부터 당신의 지혜를 보내주소서, 보내셔서 그들과 함께 있게 하시고 함께 일하게 하소서, 지혜서 9장 10절, 그 지혜가 당신이 기뻐하시고 영혼과 몸에 유익하고 가치가 있는 것을 가르치고 결정하게 하소서. 함께 참여한 그 찬양 받으실 대표들 안에 그리고 그들과 함께 거룩한 생각, 선한 의견, 정당한 일을 이루어내소서. 그래서 당신을 섬기는 자들에게 세상이 줄 수 없는 평화를 주소서. 우리 모두의 마음을 밝히시고 은혜를 입게 하셔서 우리 함께 또 개별적으로 주인과 종들이 우리 생전에 참다운 꾸준한 참회와 거룩한 치장 가운데에서 당신을 섬기게 하시고 우리의 최고의 보혜사이며 유일한 보호자 되시는 당신을 우리의 최고로 정평 있고 신실한 친구로 영원히 붙들 수 있도록 하소서.

> 원전: Der drey und achtzigste Palm/ | Bey dem von Churfürstlicher Durch= | leuchtigkeit zu Sachsen/ 등등 | außgeschriebenen | CONVENT | der Evangelischen und | protestierenden Chur=Fürsten und | Stände/······ Durch Matthiam Hoe von Hoenegg······ Leipzig [1631], E IV^r -F II^v
> —참고문헌: H.-D. Hertramp, Hoë von Hoënegg-sächsischer Oberhofprediger 1613-1645, in: HerChr 6 (1969) 129-148; Th. Kaufmann, Dreißigjähriger Krieg und Westfälischer Friede, Kirchengeschichtliche Studien zur lutherischen Konfessionstultur, Tübingen 1998 (BHTh 104), 34-55; 본문 e 에서도 보라.

b) 구스타프 아돌프 예찬: 제국의 광을-내는 자 (1632)

스웨덴 왕 구스타프 아돌프의 도착이 개신교인들에게 불러일으킨 열광적인 감동의 인상을 1632년에 나온 다음의 작자 미상의 본문이 제시하고 있다.

그 귀한 스웨덴 왕, 하나님의 신실한 종 구스타프 아돌프가 하나님과 신성로마제국의 광을 내는 자이며, 그는 우리에게 하나님이 우리에게 선물하고 우리 조상이 그토록 힘겹고도 고귀한 방식으로 얻은 이 두 개의 빛: 아욱스부르크 신앙고백과 그 위에 세워진 종교평화를 하나님의 아주 자비하신 지시와 명령에 근거해서 지켜내고 교황의 압박들, 야간의 불빛과 우상숭배의 요정의 빛으로부터 깔끔하게(wol) 닦아내고 사랑하는 독일 내에서 이미 오래 전에 잃어버린 몸과 영혼의 자유를 주도록 예정이 된 조국 해방자요 재건할 자로서 나라를 온전하게 할 그를 누가 모르겠는가?

때문에 그 귀한 왕이 잉태되고 태어난 그 시간이 복되도다! 더욱 복된 것은 이 기독교 제후가 압박당하는 하나님 교회의 안녕을 위해서 처음으로 독일 땅에 발을 디딘 날이다! 그의 모든 구상들(Ratschläge)과 행동들, 그의 계획과 활약들, 그의 들어가고 나감이 여호와로부터 복 받을지어다! 왕 중의 왕이신 예수께서 자신의 전쟁을 치르고 있는 그의 모든 계획들(Anschläge)과 그 마음의 생각을 원하실지어다! 하나님 아버지께서 그분의 말씀을 대적하는 자들을 그의 손에 붙이시기를 원하노라! 성자 하나님께서 모든 위험에서 그를 보호하시리라! 성령 하나님께서 그를 참 믿음 안에서 붙드시고 거룩한 천사들이 그에게서 사탄의 모든 불화살과 원수들의 모든 반란과 그의 적의 모든 힘을 막아주시고 그를 자기들 손으로 들어 올리셔서 그가 자기 달려갈 길을 복되게 완수하고 발이 돌에 부딪히지 않도록 하며(시 91:10f. 참조) 온 세상이 그가 바로 하나님과 그의 말씀의 신실한 종이며 하나님으로부터 보냄을 받았고 그분의 사랑하는 교회를 마지막 때에 하나님의 예언대로 다시 한 번 끝 날이 오기 전에 위로하고 교황의 적그리스도 나라를 굴복시키도록 하나님으로부터 보냄을 받았다는 것을 깨닫기를 바란다.[2]

> 원전: Gottes und deß Heyligen Rö=|mischen Reichs Liecht=|Butzer.| Das ist:| Kurtze Erklärung/| wie das Geist-unnd Weltliche Liecht | im Heyligen Römischen Reich/ nämblich die Augpur=| gische Confession unnd Religion = Fried von den Papi=|sten wollen versteckt und gelöscht werden / unnd was Ge=| stalt diese Liechter von Ihr Königlichen Majestät in| Schweden wider herfür gezogen und gebtzet wor=|den……, o.O. 1632, 19/21. — 참고문헌: S. Oredsson, Geschichtsschreibung und Kult. Gustav Adolf, Schweden und der Dreißigjährige Krieg, Berlin 1994; G. Barudio, Gustav Adolf der Größe, Frankfurt/M. 1998; Th. Kaufmann, Dreißigjähriger Krieg und Westfälischer Friede. Kirchengeschichtliche Studien zur lutherischen Konfessionskultur, Tübingen 1998 (BHTh 104), 56-65; F. Liemandt, Die zeitgenössische literarische Reaktion auf den Tod Gustav II. Adolfs von Schweden, Frankfurt/M. 1998; 본문 e에 있는 문헌들도 보라.

c) 안드레아스 그리피우스, 조국의 눈물(1636)

바로크 시대 시인인 안드레아스 그리피우스(1616-1664)는 30년 전쟁의 처참함을 코앞에서 겪으면서 우아한 소네트 형식으로 표현하였다.

우리가 이제는 깡그리, 아니 깡그리 그 이상으로 황폐하게 되었구나!
무지몽매한 민족들의 군상, 미칠 것 같은 나팔소리들,
피로 배불린 칼, 벽력같은 샤르타운[3)]
그 모든 땀과 애씀과 이룬 것을 바닥내어 버렸다.

탑들은 찬란히 서 있고, 교회는 정 반대로구나.
시청은 우중충하고, 힘 있는 자들은

처녀들은 수치를 당하고 있고, 우리가 바라다보는 곳에는
불, 역병과 죽음만이 있는데, 마음과 영혼을 파고든다.

여기 샨츠[4]와 도시 사이로 항상 신선한 피가 흐른다.
벌써 세 번의 여섯 해, 우리의 시내들이
그 많은 시체들에 짓눌려서 서서히 앞으로 밀려가고 있다.

하지만 나는 여전히 입 다물고 있다, 죽음보다 치를 떨게 하는 것에 대해.
역병과 구토와 굶주림의 어려움보다 더 참혹한 것을[5]:
이제는 영혼의 보화가 그토록 많은 것들을 향해서 빼앗겨 버릴 지경이 되기까지.

> 원전: W. Popp (Hg.), Lesebuch I: Dreißigjähriger Krieg. eine Textsammlung aus der Barockliteratur, Münster 1998 (Friedenskultur ein Europa 2), 111. —참고문헌: W. Mauser, Dichtung, Religion und Gesellschaft im 17. Jahrhundert. Die >Sonnete< des Andreas Gryphius, München 1976; E. Mannack, Andreas Gryphius, Stuttgart ²1986; N. Kaminski, Andreas Gryphius, Stuttgart 1998; 본문 e도 보라.

d) 고통을 승화시키는 찬송: 파울 게르하르트

마르틴 루터 이후 가장 영향력이 많은 개신교 작사가는 파울 게르하르트이다(1609-1676). 일찍 부모를 여의고(1621) 비텐베르크에서 공부를 마치고는 1643년 가정교사로서 베를린에 갔는데 여기에서 니콜라이 교회의 지휘자인 요한네스 크뤼거(1598-1662)에게서 후원을 받았다. 그는 게르하르트의 시작들에 인상 깊은 멜로디를 제공하였다. 오늘날까지 거

듭해서 부르는 노래들은 루터교 정통주의의 가장 깊은 특징을 보여주고 있다는 것을 1666년 그가 직책을 잃게 된 이유들이 보여주고 있다: 게르하르트는 루터파와 개혁파 사이의 논쟁을 금하는 문서 이면에 서명하는 것을 거부하였다. 1669년부터 그는 작센에서 목회 활동을 하였다.

1. 주여, 당신께서는 이전에 당신의 땅을
   은혜로 조성하셨고,
   사로잡힌 야곱의 밧줄을
   끄르시고 그에게 새 힘을 주셨으며,
   당신은 죄와 허물,
   당신 백성이 그전에 저지른 것을,
   아버지로서 꾸짖으셨나이다,

2. 주여, 당신께서는 당신 노하심의 불꽃을
   앞서서 자주 돌이키셨고
   또 분노 뒤에는 사랑과 자비의
   달콤한 따사로움을 보내주셨으며,
   아, 유순하신 마음이여, 아 우리 구원이시여,
   서둘러 빼앗아 제하소서,
   우리를 혼탁하게 하고 병들게 하는 것을!

3. 삭히소서, 주여, 당신의 크신 분노를
   당신 은혜의 샘 안에서,
   기뻐하게 하시고 위로하시고 또 거듭 거듭
   견뎌낸 폐해 다음에는!
   정말로 영원히 분노하시렵니까
   그래서 당신의 진노의 물결이
   끝도 없이 흘러야 합니까?

4. 원하시나요, 아버지, 우리가
   다시는 회복하지 못하기를?
   그리고 우리가 당신의 빛을
   다시는 즐기지 못해야 하나요?
   아 흘려보내주소서 당신의 하늘 집에서부터,
   주여, 당신의 자비와 축복을
   우리와 우리 집 위로!

5. 아, 내가 듣게 되기를, 말씀이
   당장에 온 땅에 울려 퍼지는 것을,
   평강이 모든 곳,
   곧, 그리스도인들이 거하는 곳에 일어나기를!
   아, 우리에게 하나님께서 인정하셨도다
   전쟁은 끝, 무기들은 휴식
   그리고 모든 불행의 끝.

6. 아, 이 악한 시간이
   선한 날들 가운데에 끼어들어서,
   우리가 이 큰 고난 중에서 철저히 소멸되지 않도록;
   그렇지만 정말로 하나님의 도우심은 가까우며
   그의 은혜는 바로 여기 있도다
   그를 두려워하는 모든 자들에게.

7. 우리가 신앙심만 가진다면, 하시리라
   다시금 우리에게로 하나님께서 돌이키시기를
   전쟁과 다른 모든 곤고함을
   소망대로 또 그래서 끝내시리라,
   그분의 존귀함이 우리의 땅에

만물 위에 알려지고,
정말로 항시 우리 곁에 거하도다.

8. 자비와 신실함이 아름답게
서로에게 문안하게끔 되리라;
의로움이 안으로 들어오고,
평강은 그에게 입 맞추리라;

9. 주께서 우리에게 좋은 것을 많이 행하시리라.
땅은 열매를 낼 것이고,
그분 품에서 쉬는 자들,
그들이 그것들로 살리라.
의로움은 그래도 설 것이며
꾸준히 만연하리라
그분 이름을 존귀하게 하려고.

> 원전: P. Gerhardt, Wach auf, mein Herz, und singe. Gesamtausgabe seiner Lieder und Gedichte, hg. v. E. v. Cranach-Sichart, Wuppertal/Kassel ²1991, 127. —참고문헌: S. Grosse, Gott und das Leid in den Liedern Paul Gerhardts, Göttingen 2001 (FKDG 83); E. Axmacher, Johann Arndt und Paul Gerhardt. Studien zur Theologie, Frömmigkeit und geistlichen Dichtung des 17. Jahrhunderts, Tübingen 2001 (Mainzer hymnologische Studien 3); A. Bideau, Paul Gerhardt. Pasteur et poète, Bern u.a. 2003; 본문 e도 보라.

ㅂ) 베스트팔리아 평화조약(1648)

1648년 베스트팔리아 종교강화는 그 자체로 이해함과 그 사건의 역사적 의미를 따라서 말한다면 1552년과 1555년(본문 57번을 보라)의 제국법적인 규정의 승인을 의미한다. 본질적인 해명은 간단하게 그 이전 논쟁거리였던 칼빈주의자들을 종교 강화에 받아들임과ー실제적으로는 오래 전에 이루어진ー스위스와 네덜란드를 제국의 동맹에서 해방시킴을 의미한다. 이와 함께 강화의 규정이 제시되었는데, 그 기초는 더 이상 중세에서와 같이 그리스도교의 황제권이 아니라 정치적인 평준화의 도구였다.

그렇지만 선제후들, 제후들 그리고 두 신앙(utrius religionis)의 대표들 사이에 발생한 어려움들은 대부분 지금의 전쟁의 원인이요 동기를 이루었기 때문에 우리들은 아래의 일치와 동등함에 이르게 되었다.

1552년 파싸우에서 맺은 계약과 1555년에 그 후에 따라온 종교 강화는 1566년 아욱스부르크와 그 다음 신성로마제국의 여러 보편적인 제국의회에서 승인받은 바와 같이 황제, 선제후들, 제후들 그리고 두 신앙고백의 대표들의 일치된 동의로 받아들여지고 결정된 모든 규정들 안에서 유효하게 여기며 손상시키지 않고 지켜야 한다.

하지만 이 조약 안에(있는) 몇 개의 조항을 위해서 여러 파의 공통적인 결의로 결정된 것은 언급한 강화에 대한 꾸준히 반복되는 해명으로 여겨야 하는데, 법정에서와 다른 곳에서도 고려를 하여야 한다. 이것을 우리가 하나님의 은혜로 종교에 관해서 이해를 하게 될 때까지 하여야 하는데, 이것에 대해서 제국의 안에서나 바깥에서 성직자나 평신도에 의해서 어느 때가 되었든지 현 조약의 포괄적인 권위를 무효로 만드는 그러한 이의나 저항은 배려하지 않는다.

그러나 그 밖의 일들에서는 선제후들 제후들 그리고 두 고백의 대표들 모두들 사이에는 그리고 각자 사이에는 정확하고도 상호적인 동등함이 지배하여야 하는데, 이 동등함이 국가의 헌법, 제국법과 지금의 조약에 걸맞는 한에서 그러해야 한다. 그리하여 한쪽에게 정당한 것이 다른 쪽에도 정당해야 한다고 하는 것, 그리고 모든 폭력과 폭행은 다른 곳에서도 마찬가지로 여기서도 양쪽 사이에 영원히 엄금한다.……

또한 황제의 권위와 모든 제국 대표들이 일치해서 동의함으로 결정된 것은 제국의 모든 법뿐 아니라 특별히 종교강화와 이 공식적인 조약 그리고 그 안에 있는 고뇌에 찬 결정이 가톨릭과 또 아욱스부르크 신앙고백에 호의를 가진 대표들과 그 신하들에게 시달한 모든 법과 특혜는 개혁교회(reformati)라고 부르는 자들에게도 해당되어야 한다는 것이다.

원전/번역: Instrumenta Pacis Westphalicae. Die Westfälischen Friedensverträge 1648, K. Müller가 개정, Bern/Frankfurt ³1975 (QNG 12/13), 25/ 113, 46/132. ─참고문헌: H. -U. Rudolf (Hg.), Der Dreißigjährige Krieg. Perspektiven und Strukturen, Darmstadt 1977 (WdF 451); F. Dickmann, Der Westfälische Frieden, Münster ⁶1992; H. Lahrkamp, Dreißigjähriger Krieg, westfälischer Frieden. Eine Darstellung der Jahre 1618-1648, Münster 1997; H. Duchhardt (Hg.), Der Westfälische Friede. Diplomatie─ politische Zäsur─ kulturelles Umfeld─ Rezeptionsgeschichte, München 1998 (Historische Zeitschrift. Beih. N.F. 26); K. Repgen, Dreißigjähriger Krieg und Westfälischer Friede, Paderborn ²1999 (Rechts-und stastswissenschaftliche Veröffentlichungen der Görres-Gesellschaft. N.F. 81); G. Schmidt, Der Dreißigjährige Krieg, München 52002.

f) 그림멜스하우젠, 모험적인 심플리키시무스 3세, 20 (1668)

그림멜스하우젠의 한스 야콥 크리스토프(1621/2-1676)는 - 크리스토 펠이라고 불리우는 - 1668년 엄청나게 성공적인 소설 "모험에 찬 심플리키시무스"를 출간하였다: 30년 전쟁의 소용돌이 한가운데에서 성장했고 또 그때까지 횡행하던 가치관들이 점점 더 그에게서 떨려나가도록 위협을 가하는 심플리키우스 심플리키시무스의 역사.

그렇다고 바로 그 요새 안에 계속 머물려고 하고 있는 동안(말하자면 겨울이 지나가기까지) 내가 쾌락에 빠져서 각 사람의 호의를 저버리지 않아야 된다는 것을 생각하지 못할 만큼 그렇게 미련하지는 않았다; 또한 성직자들의 미움을 산다면 그들은 모든 민족들에게서, 이 민족들이 원하는 종교가 무엇이 되었든지 간에 엄청난 신뢰를 가지고 있기 때문에 그 무슨 험한 꼴을 당하게 될지도 알았다. 그 때문에 양쪽 귀를 짓누르면서 내 머리를 감싸고 있다가 곧바로 다음 날 다시 새 발걸음으로 위에서 말한 목회자에게 가서 내가 그를 따르려고 애를 써 왔던 것 같이 멋진 거짓말을 한 다발 늘어놓음으로 그의 동작에서 볼 수 있을 정도로 정말로 그가 기뻐하도록 만들었다. "정말로 전에 소에스트에서처럼 내가 아주 숭배하는 주님 안에서 만났던 것 같은 그런 천사 같은 조언자가 지금까지 내게 없었다"고 말하였다. 그 다음으로 이어서 내게 어느 대학(Academia)에 가야 할는지 좋은 조언을 줄 것을 그에게 부탁하였다. 그는 자기와 관련해서 자기는 라이덴에서 공부하였지만 내게는 제네바를 추천하고 싶다고 하였는데[6], 이유는 내 발음으로 볼 때 내가 남독일 사람이기 때문이라고 대답하였다. "예수 마리아! 제네바는 라이덴보다 내 고향에서 더 먼데요"라고 내가 반응하였다. "내가 무슨 소리를 들었지?" 그가 크게 놀라며 말하였다. "잘 듣고 보니 당신은 교황주의자군요. 세상에, 내가 속았구나!" 내가 대답했다: "왜요, 왜요, 목사님? 제네바에 가지 않고 싶다고 해서 내가 교황주의자가 되어야 한다는 건가요?" "그게 아니고 당신이 마리아를 불렀기 때문입니다." "도대체 기독교인이 자기 구세주의 어머니를 말하는 것도 안 되나요?" "가능하지요, 하지만 내가 권하고 당신께 내가 할 수 있는 만큼 부탁하는 것은 하나님께 영광을 돌리며 내게 자신이 어느 종교에 속하는가를 고백하라는 것입니다. 당신이 복음을 믿는다는 것이 의심스럽기 때문입니다(내가 매 주일 나의 교회에서 그를 보아 왔는데도), 당신은 지난 번 성탄절 축제 때 성찬을 받으러 우리에게도 또 루터교인들에게도 가지 않았습니다!" 내가 대답하였다: "목사님은 내가 기독교인이라는 것을 듣고 있습니다, 기독교인이 아니라면 그렇게 자주 설교를 들으러 가지 않았을 겁니다; 하지만 그밖에 내가 고백하는 것은 나는 베드로파도 아니고 바울파도 아니라 단순히 (simpliciter) 보편적인 기독교 신앙고백에 있는 열 두 조항이 담고 있는 바를 믿습니다. 이 사람이든 또는 저 사람이든 나에게 자기가 다른 사람과 달리 참으로 바르고 오직 축복된 종교를 가지고 있다는 것을 충분히 증명하지 않는 한 나는 어떤 쪽에도 완전하게 몸을 담지 않을 것입니다." "내가 이제야 바로 알게 된 것은 당신은 생명을 용감하게 바치려고 하는 무모한 군인의 마음을 가진 분이라는 것입니다. 왜냐하면 군인은 마치 종교와 예배도 없이 늙은 황제에게 달려가서 빈둥거리며 살고 아주 참람하게 자기의 축복을 위태롭게 만들 수 있기 때문입니다! 나의 하나님, 저주 아니면 복을 받게 마련인 사멸할 인간이 어떻게 이토록 불손할 수가 있나요? 당신은 하나우에서 교육을 받고[7] 기독교 안에서 다른 방식으로는 교육받지 않았나요? 그런데 내게 말해주십시오. 왜 당신은 정결한 기독교와 관련해서 부모의 발자취를 밟으려고 하지 않는가요? 아니면 그 기초들이 자연과 성경 안에 아주 대낮같이 분명하게 들어 있어서 영원히 교황도 거부할 수 없고 루터교인도 거부할 수 없는 그런 이 종교 저 종교에도 가려고 하지 않나요?" 내가 대답하였다: 목사님, 이런 말은 다른 모든 사람들도 자기 종교에 대해서 말하고 있습니다. 그런데 제가 누구를 믿어야 하나요?

> 원전: Hans Jacob Christoph von Grimmelshausen, Der abenteuerlichen Simplicissimus Teutsch, Stuttgart 1996, 331-333. —참고문헌: G. Könnecke, Quellen und Forschungen zur Lebensgeschichte Grimmelshausens. 2 Bde., Leipzig 1926-1928; G. Weydt/ R. Wimmer (Hg.), Grimmelshausen und seine Zeit, Amsterdam 1976; V. Meid, Grimmelshausen. Epoche— Werk— Wirkung, München 1984; A. Beutel, >Simplicissimus<, in: ders., Protestantische Konkretionen, Tübingen 1998, 140-160; D. Breuer, Grimmelshausen-Handbuch, München 1999.

1) 이 동맹을 호에 폰 호에넥은 이미 그전에 가톨릭 리가와 동일시하였다.
2) 여백에 계시록 17-18장을 전거로 제시
3) 여백에 계시록 17-18장을 전거로 제시
4) 방어시설.
5) 더 섬뜩함.
6) 라이덴과 제네바는 두 개의 고전적인 개혁교회의 교육 중심지들이다.
7) 하나우는 1595년부터 종교개혁이 되었다.

성경색인

창세기
1:27 / 393
1:28 / 391
2:9 / 25
2:16f. / 412, 413
3:5 / 24
12:1 / 75
14:20 / 288
15:1 / 380
19:14 / 415

출애굽기
3:7f. / 288
9:16 / 479
15:24f. / 24
17:11-13 / 24
20:5 / 476
20:7 / 301
23:7 / 476
31:1-6 / 288
33:23 / 102

레위기
11:9-12 / 241

신명기
4:2 / 235
4:15-19 / 234
5:32 / 493
6:13 / 289
8:3 / 130
10:22ff. / 288
12:12 / 289
15:4 / 221
17:9-13 / 288
17:12 / 45
18:1 / 288
20:1 / 242
20:19 / 26
25:4 / 289, 311
32:30 / 244

사사기
16:1-3 / 30

사무엘상
2:6 / 278

사무엘하
22:10 / 22

열왕기상
7:13-47 / 114
8:39 / 373

토비아스
4:7 / 436

욥기
5:13 / 152
9:1-3 / 476
9:5 / 152
15:15f. / 476

시편
1:1 / 69
2:6 / 296
2:9 / 241
5:8 / 480
14:3 / 524
17:8 / 588
19:5 / 275
21:6 / 283
33:15 / 566
34:9 / 264
35:2 / 588
35:19-21 / 588
35:23 / 588
40:3 / 241
42:5 / 480
45:10 / 75
51:12f. / 588
72:8 / 68
73:22f. / 281
74:22 / 119
83:1 / 587
86:1 / 119
91:10f. / 590
94:11. / 170
95:10 / 77
107:20 / 283
107:40 / 300
110:4 / 288
115:1 / 71
118:6 / 241
120:4 / 60
130:3 / 476
145:13 / 424
147:5 / 171

잠언
3:5 / 100

전도서
3:22 / 31

아가서
4:8 불가타 / 75
4:9f. 불가타 / 31
4:10 / 114
8:7 불가타 / 32

이사야
2:3 / 456
5:1 / 22
7:14 / 477
29:13 / 177
32:8 / 588
40:13 / 270, 287
53:4f. / 236
53:5 / 400, 583
53:6 / 399, 524
53:11 / 476
57:15 / 510

62:6 / 219
63:15 / 587
63:18 / 587
64:5 / 517
64:9f. / 587

예레미야
1:10 / 219
4:4 / 419
23:11 / 120
23:21 / 230
26:14 / 290
33:16 / 476

에스겔
9:4 / 24
18:23 / 515
33:11 / 417
34:2-16 / 244
36:22 / 81
36:32 / 81

다니엘
6:23 / 442
7:17-27 / 244
9:5.8 / 587
11:36ff. / 178

하박국
2:4 / 64

스바냐
3:3 / 119

스가랴
1:3 / 541
14:8 / 456

지혜서
1:4 / 31
9:10 / 588
16:8 / 528

시락
12:13f. / 172

18:22 / 545

마태복음
3:2 / 297, 547
3:7 / 240
3:8 / 547
3:10 / 27
3:12 / 382
4:10 / 289
4:17 / 53
5:16 / 478
5:33-37 / 256
5:39 / 298
6:12 / 476
6:33 / 297
7:6 / 219
7:7f. / 73
7:12 / 189
7:15 / 324
7:15-23 / 267
7:17 / 213
10:8 / 178
10:9f. / 289
10:10 / 219, 290
10:22 / 548
10:29-31 / 475
10:30 / 436
10:34f. / 152
10:37 / 173
10:38 / 214
10:40 / 480
10:42 / 549
11:13f. / 347
11:29 / 255
11:30 / 545
13:33 / 264
13:44-46 / 494
13:47f. / 383
15:2. 9 / 177
15:13 / 220, 230
15:14 / 181
16:16 / 140, 363
16:18 / 116, 164, 241, 280
16:19 / 122

18:15-18 / 317, 334
18:17 / 317, 334
18:18 / 477
18:20 / 480
19:10ff. / 433
19:17 / 544
20:22 / 35
22:21 / 442
22:37-40 / 565
23:2-3 / 370
23:4 / 292
23:37 / 284
24:12 / 556
24:13 / 548
24:30 / 24
24:45 / 341
25:1f. / 383
25:31-45 / 189
26:26 / 139
26:26-29 / 248
26:52 / 302
27:46 / 351
28:19 / 254
28:20 / 351

마가복음
14:22-25 / 248
16:15 / 182, 258, 275, 538
16:16 / 250, 254, 488
16:19 / 350

누가복음
1:26-32 / 23
2:21 / 23
2:30 / 128
2:52 / 350
3:6 / 128
3:14 / 290
4:8 / 289
5:31 / 189
6:31f. / 290
10:30-37 / 263
11:21 / 281
12:47f. / 529

15:19 / 516
15:22 / 544
17:5 / 426
17:10 / 213, 369, 511
17:20f. / 177
18:7f. / 288
19:5. 9 / 56
21:18f. / 475
22:17-20 / 248
22:25f. / 175
22:32 / 66, 116
24:27 / 421
24:32 / 66
24:44. 46 / 56
24:45 / 493, 275
24:46f. / 475
24:47 / 427
24:49 / 493

요한복음
1:29 / 189, 399
1:51 / 146
2:14-16 / 178
3:3 / 273
3:5 / 188, 541
3:5f. / 56
3:8 / 57
3:13 / 57, 350
3:14 / 57
3:16 / 187, 487
3:18 / 55
3:36 / 488
4:14 / 549
4:37f. / 221
5:24 / 263
5:39 / 68
6:28 / 131
6:32ff. / 249
6:38f. / 475
6:44 / 374
6:44ff. / 263
6:53 / 235
6:55 / 347
6:63 / 236, 288, 342
6:65 / 80

6:69 / 264
8:32 / 264
8:34 / 31
8:35f. / 373
8:36 / 81
9:41 / 475
10:4f. / 308
10:9 / 68
10:27 / 455
10:30 / 350
11:26 / 187
11:49 / 27
13:1 / 45
13:11 / 374
13:20 / 480
13:29 / 571
13:35 / 267
14:16 / 383
14:23 / 546
15:5 / 80, 548
15:14 / 382
15:22 / 475
16:12f. / 342
17:3 / 475
18:23 / 151
18:34 / 342
18:36 / 297
20:19 / 352
20:22f. / 547
21:19 / 116
21:27 / 116

사도행전
2:38 / 254
2:42-47 / 249
4:12 / 400
5:23 / 289
5:29 / 442
5:38ㄹ. / 244
6:3-5 / 481
6:5 / 309
8:20 / 178
8:36f. / 254
9:15-19 / 462
13:48 / 373

14:23 / 288
15:18 / 488
16:31. 33 / 254
17:28 / 466
19:4. / 254

로마서
1:3ff. / 287
1:16 / 130
1:17 / 63, 71
1:20 / 102, 257
1:21 / 128
2:5 / 69
2:6 / 550
2:10 / 382
2:17-24 / 268
3:19 / 68, 487
3:20 / 476
3:22 / 479, 544
3:23 / 487
3:23f. / 399
3:24 / 394, 542, 544
3:28f. / 399
4:16 / 422
4:17 / 356
4:25 / 399
5:2 / 546
5:5 / 543
5:10 / 543
5:12ff. / 540
6:2-4 / 250
6:4 / 252, 253
6:9 / 383
6:11-14 / 475
6:13 / 478, 545
6:14 / 516
6:19 / 545
6:22 / 546
6:23 / 487
7:5 / 78
7:7 / 78, 298
7:18 / 513
7:23 / 404
7:24 / 265
8:2 / 413

8:3 / 356
8:3f. / 476, 477
8:9 / 583
8:14 / 81, 475
8:15f. / 475
8:17 / 546
8:18 / 73
8:23 / 515
8:28 / 475
8:29 / 55
8:32 / 432
8:33f. / 287
9:16 / 81
9:20 / 284
9:22f. / 479
10:10 / 514
10:14-17 / 480
10:17 / 363, 480, 542
10:18 / 275
11:6 / 545
11:32 / 130
11:33 / 270, 416
11:36 / 453
12:1 / 265
13:1 / 302
13:1f. / 289
13:1-5 / 441
13:1-7 / 255, 443
13:3 / 298
13:4 / 259, 413
13:8 / 143
13:10 / 80
14:1-13 / 268
14:8 / 475
14:19 / 478
14:23 / 133
15:4 / 275
16:18 / 37, 547
16:20 / 516

고린도전서
1:10 / 315
1:18-21 / 39
1:20f. / 128
1:21. / 469
1:28 / 257
1:30 / 431, 480
1:31 / 549
2:2 / 415, 417
2:16 / 68
3:6 / 219
3:17 / 547
3:22f. / 172
4:7 / 80
5:3-5 / 478
5:11 / 451
5:13 / 324
6:9f. / 548
6:11 / 475
6:12 / 229
6:19 / 475, 478
7:1. 8 / 433
7:23 / 289
7:25f. / 214
7:26 / 433
7:31 / 395
7:32 / 433
8:1 / 80
9:9 / 289, 311
9:19 / 143
10:4 / 347, 348
10:14ff. / 249
10:16 / 139, 339, 403, 578, 584
10:17 / 378
11:23-26 / 248
11:24f. / 378
11:27 / 397
11:27-29 / 578
11:28 / 340, 403, 462
11:29 / 450
11:31 / 524
12:6 / 283
12:12 / 136
12:13 / 254
13 / 382
13:12 / 270
14:15 / 66
15:21f. / 476
15:57 / 146
15:58 / 548

고린도후서
1:21ff. / 475
1:22 / 373, 517
2:16 / 130
3:6 / 80, 83
3:12-16 / 494
3:15 / 276
4:3f. / 276
4:16 / 545
4:17 / 549
5:10 / 380
5:14-16 / 476
5:15 / 540
5:17 / 273
5:21 / 71
7:10 / 547
9:1 / 317
10:5 / 139
10:17 / 549

갈라디아서
1:9 / 324
2:16 / 55, 213, 288
3:22 / 131, 134
3:24 / 298
3:29 / 56
4:4 / 143
5:5f. / 478
5:6 / 381, 425, 544
5:22-25 / 478
6:1-10 / 268
6:13 / 170

에베소서
1:4 / 55
1:7 / 583
1:13f. / 475, 543
1:22 / 480
2:3 / 424, 540
2:5 / 422
2:19 / 545
2:20 / 455
4:11 / 481

4:15 / 426, 548
4:23 / 543
4:30 / 547
5:8-11 / 475
5:26 / 455
5:27 / 373
5:30 / 145
5:32 / 58
6:1-9 / 290
6:13-17 / 256

빌립보서
1:6 / 510
1:29 / 488
2:7 / 356
2:8 / 45
2:13 / 510
3:13 / 271
3:20 / 255

골로새서
1:12-14 / 540
1:23 / 247, 258
1:24 / 257
2:3 / 417
2:18 / 415
3:5 / 545
3:16 / 333

데살로니가전서
5:12f. / 219
5:19 / 225

데살로니가후서
2:4 / 178, 282
3:14f. / 478

디모데전서
1:9 / 297
2:4 / 284
2:5 / 424
3 / 481
3:1-7 / 288, 472
3:2 / 311
4:1 / 177, 364, 405

4:3 / 177, 364
5:4ff. / 335
5:17 / 219
5:18 / 289

디모데후서
2:19 / 267
2:26 / 281
3:16 / 275, 504
4:7f. / 380, 548

디도서
1:6-9 / 288
1:8 / 311
2:12 / 546
2:12f. / 73, 432
3:3-7 / 475
3:5f. / 265, 373
3:7 / 542

베드로전서
1:10f. / 478
1:18f. / 188, 289, 475
1:23 / 456
2:5 / 478
2:9f. / 475, 478
2:14 / 298
2:15 / 475
3:1f. / 478
3:15 / 216
5:7 / 339

베드로후서
1:4 / 424
1:19 / 504
1:21 / 504
2:1. 10 / 175
2:22 / 437

요한일서
1:7 / 475
1:8 / 78
2:1f. / 431
3:7 / 425
3:8 / 475

3:16 / 570
4:1 / 560
4:8 / 32
4:9 / 487
5:3 / 545
5:19 / 556

요한이서
10f. / 478

히브리서
2:14-18 / 476
3:6 / 264
4:15 / 356, 362
5:8 / 546
6:10 / 548
6:17f. / 256
7:15-17 / 477
8:11 / 264
10:25 / 481
10:35 / 548
11:6 / 544
13:4 / 543
13:14 / 214

야고보서
1:6 / 35
1:18 / 263
1:23f. / 213
2:17 / 213, 381, 544
2:24 / 545
2:26 / 381

요한계시록
2:5 / 547
3:12 / 163
6:1 / 275
6:9f. / 164
10:3 / 402
16:6 / 164
19:7 / 517
22:11 / 545

내용색인

ㄱ

겸손 / 66, 69, 70, 74, 229, 243, 255, 277, 278, 288, 289, 298, 312, 368, 425, 436, 437, 466, 470, 532, 533, 546
경건신학 / 508, 509
고해 / 61, 157, 363, 435, 531, 557, 577, 578
공동 금고 / 225~228, 318, 337
교리문답 / 471, 474, 475, 489, 492, 559, 560, 580
교부 / 46, 82, 109, 116, 117, 150, 157, 239, 354, 369, 378, 404, 422, 425, 428, 507, 523, 531, 538, 539, 545, 546, 551
교황 / 29, 35, 37, 43~47, 53, 92~99, 105~111, 116, 117, 120, 122, 123, 135~138, 141, 147, 148, 150, 153, 155, 156, 158~164, 172~187, 198, 202, 218, 229, 237, 248, 251, 252, 254, 304, 329, 349, 380~384, 398, 521~537, 550, 572, 573, 590, 599
교회 / 37, 42, 45, 46, 52, 58, 67, 69, 70, 71, 83, 92~108, 112, 116, 120~123, 132, 138, 155, 157, 166, 177, 181, 197, 201, 203, 208, 209, 225~227, 255, 262, 266~268, 274, 308, 309, 315, 316, 323, 324, 342, 370~376, 382, 383, 403~414, 420, 433, 434, 446, 449~451, 455~457, 471~477, 480, 481, 504~506, 522~526, 533, 538, 552, 563, 575, 577, 591
교회규정 / 308, 312, 331, 332, 450, 470, 562, 579, 580
교회법 / 29, 43, 83, 84, 93, 94, 384, 523, 531
교회순시 / 314, 318
교회통치 / 315
공로 / 55~58, 72, 81, 83, 96, 100, 101, 107, 122, 168, 213, 273, 362, 363, 368, 369, 380, 381, 399, 422, 425, 430~432, 458, 477, 478, 513, 514, 516, 540, 541, 543, 544, 546, 548, 549, 576
공의회 / 44~47, 105, 108, 110, 116, 117, 127, 136, 142, 153, 158, 305, 309, 310, 329, 332, 399, 401, 435, 437, 444, 537~539, 541, 550, 552
금식 / 36, 90, 132, 157, 192, 193, 202, 547, 560~563, 572
기독론 / 341, 522

ㄷ

대학 / 80, 116, 485, 533, 554, 568
독일 국가 / 155, 156, 158

ㅁ

마귀 / 37, 129, 158, 184, 215~217, 220, 229, 230, 241, 254, 255, 279, 287, 340, 364, 374, 393, 400, 402, 405, 432, 441~443, 452, 463, 464, 475, 493, 496, 497, 511, 527, 540
마녀 / 496, 521
면죄부 / 33, 36, 60, 88, 89, 91, 92~96, 107, 116, 122, 124, 125, 178, 205, 226, 551, 577
미사 / 157, 180~184, 198, 203, 204, 227,

내용색인 / 607

230, 248, 316, 330, 338, 364, 400, 401, 406, 432

ㅂ

보름스 제국의회 / 148, 223
보름스 칙령 / 148, 155, 307, 326, 387
복음 / 39, 63, 64, 70, 71, 128, 129, 136, 150, 158~168, 188, 195~198, 210, 211, 219, 221, 225, 227, 228, 241~247, 249, 257, 258, 263, 267, 275, 276, 287, 288, 290, 297~301, 317, 322, 324, 362, 369, 370, 381, 382, 404, 407, 408, 418, 421, 422, 438, 440, 456, 477, 480, 488, 531, 538, 541, 580
비본질적인 것들 / 429

ㅅ

사랑 / 23, 30~38, 40, 45, 52, 57, 60~64, 80, 87, 92~97, 103, 120, 121, 126, 127, 133, 134, 143, 146, 158, 170, 173, 228, 247, 249, 254, 255, 264~268, 287, 293, 315, 317, 320, 336, 337, 363~367, 381, 382, 404, 408, 414, 425, 426, 431, 487, 488, 507, 511, 515, 530~534, 540~548, 556~568, 588, 593
사제 / 33, 42, 94, 127, 137, 180, 181, 198, 200, 207, 226, 227, 364, 402, 405, 417, 439, 579, 580
성경 / 21, 25, 26, 30, 37, 39, 41, 42, 46, 54, 61~70, 74, 77, 83, 84, 98, 105~108, 123, 136, 152, 153, 162, 166, 177, 178, 187, 195, 196, 200, 211, 227, 228, 230~233, 249~254, 259, 270, 274~278, 288, 291, 332, 333, 339, 341, 349, 351~357, 368, 380, 391, 408, 415, 433, 451, 458, 468, 471~473, 492~494, 503~505, 514, 538, 539, 547, 564, 576, 577, 581, 582
성령 / 31, 114, 134, 139, 164, 189, 218, 263, 265, 267, 295, 297, 310, 361~363, 369, 373~375, 381, 409, 424, 430~435, 455, 461~464, 503, 510~515, 530, 539, 541, 543, 546, 547, 558, 568, 583
성만찬 / 124, 138, 139, 227, 238, 248, 338~342, 353, 358, 370, 397, 400, 404, 423, 434, 450, 501, 565, 577, 583
성상 / 224, 227, 238, 433
성직록 / 177, 222, 226, 566, 567, 580, 581
세례 / 40, 110, 121, 135, 137, 140, 246, 248~254, 260, 262, 265, 298, 315, 317, 322, 332, 363, 375, 376, 381, 404, 432, 462, 484, 489, 542~547, 565, 577, 578
세속권 / 387, 441~443, 480
소명 / 214, 264, 268, 404
슈파이어 제국의회 (1526) / 304
슈파이어 제국의회 (1529) / 326
스콜라주의 / 32, 79, 126, 147, 191, 285
신비주의 / 509
신앙 / 67, 98, 105, 106, 127, 131~133, 140~146, 150~158, 189, 190, 210, 216, 217, 243, 247, 254, 264, 274, 278, 314, 317, 319, 339, 343, 362~369, 372, 375, 383, 386, 438, 445, 446, 457~462, 484, 492, 505~512, 523, 530~532, 539, 542, 548, 553, 554, 564~568, 570, 573, 576~579, 596
신앙고백 / 222, 322, 348, 351, 367, 374,

375, 380, 422, 432,
445, 479, 491, 496,
505, 576
신학 / 26, 41, 44, 49,
54, 79, 84, 85,
110~116, 125, 126,
206, 223, 224, 238,
246, 247, 391~393,
410, 412, 475, 506,
515, 572, 574
십계명 / 63, 232, 288,
314, 317, 322, 325,
442, 532, 565
십자가 / 24, 25, 37,
56, 90, 96, 102,
128, 214, 233, 257,
350, 362, 415, 417,
433, 469, 488, 511,
531, 543

ㅇ

아우구스티누스 수도회 /
54, 100, 156
아욱스부르크 신앙고백 /
366, 367, 372, 377,
387, 399, 412, 445,
446, 490, 491, 497,
590, 597
아욱스부르크 제국의회
(1530) / 366
아욱스부르크 제국의회
(1547/8) / 437
양심 / 153, 162, 172,
178, 364, 365, 422,
446, 469, 484, 536,
581
연옥 / 91~94, 97, 99,
121, 123, 200,
526~529, 577
예배 / 105, 173, 208,
209, 223, 308, 314,

316, 319, 435, 440,
449, 456, 526, 557,
563, 599
예언자 / 68, 218, 439
예정 / 55, 487, 514,
590
위그노 / 479, 484
유대교 / 21, 26~29, 68,
418
율법 / 23, 35, 68, 73,
80, 83, 103, 126,
128~131, 143, 144,
146, 166, 167, 187,
188, 190, 221, 247,
256, 264, 268, 297,
298, 323, 325, 399,
400, 407, 408, 413,
425, 456, 494, 499,
500, 516, 521, 565
의롭다 함 / 213, 368,
425, 457
은혜 / 22, 55, 72, 73,
75, 80, 81, 87, 91,
92, 96, 102, 103,
107, 121, 124, 125,
128, 129, 133, 145,
188, 224, 272, 273,
278, 287, 292, 332,
363, 364, 375, 376,
394, 401, 422, 426,
476, 478, 488, 516,
528, 540~546, 549,
583, 584, 589, 593
이성 / 35, 55, 83, 86,
101, 109, 127, 159,
211, 285, 358, 370,
391~395, 415, 528
인간 / 30, 41, 48, 55,
75, 80~82, 91,
102, 103, 126, 128,
134, 139, 140, 150,
158, 161, 162, 167,

177, 191, 192, 198,
208, 239, 246,
269~273, 279, 281,
345, 352, 391~395,
400~402, 423, 424,
453~458, 466, 467,
469, 476, 492, 493,
517, 524, 528, 536,
540~545, 549, 564,
576, 579, 582, 599
인문주의 / 21, 33, 191,
269
일반인 / 195, 560

ㅈ

자유 / 46, 51, 81, 82,
86, 94, 135, 141,
143, 144, 146, 173,
193, 231, 281, 283,
299, 304, 311, 315,
316, 322, 575
자유의지 / 55, 81, 82,
102, 123, 157, 269,
270, 271, 273, 279,
426, 540, 541, 576
저항 / 78, 215, 220,
243, 387, 429, 436,
481, 596
적그리스도 / 174~178,
182, 184, 217, 220,
251, 282, 437, 439
전통 / 538, 579, 582
제 5차 라테란 공의회 /
54, 111
제국의회 / 148, 149,
153, 304~307, 326,
329, 331, 366~368,
377, 385, 387, 390,
429
죄 / 30, 31, 43, 45, 69,
70, 76~81, 91~97,

내용색인 / 609

101, 102, 121~129, 131, 133, 140, 145, 146, 157, 167~172, 187~189, 198, 199, 202, 248, 250, 253~255, 263~271, 283, 298, 334, 338, 355, 356, 362~369, 393~409, 413, 414, 421~424, 430, 431, 442, 443, 462, 464, 468, 469, 475~477, 487, 488, 513~517, 528, 535, 536, 540~549, 559, 565, 566, 576, 583, 593
주기도문 / 90, 92, 314, 317, 322, 325, 564

ㅊ

창조 / 102, 128, 129, 274
철학 / 28, 38, 39, 49, 51, 112~115, 139, 140, 358, 391~393, 410

출교 / 253~255, 317, 334, 450, 523

ㅋ

콘스탄츠 공의회 / 116, 123, 154, 158, 285, 382, 403

ㅌ

탈무드 / 25~27, 419
트리엔트 공의회 / 429, 436, 491, 501, 521, 522, 537, 538, 559

ㅍ

팜플렛 / 180, 206, 207, 445, 485

ㅎ

하나님 말씀 / 152, 153, 209, 224, 239, 240, 284, 287, 290, 291, 309, 318~322, 332, 364, 370, 389, 443, 531, 574, 577, 579, 580
하나님 인식 / 465~469
행위 / 55, 56, 62, 65, 70, 77, 78, 80, 98, 103, 106, 121, 132~134, 140, 144, 146, 168, 207, 213, 216, 249, 277, 280, 327, 362, 363, 369, 381, 382, 399, 422, 426, 431, 457, 502
황제 / 27, 109, 116, 118, 148, 154, 176, 304, 326, 327, 329, 331, 366, 380, 385~387, 421, 429, 436, 443, 445, 483, 491, 497, 537, 572, 596, 597
후스파 / 165, 174
훈련 / 63, 299, 570
희랍어 / 41, 61, 62, 316
히브리어 / 27, 41, 61, 316

인명색인

ㄱ

갈바(슬피키우스) / 113
갈스터(한스) / 294
게르송(장) / 418
게르하르트(요한) / 508, 512, 515
게르하르트(파울) / 592
게오르크(브란덴부르크-안스박흐의 태수) / 385, 387, 521
고마루스(프란시스쿠스) / 487
구스타프 2세(아돌프, 스웨덴의 국왕) / 586
구루(빌헬름) / 464
그라이펜클라우(리차드, 대주교이며 선제후) / 185
그레벨(콘라드) / 246, 247
그레고르(나찌안쯔의 주교) / 521
그롭퍼(요한네스) / 421
그리피우스(안드레아스) / 591
그림멜스하우젠(한스 야콥 크리스토프) / 598
글란도르프(베른하르트) / 260
기즈(티데만, 쿨름의 주교) / 49, 53

ㄴ

나이트아르트(울리히) / / 294
노르트호프(요한네스) / 260
니콜라우스(폰 보바딜라) / 530
니콜라우스 2세(교황) / 353

ㄷ

데모스테네스 / 113, 115
둔스 스코투스(요한네스) / 87, 88, 111, 285
둠쿠스터(하인리히) / 260
뒤러(알브레히트) / 149, 161
드레키젤(토마스) / 223
디트리히(바이트) / 412

ㄹ

람베르트(프란츠, 아비뇽) / 308
레데커(요한) / 260
레오 10세(교황) / 44, 45, 52, 53, 99, 156
라이네즈(야콥) / 530
레티쿠스(요아킴) / 48
로이틀란트(아르놀드) / 260
로이힐린(요한네스) / 21
로트만(베른하르트) / 247
루베아누스(크로투스) / 29

롯체르(세바스찬) / 286
루드비히 5세(선제후) / 185
루이 14세 / 484
루터(마르틴) / 54, 88, 109, 156, 158~163, 211, 223, 232, 233, 286, 294, 341, 418, 439, 445, 559, 592
린드너(볼프) / 320

ㅁ

마리아 튜더(영국 여왕) / 574
마촐리니(셀베스터, 프리에리오의 = 프리에리아스) / 104
마티아스(얀) / 247
만츠(펠릭스) / 246, 251
메디치(카타리나) / 481
멜라(폼포니우스) / 270, 285
멜란히톤(필립) / 111, 125, 206, 365, 410, 430, 475
모리츠(작센의 선제후) / 429, 446
모에르(베른하르트) / 260

ㅂ

바르톨루스(드 삭소페라토) / 489
바실레이오스(가이사랴) / 521

인명색인 / 611

바울 3세(교황) / 47,
　53, 368, 529, 530,
　535
베네딕트 16세 / 523
베다 / 122
베렝가르(뚜르) / 353
베른하르디(펠트키르히의
　바르톨로메우스) /
　79
베르닝크(헤르만) / 260
베자(테오도르) / 486
보니파키우스 8세(교황)
　/ 46
복켈슨(얀) / 247
볼프강(안할트의 제후) /
　385, 387
부겐하겐(요한네스) /
　331
부쉐(헤르만) / 29
부처(마르틴) / 100,
　338, 354, 365, 377,
　396
불링어(하인리히) / 447,
　459
브뢱(그레고르) / 367
블라러(암브로시우스) /
　396
블라우록(외르크) / 246
빌(가브리엘) / 85
비오(토마스 드 해타 =
　카예탄) / 104
빌헬름 4세(바이에른의
　공작) / 185
빔피나(콘라트) / 89
빗첼(게오르그) / 417

ㅅ

사돌렛(야코포) / 452
사비에르(프란츠) / 530
샤를 7세(프랑스의 왕) /
　44

샤움부르크(한스) / 321
살메론(알폰스) / 530
쇼이를(크리스토프) / 55
쇰베르크(니콜라우스, 카
　푸아의 주교) / 53
슈네프(에르하르트) /
　396
슈미트(울리히) / 294,
　295
슈벵크펠트(카스파르) /
　263
슈타우피츠(요한) / 54
슈툴테(하인리히) / 260
슈튀브너(마르쿠스) /
　223
슈팔라틴(게오르그) /
　131, 245, 314
슈페너(필립 야콥) / 509
슈펭글러(라자루스) /
　205, 207
슐츠(히에로니무스, 브란
　덴부르크의 주교) /
　89
세바스챤(성인) / 570
스캐볼라(퀸투스 무키우
　스) / 113
스키오피우스(가스파르)
　/ 566
식스투스 4세(교황) /
　107, 110

ㅇ

아그리콜라(루돌프) / 21
아그리콜라(슈테판) /
　365
아그리콜라(요한) / 407,
　444
아르놀트(톤게른) / 30
아르놀디(우징엔의 바돌
　로매우스) / 85
아르미니우스(야콥) /

　487
아른트(요한) / 508, 509
아리스토텔레스 / 39,
　44, 47, 75, 84, 85,
　392~395, 410, 412
아우구스트 1세(작센의
　선제후) / 491, 493
아우구스티누스 / 33,
　54, 59, 64, 65, 79,
　81~85, 100, 117,
　122, 147, 170, 173,
　223, 272, 285, 425,
　428, 463, 480, 507,
　522, 572
아우리파버(요한네스) /
　126
아타나시우스(알렉산드리
　아) / 464, 489, 576
안드레애(야콥) / 498,
　518
안드레애(요한 발렌틴) /
　509, 518
알레안더(히에로니무스)
　/ 119, 122, 124,
　125, 383, 405, 407,
　507, 521
알브레히트(브란덴부르크
　와 막데부르크의 대
　주교, 마인츠의 선제
　후) / 88, 89, 91,
　104, 185
암브로시우스 / 369,
　422, 428, 463, 489,
　507, 521, 523, 572
앙리 2세(프랑스의 국왕)
　/ 479
앙리 4세(나바라) / 484,
　489
야이우스(클라우디우스)
　/ 530
애리우스 / 561, 572
에드워드 6세(영국 국왕)

/ 574
에델블로잇(하인리히) / 260
에들리박흐(게를트) / 192, 201
엑크(요한네스) / 116, 365, 379
에라스무스(데시데리우스, 로터담) / 33, 43, 65, 163, 164, 191, 269, 270, 274, 278, 285
에른스트(뤼네부르크의 공작) / 385, 387
에우세비오스(가이사랴의 감독) / 239, 245
엘리자베스 1세(영국 여왕) / 574
오리게네스 / 122
오시안더(안드레아스) / 48, 206, 250, 262, 354, 365
오트하인리히(선제후) / 474
옥캄(윌리엄) / 85, 285
외콜람파디우스(요한네스) / 182, 185, 354, 358, 359, 365
요나스(유스투스) / 354, 365
요아킴 1세(폰 브란덴부르크) / 185, 434
요아킴 2세(폰 브란덴부르크) / 498
요한(항존자, 작센의 공작) / 185, 239, 245, 360, 365, 387
요한 프리드리히 1세(작센의 선제후) / 239, 399, 429
요한네스 크리소스토모스 / 521

우르시누스(자카리아스) / 475
우르줄라(성인) / 449
울리히(폰 뷔르템베르크, 공작) / 361, 365, 396
유진 4세(교황) / 46, 47
율리우스 2세(교황) / 43, 45, 47
위클리프(존) / 165, 174, 285
이그나티우스 폰 로욜라 / 530
이레나이오스 / 396

ㅈ

자틀러(미카엘) / 246
작스(한스) / 186, 190
주드(레오) / 262
주시(잔느) / 448
지기스문트 1세(황제) / 158
지기스문트 1세(폴란드의 왕) / 186
지킹엔(프란츠) / 180, 182, 185

ㅊ

차이스(한스) / 242, 245
첼(마티아스) / 207, 215
첼(카타리나 = 아명: 쉿츠) / 215
츠빅(요한네스) / 206
츠빅(콘라드) / 206
츠빌링(가브리엘) / 223
츠빙글리(홀드리히) / 191, 196, 338

ㅋ

카니시우스(페트루스) / 553, 559
카지미르(폰 브란덴부르크) / 185
카예탄(토마스) / 104
카타리나(아라곤의) / 573
카피토(볼프강) / 377
칼(밀티즈의) / 118
칼 5세(황제) / 148, 183, 366, 420, 429, 521, 572
칼로프(아브라함) / 506
칼릭스트(게오르그) / 505, 506
칼빈(요한네스) / 447
칼슈타트(안드레아스) / 79, 126, 129, 223
캄페지오(로렌초) / 406
켐니츠(마르틴) / 498, 501, 502
코두리(요한) / 530
코스펠트(요한) / 260
코클래우스(요한네스) / 379
코페르니쿠스(니콜라우스) / 47, 48, 54
콘스탄티누스(황제) / 176
크닙퍼돌링(베른트) / 247, 259, 260
크라낙흐(루카스) / 174
크란토르 / 112, 115
크론베르크(하르트뭇) / 182, 185
크뤼거(요한네스) / 592
크랜머(토마스, 켄터베리의 대주교) / 574
크리스챤 2세(선제후) / 186, 503

인명색인 / 613

크리스토프(뷔르템베르크의 공작) / 498
크리십 / 112, 114
클라인딘스트(프리드리히 바돌로매우스) / 556, 572
클레멘스 6세(교황) / 100, 107, 110
키케로 / 51, 53, 113, 115
키프리아누스(카르타고) / 406

ㅌ

타울러(요한네스) / 74
텟첼(요한네스) / 89
토마스(폰 아퀴나스) / 100, 111, 134, 147
트루트페터(요도쿠스) / 85

ㅍ

파렐(귀욤) / 448
파버(페트루스) / 530
파브리(요한네스) / 379
팔레오티(가브리엘) / 550, 572
팔크(요한) / 260
페드로 드 산토 / 572
페퍼코른(요한네스) / 21, 30
펠라기우스 / 54, 273, 285
페르디난드(헝가리와 보헤미아의 왕) / 326, 331
포트호프(콘라드) / 260
포트호프(하인리히) / 260
폰테인(니콜라우스) / 463
피겔리(외르크) / 210
퓌르스팅어(베르톨드, 킴제의 주교) / 526
프란츠(뤼네부르크의 공작) / 385, 387
프란츠 귄터(노르트하우젠의) / 85
프란츠 1세(프랑스 왕) / 44, 186
프랑크(세바스챤) / 262, 266
프레히트(마르틴) / 397
프리드리히(지혜자, 작센의 선제후) / 104, 118, 148, 149, 165, 185, 245
프리에리아스(실베스터) / 104, 105
플라키우스 일뤼리쿠스(마티아스) / 437
플라톤 / 112, 115, 411
플레시스-모르나이(필립) / 481
플루타르크 / 51, 53
피르크하이머(카리타스) / 206, 212
필립(헤센의 영주) / 358, 385, 387, 388, 396, 429

ㅎ

하드리안 6세(교황) / 522
하인리히 2세(브라운슈바이크-볼펜뷔텔의 공작) / 185, 429
헤디오(카스파르) / 207, 219, 354
헨리 8세(영국 국왕) / 573
호에넥(호에) / 586, 600
히에로니무스 / 89, 119, 122, 124, 125, 383, 405, 407, 507, 521
히케타스 / 53
호머 / 112
호엔(코르넬리츠 헨드릭스 / 338
호프만(멜키오르) / 247
후스(요한네스) / 123, 158
훅스트래텐(야콥) / 22
후커(리차드) / 581
후텐(울리히) / 29, 119
후트(한스) / 246, 257, 262
홉마이어(발타자르) / 286

번역된 원전색인

게르하르트(요한)
거룩한 명상 / 515
유언장 / 512
그레벨(콘라드)
뮌처에게 보내는 편지 / 247
그리피우스(안드레아스)
조국의 눈물 / 591
그림멜스하우젠(한스 야콥 크리스토프)
모험에 찬 심플리키시무스 III, 20 / 598
낭트 칙령
농민층의 12개 요구 조항
도르트레히트 공의회, 법령 1
뒤러(알브레히트)
일기 / 149
레오 10세
교서 "Pastor aeternus" / 44
루터(마르틴) 광신자들 반박 / 345
그리스도의 만찬에 관하여. 신앙고백 / 348, 351
기독교 귀족들에게 / 135
기독교인의 자유 / 141
독일어 미사 / 315
라이프치히 논쟁에 관한 보고 / 116
라틴어 작품 서문 / 63
로마서 주해 / 74~76
세속 정부에 관하여 / 258, 304

바벨론 포로 / 138
반율법주의자들과의 논쟁 / 407
보름스 제국의회에서의 고백 / 148
선행에 관한 설교 / 131
소요리문답 / 321
수도사 서약 반박; 부친에게 헌정 / 170
스콜라 신학에 대한 논의 / 85
요한 랑에게 보내는 편지 / 84
유대인들과 그들의 거짓에 관하여 / 418
인간론 / 390
창세기 강의 / 412
코부르크 성채로부터 선제후 요한에게 보내는 편지 / 371
하이델베르크 논쟁 / 100
12개 요구조항에 입각한 루터의 평화 권고 / 299
95개 논제 / 93
Dictata super Psalterium / 74
Resolutiones에 관하여; 슈타우피츠에게 보내는 헌정사 / 60
레겐스부르크 문서
로이힐린(요한네스)
유대교 문서에 대한 소견 / 25
마르부르크 조항
막데부르크 신앙고백
만츠(펠릭스)

취리히 시 의회에게 보내는 항의서 / 251
멜란히톤(필립)
교리체계 서문 / 490
브란덴부르크 후작 요아킴에게 보내는 편지 / 434
비텐베르크 대학 취임 강연 / 111
아리스토텔레스의 생애에 관한 강연 / 410
제후 직분론 / 323
지혜자 프리드리히에게 보내는 보고 / 224
학사학위 논제 / 126
명민한 자들의 편지
뮌처(토마스)
다니엘서 2장에 관한 제후들 설교 / 240
프라하 선언 / 239
뮌스터에서의 세속 권력의 질서
바울 3세
교서 "Regimini militantis ecclesiae" / 530
베스트팔리아 평화
비텐베르크 규정
비텐베르크 일치
슈말칼덴 동맹 체결서
슈말칼덴 조항
슈벵크펠트(카스파르)
중생의 등급 / 263
수장령
슈타우피츠(요한)
Libellus de exsecutione

Aeternae praedestinationis / 55, 56
슈파이어에서의 항의
슈팔라틴(게오르그)
교회순시 지침 / 314
슈펭글러(라자루스)
설교시간 변경을 위한 소견서 / 207
슐라이트하임 조항
스키오피우스(가스파르)
독일에서의 반종교개혁 전략 백서 / 566
의회에 보내는 첫 번째 경고
작센의 마녀법령 공포
작스(한스)
비텐베르크 나이팅게일 / 186
아른트(요한)
참된 기독교 / 509
아욱스부르크 변경판
아욱스부르크 신앙고백
안드래애(요한 발렌틴)
기독교인의 도시 / 518
알브레히트(브란덴부르크)
면죄부 지침 / 91
에라스무스(폰 로테담)
자유의지론 / 269, 270
예수회 정관
오시안더(안드레아스)
마르부르크 종교담화에 관한 보고 / 353
이그나티우스 로욜라
영적 연습(페트루스 카니시우스에게 보낸 편지) / 553
작자 미상
제국의 광채 내는 자 /

589
제국의회의 의결
보름스 칙령(1521) / 155
슈파이어(1526) / 304
슈파이어(1529) / 326
아우크스부르크(1530) / 366
아우크스부르크 잠정안 (1548) / 430
아우크스부르크 종교강화 (1555) / 445
제네바 교회규정 조항서
주시(잔느)
연대표 / 448
차이스(한스)
알슈테트에서의 뮌처의 설교 / 242
첼(카타리나)
마티아스 첼에 편에 선 용서 / 215
취리히 시 의회
시의회의 공고 / 195
의회의 판결 / 200
67개 마무리 강론 / 196
츠빙글리(훌드리히)
바다안에게 보내는 편지 / 359
음식에 대한 설교 / 192
Fidei Ratio / 373, 377, 379
카니시우스(페트루스)
교리문답 / 559
칼 5세
보름스 제국의회에서의 황제의 진술 / 154
슈파이어 제국의회에서의 황제의 제안 / 304
칼슈타트(안드레아스)
복음과 율법에 대한 박사학위 논제 / 129

스콜라 철학에 대한 논제 / 82
케텐박흐(하인리히)
노부인과의 대화 / 180
칼릭스트(게오르그)
서방 교회의 곤경의 원인에 관한 강연 / 505
칼빈(요한네스)
기독교강요 / 465
제안들 / 450
추기경 사돌렛에게 주는 답변 / 452
코부르크... 순시 기록
코페르니쿠스(니콜라우스)
천체 운행에 관하여; 교황 바울 3세에게 헌정 / 47
크라낙흐(루카스)
그리스도와 적그리스도의 수난 / 174
클라인딘스트(프리드리히 바돌로매우스)
도미니크 파 수도사들 개혁을 위한 지침 / 555
텟첼(요한)
50개 입장정리 / 98
트리엔트 공의회
4회기: 성경과 전통 / 538
6회기: 의화에 관한 교령 / 540
팔레오티(가브리엘)
일기 / 550
폰테인(니콜라우스)
세르베를 고발함 / 462
푀겔리(외르크)
콘라드 츠빅에게 보내는 편지 / 206
퓌르스팅어(베르톨드)
독일 신학 / 526

번역된 원전색인 / 615

프랑스 신앙고백
  (Confession du foi)
프랑크(세바스챤)
  파라독사 / 266
프리에리아스(실베스터)
  교황제적 구조 / 105
플라키우스 일뤼리쿠스(마티아스)
  성경의 열쇠 / 492
플레시-모르나이(필립)
  Vindiciae contra tyrannos / 483
피르크하이머(카리타스)
  뉘른베르크 시 의회를 향한 청원서 / 212
하드리안 6세
  죄의 고백 / 522
하이델베르크 교리문답
헤디오(카스파르)
  슈트라스부르크 뮌스터에서의 설교 / 219
협화신조
호에넥(호에)
  시편 83장에 관한 설교 / 586
호엔(코르넬리우스 헨드릭스)
  성만찬 해석 / 338
홈베르크 교회규정
후커(리차드)
  교회통치령에 관하여 / 581
후터(레온하르트)
  편람 / 503
후텐(폰 울리히)
  "Exsurge Domine" 주해 / 118
후트(한스)
  만물의 복음서 / 257
4개 도시 신앙고백
39개 조항